智慧 低碳 韧性

新时代客运枢纽与城市高质量融合
发展论坛论文集

（2023）

中国铁路经济规划研究院有限公司　｜　主编
中国交通运输协会现代客运枢纽分会

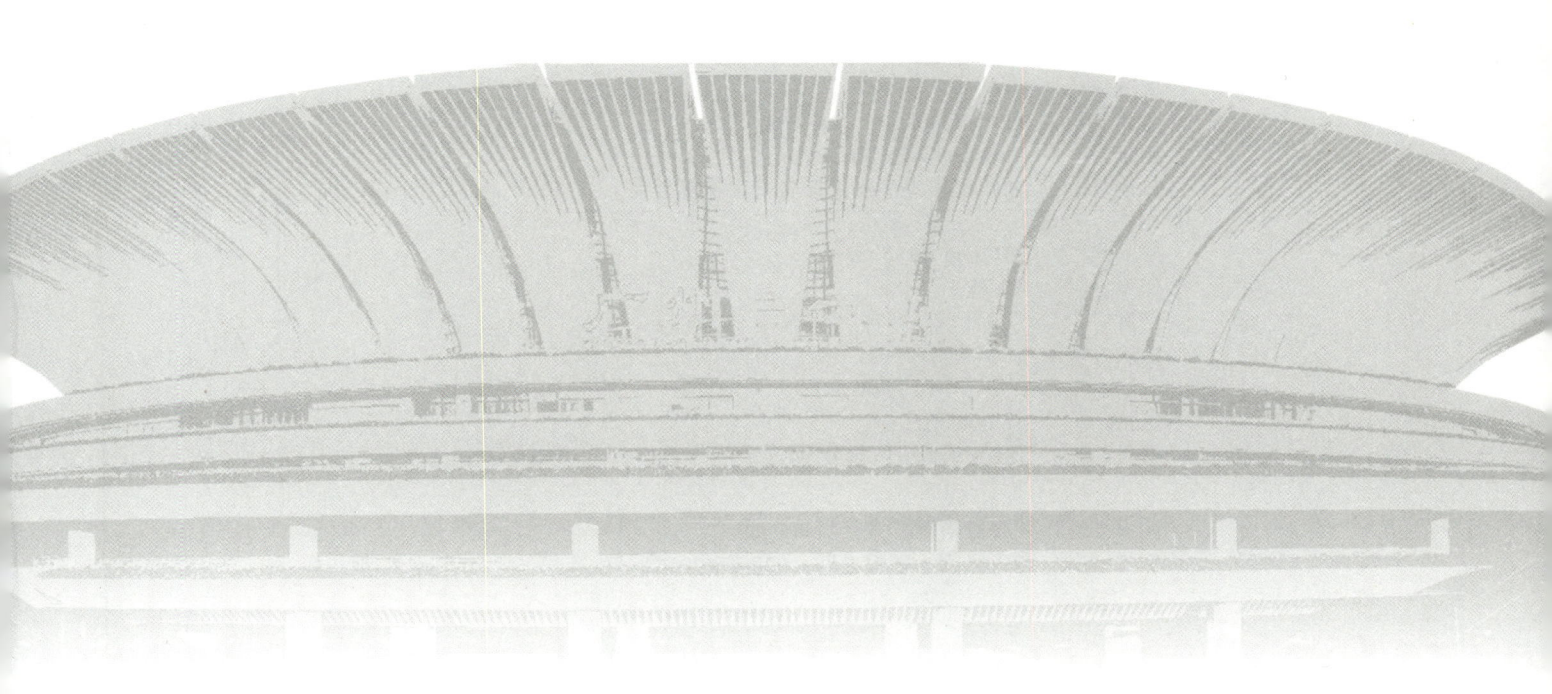

西南交通大学出版社
·成都·

图书在版编目（CIP）数据

新时代客运枢纽与城市高质量融合发展论坛论文集.
2023 / 中国铁路经济规划研究院有限公司，中国交通运
输协会现代客运枢纽分会主编. -- 成都：西南交通大学
出版社，2024. 10. -- ISBN 978-7-5774-0194-2

Ⅰ. U115-53；F299.21-53

中国国家版本馆CIP数据核字第2024PA6612号

Xinshidai Keyun Shuniu yu Chengshi Gaozhiliang Ronghe Fazhan Luntan Lunwenji (2023)
新时代客运枢纽与城市高质量融合发展论坛论文集（2023）

中国铁路经济规划研究院有限公司 中国交通运输协会现代客运枢纽分会	主编

策划编辑	李芳芳　李华宇
责任编辑	李华宇
封面设计	墨创文化
出版发行	西南交通大学出版社 （四川省成都市金牛区二环路北一段111号 西南交通大学创新大厦21楼）
邮政编码	610031
营销部电话	028-87600564　028-87600533
网址	https://www.xnjdcbs.com
印刷	四川煤田地质制图印务有限责任公司
成品尺寸	210 mm×285 mm
印张	29.75
字数	703千
版次	2024年10月第1版
印次	2024年10月第1次
定价	188.00元
书号	ISBN 978-7-5774-0194-2

图书如有印装质量问题　本社负责退换
版权所有　盗版必究　举报电话：028-87600562

新时代客运枢纽与城市高质量融合发展论坛论文集

主办单位：中国铁路经济规划研究院有限公司
　　　　　中国交通运输协会现代客运枢纽分会
承办单位：中国铁路设计集团有限公司
　　　　　中铁第四勘察设计院集团有限公司

论文集编辑委员会
主　　任：郑　健
副 主 任：杨忠民　吴克非　张春枝
编　　委：陈东杰　徐尚奎　党　立　韩志伟　孙小年　胡华清　王　祯
　　　　　蒲　云　贾　坚　盛　晖　李　京　姚　涵　刘振娟　张　涛
　　　　　蔡　珏　郑云杰　张　鸿　郭　明　于世平　光振雄　史　娣
主编人员：盛　晖　金旭炜　魏　崴　李春舫　刘　淼　王　睦　朱宗亮
　　　　　赵鹏飞　王　锦　杨惠东　廖　宇　王向东　徐小玉　袁　莉
　　　　　夏天妍　王　彦　周　正　张　凯　潘国华　沈宏山　黄　波
　　　　　徐　品

前 言

新时代交通领域的广大工作者们以习近平新时代中国特色社会主义思想为指导，将创新、协调、绿色、开放、共享的新发展理念，贯穿到铁路规划、设计、建设、运营的各方面全过程，全面推动铁路客运枢纽与城市高质量发展。截至2023年底，我国铁路营业里程已达15.9万千米，其中高速铁路4.5万千米；共建成车站2 000多座，其中高铁客站1 300多座。铁路建设全面注重技术创新，着力提升旅客服务质量，加大环境保护力度，对促进社会经济发展、保障和改善民生、支撑国家重大战略、增强我国综合实力和国际影响力发挥了重要作用。

随着"交通强国"战略的深化实施，我国铁路建设蓬勃发展，铁路客站作为重要的交通基础设施，承担起引导城市更新发展和助推社会经济转型升级的新使命。作为现代铁路客站建设新理念的推动者和践行者，交通领域的广大工作者们深刻把握时代要求，探索未来发展方向，构建现代综合交通体系新模式，为旅客提供更加安全、便捷、舒适、低碳的出行体验，为服务地方经济社会发展、践行"交通强国"战略贡献更多力量。

中国铁路经济规划研究院有限公司、中国交通运输协会现代客运枢纽分会联合举办了新时代客运枢纽与城市高质量发展论坛（2023）。会议期间收到论文70余篇，这些论文主要围绕现代客运枢纽与城市、智慧建造、绿色低碳等方面进行深入探讨，聚焦铁路、航空、公路等交通行业发展等主要课题。经过专家评审，从中精选出49篇高质量的论文编辑成册，供大家借鉴和参考。

本次会议得到了中国铁路设计集团有限公司、中铁第四勘察设计院集团有限公司的大力支持，在此一并表示感谢。

编 者

2024年3月

目 录

综合发展篇

站城融合理论方法及工程实践　　002
　　郑健

"双碳"背景下铁路客站低碳化基础性研究　　009
　　陈东杰，陶然，孙兆军，孙永强，田立伟，张凯

城市更新与铁路客站设计　　023
　　盛晖

铁路客站智能建造与管理创新技术研究　　034
　　钱增志

粤港澳大湾区现代化铁路枢纽客站建设探索与实践　　040
　　陈伟庚

大型地下铁路车站消防措施及策略研究　　048
　　鲍宁，周铁征

铁路土地综合开发的困局与项目落地性思考　　055
　　魏兴恒，冯媛

超长连续性站城融合地下开发空间设计与思考
——钱江新城二期连堡丰城综合开发案例分析　　061
　　于德新

铁路站房全过程设计投资控制浅析　　074
　　武鹍，殷峻，欧阳岚

城市夹角下的淮北西站及综合开发设计策略　　089
　　高光明，高汉清，高颖

高铁枢纽地区交通组织规划方法研究　　096
　　贾凤娇，刘律

基于"四网融合"的杭州都市圈综合客运枢纽分级标准研究　　106
　　王柄达，赵思雯

空铁型综合交通枢纽催化地区产业经济演变　　　　　　　　　　　　　　　　114
  邵晓峰，高天琛

枢纽规划篇

枢纽的边界
  ——面向未来的空港枢纽建筑设计　　　　　　　　　　　　　　　　124
  郭建祥，阳旭

机场枢纽：发源于机场、服务于城市
  ——深圳市机场东综合交通枢纽设计感悟　　　　　　　　　　　　　　133
  徐平利，乔毅

天府站外部交通规划设计　　　　　　　　　　　　　　　　　　　　　　151
  殷峻，金旭炜，张兴艳，张兴隆，齐洛

深圳大运综合交通枢纽不中断运营雨棚改造设计与应用　　　　　　　　　164
  王明昇，王一蕫

现代客运交通枢纽工程投资划分方法研究　　　　　　　　　　　　　　　173
  王国新，张建芳

蝶变的数智站城
  ——引导片区重构的深圳五和枢纽　　　　　　　　　　　　　　　　180
  胡丰

复杂地貌城市核心区大型综合交通枢纽改扩建规划设计策略
  ——重庆站站房及配套综合交通枢纽工程规划设计　　　　　　　　　189
  朱志鹏，张文磊

高铁站前广场景观设计研究
  ——以资阳西站为例　　　　　　　　　　　　　　　　　　　　　　199
  王倩

高铁站片区与城区联动助力长三角一体化　　　　　　　　　　　　　　　205
  颜佳佳

设计探索篇

粤港澳大湾区交通建筑的城市角色
  ——以白云机场、珠海机场和肇庆东站为例　　　　　　　　　　　　212
  陈雄

铁路交通枢纽绿色性能设计决策与应用评估　　　　　　　　　　　　　　223
  李春舫，王力

绿色低碳在厦门北站的实践　　　　　　　　　　　　　　　　　　　　　　231
　　　　王睦，刘丹，车帅军，贾瑜，武海波

地下大型高速铁路客站站台宽度设计研究
　　——以广州白云机场T3综合交通枢纽为例　　　　　　　　　　　　246
　　　　梅振斌

以铁路为主导的城市交通枢纽换乘研究
　　——以白山市综合客运枢纽为例　　　　　　　　　　　　　　　　　256
　　　　付杰，张兴超，李政

中小车站改扩建策略研究
　　——以怀仁东站改扩建为例　　　　　　　　　　　　　　　　　　　265
　　　　李文涛

站城协同的线索
　　——伦敦利物浦街站及周边地区的城市发展研究　　　　　　　　　　272
　　　　张少森，樊鹏涛，魏威

AutoCAD二次开发在地铁结构参数化绘图设计中的研究　　　　　　　　287
　　　　顾福霖

南昌东站双向钢拱架屋盖结构设计研究　　　　　　　　　　　　　　　296
　　　　刘明，杨诗文，何浩博，刘爽，倪晋峰

徐州东站扩建形成大型综合交通枢纽的设计探索与实践　　　　　　　　308
　　　　刘赓

基于性能化设计的地铁车辆段上盖开发结构关键技术研究　　　　　　　318
　　　　刘传平

铁路客站与换乘中心一体化设计思考与实践　　　　　　　　　　　　　326
　　　　陈剑，武洋，杨金鹏

厦门新机场交通中心（GTC）无障碍设计实践与探索　　　　　　　　　337
　　　　高林，李冰

丝路天山
　　——乌鲁木齐机场北区新建航站楼设计实践　　　　　　　　　　　　346
　　　　张宏波

城市更新中的空港建筑改造实践和绿色措施　　　　　　　　　　　　　355
　　　　张宏波，宋海瑛

琅勃拉邦站房结构设计浅析　　　　　　　　　　　　　　　　　　　　　　368
　　倪文勇

玉磨铁路高烈度地震区站房抗震分析　　　　　　　　　　　　　　　　　376
　　夏成建

杭州西站超长金属屋面板断板搭接构造研究　　　　　　　　　　　　　　381
　　陈立国

大型交通枢纽的绿色建筑设计探索
——以长沙西站为例　　　　　　　　　　　　　　　　　　　　　　　388
　　曹秀辉，安立强，吴建云

既有铁路站房改造的创新与探索
——以庐山站为例　　　　　　　　　　　　　　　　　　　　　　　　396
　　蔡新萍

机电设备篇

铁路站房预制现装集成能源站应用技术研究　　　　　　　　　　　　　　406
　　田利伟

大型交通枢纽防雷接地系统方案探讨　　　　　　　　　　　　　　　　　413
　　谢柳竹，万旭

站城融合模式下铁路客站给排水设计实践　　　　　　　　　　　　　　　420
　　吴凡，高文金

低碳技术在铁路站房电力工程中的应用分析　　　　　　　　　　　　　　427
　　谢瑞，俞靖波

宜昌北站暖通专业绿建设计及节能减碳分析　　　　　　　　　　　　　　433
　　陈强，彭亮，宁磊，程雅丽，王哲，林艳艳，刘华斌，马友才

"双碳"时代铁路客站大空间照明设计探索
——以杭州西站为例　　　　　　　　　　　　　　　　　　　　　　　447
　　金智洋

现代客运枢纽屋面建筑光伏一体化发电应用　　　　　　　　　　　　　　460
　　贺涛

综合发展篇

站城融合理论方法及工程实践

郑健

（中国国家铁路集团有限公司）

摘　要：融合发展是高质量发展的重要内容。本文聚焦交通强国建设重大决策部署，结合广州白云站、杭州西站、重庆东站等站城融合工程实践，系统剖析了站城融合的互动机理、价值取向，研究揭示了站城融合的基本内涵、融合模式，针对站城空间割裂、城市功能缺失、环境场所单调、空间利用率低等设计难题，研究提出了站城融合的理论方法，为破解站城发展困境、重构站城秩序、释放城市活力、谋求站城共生，提供了推动高铁客站与城市高质量协同发展的解决方案。

关键词：高铁客站　城市设计　站城融合

经过十余年的发展，一大批以高铁客站为核心的综合交通枢纽相继建成，高铁客站建设取得了历史性成就，发生了历史性变革。站在新起点、面向新时代，建设什么样的客站、怎样建设客站，如何实现站城融合协同发展，仍然需要在设计理念、理论研究、工程实践上与时俱进，不断探索和创新。

1　站城融合基本内涵

纵观铁路客站与城市的发展历史，城市因车站而兴，车站因城市而存，客站与周边城区始终是繁华与冲突共存的场所，既相互影响又相互促进。铁路客站与城市总是在各自发展中相互掣肘产生矛盾，又因各自协调机制的调整化解矛盾达到新的平衡。矛盾的根源，是站城双向平衡性的落差、协调机制的薄弱、秩序的缺失或是旧有秩序无法适应发展需要，困境与破局始终在发展中不断更新，形成一种动态平衡。站城融合就是要破解矛盾困境，重构站城秩序，释放城市活力，谋求站城共生，在交通组织、城市空间、土地开发等方面使站城关系迈向更高的层次。

新时代推动站城深度融合，既是构筑多层级、一体化综合交通枢纽体系、大力发展枢纽经济的客观要求，也是推进城市更新改造、提升城市空间承载力、完善城市核心功能、激发城市发展活力的重要途径。

1.1　站城融合定义及价值取向

站城融合是从规划设计到工程实践，从自然环境到人工环境的全过程融合和全方位融合。站城融合的定义可以从如下几个方面解析：从站城关系上看，站城融合体现的是物理表征、空间状态、红线界面的融合，是站城和谐相处的一种空间规划设计技术手段和经济手段；从站城双向诉求上看，站城融合体现的是站与城多元诉求达成一致的心理倾向，反映的是站城双向和谐关系的状态和相互作用的程度；从融合内容上看，站城融合涵盖了站与城交通组织、空间结构、功能体系、土地利用、公共环境，以及以更开放的姿态全面融合可能产生的种种关系。

随着站城协同发展的不断深入，站城融合的价值取向也不断丰富完善。铁路客站从单一客运场所发展到综合交通枢纽，重点实现的是交通价值，使得铁路客流和城市人群对交通设施和公共空间的需求关系达到了一定程度的动态平衡。进入新时代，站城融合的价值取向可以理解为是在实现交通价值的基础上，挖掘其经济价值、社会价值，使得站与城双向经济利益在更高的层次上达到平衡，以高度而有序的站城融合关系催生城市新的活力。

1.2 站城融合核心内涵

新时代以高铁客站交通枢纽为主导的站城融合，是以提升交通效率为核心，研究交通组织与空间布局的优化，研究功能复合与利用效率的提升，研究交通发展规划与城市发展规划的融合，其核心内涵主要包括：

第一，交通便捷可达。客站内流线顺畅、换乘便捷，客站外人车分流、驳接高效，客站与城市交通系统实现畅通融合。

第二，空间充分融合。客站空间向城市开放，城市公共空间介入客站之中，形成相互融合的环境体系和空间结构。

第三，功能高度复合。交通功能与城市各类业态功能高度复合，产生集聚效应，实现站城功能的多样化。

第四，土地综合开发。站城范围内多主体参与、多项目联合、集群式开发，发挥土地价值，实现多方共赢。

第五，区域结构优化。客站环境与城市环境联系更为密切，客站成为城市结构中的重要"节点"。

1.3 站城融合主要模式

根据站与城的空间关系，可分为邻接式、叠合式、融合式 3 种主要代表模式，体现出对交通价值、社会价值、经济价值的不同倾向。

邻接式模式：在该模式中，站与城的空间关系从形态上看相对分离，两者之间仅通过局部的空间进行联结。交通行为空间的占比最高，业态服务空间的占比较小，站与城的公共活动空间相对分离，交通行为空间、业态服务空间与公共活动空间三者的耦合程度相对较低。站与城的空间整合作用明显不足，城市的社会价值没有因交通设施的便利而得到充分体现（图1）。

叠合式模式：在该模式中，站与城空间关系呈现相互叠加的竖向结构，利用客站上盖或地下空间进行城市开发，通过立体交通连接周边区域，站城两者之间通过局部的空间联结促进站城协同发展。交通行为空间、业态服务空间、公共活动空间 3 种空间联系竖向发展，土地利用高效，业态服务空间相对紧密。叠合式模式具有较好的空间形态高度整合的社会价值倾向（图 2）。

融合式模式：在该模式中，站城关系在空间上高度重合、交融，城市空间几乎可全面渗透或覆盖客站空间，是站城空间高度融合的一种发展模式。交通行为空间尽量与人行活动分离，业态服务与城市公共活动空间充分混合，以获取最大的站城双向互动关系。融合式模式以区域城市的经济价值为主要导向，同时具有良好的交通价值和社会价值（图3）。

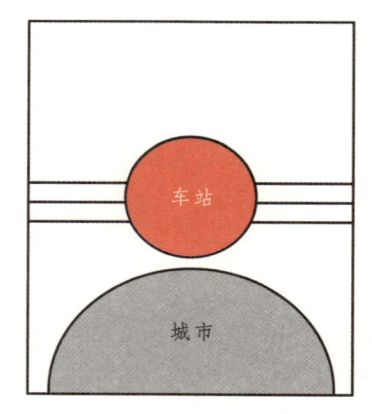

图1 邻接式示意

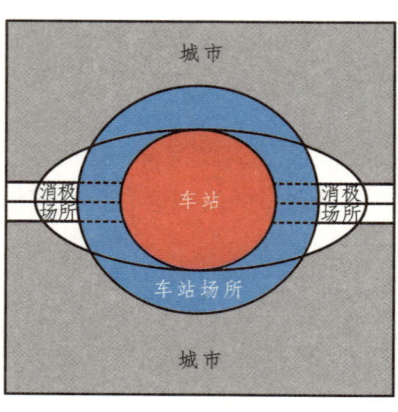

图2 叠合式示意

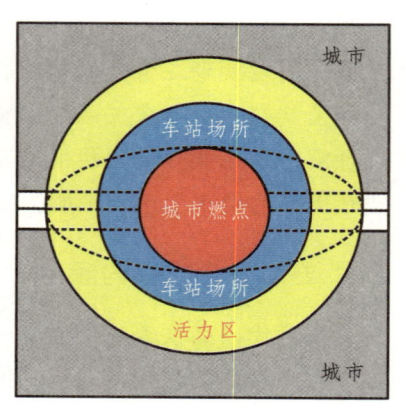

图3 融合式示意

2 站城融合设计方法

推进站城融合面临严峻挑战。从设计上看，站城融合涉及站城空间结构设计、站城交通组织设计、站城功能体系设计、土地综合开发设计、公共环境场所设计等多项任务，学科专业涵盖了土木工程、建筑设计、交通工程、城市规划等多学科、多专业，是学科相互交叉、专业相互交织的复杂巨系统。从建设全过程上看，站城融合参与主体多元、专业接口交错、行业标准不一，系统集成十分困难。

面对艰巨的挑战，站城融合的设计应以处理好客站与城市的关系为出发点，交叉融合土木工程、建筑设计、交通工程、城乡规划学等多学科多专业，对铁路红线内区域和毗邻城市空间一体化规划设计，缝合城市肌理、多元功能、周边环境，实现客站设计与城市规划、单体建筑与周边环境、交通功能与城市多元功能的有机融合。结合近年来在广州白云站、杭州西站、重庆东站等站城融合的工程实践，逐渐探索出了符合国情、路情行之有效的设计方法，形成了一整套解决方案，即：

一是实施站城一体规划设计，突破铁路与城市界限，统筹设置铁路、市政、环保、公共安全等功能，缝合割裂空间，实现站城空间功能的全面升级（图4）。

二是构建多维联通的综合交通，实施立体化、复合化、多层级的空间设计，实现高铁客站与城市地下、地面、地上多种交通方式多维联通、无缝衔接，提升综合交通枢纽整体运行效率（图5）。

三是创建便捷可达慢行系统，通过多层衔接、立体互通的设计，有效串联广场层、进站层、出站层、换乘层等步行层，贯通站城步行路径，植入环境景观与商业业态，实现站城服务圈层的步行便捷可达，满足旅客及市民的个性化需求（图6）。

综合发展篇

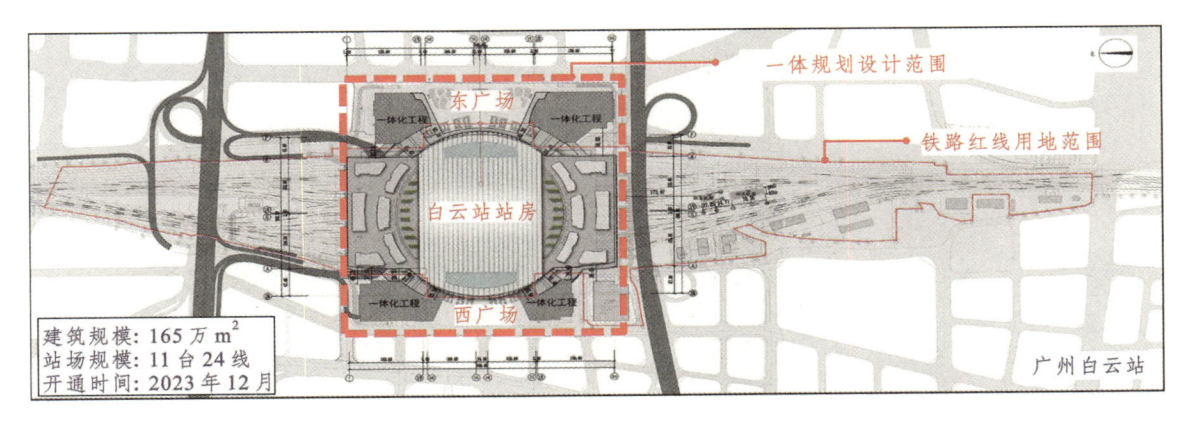

图4　广州白云站一体规划设计建设示意

图5　杭州西站多维联通综合交通体系示意

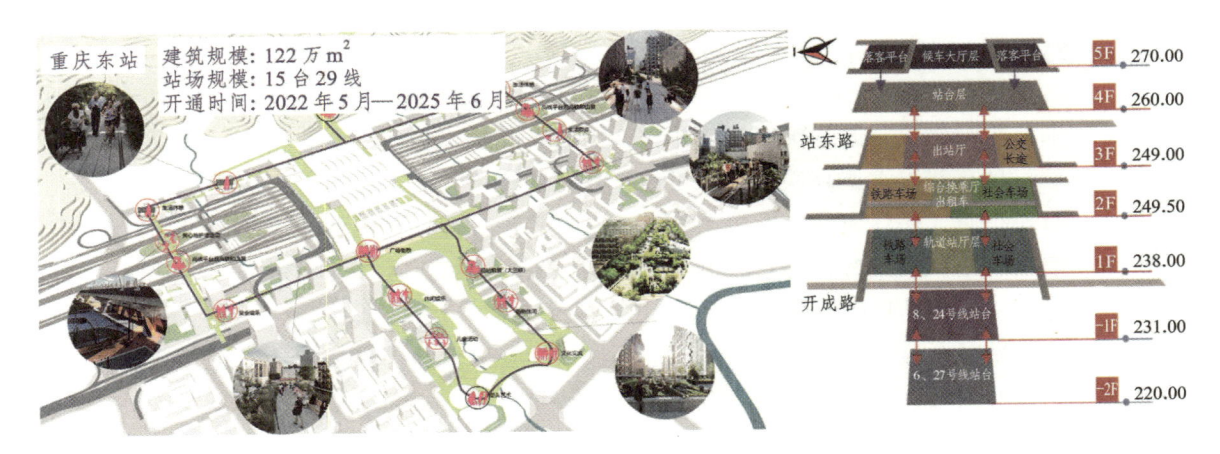

图6　重庆东站多层衔接步行可达慢行系统示意

四是营造站城共享空间，对刚性交通流线与弹性商业动线进行融合设计，形成以交通枢纽为主导、融合城市多元化功能的站城公共场所，营造具有沉浸式体验感的"城市客厅"（图7）。

五是实施空间资源的地面再生，统筹规划设置酒店、办公、会议、商业等服务设施，实施土地综合开发，丰富客站城市功能，提升枢纽经济效益（图8）。

005

图 7 杭州西站站城共享空间示意

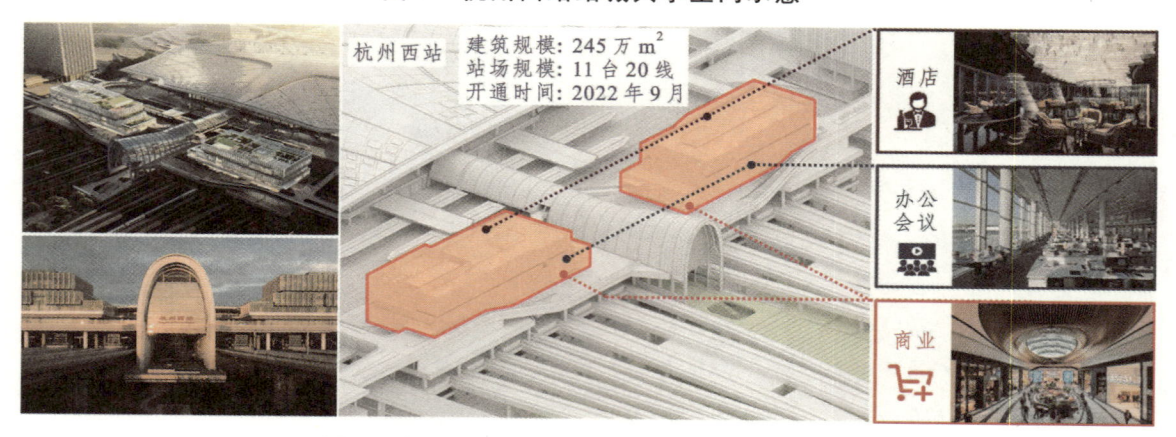

图 8 杭州西站站场上盖物业综合开发示意

3 站城融合经验启示

近年来，相继建成开通了雄安站、北京朝阳站、北京丰台站、杭州西站、郑州南站、广州白云站、南昌东站等大型高铁客站；目前正在开工建设重庆东站、合肥西站、长沙西站、天府站、西安东站、松江南站、上海东站；正在规划设计深圳西丽枢纽、深圳机场东枢纽、重庆站、南京北站。站城融合创新取得了阶段性成果，成绩喜人。通过对多年的站城融合创新实践的总结，一些经验启示弥足珍贵。

第一，站城融合要坚持走适合中国国情、路情的发展之路。各国国情不同，即使是具有丰富开发经验的国家，其模式也大都适用其本国。我国以高铁客站交通枢纽为主导的站城融合与他国相比，在融合的层次、范围、深度及交通方式上大不相同，融合的模式难以复制，不能简单照搬。

第二，站城融合要因城而异、因地制宜、因势利导。不同城市经济发展实力悬殊，自然条件、经济基础、资源禀赋千差万别，必须因城而异、量力而行；同一城市的不同地段，地形地貌环境、道路交通条件、功能定位不尽相同，必须因地制宜、量体裁衣。站城融合不是每座客站的必然归宿，需统筹城市交通承载能力、客站规模及功能确定。站城融合也不是万能的"印钞机",生拼硬套并不意味着资金"入账"、效益"平衡"。

第三,站城融合要强化规划协同发挥规划的引领作用。城市要将铁路规划纳入城市总体发展规划之中,将铁路枢纽总图规划作为城市空间布局、土地开发利用等专项规划的关键要素,促进站城在历史传承、环境结构和城市区域的交通融合、空间融合、多元融合。

第四,站城融合要坚持一体化设计统筹建设实施。站城融合并非一蹴而就、一步到位,需要结合交通承载力、经济实力,一体规划设计开发,分期分步实施。站城融合并不意味着一定将站场"埋入"地下,也并非一味追求高强度上盖物业开发,必须统筹规划地上地下空间利用。在明确设计边界、管理界面、安全责任基础上,合理确定起步区建设规模,分期、分块、分层建设。

第五,站城融合要建立完善的协调联动机制。在规划前期阶段,要协调联动机制负责站城规划衔接、规划落地;在建设实施阶段,要协调联动机制统筹施工组织、配套建设、投资主体;在运营管理阶段,要协调联动机制共商资产界面、管理界面、安全责任、利益分配。

4 结语

站城融合的创新实践取得了可喜的突破和进展。但从时代要求及未来发展看,仍有一些课题需要深入研究探索:在"双碳"背景下,大型高铁客站如何以更先进的技术手段节能降耗、实现超低排放,推动大型客站绿色低碳可持续发展;在站城融合背景下,大型高铁客站如何应对突发事件,确保旅客快速撤离、安全疏散;统筹发展和安全,如何对高铁客站大跨度高空间复杂结构体系的服役状况进行结构健康监测,确保安全可靠;在大数据时代,如何深化人工智能数字技术穿透力,激发数智要素流通动能,提高大型高铁客站智能化管理水平,提升旅客出行体验。

站城融合是一项复杂的系统工程,理论性、实践性都很强,不可能一蹴而就,也不会一劳永逸。推动站城融合高质量发展,需要以更高的定位、更宽的视野、更大的格局,理性思考、全面分析、系统考量。面向新时代,站在新起点,各方应群策群力、合力攻坚,加快推动站城融合协同发展,为城市高质量发展提供新动能注入新活力。

参考文献:

[1] 彼得·卡尔索普. 未来美国大都市:生态·社区·美国梦[M]. 郭亮,译. 北京:中国建筑工业出版社,2009.

[2] 程泰宁,郑健,李晓江. 中国"站城融合发展"论坛论文集[M]. 北京:中国建筑工业出版社,2021.

[3] 郑健. 大型铁路客站的城市角色[J]. 时代建筑,2009(5):6-11.

[4] 郑健,沈中伟,蔡申夫. 中国当代铁路客站设计理论探索[M]. 北京:人民交通出版社,2009.

[5] 郑健. 当代中国铁路旅客车站设计综述[J]. 建筑学报,2009(4):1-6.

[6] 罗伯特·文丘里. 建筑的复杂性与矛盾性[M]. 周卜颐,译. 南京:江苏凤凰科学技术出版社,2017.

[7] 郑健,魏崴,戚广平. 新时代铁路客站设计理论创新与实践[M]. 上海:上海科学技术文献出版社,2020.

[8] 吴良镛. 广义建筑学[M]. 北京:清华大学出版社,1989.

[9] 诺伯舒兹. 场所精神:迈向建筑现象学[M]. 施植明,译. 武汉:华中科技大学出版社,2010.

[10] 董利民. 城市经济学[M]. 2版. 北京:清华大学出版社,2016.

"双碳"背景下铁路客站低碳化基础性研究

陈东杰,陶然,孙兆军,孙永强,田立伟,张凯

(中国国家铁路集团有限公司)

摘 要: "双碳"目标的提出,增强了加快铁路客站规划、设计、建造、运维低碳化的使命感。结合"双碳"背景下国家战略目标、铁路行业及建筑行业目标,基于国内外建筑业与铁路行业的能耗与碳排放现状,研究了我国铁路客站低碳化的关键基础性问题。结合铁路工程特征,定义了铁路客站碳排放计算边界;通过调研数据统计分析,确定了代表站型;结合我国地理环境特点,确定了代表性气候区域城市;基于创新的综合方法设定了铁路客站的碳减排目标,为铁路客站低碳化政策制定、建设与改造提供了目标指引。

关键词: 铁路客站 低碳化 碳排放 减碳目标

引言

作为全球最大的发展中国家,中国铁路在过去的10余年得到了高质量发展。铁路作为交通领域节能减排的重点行业,相较于公路和民航,铁路运输已率先实现电气化,是一种节能低碳的运输方式,在"双碳"目标的实现上发挥着引领和示范作用。持续提高铁路重点领域减排力度,是降低交通运输行业碳排放、助力实现国家"双碳"目标的有效途径之一。

铁路客站既是铁路运输系统的重要客运设施,同时又是城市大型公共建筑。越来越多的客站规划也从传统的功能单一的交通枢纽向"站城融合"的城市综合体转变。低碳、绿色、近零能耗目标的提出,给铁路客站规划设计、建造提出了更大的挑战。交通类建筑由于功能复杂等自身特点,需要长时间运行的供暖、供冷、照明和电梯等设备都会产生能耗,是绿色减碳重点关注对象。铁路客站低碳化设计、施工和运维具有重大意义。

本文基于国铁集团重大课题(K2022G062)研究,通过对截至2023年底国内681座大中型客站的实际调研、大数据分析和理论研究,对铁路客站低碳化关键基础性问题展开探讨。

1 面临形势

1.1 国家战略目标

2020年,我国在联合国提出了力争2030年前实现碳达峰,2060年前实现碳中和的"双碳"目标[1]。为我国的碳排放总量控制制定了清晰的目标和时间表。2021年10月,习近平主

席在《生物多样性公约》第十五次缔约方大会领导人峰会上发表主旨讲话并指出：为推动实现碳达峰、碳中和目标，中国将陆续发布重点领域和行业碳达峰实施方案和一系列支撑保障措施，构建起碳达峰、碳中和"1+N"政策体系。同月，中共中央、国务院印发《关于完整准确全面贯彻新发展理念做好碳达峰碳中和工作的意见》，作为"1+N"政策体系中的"1"，给出了我国"双碳"工作的总政策纲领。10月24日，国务院印发《2030年前碳达峰行动方案》，给出了我国碳达峰工作的碳排放总量和强度双控目标行动指南，制定了清晰的时间表和行动方案。

1.2 铁路行业目标

2022年7月，由国铁集团印发的《国铁集团"十四五"节约能源和环境保护发展规划》将"绿色客站工程"列为重点工程，要求新建客站严格按照绿色建筑相关标准进行设计和建设；加强对既有客站的绿色改造力度，重点开展绿色照明改造，对客站、灯桥、灯塔、景观等照明采用LED光源，推进光伏建筑一体化，持续推广能源管控技术应用，实现对空调、照明、电梯等耗能设备的节能优化控制，提高能源利用效率。国家一系列规划文件对铁路"十四五"及未来一段时期的绿色低碳发展提出了新要求、新任务，为铁路实现碳达峰碳中和技术革新指明了方向。

1.3 建筑行业目标

2022年3月，由住房和城乡建设部印发的《"十四五"建筑节能与绿色建筑发展规划》提出：在提升绿色建筑发展质量方面，要加强高品质绿色建筑建设，完善绿色建筑运行管理制度；在提高新建建筑节能水平方面，重点推广超低能耗建筑推广工程；在推动可再生能源应用方面，要开展建筑光伏行动；在实施建筑电气化工程方面，要开展建筑用能电力替代行动。国家及住房和城乡建设部发布的各项标准及规划文件同样对建筑"十四五"的绿色低碳发展提出了新要求，为建筑领域实施"双碳"行动、实现绿色发展进一步明确了目标和方向。

2 研究现状

2.1 我国建筑碳排放研究现状

建筑是全球能源消耗和CO_2排放的三大领域（建筑、交通和工业）之一，在我国建筑碳排放占总碳排放的35%～50%[2]，建筑领域是实现碳中和目标的关键领域。建筑碳排放按建材生产、建材运输、建筑施工、建筑运营、建筑维修、建筑拆解、废弃物处理七个环节构成全生命周期的模式[3]，已得到世界公认。由于受到科技与经济水平的制约，每一个阶段的碳排放计算方法及计算结果是有差异的。从整体上来讲，建筑运营的碳足迹在七个环节中占主导地位[4]。联合国环境规划署（UNEP）明确指出，建筑运营的碳排放占建筑生命周期的80%～90%。碳排放分析的重点是运营期间的能耗和二氧化碳排放。

在当前建筑能效水平、建筑产能水平和建筑电气化与电力部门脱碳的基准情景下，全国建筑运行碳排放约 15 亿 t CO$_2$。在碳中和情景下，基准情景的 15 亿 t CO$_2$ 排放将通过以下四个基本途径进行中和：① 建筑能效提升；② 建筑"产能"，即建筑可再生能源应用；③ 建筑电气化与电力部门脱碳；④ 碳汇、固碳和 CCUS（碳捕捉）等技术[5]。到 2060 年建筑部门通过上述前三个途径结合可减排 72%，剩余 28%约 4 亿 t CO$_2$ 排放需要通过负碳技术予以中和。我国建筑规模巨大，节能潜力非凡，是我国行业碳减排的重中之重。

从已掌握的资料看，目前国内外针对大型铁路客站，从顶层设计的角度全面系统地进行低碳化技术模式与应对机制方面的研究少见。

2.2 我国建筑碳排放计算方法研究现状

碳排放核算是回顾碳排放历史，了解碳排放现状并设计减排路径的基础，核算方法选择的合理与否也会直接影响核算结果的可靠性。目前国际上较为认可的碳排放量核算方法主要有 3 种，分别是排放因子法、质量平衡法和实测法[6]，已广泛应用于不同的排放源类型的碳排放量估算。排放因子法，是目前应用最广泛的方法，基本思路是根据碳排放清单列表，针对每种排放源构造其活动水平数据和碳排放因子，两者的乘积即为碳排放的估算值[7]；物料衡算法的基本原理是质量守恒，即投入某系统或者设备的物料质量必然等于该系统产出的物质质量[8]，该方法可以反映发生地的实际排放，捕获各类设施和设备之间的差异；实测法的基本思路是基于排放源的现场实测基础数据，进行汇总计算得到相关碳排放量[9]。

国内外针对单体建筑开发了各种环境影响评价和碳排放的核算系统，如德国 DGNB 标准、中国清华大学 BEPAS、2014 年中国工程建设标准化协会发布的《建筑碳排放计量标准》和 2019 年住房和城乡建设部发布的《建筑碳排放计算标准》（GB/T 51366—2019）等，以上均以排放因子法为基础。

在探索建筑碳排放过程中，众多研究者针对办公建筑、商业建筑等类型建筑研究了碳排放计算方法学，但是缺乏系统性针对铁路客站的碳核算方法学研究。

2.3 铁路站房建筑能耗研究现状

用能现状摸底是实施碳交易和确定低碳技术碳中和潜力的基础。国内外众多学者针对铁路交通枢纽建筑的能耗情况和减排潜力展开了相关研究。

根据地域和调研时间的差异，各铁路站房实际耗能量水平和耗能比例存在一定差异，总体上均显示暖通空调系统能耗所占比例最高。国家铁路大型客站能源消耗专项调查组[10]曾对 83 座客站进行了深入分析，得出相应结论。刘小燕[11]提出空调能耗和照明能耗是各车站的主要耗能项，有的甚至达车站总能耗的 80%左右。通过模拟计算得到从北到南的典型车站候车厅夏季空调能耗分别为 51.5 kW·h/(m^2·a)、125.6 kW·h/(m^2·a)、146.1 kW·h/(m^2·a)、132.5 kW·h/(m^2·a) 和 335.3 kW·h/(m^2·a)。

影响客站运行能耗的因素主要有气候条件、客站规模、节能设计及运行管理 4 个方面。气候条件和客站规模受客观条件制约，目前的研究重点集中在节能设计和运行管理两方面。由于铁路客运站候车人数随时间呈现明显波动变化，某些研究者[12]提出采用"部分时间、部分空间"的空调控制方式以降低空调能耗；还有研究人员[13]通过建立建筑能耗与旅客人流密度的线性模型，发现运营管理水平高的客运站建筑能耗与旅客人流密度的关系更接近线性。此外，研究者提出通过再生能源利用等，结合车站的智能电网系统实施"碳中和"。

总体上看，目前针对高铁站房用能现状的实际研究不多。

2.4 铁路站房建筑碳排放研究现状

在交通领域，有关碳排放的研究主要集中在碳排放测算、预测及因素等方面。McCollumD[14]等人在2009年研究了美国交通运输温室气体排放量的长期削减潜力，实现了温室气体排放量分解到产品的建模方案。李利军[15]等人构建了基于货物周转量的单位能源消耗量碳排放测算模型，通过相关数据分析，发现京津冀3地铁路碳排放呈现减少态势。"十三五"交通建筑节能研究课题，进一步分析了22座客站的碳排放水平，结果表明：严寒地区平均碳排放强度最高，为160 kW·h/（m²·a），主要消耗煤炭，所在区域电网碳排放因子高；寒冷地区次之，为117 kW·h/（m²·a）；夏热冬冷地区为90 kW·h/（m²·a）；除夏热冬暖地区、温和地区，其他气候区客站平均碳排放强度普遍高于87 kW·h/（m²·a），见表1。

表1　22座铁路客站碳排放现状分析

气候分区	碳排放水平	平均碳排放强度/[kW·h/（m²·a）]	碳排放水平的原因分析
严寒	最高	160	能耗强度最高。主要消耗的能源煤、电的碳排放因子高
寒冷	次高	117	能耗强度最高。主要消耗的能源气、电，其中气的碳排放因子比煤要低不少
夏热冬冷	略高	90	客站平均能耗强度低于严寒、寒冷地区。主要能源电的碳排放因子低于严寒、寒冷地区
夏热冬暖	较低	73	主要能源电的碳排放因子较低
温和	低	47	能耗水平低。主要能源电的碳排放因子较低

注：数据来自"十三五"交通建筑节能研究课题。

3 关键技术问题研究

3.1 物理边界和时间边界

物理边界和时间边界是低碳铁路客站定义的基础。物理边界的选取直接影响着客站碳排放的计算边界，合理选择物理边界是碳排放量化的前提条件，也是确定客站低碳可再生能源的来源有效与否的依据。时间边界是指碳排放计算的时间维度，可能仅包括运行阶段，也可能拓展到探讨客站的全寿命周期。物理边界和时间边界的确定是低碳铁路客站定义的前提和基础，物理边界、时间边界不明确，低碳铁路客站概念无从谈起。

物理边界和时间边界是铁路客站低碳化研究的先决条件。从建筑的角度来看，零碳建筑是指建筑终端用能产生的碳排放量和可再生能源的碳减排量平衡。纵观国内外零碳建筑术语及定义，发现主要有两方面的差别：①可再生能源的来源；②零碳平衡的时间范畴，即时间边界。由此产生了四种建筑碳排放目标的定义：① 运行碳与场地内可再生能源的平衡；② 全寿命周期碳排放（运行碳+隐含碳）与场地内可再生能源的平衡；③ 运行碳与场地内/外可再生能源的平衡；④ 全寿命周期碳排放（运行碳+隐含碳）与场地内/外可再生能源的平衡（见图1）。明确低碳铁路客站的物理边界和时间边界，对于研究铁路客站低碳化技术路径至关重要。

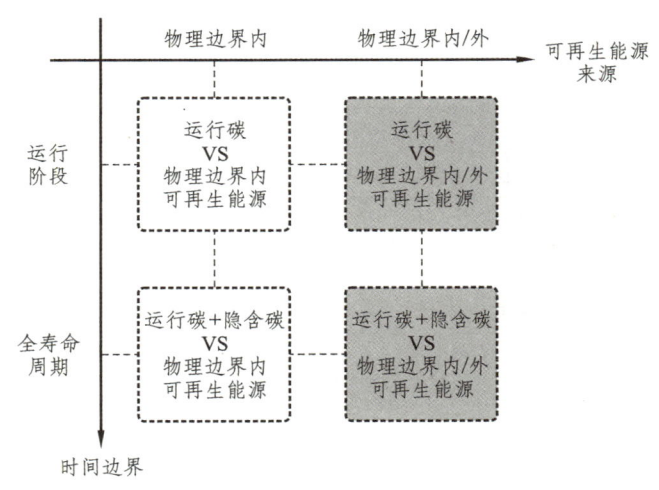

图1 零碳建筑平衡类型

1. 物理边界

德国可持续建筑委员会（DGNB）[16]、挪威零碳建筑研究委员会（RCN）[17]提出，物理边界是建筑所有者拥有的、与建筑占地面积直接相邻的地面边界。美国能源部（US Dpartment of Energy）[18]指出物理边界为场地边界，场地是指建筑物以及建筑物所处的使用和生产能源的区域。场地是建筑物功能的一部分，场地边界应该包括公共设施的接口点。Sartori[19]等人提出，"物理边界"可以包含单一或一组建筑物，确定可再生能源是"物理边界内"还是"物理边界外"。然而，大多数研究都含蓄地提到了关注的边界，但没有提供具体的定义或详细阐述。

住房和城乡建设部发布的《建筑碳排放计算标准》（GB/T 51366—2019）中确定了单体建筑碳核算的物理边界，是指输送到位于建设工程规划许可证中建筑红线边界，碳排放的计算范围是为该建筑提供服务的能量转换与输送系统（如各种形式的发电系统、集中供热系统、集中供冷系统等）的燃煤、燃油、燃气、生物质能源、风能、太阳能等能源所产生的碳排放。目前国内发行的各个地方建筑碳排计算标准中的物理边界都是按GB/T 51366—2019的方法确定的。综上所述，国内外并无统一的物理边界划分方法，也无明确的定义。一般是按照建筑红线确定物理边界。

铁路客站具有一定行业特点，与沿线铁路统一划定用地红线。参考国内外建筑碳排放核算边界确定方法，同时依据《铁路旅客车站设计规范》（TB 10100—2018）中对铁路客站的定义如下：铁路客站碳排放研究物理边界由旅客站房、客运服务设施、站房平台和城市配套设施中的铁路管理区域等组成。

2. 时间边界

时间边界是指碳排放计算的时间维度。国内外学者对建筑物的生命周期碳排放进行了大量研究，但由于研究的目的和内容不同，建筑生命周期阶段的划分也不同。通常认为建筑的生命周期包括 9 个阶段：建筑材料原材料的开采、运输、加工，建筑材料的生产与运输，建筑施工，建筑使用，维修更新，建筑拆除，建筑材料的循环再利用或废物处置。但由于部分阶段耗时较短，对建筑整体能耗的影响也较小，不同学者采用了不同的合并方法。表 2 列举了国内外一些学者对建筑生命周期阶段的划分情况。

表 2 国内外部分建筑生命周期阶段划分

阶段内容	阶段数量
建造阶段、使用阶段	2
建材生产及运输阶段、使用阶段、建造及拆除阶段	3
建材准备、建造施工、建筑使用和维护、建筑拆除	4
建设施工、维护、运行、废弃处理	4
建材生产、建材运输、建造施工、建筑使用、建筑拆除废弃	5
建材生产、建材运输、建造施工、建筑运行、建筑维护、建筑拆除处置	6
原料提取、建材生产、现场施工、使用、维护、拆除、材料处置	7
建筑施工、装修、室外设施建设、运输、运行、废物处理、物业管理、拆除、废弃物处置	9

铁路客站的时间边界与现行国标保持一致，即生命周期划分为运行阶段建材生产及运输阶段、建筑建造及拆除阶段。联合国环境规划署（UNEP）明确指出，建筑运行的碳排放占建筑生命周期的 80%~90%。以百年为设计寿命的铁路客站运行碳排放会越来越凸显。因此，本文铁路客站工程碳核算研究重点放在铁路客站运营期。

3.2 气候分区及代表城市

各气候区室外气象条件差异明显，导致客站的夏季空调负荷和冬季供暖负荷差别较大，不同区域天然光状况也不同，由此造成客站运行能耗的差异；同时，各气候区资源禀赋不同，节能技术应用水平有所不同，造成客站运营能耗的差异。因此，根据《公共建筑节能设计标准》（GB 50189—2015）关于建筑热工设计分区的规定，选取各气候区以下代表城市作为主被动减碳技术组合模式研究的热工边界条件：严寒（A&B 区哈尔滨、C 区沈阳）、寒冷（北京）、夏热冬冷（上海）、夏热冬暖（广州）、温和（昆明）6 座代表城市。其中，严寒 A&B 区和 C 区在热工设计方面差别较大，故严寒地区按热工分区选取 2 座代表城市。

3.3 确定代表性客站类型

确定代表站型是推进铁路客站低碳化必然要求。代表站型在建筑规模、站型等方面应具备广泛代表性。铁路客站形式多样，能耗和碳排放受到多种因素影响，如气候条件、朝向、围护结构热工性能、室内热扰、室内环境控制参数、渗透风、能源系统形式及能效、可再生能源使用情况等，可综合归纳为气候条件、规模、站型 3 个主要因素。铁路客站数量庞大，提取关键因素、确定代表站型，是制定低碳指标、研究各类减碳技术的必然需求。以代表站型覆盖铁路客站群体，用最集约化的方式服务于低碳技术分析、政策制定。

对截至 2023 年底国内 681 座大中型铁路客站站型进行数据统计分析，结果见表 3。

表 3 大中型铁路客站站型类型统计

序号	客站规模	客站类型	数量	比例
1	中型站	线侧	463	87.5%
		高架	28	5.3%
		桥式	16	3.0%
		地下	22	4.2%
2	大型及以上站	线侧	27	17.8%
		高架	108	71.1%
		桥式	3	2.0%
		地下	14	9.2%

统计数据显示，线侧和高架为大中型铁路客站主流站型，两者之和数量占比中型站达到 92.8%，大型站达到 88.9%，均超过 85%；结合主流站型分析，中型站中线侧式占绝对主导地位（占比 87.5%），而大型站中高架式占绝对主导地位（占比 71.1%），因此主流站型中典型代表客站的确定，中型站选取线侧式，大型站选取高架式。地下站数量占比，大型站高于中型站，在各自占比排序中均高于桥式站，且随着市域铁路的发展，地下站代表着未来发展趋势，因此大中型站典型站型选择均考虑地下站。桥式站在大型站中较为罕见，152 座车站中仅有 3 座，桥式站在中型站中占有一定数量，桥式站型对能耗有一定影响，针对桥式站经综合分析研判，中型站考虑桥式站，大型站不做考虑。

通过以上详细的数据统计分析，结合国内各类型客站存量现状以及未来发展趋势，以线侧式中型站、高架式大型站、桥式中型站、地下式中型站、地下式大型站 5 种客站作为全国铁路客站的典型代表站型。

3.4 铁路客站的碳排放目标

通过参考一般公建规范减碳要求作为参照值，基于国家"双碳"目标约束下的行业碳排放趋势分析作为参考下限，以及减碳技术的降碳潜力分析作为参考上限，从以上三个维度对铁路站房碳减排目标进行综合分析设定。本研究在国内外针对铁路客站首次给出减排目标值，减碳目标设定对铁路客站低碳化政策制定、建设与改造具有重要指引作用。

3.4.1 参考相关规范设定

参照国家标准《零碳建筑技术标准》（征求意见稿），公共建筑降碳率满足表 4 要求，即为低碳公共建筑；公共建筑降碳率满足表 5 要求，即为近零碳公共建筑。

表 4 低碳公共建筑降碳率

气候区	严寒地区	寒冷地区	夏热冬冷地区	夏热冬暖地区	温和地区
建筑降碳率	≥40%	≥35%	≥30%		

表 5 近零碳公共建筑降碳率

气候区	严寒地区	寒冷地区	夏热冬冷地区	夏热冬暖地区	温和地区
建筑降碳率	≥55%	≥50%	≥45%		

铁路客站相较于一般公共建筑，运行阶段纳入碳排放计算的耗能系统中增加了客服信息系统。不同类型和规模的铁路客站，在不同气候区其客服信息系统能耗占比有一定的差异，且客服信息系统基本无节能降碳空间，对降碳的贡献可以忽略。据此，低碳铁路客站及近零碳铁路客站的降碳率指标，分别在表 4、表 5 的基础上，进行系数修正是合理的。修正方法主要是从碳排放总量基本盘中扣除客服信息系统的碳排放占比。其中客服信息系统的碳排放占比可在主动式绿色减碳技术组合模式研究的章节中计算得到，具体修正计算方法见式（1）：

$$a_0 = a(1 - p_{CI}) \tag{1}$$

式中，a_0 为低碳/近零碳铁路客站降碳率；a 为低碳/近零碳公共建筑降碳率；p_{CI} 为铁路客站中客运服务信息系统的碳排放占比。

结合各气候区不同站型基准铁路客站客运服务信息系统的碳排放占比数据，对《零碳建筑技术标准》的公共建筑降碳率表进行修正，得到铁路客站降碳率设定结果，见表 6 和表 7。

表 6 低碳铁路客站降碳率

气候区	中型线侧站	中型桥式站	中型地下站	大型高架站	大型地下站
严寒地区	36.1%	36.5%	36.1%	35.5%	35.1%
寒冷地区	31.2%	31.8%	31.2%	30.8%	30.5%
夏热冬冷	26.7%	27.0%	26.4%	26.4%	25.8%
夏热冬暖	26.7%	27.0%	26.7%	26.7%	26.1%
温和地区	24.6%	25.2%	25.2%	23.7%	23.4%

表 7 近零碳铁路客站降碳率

气候区	中型线侧站	中型桥式站	中型地下站	大型高架站	大型地下站
严寒地区	49.6%	50.2%	49.6%	48.8%	48.2%
寒冷地区	44.5%	45.4%	44.6%	44.0%	43.5%
夏热冬冷	40.1%	40.5%	39.6%	39.6%	38.7%
夏热冬暖	40.1%	40.5%	40.1%	40.1%	39.2%
温和地区	36.9%	37.8%	37.8%	35.6%	35.1%

3.4.2 通过行业碳排放数据预测趋势分析设定

1. 全国总量、建筑及交通业碳排放预测趋势分析

根据国家工业行业分类，工业按照二位数分类又可分为 40 类行业。按照 2022 年《中国

能源统计年鉴》能源消费数据进行行业二氧化碳排放核算。利用对数正态分布对能源数据进行预测，可以为实现 2030 碳达峰、2060 碳中和提供科学依据。通过预测能源数据的未来趋势，可以制定合理的能源政策，促进能源结构的转型，实现碳达峰、碳中和目标。

图 2 和图 3 所示为使用对数正态分布对建筑业、交通运输仓储和邮政业及全国各行业碳排放总量进行的拟合预测。拟合有 3 个约束条件：① 2015—2021 年统计数据分布；② 碳排放峰值约束在 2030 年左右（即 2030 碳达峰）；③ 2060 年实现净碳排放为零（即 2060 碳中和）。行业碳排放趋势曲线代表行业降碳水平约束参考值。通过行业碳排放总量预测趋势曲线分析，结合中长期减碳目标值，将 2024—2060 年分为 3 阶段，第一阶段近期 2025—2036 年，第二阶段中期 2037—2048 年，第三阶段远期 2049—2060 年。考虑规范限值制定和技术发展的循序渐进与阶段性特点，本次研究参考近期范围行业碳排放趋势曲线，以 2030 年减碳目标为低碳铁路客站降碳率设定参考值，以 2036 年减碳目标为近零碳铁路客站降碳率设定参考值。因为行业趋势曲线仅代表行业平均降碳水平，所以以铁路客站降碳目标整体设定应不低于行业平均水平为原则，取建筑业、交通运输业数据预测趋势在 2030 年、2036 年减碳目标的最大值作为铁路客站降碳率目标参考，铁路客站相对于基准铁路客站整体降碳率设定参考结果如下：低碳铁路客站降碳率不应低于 15.0%，近零碳铁路客站降碳率不应低于 36.6%。

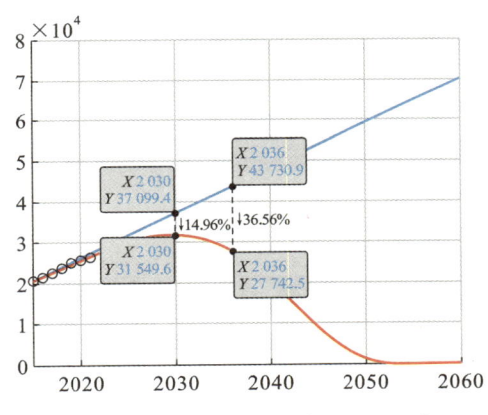

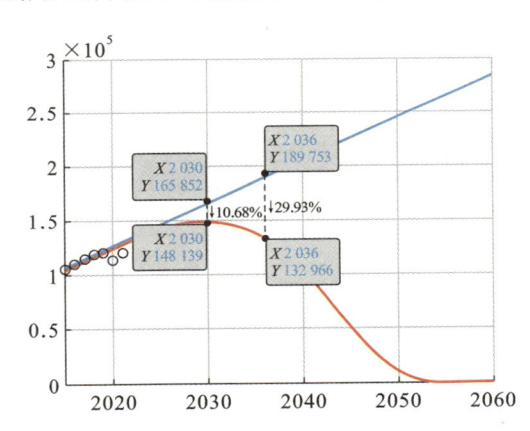

图 2　建筑业碳排放总量预测　　　图 3　交通运输、仓储、邮政业碳排放总量预测

2. 铁路客站碳排放预测趋势分析

以客运服务面积超 5 000 m² 的铁路客站为统计对象，对全国符合以上标准的铁路客站进行分类能耗统计，经数据分析测算，得到 2013—2023 年全国各气候区调研铁路客站碳排放总量数据。采用对数正态分布对铁路客站在各气候区碳排放总量进行的拟合预测。拟合有 3 个约束条件同上述行业预测：① 2015—2021 年统计数据分布；② 碳排放峰值约束在 2030 年左右（即 2030 碳达峰）；③ 2060 年实现净碳排放为零（即 2060 碳中和）。铁路客站碳排放趋势曲线代表各气候区铁路客站降碳水平约束参考值。各气候区铁路客站碳排放趋势预测（寒冷地区和夏热冬暖地区为例）如图 4 和图 5 所示。

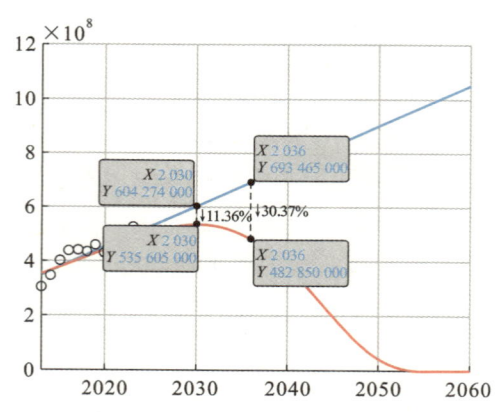

图 4　寒冷地区铁路客站碳排放总量预测 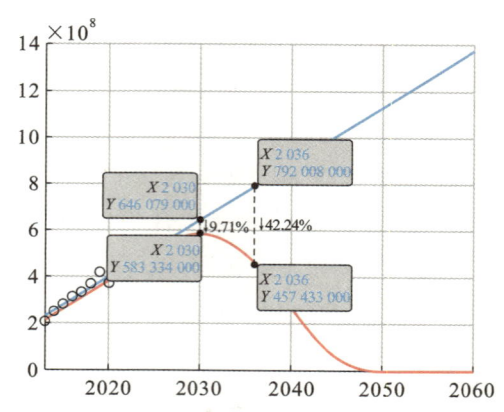　　图 5　夏热冬暖地区铁路客站碳排放总量预测

通过铁路客站碳排放预测趋势曲线分析，结合中长期减碳目标值，同样将 2024—2060 年分为 3 阶段，第一阶段近期 2025—2036 年，第二阶段中期 2037—2048 年，第三阶段远期 2049—2060 年。考虑铁路客站碳排放规范限值制定和技术发展的循序渐进与阶段性特点，本文参考近期范围铁路客站碳排放趋势曲线，以 2030 年减碳目标为低碳铁路客站降碳率设定参考值，以 2036 年减碳目标为近零碳铁路客站降碳率设定参考值。铁路客站碳排放预测趋势曲线代表了政策约束下的碳排放目标限定，各气候区铁路客站碳减排目标不应低于以上数值。在"双碳"目标政策下，基于铁路客站碳排放预测趋势分析的铁路客站碳减排目标限定值见表 8 和表 9。

表 8　低碳铁路客站降碳率限值

气候区	严寒地区	寒冷地区	夏热冬冷地区	夏热冬暖地区	温和地区
降碳率	10.9%	11.4%	16.9%	9.7%	11.9%

表 9　近零碳铁路客站降碳率限值

气候区	严寒地区	寒冷地区	夏热冬冷地区	夏热冬暖地区	温和地区
降碳率	52.4%	30.4%	41.0%	42.2%	57.5%

3. 结合行业、铁路客站碳排放预测趋势综合分析

结合行业、铁路客站碳排放预测趋势综合分析，低碳和近零碳铁路客站降碳率限值见表 10 和表 11。

表 10　低碳铁路客站降碳率限值

气候区	严寒地区	寒冷地区	夏热冬冷地区	夏热冬暖地区	温和地区
降碳率	15.0%	15.0%	16.9%	15.0%	15.0%

表 11　近零碳铁路客站降碳率限值

气候区	严寒地区	寒冷地区	夏热冬冷地区	夏热冬暖地区	温和地区
降碳率	52.4%	36.6%	41.0%	42.2%	57.5%

3.4.3　基于减碳技术的降碳潜力分析确定

通过对现有铁路客站的能耗、能源使用种类进行调研和数据分析，获取铁路客站的碳排

放现状，确定铁路客站碳排放的基准值，并与模拟基准值对照，相互验证。通过主动式、被动式减碳技术及可再生能源利用研究分析，得到铁路客站关键减碳技术组合的降碳潜力，根据降碳潜力分级设定减碳目标。

根据主动式、被动式减碳技术及可再生能源利用研究分析成果，得到不同气候区各站型减碳技术组合的最大减碳潜力值，见表12。

表12　减碳技术组合的最大减碳潜力值

气候区	站型				
	中型线侧站	中型桥式站	中型地下站	大型高架站	大型地下站
严寒地区	149%	101%	49%	80%	39%
寒冷地区	176%	118%	52%	89%	36%
夏热冬冷	164%	110%	48%	82%	32%
夏热冬暖	148%	102%	42%	74%	34%
温和地区	267%	160%	51%	124%	22%

注：超100%潜力值，代表着主动式、被动式减碳技术及可再生能源利用三者结合后，综合减碳潜力超过铁路客站碳排放值，主要原因是雨棚站房面积比较大，太阳能利用碳排放削碳率高。

按照减碳技术组合最大潜力值的50%设定低碳铁路客站降碳率目标，按照减碳技术组合最大潜力值的80%设定近零碳铁路客站降碳率目标，铁路客站降碳率设定结果见表13和表14。

表13　低碳铁路客站降碳率

气候区	站型				
	中型线侧站	中型桥式站	中型地下站	大型高架站	大型地下站
严寒地区	75%	51%	25%	40%	20%
寒冷地区	88%	59%	26%	45%	18%
夏热冬冷	82%	55%	24%	41%	16%
夏热冬暖	74%	51%	21%	37%	17%
温和地区	134%	80%	26%	62%	11%

表14　近零碳铁路客站降碳率

气候区	站型				
	中型线侧站	中型桥式站	中型地下站	大型高架站	大型地下站
严寒地区	119%	81%	39%	64%	31%
寒冷地区	141%	94%	42%	71%	29%
夏热冬冷	131%	88%	38%	66%	26%
夏热冬暖	118%	82%	34%	59%	27%
温和地区	214%	128%	41%	99%	18%

3.4.4　碳减排目标值综合设定

结合以上3种方法，以基于"双碳"目标政策的铁路客站碳减排目标限定值为参考下限，以基于技术能力分析的铁路客站减碳目标限定值为参考上限，以基于常规公建目标设定的铁路客站碳减排目标参考值为参照对象，同时结合铁路客站站型特点及未来发展趋势，综合以上因素确定铁路客站碳减排目标。其中，主流站型中型线侧站、大型高架站遵循上述原则制定；中型桥式站与中型线侧站基础条件类似也遵循上述原则制定；地下站受室外气候条件影响较小，另外由于太阳能利用资源条件匮乏导致基于技术能力的降碳率潜力较小，地下站整体降碳率目标要求较低。综合以上因素确定铁路客站碳减排目标，见表15和表16。

表 15 低碳铁路客站降碳率

气候区	站型				
	中型线侧站	中型桥式站	中型地下站	大型高架站	大型地下站
严寒地区	36%	37%	25%	35%	20%
寒冷地区	31%	32%	26%	31%	18%
夏热冬冷	27%	27%	24%	26%	16%
夏热冬暖	27%	27%	21%	27%	17%
温和地区	25%	25%	26%	24%	11%

表 16 近零碳铁路客站降碳率

气候区	站型				
	中型线侧站	中型桥式站	中型地下站	大型高架站	大型地下站
严寒地区	52%	52%	39%	52%	31%
寒冷地区	45%	45%	42%	44%	29%
夏热冬冷	41%	41%	38%	41%	26%
夏热冬暖	42%	42%	34%	42%	27%
温和地区	58%	58%	41%	58%	18%

4 结论

本文通过实际调研、大量数据分析和理论研究，取得以下研究成果：

（1）明确铁路客站碳核算的物理边界和时间边界。通过调研分析国内外物理边界确定方法，同时参考《铁路旅客车站设计规范》（TB 10100—2018）中对铁路客站的定义，结合铁路客站功能特点，确定铁路客站物理边界由旅客站房、客运服务设施、站房平台和城市配套设施中的铁路管理区域等组成。

（2）确定气候分区及代表城市。各气候区资源禀赋不同，气象条件差异明显，节能技术应用水平有所不同。根据《公共建筑节能设计标准》（GB 50189—2015）关于建筑热工设计分区的规定，选取不同气候区代表城市作为铁路客站减碳技术组合模式研究的热工边界条件：严寒（A&B区哈尔滨、C区沈阳）、寒冷（北京）、夏热冬冷（上海）、夏热冬暖（广州）、温和（昆明）6座代表城市。其中，严寒A&B区和C区在热工设计方面差别较大，按热工分区选取2座代表城市。

（3）确定碳排放仿真计算的典型代表性客站。结合现有客站分类，考虑客站建筑能耗和碳排放特征，从规模代表性、站型的广泛代表性、能耗特征的代表性、可再生能源利用条件的代表性等方面综合分析，提出典型代表性客站为线侧式中型站、高架式大型站、桥式中型站、地下式中型站、地下式大型站。

（4）研究提出铁路客站低碳、近零碳碳减排目标值。以基于"双碳"目标政策的铁路客站碳减排目标限定值为参考下限，以基于技术能力分析的铁路客站减碳目标限定值为参考上限，以基于常规公建目标设定的铁路客站碳减排目标参考值为参照对象，同时结合铁路客站分布特点及未来发展趋势，综合以上因素确定铁路客站低碳、近零碳碳减排目标。

通过以上边界条件、气候分区及代表城市、典型客站类型和低碳客站目标等关键技术问题分析，为后续铁路客站主、被动低碳技术及其组合模式的设计应用、施工建造、运维管理奠定了坚实的基础。

参考文献：

[1] 王龙，杨波力，孙晓敏. 夏热冬冷地区零能耗办公建筑技术研究与应用[J]. 绿色建筑，2024，(5)：21-28.

[2] 李小冬，朱辰. 我国建筑碳排放核算及影响因素研究综述[J]. 安全与环境学报，2020，20（1）：317-327.

[3] 徐辛. 明日世界："双碳"目标下的未来城市与建筑的思考[J]. 建筑与文化，2023，（3）：39-41.

[4] 王有为. 谈"碳"——碳达峰与碳中和愿景下的中国建筑节能工作思考[J]. 建筑节能（中英文），2021，49（1）：1-9.

[5] 沈立东，瞿燕，张小波，等. 上海建筑领域碳中和实施路径研究[J]. 上海建设科技，2022，（6）：6-12.

[6] 郝海青，张晗. 气候变化透明度机制的新发展及中国应对[J]. 中国海洋大学学报（社会科学版），2024（5）：81-92.

[7] 赵民，李杨，岳万年，等. 陕西省建筑领域碳排放特征与影响因素研究[J]. 暖通空调，2024，54（8）：122-131.

[8] 王思琪. 基于 GDIM-SD 的京津冀地区公共建筑碳排放预测研究[D]. 北方工业大学，2024.

[9] 赵哲，吴数伟，董义义，等. 架空输电线路基础碳排放分析与计算[J]. 内蒙古电力技术，2024，42（2）：9-54.

[10] 大型客站能源消耗课题组. 2011 年国家铁路大型客站能源消耗专项调查情况分析[J]. 铁道经济研究，2012.

[11] 刘小燕. 铁路客运站夏季空调能耗研究[D]. 中南大学，2010.

[12] 宋歌，刘燕，朱丹丹，等. 铁路客站用能现状及其影响因素分析[J]. 暖通空调，2013，43（4）：85-90.

[13] 杨秀娥. 成都新客站候车厅建筑设计节能研究[D]. 重庆大学，2009.

[14] MCCOLLUM D L, GOULD G, GREENE D L. Greenhouse Gas Emissions from Aviation and Marine Transportation: Mitigation Potential and Policies[J]. Institute of Transportation Studies, Working Paper Series, 2010, 25(25): 652-660.

[15] 李利军，姚国君. 京津冀公铁货运碳排放测算研究[J]. 铁道运输与经济，2021，43（11）：126-132.

[16] BRAUNE A , GEISELMANN D , OEHLER S ,et al.Implementation of the DGNB Framework for Carbon Neutral Buildings and Sites[J].IOP Conference Series: Earth and Environmental Science, 2019, 290(1): 12-40.

[17] WIIK, MARIANNE, KJENDSETH, et al. Lessons learnt from embodied GHG emission calculations in zero emission buildings (ZEBs) from the Norwegian ZEB research centre[J]. Energy & Buildings, 2018:25-34.

[18] Department of EnergyBuilding Technologies OfficeCommercial Buildings Integration.A Common Definition for Zero Energy Buildings[R].2024-04-15.

[19] SARTORI I, NAPOLITANO A, VOSS K. Net zero energy buildings: A consistent definition framework[J]. Energy and Buildings, 2012, 48(1): 220-232.

城市更新与铁路客站设计

盛晖

（中铁第四勘察设计院集团有限公司）

1 引言

新世纪以来，中国铁路客站展现了前所未有的发展速度和建设规模。据统计，在不到20年的时间里，全国铁路客站建设数量多达1800多座。在这一期间，主要是兴建了一大批全新的高铁车站（第三代火车站），选址上它们大都位于城市外围和新的开发区，促进了依站建城，以TOD（交通引导开发）模式引导新区土地开发。而近年来，随着我国城市由增量发展向存量发展的转型，铁路客站建设的主流形式也在发生着变化。

未来，我国各城市火车站，无论是第一代，如广州站、北京站，还是第二代，如上海站、北京西站，甚至一些本世纪初建成的第三代火车站，都将面临更新换代或改造提质的要求。规划建设的高铁站选址会更深入城区中心，这一趋势叠加当前的城市更新需求，将会对我国经济转型升级和城市高质量可持续发展产生较大影响。因此，站在城市更新这一新的视角，如何做好未来的铁路客站的设计，就成了我们需要重点研究的课题之一。

2 铁路客站城市更新的主要类型

铁路客站一般由铁路站场、站房和城市接驳广场组成。其中铁路站场决定了铁路客站的规模和性质，是影响站城关系的基础因素。因此，我们以铁路站场变化与否，把涉及城市更新的铁路客站项目分成以下几种类型：

第一类：站场原址扩建，站房则可能存在保护、利旧、拆除新建等几种情况；

第二类：站场不变，站房有扩建、站城一体开发，或站内提质扩容等不同改造方式；

第三类：新场并行老场，保留老站房增建新站房；

第四类：站场定位调整，促发城市更新契机；

第五类：新建站场位于城市建成区。

以下结合我们工作中的实际案例，重点论述分析这几种铁路客站城市更新项目的特点和重难点等设计关键问题。

3 站场原址扩建的既有站升级换代

3.1 拆与留

火车站是少有的与所在城市的名字联系在一起、承载着人们对城市生活记忆的公共建筑之一。

随着社会与经济技术的进步发展，车站更新换代是必然的过程。作为对城市格局和人文记忆有着重要影响的当地火车站，在其改扩建时如何处理既存的站房老建筑，其实并不仅仅是能否满足交通功能需求的技术问题，也是我们今天引起重视的城市更新问题。

目前，我国被列入文化遗产的火车站建筑还相对较少，尤其在过去，老站予以保留的规划要求不多。多数既有站改造项目在"留与拆"的面前都会选择"拆"。因为如果选择保留并继续利用，不仅可能使新的功能受到制约，经济投入上的代价也可能更高。

但站房每次都推倒重建，尤其是拆掉那些已成为几代市民城市记忆的老建筑，虽然车站规模越来越大，设施越来越现代化，却造成了城市生长年轮和历史文脉传续的断层，也难免令人遗憾。

比如，济南老站在1992年被拆除，随着时间的推移，已成为济南市民越来越深的痛惜，以致今天对于车站如何改造、是否复建等一直存在争议。类似情况也曾出现在国外，例如1963年美国就拆除了被称为"运输史上的多里安神庙"的纽约宾夕法尼亚站，令人扼腕（图1、图2）。

图1　津浦铁路济南站（1913—1992年）

图2　纽约宾夕法尼亚站（1910—1963年）

可以说，在存量更新时代，权衡既有站房建筑的"留与拆"是一个重要问题，也决定着铁路车站改造更新的思路和方法。以下例举几个对待老站房不同方式的既有站改扩建实例。

3.1.1　保留老站房

以天津西站和清河站为例，它们在原址扩建并保留既有老站房的项目中可以起到示范作用。这两个老站房在改造时都已被列入文化遗产，所以建设中都考虑了保留修缮。但项目在完成后都未保留老站房的原功能，而是改造成了博物馆。为了不影响新建部分的建设和使用，都采用了建筑整体平移技术，将既有站房移动到施工场地一侧，为新站房腾出合适的场地和站位。其中清河站还计划新站建成后把老站房再次平移回原址，形成新旧站同框的场景。

与济南站、纽约宾夕法尼亚站同时代建造的老汉口站（京汉铁路大智门车站），在20世纪90年代的改造浪潮中能被幸运地保留了下来，并不是出于保护老站房的原因，而主要源于其当时位于城市核心区的站址位置，不适合原址扩建铁路站场（图3）。随着京广铁路在武汉市城区的线路外迁，新的汉口站被迁址至金家墩，因此老站房也无须拆除，修缮后成为博物馆，2001年被列入全国重点文物保护单位名单。

图3 建于1903年的大智门站现状

3.1.2 利旧改扩建

2010年经改造投入使用的汉口站，是一个对既有站房部分利用的改扩建案例。

前文说到，1991年，具有百年历史的老汉口站从大智门迁至新址金家墩。但在中国社会经济高速发展的年代，仅仅经过了十多年，新建的站房规模和功能就已无法满足当时的客运使用需求。于是，2008年2月汉口站迎来了再次改造。

这次改造中，尽管不存在文物保护问题，但毕竟既有站房建筑只使用了20年，结构安全上不存在问题。因此尽量保留了可利用的部分，例如图中被标记为粉红色的均为利旧的建筑。在南侧站房仅拆除原有广厅，立面增加了12 m宽的柱廊，把原建筑两个巨型支柱替换为两个高耸的欧式钟塔，整体形成大智门车站时期新古典主义的建筑风格，重新找回了汉口站百年铁路的历史文脉（图4）。

图4 汉口站

改造后的汉口站为南北侧站房+高架候车室形式，总建筑面积达 18 万 m²，2010 年 2 月部分投入使用，北站房和广场将于近期全面建成开通。

部分利旧改扩建的案例还有 2023 年 2 月刚开通的邵阳站。如图 5 所示，在这张施工现场的实景照片中，黄色框所示的部分是需保留的既有建筑，同样因为它的建造年代较近，出于尽可能利旧的原则，我们采用了一种新建部分上跨的方式来避免既有建筑的拆除。从建成后的俯瞰照片上可以看到保留部分就位于新建部分的缺口位置。这种跨越既有建筑以实现扩建目标的案例，也为今后的既有站扩改建工程提供一种可借鉴思路。

图 5　邵阳站

3.1.3　拆旧建新

拆旧建新是目前最常采取的方法，如武昌站、苏州站、茂名站、嘉兴站、常德站等。这种改造从铁路工程上可以说更直接、单纯，往往也为所在城市片区的更新转型带来很好的启动契机。

武昌站始建于 1916 年，历经多次改造。2008 年改造的武昌站，是将建于 1968 年的原线侧下式站屋完全拆除后原址新建，站房改为带架空层的线侧平式，总建筑面积 48000 m²。武昌站的改扩建带动了区域内的旧城改造规划。以此为契机，对城市区域的交通和布局进行了进一步的优化（图 6）。

图 6　武昌站

3.2　创与承

拆除老站房虽然简单直接，还能带来更大的创新与进步，但对城市文脉和城市格局进行分析思考，处理好传承与创新的关系是改造项目建筑设计的重点之一。

综合发展篇

茂名站是上世纪80年代建成的项目，随着城市发展，已无法满足时代需求。由于铁路线与城市网格存在夹角、基地与轴线存在偏差，站城空间关系不好，给改造带来了难题。为此在南北两侧分设站房，方便旅客从不同方向进出，并因地制宜，首次创新采用"Z"字形整体布局。南、北两个梯形站房通过跨线天桥联通呼应，一并协调了城市道路夹角和轴线偏差两个问题，使得车站与城市规划在形态上完美契合，为周边城市升级发展打开了局面（图7）。

图7　茂名站

嘉兴站改造是一个考虑文脉传承的城市更新案例。铁路客站原址改造，既有站房也完全拆除了，但是在新站房的设计内容中，很重要的一块，是在中部的门脸形象上，按1∶1比例复建了一百年前更有时代意义的老站房。由于建筑规模较小，为了最大限度地凸显对原有车站的风貌和历史文化记忆，新建站房建筑体量尽量下沉、外观简洁现代，候车功能设于半地下，而广场以大量树木绿化为主，被称为"森林中的火车站"（图8）。

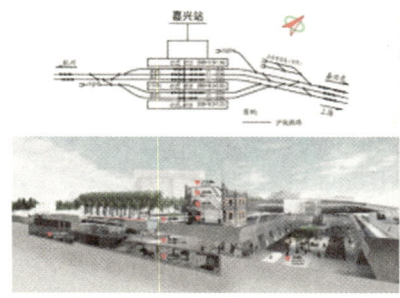

图8　嘉兴站

未来，还会有更多大型站面临升级改造，如广州站和广州东站，均位于繁华的城市中心，特别是已被列入历史文化名录的广州站房，其改扩建面临的传承与创新的挑战更为巨大，也令人期待。

027

4 不涉及站场改造的客站改扩建设计

4.1 贴与跨

有一类客站改扩建项目，铁路站场不做改变，改造期间本站客运业务临时过渡或全线列车过站运行，工程仅涉及本站站房或城市设施改造。这种情况下，遇到的一个挑战是如何对待运行中的既有铁路，特别是干线高速铁路。

一方面，如果站房建设工程严格禁止对运营铁路线的跨越，设计方案只能依赖既有的设施来解决铁路两侧的联系问题，这往往无法满足功能需求，影响乘客的使用感受，并可能导致铁路两侧城市的分隔；另一方面，如果仅强调从便捷一体出发，新增较多跨越线路的工程设施，可能会影响全线的行车组织，增加建设投资和安全风险。

4.1.1 贴近扩建

贴近扩建是在没有涉及运营线路工程的前提下完成既有站房的扩建升级，这当然存在着上面提到的功能问题。但既然确定了这一前提，设计上只能尽量做到合理，这种方式比较适合于一些中小站的改造，尤其是桥式车站（图9）。

图 9　桥式车站

对于桥式站，其改扩建展现出其站型在跨线沟通方面的巨大优势。由于架空的铁路线下方为站房改扩建提供了沟通联系两侧的现成通道，规划设计容易满足功能需求，工程灵活性也大大增加。

例如，虎门站的两侧贴建。原虎门站建于2011年，建成后数年客流量暴增远超预测值，城市部门对扩建要求强烈。改造方案是紧贴原桥式车站两侧增建进站和候车大厅，将原候车室空间改为检票换乘大厅，在确保广深港高铁安全不中断运行的前提下，铁路两侧增设了多层面多通道联系沟通，形成完善的综合交通枢纽功能，车站整体面貌焕然一新，并与城市TOD开发深度融合，开创了可复制的多方共赢模式。

4.1.2 跨越既有线改扩建

在建设过程中跨越了铁路正线的，可以义乌站为例。虽然义乌站是一个县级站，但它的地方经济发达，使用需求非常高，建成后将成为我国最大的县级车站。建设单位、施工单位、铁路运营单位等共同研究了系列解决方案和措施，确保施工期的运营安全。这是首次跨越正在运行的高铁干线建设高架候车室工程（图10）。

图10 义乌站

4.2 既有站提质改造

不涉及铁路站场改造的提质整改类型的案例有广州南站、北京站等，还有正在研究的武汉站站城融合改造方案。

广州南站是武广、广深港、广珠城际、贵广、南广铁路的起点站，于2010年投入使用，目前已经是全世界最繁忙的高铁站之一。建成逾10年之后，广州站迎来了一次站内功能的调整改造，为适应客流的增长和中转客流的需求，本次改造将高架站场下部部分原有停车场改为站内旅客使用区域，在地面出站层南侧区域设置线下中转换乘区，体现了最初设计预留弹性空间而实现车站的可生长性（图11）。

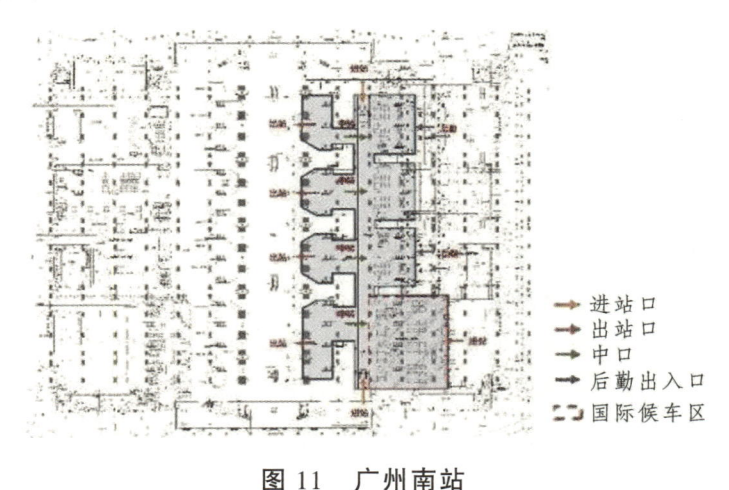

图11 广州南站

5 新建站场并行于既有站场

由于先后规划建设的高铁、城际铁路、普速铁路等不同类型线路需共用站址和通道资源，新建站场并行既有站场，保留老站房、增建新站房的情形，近期逐渐增多。

一般来说，既有站是单侧侧式站房的，新建站既可以在对侧站场设侧式站房（如南京站），也可以新建高架候车室（如徐州东站）；既有站本就是铁路两侧双站房的，新建站可以改造一侧新建一侧，形成"三站夹两场"的形式（如福州南站）；既有站是高架站房的，新建站也宜做高架站房，形成延绵一体方便旅客使用的车站（如厦门北站）（图12）。

图12　厦门北站

最新案例——福厦高铁的厦门北站和福州南站，这两个车站都是在原有的城际铁路站旁引进高铁场，新旧两个车站贴近并行设置。设计目标是从城市缝合和旅客体验出发，将其打造成一个整体，而不是独立不能相互调剂的两个车站。

因此，新老站场并行的建设项目，前述的"拆与留""创与承""贴与跨"的问题都可能遇到。尤其是那些大量的中小城市车站，如何权衡工程要不要穿过既有铁路，是比较关键的问题。因篇幅关系，在这里不详细展开讲述。

6　站场定位调整促发城市更新

目前，上海南站区域更新的城市设计工作已经开展。既有的上海南站建成于2006年，是上海城市中心两个主要客站之一。虽然地处中心，但区域存在的问题非常多，铁路客流量偏低，公共区容量低，街区尺度大，缺乏开放性，城市交通拥堵，与周边板块联系障碍重重。随着上海铁路枢纽总图调整和城市轨道交通的变化，上海南站周边区域迎来了启动城市更新的最好时机。上海铁路枢纽将建设松山南站、宝山站和上海东站。通过调整以后，上海南站将会重新定位，成为以高铁客流和通勤为主的车站。而上海南站是撬动整个徐汇中城片区发展的引擎，进而成为2035年上海大都市圈建设的重要一环（图13）。

可以看出，这类铁路客站改造项目设计重点思考的不应局限于车站和交通问题，而是更大范围的城市规划问题。其中路地双方的意愿一致、联动协同较为关键，时机稍纵即逝，影响长远。

类似项目还有，1999年建成的杭州站定位调整促发的城市更新。随着杭州枢纽总图的深化调整和枢纽内高铁站建设布局的完善，运营了20多年的杭州站将朝着"城际市域精品客站"的定位调整，由于其所处的城市核心区位和对周边区域的巨大影响力，一次较大级别的旧城区城市更新改造计划已在酝酿。目前，有关部门已组织完成了杭州城站东站房及东西联络通道专题研究、西湖大道与婺江路连通方案工程可行性研究、杭州站更新规划国际方案征集等工作，后续有待路地双方互动互促，深入推进。

图 13　上海南站

7　新建站场位于城市建成区的客站设计

在社会各界高铁进城的需求呼吁下，为进一步提升综合交通枢纽服务水平，做好站城融合发展，今后的新建铁路客站会逐步向城市中心区靠拢，更多地涉及既有城市区域的更新改造。笔者认为，高铁进城、铁路客站选址深入城市中心，靠近最大的服务客群，才是最根本、最有意义的站城融合。

2023 年底投入使用的广州白云站的建设，是在城市建成区进行的。规划中的广州铁路枢纽由广州站、广州东站、广州南站、白云站、新塘站等 8 个铁路客站组成。其中全国客流量最大的高铁客站广州南站距离市中心 17 km，而位于市中心的广州站、广州东站运能饱和，没有更多的高铁列车接纳能力。新建的白云站，将肩负枢纽绝大部分普速客运功能，腾笼换鸟，为广州站、广州东站引入高铁，城市中心重构创造了前提条件（图 14）。

弹性空间

白云站是定位以高速、铁路长途旅客为主的特大型客站，具有旅客等候时间长、聚集量大、客流季节性不均衡等特点，所以在设计中把握好"融合度"和赋予空间以一定的"弹性"成为关键。

图 14　广州白云站（一）

由于其优越的位置，站场总开发面积达到 128 万 m²。该项目采用了站城一体的策略进行规划设计，重点考虑了交通的远近分离、快慢分流，以及枢纽交通的独立性。为了应对普速铁路车站候车时间长、季节性客流不均衡等特征，设计了一个弹性空间——"呼吸广场"。此广场根据不同时期，如平日、春运和客流突发等场景需求，可以进行灵活布局与使用。此外，还建立了一个景观慢行环道联系站城空间，并将传统空旷无用的站前大广场转变为多个功能性小型广场包含在整个枢纽的各个部位，如下沉广场、呼吸广场甚至阶梯景观广场等（图15）。

图15　广州白云站（二）

另一个案例是深圳西丽站，它是一个以站城融合促进区域发展的典范。西丽站位于深圳中心城区南山区，处于南北向科技创新轴和东西向生态轴交汇点，连接着重要片区，而站址所处西丽地区是这里最后的价值洼地，规划将引入10条轨道交通，包括2条高铁、2条城际线以及6条地铁。便捷的交通和高强度的开发将使这里成为一个充满活力的城市中心。因此，方案设计构思是"促进共赢之纽带，焕发西丽之新生"。枢纽日均客流量为94万人次，建筑面积为120万 m^2，周边总体开发量达到360万 m^2。

站址场地西高东低，铁路在西边位于地下，东边则是高架结构。因此，主要策略是如何有效地进行站城交通沟通与衔接。图16中展示了候车室的平面布置，以及屋顶丝带公园和站台的动态效果。目标是将站点打造成一个高度可达、多功能的枢纽，既可实现穿越也能提供逗留空间，更智慧、更低碳，同时兼具弹性与韧性，给人们留下深刻印象并能持续发展的铁路枢纽（图16）。

图16　深圳西丽站

8 结语

目前，我国城镇化率超过 60%，在社会经济高质量发展的目标下，我国城市发展已经由增量扩张转为存量更新为主的新阶段。越来越多火车站建设项目将肩负着城市空间盘活、人文记忆再生、社交活力重塑的城市更新使命，成为实现城市可持续发展目标的新引擎。

参考文献

[1] 盛晖. 站与城——第四代铁路客站设计创新与实践[J]. 建筑技艺，2019（7）：8.

[2] 盛晖. 站城融合之铁路客站建筑设计[M]. 北京：中国建筑工业出版社，2022.

[3] 中铁第四勘察设计院集团有限公司，等. 广州铁路枢纽新建广州白云站实施方案[R]. 2019.

铁路客站智能建造与管理创新技术研究

钱增志

（中铁建设集团有限公司）

摘　要：本文研究了铁路客站智能建造和管理创新技术的现状、趋势和挑战。传统铁路客站面临交通压力和资源限制的问题，智能化技术应运而生。BIM 技术、物联网、大数据分析、人工智能等技术的应用改善了建造方法、运营效率和乘客体验。未来趋势包括智能建造系统、智慧设施、自动化交通、个性化服务等，将进一步提升铁路客站的建造技术和运维体验。

关键词：智能客站　智能建造　智能管理　信息平台　智能运维

引言

在城市交通日益复杂的环境中，铁路客站扮演着连接各种交通方式、推动人流和物流流动的关键角色。作为城市的门户，铁路客站不仅影响着交通流畅，更关系到市民的出行体验。传统铁路客站在满足不断增长的交通需求时面临多重挑战，拥堵、效率低下、信息不对称和环境压力等问题影响着城市的可持续交通。智能建造和管理创新应运而生，通过智能建造、建筑信息模型、物联网和大数据分析等技术，重新构思了传统建造方法。智能管理引入人工智能和自动化，提升运营效率和资源利用率，解决了传统枢纽的一些问题。

本论文旨在深入研究铁路客站智能建造和管理创新，重点分析其对效率、便捷性、安全性和可持续性的影响。通过对比传统和智能枢纽，突显智能建造和管理的重要性，为未来城市交通的发展提供参考。这项研究将深入了解智能建造和管理如何引领枢纽迈向智能、高效的未来，为城市交通的可持续发展注入新动力。

1　背景与存在问题

1.1　研究背景

随着城市化的加速发展和人口的持续增长，城市交通系统正面临着日益复杂和严峻的挑战。在这种背景下，铁路客站作为城市交通的重要节点，扮演着连接不同交通模式、实现出行便捷、促进经济发展的关键角色。铁路客站不仅为乘客提供换乘和接驳服务，还承载着货物运输、信息交流等多重功能。然而，传统铁路客站面临一系列问题和限制，影响着其在现代城市交通体系中的效率和质量。

1.2 传统铁路客站建造中面临的挑战和问题

（1）复杂的规划和设计导致建造难度增加：传统铁路客站的规划和设计涉及多个交通模式的整合，以及满足不同乘客需求的功能要求。这样复杂的设计采用传统建造思路施工时会遇到各种问题，比如多单位合作施工、多工种交叉作业施工、新型材料运用等。

（2）施工进度和质量控制：传统铁路客站的施工过程往往需要协调各种不同的工程，涉及多个承包商和供应商。这可能导致施工进度的延误和质量不易控制的难题。

（3）资源管理和协调：铁路客站的建设需要有效管理各种资源，包括人力、材料和设备。资源分配和协调不足可能导致资源浪费和效率低下。

（4）运营效率：一旦铁路客站建成投入使用，运营效率的问题仍然存在。高峰期的人流拥挤、乘客信息传递不畅等问题可能影响枢纽的正常运营。

（5）安全和管理难题：传统铁路客站的安全管理常常存在漏洞，容易出现安全事故和治安问题。人工管理容易出现疏漏，难以及时应对紧急事件。

（6）信息不对称：乘客获取信息不便，往往缺乏实时的交通信息和路线规划，导致旅行决策困难。

（7）环境和可持续性压力：传统铁路客站的能源消耗和环境污染问题引起了环保的担忧，对城市的可持续发展构成了挑战。

1.3 智能建造和管理创新的必要性

面对传统铁路客站的挑战，智能建造和管理创新成为了迫切的需求。通过引入先进的技术和创新的管理方法，可以为铁路客站的发展带来新的活力和机遇。

（1）改善建造过程：智能建造利用数字化技术、自动化工具以及先进的管理方法，旨在解决传统建造过程中的各种问题。通过引入智能建造，可以更好地规划和设计枢纽，提高施工质量和效率，优化资源分配，降低成本，改善原有的建造过程。

（2）提升效率和体验：智能建造技术可以优化枢纽的设计和建设，使其能够更好地适应高峰时段的需求，提升交通效率和乘客体验。

（3）强化安全管理：引入智能安全系统可以实现实时监控和预警，加强铁路客站的安全性，更好地应对突发事件。

（4）优化运营和决策：大数据分析技术可以对铁路客站的运营数据进行深入挖掘，为决策提供科学依据，优化资源配置和运输计划。

（5）提升环保可持续性：引入绿色技术和可再生能源，可以减少铁路客站的能源消耗和环境负担，推动城市可持续发展。

2 智能建造技术在建设中的应用

智能建造技术在铁路客站的应用产生了重要的意义与作用，为铁路客站的发展和运营带来了深远的影响。

2.1 BIM 综合施工技术

通过数字三维模型，BIM 综合技术现阶段深刻影响着客站的建设、管理和运营。在前期提供准确的设计和规划，减少设计错误和冲突，提高效率。建设过程中 BIM 模型改善了协作和沟通，通过多维可视化，减少了误解，增加了项目透明度。此外，BIM 支持施工规划，协助施工团队协调工作流程，提高效率，降低成本，减少项目延误。最后，BIM 模型在客站建成后，对设施管理和维护有帮助，延长了设备寿命。

2.2 156 项目智慧建造平台

"六智融合综合施工管理技术"通过各类物联网设备，实时采集施工现场的关键信息，形成了智慧进度管理系统、智慧劳务管理系统、智慧物料管理系统、智慧场区模块、智慧监控、智慧调度管理 6 大功能模块，可对施工进度、现场劳务、场区规划、物料调度等事项进行在线监督管控，实现了对"人、机、料、法、环"等各生产要素的全面智能监控及管理，提升了施工项目管理的效率和精细程度。

2.3 智能机器人

铁路客站智能机器人分为管理类机器人和操作类机器人两类。

管理类机器人采用巡检机器人、旁站机器人等模式，协助项目管理人员进行施工巡检、旁站工作。巡检机器人通过搭载的高清摄像头、烟雾探测传感器、热成像相机等外设，采集施工现场的信息，利用自动行驶算法、智能图像识别算法等，实现自主导航巡逻、立体安防监测、隐患监测预警、安全帽监测、烟火检测、一键呼叫报警、广播通知预警等功能；便携式旁站机器人面对施工作业面复杂的环境，可以突破不良路面等的制约，实现灵活安放、随地智能监控。操作类机器人主要包含混凝土自动收面机器人、钢结构自动焊接机器人、钢结构三维扫描机器人等，可帮助现场施工人员快速、标准地完成相应工序施工，实现施工现场的减员提效。通过智能装备辅助，能有效提高施工效率、提升施工质量。

3 物联网（IoT）技术

3.1 RFID、传感器技术

RFID 技术用于行李追踪、车票验证和设备管理，提高了效率和客户体验。传感器技术则应用于安全监控、能源管理、客流分析和维护预测。在安全方面，传感器监测火灾、烟雾、炸药以及人员和车辆活动，提高了客站的安全性。能源管理方面，传感器实时监测并调整照明、空调和电梯的使用，降低了能源消耗和成本。客流分析通过传感器帮助客站管理更好地分配资源和改进客户服务。传感器还用于设备维护，降低了设备故障和维修成本。这些技术提高了客站的智能性、效率、安全性，为客户提供更现代和可持续的服务，同时降低了运营成本。这对铁路客站的未来发展起到了关键作用。

3.2 虚拟现实（VR）和增强现实（AR）技术

VR 技术可用于培训客站员工，模拟紧急情况以提高应急响应能力。AR 技术则可用于增强客户体验，通过智能眼镜或手机应用提供导航、实时信息和互动元素，帮助旅客更轻松地找到站台、购票和获取服务。此外，AR 还可用于维护和维修，允许维护人员通过 AR 眼镜查看设备的实时状态和指导维修操作。这些技术提高了员工培训、客户导航和设备维护的效率，同时改善了旅客体验，促进了客站的创新和现代化。

VR 和 AR 技术的应用对于提高客站的运行效率和服务质量具有积极的影响，使客站能够更好地适应未来的需求。

4 智能运维管理

智能运维管理应用涵盖了多个方面，通过引入自动化、数据分析和机器视觉等技术，实现了高效的运营和资源优化。

4.1 乘客导引与信息服务技术

导引与信息服务技术为客站的发展和运营提供了重要的支持，从而提高了整体效率和旅客体验。通过提供准确的列车时刻表、站台信息和乘车指南，使旅客能够更好地规划旅程并更容易地完成出行，有效提高了客户满意度，还减少了混乱和不必要的等待。此外这些技术为旅客提供了方便的导航工具，帮助他们在客站内快速找到重要地点，如出入口、服务设施和商店，提高了客站的整体效率。此外，乘客导引与信息服务技术还可用于传达安全信息，如应急通知和紧急疏散指南，提高了客站的安全性。

4.2 设备智能维护

设备智能维护技术首先用于设备的实时监测和维护，包括列车、信号系统和电梯等。通过连续监测设备状态，系统能够早期检测问题和潜在故障，使维护团队能够采取预防措施，降低了维修工作的紧急性和成本，同时提高了设备的可靠性和寿命。通过预测性维护，设备可以在问题变得严重之前得到修复，减少了突发故障对客站运营的影响，确保了设备的长期可靠性。此外该技术还大大降低了维护成本，维护团队可以更有效地规划资源，避免不必要的维修和更换。

4.3 健康监测技术

健康监测技术在铁路客站的设备健康监测方面发挥着关键作用。通过实时监测设备状态，如电梯、信号系统和列车，这些技术能够提前检测任何潜在的故障和维修需求。这不仅有助于避免突发的设备故障，还能减少不必要的停机时间，从而提高了客站的运营效率。减少维修需求和相关的停机时间不仅降低了运营成本，还有助于提供更加稳定和可靠的服务，改善了旅客的体验。此外，设备的健康监测还有助于延长设备的寿命，减少了更换设备的频率，从长远来看也降低了资本支出。这一切共同推动了铁路客站的可持续发展和卓越运营。

5 智能建造与管理创新的持续发展与挑战

铁路客站智能建造和管理创新在未来将展现出显著的发展趋势，同时也面临着一系列值得关注的技术和管理挑战。本节将探讨铁路客站智能化发展的未来趋势以及可能面临的挑战。

5.1 发展趋势

（1）智能设施建设：随着可持续发展理念的加强，未来铁路客站将倾向于采用智能设施建设，包括可再生能源的应用、智能照明系统的引入以及能源效率的提升，从而实现能源消耗的降低和环境影响的最小化。

（2）数据驱动决策：数据分析与人工智能技术将在铁路客站的决策制定中扮演越发重要的角色。通过深入分析历史数据，以及实时的运营信息，决策者能够更精准地优化运营计划、资源分配和服务策略。

（3）个性化服务体验：随着数据分析技术的不断进步，铁路客站将能够更好地理解乘客的行为和偏好。未来，将实现更为个性化的服务，为乘客提供量身定制的旅程体验，从而提升乘客满意度。

（4）可持续性与环保：未来铁路客站的建设和运营将更加注重可持续性。通过智能能源管理、废物处理优化和环保材料的应用，枢纽将积极推动绿色环保发展。

5.2 挑战与前景

（1）技术挑战：引入新技术需要解决技术成熟度、互操作性等问题。各种系统和设备的集成需要充分考虑不同技术之间的融合与协同。

（2）隐私与数据安全：大规模数据采集可能引发隐私和数据安全问题。枢纽需在数据收集、存储和传输过程中采取严格的隐私保护和数据安全措施。

（3）成本与投资：智能化建设和管理技术的投资成本可能相对较高，需要平衡投资与预期效益，同时寻找可行的融资模式。

（4）法规与政策：智能化技术的引入需要配套的法规和政策支持，以确保合规性、可持续性和公平竞争环境。

（5）社会接受度：新技术的引入可能面临社会接受度的挑战。合适的宣传和培训能够帮助乘客和员工更好地理解和适应新技术。

在未来，铁路客站智能建造和管理创新将继续为城市交通系统带来深远影响。然而，克服技术和管理上的挑战，确保技术应用的合理性和可行性，将是保障其顺利发展的关键。

6 结语

本论文深入探讨了铁路客站智能建造和管理创新的现状、发展趋势以及面临的挑战。铁路客站作为城市交通系统的核心组成部分，在现代社会发挥着不可替代的作用。然而，传统的铁路客站在面对日益增长的交通压力、资源有限性等问题时，亟须创新的解决方案。

随着智能技术的快速发展，铁路客站的智能建造和管理创新成为提升其效率、便捷性、安全性和可持续性的关键路径。从智能建造技术、物联网的应用、大数据分析、人工智能技术到智能决策支持等方面，智能化改革为铁路客站的运营和服务注入了新的活力。通过实时数据的收集、分析和应用，建设者、运营者能够更准确地了解乘客需求，优化资源配置，提供个性化服务，从而提升整体运营效率和乘客体验。然而，智能化建造和管理也伴随着一系列技术和管理挑战。隐私和数据安全问题需要得到切实解决，合适的隐私保护措施和安全机制必不可少。同时，成本投入、技术融合、社会接受度等也需要全面考量和解决。智能化发展不仅需要技术创新，更需要法规和政策的支持，还需要广大乘客和员工的积极参与。

通过紧密关注技术前沿，不断完善管理策略，铁路客站有望实现更高水平的智能化运营。本论文的探讨为进一步推动铁路客站的智能化建设提供了参考，相信在各方共同努力下，铁路客站将持续发展壮大，为城市交通提供更加便捷、高效和可持续的解决方案。

参考文献：

[1] 张博. 高铁客站照明智能化与节能降耗的优化建议[J]. 光源与照明，2021（6）：18-19.

[2] 李瑞. 铁路智能车站设备节能集控系统研究[J]. 铁道运输与经济，2018，40（7）：53-57.

[3] 周铁征，王青衣，贾慧超. 精品客站设计技术研究与创新实践[J]. 中国铁路，2021（S1）：22-26.

[4] 赵玥. 基于机器视觉的室内环境控制系统研究[D]. 北京：北方工业大学，2023.

[5] 赵有明，张格明，凌烈鹏，等. 朔黄铁路基础设施智能运维系统研发与应用[J]. 铁道运输与经济，2023，45（11）：1-10.

粤港澳大湾区现代化铁路枢纽客站建设探索与实践

陈伟庚

（中国铁路广州局集团有限公司）

摘　要：粤港澳大湾区铁路客站面临运输能力不足、资源布局不均衡、乘客体验不佳等挑战。本文结合项目实践经验，从优化铁路枢纽功能、打造综合交通体系、促进站城融合发展、构建绿色低碳站房、探索智慧客站建设、探索一体化建设管理等方面积极探索。通过探索与实践，广州局集团不断提高项目建设管理水平，按照国铁集团和省委、省政府的统一部署，高质量推进铁路规划建设，着力扩大有效投资规模，持续优化基础设施布局，全面提高客货运输服务品质和效率，为粤港澳大湾区高质量发展贡献广铁力量。

关键词：粤港澳大湾区　站城融合　铁路客站　一体化建设

1　概述

1.1　宏观背景

我国已经成为世界上高速铁路发展最快、路网规模最大、运营速度最高、运营场景最丰富的国家，高速铁路总体技术水平进入世界先进行列。粤港澳大湾区（以下简称大湾区）建设是国家区域重大战略。大湾区是我国经济发展活力最强劲、对外开放水平最高、创新动能最足的区域之一，在国家发展大局中居于不可替代的位置，正逐渐成长为展现中国式现代化的窗口。

铁路客站是城市的窗口，作为城市间的连接节点，极大促进了人流物流信息流。建设站城融合的现代化综合枢纽客站，有利于盘活地方土地资源，对拉动地方经济，促进地方高质量发展有着重要作用。大湾区发展战略将基础设施互联互通放在 7 大重点建设领域的首位，打造国际一流湾区和世界级城市群离不开现代化铁路的有力支撑。

1.2　区域特点

大湾区主要区域特点是区位优势明显、经济实力雄厚、创新要素集聚、国际化水平领先、合作基础良好；缺点是土地紧缺。

横向对比京津冀、长三角、成渝双城经济圈的铁路发展情况，大湾区城镇化率以 88.7% 居首位，是第 2 名长三角经济圈 68.2% 的 1.3 倍；人均 GDP 以 13.41 万元居首位，是京津冀经济圈的 7.48 万元的 1.8 倍，成渝经济圈的 6.5 万元的 2.06 倍；人口密度为 1 525 人/km^2，是京津冀经济圈的 523 人的 2.9 倍。但大湾区铁路里程少，人均高铁城际里程方面仍处于末位，仅有长三角指标的 60%。

北京、上海铁路枢纽高铁基本引入了中心城区，形成了完善的环形、放射状枢纽格局，京津冀、长三角地区等经济圈的主要客站建设已基本进入尾声，大湾区铁路客站建设仍处于起步阶段。

1.3 大湾区铁路枢纽布局

1.3.1 总体布局

根据规划目标，大湾区将构建主要城市间 1 h 通达、主要城市至广东省内地级城市 2 h 通达、主要城市至相邻省会城市 3 h 通达的交通圈，完善现代综合交通运输体系，打造"轨道上的大湾区"（图 1）。

图 1 大湾区铁路枢纽布局图

1.3.2 主要枢纽客站规划

规划形成粤港澳大湾区广州铁路枢纽、深圳铁路枢纽、珠西地区铁路，对应大湾区的广佛、深港、珠澳 3 大发展极。大湾区以 3 个地区为主，形成"大湾区铁路枢纽客站群"。

（1）广州铁路枢纽形成以广州、广州东、广州南、佛山西、广州白云为主客站，以广州北、南沙、新塘、黄埔为辅助站的"五主四辅"客运布局。

（2）深圳铁路枢纽[1]形成以深圳北、西丽、深圳为主要客站，深圳东、福田、深圳机场东、深圳坪山为辅助客站的"三主四辅"客运布局。

（3）珠西地区[2]形成以江门、中山北、珠海、珠海鹤洲为主客站，江门北、横琴、中山为辅助站的"四主三辅"客运布局。

2 当前面临的挑战

2.1 运输能力与时代发展不适应

（1）既有客运站运能饱和，改造滞后，不能满足规划新线引入、运量增长以及旅客出行需求。既有广州、广州东主要客站能力不能满足发展要求。

（2）由于前期规划的局限性，部分客站选址前瞻性不足，如广州南站和深圳北站等距离城市中心区均较远，导致高铁和城际未引入城市中心区，不能较好满足中心城区客流方便快速出行要求。

（3）枢纽客站之间未能互联互通，影响线路间的换乘，旅客体验感不好。如广州南站仅接入高铁线路，旅客无法直接到达开通普速和城际的广州站、广州东站。

2.2 客运枢纽与城市发展不适应

（1）铁路资源布局不均衡。既有铁路资源相对集中于广深地区，湾区西翼铁路建设相对滞后。

（2）站城融合程度不高。主要表现在第一代客运车站在城市地域和交通运输上割裂；与城市的融合发展不匹配，武广高铁部分大型客站运营至今，周边开发规模、外部效应远未达到预期。

（3）枢纽内外综合交通接驳体系亟待优化。航空旅客不能实现与铁路的便捷换乘，如广州白云、深圳宝安等主要机场暂未引入高铁线路；部分主要客站集疏方式单一，如佛山西站未实现地铁接入。

2.3 客运服务与旅客需求不适应

目前，枢纽客站客运服务及设施与新时代人民对美好出行体验的期盼不匹配。如铁路与城市轨道旅客换乘衔接时间紧，旅客出行不便；大型枢纽客站流线、引导标识不清晰；涉及客服运维的冷暖、空气净化、照明、供水、卫生保洁 5 项工程存在不足，如部分站房热工环境旅客候车舒适度不协调，后期运营时旅客体验不佳等。

3 实践与探索举措

广州局集团对接粤港澳大湾区国家发展战略，坚持问题导向、目标导向和结果导向，与各方力量一道久久为功，持续发力，积极探索实践现代化铁路枢纽客站群规划建设。

3.1 优化铁路枢纽功能

对标粤港澳大湾区、先行示范区战略，推动粤港澳大湾区一体化规划建设，形成布局合理、一体便捷、智慧高效、站城融合的现代化铁路交通运输网络。

为解决枢纽内既有客站运能紧张，与广州中心城区客站不能互联互通等问题，提出以下策略。一是完善枢纽客运布局，加快白云站建设、广州东站及广州站改造，建设广州至广州南联络线，将高铁引入中心城区；二是补强枢纽内通道能力，规划建设广州至各地区的铁路项目；三是统筹做好枢纽内互联互通，加强正线与联络线联通、站型设计等研究，实现多点到发、衔接顺畅、便捷通达的运输效果。

3.2　打造综合交通体系

推动干线铁路、城际铁路、市域（郊）铁路、城市轨道交通"四网融合"，服务人民、方便换乘。广州白云站引入有京广铁路、京广高铁联络线、广湛高铁联络线、广清城际，以及6条地铁线路，连通白云机场。广州东站东向衔接广深四线、广汕铁路，西向衔接广深Ⅰ、Ⅱ线，广州至广州东三四线，接入穗莞深城际和4条地铁线路，同时进一步研究车站北侧引入广深高速磁悬浮线的可能性（图2）。

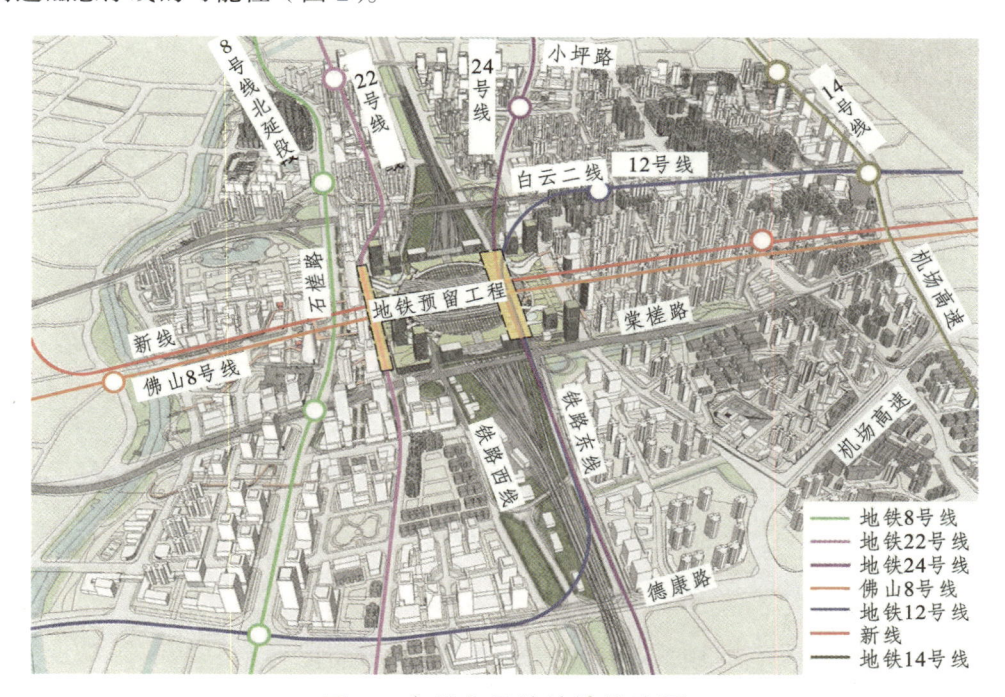

图2　广州白云站地铁线路图

通过多目标的交通需求预测、分层次的车辆引导及分流技术、数字仿真及优化技术，实现交通与功能的有机整合，并以交通换乘中心取代站前广场的功能。白云站以车站为中心，通过四角交通核心形成立体换乘空间，将站、城、景、人融合。

3.3　促进站城融合发展

秉承"一站一方案"的原则，深入探索站城融合模式，致力于实现交通功能与城市功能的高效整合，达到更高层次的站城共生关系。

（1）有机衔接多种交通方式。白云站通过立体规划和空间衔接整合，将铁路、城际、地铁、公交、汽车合成为一个立体交通系统，通过环形步道、光谷等特色空间有机衔接、便捷换乘（图3）。

（2）促进资源共享节约，基于白云站位于城市高度建成区的背景，以整体规划衔接、多维首层空间营造等手段，通过上盖再生地面打造了18万 m² 的正线上盖物业开发，并与市政一体化设计、建造，将多方资源有机整合。

（3）打造功能高度复合的场所，广州东站以高铁进城为改造契机，打造集交通枢纽、公共服务、文化展示、旅游服务于一体的高铁枢纽中心区[3]，致力于实现天河CBD向CAZ+枢纽中心区的转型升级。

（4）统一专业标准，从服务标准、效率量化标准、信息协同标准、评价指标体[4]等方面统一协调，解决站城融合下专业众多、接口复杂的难题。

（5）打造人本客站，综合安检互信、打造无障碍环境、创作白云站视觉文化专项提升等多种策略，打造全龄友好型客站，践行人文关怀。

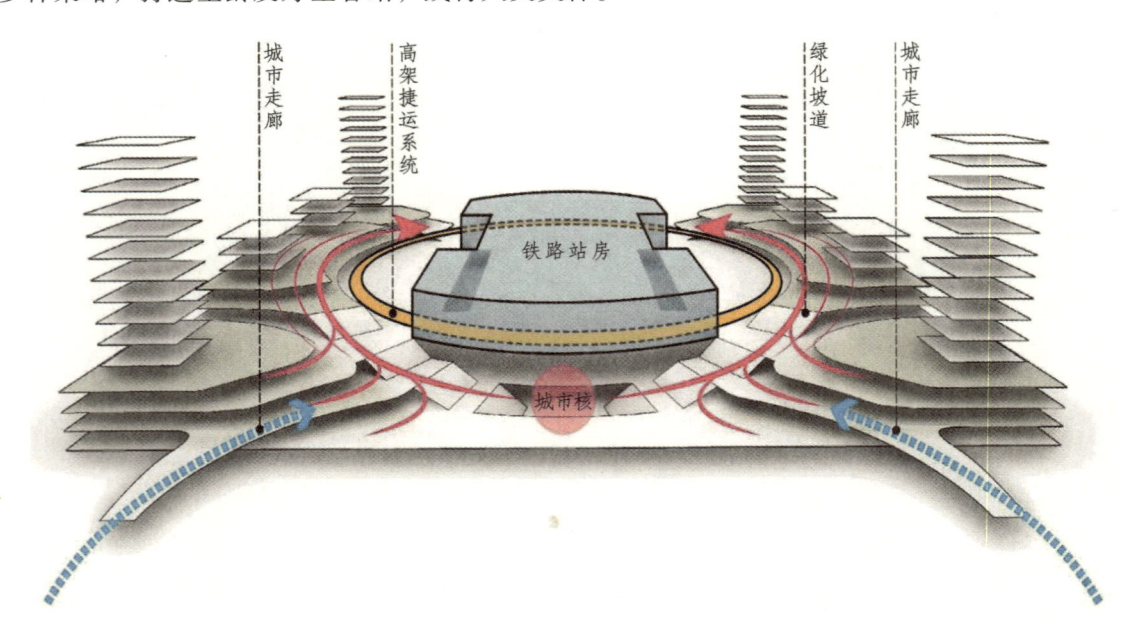

图3 广州白云站立体流线分析图

3.4 构建绿色低碳站房

通过科学管理和技术创新，采用有利于节约资源、保护环境、减少排放、提高效率、保障品质的建造方式，实现人与自然和谐共生。

（1）充分利用土地。因地制宜，采用站场上盖、双层车场、桥下空间等措施，挖掘土地价值，提升土地利用效率。

（2）简化建筑造型。践行重结构轻装饰理念，通过简化建筑造型、土建装修一体化方式节约建筑材料。

（3）对标绿建三星提升能效，提高维护结构热工性能、增设光伏发电系统（图4）、对空调末端节能控制系统进行优化、集中空调冷源能效提升系统以满足国标绿建三星要求。

（4）绿色施工。研究并应用绿色装配式护坡、泥浆零排放系统、建筑垃圾减量化与资源化利用等新技术。

图4　白云站光伏示意图

3.5　探索智慧客站建设

广州白云站作为第四代车站建设代表，按照新时代交通枢纽发展要求，基于新一代信息技术，围绕智能运维与旅客服务，全面提升整体运营管理效率。

3.5.1　智能运维

智能运维主要是探索运用各类信息技术，实现高精度、高效率运维管理（图5）。

图5　白云站建维一体化建设管理平台

对钢结构工程，开展高铁站房钢结构全生命周期"6S"管理平台研究，实现各阶段信息的无缝传递[5]及追溯、钢结构 BIM 全生命周期智能建造新模式[6]；搭建钢结构健康监测体系，通过人工监测、自动监测及联合监测，运用信息化现代控制技术建设铁路智能检测监测设施，实现大型客运站等关键设施服役状态在线监测、远程诊断和智能维护。

通过对白云站建筑、设备及环境等对象进行数据采集，建立站场及环境数字孪生平台，利用 BIM 技术对站场建造施工进行仿真模拟，实现站场建筑全生命周期的状态评估与预测，实现对各类设备、管线等基础信息、运行信息、运维信息的全要素可视化管理，实现对紧急状态疏散仿真，优化路径设置、人流管理和火灾情况下的排烟分析。

3.5.2 旅客服务

基于旅客出行实际需求，探索新时代便捷出行服务。

（1）根据站内建筑结构情况，形成物联网无线定位基站网络的部署方案，然后根据部署方案在相应的点位上部署定位信标，在旅客进入定位区域时，通过将室内物联网定位、轨迹跟踪、多传感器数据融合算法引擎进行结合，提供精细化的地图导览服务，通过短信推送或者小程序为旅客提供高精度、高可用的三维定位导航服务。

（2）通过整合高铁站及周边火车、汽车、出租车、大巴等相关数据，接入交通运输部门、交警、高铁站等相关信息系统，为政府管理部门提供交通辅助决策、数据分析等功能，为企业提供运行监测、综合调度、出行优化等管理，为出行者提供出行引导、出行规划等服务，从而加大人流通过量，避免拥挤，提升出行体验。

（3）探索推行"一票式"联程客运服务，解决因不同交通系统票制管理造成衔接制式不统一的问题，以提高大湾区城市交通运营管理体系的运行效率和旅客的出行效率，促使客流规模不断扩大，为多层次综合交通运输体系的实现提供可能。

3.6　探索一体化建设管理

站城融合理念下，枢纽客站建设存在投资多元化引发管理多元化；市政配套规划不同步，设计理念风格不一致；施工计划安排不统一；运营不同步等风险。广州局集团努力探索，形成一体化、专业化建设管理模式的经验。

（1）一体化建设管理就是铁路、配套市政、区域综合开发等各方建设单位及设计施工单位一体联动，建立规划统筹、管理协同、设计互认、施工有序的协同工作管理机制。

①在规划设计层面，通过提前介入，实现多方位全要素一体化，达到站城规划"一张图"。

②在建设管理层面，通过提前布局，实现招标、建造、质监、成本控制、验收等过程一体化。政府、建设单位和参建单位充分协同合作，采用代建模式将相关范围的项目统一纳入铁路建设管理部门统筹管理，建立建营一体化、建维一体化、路地一体化、站城一体化、站区一体化、建管一体化模式。在一体化模式下实现施工组织统一安排，质量监督协同管理，工程验收同步推进。如广州局集团站房建设指挥部在深汕站推进过程中，与深汕投资控股集团签署深汕站综合开发工程委托代建协议，实现了站房与周边配套一体化建设管理。

（2）专业化建设管理就是强化专业化管理，专业化管理尤其是专业化人才队伍的建设是实现一体化建设的基础。针对现代化客站专业多、投资主体多、业态多、结合部位多等特点，为满足高质量开通和专业化管理要求，以设立专业化的项目管理机构（站房建设指挥部）为依托，建立站房专业化管理制度体系，着力建设一支高素质专业化的人才队伍，实现专业管理拼成果、集中力量克难点、整合资源抢速度的优势提升，为打造精品客站、推进现代站城建设高质量完成提供坚实人才保障。

4　结束语

未来 5 年，广州局集团预计完成铁路建设投资 3 600 亿元以上。广州局集团将按照国铁集团党组和广东省委、省政府统一部署，全面、完整、准确贯彻新发展理念，广泛凝聚社会各界力量，高质量推进铁路规划建设，着力扩大有效投资规模，持续优化基础设施布局，全面提高客货运输服务品质效率，重点加快大湾区内西丽站、深圳机场东站、南沙站、佛山站、深汕站、汕头站等主要客运枢纽站的建设，全力推进广州东站、广州站大型客运枢纽的改造，争取早启动、早建设、早投产；不断完善客运网络，做到互联互通，大幅度提升客运能力和通行效率，构建"轨道上的大湾区"，在勇当服务和支撑中国式现代化建设的"火车头"新征程中贡献广铁力量。

同时，进一步贯彻站城融合发展理念，让城市功能更加完善、更有活力，坚持信息化智能化引领枢纽现代化，打造高素质专业化人才队伍，不断助力粤港澳大湾区在高质量发展的路上奋勇前行。

参考文献：

[1] 中国城市规划学会城市交通规划学术委员会. 品质交通与协同共治——2019 年中国城市交通规划年会论文集[C]. 北京：中国建筑工业出版社，2019.

[2] 黄西勤. 关于加快推进粤港澳大湾区多式联运高质量发展的提案[J]. 中国科技产业，2021，（3）：25.

[3] 马小毅. 从互联互通到直连直通：城市群视角下的广州湾区交通发展战略[J]. 广东科技，2020，29（8）：70-74.

[4] 盛晖. 站城融合概念辨析与评价要素[J]. 城市交通，2022，20（3）：8-9.

[5] 中国图学学会土木工程图学分会. 第八届 BIM 技术国际交流会——工程项目全生命期协同应用创新发展论文集[C]. 2021：9.

[6] 史波涛. 中铁建工集团展示智能建造新模式[N]. 首都建设报，2022-09-07（3）.

大型地下铁路车站消防措施及策略研究

鲍宁，周铁征

（中国铁路设计集团有限公司）

摘　要：近年来，地下车站的建设逐渐增多，而消防设计是地下车站设计的重点和难点，巧妙地通过建筑设计语言解决消防问题是地下车站成功的关键。在设计前期应积极直面地下车站的消防困难，提出消防策略，最终达到满意的建筑效果。本文通过系统论述，结合北京城市副中心站、雄安城际站、岗厦北站等工程案例，从方案阶段、工程设计阶段针对消防问题提出消防策略及措施。

关键词：地下车站　消防

1　引言

我国城市化已进入存量发展阶段，城市用地条件不断紧张，在中心城区新建铁路车站越来越困难。同时，伴随我国国力的提升，特别是站城一体化的发展理念越来越被认同，通过地下车站解决城区的交通问题是未来主要发展方向。而地下车站由于其先天的地下空间问题，使得消防设计成为其设计的重点和难点。

地下铁路车站人流集散量大，空间相对封闭，发生火灾时不易辨明方向。同时地下空间的通风、照明和疏散均受到极大限制，空间需要大量人工照明及通风设备维护，时间一长，由于缺乏维护，地下空间往往变得陈旧、阴暗、缺乏人气，造成建筑投资的浪费。老旧地下商业街现状如图1所示。

图1　老旧地下商业街现状

本研究得到中国铁路设计集团有限公司科技开发课题"站城一体铁路客站消防关键技术研究"（2024B0249316）资助。

如何正确看待地下建筑设计与消防设计的关系是地下车站设计的重要课题。在设计实践过程中，存在为了减少责任和麻烦，某些工程人员消极对待消防问题，从而造成设计遗憾。

在设计前期应充分认识到消防设计的重要性，用积极的态度看待消防与设计效果之间的关系。应在前期方案阶段就制定明晰的消防设计策略，把消防策略要点纳入方案设计中，成为方案设计的亮点，为后续工程设计创造良好条件。下面将结合地下车站设计所面临的消防问题提出对应设计解决策略，以供参考。

2 地下车站设计对消防问题的解决策略

2.1 防火分区的设置策略

防火分区是地下车站消防设计面临的第一个问题[1]。根据《铁路工程防火设计规范》要求，候车厅或集散厅等公共空间防火分区面积不应大于 5 000 m²，设备办公区防火分区面积不应大于 1 500 m²。而实际设计中车站公共空间往往超出此面积要求。如果在前期设计中方案考虑不细，后期工程设计阶段为满足规范要求，空间会通过防火墙、防火门等方式被分隔成多个部分，影响空间效果。防火墙和防火门分隔示意图如图 2 和图 3 所示。

图 2　防火墙分隔示意　　　　图 3　防火门分隔示意

因此，在前期设计中，设计师应考虑消防因素，提前与特殊消防[2]对接，让设计方案满足工程设计阶段突破防火分区的条件。按照功能不同，可将地下空间分为不同防火分隔，如有需要，可通过防火隔离带将候车厅分隔成多个防火区域，防火分区之间可利用防火玻璃墙或防火卷帘等通透的方式进行分隔，减少风险。

在北京城市副中心站设计过程中，这个问题尤为突出。副中心站车场规模 8 台 14 线，铁路车站候车厅面积约 31 000 m²，周围和地铁、商业通廊、市政停车场等多种功能区连接。如果按照规范中防火分区大小来设计，许多在功能上作为一个整体来使用的重要空间都要被分为多个区，整个地下空间将会被分割得支离破碎，不利于日常使用和管理，使得封闭的地下空间更加压抑。因此在设计前期，在建设单位的支持下，与特殊消防设计单位共同论证，打破传统防火分区的限制，用功能来划分防火分区范围，最终保障了大空间的连续性、通透性，提升了地下空间的环境，也方便了旅客使用。图 4 所示为副中心站 B1 层防火分区示意图。

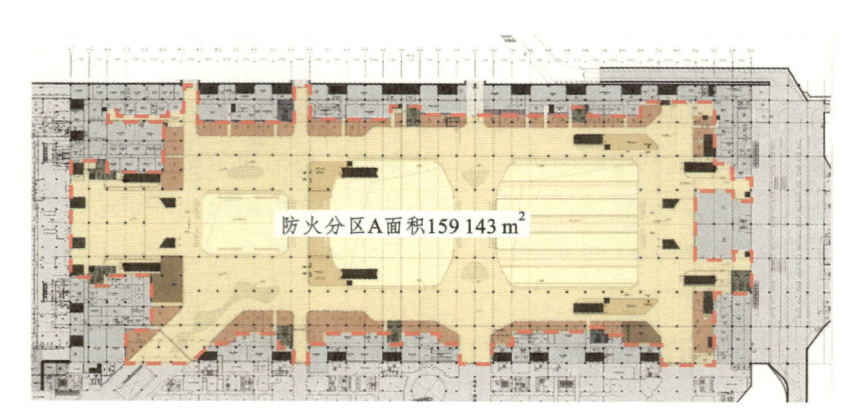

图 4　副中心站 B1 层防火分区示意图

2.2　疏散设施的设置策略

2.2.1　疏散距离

站房内进、出站厅、候车厅多为开敞、连续的大空间，且受内部设施布置和地面条件的限制，无法均匀布置直通室外的楼梯间或消防电梯。站台被轨道分隔为一个个独立的线型空间，疏散楼梯只能延站台中心线线性布置，且封闭的疏散楼梯对站台视线造成严重遮挡。按照《铁路工程设计防火规范》，地下车站公共区内任意一点与最近安全出口的疏散距离不得大于 50 m，实际设计中当铁路车场规模较大时，站厅和站台设计难以满足规范要求。

在副中心站设计中，首先和特殊消防单位沟通，确定疏散距离标准原则：站台层任意一点至疏散楼梯的距离按照规范 50 m 执行；站厅层及上方公共商业上层顶部开洞，针对空间开敞和层高较高的特点，进行特殊消防论证，研究人员疏散时间与空间内烟气的下降速率、蓄烟能力和出口宽度的关系，其疏散距离可以根据不同区域的空间净高度进行计算确定。空间越高，蓄烟能力越强，可供人员安全疏散的时间越长，因此疏散距离可以适当增大，同时考虑增大排烟量等措施确保人员疏散的安全。副中心站室内高度示意图如图 5 所示。参照机场规范和北京市《站城一体化工程消防安全技术标准》[3]，室内净高与疏散距离的关系如表 1 所示。因此，在设计前期，应考虑增加疏散距离的有利条件，有意识地提高空间高度及排烟条件，为后续工程设计创造良好基础。

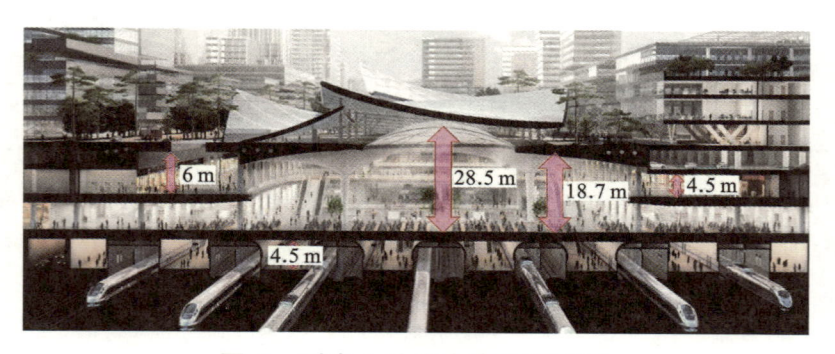

图 5　副中心站室内高度示意图

表 1　室内净高与疏散距离

空间净高/m	≤6	>6，≤12	>12，≤15	>15，≤20	>20
疏散距离/m	50	60	70	80	90

注：引自北京市《站城一体化工程消防安全技术标准》。

2.2.2　疏散宽度

铁路客站的疏散宽度应根据铁路客站最高聚集人数和铁路站台车辆停靠特点进行计算。铁路客站有别于地铁站，存在大量等候客流。候车厅内的疏散设置总宽度需由最高聚集人数计算确定；铁路站台的疏散宽度，需按照站台两侧同时停靠铁路车辆，车辆上的旅客向站台疏散的工况计算确定。同时地下站厅、站台一般均设置在超过地面 10 m 以下，疏散宽度按照 1 m/100 人设计，需要设计大量疏散楼梯。同时疏散楼梯应直通地面，对地面景观造成较大影响。

在设计前期应充分考虑疏散特点，合理布置疏散点位。副中心站在设计过程中，首先梳理安全出口楼梯间的位置，让其在车站中在不影响公共区效果的前提下尽量均匀布置。同时为保证疏散宽度并减少楼梯数量，采用了剪刀梯、利用自动扶梯参与疏散等疏散方式。副中心站 B2 层公共区疏散出口示意图如图 6 所示。

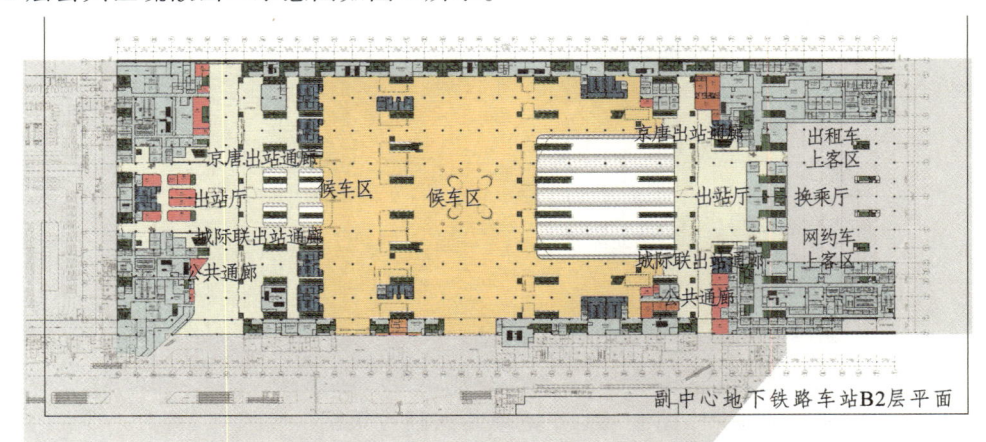

图 6　副中心站 B2 层公共区疏散出口示意图

对于疏散楼梯直通地面的设置方式，在设计前期地面规划时应充分考虑地下疏散设置条件，不影响地面景观。副中心站设计实践中，通过多种方式减少出地面楼梯口对地面景观的影响。首先在城市设计阶段，有意识地在车站南北两侧楼梯集中设置的部位设置地面开发楼座，使疏散楼梯与地面楼座结合，减少独立地面出入口。东西两侧疏散楼梯则利用下沉广场，疏散至 B0.5 层下沉庭院，有效减少疏散设施出地面对地面景观的影响。副中心站疏散楼梯与地上楼座结合设计如图 7 所示。

2.3　消防排烟的设置策略

地下旅客车站主要公共功能空间，如进站厅、候车室等，具有人员高度聚集、空间高大、烟气集聚不易排除、火灾影响大等特点，对消防排烟措施要求较高。部分地下车站受各方面限制，采用机械排烟模式，安全度相对较差[4]。

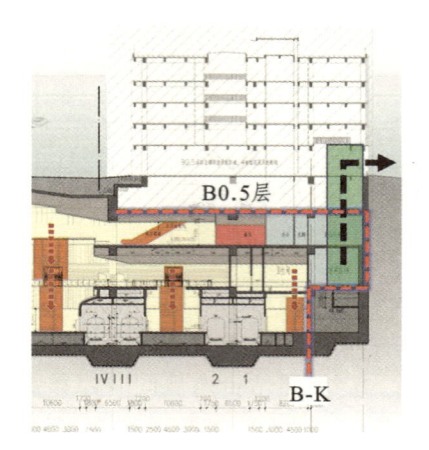

图 7　副中心站疏散楼梯与地上楼座结合设计

因此，在前期设计中应尽量创造自然排烟的条件。自然排烟是最为稳定可靠的排烟模式，可以有效降低全部采用机械排烟的可靠性风险。在雄安城际站设计中，通过大面积光廊的引入，将自然光引入室内，创造良好的空间品质（见图8）。

图 8　雄安城际站光廊效果图

2.4　站台层空间设计策略

传统地下车站都是将站台层与站厅层分隔开，这样虽然解决了消防问题，但是会造成地下空间上下不通透，空间低矮压抑。能否打破传统站台空间限制，将站台层顶板打开，形成中庭式车站，将阳光引入站台，创造连续纯粹的地下空间，是设计师需要解决的问题。

在北京城市副中心站设计实践中，为了获得更好的地下空间效果，希望将地下各层空间打通，形成贯通空间，如图10所示。为了解决国铁列车消防问题，在设计前期就提出了屏蔽罩概念，在站台层开洞上方设置屏蔽罩，将列车封闭在屏蔽罩内隔绝火灾危险，屏蔽结构及屏蔽门满足 1 h 火灾完整性要求。屏蔽罩示意图和效果图分别如图11和图12所示。

岗厦北站枢纽是深圳地铁新建 10、11、14 号线和既有 2 号线形成的四线换乘站，其中 11、14 号线在中庭换乘。其设计概念立意，希望将阳光引入站台，在车站中间区域从站台到地上天窗洞口上下贯通，形成通透的中庭空间。由于地铁车辆属于不燃体，火灾危害较国铁车站小，将地铁列车罩在玻璃屏蔽罩中，如图 12 所示，与特殊消防设计单位论证，确定玻璃屏蔽罩的耐火要求，最终实现了通透开敞的地下空间，车站建成后被誉为"深圳之眼"。岗厦北站玻璃屏蔽罩实景图如图 13 所示。

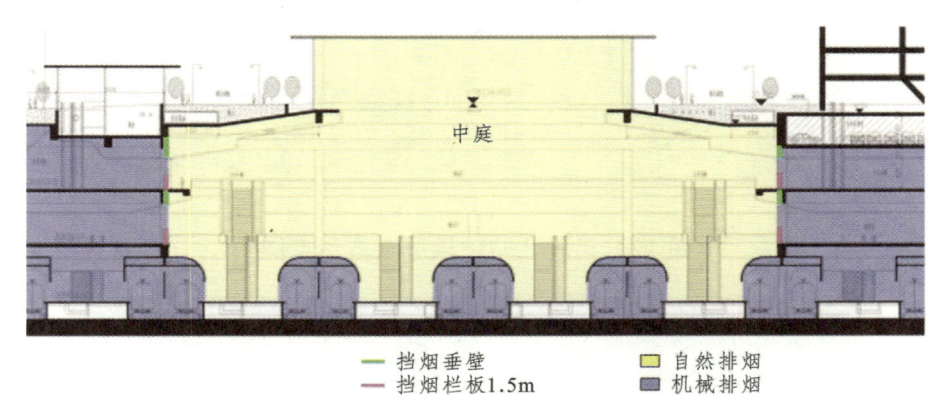

图 9　地下车站开洞示意

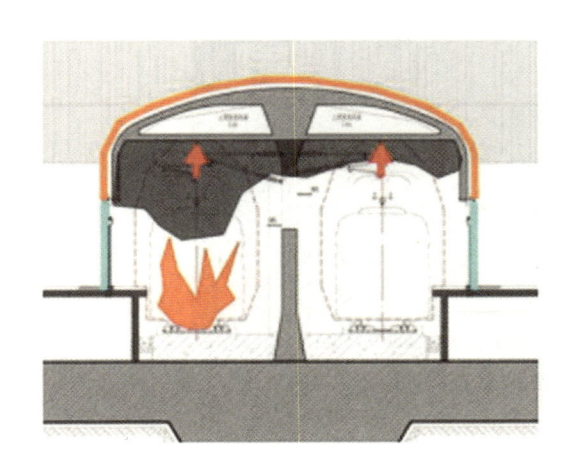

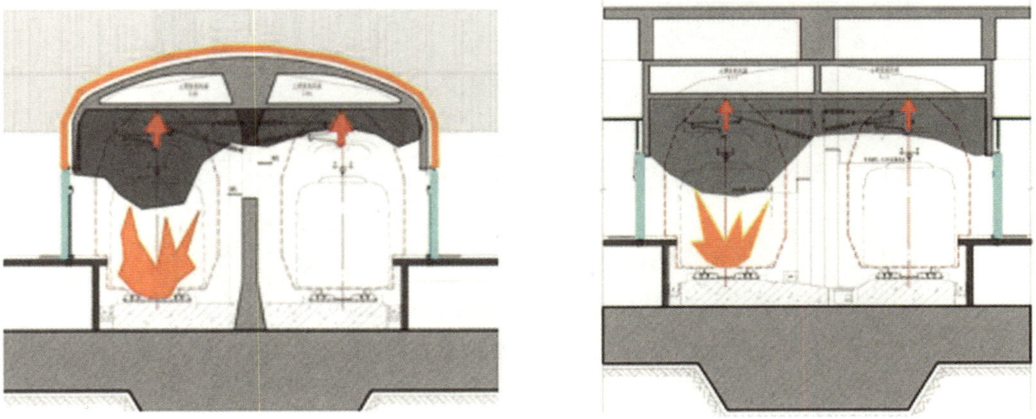

（a）中庭洞口下方　　（b）楼板下方

图 10　屏蔽罩示意

图 11　北京城市副中心站室内屏蔽罩效果图

(a)   (b)

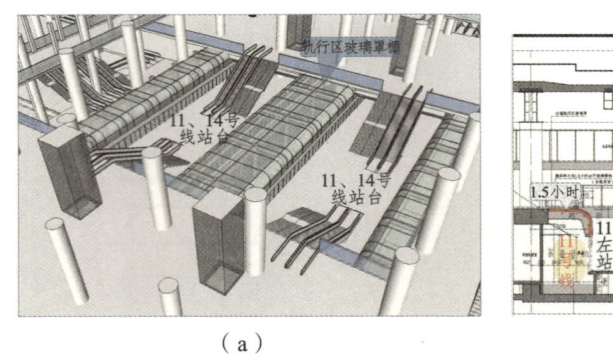

图 12　岗厦北站玻璃屏蔽罩示意图

图 13　岗厦北站玻璃屏蔽罩实景图

3　结语

消防设计是地下车站设计的重点和难点，如何巧妙地通过建筑设计语言解决消防问题是地下车站成功的关键。在设计前期，设计师应积极直面地下车站的消防困难，解决问题，通过建筑思路和手法，不断提高地下车站品质，使设计最终达到满意的建筑效果。

参考文献：

[1] 曾杰. 直面创新建筑的消防挑战[J]. 消防科学与技术，2010（2）：99-102.
[2] 曾国保. 大型地铁车站消防设计性能化分析[J]. 铁道工程学报，2009（2）：99-102.
[3] 北京市规划和自然资源委员会. 站城一体化工程消防安全技术标准：DB 11/1889—2021[S].
[4] 许琪娟，刘万福，严雷，等. 中庭式地铁车站火灾烟气流动研究[J]. 消防科学与技术，2014（7）：769-772.

铁路土地综合开发的困局与项目落地性思考

魏兴恒，冯媛

（中国铁路设计集团有限公司）

摘 要：铁路土地综合开发对于深化铁路市场化改革、缓解铁路投资压力意义重大。本文在全面梳理了铁路土地综合开发政策背景的基础上，分析我国铁路项目综合开发落地情况，并对项目落地困难的原因进行了剖析，最后提出铁路土地综合开发应尝试联动站城一体片区板块开发，推动具体项目的落地。

关键词：铁路土地综合开发　站城融合　开发落地性

引言

当前，我国铁路事业仍处于高速和优化发展时期，国家不断向铁路投入大量资金，而铁路建设项目具有财务成本高、回报周期长、收益率较低等特点，导致铁路所面临的债务压力日益剧增，仅凭单一的运营收入已经不能满足铁路持续发展的需要。自 2013 年成立中国铁路总公司以来，铁路市场化改革持续深化，铁路资产经营开发迎来关键的发展契机。实施铁路土地综合开发，对落实国家支持政策、提升土地增值收益、缓解铁路投资压力具有重要意义。

1 土地综合开发政策演变与梳理

2008 年，我国第一条 350 km/h 的高速铁路京津城际通车，标志着我国拉开了大规模高铁建设的篇章。十余年来，国家不断向铁路投入大量资金，而铁路建设项目具有建设成本高、回报周期长、票务价格低等特点。作为国家民生工程，铁路多是依靠强调社会责任和自我透支以实现其运输目标。然而，仅依靠高铁票务收入，铁路建设项目整体收益率无法得到保证，我国铁路的债务压力日益剧增。

2013 年 3 月，中国铁路总公司正式成立。同年 8 月，国务院为了弥补铁路亏损、盘活铁路资源，发布《国务院关于改革铁路投融资体制加快推进铁路建设的意见》（国发〔2013〕33 号）提出"向地方政府和社会资本放开城际铁路、市域（郊）铁路、资源开发性铁路和支线铁路的所有权、经营权，鼓励社会资本投资建设铁路"的政策。实施铁路土地综合开发，对缓解铁路投资及运营压力具有重要意义。自此之后，国家和国铁集团连续不断出台相关政策措施，为铁路开展土地综合开发提供了良好的政策环境，而在此过程中，对于土地综合开发的思路也经历了一系列的探索与转变。

在初期阶段，土地综合开发政策更加关注土地指标的问题，《国务院办公厅关于支持铁路建设实施土地综合开发的意见》（国办发〔2014〕37 号）提出，单个站场平均规模不超过 50

公顷[①]控制，少数站场综合开发用地规模不超过 100 公顷。《关于进一步鼓励和扩大社会资本投资建设铁路的实施意见》（发改基础〔2015〕1610 号）明确提出，积极鼓励社会资本全面进入铁路领域。此后，相关政策开始关注土地综合开发与城市规划的衔接。《中国铁路总公司关于进一步明确土地综合开发有关事项的通知》（铁总办〔2016〕74 号）要求各铁路局加强与地方政府规划部门协调与对接，合理确定新建项目土地综合开发用地边界以及既有项目规划修编工作。《关于推进高铁站周边区域合理开发建设的指导意见》（发改基础〔2018〕514 号）明确指出"高铁车站周边开发建设要突出产城融合、站城一体，与城市建成区合理分工"，站区开发与城市融合发展成为趋势。

2020—2021 年，国铁集团相继出台《铁路基本建设项目及计划管理办法》《关于进一步加强铁路建设项目设计方案可研评审工作的函》《中国国家铁路集团有限公司铁路土地综合开发实施办法》3 项文件。这标志着铁路土地综合开发研究进入了新的时期，政策进一步明确了土地综合开发方案研究报告作为铁路基本建设项目可行性研究报告批复的前置要件，要求落实四置用地，明确评审具体内容。

历经十载，铁路土地综合开发从顶层概念向实操层面探索，从"以路养地"的基本设想到各地出台相关探索性政策，从前卫的"互联网+"引领铁路土地综合开发概念到结合铁路实际建设情况的联动站成一体落实土地综合开发具体项目的尝试。当前，我国高速铁路建设处于高速发展与优化调整的关键时期，铁路综合开发也将迎来实际项目落地的机会。

2 土地综合开发现状

本节分别选取济青高铁、哈牡客专、包银高铁以及穗莞深城际（新塘—广州北站段）4 个铁路项目及其代表车站作为研究案例，这 4 个案例分别属于我国华东、东北、西北以及华南 4 个区域。

济青高铁是我国首条由地方主导投资建设的高铁线路，构筑起了山东省客运主通道，也是我国 2013 年启动铁路土地综合开发研究的第一个试点铁路工程；哈牡客专是连接哈尔滨和牡丹江两地的主要走廊，是绥满通道的重要组成部分，沿线旅游资源丰富，是东北地区重要的铁路干线；包银高铁是西北地区进京的主通道之一，承担宁夏回族自治区以及蒙西地区的主要城市进京的旅客交流；穗莞深城际（新塘—广州北站段）从广州市的东北地区延伸到北部地区，在增城区、白云区与广州北站、白云机场之间建立快速联系通道，匹配广州"北优""西联"的城市发展大战略的重要交通干线铁路之一。表 1 所示为 4 个案例线路项目情况。

选取以上 4 条铁路具有代表性的车站，比较相关内容，梳理车站周边建设情况。济青高铁和包银铁路作为华北平原和西北戈壁的重要干线铁路，选取省会济南和内蒙古第二大城市包头的车站作为案例。哈牡客专和穗莞深城际（新塘—广州北站段）沿线多为新建站，其中穗莞深城际作为广州重要的市域铁路，启动研究的周期较长，且分段建设和开通，选取两线周边临近建设初步成型的车站进行梳理研究。表 2 所示为案例车站情况。

---

① 1 公顷=10 000 平方米（m²）。

表 1 案例线路项目情况

项目名称	正线全长/km	设站总数/个	开发车站/个	开发规模/公顷	开通时间	可研批复文号
济青高铁	310.04	9	8	73.06	2018年	发改基础〔2015〕51号
哈牡客专	293.204	11	5	300	2018年	发改基础〔2014〕2538号
包银高铁	519	13	6	220	预计2024年	发改基础〔2019〕1962号
穗莞深城际（新塘-广州北站段）	74.15	15	8	45.34	分段开通2022年全线开通	粤发改交通函〔2015〕4742号

表 2 案例车站情况

车站名称	所属项目	所属区域	车站规模	取地面积/公顷	开发建筑面积/万平方米	开发情况
济南东站	济青高铁	华东	13台27线	100	136.18	居住区建设具备规模，公共服务及商业商务配套尚未形成
新香坊北站	哈牡客专	东北	2台4线	100	155.78	周边现状仍为大面积荒地，未形成开发利用
包头站	包银高铁	西北	5台9线	50	51.5	周边为成熟的城市建成区，但开发方案所选用地尚未开发
竹料站	穗莞深城际（新塘—广州北站段）	华南	2台4线	318.97	5.76（上盖部分）	周边现状多为企业厂房，开发方案所规划的居住、商务办公业态尚未形成

通过对所选取的 4 个车站现状情况的梳理可以发现，无论高速铁路还是市域铁路，其沿线土地综合开发方案均未实际落地，这也成为当前我国铁路土地综合开发项目落实情况的缩影。为贯彻落实国发〔2013〕33号文、国办发〔2014〕37号文要求，2015—2020年间21个省（自治区、直辖市）相继出台了25项配套支持政策，提出了更具有针对性的支持政策和意见，路地双方陆续签订了大量综合开发框架协议，该协议还作为铁路工程可研、初步设计批复的必备前置要件。然而，目前各铁路企业在综合开发方面并未取得实质性的突破，落地项目几乎不存在。由此可见，当前我国铁路土地综合开发陷入困局。

3 铁路土地综合开发困局与原因剖析

3.1 支持政策缺乏具体可操作的落实细则

支持政策的落实困难主要体现在铁路对于综合开发用地的取得上。通过上文的梳理可以发现，国家以及国铁集团层面从不同角度出台了一系列支持铁路土地综合开发的相关政策，地方政府也陆续跟进响应，各省出台了相应的支持政策文件。但大部分局限于以实现地方经济社会发展的战略目标层面，对于土地供应、出让价格等具体落实层面缺乏相应的实施细则和配套文件，这也造成了路地双方难于进行实际操作层面的深层次沟通。

依据目前的相关政策，铁路综合开发用地与铁路建设用地的获取存在时间差，铁路建设先于综合开发进行，铁路部门在建设用地已经获批的情况下再去争取综合开发用地就会存在各类障碍[1]，铁路与地方在目前的实施政策环境下难以形成合作共赢的机制，综合开发用地的获取困难重重。

3.2 铁路在一、二级开发市场上获利困难

在二级开发市场上，土地的获取是铁路进行综合开发的前提，而其获取成本则成为综合开发能否成型的关键。根据目前国家土地的相关规定，进行商业开发的土地必须要通过招标、拍卖或挂牌的方式获取，而铁路站场地区土地属于交通设施用地，改变其土地性质取得商业开发权同样必须通过"招、拍、挂"的市场化方式[2]。根据市场化供地程序，出价高者方能获得商业开发用地，铁路企业面临着与资金储备更加雄厚、综合实力更加突出的房地产开发商竞争，在这种情况下，铁路企业开展土地二级开发存在较大困难。

土地一级开发只有各地方政府平台可以合法运作，并且现阶段土地出让所获取的收益仍是地方政府财政收入的主要来源。对于铁路进行土地综合开发所可能取得的增值收益，地方政府存在观望态度，因此低价或赠与用地给铁路企业的行为缺乏内在动因。因此，在现行土地出让规则以及路地双方利益的博弈下，铁路方面想要获取土地一级开发的升值收益也存在较大困难。

3.3 铁路建设单位与地方政府在车站周边板块开发的意愿不同步

铁路土地综合开发的具体实施主体在各铁路工程的建设单位。在铁路项目推进过程中，铁路建设公司或代建单位积极推进铁路土地综合开发研究，为了完成可研和初步设计的批复前置要件，会与各站所在城市政府部门讨论和确认土地综合开发规模与范围。然而在车站站位不稳定的条件下，各地方政府的关注点还在铁路路由走向、车站选址等方面，对于车站周边情况的关注较少，同时缺少条件启动研究。

在站房投标工作启动后，结合站房设计，地方开始关注车站周边规划、各类接驳设施设置、板块开发等内容。2021年以前，站房投标一般在铁路工程开工后才启动，此时铁路建设公司更关注施工进度、安全等问题。2021年以后，虽然站房投标提前到铁路工程可研审查后就开始启动，将地方对车站片区规划调整与开发的关注度相对提前，然而地方政府与铁路建设公司对车站周边开发关注节奏不同的情况仍尤为显著。

3.4 铁路土地综合开发与城市规划衔接存在障碍

一般只要新建火车站或者改造火车站，地方均要调整片区总体规划、控规、车站组团定位等内容，土地综合开发在铁路工程预可研、可研阶段启动，只能基于原规划成果上开展工作，其研究先于相关规划的调整工作。受站址稳定性、城市战略变化、板块定位调整等不确

定性因素影响，综合开发用地提出的用地性质建议与地方后续规划调整工作会存在差异。《铁路基本建设项目计划管理办法》（铁总统计〔2016〕66号）中提出"项目可研批复前，项目建设单位需按规定办理完成用地预审、环境评价、节能评估、规划选址、社会稳定风险评估等前置手续审批，并与沿线地方政府签订土地综合开发用地规模协议。"然而在该阶段，临近车站的地块规划条件还没有进行更新，因此出现了旧规划条件不具备落实意义，新规划条件同样难以落实的情况。目前，缺少相关政策支持车站周边调整规划需纳入土地综合开发用地调整建议或者与土地综合开发用地协调设计。因此，土地综合开发与城市规划协调存在困难。

3.5　开发能力与经验欠缺

目前，大部分铁路企业仍然将铁路建设管理与运营作为工作重点，土地综合开发尚属于处于铁路企业的边缘业务板块，当前在综合开发的能力与经验上依旧有所欠缺。

（1）在专业力量上，缺乏土地综合开发所需要的专业人才，对于综合开发各环节的策划、运作与执行均缺少足够的项目经验。

（2）市场经营意识淡薄，各合资铁路公司开发资质较低，短时期内很难形成综合开发的行业品牌。

（3）融资能力较低，面对土地综合开发所需的巨大资金量，对铁路公司是巨大的考验。虽然在铁路批复中，会批复一些铁路综合开发费用，但是具体资金来源没有明确，且其他大部分资金需要企业自筹。当前铁路企业融资渠道普遍较为单一，融资方式创新乏力，面对金融风险缺少足够的防范能力。

（4）合资铁路公司尚未建立起与房地产市场接轨的规范化管理制度，如管理架构、治理体系、薪酬制度等，均无法满足土地综合开发市场经营的需要。

4　铁路土地综合开发落地性思考

2019年，《国家发改委关于培育发展现代化都市圈的指导意见》（发改规划〔2019〕328号）中明确提出了轨道交通"四网融合"的概念，各地开始启动研究高铁、城际铁路、市域（郊）铁路、城市轨道交通的统筹衔接，并出台相关专项规划，力求构建多层次现代化综合轨道交通体系。

当前，我国的区域轨道建设正由追求速度、规模向更加注重质量效益转变，实现轨道交通高质量发展的要求，提高多层次轨道交通发展综合效益，铁路土地综合开发也将更受重视。

随着房地产行业的调整，各地产公司也纷纷开始向轻资产转型，同时更加重视负债比例与资金链的健康。换乘枢纽车站周边的开发建设板块是由单独一家地产公司承接和运作的状况越来越少，一般需要多家地产公司联合开发，共担风险。传统枢纽车站板块开发比较多的配置自持物业、酒店等内容，与现阶段地产公司转型方向不符，需结合具体项目情况、城市产业特点合理研究业态布局，慎重决策。枢纽车站的一体化设计和站城融合理念都需要车站板块开发引入多元化的开发主体，并从粗暴的一次性开发向动态开发转型，车站一体化开发迎来了新的开发建设契机。基于"四网融合"、车站一体化开发面临的新机遇，铁路建设公司应积极参与到车站及片区板块的站城融合建设中，尝试将铁路土地综合开发联动车站枢纽一体化开发，以推动具体综合开发项目落地。本文尝试提出以下建议：

（1）高铁建设公司可以与地方市政工程建设单位合资成立子公司，利用铁路土地指标单列的政策，为地方争取土地建设指标，以此作为入股资本，重点做好地方市政工程与铁路工程的节点协调与衔接工作。随着站城一体具体项目的落地，建设公司依据入股资本比例每年获取稳定的分红收益。此类模式规避了铁路建设公司直接进行地产类开发的经验不足、金融风险防范能力低等问题，在实现了为铁路车站与市政工程联动开发打下良好基础的同时，也为实现综合开发具体项目推进理顺了上位资本关系，从而提高了铁路土地综合开发落地的可能性。

（2）在经济较好的城市，车站或动车所周边的城市建设用地比较紧张，城市进行上盖开发的意愿相对强烈，铁路建设公司应积极配合地方开展车站雨棚或动车所上盖开发可行性研究。地方发改、规划等部门应先期梳理城市综合现状与规划，确定上盖开发引入的业态，划定上盖开发限高、容积率、荷载等边界条件，单独招标组织设计单位开展车站雨棚或动车所上盖落地性方案设计，同时报铁路建设公司、站房审批与权属单位同意，路地双方共同研究分层确权、公私化合作等相关政策，合法合规推动上盖综合开发项目落地。

（3）高铁建设公司、市域铁路建设公司、各铁路局通过加大车站片区融合板块建设以及城市核心区内既有铁路用地更新的参与度，能够提升综合开发项目的运作经验，并逐步拓展铁路项目以外的业务板块。通过更加多元化地探索路地合作的共赢机制，创新融资渠道及商业模式，实现新建和既有铁路综合开发项目的真正落地，例如南京安德门铁路货运市场地块综合开发就是有益的探索。

随着经济社会的发展，人们对车站的需求更加多元化，铁路枢纽车站板块建设与开发成为城市发展的缩影，当前愈发呈现综合化、动态化的特点。此类板块多相关利益方的合作与共赢是其良性发展的基础，也是高铁枢纽片区项目成功的关键。铁路土地综合开发联动枢纽城融合规划设计、车站一体化开发项目是寻求落地机会的重要突破口，同时这也是加深路地合作的重要契机。

参考文献：

[1] 郭莹. 铁路土地综合开发研究[D]. 北京：中国铁道科学研究院，2017.
[2] 赵坚. 铁路土地综合开发的相关问题分析及建议[J]. 中国铁路，2014（5）：7-10.
[3] 梁奇，张晴. 基于 TOD 模式的铁路土地综合开发研究[J]. 企业改革与管理，2021（7）：218-220.

超长连续性站城融合地下开发空间设计与思考
——钱江新城二期连堡丰城综合开发案例分析

于德新

（中国铁路设计集团有限公司）

摘　要：随着国家日趋重视地下空间的开发利用，地下空间的开发建设也逐步由被动式向主动式转变。文章通过对现状地下空间的不足进行剖析，并对国内外典型案例进行对比分析，积极探索城市轨道交通及TOD效应带动下的地下空间开发的发展方向，在得出本项目建设方向的同时，进一步引申总结，指明同类型站城融合地下综合开发项目应侧重轨道交通线路及站点对地块开发的整合带动、强调地下空间互连互通、强调地下空间规模化及可持续化的发展方向，最终实现站城分离开发向站城融合体系化开发的转变。

关键词：地下空间　站城融合　综合开发　隐形城市

引言

随着地上空间开发的日趋成熟和饱和，城市活动向地下发展，扩展地下空间已成为趋势。国外地下空间开发相对成熟，比如美国、加拿大、英国、日本、新加坡等国家，早已开始大力发展地下空间。而我国地下空间开发则刚刚起步，随着国家日趋重视地下空间的开发利用，地下空间开发的市场也日趋成熟，各大城市均充分利用城市轨道交通建设的契机进行地下空间开发建设，并探索合理的开发模式。

1　建设背景

1.1　国家、省、市各级高度重视地下空间的综合开发利用

从国家层面对地下空间开发利用日益重视。国务院出台的《国务院办公厅关于保障城市轨道交通安全运行的意见》（国办发〔2018〕13号）文件中提出：在保障运营安全的前提下，支持对城市轨道交通设施用地的地上、地下空间实施土地综合开发，创新节约集约用地模式，以综合开发收益支持运营和基础设施建设。

2017年浙江省发改委发布《浙江省城市地下空间开发利用"十三五"规划》，明确提出至2020年基本形成地上地下一体化的规划体系和空间管理体系，推动地下空间开发利用从单一投资来源为主向多元投资主体转变，从浅层单功能开发向深层多功能开发转变，从散点式开发向轴向、网络化整体开发转变，从单一地下空间开发向互连互通的地下城建设转变。

在杭州市"拥江发展"战略及钱塘江金融港湾概念提出的背景下，钱塘江两岸地区，承载着杭州未来推进城市跨越式发展、优化城市空间格局和战略选择的愿景诉求。连堡丰城项目所在的钱江新城二期更是建设打造"钱江新城2.0"版本的重要组成部分，同时也是实施"拥江发展"的重大建设项目。市委、市政府高度重视，旨在打造世界一流的地下城、全国示范性地下空间工程、隐形城市的升级版。

1.2 杭州地铁9号线的建设与综合开发利用

《杭州市轨道交通三期建设规划（2017—2022年）》中明确指出，杭州地铁9号线一期工程南段自四季青站至客运中心站，途经钱江新城二期规划范围内，并设有4个站点。连堡丰城项目将与地铁9号线的轨道区间段地下空间进行深度结合整体开发，连通4个轨道站点和周边商业商务地块，形成"四站四区间"沿线地下空间综合性开发格局，充分发挥地下空间的市政廊道作用。

2 项目借鉴案例分析

2.1 国内外案例分析

2.1.1 蒙特利尔地下城

全世界最大的地下城，地下总面积达400万 m^2，有120多个出入口，每天迎送50多万进出客流，是躲避严峻的寒冬和繁忙交通的理想去处。蒙特利尔地下城室内照片如图1所示。

图1 蒙特利尔地下城室内照片

蒙特利尔地下城（Montreal's Underground City）位于加拿大第2大城市蒙特利尔威尔玛丽区地下，占地36 km^2，长达17 km，总面积达400万 m^2，步行街全长30 km。从1962—2000年，分期多次扩张建设。该地下城由长32 km、占地12 km^2的地道构成，包括市中心80%的办公室和35%商业面积。地下通道共连接10个地铁站、2个公交站、1 200多个办公室，还有2 000多家商店——包括两家大型百货市场、1 600多个住宅单元、200多家餐厅、40多家银行、40多家电影院及其他娱乐场所[1]。

案例启示：一个地下城市的建设，可借助以轨道交通系统，构成规模化的地下空间主要脉络。未来的站城融合地下综合建筑体，应该建设一个统一、集约、高效、便捷的地下空间体系，是一个集多种功能于一体的综合空间，是城市的有机组织。

2.1.2 东京站地区

地面地下步行交通系统连接 120 hm² 区域的 13 个轨道交通站点和 101 栋商业设施，日集散、换乘轨道交通乘客约 139 万人。地下通道总长度 9.36 km，地下通道连通区域内地块建筑 51 座，串联轨道交通站与火车站，连接 4 条轨交线，4 个站点。东京站周边地下步行系统图如图 2 所示。

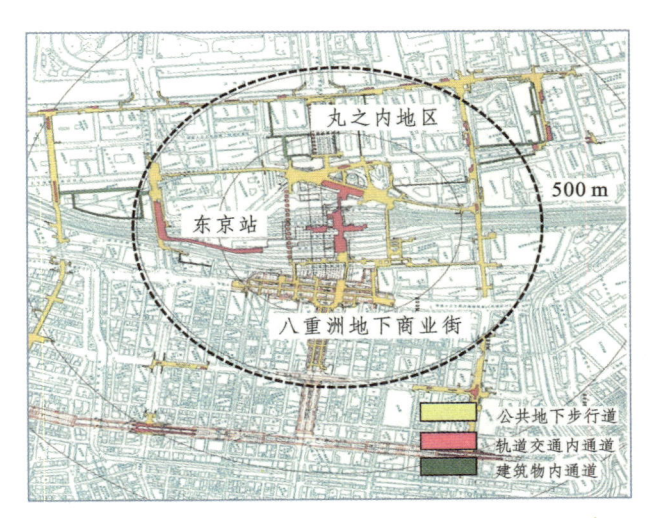

图 2 东京站周边地下步行系统图

丸之内地区地下步行系统东西向延伸 1.8 km，南北向延伸约 0.8 km，地下公共步道面积（单层）约 21 万 m²。

快速疏导人流，构建 2 级步行空间（骨架网络、次级网络）。骨架网络连通轨道交通站点，为换乘人流提供快速便捷的移动路径；次级网络连接商业、办公设施，为设施间的移动提供多选择路径，在提高步行可达性的同时还可提升商业设施活力。

案例启示：项目借助铁路车站及地铁站的地下空间建设，带动地下商业的开发建设，逐步构建地下各级步行系统，最终网络化的站城融合化的地下空间，实现城市区域化的互连互通。

2.1.3 深圳福田中心区连城新天地

连城新天地位于深圳福田中心区，是地铁 1 号线、3 号线、4 号线交汇所设的购物公园站、会展中心站以及岗厦站 3 个站点地下连通的线性地铁区间段空间，区间段长度约 1.5 km，地下建筑面积约 5 万 m²（地下商业街面积，不包含市政、停车、设备等其他设施），地下空间宽度在 13～60 m，共设置出入口 28 个，与周边 15 个高端写字楼以及 4 家商场直接连通，周边商务消费人群基数大，商圈驱动力强。

项目整体分三期建设，一期连通购物公园站与会展中心站之间的地下空间，长度约 700 m，主要安排餐饮、商业、零售等功能；二期连通会展中心站与岗厦站之间的地下空间，长度约 500 m，主要安排餐饮与配套服务功能；三期连接岗厦站往东约 100 m 的地下空间，主要为美食广场。连城新天地总体布局示意图如图3所示。

图 3　连城新天地总体布局示意图

案例启示：项目借助轨道交通线路的建设，串联轨道交通车站空间，连接周边地块建筑，形成地下步行系统，构筑站城一体化的多元化体验的地下综合开发空间。

2.2　经验总结与分析

通过国内外相关案例分析，对预测客流量、规模、建设时序方面等指标进行对比，现将地区及国际知名轨交地下城的共性因素总结如下，并在本项目设计中予以借鉴，确定连堡丰城项目的站城融合开发的方向。

2.2.1　网络化：与周边地块有机衔接，形成互联互通系统

通过轨道交通线路形成地下街，将轨道车站与地块进行紧密衔接，提高使用便捷性，从而提高使用率，真正实现交通分流与提升城市交通环境质量。

2.2.2　综合化：功能复合，满足多种需求

以轨道交通为载体，植入多种开发功能。地下街功能业态结合客流特征及客流需求进行设置，满足地铁通勤人流、休闲购物人流、办公人流、观光人流等多种配套服务设施需求，形成生活空间的组成部分。

2.2.3　规模化：多源吸引客流，多区域集成开发、轨道交通引导城市发展

通过衔接交通换乘车站空间，串联周边地块地下空间、城市绿地广场及滨水公共空间，形成区域型地面地下畅通、纵横立体交叉的规模化地下空间，解决地下开发的相关问题。

2.2.4　舒适化：空间环境的舒适、安全

打造舒适、新颖的内部空间环境，充分引入自然元素，完善标志标识系统，健全通信与

防火配套设施，创造安全、舒适、印象深刻的空间氛围。

2.2.5 生长可持续发展：统筹规划与分期衔接预留

结合项目本身及周边地块的开发时序，进行严谨、统筹的整体规划和周密的分期衔接计划，合理预留一、二期工程接口，本工程与城市区域的连通接口，本工程与周边相邻地块的连通接口等，从而形成不断生长成型的生命网络体系[2]。

3 项目总体规划设计

3.1 设计理念

如图4所示，项目以"隐形城市 深度生活"为设计理念，通过轨道交通引领的地下空间体系，打造地平线下的隐形城市，构建地上地下"双城系统"，形成地铁模式下的站城融合新型地下空间开发综合体。

图 4　设计理念示意图

本项目的开发侧重地下城市体系的建立，包括地上功能的地下化、地下人行通廊和城市处理系统的统筹安排，城市生活在地下有机进行，组成地平线下隐形的城市。同时，隐形城市引导人们形成地下空间进行深度生活的生活方式，有效缓解城市用地紧张的问题。

3.2 项目建设目标

本项目以打造世界一流的地下城为总体目标，统筹谋划，结合地铁9号线的四站四区间对沿线地下空间进行综合开发和TOD区域协同开发，总体形成"丰"字形地下空间开发的骨架。同时考虑近远结合，有前瞻性的预留空间，打造全国示范性的地下空间工程，成为钱江新城"隐形的城市2.0版"。

3.3 项目总体规划布局

3.3.1 总体规划分析

杭州地铁9号线在钱江新城二期范围内共设地铁站4座，分别为：御道站、五堡站、六堡站、七堡老街站，其中，五堡站为出入场线接轨站。根据本项目所在区域的控制性详细规划，未来该区域将形成集商业、住宅、教育、文化、医疗、娱乐、交通、旅游为一体的综合服务中心，这对土地利用提出了更高的要求。9号线4个车站站点周边以商业、商住为主；区间周边以教育、居住用地为主。

3.3.2　项目总体布局方案

1. 项目组成

连堡丰城项目主要沿规划钱江东路布置，以地铁9号线的4个地铁站点为依托，连接4段区间形成东西向主要地下空间轴线；在五堡、六堡和七堡设置3条南北纵向廊道和若干条支廊，并对TOD区域进行协同开发，以此形成"一轴三廊四核"的"丰"字形地下空间骨架。

"一轴"——即钱江东路在御道路至月杨路之间的部分，长约3.8 km，标准段宽40 m。

"三廊"——地下空间各站点处延伸空间部分，即五堡处的明月桥路与东御路、六堡处的官西路、七堡处的红普路。"三廊"北至凤起东路，南抵沿江大道。

"四核"——地铁9号线沿钱江东路布置的4个站点，即御道站、五堡站、六堡站、七堡老街站，以及以此为核心的TOD开发区域。

项目规划概念示意图如图5所示。

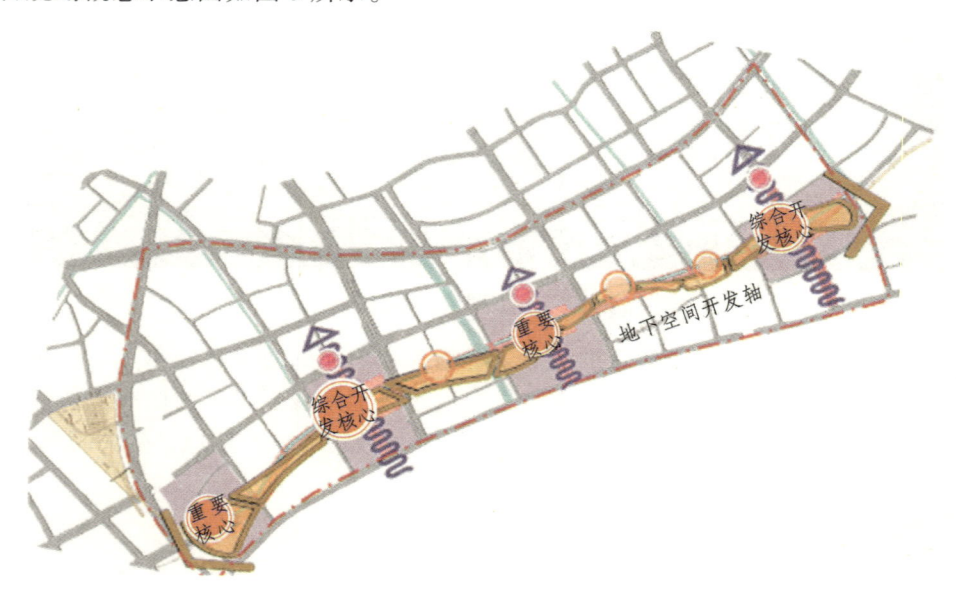

图5　项目规划概念示意图

2. 项目总体布局

项目规划布局示意图如图6所示。

连堡丰城项目最核心的特点是"连"。"连"即连通。连堡丰城项目是钱江新城二期范围的起步工程，项目先搭建好"丰"字形地下空间骨架，后续以连堡丰城项目为起点，借助车站的TOD辐射效应，不断拓展延伸，与周边各个地块不断连接，打造站城融合的地下开发空间综合体，带动钱江新城二期的整体发展，形成规模化、网络化、立体化的地下空间体系。

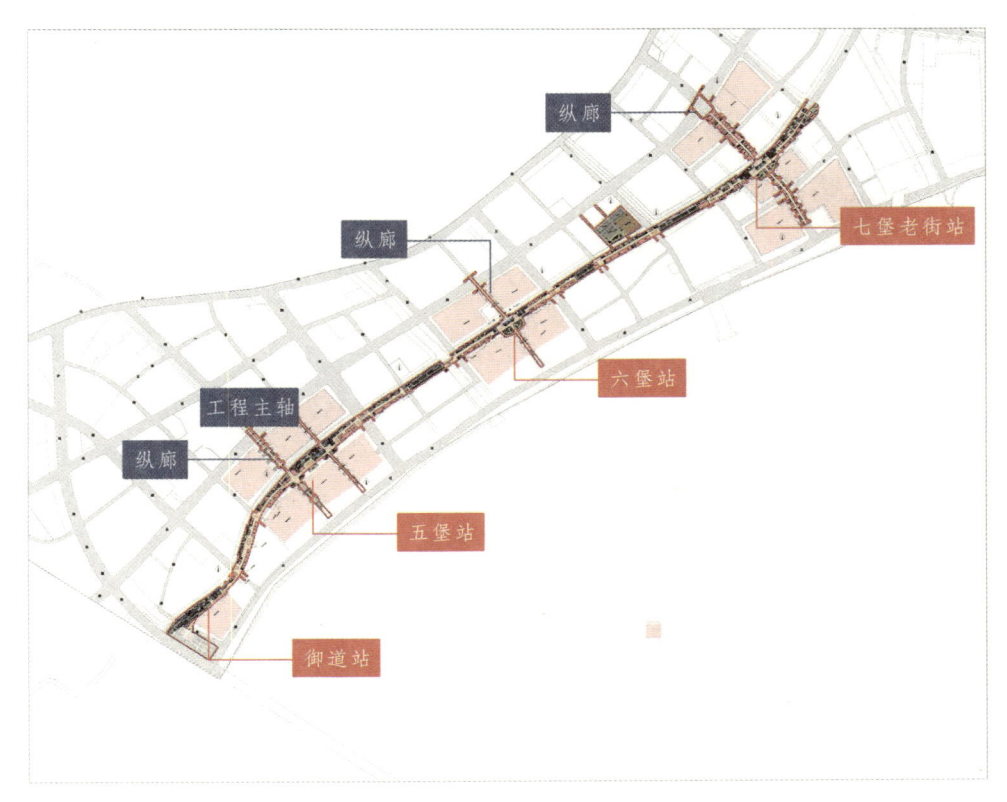

图 6 项目规划布局示意图

项目核心空间为地下一层。通过位于沿钱江东路的地下一层空间主轴将各地铁站点及东西向地块进行串联，并通过从各站点处纵向延伸出的地下纵廊，将连堡丰城地下空间与站点周边地块进行紧密结合。

地下二层主要为地铁 9 号线轨行区。连堡丰城地下二层主要布置地下车库等功能空间，相应地下空间需与地铁站台及地铁轨行区等空间结合设置。

项目竖向布局示意图如图 7 所示。

图 7 项目竖向布局示意图

3. 项目总规模

连堡丰城项目远期总规模约 33.27 万 m^2，其中地面建、构筑物 0.52 万 m^2，地下一层 24.98 万 m^2，地下二层 4.66 万 m^2，夹层 3.11 万 m^2。不包含项目红线以外下沉广场及出入口等附属工程 3.23 万 m²。此外，连堡丰城投影范围内地铁工程建筑规模约 11.71 万 m²，与地下开发工程结合同步建设。

4 项目设计策略及创新

（1）充分借助城市轨道交通建设契机，对周边地块进行整合及开发利用，不断拓展延伸，树立轨道交通模式下"站与城"开发的新典范。

本项目非独立的地下空间开发项目，而是充分借助轨道交通建设契机及TOD效应，对轨道交通投影范围的地下空间及周边地块地下空间进行串联整合，并不断拓展延伸，从而进行高强度、一体化、复合化综合开发的示范性地下空间开发项目。

杭州地铁 9 号线途经钱江新城二期规划范围内，设有 4 个站点即御道站、五堡站、六堡站和红普南路站。本项目利用地铁 9 号线建设的契机，与其地铁四站四区间进行深度结合，打造"一轴三廊四核"的"丰"字形特色站城融合地下空间。项目以"站城融合、隐形城市"为设计理念，创造性的开展 TOD 地下综合开发一体化设计，打造 3.8 km 超长全明挖地下开发城市综合体，借助 TOD 开发效应，与沿线周边地块进行连通衔接，带动周边地块进行一体化同步开发，为国内"轨道+开发"建设模式的梳理了新典范、新样板。项目开发布局示意图如图 8 所示。

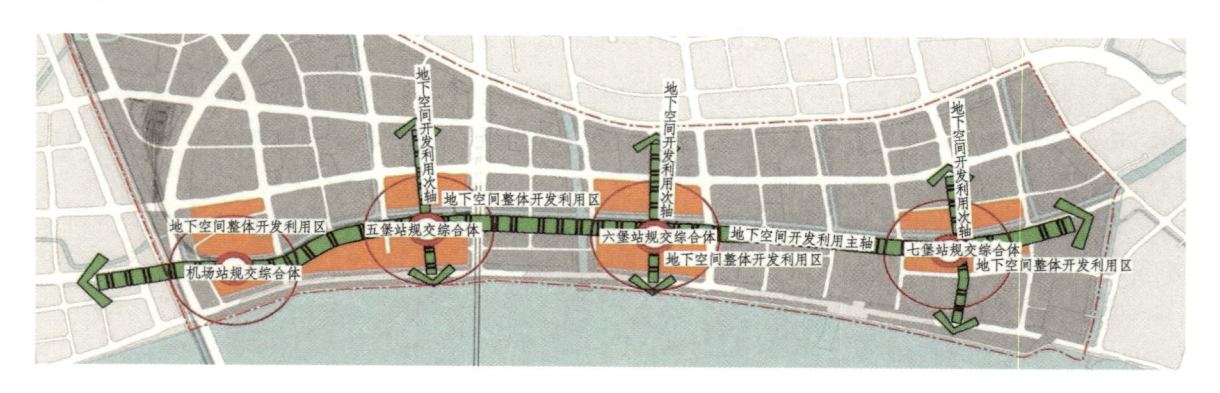

图 8 项目开发布局示意图

（2）高效利用道路、绿地、河道等非开发用地，打造超长地下"隐形城市"。积极探索市政公共用地、无建筑用地的地下空间开发建设，实现土地的集约化多重化利用。

本项目积极探索无建筑用地、市政公共用地的地下空间开发建设，实现土地的多重利用。轨道交通沿线的道路、公共绿地、河道等非开发用地通常会被城市建设者忽视，其地下空间的开发利用率也通常较低。本项目借助轨道交通的建设，对轨道交通占用土地及周边用地进行深度发掘，对上述非开发用地的地下空间进行深度开发利用，从而提高土地利用效率，实现土地的多重利用和集约化要求。

项目结合城市地面用地日趋紧张的现状，充分利用 3.8 km 长的道路、沿河绿化带的地下空间，侧重地下城市体系的建立，打造功能复合的地下城市空间体系，将城市地上功能扩展延伸到地下空间，打造地平线以下"隐形"城市空间，构建地上地下双城系统。在对地下空间进行充分利用的同时，也对地上城市功能的不足进行必要的补充。隐形城市引导人们形成地下空间进行深度生活的生活方式，可有效缓解城市用地紧张的问题。项目剖透视鸟瞰图如图9所示。

图 9　项目剖透视鸟瞰图

（3）项目借助城市更新和城市轨道交通建设的机遇，创造性地开展TOD建设，引导形成站城融合化的高强度城市开发综合体空间，极大提升社会、经济效益。

当人口汇集、城市扩张成为大背景，城市轨道交通建设成为解决交通问题的主要手段时，在新建城区利用城市轨道交通建设的历史契机，结合周边土地规划，利用车站周边地下空间打造串联式轨道交通车站将成为趋势。串联式轨道交通车站空间的出现，为新城建设提供了新的纬度，为城市环境建设提供了新的思路。

本项目结合地铁线路的走向，与该区域内四处轨道交通车站进行紧密结合，以TOD开发理念为引导，充分利用轨道交通站点的辐射带动效应，对紧邻车站的周边地块地下空间进行高强度开发，打造站城融合化的城市开发综合体空间。

本项目将车站地下空间与周边地块地下空间相互连通，充分借助车站TOD强节点的带动效应，有助于实现车站与地块开发之间的相互带动、相互增益。随着地铁车站、地下通道、地下商业、地下停车等空间的开发建设，站城一体化的地下空间网络将进一步丰富，成为城市交通的重要组成部分。地下空间开发通过轨道交通车站空间进行串联，后续可不断向周边拓展，带动周边城市地下空间进行综合化、立体化、复合化的站城融合化开发建设，塑造全新的复合型城市地下空间，极大提升社会效益和经济效益。如图10所示为项目综合开发效果图。

图 10　项目综合开发效果图

（4）高效集约利用土地，项目建设"四位一体"，提升用地价值，引导城市空间重构。

本项目建设是对地下空间开发利用的大胆尝试和积极探索。项目针对城市地面空间日趋紧张的现状，在项目规划之初，就注重对土地的多重化高效集约利用。项目的建设实施首先在地下空间与地铁工程紧密衔接建设，对地下空间进行大规模开发，同时在地上空间还规划有新建地面道路、新建河道、沿河景观及小建筑等相关工程。多项工程上地下衔接紧密，同步协调，同步建设实施。

本项目结合地铁工程的建设，连堡丰城地下开发、地面道路、滨河景观绿地及小建筑、引水河四项目工程，统一规划，紧密结合，充分利用有限用地的上、下部空间，实现地下地上空间的一体化同步建设。在地下城市空间开发利用的同时，实现地上城市空间重建改造，进而实现整体城市空间形象的转变、提升。在带动城市区域空间协同建设发展的同时，从而引导城市空间重构更新，全面提升被开发用地的价值。项目"四位一体"开发效果图如图 11 所示。

（5）充分利用市政道路、绿地的地上地下空间，考虑与周边地块有机衔接，构建互连互通的地下空间网络，合理预留相关土建接口。

本项目强调地下空间规模化、网络化的发展，充分考虑与周边地块有机衔接，互连互通。项目设计与周边地块有机衔接，充分利用区域内主次干道下地下空间"主廊""次廊"，与周边地块地下空间的进行连通，构建完善的地下空间网络。

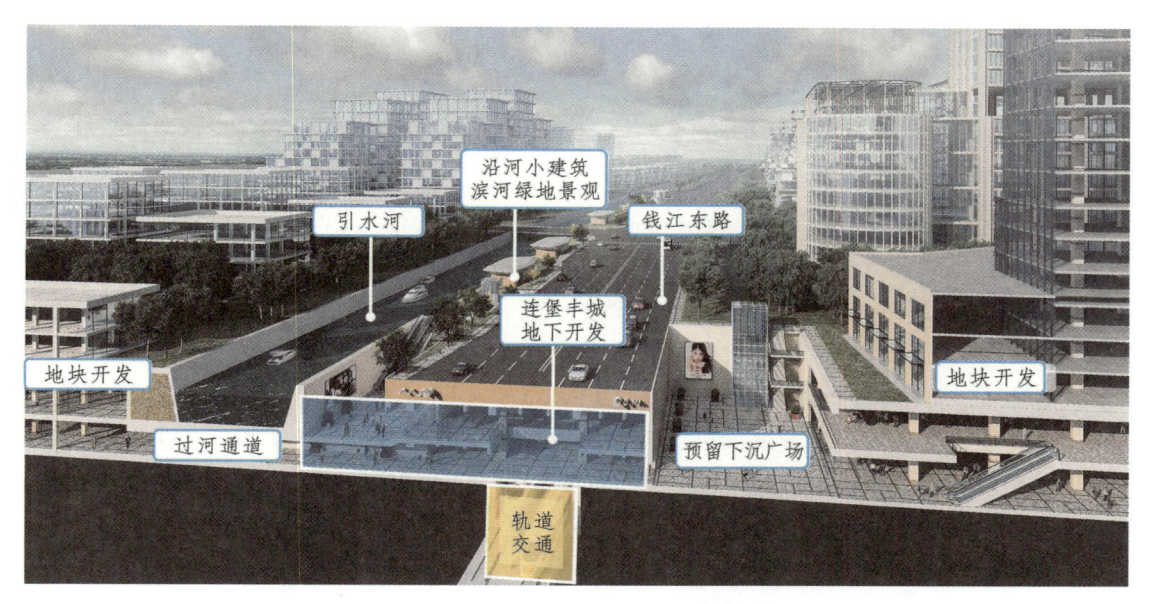

图 11 项目四位一体开发效果图

连堡丰城项目的核心特点之一是"连",即连通。项目依托地铁9号线四站四区间,形成"一轴三廊四核"的"丰"字形地下空间开发骨架,将钱江新城二期范围各个地块串联起来,进行立体化、综合化的高强度开发。连堡丰城是钱江新城二期的起步工程,先搭建好连通的地下空间骨架,通过骨架串连起各个地块,削弱了道路河流对城市的割裂效应,形成规模化、网络化、立体化的地下空间,从而为远期钱江新城二期地下空间的互连互通打下坚实的基础。

项目利用与地铁四站四区间形成的超长地下开发空间,充分考虑与周边地块的衔接过渡,互连互通,构建完善的地下空间网络。同时结合周边地块规划需求,在车站及区间范围内,分区域分层级预留各种连通接口(区域连通接口、后期工程连通接口、地块连通接口),满足分期实施需求,为最终实现站城一体化开发、区域整体互连互通预留充分的条件。如图12所示为项目互联互通效果图。

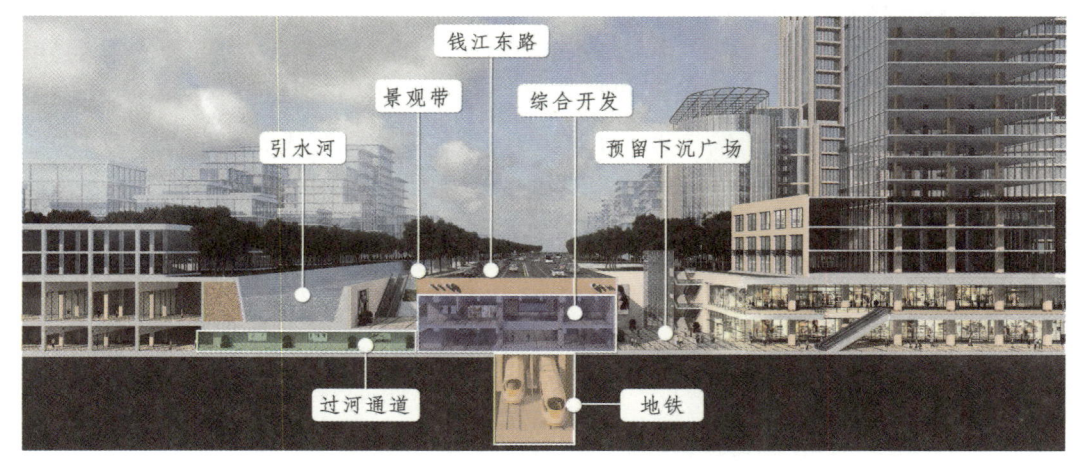

图 12 项目互连互通效果图

（6）结合连堡丰城项目高起点的整体规划及景观要求，充分引入开敞式下沉式广场空间，解放地下空间。

随着经济和文化的发展，人们对地下空间的尺度及空间感受要求越来越高。因此，打破传统地下空间的束缚，摆脱常规地下空间较为局促单调的空间感受，营造更加舒适和开敞的地下空间，提升地下空间的品质，增加地下空间的舒适性，实现地下空间地面化已逐步成为趋势。

地下空间开发应充分利用下沉广场等重要节点空间，创造地上地下空间、室外室内空间的串联纽带、设置特色景观节点实现流线聚焦、整合地下空间疏散口满足消防要求，进而提升地下空间的品质，增强地下空间与外部的联系。

本项目通过下沉式广场空间的引入，将地面空间感受引入地下，有效改善地下空间的采光及通风效果。在解决消防疏散问题的同时，提升地下空间品质，改善地下空间景观效果，增强了地下空间通透性，实现了室内室外空间顺畅衔接和地下地上景观的一体化设计。图13所示为下沉广场空间效果图。

图13　下沉广场空间效果图

5　项目建设的价值及作用

5.1　打造钱江新城二期地下开发的新样板

"连堡丰城"项目是钱江新城二期结合地铁9号线率先实施的城市轨道交通区间段整体开发利用工程，是实施"拥江发展"的重大建设项目，项目建成后对激发区域经济活力，聚集人气，改善环境，打造城市新的标志性热点商圈有很大的促进作用。

5.2　为综合化开发预留空间，树立地下空间开发的新典范

未来城市地下空间开发利用的趋势将逐步向规模化、深层化、综合化、网络化与舒适化方向发展。而杭州已经具备了规模化、综合化开发利用城市地下空间的条件，钱江新城二期的"连堡丰城"正是依托规划交通，集交通、停车、配套开发、市政基础设施、城市综合防灾等功能于一体的地下综合体，并且为将来可能安排的功能预留足够的空间，以弥补当前城市地下空间规模化、综合化开发不足的问题。

5.3 借助轨道开发，形成高效立体的城市连通网络

"连堡丰城"项目近期主要以杭州地铁 9 号线形成开发主轴，将御道站、五堡站、六堡站、七堡站 4 个站点核心有机串联，充分发挥地下空间的市政通道作用，实现连堡丰城片区内地铁的便捷乘车、客流地下沟通与人行过街功能。

利用地下连通道形成的地下空间网络，贯通连接周边地块空间，实现整个片区高效、立体的通行效率，促进 TOD 站点及周边地块进行高强度、复合化开发，吸聚客流，带动钱江新城二期区块发展。

6 项目启示

（1）强化 TOD 理念，侧重轨道交通对地块开发的整合带动。

本项目以连堡丰城项目为起点，作为开发联系和延伸的骨架，不断拓展，连通周边地块，系统地整合地下空间资源，最终可带动整体城市地下空间进行立体化、复合化和特色化发展。后续可沿用此开发模式，充分发挥轨道交通线路及车站对周边地块整合带动作用。

（2）强调地下空间互连互通，网络化发展。

本项目以轨道交通建设为契机，通过地铁与地块之间的连通开发，串联周边城市地下空间，实现地下空间的互连互通及网络化发展。从而真正实现站与城真正一体化融合开发。

（3）强调地下空间规模化、体系化、可持续化发展。

连堡丰城项目作为区域地下空间开发的重点，打破地块、工程之间的界限，致力于进行多地块整体开发、多工程协同开发以及充分预留后期发展接口，形成由点及线，由线及面，由面及体的综合化立体化地下空间开发体系，从而真正形成了地下空间的规模化、体系化、可持续化发展。

7 结束语

本项目是对城市轨道交通模式下站城融合地下空间开发的积极探索，后续应结合类似项目的建设，继续探索通过新建地下通道连通周边地下空间，实现中心城区地下空间的互连互通及"隐形城市"体系的建立。同时注重以城市轨道交通建设为契机，推动站城融合的整合开发，串联周边城市地下空间。相信通过对可持续发展理念、互连互通理念的强化，最终可以实现独立地下空间向地下城的拓展，单一功能空间向地下综合体的发展，站城分离开发向站城融合体系化开发的转变。

参考文献：

[1] 束昱，路姗，阮叶菁. 城市地下空间规划与设计[M]. 上海：同济大学出版社，2015.
[2] 赵景伟，张晓玮. 现代城市地下空间开发：需求、控制、规划与设计[M]. 北京：清华大学出版社，2016.

铁路站房全过程设计投资控制浅析

武鹍，殷峻，欧阳岚

（中铁二院工程集团有限责任公司）

摘　要：我国铁路发展处于完善网络和提升效能的关键阶段，全面推进铁路高质量发展极为重要。多层次铁路网络加快形成，路网覆盖范围进一步扩大。铁路站房作为铁路线中的重要节点，对城市的发展和带动作用重大。通过研究铁路站房设计投资控制在各阶段脉络，对全过程设计中铁路站房投资控制进行再思考。

关键词：铁路站房　设计阶段　投资控制　综合指标　浅析

引言

目前，我国铁路发展处于完善网络和提升效能的关键阶段，全面推进铁路高质量发展极为重要。根据国家铁路发展规划，"十四五"建设重点为加强战略骨干通道建设，着力填补西部铁路"留白"，加快完善"八纵八横"高速铁路网，有序拓展普速铁路网覆盖，积极推进城市群都市圈城际铁路和市域（郊）铁路发展。到 2025 年，铁路高质量发展将取得新成效，设施网络更加健全完善，多层次铁路网络加快形成，路网覆盖范围进一步扩大，铁路运营里程达到 16.5 万 km。

铁路发展规划的实现，有利于铁路沿线地区资源开发和物资输出，促进经济发展；有利于发挥铁路对沿线地区经济辐射的作用，带动沿线地区经济发展；有利于开发旅游资源，带动相关产业的发展；有利于加强民族团结，促进社会发展和社会稳定。而站房工程是铁路建设的重要工点，其面向社会、服务旅客、业务办理、跨域运输的重要作用极大地带动了国计民生的发展。

铁路站房作为铁路线中的重要节点，对铁路线与城市的延伸融合极为重要。作为长线交通和城市转换的衔接载体，其核心衍生、融合畅通、协同发展的作用有目共睹。以"畅通融合、绿色温馨、经济艺术、智能便捷"为特点的"中国第四代铁路客站"正在显现。在站城融合新理念下，铁路站点与周边区域相融合，站城空间被高效利用、融合发展、综合开发，使车站区域成为持续发展、创新经济的核心区，形成了各有特色的城市风景线。因此，从投资角度反馈设计实际，研究铁路站房设计全过程投资控制脉络，对全过程咨询中铁路站房投资控制进行再思考很重要。

1　设计阶段与规模

铁路工程一般分为立项决策阶段（预可行性研究、可行性研究）、设计阶段（初步设计、施工图设计)、实施和竣工验收阶段(施工、投资清理)。铁路站房则是其中相对复杂的系统工程,具有功能复杂、专业构成多和综合性强的特点。结合客站设计的总体要求:落实以人为本,综合体现"功能性、系统性、先进性、文化性、经济性"的设计理念;贯彻可持续发展和"四节一保"(节能、节水、节地、节材、保护环境),建设资源节约型、环境友好型社会的要求。站房设计在初步设计前还增加了概念方案、实施方案设计阶段。

概念方案设计阶段,要求针对客站所处的地域环境特点及规模,研究客站的主要建筑材料标准,调查主要材料价格,及时准确掌握市场信息,预判市场对工程造价的影响,并结合地质条件、建筑风格,横向、纵向与其他铁路站房对比,分析与其他站房差异,快速、合理的确定指标,编制投资估算,为下阶段的投资控制打好基础。

实施方案设计阶段,要求对项目投资的分摊、与市政工程的建设及投资划分界面,建设单位应与地方有关部门进行沟通、协商,达成初步意见。按照投资划分意见及确定的材料标准、设备数量、分别编制投资估算。确定综合指标时,应充分理解设计意图,充分考虑实现该设计理念可能采用的工艺及施工工法对投资的影响,投资估算总额控制在概念方案设计阶段估算以内。

初步设计阶段,要求按设计文件编制办法规定的文件组成和内容,编制总概算文件。按初步设计图纸准确计算工程数量,根据工程所在省(市)工程定额、费用定额的有关规定编制设计概算。编制期人工、材料价格按地市级以上的工程造价部门颁布的人工工资标准、建材造价信息调整。对特殊工程应按工艺、工法补充单价分析,收集、分析有关询价资料。初步设计概算总额控制在实施方案设计投资估算以内,设计概算应与原批复投资进行对照分析,按规模、方案、标准、价格变化等方面说明投资变化的原因。3个阶段递进开展、逐步深入,是站房设计质量和工期控制的关键阶段。

在"十二五"期间,站房规模主要依据行政级别来划分,结合车站最高聚集人数(或高峰小时发送量)、车场规模和站型作适当地调整确定为县级站、地级站和省会级站。2018年,国家铁路局颁发了《铁路旅客车站设计规范》,车站规模分为特大型、大型、中型、小型,其面积规模结合最高聚集人数、高峰小时发送量、人均面积指标确定。2022年修订的车站规模指标如表1所示。

表1 车站规模指标

车站规模	客货共线铁路客站 最高聚集人数 H/人	高速铁路与城际铁路客站规模 高峰小时发送量 PH/人	面积指标
特大型	$H \geqslant 10\,000$	$PH \geqslant 10\,000$	$9 \sim 20$ m²/人
大型	$3\,000 \leqslant H < 10\,000$	$5\,000 \leqslant PH < 10\,000$	$9 \sim 20$ m²/人
中型	$600 < H < 3\,000$	$1\,000 < PH < 5\,000$	$7 \sim 15$ m²/人
小型	$H \leqslant 600$	$PH \leqslant 1\,000$,高速不宜 $< 2\,000$ m²	$5 \sim 12$ m²/人

铁路站房工程一般分为线路侧式、线路下式、高架式。辅设铁路信息化、车道及落客平台、站台雨棚、站台、旅客地道/天桥、停车场和过渡工程等,统称为站房及相关工程。大型站城融合工程还包括桥建体系、城市通廊、交通配套设施、综合开发、换乘设施及合建体等。

2　估算指标控制

根据铁路工程建设要求，国家铁路局规范了各阶段设计文件组成与内容，明确了各阶段文件组成与内容深度，突出了各阶段特点的差异性，提高了标准的针对性和实用性。

线路工程预可行性研究、可行性研究阶段，需说明车站分布、车站数目、车站名称、车站性质、自然特征（含地貌、地质、气象特征、地震参数等）、工期及投资（预）估算，其中站房工程、车道及落客平台、地道、天桥、雨棚等可采用分析指标编制相应投资，同时要求采用工程所在地地区统一定额的旅客站房及站房综合楼应单独编制总估算。估算过程中，需要收集站房要素表，其包含的主要技术经济信息有站台规模、车站建筑规模、站型、地形与轨顶标高、雨棚面积及结构形式、站台规模及附属、地道/及出入口形式、天桥规模及结构形式和停车场规模等等，同时还需收集站点所在地区定额水平、造价站信息价及市场价变化趋势，据此参照类似工程进行综合指标调整确定[1]。

站房方案设计阶段，根据规划和路网完成客站总图布置及交通组织设计，根据站场条件和地形特点完成进出站流线、内部组织和平面竖向设计，结合城市特点完成车站建筑的整体造型设计，提出车站雨棚方案，初步确定结构柱网布置及结构体系方案，根据以上信息调查主要材料价格和定额水平编制投资估算，以单项工程、单位工程综合指标控制为主。

实施方案设计阶段，在方案设计成果的基础上完善总图设计，明确建设内容和管理界面，确定各专业技术原则、设备标准和站房雨棚的结构体系，细化主要材料标准和规格，明确设备选型，提出专项设计课题等；对项目投资分摊，与配套工程的建设及投资划分界面达成初步意向。在方案设计估算的基础上，进一步完善估算投资，需要细化对站房分部工程中的基坑、地下结构、地上结构、承轨层、屋面结构、内装修、外装修、室外工程、变配电及照明、给排水及消防、通风空调、静态标志、火灾报警、设备监控、电扶梯等的综合指标控制；还需要对铁路信息化、高架车道、落客平台、站台雨棚、站台工程、地道/天桥等单位工程细化综合指标组成，以及对三通一平、过渡工程、其他费、基本预备费等进行估算[2]。

以上 3 个阶段的投资均为估算精度，以面积数量综合指标控制为主。指标确定过程中应从 3 个方面着手：

（1）根据明确的设计资料如站型站位、建筑规模、结构形式、立面造型、功能配套、设备标准选定适合的类似工程作为参照。

（2）收集工程所在地区的定额资料，测算其定额水平与类似工程的差异，以此进行综合指标差异化调整。

（3）收集工程所在地当期造价信息价及市场价格变化趋势，测算当期人工、主材、机械价格水平与类似工程的差异，并根据价格变化趋势合理确定综合指标调整系数。由此可以看出，站房工程综合指标确定结合了比例估算法、综合指标投资估算法，将工程数量乘以相应的单位综合指标汇总形成建设工程费用。与此同时，应调查工程所在地工程建设其他费、基本预备费的组成和计算标准依据，计算并提出合理化建议。

以西南某项目为例，于"十二五"期间开展可行性研究。从该阶段的编制节点分析，全线总体投资估算原则按原铁道部铁建设〔2008〕10号、铁建设〔2008〕11号文及有关规定进行编制；其中综合工费标准、工程定额按照原铁道部铁建设〔2010〕196号、铁建设〔2010〕223号文执行，安全生产费按原铁道部铁建设〔2012〕245号文规定执行，主要材料编制期价格采用2014年第2季度信息价并结合近期市场价格变化情况综合分析确定。可行性研究阶段站房及相关工程编制原则见表2。

表2 可行性研究阶段站房及相关工程编制原则

序号	项目	单位	线路可研	序号	项目	单位	线路可研	备注
1	定额体系	—	2013版	7	中砂	元/m³	107.7	
2	编制期	—	2014年第2季度	8	商品混凝土C30	元/m³	305	
3	人工	元/工日	63.88	9	地面石材25 mm	元/m²	250	
4	水泥42.5	元/t	398	10	幕墙玻璃	元/m²	480	
5	钢筋20~25	元/t	3 860	11	铝单板3 mm	元/m²	450	
6	碎石40	元/m³	85					

该项目设新建站房工程11座，站房工程参考采用当地2013版计价依据，全线总体投资估算站房及相关工程综合指标按照表3控制。

表3 可行性研究阶段站房及相关工程规模和综合指标统计

序号	项目及内容	单位	①	②	③	④	⑤	⑥
1	站位形式	—	线侧下	线侧下	线侧下	线侧下	线侧平	线侧下
2	车场	台线	2台5线	2台4线	2台6线	2台6线	1台3线	2台5线
3	站房综合指标（含信息强弱电）	m²	1 500	2 500	2 500	2 500	2 500	3 000
		元/m²	12 843	14 738	12 437	12 097	11 436	13 436
4	雨棚综合指标	m²	10 650	9 100	10 450	8 800	6 600	12 850
		元/m²	2 100	2 100	2 100	2 100	2 100	2 100
序号	项目及内容	单位	⑦	⑧	⑨	⑩	⑪	小计
1	站位形式	—	线侧平	线侧下	线侧下	线侧下	线侧下	
2	车场	台线	2台4线	1台3线	2台6线	3台7线	2台3线	
3	站房综合指标（含信息强弱电）	m²	3 000	3 000	8 000	10 000	10 000	48 500
		元/m²	12 509	12 439	12 972	14 524	13 533	13 310
4	雨棚综合指标	m²	10 650	4 400	13 200	30 000	13 200	129 900
		元/m²	2 100	2 100	2 100	2 100	2 100	2 100

全线初步设计总体投资概算原则按照原铁道部铁建设〔2006〕113号文及有关规定进行编制，其中综合工费标准、工程定额按原铁道部铁建设〔2010〕196号、铁建设〔2010〕223号文执行。2015年完成的线路初步设计中站房工程11座，站房及相关工程综合指标按照表4控制。

站房综合指标（含信息强弱电）约 13 446 元/m²、雨棚综合指标约 1 850 元/m²，较同期批复类似项目 3 000 m² 站房综合指标 12 210~12 991 元/m² 高近 7%、雨棚综合指标约 1 786 元/m² 高约 4%，对比差异主要在外装及屋面风格上更具有鲜明的民族特色，造型及风格不同引起该项综合指标高于同期站房及相关工程水平。

从该阶段的编制节点分析，主要材料编制期价格采用 2015 年第 1 季度信息价并结合近期市场价格变化情况综合分析后计列。站房工程采用当地 2013 版计价依据具体如表 5 所示。

表 4　初步设计阶段站房及相关工程规模和综合指标统计

序号	项目及内容	单位	①	②	③	④	⑤	⑥
1	站位形式	—	线侧下	线侧下	线侧下	线侧下	线侧平	线侧下
2	车场	台线	2台5线	2台4线	2台6线	2台6线	1台3线	2台5线
3	站房综合指标（含信息强弱电）	m²	1 500	2 500	2 500	2 500	2 500	3 000
		元/m²	13 091	15 023	12 606	12 267	11 596	13 576
4	雨棚综合指标	m²	10 650	9 100	10 450	8 800	6 600	12 850
		元/m²	1 850	1 850	1 850	1 850	1 850	1 850

序号	项目及内容	单位	⑦	⑧	⑨	⑩	⑪	小计
1	站位形式	—	线侧平	线侧下	线侧下	线侧下	线侧下	
2	车场	台线	2台4线	1台3线	2台6线	3台7线	2台3线	
3	站房综合指标（含信息强弱电）	m²	3 000	3 000	8 000	10 000	10 000	46 500
		元/m²	12 649	12 562	13 072	14 611	13 595	13 446
4	雨棚综合指标	m²	10 650	4 400	13 200	30 000	13 200	129 900
		元/m²	1 850	1 850	1 850	1 850	1 850	1 850

表 5　初步设计阶段站房及相关工程编制原则

序号	项目	单位	线路可研	线路初设	变化比例	备注
1	定额体系	—	2013 版	2013 版		
2	编制期	—	2014 年第 2 季度	2015 年第 1 季度		
3	人工	元/工日	63.88	63.88		
4	水泥 42.5	元/t	398	454	14%	
5	钢筋	元/t	3 860	3 296.41	−15%	
6	碎石 40	元/m³	85	85		
7	中砂	元/m³	107.7	110.93	3%	
8	混凝土 C30	元/m³	305	310	2%	
9	石材 25 mm	元/m²	250	250		
10	玻璃钢化夹胶玻璃	元/m²	480	480		
11	铝单板 3 mm	元/m²	450	450		

综合发展篇

从该两阶段的编制节点分析,初步设计概算与可行性研究投资估算应有其时段的延续性。编制原则中定额体系均采用当地 2013 版建设工程计价依据及定额,在该时段内当地未颁布人工调整相关文件,地材主材中水泥上涨系数为 14%、钢筋下跌 15%、中砂上涨 3%、商品混凝土上涨 2%,整体料费水平没有大的变化。因此,在前期设计阶段,站房、雨棚综合指标的控制应以设计方案和标准为主要对象。该设计阶段的细化要求决定了站房及相关工程投资控制的关键节点,同时向后延续到实施方案、初步设计、实施和竣工验收阶段。

在站城融合的新形势下,铁路站房工程的方案设计研究范围扩大,包含了交通配套、城市配套、综合开发、换乘设施及合建体,投资精度逐步深度到概算指标法精度,投资指标控制由概念单项逐步细化为条目分部,尤以实施方案阶段更为显著。因此,该类配套设施及合建体设计研究成果,一定程度上可作为地方政府深化可研、立项批复的参照或组成。

3 概算编制及投资控制

初步设计阶段,按设计范围及界面、主要内容、自然条件、建设条件、客运量、车站规模、总平布置开展专业设计和专项设计,根据勘察资料和建筑结构方案,按工序、工艺分析施工总工期,编制施工组织设计、施工过渡方案、大型钢结构/桥建结构施工措施,据图纸和施组计算工程数量,拟定投资编制依据、原则编制概算文件,确定初步设计概算金额并进行技术经济指标统计分析。

初步设计阶段按设计资料准确计算工程数量,根据站房所在地工程定额、费用定额的有关规定编制设计概算;对编制期人工、材料价格按地级市以上的工程造价部门颁布的人工工资标准、建材造价信息调整;对特殊工程按工艺、工法补充单价分析,收集、分析有关询价资料。统计钢结构用量表、混凝土及钢筋用量表、建筑装饰主要材料数量表和价格表;统计主要设备数量表、售检票/查询/安检设备表、综合显示设备表、视频监视系统现场设备分布表。根据初步设计概算表、对比表,结合设计资料按规模、方案、标准、价格变化等方案说明与方案阶段的投资变化的原因。

初步设计阶段的工程数量计算按照工程量清单规范、定额工程量计算规则深入到分部分项工程,工程数量的精细度远高于方案阶段;定额体系为站房所在地工程预算定额及费用定额,其社会平均水平定额指标具有普遍的代表性;人材机的调整采用工程所在地部门颁布信息价和市场价格,组成的直接费具有实时性。以上形成的初步设计概算文件和技术经济统计数据,既有详细的工程数量、技术经济指标的组成和比较,也有数量含量的统计分析,单项单位工程的系统性分析可串并联成数据链,形成整体性工程数据库。

初步设计阶段的成果指标控制细化到分部分项工程,对结构设计中各类形式的基础、主体混凝土构件、钢结构、专项措施进行汇总统计、分类和对比;对建筑装饰工程中的立面造型、屋面样式、内装方案、材料标准进行分区、分列和单价比较;对设备安装中的信息弱电、电力照明、消防监控、给水排水、通风空调、静态标识、电扶梯等主要设备标准、规格型号和费用进行细致统计。

以西南某项目为例，其站房及相关工程于2019年开展修改初步设计，其中3站站房规模应地方要求扩大，并按铁总建设〔2017〕313号文的要求设置铁路停车设施。设计概算按照当地现行建筑安装定额、配套费用定额及住房和城乡建设厅有关规定进行编制，主要材料价格按照2018年第4季度信息价及市场调查价综合分析后计列。路基、信息等工程设计概算按线路初设原则并结合"营改增"有关规定编制。其中，按国家铁路局国铁科法〔2019〕12号文规定，建筑安装工程费及设备购置费税金税率改按9%计列。站房工程采用当地2013版计价依据具体如表6所示。

表6 修改初步设计阶段站房及相关工程编制原则

序号	项目	单位	线路初设	站房修改初设	变化比例	备注
1	定额体系	—	2013版	2013版		
2	编制期	—	2015年第1季度	2018年第4季度		
3	人工	元/工日	63.88	81.77	28%	
4	水泥42.5	元/t	454	448.61	−1%	
5	钢筋	元/t	3 296.41	4 847.70	47%	
6	碎石40	元/m³	85	83.95	−1%	
7	中砂	元/m³	110.93	114.30	3%	
8	混凝土C30	元/m³	310	413.55	33%	
9	石材25 mm	元/m²	250	212.78	−15%	
10	玻璃钢化夹胶玻璃	元/m²	480	435.05	−9%	
11	铝单板3 mm	元/m²	450	338.04	−25%	

从该两阶段的编制节点分析，较线路初设节点，编制原则中定额体系未变化，人工单价依据住建厅文件调整上涨28%，地材主材中水泥、碎石、中砂单价有轻微波动，钢筋单价上涨近70%，商品混凝土单价上涨33%。同时经过税费改革后，装饰主材的价格得到一定程度控制，同比下降10%～25%。

如图1所示，对所在地区大宗物资（钢材、水泥）进行数据统计后，发现2016年第4季度出现大幅度波动和上涨，钢材、水泥同比上涨近20%，钢材呈现总体上扬、环比上涨的趋势，水泥自2017年上涨为高位后总体呈平稳波动趋势，均存在远期上扬风险。综上，整体人工、材料等建设成本应是呈现上涨趋势。

图 1 数据统计

对于站房建筑立面造型按审定并征求地方政府同意的方案设计。外立面主要采用明框玻璃幕墙，铝板、花岗岩石材外墙面。站房室内主要公共空间一般采用花岗岩地面、墙面、离缝铝合金条板吊顶，高架候车室柱及墙面采用铝板饰面。旅客卫生间采用防滑地砖地面、玻化砖墙面、铝合金吊顶；设备机房按工艺要求装修，独立设置或预留的商业服务房屋暂不装修，其他房间采用普通装修标准。

雨棚建筑形式采用站台立柱、两侧悬挑，钢筋混凝土屋面。旅客地道采用花岗岩墙、防滑地面，局部采用铝板吊顶，旅客天桥采用花岗岩楼面、铝合金离缝条板吊顶。综合作业地道采用混凝土地面、涂料饰面与顶栅。站房平台、站台采用防滑花岗岩铺面，站台安全线、帽石及盲道按规范及国铁集团相关规定设计。

站房及相关工程修改初步设计概算范围包括：车站站房、雨棚、地道装修、站台铺面、铁路停车设施，信息、电力、暖通等配套工程，其综合指标按照表7控制。

表7 修改初步设计阶段站房及相关工程规模及综合指标统计

序号	项目及内容	单位	①	②	③	④	⑤	⑥
1	站位形式	—	线侧下	线侧下	线侧下	线侧下	线侧平	线侧下
2	车场	台线	2台5线	2台4线	2台6线	2台6线	1台3线	2台5线
3	站房综合指标（含信息强弱电）	m²	1 500	2 500	8 000	2 500	2 500	3 000
		元/m²	18 976	17 602	10 140	17 008	13 373	14 492
4	雨棚综合指标	m²	10 450	9 350	10 450	8 800	4 925	10 450
		元/m²	2 423	2 331	2 390	2 472	2 459	2 429
5	停车场综合指标	m²	3 000	3 000	3 000	3 000	3 000	5 000
		元/m²	625	1 360	1 073	772	739	566

序号	项目及内容	单位	⑦	⑧	⑨	⑩	⑪	小计
1	站位形式	—	线侧平	线侧下	线侧下	线侧下	线侧下	
2	车场	台线	2台4线	1台3线	2台6线	3台7线	2台3线	
3	站房综合指标（含信息强弱电）	m²	5 000	3 000	12 000	10 000	10 000	60 000
		元/m²	12 522	12 659	12 691	14 785	13 928	13 550
4	雨棚综合指标	m²	9 745	4 400	13 153	19 800	13 200	114 723
		元/m²	2 287	2 468	2 569	2 314	1 974	2 355
5	停车场综合指标	m²	5 000	3 000	10 000	24 000	5 000	64 000
		元/m²	974	747	1 530	711	1 363	982

如表 8 所示，对比两阶段总体投资经济指标，修改初步设计进一步对站房规模、立面风格、结构形式、装修标准、内容配套进行了完善和明确和细化，其中内容配套、建筑规模、建筑立面造型、装修标准是本阶段投资较上一阶段变化的主要影响因素。面积大的站房，在细化完善立面风格、装修标准的同时，应重点控制主要建筑装饰材料数量和单价，结合地质资料完善基础和地下工程设计是投资控制的重点。面积相对小的站房，其综合指标在前期阶段应适当提高，避免延长节点后因响应政策文件、反馈市场成本水平而出现大的指标变动和突破总额情况的发生。

表 8 修改初步设计阶段站房及相关工程规模和综合指标统计（修改初设较线路初设）

序号	项目及内容	单位	①	②	③	④	⑤	⑥
1	站位形式	—	线侧下	线侧下	线侧下	线侧下	线侧平	线侧下
2	车场	台线	2台5线	2台4线	2台6线	2台6线	1台3线	2台5线
3	站房综合指标（含信息强弱电）	m²			5 500			
		元/m²	5 885	2 579	-2 466	4 741	1 777	916
4	雨棚综合指标	m²	-200	250			-1 675	-2 400
		元/m²	573	481	540	622	609	579
5	停车场综合指标	m²	3 000	3 000	3 000	3 000	3 000	5 000
		元/m²	625	1360	1 073	772	739	566

序号	项目及内容	单位	⑦	⑧	⑨	⑩	⑪	小计
1	站位形式	—	线侧平	线侧下	线侧下	线侧下	线侧下	
2	车场	台线	2台4线	1台3线	2台6线	3台7线	2台3线	
3	站房综合指标（含信息强弱电）	m²	2 000		6 000			13 500
		元/m²	-127	97	-381	174	333	104
4	雨棚综合指标	m²	-905		-47	-10 200		-15 177
		元/m²	437	618	719	464	124	505
5	停车场综合指标	m²	5 000	3 000	10 000	24 000	5 000	64 000
		元/m²	974	747	1 530	711	1 363	982

因此，初步设计阶段将整体设计宏观概念细化到分部构件微观层面，又将设计成果从微观数据统计分类分析聚合成整体综合指标，其作为控制工程投资的关键阶段极为重要。从经验数据看，初步设计阶段需要从几个方面对指标和投资进行控制：

（1）需要注意地质地勘数据对下部结构和基础设计的影响，优化选择合理经济基础形式。
（2）合理布置柱跨和功能布局，优化上部结构构件尺寸和配筋。
（3）突出造型和装修标准的同时做好控制性设计，合理选材，节约造价。
（4）做好设备安装的系统性设计，合理确定设备单价。

4　施工图阶段的投资控制

站房施工图设计阶段，应严格执行初步设计批复的概算编制原则，包括采用的定额体系、取费标准、人材机及设备价格等，同时特殊施工措施、安全措施计列应符合规定，其他费和基本预备费的计列应与初步设计批复一致。该阶段的工程数量计算范围更加清晰明确，结构设计中的基础土方、混凝土构件尺寸及钢筋配置、钢结构、二次构筑物等能细化计算到构件内部；专项设计如装修、幕墙、屋面、标识等工程数量能根据设计大样加以细化；设备安装的标准、规格型号更加细致，价格也更加合理；特殊措施、大临过渡和施组设计更具指导性，工程数量和费用组成也更清晰。

以西南某项目为例，施工图设计阶段，站房及相关工程按修改初步设计的批复完善和细化设计、深化专项设计，依据审查后的图纸建模计算相应工程量并执行修改初步设计批复的编制原则和料费标准计算预算投资（见表9）。

表9　施工图设计阶段站房及相关工程规模和综合指标统计

序号	项目及内容	单位	①	②	③	④	⑤	⑥
1	站位形式	—	线侧下	线侧下	线侧下	线侧下	线侧平	线侧下
2	车场	台线	2台5线	2台4线	2台6线	2台6线	1台3线	2台5线
3	站房综合指标（含信息强弱电）	m²	1 500	2 500	8 000	2 500	2 500	3 000
		元/m²	21 915	18 214	10 010	16 603	12 329	13 808
4	雨棚综合指标	m²	10 450	9 350	10 450	8 800	4 844	10 450
		元/m²	2 342	2 263	2 319	2 726	2 402	2 324
5	停车场综合指标	m²	3 000	3 000	3 000	3 000	3 000	5 000
		元/m²	625	1 360	888	772	739	566

序号	项目及内容	单位	⑦	⑧	⑨	⑩	⑪	小计
1	站位形式	—	线侧平	线侧下	线侧下	线侧下	线侧下	
2	车场	台线	2台4线	1台3线	2台6线	3台7线	2台3线	
3	站房综合指标（含信息强弱电）	m²	5 000	3 000	12 000	10 000	10 000	60 000
		元/m²	12 177	12 174	12 587	14 216	13 352	13 273
4	雨棚综合指标	m²	9 420	4 400	13 153	19 800	13 200	114 317
		元/m²	2 253	2 418	2 572	2 536	2 170	2 400
5	停车场综合指标	m²	5 000	3 000	10 000	25 000	5 000	68 000
		元/m²	1 266	747	698	565	772	728

通过完善设计方案、优化设计、深化专项后，设计做法更加细化、工程量更加精确，施工图预算较修改初设批复概算有一定程度的核减（综合指标变化情况如表10所示）。综合来看此两项是本阶段控制投资的重点。

表 10　施工图设计阶段站房及相关工程规模及综合指标统计（施工图较修改初步设计阶段）

序号	项目及内容	单位	①	②	③	④	⑤	⑥
1	站房综合指标（含信息强弱电）	元/m²	2 939	613	−130	−404	−1 044	−684
2	雨棚综合指标	元/m²	−80	−69	−70	254	−57	−106
3	停车场综合指标	元/m²				−186		
序号	项目及内容	单位	⑦	⑧	⑨	⑩	⑪	小计
1	站房综合指标（含信息强弱电）	元/m²	−345	−486	−104	−569	−575	−277
2	雨棚综合指标	元/m²	−35	−49	4	222	196	45
3	停车场综合指标	元/m²	293		−832	−146	−591	−254

施工图设计阶段执行批复、完善设计、细化专项、稳定投资，其设计成果作为招标程序的前置要件极为重要。该阶段的投资编制应注意以下几点：一是编制原则应与初步设计一致；二是工程数量的计算应准确细致，尤其是结构设计中的基础、钢结构、预应力体系等，建筑装修幕墙、屋面和设备安装专项设计；三是可计量措施按图纸和施组细化。

5　实施阶段的投资控制

实施阶段的工作重点主要有合同执行和变更设计的控制。合同执行中应根据目标工期定期与实际形象进度对比，确保实际形象进度、验工计价、资金拨付的步调一致，减少资金成本。价差调整应按合同约定执行"价差调整指导意见"，既要建设精品工程、安全工程和节约工程，又要实事求是、依法合规地真实反映建设成本，履行计算、报送、审查和决策程序。

施工及验收阶段，站房及相关工程根据施组计划开展施工，结合实际工况实时调整土建工程设计，结合深化设计完成钢结构、内装饰、外装修、金属屋面等工程的精细化施工。以西南某项目为例，其站房及相关工程于 2020 年第 2 季度开始施工并于 2021 年第 3 季度竣工验收，根据该阶段清理成果，发生的主要变化分类有标准变化、品质提升、运营需求、地质变化等。按审价后的变更设计汇总情况如表 11 所示。

以上产生的变化主要体现在：开展普速电子客票化、双通道及双电源，有效运用 Logo 标识展现铁路文化，加强整体物防技防的标准类变更设计；按照一站一景融入地方文化元素，打造标志性站房工程品质提升类变更设计；依据运营要求补强客票、监控、标识、设施的运营需求类变更设计；局部富雨量雨季施工引起的地基基础类变更设计；征地、运营要求引起的场坪布置、房建整体布局类变更设计。由此引起各站综合指标变化，站房综合指标较施工图增加 10.2%、较修改初步设计增加 7.9%，雨棚综合指标较施工图增加 6.6%、较修改初步设计增加 8.7%。

变更设计应按管理办法坚持"先批准、后实施，先设计、后施工"，对规模调整、主要技术标准、重大方案、重大工程措施、设计原则、调整工期、重大规范调整等应分类并按流程组织设计、报送、审查和批复。站房工程在实施阶段发生的变更设计主要集中在基础工程、预应力体系、幕墙优化、公共区装修优化、静态标识、设备系统、室外工程、站台雨棚和现场发生的措施，应是实施过程中变更设计投资控制的重点（见表12和表13）。

表11 施工及验收阶段站房及相关工程规模和综合指标统计

序号	项目及内容	单位	①	②	③	④	⑤	⑥
1	站位形式	—	线侧下	线侧下	线侧下	线侧下	线侧平	线侧下
2	车场	台线	2台5线	2台4线	2台6线	2台6线	1台3线	2台5线
3	站房综合指标（含信息强弱电）	m²	1 500	2 500	8 000	2 500	2 500	3 000
		元/m²	24 801	21 365	11 098	20 118	13 423	16 987
4	雨棚综合指标	m²	10 450	9 350	10 450	8 800	4 844	10 450
		元/m²	2 452	2 368	2 479	2 819	2 520	2 427
5	停车场综合指标	m²	3 000	3 000	3 000	3 000	3 000	5 000
		元/m²	625	1 360	888	772	739	566

序号	项目及内容	单位	⑦	⑧	⑨	⑩	⑪	小计
1	站位形式	—	线侧平	线侧下	线侧下	线侧下	线侧下	
2	车场	台线	2台4线	1台3线	2台6线	3台7线	2台3线	
3	站房综合指标（含信息强弱电）	m²	5 000	3 000	12 000	10 000	10 000	60 000
		元/m²	13 986	15 803	13 837	15 628	12 353	14 623
4	雨棚综合指标	m²	9 420	4 400	13 153	19 800	13 200	114 317
		元/m²	2 431	2 537	2 785	2 751	2 373	2 559
5	停车场综合指标	m²	5 000	3 000	10 000	25 000	5 000	68 000
		元/m²	1266	747	698	565	772	728

表12 施工及验收阶段站房及相关工程规模和综合指标统计（较施工图阶段增加）

序号	项目及内容	单位	①	②	③	④	⑤	⑥
1	站房综合指标（含信息强弱电）	元/m²	2 886	3 151	1 088	3 515	1 094	3 179
2	雨棚综合指标	元/m²	110	105	160	93	118	103

序号	项目及内容	单位	⑦	⑧	⑨	⑩	⑪	小计
1	站房综合指标（含信息强弱电）	元/m²	1 809	3 629	1 250	1 412	−999	1 350
2	雨棚综合指标	元/m²	178	119	213	215	203	159

表13 施工及验收阶段站房及相关工程规模和综合指标统计（较修改补充初设增加）

序号	项目及内容	单位	①	②	③	④	⑤	⑥
1	站房综合指标（含信息强弱电）	元/m²	5 825	3 763	958	3 110	50	2 495
2	雨棚综合指标	元/m²	29	37	89	347	61	−2

序号	项目及内容	单位	⑦	⑧	⑨	⑩	⑪	小计
1	站房综合指标（含信息强弱电）	元/m²	1 464	3 144	1 146	843	−1 575	1 073
2	雨棚综合指标	元/m²	144	69	216	437	399	204

投资清理阶段，变更设计投资同施工图预算的编制原则，如表 14 所示。投资变化主要体现在数量上。对合同实施期间的材料价格进行统计后发现存在部分系统波动性的变化。

表 14　施工及验收阶段站房和相关工程编制原则

序号	项目	单位	站房补充初设	施工及验收	变化比例	备注
1	定额体系	—	2013 版	2013 版		
2	编制期	—	2018 年第 4 季度	2020 年第 2 季度～2021 年第 3 季度		
3	人工	元/工日	81.77	81.77		
4	水泥 42.5	元/t	448.61	418.77～337.92	-7%～-25%	
5	钢筋	元/t	4847.70	4373.10～5678.25	-10%～17%	
6	碎石 40	元/m³	83.95	91.98～95.79	10%～14%	
7	中砂	元/m³	114.30	108.15～111.76	-5%～-2%	
8	混凝土 C30	元/m³	413.55	440.40～404.87	6%～-2%	

从该两阶段的编制节点分析，较站房补充初设节点，编制原则中定额体系未变化，定额体系人工单价未变化，地材主材中水泥、中砂、商品混凝土单价有降低，钢筋单价上涨近 25%，碎石单价上涨近 14%。

根据铁路工程价差调整办法计算后，站房及相关工程价差为负，站房综合指标变化情况如表 15 所示，合同实施阶段主要材料价格的波动温和，对站房综合指标的影响较少。如图 2 所示，对当地大宗物资（钢材、水泥）进行数据统计后，发现 2018 年第 4 季度后钢材、水泥价格又略有回落并在 2020 年底开始呈现整体大幅上扬波动。而整体工程在 2021 年第 3 季度结束，避开了大宗材料大幅上涨的节点。

表 15　施工及验收阶段站房及相关工程规模和综合指标统计（价差引起增加）

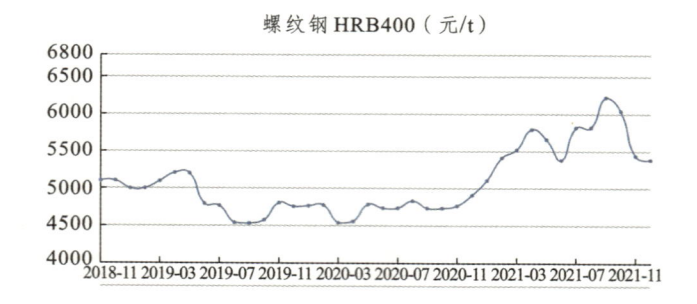

序号	项目及内容	单位	①	②	③	④	⑤	⑥
1	站房综合指标（含信息强弱电）	元/m²	43	48	-23	-68	-47	35

序号	项目及内容	单位	⑦	⑧	⑨	⑩	⑪	小计
1	站房综合指标（含信息强弱电）	元/m²	-14	-42	-24	-3	-28	-16

螺纹钢 HRB400（元/t）

图 2　数据统计

综合变更设计、价差调整对施工图预算综合指标的变化后，按站房规模统计两类站房及相关工程指标如表16所示。

表16　施工及验收阶段站房与相关工程规模和综合指标统计（施工图+变更+价差）

序号	项目及内容	单位	线路设计	独立设计	实施验收	备注
1	站房规模	m²		2 500 ~ 6 000		
2	站房综合指标（含信息强弱电）	元/m²	11 596 ~ 15 023	12 522 ~ 17 602	13 376 ~ 21 413	
3	雨棚综合指标	元/m²	1 850	2 287 ~ 2 472	2 368 ~ 2 819	
4	停车场综合指标	元/m²		566 ~ 1 360	566 ~ 1 360	

序号	项目及内容	单位	线路设计	独立设计	实施验收	备注
1	站房规模	m²		6 000 ~ 10 000		
2	站房综合指标（含信息强弱电）	元/m²	13 595 ~ 14 611	10 140 ~ 14 785	11 075 ~ 15 625	
3	雨棚综合指标	元/m²	1 850	1 974 ~ 2 569	2 479 ~ 2 785	
4	停车场综合指标	元/m²		711 ~ 1 530	565 ~ 888	

比较同地区线路的站房及相关工程，其编制期为2020年第3季度，其3 000 m²规模站房综合指标为12 284 ~ 17 463元/m²、雨棚指综合指标为2 193 ~ 2 393元/m²；8 000 ~ 10 000 m²规模站房综合指标为12 010 ~ 12 125元/m²、雨棚指综合指标为2 040元/m²；比较成都地区某线站房及相关工程，其编制期为2021年第3季度，其8 000 ~ 10 000 m²规模站房综合指标为12 511 ~ 12 816元/m²、雨棚指综合指标为2 319 ~ 2 479元/m²。

通过多阶段统计可以看出，小型站房的综合指标三阶段浮动环比均超过5%（接近13%），增幅较为明显，清理后综合指标区间为13 376 ~ 21 413元/m²，综合平均指标为16 503元/m²；中型站房的综合指标三阶段浮动环比为-12%、7%，浮动控制在概算投资的范围内，清理后综合指标区间为11 075 ~ 15 625元/m²，综合平均指标为13 346元/m²。站房及相关工程投资和综合指标是区间浮动的，但始终控制在线路初设静态投资范围内。

6　阶段投资控制再思考

通过梳理可以看出，铁路站房工程的投资控制基本分为3大阶段：估算阶段、概算阶段、预决算阶段。3个阶段对站房投资及指标控制的重点因素不尽相同。估算阶段以单项单位工程综合指标控制为主，投资控制具有前瞻性；概算阶段以原则依据、设计范围、含量指标和分部分项工程综合指标控制为主，投资控制具有比选和微观组成特点，既是后续设计的限额，也是设计阶段投资控制的关键；预决算阶段以原则执行、数量计算、深细度和分部分项内部综合指标为主，投资控制以优化设计为主。

  设计阶段中，方案设计阶段控综合指标，初步设计阶段控原则和重点，施工图设计阶段控精度，实施阶段控变更和价差。各阶段应总结本阶段的设计成果，对比分析分析风险和隐患，是对下一阶段所做的前瞻性工作。设计角度的投资控制重点应以初设为重点，着手建立项目的投资和指标链，形成类似工程数据库，以此反推方案设计阶段综合指标，以此初步设计阶段成果控制实施阶段；以施工图设计成果为基础，辅实施阶段投资统计反推站房全阶段投资控制，做好投资的目标控制与后评价。

参考文献：

[1] 国家铁路局. 铁路基本建设工程投资估算预估算编制办法：TZJ 1002—2018[S]. 北京：中国铁道出版社，2019：4-5.

[2] 国家铁路局. 铁路建设项目预可行性研究、可行性研究和设计文件编制办法：TB 10504—2018[S]. 北京：中国铁道出版社，2018：393-472.

城市夹角下的淮北西站及综合开发设计策略

高光明，高汉清，高颖

（中铁上海设计院集团有限公司）

摘　要：本文基于城市夹角下的淮北西站及综合开发设计项目，以站城融合的思路统筹高铁片区开发，研究如何深入剖析项目面对的规划挑战、用地挑战、形象挑战，通过对应的设计策略，化解项目在规划、用地、形象等方面存在的问题；依托快速高效的集疏运交通体系，建立以人为本、高效有序、安全生态的现代化综合交通枢纽，树立城市标志性门户空间，打造交通综合、站城融合、功能复合、生态结合、智能统合的五合车站。

关键词：城市夹角　淮北西站　站城融合　综合开发　设计策略

1 引言

1.1 项目背景

在新形势下催生的"站城融合与综合开发"正成为潜力巨大的蓝海市场，无论是国家铁路局、还是各级政府和轨道公司，都将它作为推动新时代城市高质量发展、解决铁路轨交可持续建设的重要途径[1]。依托轨道交通推进站区综合开发有利于城市土地的集约利用和城市空间的有效拓展，对于交通、产业、城镇融合发展起到巨大的推动作用[2]。铁路车站综合开发必要性包括能够弥补铁路建设资金不足，促进铁路建设的外部效益反哺铁路投资方，缩短客流培育期[3]，避免土地资源的浪费，实现铁路建设和城市发展多方共赢等[4]。

在此大背景下，我院积极探索站城融合开发项目实践，并且依托实现项目形成相应的研究成果。

1.2 研究内容

本文基于城市夹角下的淮北西站及综合开发设计项目，研究如何深入剖析项目面对的挑战，通过对应的设计策略，化解项目在规划、用地、形象等方面存在的问题。

1.3 研究目的及意义

文章以实际项目为基础，以项目难点为切入点，直面挑战并提出对策，是一次极具代表意义的实践。本次研究有助于深入剖析此项目，让我们更加清晰地回顾项目、评价项目、总结经验，并且对今后的站房设计实践，提供参考借鉴。

2 城市夹角下的项目挑战

2.1 规划挑战

基于现状及远期规划分析，我们认为在规划层面的主要挑战为：如何规避高铁线路与城市规划主轴线存在 61°夹角的问题。

淮宿蚌铁路因受采煤塌陷区等不利因素影响，线路走向与城市规划主轴线存在约 61°夹角，如图 1 所示。如何通过淮北西站枢纽的设计，规避高铁线路与地方规划轴线的夹角，是本次设计在规划层面需重点解决的问题。

图 1 线路与城市轴线夹角示意图

除此之外，站前综合开发怎样与上位规划契合，如何对城市发展起到提升作用，也是需要考虑的问题。

2.2 用地挑战

高铁枢纽用地一般是比较规整，淮北西站因受线路夹角影响，站房南北两侧的可建设用地比例失调。以东站房为例，从站前路起设匝道，站台到匝道的距离为可建设用地，受限于基本农田红线，东站房南侧的可建设用地东西进深在 50 m 左右，而北侧可建设用地东西进深不足 20 m，空间不足以支撑线侧开发，连基本设备房间的布置都难以满足。站房东西广场存在的大量基本农田，严重限制了站区配套设施的布置和站城融合开发布局。

淮北西站西广场面向城郊生态活力轴，在远期规划上以保持既有的生态村落及农田为主；东广场面向城市规划主轴线及主城区，远期规划为区域商业商贸服务中心。如何解读枢纽在这里承担的纽带作用，也是我们必须考虑的问题。

2.3 形象挑战

从城市角度看淮北西站枢纽，淮北西站站房正立面与城市发展轴线垂直相交，站房四边的角度，尤其锐角比较尖锐，旅客靠近站房后的心理体验较差。其次，站房候车厅轴线与广场轴线存在61°夹角，如何让旅客在进站的过程中感觉自然过渡，则是平面功能设计中要解决的问题。再次，站房形象如何与地方文化呼应，形成淮北地区独特的形象也是我们要考虑的问题。

3 城市夹角下的应对策略

针对高铁线路与城市主轴线存在夹角的情况，通常有以下解决思路：从城市规划出发局部修订城市规划、从站前广场出发对车站和城市进行过渡衔接、从车站本身出发直接用建筑自身来解决夹角问题。

本项目位于城市西侧，目前站房东侧已紧贴城市建成区，建成区城市轴线为东西向，主要道路为正向棋盘式路网结构，因此淮北西站片区应延续原有城市肌理，采用正东西向城市轴线。通过站前广场设计可在功能上实现站房与周边城市道路的衔接，但是在形象上，仍无法解决站房正立面与城市轴线的夹角问题。故本项目从车站本身出发，通过站房设计来解决夹角问题。

3.1 规划策略

在解决站房夹角的问题上，我们提出了两种平面解决方案："1"字形方案和"工"字形方案（见图2），经过比选，我们发现"1"字形方案与城市更加协调，鸟瞰统一流畅，整体性强（见图3）；"工"字形方案整体感差，尖角过多，因此，我们最终选择了"1"字形方案。

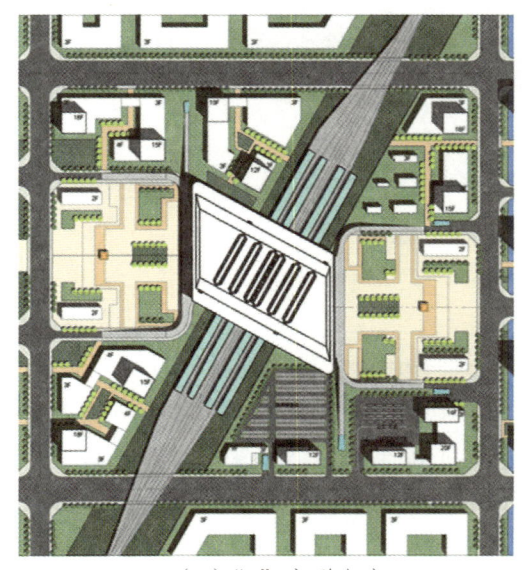

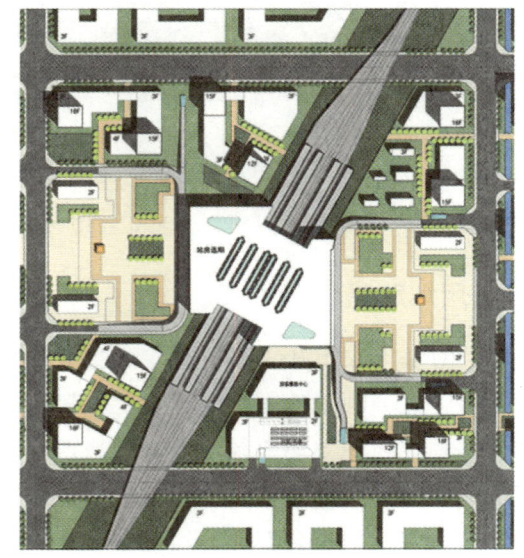

（a）"1"字形方案　　　　　（b）"工"字形方案

图2　站房平面布局对比图

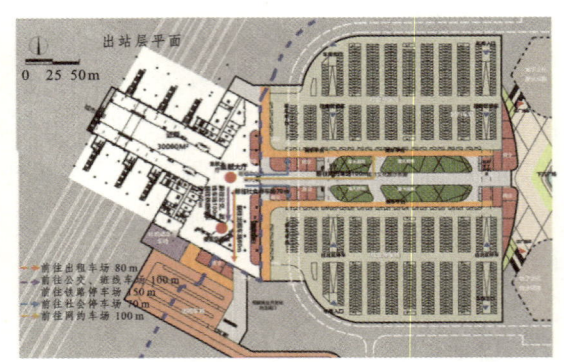

图 3 站房总平面图及出站层平面图

东西广场的布局上，我们遵循"东城西乡"的上位规划逻辑，淮北西站西广场面向城郊生态活力轴，在远期规划上以保持既有的生态村落及农田为主；东广场面向城市规划主轴线及主城区，远期规划为区域商业商贸服务中心，与上位规划契合。

淮北西站枢纽片区旨在打造"站城一体综合开发"，以淮北西站为枢纽核心，通过商业文化轴串联整个站前综合开发片区，形成区域商务商贸核心，辐射城市西南部先进产业聚集区，拓展城市发展框架，助力城市产业腾飞。枢纽南北两侧通过城市道路下穿，实现东西城市的联动发展，有助于形成环形交通。枢纽在这里起到了门户作用，承东启西，增强城市对于先进产业聚集区的吸引力（见图 4）。

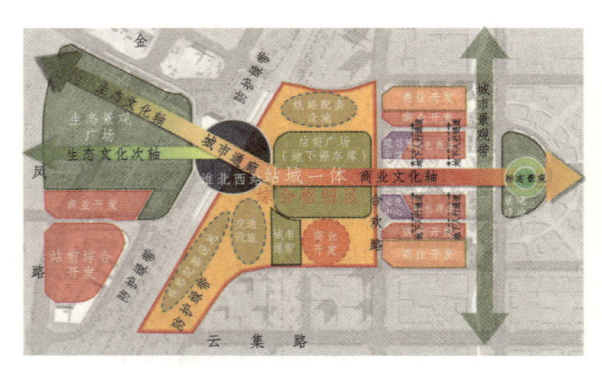

图 4 规划布局及地下空间分析图

3.2 用地策略

针对基本农田及线路角度导致的用地不足问题，我们提出以下设计策略：

（1）充分利用地下空间，地上布置双层枢纽节约用地。淮北西站地下空间规划主要以淮北西站轴线与规划地铁线为主。站房西侧设置西广场地下停车场、下沉景观，站房地下设置集散大厅和城市通廊，站前广场地下设置出租车场、社会车场、网约车场，南侧预留开发地块。向东到达站前会客厅，经过地下人行通道到达文化展示长廊，远期设计地下商业街，打造有人气、有活力的立体广场。合理布置地上枢纽，长途及公交立体双层布置减少占地，在满足功能前提下，充分节约用地。

（2）站前广场设计以"运河新篇章"为主题，站房西侧打造"和谐田园"主题，融入田园观光、农事体验、研学活动、休闲健身、亲子娱乐等活动。站前广场以文化观展、都市观光、聚会、茶座为主要功能，寓意"客聚八方"。东侧片区延续站前广场的设计元素——"逐波奋进"，集观展、文化沙龙、餐饮美食、精品购物等于一体，汇聚人流。最东端半圆形广场可观景、文化体验，为市民提供高质量的户外活动空间。站前广场设计理念图如图5所示。

图5 站前广场设计理念图

3.3 形象策略

因站房夹角存在锐角，在造型上我们采用倒角处理，柔滑角度，减少尖角与城市的冲突。其次，利用站房集散厅南侧空间置入城市交通核，满足出站旅客、长途枢纽旅客及地下车库进站换乘需求，同时利用非对称集散厅，弱化候车厅与城市的夹角。

丰富的煤炭能源和悠久的隋唐运河，铸就淮北"能源之都"的城市名片。建筑立面采用刚柔并济的设计手法，以层叠的体量隐喻煤炭岩层，以柔美的曲线抽象蜿蜒的大运河。煤炭不仅是能源之石，更是化工之母，建筑立面中心的菱形单元体象征提炼的煤炭晶体，从地层中逐渐升起，燃烧自己，温暖世界，推动新时代的能源之都走上高质量、高水平的发展台阶。方正大气、中虚侧实的建筑体量绿色节能、经济美观，符合皖北地域的气候特征，入口处雨棚造型和建筑立面融为一体，为旅客进站提供无风雨的人性化空间。

在枢纽设计中，沿用与站房设计连续统一的设计手法（见图6）。枢纽片区多层和高层建筑组合，天际线错落丰富，有明确的地标性建筑，建筑形态多样、天际线柔和、层次丰富。

图 6　站房造型效果图

4　结论

本文基于城市夹角下的淮北西站及综合开发设计项目，深入剖析项目的规划挑战、用地挑战、形象挑战，并通过对应的设计策略，解决项目存在的问题，最后形成总结性成果。

（1）规划层面：针对高铁线路与城市规划主轴线存在夹角的情况，可从城市规划、广场设计、站房设计来解决夹角问题，具体采用哪种方式或者哪几种方式结合需从项目的实际情况出发。在新城或城市远郊区域，可从城市规划出发，让规划顺应线路及站房的方位；在城市近郊，可通过广场设计来解决夹角问题；在城市建成区，面对周边现状已难以调整的情况下，直接通过站房设计，来弥补城市夹角的问题，是比较可行的措施，例如本次重点研究的淮北西站及综合开发项目。

（2）用地层面：针对基本农田及线路角度导致的用地不足问题，充分利用立体空间集约布置，通过合理利用地下空间、集约布置地上公交场站、科学规划站前广场，在城市夹角用地紧张的情况下，实现用地与功能布局的平衡。

（3）形象层面：当城市轴线与站房形象在同一视角下存在夹角，可通过优化站房造型及平面的方式解决，通过柔化建筑边角，利用非对称集散厅弱化室内外轴线转角，赋予站房地方元素，形成与规划协调、与旅客和谐、与文化呼应的新时代客站枢纽。

我们在本项目设计过程中发现，淮北西站站房东西广场都存在大量基本农田，严重限制了站区配套设施的布置和站城融合开发的布局。这一问题可能普遍存在于近几年各地高铁站区，对于高铁站前的发展和站城融合战略的实施都有着极大的制约条件。在此我们建议在设计层面要在规划、选址等方面进行更加严谨的论证，加强高铁站区与国土空间规划的衔接，尽可能减少周边基本农田对高铁站区发展带来的影响。

希望本文形成的成果经验，可作为特殊条件下高铁枢纽规划设计的典型案例，对今后的国铁站房及站城融合设计实践，提供一定参考价值。

参考文献：

[1] 朱德荣. 中铁上海设计院集团有限公司建筑专辑：交通构筑未来[J]. 世界建筑杂志社，2022（S1）：10.

[2] 窦静雅. 站城融合理念下铁路站区综合开发的思考与建议[J]. 中国学术期刊电子出版社，2022（1）：19.

[3] 张鹏. 城际铁路车站综合开发分析[J]. 铁道工程学报，2015，32（6）：83-88.

[4] 吴振飚. 深茂铁路江茂段土地综合开发趋势及途径分析铁道运输经济[J]. 2015，37（1）：85-89.

高铁枢纽地区交通组织规划方法研究

贾凤娇，刘律

（中铁上海设计院集团有限公司）

摘　要：伴随高速铁路网络的快速发展，高铁枢纽地区将成为城市发展新的潜力地区。高铁枢纽地区的交通组织方案，将极大地影响枢纽以及站场周边地区的运行效率。本文从站房本体交通组织和地区交通组织两个层面，归纳总结了现状高铁枢纽地区交通组织规划方法，并结合实际案例，阐述规划实施方法。

关键字：高速铁路站　站城融合　交通组织

1　引言

目前，我国高速铁路网络里程已突破 4 万 km，建成高铁站超过 500 个。根据《中长期铁路网规划》中要求，预计至 2025 年，我国高速铁路可达 5 万 km；2035 年，高速铁路可达 7 万 km 左右。伴随高速铁路里程的快速增长，高速铁路站成为各个城市交通发展的重要节点。其中，上海东站、温州南站、宁波西站等大型交通枢纽的开发建设，将极大促进着周边用地的综合开发。高速铁路站及周边地区作为城市潜力地区，有机会成为城市发展的新中心，承担更高的区域及城市职能。

从交通组织的角度来看，以高铁站为核心的城市综合开发片区建成后，地区交通系统将面临巨大挑战。对于枢纽自身来说，交通需求主要为枢纽的交通集疏散需求，包括城市轨道、城市公交、私人机动化、慢行等交通方式与对外交通系统之间的衔接；对于枢纽地区而言，交通需求更为混杂，既包括作为途经城市地区的过境交通需求，也包括城市中心地区自身的到发交通需求。那么，如何协调不同交通需求，通过流线组织降低干扰，促进地区形成运转有序、和谐发展的交通系统，是高铁枢纽地区交通组织规划中的重要课题。

本文通过对典型高速铁路站地区交通组织规划方法和方案进行分析，总结高铁枢纽地区的典型交通组织规划方案，对常见问题提出具有普适性的规划方案和方法，为新建高速铁路站枢纽地区交通组织总结理论方法奠定基础。

2　枢纽站房交通组织规划方法研究

随着高铁枢纽站城融合理念的贯彻实施，新一代高速铁路站摒弃了过去"远城市、大广场"的布局模式，开始与城市中心区紧密融合。那么，高速铁路站房交通组织也将从传统"重机动轻慢行"的模式，向"机动化与慢行化融合"的模式转变。同时，伴随着市郊铁路的快速发展，部分高速铁路站也兼顾了市郊铁路的功能，铁路站房界面需要进一步向服务短距离交通开放。因此，新一代枢纽站房交通组织重点是协调机动化交通与慢行交通之间的关系。一方面，满足高速铁路枢纽内部客流中转及面向区域的高机动化、高效率的联系需求；另一方面满足邻近高铁站城市开发地区便捷到达需求，促进城市用地发展区域服务功能。

2.1 机动化交通集疏运组织研究

高速铁路机动化交通主要包括私人小汽车、公共交通（含轨道交通、常规公交、长途大巴）、出租车、网约车等。考虑到常规公交、长途大巴交通组织以站前广场地上及地下区域为主，对外衔接仍依靠城市高快速路及主干路，组织模式相对简单，本文着重对于私人机动化（含出租车、网约车）及轨道交通衔接组织进行分析。

2.1.1 私人机动化交通组织

私人机动化交通是高速铁路站的重要组成部分，其组织模式与高铁站的站型选择密切相关，也是影响高铁站站房形式及周边地区交通组织的重要影响因素，从目前的高铁站私人机动化组织模式来看，主要可以分为腰部落客和端部落客两种。

1. 腰部落客

腰部落客是将落客车道和高铁线路方向呈相互垂直设置，且位于铁路客站的前后两侧。此种落客方式的优点在于减少进站后乘客至站台的距离，避免部分乘客需要穿越整个站厅层寻找站台，同时站城融合关系较好。其缺点在于此种进站方式落客匝道需要一次性建成，难以适应远期铁路站房的实施存在不确定性，分期建设难度大；另外，由于中小型铁路客站的站场接入线路少，站房侧边较短，落客距离无法满足要求。因此，腰部落客方式以特大型、大型高铁站为主，如虹桥站、杭州西站等。

2. 端部落客

端部进站是将落客车道和高铁线路方向呈相互平行设置，且位于铁路客站的左右两端。此种落客方式的优点在于落客距离长，且能适应站房分期建设。其缺点在于端部落客车道会将城市和铁路客站相互割裂，使得站城融合一体化开发受到一定阻碍；且乘客进站后，到达指定站台的步行距离较长，易造成出行时间紧张。从应用范围上来看，端部进站方式适应范围较大，可适合各种规模高铁站。

从端部落客的具体做法上来看，可以分为高架落客、地面落客和地下落客 3 种。高架落客的形式适用于高架站房，优点在于有效分流车流和人流，形成立体化的换乘空间，例如南京南站；地面落客适用于部分年客流量较小的高铁站，例如泰安站，但目前已很少推荐此方案；地下落客适用于无高架站房条件的车站，例如扬州东站。

3. 腰部落客与端部落客结合

考虑到更多高铁站与市域铁路合并设置，为了提升不同落客方式的适应性，兼顾高速铁路高效率运转与站城融合开发，团队在上海东站的交通集疏运系统布局中，对不同落客方式进行对比分析，提出了兼顾两种落客方式优点的新型落客方式。

上海东站接入线路包括高速铁路沪通铁路、市郊铁路机场联络线、两港快线及预留东西联络线、轨道交通 21 号线，是一个集多层次轨道网络相融合的铁路枢纽站。为了更好地综合高铁站场和市郊铁路站场之间的关系，交通集疏运方案灵活布局腰部进站与端部进站两种方式，适合上海东站交通集疏运需求。3 种落客方案如图 1～图 3 所示。

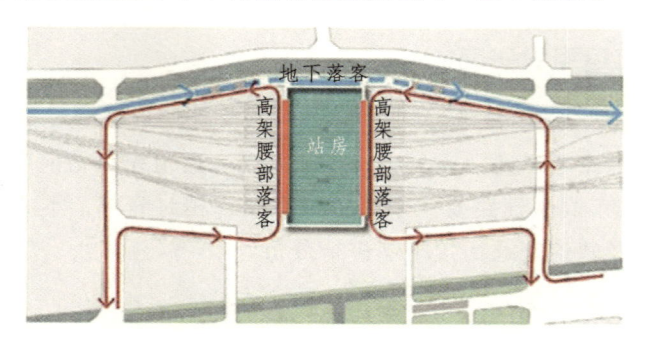

图 1　方案一：两侧腰部落客+东侧地下端部落客

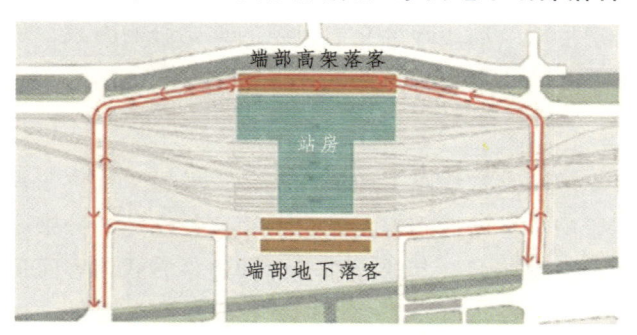

图 2　方案二：东侧高架端部+西侧地下端部落客

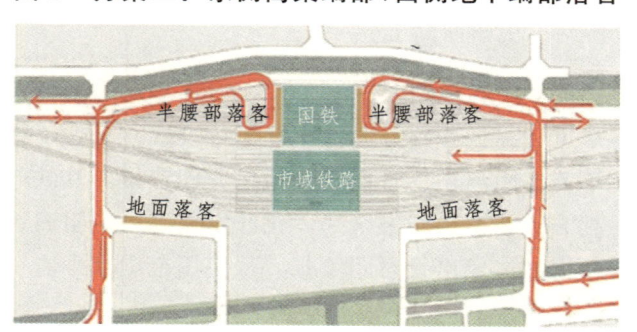

图 3　方案三：两侧半腰部落客+西侧结合物业地面落客

通过对方案进行对比，总结其优缺点，最终选择最适宜客流需求的落客方式。其中，方案一为两侧腰部落客+东侧地下端部落客相结合。其优点为南北双侧落客，落客区最长，对国铁和市域铁路客流均能便捷覆盖；缺点为落客车道将站房和盖上开发割裂，人与物业之间的慢行连接不便。方案二为东侧高架端部+西侧地下端部落客相结合。其优点为实现了国铁场和市域场与物业的无缝衔接；缺点为高架层落客区较短，对落客平台的宽度要求较高，会导致东侧合流需大幅向机场侧改线，南北向交通流容易在平台上产生交织影响平台通行效率。西侧端部地下落客虽然可以弥补对市域场进站客流的落客需求，但下穿车道会在地下分隔枢纽空间和广场侧地下开发空间，不利于地下慢行系统的打造。方案三为两侧半腰部落客+西侧结合物业地面落客相结合。其优点为能够在满足主要的铁路客群快速落客需求的前提下，最大化的将盖上空间与铁路及市域场的车站空间实现无缝衔接，在盖上打造一个人车分流道公共空间，片区内地面车流可利用西侧物业进行地面道路港湾式落客；缺点为对市域场的落客服务的便捷性略弱，但考虑到市域铁路的服务范围较小，影响处于可控的范围内。通过综合分析，上海东站选择方案三作为交通集疏运方案进行推荐[1]。

2.1.2 轨道交通换乘组织

城市轨道以其便捷、大运量的特点，成为高铁枢纽集疏运系统的重要组成部分。从国内高速铁路站点与城市轨道的互动发展上来看，特大城市、大城市高铁站将城市轨道接入是解决大客流冲击的良好解决方案。因此，如何有效协调地铁与高铁站之间的客流换乘关系，是高铁站站房集疏运设计中的重要课题。我国主要铁路客站轨道交通方式比例及接入城市轨道交通线路数量如表1所示。

表1　主要铁路客站轨道交通方式比例及接入城市轨道交通线路数量[2]

铁路客站	武汉站	杭州东站	长沙南站	南京南站	天津站	广州南站	北京南站	上海虹桥站	成都东站
城市轨道交通占比	45	46	50	54	45	55	45.7	62	63
轨道交通线路数量/条	1	2	3	4	3	2	2	3	2

因受到工程难度、站房分期等方面的影响，城市轨道交通与高铁枢纽衔接方式，主要包括两种。第1种为高铁枢纽与城市轨道站一体化设计，做好城市轨道空间预留，使其位于高铁站的地下空间，最大限度减少换乘距离；第2种为城市轨道站与高铁枢纽分离设计，城市轨道站位于高铁枢纽一侧，距离高铁枢纽站房有一定距离，换乘便利性欠佳。

1. 高铁站与城市轨道站一体化设计

一体化设计城市轨道交通与高铁站是在有限的空间里，通过立体化布局，缩短城市轨道车站与高铁站厅层之间的距离，可以最大限度地降低乘客的换乘距离，代表性车站为北京南站。

北京南站城市轨道站台位于高铁站台正下方，该布局方式的优点为城市轨道出站厅及通道与高铁站台距离较近，大大降低了城市轨道与高铁站之间换乘通道距离。在客流高峰时期，此种布局方式还可开放出站口用于进站服务，交通组织灵活性较强，适应短时大客流出行需求。北京南站地铁换乘高铁流线示意图如图4所示。

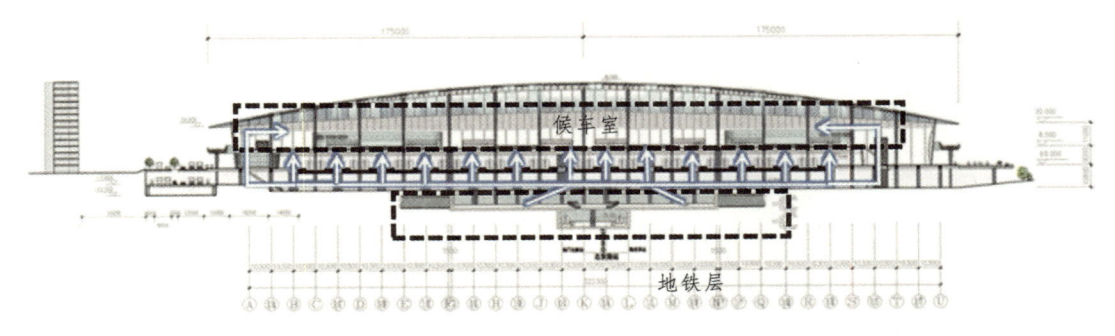

图4　北京南站地铁换乘高铁流线示意图

2. 城市轨道站位于高铁枢纽的一侧

部分车站受到前期规划方案的影响，城市轨道为高铁枢纽建成后接入，轨道车站位于高铁枢纽的一侧。这类枢纽城市轨道与高速铁路车站之间存在较长的换乘距离，需要重点关注。

以福田站为例，城市轨道车站2号线、3号线站台距离福田站均有一定的距离，换乘距离大约为300～400 m，如图5所示。在换乘通道的规划中，要注意通过增加自动步道等设施，减少步行距离，增加换乘廊道趣味性，如图6所示。

图5　福田站地铁与高铁站方位示意图

图6　福田站地铁换乘通道实景图

2.2　慢行换乘组织

除了机动化交通与高铁站之间的接驳换乘，慢行交通的舒适性和便利性也是评价高铁站服务水平的重要标准。第四代高铁枢纽的快速发展，促进了站场周边地区的就业人口和居住人口数量快速增加，慢行交通逐渐成为高铁站集疏运的重要组成部分。站房内，应通过清晰明了的指示标志引导乘客快速进出站；站房外，应在高铁站站房周边地区规划连续的步行和非机动车通道，提升高铁站的慢行可达性；并利用高架桥下、路边等非机动车停车场。

3 枢纽地区交通组织规划方法研究

3.1 枢纽地区交通需求分析

对于临近高铁枢纽的城市地区而言，枢纽集疏运及城市开发带来的混合交通需求，是地区交通规划的重点。以上海东站为例，其客流需求分析如表 2 所示，除了枢纽本身的交通客群外，还包括本地客群，多种类型交通需求叠加后，给上海东站及周边枢纽地区带来交通压力。

表 2 上海东站客流需求分析[1]

客群来源	详细来源	交通依赖	出行目的	功能需求	活动范围
交通客群	中转客群	① 短暂停留（0.5~2 h）；② 公交依赖，步行为主	交通换乘	亮点吸引(特色文化、购物、体验业态)；重视体验（便捷换乘、智能人性）	0.37 km²
交通客群	目的地客群	① 短期停留（1~7天）；② 公交依赖，步行为主	日常通勤、休闲旅游	效率优先（商务对接、会议交流、展示交易、快速到达）；重视体验（休闲娱乐、消费购物、文化体验、短期居住、运动健康）	① 上盖区域；② 1.21~2.2 km² 范围
本地客群	本地就业人群	① 公交为主；② 小汽车、慢行为辅	日常通勤、商务交流、休闲娱乐	便捷多元（商务办公、休闲娱乐、消费购物）	7 km²
本地客群	周边居民	① 慢行为主；② 公共交通次之	日常消费、休闲娱乐	重视体验（休闲娱乐、文化体验、消费购物、体育运动）	7 km²

倘若对多种交通需求的分流不足，就可能出现高峰时段地区交通与枢纽交通叠加的问题，造成枢纽周边路网出现瘫痪性拥堵，降低整个地区的交通效率。例如，上海虹桥站商务区与虹桥站进入停车场接客客流共用高架且分流距离短，在五一、国庆等枢纽接送客流高峰时期，极易出现交通拥堵，影响乘客和地区到发人群的正常出行。

那么，在地区综合交通网络规划中，需要重点注意将不同类型交通流进行分流。从具体的规划方案上，应重视地区道路网和公共交通（含轨道交通、常规公交）的建设，鼓励采用公共交通方式出行，合理分流地区过境交通、枢纽到发交通和物业开发交通，引导地区交通向效率化、绿色化方向发展。

3.2 枢纽地区交通规划

枢纽地区道路网可分为骨干路网和集疏散路网。其中，骨干路网主要由高速公路、快速路和主干路构成，其主要功能为依靠干路网络实现高铁枢纽地区快速通达；集疏散路网主要由次干路、支路构成，其主要功能为利用密集路网支撑高铁枢纽地区内部畅行。

3.2.1 道路交通组织研究

从骨干道路网规划上来看,需要重视与区域既有重大交通设施的衔接,例如高速公路、城市快速路。在具体布局方案研究中,若发现高快速路对地区交通组织存在不良影响,可以通过调整高快速路出入口、匝道的形式,形成适宜地区发展的高快速路网。在地区高快速路路网的基础上,结合城市地块开发,布局衔接高快速路的主干路系统,使其服务于地区交通快速集疏散。

从骨干路网的交通组织关系上来看,过境交通应利用地区外围道路,避免将过境交通引入地区内部;枢纽交通应与高快速路直接相连,避免利用地区道路进行转换;地区到发交通若需要利用高快速路集疏散,应将枢纽交通与地区到发交通匝道分离,尽量避免枢纽交通与地区到发交通利用同一匝道,降低交通服务可靠性。

以上海东站规划方案为例,规划形成两横三纵骨干路网,其中两横为闻居路(主干路)、申嘉湖高速公路,三纵为川南奉公路(主干路)、G1503/周邓路、南北大道(主干路)。周邓路部分路段为地下道路,降低对地区交通影响。地区利用川南奉公路、G1503/周邓路、南北大道(主干路)疏解过境交通,并通过在周邓路、南北大道上开设不同的出入口,分离枢纽交通与地区长距离快速交通。上海东站地区道路网布局图和交通组织布局图如图7、图8所示。

在骨干道路网的基础上,为提升地区交通品质,应采用"窄街区、密路网"的形式布局地区次支路网,并优先布局环境良好的慢行交通系统,引导地区交通良性发展。例如,通过扩大临街界面及人行慢行空间,提供空间载体,加强自行车专用道、人行道与地块退让空间一体化设计。

图 7 上海东站地区道路网布局图[1]

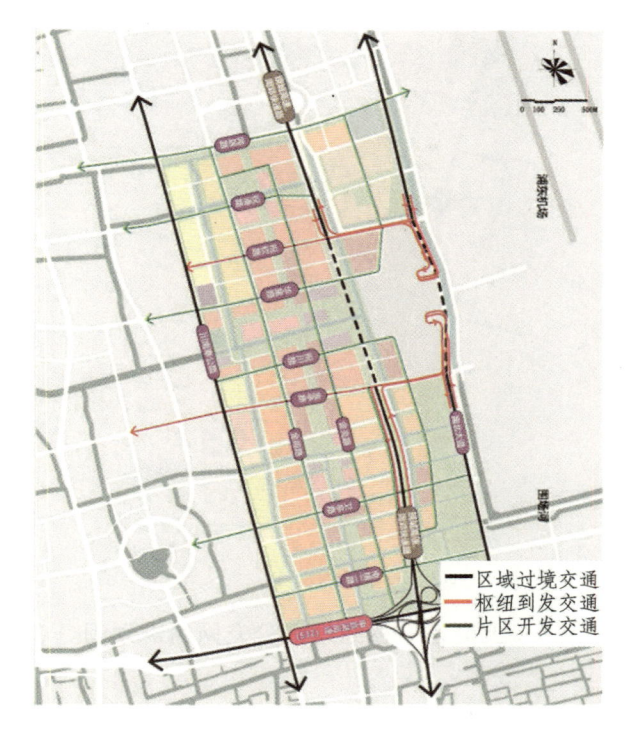

图 8 上海东站地区交通组织布局图[1]

3.2.2 公共交通组织研究

枢纽地区交通体系应强调"站、场、城"融合发展。一方面，通过城市轨道、中运量公交等大容量快速交通设施满足中心城区快速直达枢纽地区的需求；另一方面，通过构建以常规公交为主的地区公交网络，提升地区内部公交服务水平。

以上海东站为例，规划在站前核心区构建由"地铁+智慧交通+快速公交+常规公交"组成的双环公交体系，促进多层次、多制式的站产融合、产城融合，如图9所示。其中，"站产融合环"围绕上海东站和站前产业核心区，通过"智慧交通"系统有效串接交通枢纽和产业枢纽，实现"站产融合"。"产城融合环"通过快速公交强化站前产业功能及西侧生活居住组团之间便捷联系，实现"职住高效转化"。另外，站前核心区增设轨道 21 号线站点，并围绕站区内的 3 个站点设置公交首末站，提高地铁的服务半径及其与常规公交的换乘效率。并依托公交首末站，加密常规公交线网密度，实现次干路及以上级别道路公交线网的 100%覆盖。

对于中小型高铁站，可结合城市规模和实际交通组织情况，利用多条中运量公交形成地区骨干公交网络，串联地区主要活动中心，提升地区对外公交联系效率，例如宜宾西站，其南部片区公交网络规划图如图10所示。

3.2.3 慢行交通组织研究

传统高速铁路过分重视机动化接驳，使得车站游离在城市之外。在促进站城融合的发展背景下，慢行交通逐渐受到重视。新一代高铁站通过构建地上、地面、地下多层次的慢行交通网络，将高铁站与周边城市开发紧密联系在一起，充分激发站城地区活力。

图 9　上海东站枢纽地区公交网络规划图[1]

图 10　宜宾西站南片区公交网络规划图[3]

（1）站前地区是缝合枢纽与城市之间的关键地区，是布局合理的慢行交通系统。例如，上海东站通过打造无车区，并构建利用慢行缝合枢纽和城市。上海东站投标方案慢行组织示意图如图 11 所示。

（2）从国内外发达地区高铁站的慢行交通布局上来看，多层次的慢行交通体系可以很好的联系枢纽和周边开发地区，提升出行的舒适性和便利性。

图 11　上海东站投标方案慢行组织示意图[1]

4　结语

高铁枢纽地区交通组织规划是支撑城市新中心发展的关键系统，交通服务水平对地区发展前景起着重要作用。高铁地区的交通组织可分为枢纽站体交通集疏运系统及周边地区交通集疏运系统。在交通组织规划中，不仅要注意站体自身交通集疏运的便捷高效，也要注意营造良好的站城交通互动关系，避免因交通设施及路径供给不足，引发多交通需求叠加降低地区交通效率。

参考文献：

[1] 深圳市建筑设计研究总院有限公司，中铁上海设计院集团有限公司，悉地（北京）国际建筑设计顾问有限公司，AS+P Albert Speer +Partner GmbH（阿尔伯特·施佩尔城市规划设计公司）联合体. 上海东站综合交通枢纽建筑概念设计[Z]. 2022.

[2] 中国城市和小城镇改革发展中心，国家发展和改革委员会综合运输研究所，中国铁路设计集团有限公司. 现代化铁路枢纽及综合交通融合发展研究[R]. 北京：中国城市和小城镇改革发展中心，2020.

[3] 艾奕康设计与咨询（深圳）有限公司. 宜宾西站南片区概念性城市设计[Z]. 2011.

基于"四网融合"的杭州都市圈综合客运枢纽分级标准研究

王柄达，赵思雯

（中铁上海设计院集团有限公司）

摘　要："四网融合"是打造轨道上的都市圈，强化轨道交通网络效益，实现资源共享，提升旅客出行效率，提高服务品质的必要举措。目前，"四网融合"综合客运枢纽分级尚处于研究阶段，缺乏明确统一的标准。因此，本文提出了综合客运枢纽分级标准，将客运枢纽划分为门户型枢纽、集散型枢纽、服务型枢纽 3 个等级，并以杭州都市圈为例，通过资料收集、现场座谈、实地踏勘等调查方式对杭州都市圈正在运营的 40 余个典型综合客运枢纽进行系统性分析，依据客运枢纽的"四网融合"情况，划分了 9 个门户型枢纽，22 个集散型枢纽和若干个服务型枢纽，对"四网融合"的研究具有重要意义。

关键词：四网融合　都市圈　客运枢纽　分级标准

1　引言

在交通强国、城市群发展、综合交通发展等国家政策背景下，都市圈将形成多层次轨道交通。如何充分发挥轨道交通网络优势，构建多层次轨道交通体系，支撑都市圈可持续发展，"四网融合"是必要举措之一[1]。而具体实现"四网融合"，满足不同层次的出行需求，成为目前"四网融合"枢纽规划设计过程中的重点和难点问题。

对于"四网融合"的研究，国内才刚刚起步，陈丽[1]探讨了"四网融合"影响因素，就"四网融合"发展机会提出建议。何龙庆等[2]结合湛江轨道交通线网规划，研究了"四网融合"在湛江轨道交通发展中的实际应用。刘先梦等[3]结合重庆市轨道交通"四网融合"情况，总结出五大融合发展思路。许兆俊[4]从线网融合、站点融合、其他保障措施等方面介绍了市域铁路嘉闵线实现"四网融合"的总体方案设计。在已有的研究中，基于"四网融合"的客运枢纽节点分级标准的研究较少且未形成统一标准。研究枢纽节点分级标准，有利于资源合理分配，有利于有效提高运输效率，提升公共服务水平，为区域经济社会发展注入活力。

本文在"四网融合"的前提下，考虑到不同枢纽节点的枢纽"四网"衔接水平、枢纽客流强度、枢纽换乘便捷性、枢纽信息化水平等指标，制定三级枢纽体系，并对杭州都市圈客运枢纽进行调研分析，归纳总结杭州都市圈客运枢纽特点，对其枢纽等级进行划分。本次研究对完善综合客运枢纽分级标准、提高基于"四网融合"的客运枢纽规划设计水平具有重要意义。

2 "四网融合"的内涵

"四网"一般指干线铁路网、城际铁路网、市域（郊）铁路网和城市轨道交通网。其中，干线铁路网是国家层面的铁路通道，主要服务中长途客货运输，兼顾城际功能；城际铁路网是城市群层面的区域轨道交通，主要服务相邻城市间的城际客流；市域（郊）铁路网属于都市圈轨道交通，主要服务城市中心城区和周边城镇组团之间通勤客流；城市轨道交通网属于城市内轨道交通，主要服务城市中心城区的通勤客流。"四网"功能定位及主要技术特征如表1所示。

表1 "四网"功能定位及主要技术特征

类型	功能定位	站间距/km	设计速度/（km/h）
干线铁路	服务中长途客货运输，兼顾城际功能	高铁：30～50 普速：5～15	高铁：250～350 普速：≤160
城际铁路	主要服务区域节点城市之间及节点城市与邻近城市间的城际客流	5～20	120～200
市域（郊）铁路	主要服务城市中心城区和周边城镇组团之间通勤客流	城区：1.5～3 郊区：3～8	100～160
城市轨道交通	主要服务城市中心城区通勤客流	快线≥3 普线1～2	快线120～180 普线80～100

2019年国务院颁布的《交通强国建设纲要》中提出，要构建便捷顺畅的城市（群）交通网，推进干线铁路、城际铁路、市域（郊）铁路、城市轨道交通融合发展[5]。此外，《"十四五"现代综合交通运输体系发展规划》《长江三角洲地区多层次轨道交通规划》等政策文件中，也多次提出要推动"四网"融合衔接，"四网融合"是轨道交通发展的必然趋势。

由于目前国内市域（郊）铁路尚处于探索阶段，与其他交通方式的融合有待深入，在规划设计和建设运营过程中要处理好"四网融合"的关系。"四网融合"研究将促进多种交通方式高效便捷衔接，有效弥补城市轨道交通在大运量、快速、舒适等方面的不足，对优化城市空间结构和促进多层次都市圈发展具有重要意义。

3 "四网融合"综合客运枢纽分级制定原则与方法

对于单一方式交通枢纽，目前已有较为成熟的分级标准。而对于"四网融合"条件下多种交通方式融合的交通枢纽来说，目前还没有明确的分级标准。本文结合前期研究成果及实际工程经验，提出市域（郊）铁路四网融合客运枢纽的分级原则与方法。

3.1 枢纽分级制定原则

在"四网融合"的前提下，考虑到综合交通枢纽节点的线路衔接情况、客流运输能力、"四网融合"程度、接驳换乘条件等具体情况，根据《交通强国建设纲要》等文件要求，结合区域经济社会发展实际需要和人口分布特点等情况，统筹考虑路网布局、换乘效率等因素，确定划分原则如下：

1. 独立性

在枢纽分级指标体系中，各个指标体系都是彼此独立的，互不干扰。

2. 互补性

枢纽的层级数需结合客运枢纽的整个体系进行界定，各层级需要区别鲜明且两相邻枢纽间差距应等同，最终确定的层级应能够容纳绝大部分客运枢纽特征。

3. 全面性

为了准确定义枢纽等级，分级指标需涵盖枢纽各方面的差异，避免由于枢纽的特性差异而造成的分级不合理。

3.2 枢纽分级划分方法

对于枢纽的划分，需要根据"四网融合"综合客运枢纽的特点，考虑枢纽"四网"衔接水平、枢纽客流强度、枢纽换乘便捷性、枢纽信息化水平等评价指标：

（1）枢纽"四网"衔接水平："四网"衔接水平是指枢纽衔接的网络数量，反映了枢纽节点与"四网"的融合情况。

（2）枢纽客流强度：枢纽客流强度是指旅客在枢纽内的集聚程度和客流流动水平。主要考虑两个方面的因素：一是枢纽内各类交通方式的旅客集散量（含跨方式换乘）；二是枢纽内交通方式的空间分布和流量分配。

（3）枢纽换乘便捷性：指在满足出行条件的前提下，旅客在综合运输体系内出行所需换乘的便捷性。主要考虑两个方面的因素：一是换乘设施建设完善程度；二是各类交通方式间相互换乘便利性。

（4）枢纽信息化水平：指枢纽内交通组织管理系统对旅客出行信息的采集与处理能力，以及各类信息交互系统的建设和应用情况。

根据以上评价指标，考虑枢纽功能特征的不同，将杭州都市圈市域铁路网络规划形成门户型客运枢纽、集散型客运枢纽、服务型客运枢纽三级枢纽体系。

（1）门户型客运枢纽承担杭州都市圈对外密切联系的门户功能；对内带动地区发展，承担城市群中心的职能。一般来说，门户型枢纽的"四网"衔接水平较高，客流量较大，换乘能力较为完善，信息化水平较高。

（2）集散型客运枢纽承担杭州都市圈主要节点城市之间密切联系的交通集散功能。普遍而言，集散型枢纽的"四网"衔接水平一般，客流量适中，换乘能力一般，信息化水平一般。

（3）服务型客运枢纽服务于城市和片区级公共中心发展，承担城市级和片区级中心间的交通集散功能。一般来说，服务型枢纽的"四网"衔接水平较低，客流量较小，换乘能力和信息化水平一般。

4 杭州都市圈综合客运枢纽分级研究

杭州都市圈是长三角地区的重要组成部分，在它启动建设 16 年里，杭州市、湖州市、嘉兴市和绍兴市携手快速发展，逐渐成为长三角南翼最具影响力的都市圈。杭州都市圈包括杭州市辖区及桐庐县；湖州市辖区及安吉县、德清县；嘉兴市辖区及桐乡市、海宁市；绍兴市辖区及诸暨市，面积 2.2 万 km²，截至 2021 年末，常住人口规模为 2 211 万人。

为打造"轨道上的杭州都市圈"，需对轨道网络枢纽等级划分形成层级分明、分工明确、系统衔接的客运枢纽体系，以建设国际性综合交通枢纽，促进都市圈客运枢纽与城市中心体系耦合布局，引导发展以轨道交通站城融合为导向的开发模式，提高城市群间客运交通整体组织效率。

本文以杭州都市圈为例，通过资料收集、现场座谈、实地踏勘等调查方式对杭州都市圈正在运营的 40 余个典型综合客运枢纽进行分级研究，最终 9 个枢纽划分为门户型枢纽，22 个枢纽划分为集散型枢纽，其余为服务型枢纽。

4.1 门户型枢纽

杭州都市圈 9 个门户型枢纽节点中，杭州市 6 个，嘉兴市、湖州市、绍兴市各 1 个。规划都市圈门户型枢纽车站，以新一代铁路枢纽节点建设为载体，打造"四网融合"示范区，提升对外交通服务水平，发挥门户型枢纽节点的牵引作用。经研究，杭州都市圈主要门户型枢纽如下：

1. 杭州东站

铁路：有沪昆铁路、沪昆高铁、宁杭高铁、杭深铁路、杭黄高铁、杭绍台高铁、杭甬高铁、杭长高铁等线路引入。车站总规模为 15 台 30 线。

市域铁路：机场快线 19 号线引入。

轨道交通：杭州地铁 1 号线、4 号线、6 号线引入。

其他：规划沪杭金磁悬浮引入。

2. 杭州西站

铁路：有杭温铁路、商合杭高速铁路等线路引入，总规模 11 台 20 线。

城际铁路：规划办理临安方向城际动车作业。

市域铁路：机场快线 19 号线引入。

轨道交通：杭州地铁 3 号线引入；规划引入地铁 12 号线。

3. 杭州南站

铁路：杭州南站是沪昆线上的客运中间站，有沪昆铁路、杭甬高铁、杭深铁路、沪昆高铁、杭黄高铁、杭长高铁等线路引入。

市域铁路：为利用萧甬线开行杭州至绍兴市域列车车站。

轨道交通：杭州地铁 5 号线引入。

4. 杭州站

铁路：有沪昆铁路、宣杭铁路等线路引入，车站规模 5 台 11 线，存车线 4 条，尽头式货物线 2 条。

市域铁路：规划引入市域铁路。

轨道交通：杭州地铁 1 号线、5 号线引入。

5. 萧山机场站

航空：引入杭州萧山国际机场，为 4F 级民用运输机场，是中国十二大干线机场之一。

铁路：规划有萧山机场站，引入杭绍台高铁、沪乍杭高铁，车站规模 2 台 4 线（含正线 2 条）。

市域铁路：机场快线 19 号线引入。

轨道交通：杭州地铁 1 号线、7 号线引入。

6. 钱塘站

铁路：主要办理大部分区域城际动车、枢纽环线市域客车始发终到及通过作业。规划江东站为萧山机场高铁始发终到车站，车站规模 5 台 11 线。

市域铁路：规划引入市域铁路。

轨道交通：规划引入地铁 8 号线。

7. 嘉兴南站

铁路：为既有嘉兴南站为沪昆高铁中间站，车站规模为 4 台 8 线。规划通苏嘉甬高速铁路、沪杭高铁、沪乍杭高铁、嘉湖城际相汇于嘉兴南站。

城际铁路：规划引入嘉湖城际，并预留沪杭城际场。

市域铁路：规划引入市域铁路。

轨道交通：嘉兴有轨电车 T1 引入，规划引入嘉兴地铁 1 号线。

8. 湖州站

铁路：为既有宣杭铁路、宁杭高速铁路、商合杭高速铁路中间站。其普速场与高速场自西向东并列布置，高速场 4 台 10 线，普速场 2 台 4 线（含共用站台）。高速场衔接宁杭高速铁路与商合杭高速铁路，普速场衔接宣杭铁路。

市域铁路：规划引入市域铁路。

轨道交通：在建湖州地铁 1 号线引入。

9. 绍兴北站

铁路：绍兴北站是杭甬高速铁路、杭台高速铁路的中间站，站台规模 4 台 12 线。

市域铁路：规划引入市域铁路。

轨道交通：绍兴轨道交通 1 号线引入。

4.2 集散型枢纽

杭州都市圈 22 个集散型枢纽节点中，杭州市 8 个，嘉兴市 8 个，湖州市 4 个、绍兴市 2

个。集散型枢纽主要是中心城市或中型城市成熟的大型铁路客站和新型的辅助客站，能够推进"四网"在枢纽节点融合发展，强化枢纽节点硬件设施建设，充分发挥区域内集散作用。

在本次枢纽分级中，考虑了规划中的线路，由此得出集散型枢纽的"四网"衔接水平如表 2 所示。

表 2 集散型枢纽"四网"衔接水平

序号	车站	国铁	城际	市域	轨交
1	临平北站	√		√	√
2	临平南高铁站	√		√	√
3	富阳站	√		√	
4	临安站	√		√	
5	桐庐站	√		√	
6	桐庐东站	√		√	
7	建德站	√		√	
8	千岛湖站	√		√	
9	嘉兴站	√		√	√
10	嘉善站	√		√	
11	嘉兴机场站		√	√	
12	平湖站	√		√	
13	海盐西站	√		√	
14	海宁站	√		√	
15	桐乡站	√	√	√	
16	乌镇		√	√	
17	湖州东站	√	√	√	√
18	南浔站	√		√	√
19	德清站	√		√	√
20	安吉高铁站站	√		√	
21	绍兴站	√		√	√
22	嵊州新昌站	√		√	

4.3 服务型枢纽

服务型枢纽主要承担城市级和片区级中心间的交通集散功能，扩大多层次轨道交通的区域覆盖范围，提高网络一体化水平和换乘效率，对"四网融合"起重要补充作用。服务型枢纽可包含市域铁路网络内的换乘节点车站、市域铁路和轨道交通的换乘节点车站。

根据上述分析对不同枢纽的分级，可以得出杭州都市圈"四网融合"综合客运枢纽分级表，如表 3 所示。

表 3　杭州都市圈"四网融合"综合客运枢纽分级

类型	城市	枢纽节点名称	衔接轨道交通层级
门户型	杭州	杭州东站	承担杭州都市圈对外密切联系的门户功能；对内带动地区发展，承担城市群中心的职能
		杭州西站	
		杭州南站	
		杭州站	
		萧山机场站	
		钱塘站	
	嘉兴	嘉兴南站	
	湖州	湖州站	
	绍兴	绍兴北站	
集散型	杭州	临平北站	承担杭州都市圈主要节点城市之间密切联系的交通集散功能
		临平南高铁站	
		富阳站	
		临安站	
		桐庐站	
		桐庐东站	
		建德站	
		千岛湖站	
	嘉兴	嘉兴站	
		嘉善站	
		嘉兴机场站	
		平湖站	
		海盐西站	
		海宁站	
		桐乡站	
		乌镇站	
	湖州	湖州东站	
		南浔站	
		德清站	
		安吉高铁站	
	绍兴	绍兴站	
		嵊州新昌站	
服务型	市域铁路换乘车站 市域铁路和轨道交通换乘车站		服务于城市和片区级公共中心发展，承担城市级和片区级中心间的交通集散功能

5　结语

"四网融合"是我国轨道交通发展的必然趋势，是加强多层次轨道交通体系建设，支撑城市高质量发展的重要途径。然而我国"四网融合"发展刚刚起步，若要保证"四网融合"的落地还存在许多方面的问题。

本文提出了综合客运枢纽分级标准，将客运枢纽划分为门户型枢纽、集散型枢纽、服务型枢纽3个等级，并以杭州都市圈为例，划分了9个门户型枢纽，22个集散型枢纽和若干个服务型枢纽，为以轨道交通站点建设为契机的城区综合开发和交通配套提供规划依据，并对其他城市"四网融合"规划建设具有一定借鉴意义。

参考文献：

[1] 陈丽. 轨道交通四网融合探讨[J]. 铁道工程学报，2022，39（6）：1-3，10.

[2] 何龙庆，陈雷，张磊. 轨道交通"四网融合"发展规划的思考[J]. 交通与运输，2022，35（S1）：153-158.

[3] 刘先梦，胡康. 重庆市轨道交通四网融合路径探讨[J]. 价值工程，2022，41（9）：51-53.

[4] 许兆俊. 基于"四网融合"的市域铁路嘉闵线总体方案研究[J]. 铁道建筑技术，2022（6）：109-112，170.

[5] 国务院. 交通强国建设纲要[R/OL].（2019-09-19）[2024-03-09]. https://www.gov.cn/zhengce/2019-09/19/content_5431432.htm.

空铁型综合交通枢纽催化地区产业经济演变

邵晓峰，高天琛

（中铁上海设计院集团有限公司）

摘　要：随着我国城镇体系不断发展，土地、经济发展结构逐渐从以增量扩能为主转向存量与增量并存的结构体系。综合交通枢纽作为城市内外人员的集散中心与要素汇聚中心，目前被大规模地应用在我国的城市规划建设中。本文基于黄山北站及新机场片区规划研究，对其周边地块进行合理的产业规划布局，探究以空铁型综合交通枢纽为导向的区域产业经济发展演变，并通过综合交通枢纽的建设带动区域经济发展并完善城市基础设施，进一步改善城市空间结构、高效率的利用土地资源，打造紧凑型城市。

关键词：综合交通枢纽　产业经济　城市空间结构　产业规划布局

引言

交通作为连接城市的纽带，常常与人类文明的发展相伴相依。从历史早期开始，交通模式的每一次变革都会对人们的生活方式、城市发展与空间结构带来巨大的影响，不仅仅作用于社会经济效益，其还关系到城市的未来[1]。综合交通枢纽是多种交通运输方式的交汇点，其优越的地理区位和便捷的运输条件，对于区域的发展产生重大的影响[2]。

大型综合交通枢纽作为城市内外客流集散中心和要素汇集中心，城市名片与地区发展的引擎[2]，在我国的城市发展中起到越来越重要的作用。单一的交通模式枢纽已经大面积在我国城市建设中铺开，复合型的交通综合枢纽渐渐成为城市要素集聚的重点[3]。空港综合交通枢纽区域在长三角一体化竞争发展格局中地位不断提升。本文基于黄山机场片区重点探讨分析了机场、铁路双核枢纽片区城市功能提振下的产业结构发展，通过"徽文化"内核为引领，形成新经济核心活力焦点，实现城市产业跨越式发展。

1　综合交通枢纽片区相关理论基础

韦恩·奥图（Wayne Atton）和唐·洛干（Donn Logan）在1989年提出"城市触媒"的概念[4]，并定义为城市化学连锁反应中激发与维系城市发生化学反应的"触媒体"，其可能是不同规模的虚拟概念或具象的实体[15]。理论中策略性地引入"触媒体"即区域的新元素便能够在避免彻底改变城市区域现有的元素的情况下焕活区域，在这一条件下，其也影响了相继引入的元素的形式、特色与品质[4]。具体表现在空铁型综合交通枢纽常常是以机场、高铁等交通设施的导入作为主要触媒因子置入城市空间中，以此为契机推动周边其余资源的整合和产业升级，从而产生及集聚效应，吸引更多的触媒因子，在其相互作用下，不断完善周边设施基础及城市功能。交通枢纽作为主触媒因子，如何保证各触媒因子的相互作用产生积极的效应而非抑制的效果便强调了对于城市区域的整体考量。城市触媒作用过程图解如图1所示。城市触媒原理如图2所示。

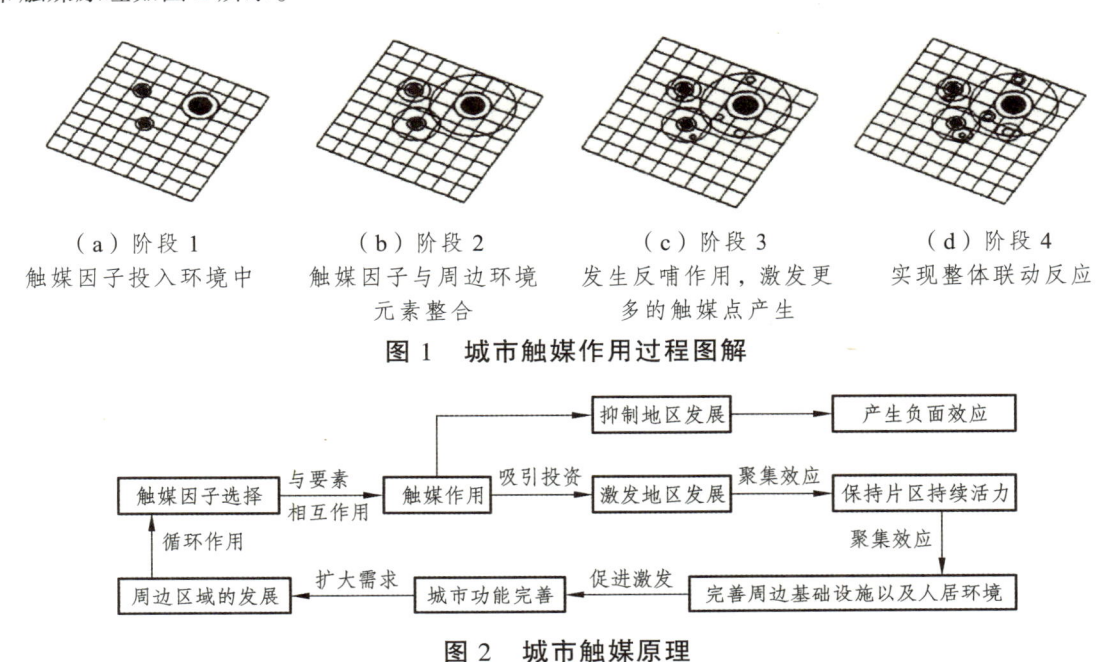

（a）阶段1　　　　　　（b）阶段2　　　　　　（c）阶段3　　　　　　（d）阶段4
触媒因子投入环境中　　触媒因子与周边环境　　发生反哺作用，激发更　　实现整体联动反应
　　　　　　　　　　　元素整合　　　　　　多的触媒点产生

图1　城市触媒作用过程图解

图2　城市触媒原理

2　综合交通枢纽片区产业规划策略

区域经济发展的本质是各种要素通过位移流动完成空间配置的组合和优化[5]，使各类生产资源包括人都能够到达最适合的地方，而综合交通枢纽是物质要素实现空间位移活动的载体和前提条件，与区域经济发展有着高度的关联系性[6]。

一般来说，如果空港与高铁客运站的距离较近，两大交通枢纽的叠加有孕育城镇新的增长点的巨大潜力[7]。空铁型综合交通枢纽是将高速铁路与机场两种交通方式复合叠加，并与衔接城市周边区域及城市内部区间的交通设施相互衔接，从而形成具有综合交通集散运输的集合体，空铁型综合交通枢纽以极高的城市辐射影响城市交通运输体系的发展[8]。交通枢纽中交通类型会决定要素集聚和产业落位的类型，并产生要素资源运输模式的差别，进一步演化呈现出枢纽区域不同的土地利用模式及空间布局。在城市资源中远距离的定点投放中，航空无疑占据极大的优势，能够最短时间完成资源的转移，而高铁运输在中短距离的运输及区域间的连接中转能力又能够弥补航空运输在此方面的缺陷[1]。因此，对于空铁型交通枢纽地区发展，更应强调将交通枢纽与城市规划结合考量，交通枢纽本身作为城市中重要的基础设施有着其固有的交通服务功能与设施属性，而交通枢纽对于城市功能产生的区域催化从而带来的一系列附加价值、例如商业活动、办公等功能，因此，其具有节点交通价值（Transport Value）和城市功能价值（Functional Value）两方面的主要价值趋向[4][9]（见图3）。两者之间存在着边际效益递减的关系，如何平衡两方面的发展，不让交通可达性成为区域要素集聚发展的制衡以及不让过多的场所功能价值阻碍了交通量的增加是目前空铁型综合枢纽地区发展的主流思想[9]。

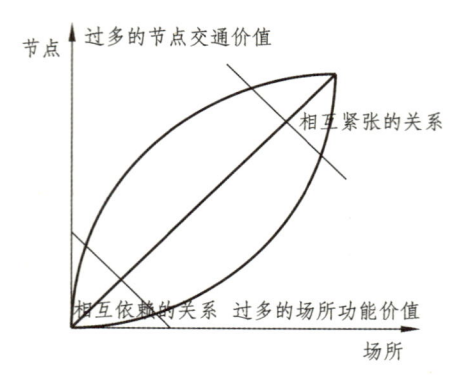

图 3 "节点-场所"结构的橄榄球模型

目前已有的对于航空、高铁等单类型的大型交通枢纽的空间影响与发展特点缺乏系统性的理论支撑研究，常常集中在指向性交通领域或是几个相关主体，缺乏联动的考量[10]。而复杂适应系统（Complex Adaptive System，CAS）理论将系统将各种复杂特征的原因归结于主体的适应性[11]。复杂适应系统是指由大量的按一定规则或模式进行非线性相互作用的行为主体所组成的动态系统，其演化的本质源于内部系统中微观主体的相互作用生成的宏观复杂现象的演进[11]。复杂适应系统中的主体被认为具有自适应性，在对外界环境不断地适应过程及内部各系统相互作用下不断地改变自身的结构，从而达到适应环境并与各个系统达成最终的动态平衡。

空铁型交通枢纽（见图 4）可以将主体看作主体政府、企业、居民、旅客等，各类主体目标和诉求不同，对外界及关联主体信息表现出不同的反应方式、预测和决策机理[2]。由于综合交通枢纽地区开发建设时序性、地区社会经济特性等因素，由固有的平衡状态转向为非平衡、动态的演化系统。各个主体之间存在着非线性相互作用使得该系统时刻处于动态的变化过程中，生成新的空间形态和结构。因此，在综合交通枢纽区域的规划建设中，应避免单线的流程链，将交通枢纽站点、城市基础设施、城市生态环境、城市人文本底等统筹考虑，避免相互的制衡，让区域的发展始终保持在均匀高速的节点。

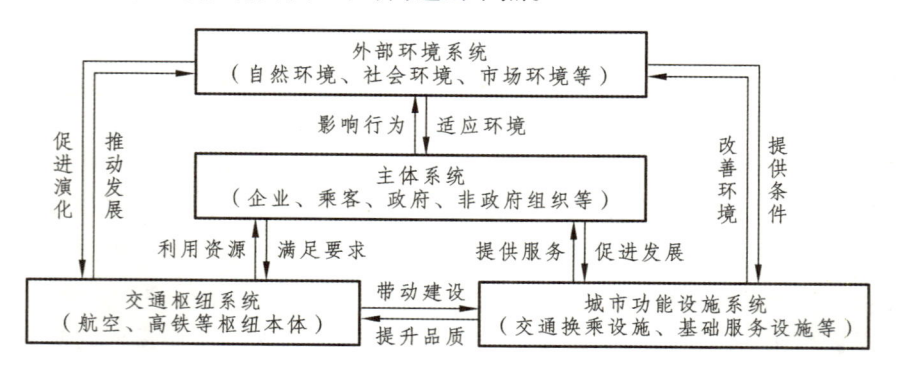

图 4 空铁型综合交通枢纽地域系统结构构成

由 Schutz、Pol 等人所提出的"三圈论"，将高铁枢纽所带来的影响范围划分为 3 个圈层，如图 5 所示，包括：核心区（第一圈层）、影响区（第二圈层）、外围影响区（第三圈层）。每个圈层呈现不同的产业布局与服务范围，第一圈层区域商务功能占比达到 50%，而其产业也常以交通为导向，高铁枢纽作为其资源流动介质向各地辐射；而第二圈层用地性质则更加综合，商务办公、会展、小体量居住都开始在此集聚，其影响力更集中于周边地区；而第三圈层则常发展为城市新区，配套相应的城市功能，实现生活与生产的平衡，产城结合，在一定意义上突破了圈层的结构，成为面向周边地区的服务主体，提供完善的城市服务[12]。相似的发展历程可以在机场枢纽区域被发现，机场周边核心区的常以服务于机场，受到外部限制条件较少的产业先行，如航空维修业、货运业等。随着机场周边区域的建设完善，依托于机场交通运输便捷而形成集聚的物流业、会展培训中心落位于周边，最终向外扩散形成集商务金融、会展体验、餐饮娱乐、居住等为一体的城市副中心[13]。黄山新机场的建设势必给周边地带的产业发展结构带来巨大的影响，两者之间存在合作与竞争关系，从而使原有的产业特征以及产业空间布局的改变形成新的产业增长极，重构产业空间结构，进而促进要素资源的集聚和流动。

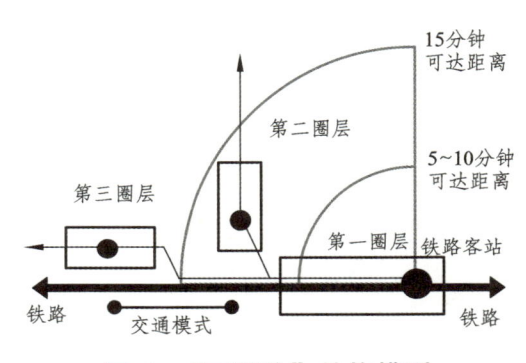

图 5 "三圈论"结构模型

3 黄山北站及新机场片区概况

早期黄山市的城市发展架构过度依赖旅游业，且受制于交通运输方式和机制的固化，导致其边缘化于长三角地区产业联动发展，城市空间格局难以构成有效的板块联系。规划黄山北站及新机场综合枢纽位于处浙皖赣三大都市体系的核心战略要冲，是黄山地理位置的中心，距离黄山景区、屯溪区、黟县等文化旅游资源均在 30～50 km。片区地处浙皖赣三大都市体系的核心战略要冲，是区域交通中心。道路主要通过 G3、G56、G205 及梅林大道等快速集散，铁路通过京福高铁、杭黄高铁、昌景黄高铁的交汇枢纽站点即黄山北站联系。片区范围内以村庄、农田、林地为主，现有产业主要为初级的农业种植与养蜂业，有零散的酒店住宿业与旅游服务业（见图 6）。

黄山北站及新机场综合枢纽的建设给区域带来了新的触媒效应，带动区域周边各要素的集聚并且形成了以交通优势为主导的产业集聚，在规划引领的布局下，混合布置功能用地，集合人、地、产、城、景 5 个要素，完成区域整体的产业升级与城市更新。枢纽区域所构筑的立体化交通网络，将带来人才、资本要素的高效流通，带来产业升级的有利时机，使得黄山北站及新机场片区成为城市交通、产业经济枢纽中心（见图 7）。

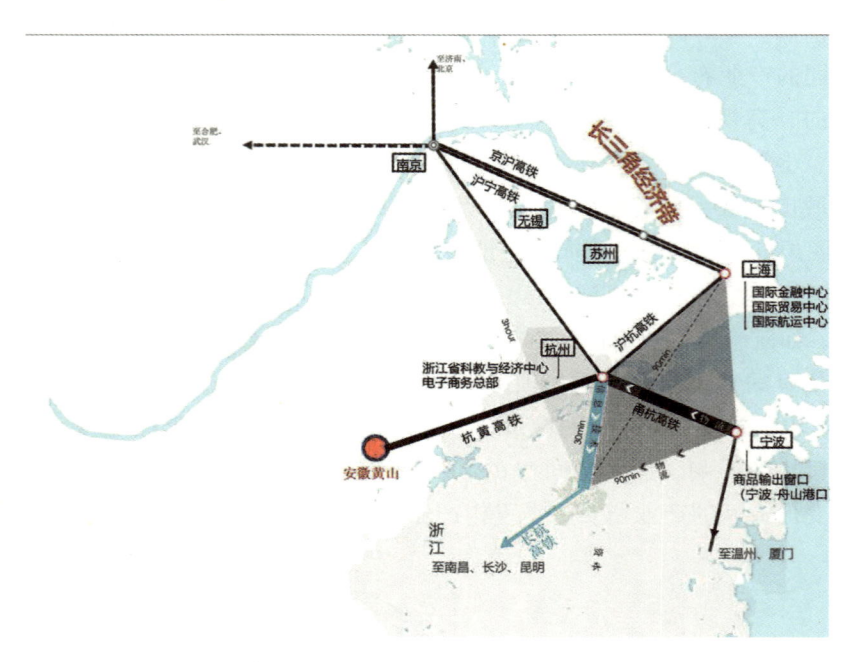

图 6　黄山北站及新机场片区交通运输条件

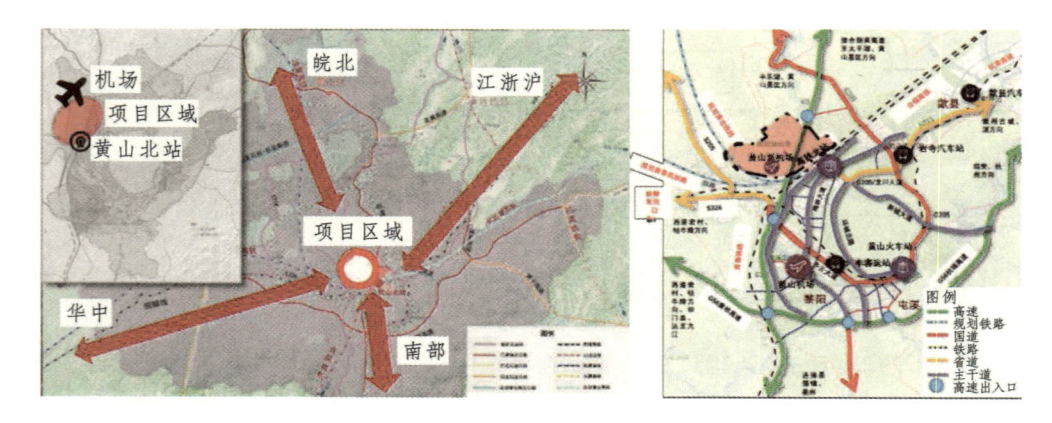

图 7　黄山北站及新机场片区地理区位

4　综合交通枢纽催化空间演变预测

4.1　黄山北站及新机场片区空间形态的演变

高速交通系统能够极大地提高运输速率，从而在动态的意义上降低不同区域之间的距离阻碍，扩大要素的流动范围。在全球要素资本流动迅速、竞争十分激烈的发展背景下，高速交通系统无疑能够克服地理意义上的限制，将生产资源与成品输送到最适合的地方去，从而满足不同区域的生产服务需求，是综合交通枢纽带动区域发展的原动力[3]。

综合交通枢纽辐射城市区域，是赋活区域要素的开端。黄山空铁型综合交通枢纽在早期受制于其城市地域能级的限制，其自身设施资源相对有限，经济产业基础均较为薄弱，工业基础较差，服务业常以传统型为主，且对于周边的影响辐射较小。规划因此顺应现有产业规划发展轴线与布局，以其本体优势与资源禀赋，特别是一些与运输活动关联度紧密的产业如航空维修业、物流业等在枢纽周边落位，形成枢纽区域第一圈层的构建。后期综合交通枢纽逐渐成熟，其区位优势使其对于城市的各类型相关社会经济活动具有极高的磁吸效应，随着政策的局部倾斜与相关基础设施的不断完善，原先的交通驱动产业布局逐步形成完备的上下产业链，各触媒源主体逐步扩大，集聚效应不断地增强，枢纽空间从原先的交通枢纽扩张到城市空间，形成新的城市发展中心。交通功能与城市服务功能的相辅相成，内聚力的不断向外扩散导致空间结构不断发生动态的变化，并最终与中心城区相联系，进一步引导空间布局。

黄山机场片区综合交通枢纽区域在这一模式下最终将形成以机场和高铁为核心的呈同心圆的圈层空间结构，距离枢纽站点最近的核心区内常常布局与交通高度相关的功能产业，而向外拓展则不断叠加形成以商务办、居住教育等城市功能复合的混合发展结构，其距离枢纽的空间距离与区域经济的辐射能力常常呈反比[1]。枢纽地区周边区域将从依托交通的发展模式过渡到综合性区域中心，从原先黄山"单中心"的城市空间布局转变为"多中心"的均衡发展、统筹谋划的空间发展模式。不同于一般的枢纽外围圈层布局，黄山北站及新机场片区尝试从文化的角度切入区域产业结构的布局，深入挖掘黄山的文化特色"徽文化"，充分支持原有的旅游业，将会展产业、商贸休闲产业等与文化产业相结合，从而提高各个产业的附加价值、让其不仅体现在经济效益上，还能够通过文化输出，带动黄山整体城市能级的发展（见图8）。

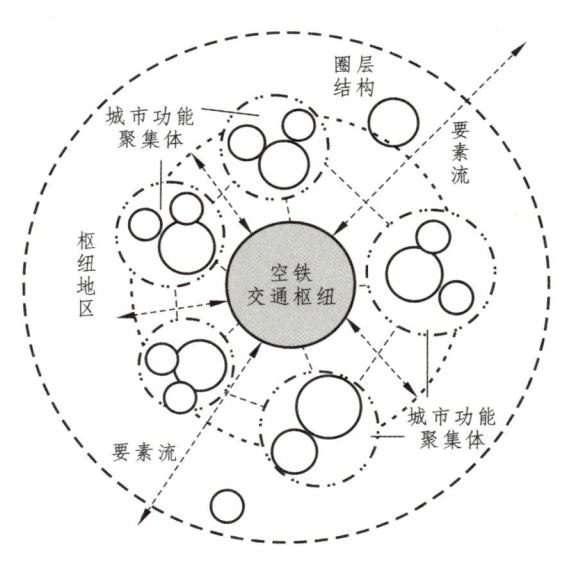

图8　枢纽地区空间涌现

4.2　黄山北站及新机场片区片区空间演化规律

有别于常见的综合交通枢纽，黄山枢纽片区在规划阶段便考虑到双交通模式协同运行，使其能够相对快速的演变发展。从单一类型的交通枢纽到空铁型综合交通枢纽的更新过程中，早期在规划阶段避免单一的交通模式产业布局，后期则可相对避免多次产业的迭代优化。通过多种交通模式的运输效能叠加，不断促进区域间的交流，增强客货运流量，扩大其服务辐射范围。

从区域服务设施来看，黄山市文创艺术类产业发展前景明朗且涨势乐观，文创艺术产业资源极其丰富，对于旅游业的吸引力较高。因此规划前期不仅需要布局片区内围绕枢纽区域通勤人群的需求修建各类餐饮服务、公共服务设施和服务于基于交通优势聚集的产业服务设施，也要预先落位服务于未来休闲、商务旅游人群的消费、商业商务等功能服务设施，不断地提高客货流量，增加枢纽区域的服务辐射范围，进一步推动枢纽片区及其周边地块的空间多元化发展，促进交通业上下游产业链的聚集，并逐步拓展构建为生产型和生活型服务链的协同发展，不断促进产业、商务、金融、旅游、零售、居住等相关产业与配套服务业发展，从而完成枢纽区域的综合建设，反向辐射中心城市，带动形成城市副中心的形成。

4.3　产业导向与规划布局探索

对照长三角其他城市，黄山市经济总量 GDP 同比增速较慢。黄山市的产业以第二产业和第三产业为主，现有工业多为传统制造业，以中低端加工为主，例如机械零配件制造、茶叶加工、工艺品加工等。产业在全市分散的布局，导致无法形成完善的产业链与产业生态，产业规模与能级难以提升。第三产业占比虽然是同类旅游城市中占比最高的，但其第三产业增加值绝对值不高。由于黄山市第三产业主要构成为传统旅游与批发贸易业等，缺乏高端现代服务业态，使其无法实现高端服务业态的突破，难以提高第三产业的整体价值。而黄山市文创艺术产业增加值增长 12%左右，各类优秀的文创机构相继入驻，故宫博物院驻安徽黄山徽派传统工艺工作站、故宫学院徽州分院、故宫博物院博士后工作站陆续挂牌成立[14]。

目前黄山北站及新机场片区处于形成初期阶段，机场和高铁的区位优势和规划政策对于产业的空间集聚具有支配地位，因此，规划产业空间布局按照与机场功能的密切程度来划分，通过将人流、物流、资金流等相互连接和交流。机场北侧主要是航空运输服务配套设施。机场东侧的航空物流产业园将成为黄山特色物流智慧枢纽，与两侧的空港、陆港高新技术产业区联动，将产品及时运输包装快速转化为经济效益。机场南侧的生态活力区将以 EOD 的生态开发模式，在注重生态保护，建设开放绿色空间的基础上进行一定商务活动开发。该区将成为机场与旧城区的缓冲带，可减弱不利因素。机场西侧为国际创艺会展区，与海阳镇接轨，通过旅游会展对旅游产业的支撑能够带动区域内城市功能的发展与完善。片区东侧为高铁枢纽区域，以商贸配套、总部经济和陆港产业结合加强人流、资金流与产业的联系。产业结构以现代物流链、创新会展链为核心，实现区域共赢的同时带动自身产业腾飞（见图 9）。

黄山北站及新机场片区空铁型综合交通枢纽着力空港、铁路、高速等内外部交通联通协调，完善区域性综合交通网络布局，更深入多维度挖掘区域产业再生价值，从而打造实现了要素资源的整合，通过 5 大主导产业（物流、会展、旅游、教育、创新）将资金流、人流、信息流、智慧流等汇集到区域内，联动黄山中心区域与周边市域乃至长三角区域经济，形成五"流"资源整合中心。

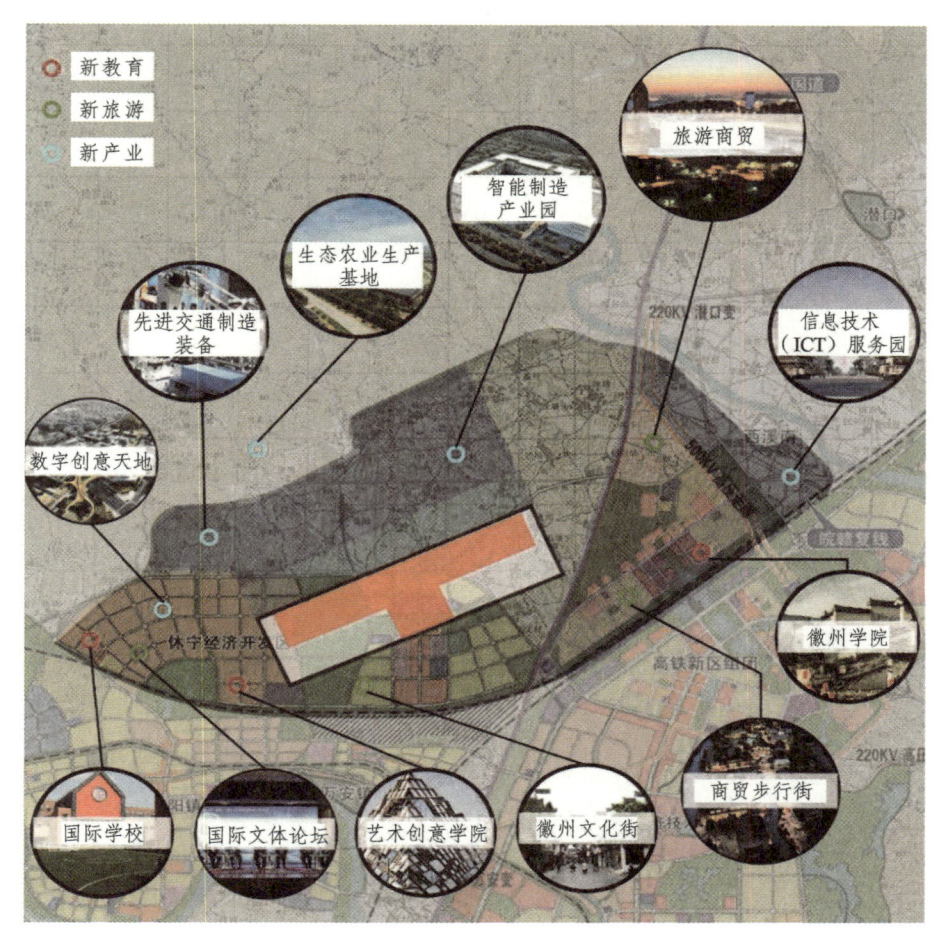

图 9 黄山北站及新机场片区产业规划布局

5 结语

在面临社会经济全面转型的发展格局，面对集约化建设综合交通枢纽的背景下，空铁综合交通枢纽催化了地区产业经济演变，应及时跟进国家不断释放的政策红利，深入挖掘城市本底的资源禀赋，以当地特色串联枢纽区域内的产业经济落位。综合交通枢纽规划建设前期要充分考虑项目主体系统中各方利益诉求，平衡交通枢纽的运输功能与城市服务功能，提高空间结构的"弹性"，适应社会经济发展与外界环境的变化，达到一种稳定的、动态性的平衡结构，打造由战略性新兴产业引领的生态友好型、智能化的新型城市产业体系。

参考文献：

[1] 桂汪洋. 大型铁路客站站域空间整体性发展途径研究[D]. 东南大学，2018.
[2] 邓洪波，陆林，虞虎. 空铁型综合交通枢纽地区空间演化特征——以上海虹桥枢纽为例[J]. 人文地理，2018，33（4）：7.

［3］郑国. 经济要素流动视角下高铁对城市空间结构的影响研究[D]. 东南大学，2019.

［4］郑健，沈中伟，蔡申夫. 中国当代铁路客站设计理论探索[M]. 北京：人民交通出版社，2009.

［5］卓嘎措姆. 交通基础设施对区域经济增长的贡献研究[D]. 西藏大学，2020.

［6］苏弘扬. 黑龙江东北部交通枢纽建设对区域经济的影响[J]. 营销界，2019（52）：178+190.

［7］张国华，李凌岚. 综合高速交通枢纽对城镇空间结构的影响——以长株潭地区为例[J]. 城市规划，2009（3）：4.

［8］邓洪波，陆林，虞虎. 上海虹桥综合交通枢纽地区产业空间分异变迁[J]. 经济地理，2018（4）：9.

［9］闫昊旻. 以集聚效应为导向的综合交通枢纽规划方法研究[D]. 西南交通大学，2010.

［10］胡剑芬，冯良清，饶烜. 基于自组织与他组织理论的临空经济系统协同发展研究[J]. 系统科学学报，2016，24（3）：5.

［11］张玲，邬永强. 基于CAS理论的旅游产业集群动力机制研究——以广州会展旅游产业集群为例[J]. 经济地理，2013，33（8）：6.

［12］肖健，李福映. 高铁枢纽地区发展研究——以广州南站地区为例[C]. 中国城市规划学会，2017.

［13］张依婧. 综合交通枢纽周边产业布局规划探讨[J]. 城市道桥与防洪，2019（2）：5.

［14］洪立玲.《2017黄山市政府工作报告》汉英笔译报告：地方新造词汇翻译难点与对策[D]. 浙江工商大学，2019.

［15］ATTOE，WAYNE，DONN LOGAN. American urban architecture：Catalysts in the design of cities[J]. Univ of California Press，1989.

枢纽规划篇

枢纽的边界
——面向未来的空港枢纽建筑设计

郭建祥，阳旭

（华东建筑设计研究院有限公司）

摘　要：本文基于空港枢纽建筑设计发展趋势，从创新驱动下边界的消隐、社会性空间的持续强化、新发展阶段的交通建筑、节点整合下的边界控制四个方面探索了枢纽边界从形成到消融的过程，打造符合时代精神的未来空港。

关键词：枢纽　边界　消隐　扩展

以综合交通枢纽为代表的交通基础设施在我国国民经济中扮演着重要角色，对当代城市的形态产生了深刻影响，是促进区域经济一体化发展的基石。

在过去的十余年中，我国综合交通枢纽的建设取得了举世瞩目的成就。《现代综合交通枢纽体系"十四五"发展规划》指出，"十四五"期间，我国重点优化提升 20 个左右国际性综合交通枢纽城市服务功能，加快推进 80 个左右全国综合交通枢纽城市建设。目前，我国综合交通枢纽体系建设仍在蓬勃发展中。

在综合交通枢纽体系中，空港枢纽因其超大半径的辐射强度成为经济活动全球化、物质交流便捷化的一种外在体现，是城市功能和文化气质的浓缩舞台，是最能反映时代进步发展的建筑类型之一。枢纽城市逐渐演变为国家城市体系中的重要节点。然而，在目前的枢纽规划中，还存在诸多需要进一步提升的方面：

（1）实现枢纽内部边界的融合，提升旅客体验。在当前的枢纽规划设计中，不同交通类型，甚至不同管理界面、不同安检等级之间存在较为鲜明的场站边界，建筑师需要思考如何打破边界使空间融为一体，从而使旅客在枢纽内部实现无边界出行。

（2）打破交通与人文的功能边界，实现情感共鸣。在过去的枢纽设计中，建筑师更加强调交通换乘的高效，枢纽更像是一台高效运作的机器。随着枢纽类型的发展，其文化属性和社交属性也越发强烈，因此打破交通与人文两种功能的边界，能够让旅客有更深的情感共鸣。

（3）消弭生态与健康之间的边界，打造健康枢纽。当下人们对于枢纽健康出行的需求越发重视。建筑师需要站在更加宏观的角度看待枢纽设计，将过去强调"四节能一环保"的单一维度转变为枢纽低碳运行、旅客健康出行的多维度。

（4）消融枢纽与城市之间的边界，打造枢纽城市。由于历史原因，许多机场往往建设在城市郊外，成为远离城市的孤岛。在枢纽边界与城市边界越来越模糊的今天，建筑师更需要从融合城市的角度出发，实现城市孤岛向枢纽城市的转变。

随着枢纽尺度的不断演进，现在的空港枢纽越来越多地被看作同一穹顶下的微型城市。建筑师更应该用城市设计的眼光，在技术引领、设计赋能下，关注枢纽边界的持续消隐与扩展，从强调枢纽内部运行的高效组织转为更加强调枢纽的城市性，以枢纽边界的消隐、社交空间的强化、低碳美学与健康枢纽、城市边界的消弭为着眼点，创造多维的"枢纽建筑学"。

1　从流程到旅程：创新驱动下边界的消隐

航站楼在发展初期与常规公共建筑并无本质区别，随着航空器技术的进步和年旅客量的增长，其逐渐演变为承载数千万年旅客量的巨构，而由此产生的安全和管理需求促使航站楼内外之间的边界逐渐形成（图1、图2）。

图1　20世纪60年代与常规公共建筑无本质区别的虹桥机场

图2　21世纪初年均数千万旅客量的虹桥机场

航站楼更多是以功能定义空间的建筑，值机、安检、行李托运等功能空间在楼内占据了很大比例，航站楼主楼成为传统旅客流程的"处理器"。不同功能空间在航站楼内形成一个个相对的边界，旅客在整个航站楼中的旅程即是通过边界的流程，清晰的边界为旅客带来了不确定和不友好的体验。

在虹桥机场枢纽的设计中，设计团队尝试整合不同的交通方式，使其形成融合的综合交通枢纽，成为国内综合交通枢纽建设的范例，其依然存在清晰的物理界限（图3）。

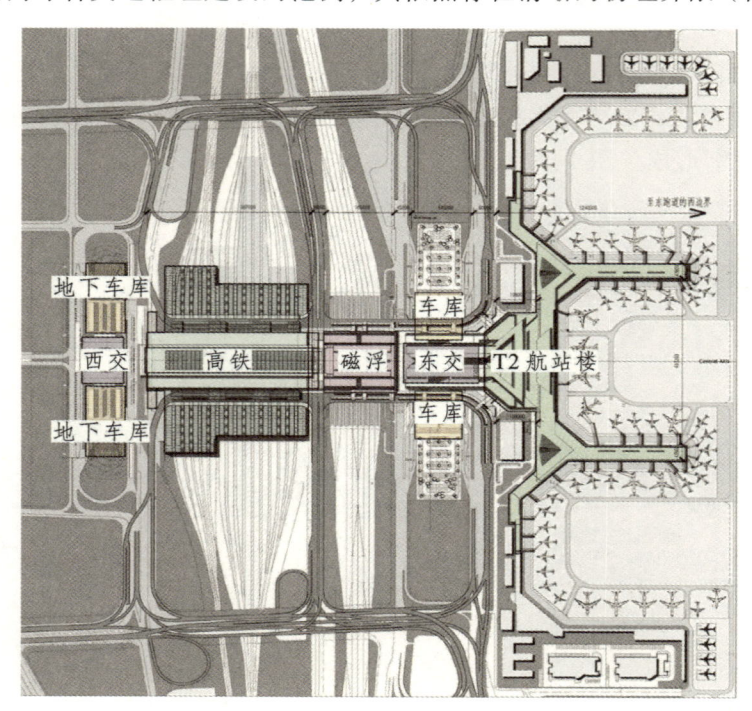

图3　虹桥机场枢纽设计

科学技术的蓬勃发展为物理边界的消隐提供了可能，主要体现为三个方面：

（1）基于生物识别的无边界出行，减少了身份查验的要求。"OneID"等生物识别技术的发展，为旅客流程的监管由物理转入后台提供了更多的可能。

（2）大数据背景下的差异化安检。无感安检极大简化了安检流程，使旅客可以在枢纽内部实现自由出行。

（3）物理边界的消融和数字边界的重塑。未来航站楼的实体边界将转入后台，为后台的设计、管理提出了更多的挑战。

随着技术的持续发展，枢纽的边界并未消隐，而是通过土建与管理的融合，使物理边界持续消融，数字边界不断重塑。本文将其理解为4种融合：① 土建的融合，即建设技术的进步使航空与高铁的上下叠加建造成为可能；② 建设的融合，即不同行业规范纳入统一平台，消除行业壁垒；③ 物理的融合，即安全运营的优化消弭整个枢纽内部的安检物理界限；④ 管理的融合，即后台技术的革新实现枢纽内部不同交通方式之间的统一管理。4种融合给建设、设计和运营团队带来了极大的挑战。

随着技术与理念的进步，以及出行方式、生活模式的持续变革，枢纽边界由水平整合向垂直叠合演变。未来，枢纽内部边界将持续消融，旅客可以真正在枢纽内部实现无边界通行。

2 从出行到交流：社会性空间的持续强化

随着边界的消融，传统的楼内功能从交通枢纽中得到释放，枢纽将满足城市综合体、城市会客厅等方面的需求，供旅客社会交往的空间属性也会进一步得到强化，商业、酒店等业态将呈现出多元性与融合性，从而为旅客的各种社会活动在枢纽内部的发生创造可能。这将会对于交通建筑室内空间的塑造提出更高的要求，例如，更加强调其内部空间的多元性，强调线性空间与节点空间的融合，赋予更多体验性与城市会客厅属性，充分尊重所在城市的地域性，充分考虑旅客行进的体验感。

2.1 契合城市品位的空间体系规划

机场枢纽可以被看作同一穹顶下的微观城市，因此在枢纽内部空间体系规划中，建筑师需要充分考虑城市品位。

杭州萧山国际机场 T4 航站楼肩负着第 19 届亚运会重要配套设施的使命，是展现杭州市新形象的窗口。设计以"表达江南文化脉络，彰显杭城文化底蕴"为基石，结合了航站楼的使用功能和空间特点，以荷花和莲叶为设计主题，展现杭州市秀雅、精致、温润的气质，以及国际、开放、包容的城市精神（图 4）。

图 4　杭州萧山国际机场 T4 航站楼

在阿布扎比国际机场的规划设计中，建筑师以城市设计的手法塑造了室内空间，结合雕塑、节点广场塑造了丰富的室内空间序列。

2.2 注重重要节点的公共艺术设计

当通过技术手段打破枢纽内部边界后，传统的功能性空间得到释放，机场也有更多的机会与公共艺术进行深度结合。此外，作为凝聚不同身份和不同感情人群的等待空间，机场更像是一个大众舞台，更加需要强调场所感。

结合旅客体验序列，建筑师在设计好机场的空间骨骼后，引入公共艺术，对节点气氛进行装饰和渲染，打造与城市气质一致的城市艺术客厅，使航空港转变为艺术港，从而实现"交通"与"艺术"的融合。

（1）色彩应融入枢纽色彩体系。以现有色彩体系为创作背景，新的色彩应融入体系，彰显其独特性，构筑全域化公共艺术空间，提供交互式的文化体验。枢纽作为背景展示的平台，强调艺术品、工艺品、构件等细节，因此色彩应更加突出艺术品，以带来更大的视觉冲击力。

（2）细节应反映城市文化元素。细节体现城市元素符号和地域文化，构筑高水准城市艺术客厅——充分体现城市风格和精神，并成为当地艺术家的展示平台。

（3）艺术应体现枢纽交通特色。艺术装置需围绕飞行、航空、铁路、航海等主题进行展开，通过 IP 形象的策划设计和精神地标的创作，结合细节处理和雕塑，打造鲜明的品牌特色，并且结合各种声光装置，实现多种形态的表达，具有视觉冲击力和文化感染力（图 5、图 6）。

图 5　美国萨克拉门托国际机场的"Leap"

图 6　英国希思罗机场二号航站楼的"Slipstream"

2.3 契合时代发展的航站楼内商业重塑

边界的持续打破为商业的融合提供了可能。在电子商务的冲击下，现在的枢纽商业已经由传统的购物式商业向展示性商业和体验性商业转变，机场已经逐渐演变为一个超强 IP 的大流量广告展示平台。在航站楼的设计中，建筑师要更加强调商业文化属性的塑造，结合城市特质进一步渲染商业氛围（图7）。

图 7　浦东卫星厅中庭

3　从绿色到健康：新发展阶段的交通建筑

交通枢纽作为人员聚集的场所，应该加强对自身健康属性的考虑，公共卫生事件的发生促使建筑师从更广的维度去思考交通枢纽与健康人居环境之间的关系，并对枢纽环境塑造提出了更高的要求。

韧性可变：航站楼的主要空间要充分考虑不同工况下的应用场景。当公共卫生事件到来时，对可能增加的查验空间要充分的考虑并预留尺度。

可分、可合：对于楼内可能的高风险区域要适当地进行预留规划，保证突发公共卫生事件时能够可分、可合。

健康建筑：建筑师应将传统绿色概念进一步延伸至关注旅客健康，充分考虑枢纽的韧性与弹性，以应对突发公共卫生事件。

行业要进一步提出可量化的、定性与定量相结合的健康枢纽各项环境设计标准体系，营造包括声环境、光环境、热环境等系统健康空港，实现航站楼健康运维、旅客健康出行，完成由生态机场向健康机场的转变（图8）。

健康枢纽的塑造对不同场景的精细化设计和参数的修正提出了更高的要求。建筑设计团队要借助计算机手段，对不同场景下的枢纽工况进行模拟，修正枢纽建筑设计，通过场景或空间的精细化设计实现主要活动场景全覆盖。

图 8　健康空港

4　从场站到城市：节点整合下的边界扩展

4.1　枢纽与周边地块的边界消融——活力隽永的片区设计

设计应以站点和枢纽为中心，利用交通带来的便捷人流吸引相关产业入驻，从而带动相关片区的发展，促进交通枢纽、商业办公、居住休闲等复合功能的综合开发，让以步行可达的交通站点为核心的片区产生联动。在城市由增量发展进入存量发展的今天，交通枢纽的建设如同催化剂，能够有效激发城市活力，形成多样性的产业与空间布局。

4.2　广域城市的边界扩展——集簇发展的城市布局

传统的城市布局以某一商业区域为中心，层层向外展开，可以理解为单核"摊大饼式"城市布局，会造成通勤时间长、职住失衡等问题。枢纽的多点式建设能够促进多个城市副中心的形成，有利于城市周边地区与城市中心区融为一体，更有利于广域城市的发展，极大缓解城区压力，促进城市健康发展。1 h通勤圈的形成极大地扩展了城市的边界，促进中心城区与周边城镇的协调发展。以枢纽为核心的交通网络犹如毛细血管，串联起整个城市群。

以上海市为例，新一轮《上海市交通发展白皮书》提出，中心城平均通勤时间控制在 45 min 以内，主城区内轨道交通站点 600 m 范围的覆盖率超 40%。该目标的实现需要不同交通线路、不同交通方式之间的相互叠合，因此交通枢纽的建设是其有力保障。

4.3　城市间的边界消弭——枢纽串联的大都市圈

大都市圈的建设要依托大型综合交通枢纽的建设，依托主要航空干线与铁路干线的相互串联，以及城际铁路、高速公路体系的发展。大型综合交通枢纽的建设能够通过强化主要交通方式之间的无缝换乘（如空铁联运等），有效整合多种交通方式，进一步强化综合交通体系和交通同城效应，打造枢纽上的都市圈，形成大都市圈内城镇群协同发展的格局。目前，上海市提出了"长三角主要城市 2 h 可达,上海大都市圈主要城市 1.5 h 可达"的建设目标,建成融入国家交通网络主骨架、支撑长三角区域交通一体化、与上海城市空间布局相协调、多种方式融合发展的综合交通体系(图9、图10)。

图 9　虹桥机场鸟瞰图

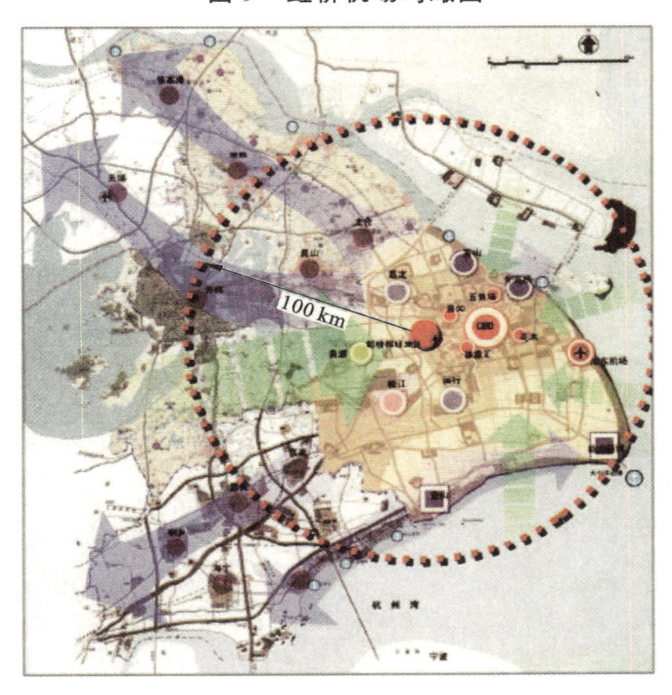

图 10　虹桥枢纽与长三角一体联动示意

5　结语

技术的发展不断推动机场枢纽的发展。枢纽的边界也逐渐经历了从形成到消融的过程。建筑设计打破传统专业边界,扩展学科外延,实现建筑、交通、社会等不同学科边界消融、扩展的枢纽建筑学、枢纽经济学、枢纽社会学。

建筑设计团队形成以建筑师为领头、多专业融合的综合咨询团队，传统的建筑设计企业转变为以空间形态为抓手的新型系统集成服务商，为社会打造满足人民美好出行方式的物质载体，营造符合时代精神的未来枢纽。

参考文献：

[１] 郭建祥，阳旭. 快速变化中的当代航站楼建筑设计[J]. 世界建筑，2020（6）：9.

[２] 郭建祥，阳旭. 枢纽与都市——城市视野下的交通枢纽[J]. 当代建筑，2020（10）：16-20.

（本文已获授权，原载于《当代建筑》2023 年 1 期）

机场枢纽：发源于机场、服务于城市
——深圳市机场东综合交通枢纽设计感悟

徐平利，乔毅

（中国航空规划设计研究总院有限公司）

摘　要：机场枢纽发源于机场，是机场功能的扩大与延伸。在机场的交通枢纽功能日益丰富的时代，机场也不再是远离市中心独自存在的个体，而是越来越融入整个城市道路及轨道交通体系中，甚至是融入商业服务等城市设计功能中，和周边城市地块紧密相连。本文通过深圳市机场东综合交通枢纽项目（简称深圳市机场东枢纽），具体解析机场枢纽建筑和城市的关系，展望未来机场枢纽建设与城市发展方向的融合。深圳市机场东综合交通枢纽项目是大型枢纽机场和干线高铁站合并一体化建设的先行示范项目，本区域配备了6台14线的干线高铁站始发站，以及满足年吞吐量1 500～2 000万。国内国际航空商务快线旅客航站楼、多条地铁线路、轨道线路以及城际铁路等多种交通方式联运，具备大量人流转换的基础，也为空铁联运、安检互认的实施提供了充分的硬件条件。

文章通过机场枢纽本身，城市规划系统，周边地块及设施融合等多方面分析机场枢纽建筑在TOD模式下将机场枢纽融入周边城市设计体系的融合方式。

关键词：机场枢纽　机场与城市　一体化

1 机场枢纽的定义、发展历史与现状

1.1 机场枢纽的定义

到目前为止，还没有一个官方的机场枢纽明确定义。但是根据最近几年大型机场设计的实际案例，机场的枢纽化，呈现显著的增长趋势。

随着机场的不断发展，机场的陆侧交通也有长足的发展与进步。尤其是最近几年，陆侧综合交通中心，叠加了各种公共交通、轨道交通、铁路交通等换乘方式，以及多功能多业态的商业配套服务。

1.1.1 传统机场枢纽的定义

传统的机场，通常是提供中、远距离旅客飞行服务航空站。早期的机场旅客数量较少，功能相对单一。

目前耳熟能详的说法是：枢纽机场。

枢纽机场中所说的枢纽，更多的是指空侧资源的中转，从城市和航线角度是指国际、国内航线密集的机场。旅客在此可以很方便地中转到其他机场。枢纽机场能提供一种高效便捷、

收费合理的服务，从而让航空公司选择其作为自己的航线目的地，让旅客选择它作为中转其他机场的中转航空港。枢纽机场既是国家经济发展的需求，也是航空港企业发展的需求。

枢纽机场的关键词，还是机场。

1.1.2 机场枢纽的定义

机场枢纽定义为通过航站楼前交通中心的多种公共地面交通、轨道交通、铁路交通的联系，形成了以机场为核心的、配备多种交通体系联运的交通枢纽。

机场枢纽的关键词是枢纽换乘和多式联运。

1.2 机场枢纽的发展历史和现状

机场陆侧交通从早期的汽车陆侧交通，逐渐发展成为全方位的公交体系。大巴车、地铁线路、市域轨道、铁路站房、高铁、GTC、GRT 等多种陆侧交通方式，逐步形成了陆侧交通中心枢纽的格局。机场也从距离闹市区很远的远郊区，通过综合的陆侧交通中心转运换乘以及多式联运，逐步和城市产生了很强的联系。

随着民航业的不断发展，飞机载客量、跑道滑行道容量的不断攀升以及经济的不断发展，机场的旅客吞吐量有了极大的提升。旅客陆侧设施和旅客交通方式也不断变化发展。

目前国内外的大型机场，航站楼前基本都形成了综合交通中心（GTC），GTC 包含了各自公共交通的组成，和城市中心甚至是机场周边都产生了广泛而多元的交通联系，并逐步形成了机场陆侧交通的 TOD 模式。机场陆侧逐步演变成为交通枢纽中心。交通枢纽是国家或区域交通运输系统的重要组成部分，是不同运输方式的交通网络运输线路的交汇点，是由若干种运输方式所连接的固定接驳和移动接驳组成的整体，共同承担着枢纽所在区域的直通作业、中转作业、枢纽作业以及城市对外交通的相关作业等功能。以机场为核心的交通枢纽逐步成型。

2 深圳市机场东综合交通枢纽，发源于机场

机场枢纽，顾名思义，是机场的一部分，是机场与外界联系的重要桥头堡，是根植于航空属性，发源于机场的。

2.1 深圳市机场东综合交通枢纽概况

2.1.1 建筑规模

深圳市机场东综合交通枢纽包括核心区、协调区和交通影响区，如图 1 所示。

（1）核心区：89 公顷，包括 T1 航站楼、国铁车站、城际地铁车站、枢纽配套以及上盖物业等主体建筑设计。建筑面积约 90 万 m^2。

（2）协调区：119 公顷，包括枢纽周边地区的交通、商业、文化和公共设施以及主要城市公共空间的设计，发挥城市空间整体效能，实现片区土地价值最大化。

（3）交通影响区：1 900 公顷，包括综合交通规划研究，实现枢纽交通内外衔接，发挥枢纽核心引擎作用，提高城市运行效率。

图 1　机场东综合交通枢纽片区及核心区

2.1.2　核心区设计范围

核心区包含以下主要组成部分。

（1）约 900 000 m² 的综合交通枢纽建筑，包括高速铁路、城际铁路和地铁、国内和国际机场航站楼设施和停车场，总计每年为大约 8 200 万铁路和航空旅客提供服务。

（2）贯穿于整个交通枢纽的广泛商业零售和休闲设施。

（3）公共领域和外部工程，包括道路、地下交通环路及软硬地面景观。

（4）附属配套建筑，包括地上多层停车场、屋盖下核心商业中心、地铁一号线换乘、公共汽车和长途客车站等。

2.2　深圳市机场东综合交通枢纽和整个机场的关系

深圳市机场东综合交通枢纽位于深圳宝安国际机场东跑道东侧，是机场东航站区乃至整个机场与东部片区的重要衔接点。

深圳市机场东综合交通枢纽是国内首个航站楼与国铁站房、地铁站房立体叠合，高度一体化的多式联运枢纽建筑，其剖面透视图如图 2 所示，包含以下建设内容：

（1）航站楼：新建 T1 航站楼（还建机场 ABD 航站楼），按照 1 500～2 000 万人次/规划年的国内国际航空旅客规模设置。

（2）高速铁路：机场东枢纽引入深茂铁路及广深第二高铁，按照 6 台 14 线规模地下设站。

（3）城际轨道：深大城际铁路站台及车站设施。

（4）地铁：规划有地铁 20、26 号线的新站台、车站和换乘设施，与既有运营的 1 号线、在建的 12 号线整合。

（5）机场捷运系统：新建机场空侧 APM 捷运系统，与枢纽和其他航站楼连接。

（6）配备商业、配套服务等各类相关功能及辅助用房。

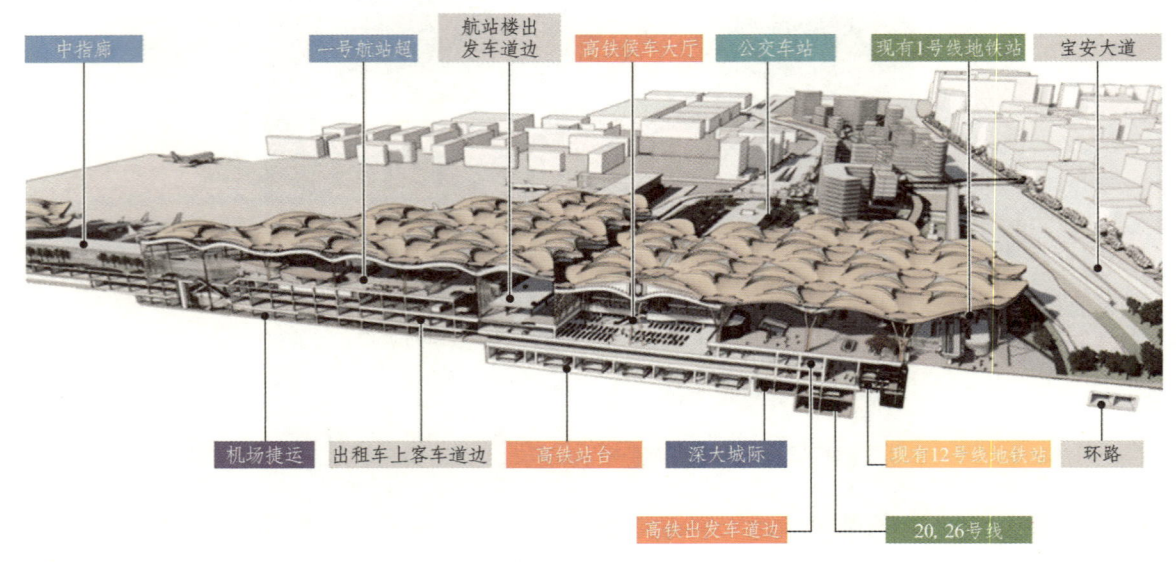

图 2　综合交通枢纽剖面透视图

深圳市机场东综合交通枢纽包含众多的轨道交通资源，对整个机场具有非凡的意义。枢纽的轨道资源，不仅仅服务于东航站区，通过捷运系统，也可服务整个深圳机场及周边城市带。它不仅仅是一个节点，而是整个机场系统的一端，是整个机场和轨道资源联系的纽带。

3　深圳市机场东综合交通枢纽和周边城市片区的一体化关系

3.1　深圳市机场东综合交通枢纽的一体化先行示范效应

3.1.1　深圳市机场东综合交通枢纽与周边城市设计的关系

作为一个城市门户的大型机场枢纽，建筑在城市中的地位，以及建筑和周边城市规划、城市设计的关系，都是非常重要的。这种关系决定了枢纽建筑的定位，决定了建筑的功能构成、交通动线、旅客流线，决定了枢纽和周边城市设计地块的衔接方式。

3.1.2　深圳市机场东综合交通枢纽的一体化功能需求

当今的大型枢纽建筑，功能一体化的程度越来越高，从最初的机场周边分散排布的陆侧交通设施，逐步向集约、一体化的布局方向演变。

这样布局的优势为可以最大程度减少旅客换乘距离，缩短换乘时间；整合流线，将若干个陆侧交通元素整合集约成综合换乘中心；换乘效率更高；管理距离缩短，节约管理成本，为空铁联运、安检互认等换乘新理念，提供了充分的可能和弹性。

3.2　以深圳市机场东综合交通枢纽为例，解析机场枢纽建筑与周边城市设计的融合发展

深圳市机场东综合交通枢纽一体化程度非常高，相关的轨道交通元素种类多，铁路站场

规模大、地位高；轨道、高铁交通和机场的距离非常近，立体叠合程度高。由于机场东枢纽和周边城市地块的关系紧密，不仅是对枢纽本身的全面整合设计，还包含了南北两个片区的城市设计，且有非常深入的融合设计。

深圳市机场东综合交通枢纽这样的超级枢纽建筑和周边地块城市设计层面的联系是多维度、多层次的。

首先，从宏观的角度，机场东枢纽在整个城市中的区位，在整个城市规划体系中的定位。在整个城市交通体系，经济发展脉络中的定位，这些都对枢纽定位至关重要。

其次，从城市区域角度，机场东枢纽和周边地块的关系，与周边地块功能的衔接，景观，产业，人群等特性匹配，这些都关系到枢纽建筑及周边配套的组成、体量与特质。

最后，从具体节点角度，要看枢纽建筑和周边地块衔接的具体设计和衔接，如交通衔接，景观衔接，人流动线整合等等。

3.3 深圳市机场东综合交通枢纽与周边城市设计的关系

作为大型交通枢纽，机场东枢纽是所在城市的重要交通节点，深圳城市的量级，加之深圳宝安国际机场是深圳市唯一的国际机场，机场东枢纽在全市乃至粤港澳大湾区的总体定位显得尤为重要。

机场东综合交通枢纽位于宝安大道，连接着深圳核心商业枢纽区以及中心（见图3）。

宝安中心区携手前海，双中心合力共同打造国际化城市新中心，根据深圳商务发展"十四五"深圳商圈规划，宝安中心是市级六大重点商圈之一。

机场东枢纽将成为黄金发展带的重要节点。我们的方案将支持创建连接凤凰山脉至伶仃洋海边的新绿色视线通廊。

图3 深圳市机场东综合交通枢纽城市区位

3.4 深圳市机场东综合交通枢纽与周边规划的衔接

枢纽建筑和周边地块的衔接是多维度、多方面的，包括现状环境衔接、周边规划衔接、周边交通系统整合、场地总平面和功能布局融合、场地慢行系统延伸等等。下文将会从各维度，阐述枢纽建筑是如何与周边城市融合发展的。

3.4.1 现状功能布局分析

对于一个枢纽和周边城市设计体系的关系，首先要分析现状条件。项目基地位于宝安区空港枢纽片区，南北共有 3 大功能片区。

如图 4 所示，枢纽北侧距空港新城片区约 8 km，距沙井-福永北片区约 6 km；南侧距铁仔山片区约 7 km。

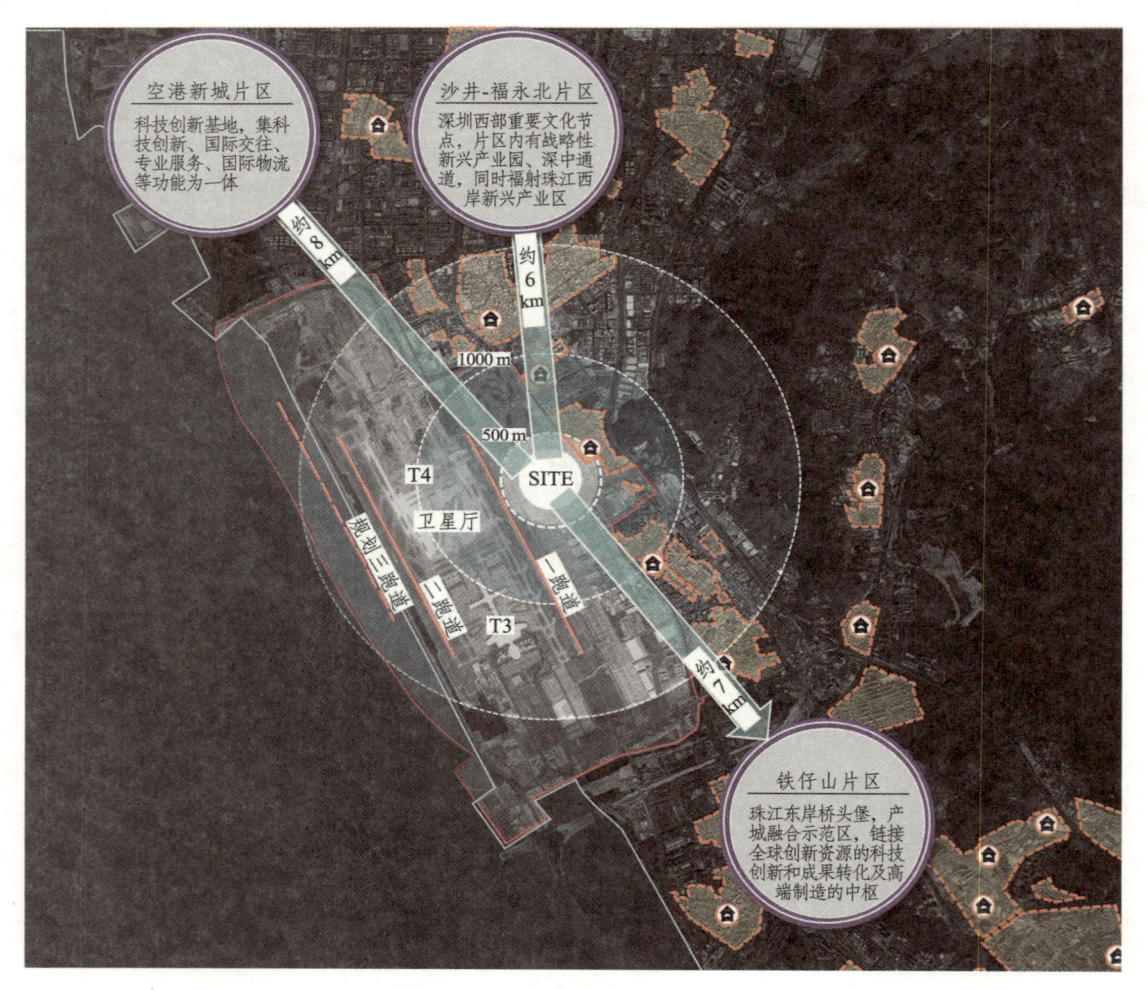

图 4 现状功能布局分析图

空港新城片区将引领制造基地向科技创新基地转型。沙井-福永北片区定位为深圳西部未来重要的文化节点。铁仔山片区作为国家高新区，未来将形成粤港澳大湾区东西两岸产业融合创新的前沿阵地。

机场东枢纽周边居住片区多为村落，有少量小区、别墅等。整体居住环境品质较差，与片区整体定位有一定差距。

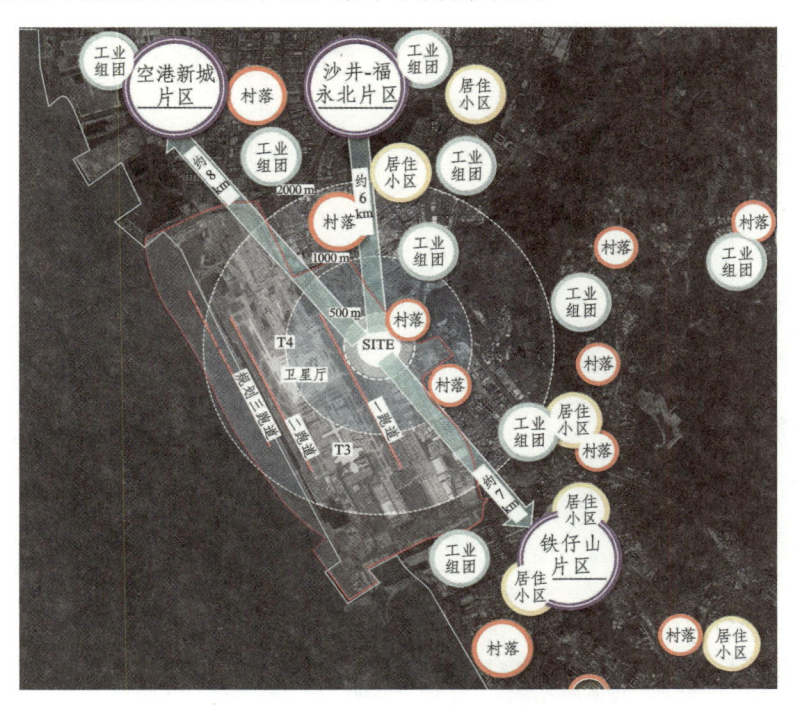

3.4.2 建设现状情况分析

建设现状情况分析如图5所示。现状基地北侧、东侧工业组团密集。基地周边村落密集，亟待提升优化居住环境品质。居住小区多集中于南侧片区。

图5 建设现状情况分析图

从前述现状分析中可以看出，项目基地周边为较成熟的建成区，地块均有完备的产业功能，分别为文化区、工业区、产业区、高新区、居住区等。其功能较为多样，涉及人口众多。这就关系到枢纽建筑和周边配套建筑要与周边地块和城市设计定位匹配，相互呼应，并共同提升环境品质。

3.4.3 周边规划衔接

周边规划的衔接也非常重要，这关系到枢纽建筑及周边地块的发展方向和构成。

现有规划用地图如图6所示。项目基地周边以工业用地、居住用地、村庄用地为主。紧邻基地东侧以村庄、一类工业用地为主；基地北侧以发展备用地、居住用地、村庄为主；基地南侧以商业服务业设施用地、居住用地、村庄为主。

3.4.4 现状交通系统分析

如图7所示，基地周边交通条件良好，高快速路、铁路、轨道资源在项目基地周边汇聚。

其东侧为京港澳高速、广深高速，西侧为广深沿江高速，南侧为深中通道，基地东侧紧邻宝安大道。

图6 现有规划用地图

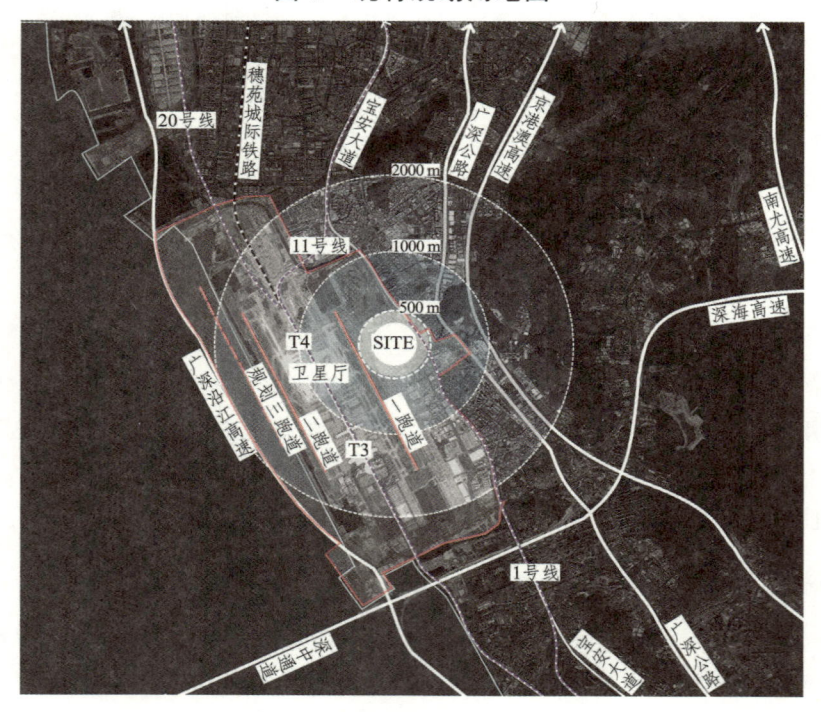

图7 现状交通系统分析图

地铁 1 号线紧邻基地东侧，轨道交通 11 号线贯穿机场南北，轨道交通 20 号线可接入机场北侧；另有穗莞城际铁路由北向南接入机场内。

4 深圳市机场东综合交通枢纽和不同功能模块的融合发展

4.1 周边交通系统分析

深圳市机场东综合交通枢纽的客运、货运交通组织如图 8 所示。

（1）机场客运：近、远期均以机场道为主。

（2）高铁客运：3 个方向，南北地面进出。

（3）机场货运：近期东货运区以机场道为主，远期机场道可取消货运。

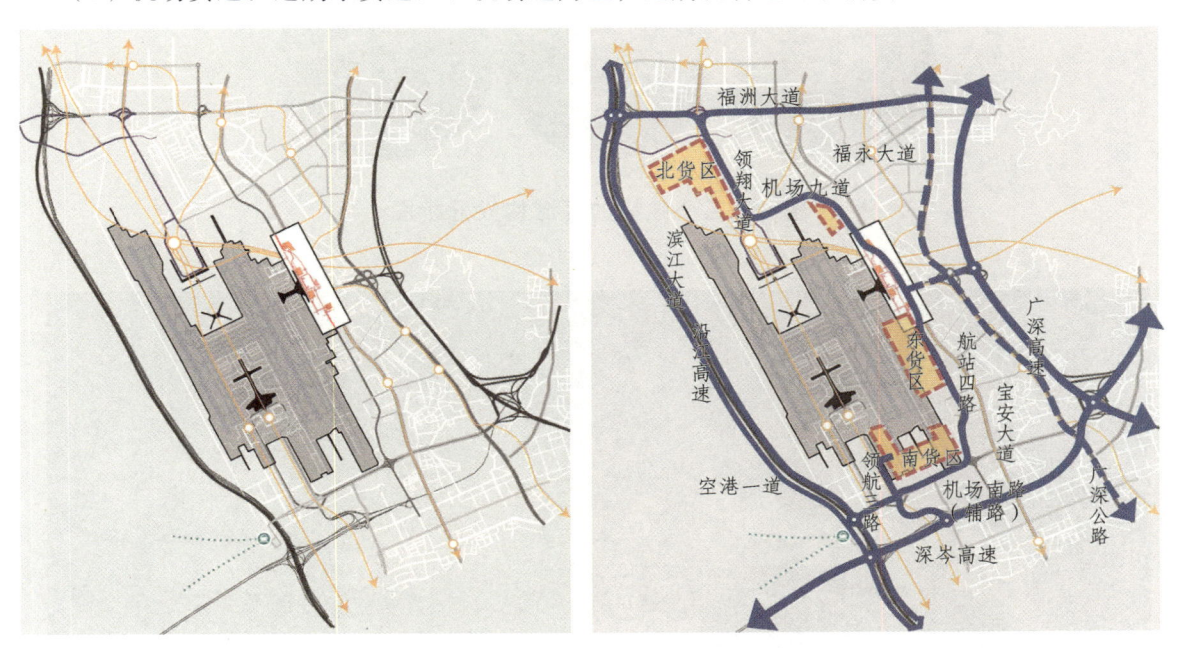

图 8 客运交通组织（左）与货运交通组织（右）

4.2 场地总平面规划的衔接

4.2.1 场地功能分区

机场东综合交通枢纽是黄金商务发展带的重要节点。本规划的功能定位旨在充分开发场地的未来最大潜力。其功能组成包括 20% 的商业开发，30% 的办公空间，12% 的酒店开发，30% 的航空支持设施（见图 9 ~ 图 12）。

（1）中区：一个位于交通枢纽内的商业中心，具有零售、餐饮、购物中心、展览空间、活动广场等多种用途。

（2）北区：一个新的商业区，重点是吸引科技和创新产业；同时也提供中高级的国际酒店和一系列的公共空间。

（3）南区：一个以服务为导向的区域，容纳机场和高铁相关设施以及城市市政设施。

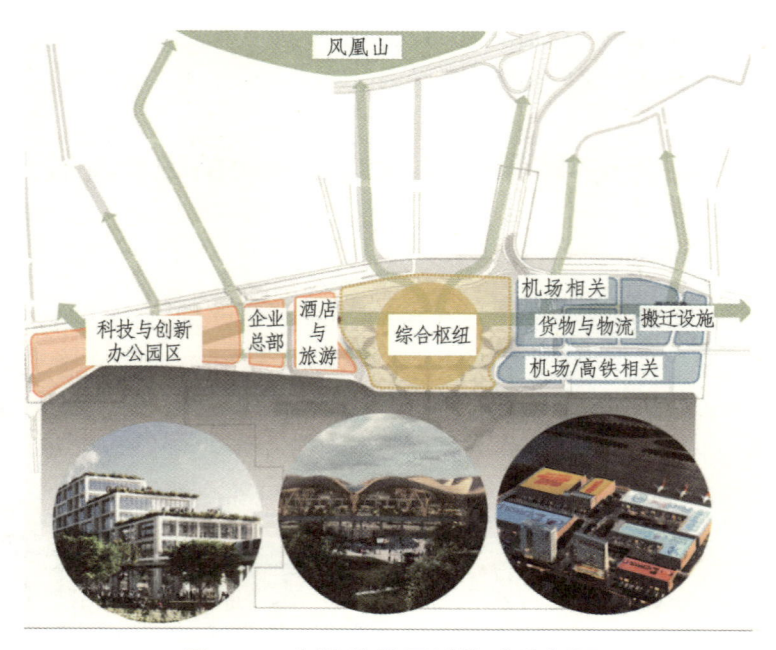

图 9　三个独特的区域构成分析图

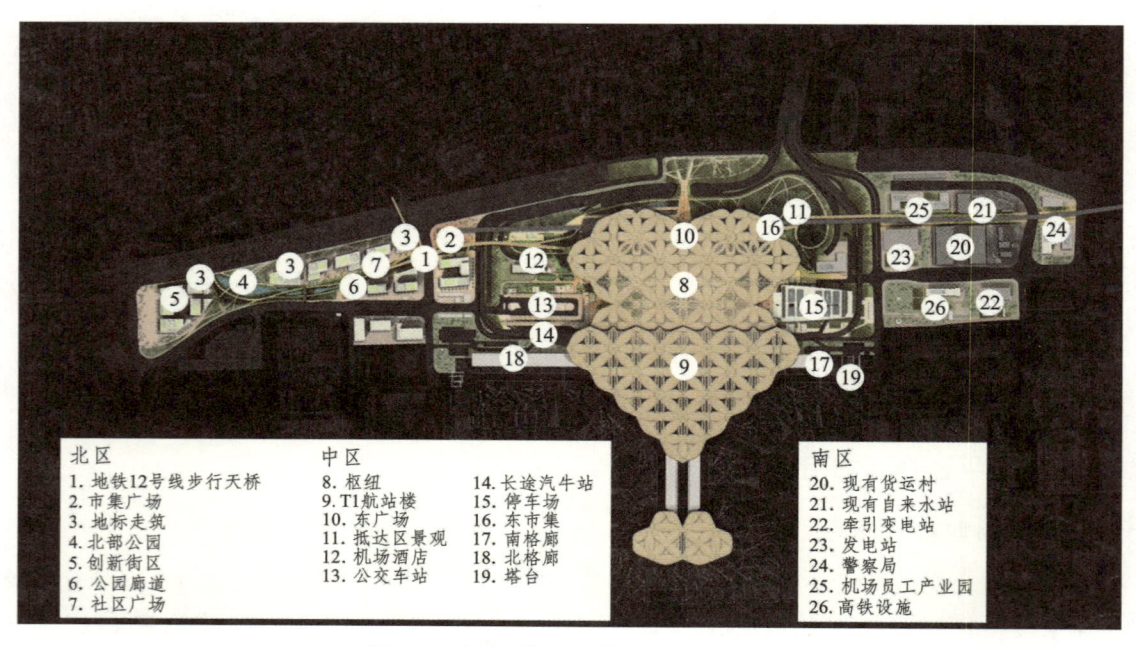

图 10　枢纽片区总体规划平面图

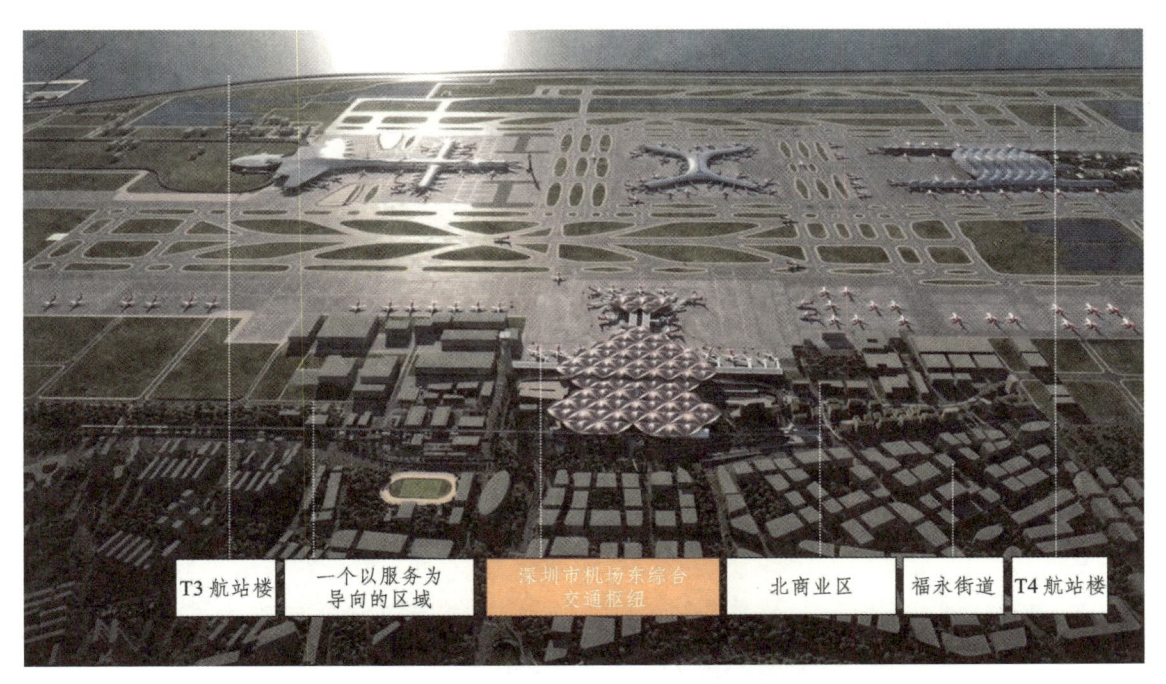

图 11　机场东综合交通枢纽功能布局关系

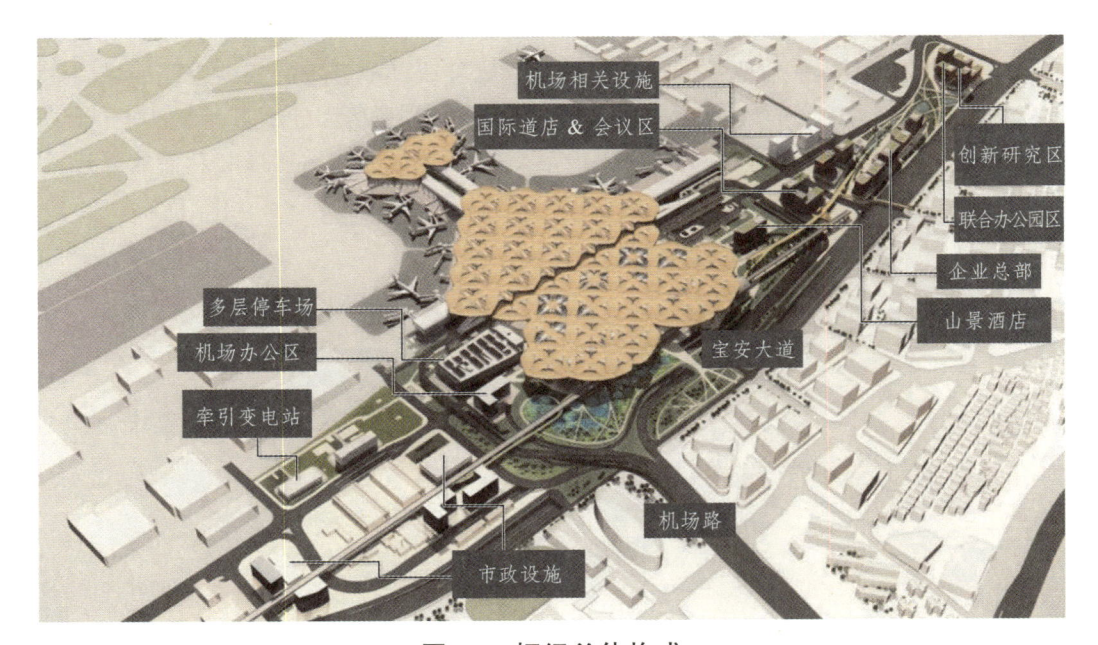

图 12　枢纽总体构成

4.2.2　场地交通及慢行系统

枢纽核心区非机动车停车需求：轨道接驳：565 个，面积 1 016 m²；员工：400 个，面积 720 m²；核心区商业（6.8 万 m²）：275 个，面积 495 m²。图 13 展示了整个场地的慢行系统设计路线（提供给自行车、电动滑板车、智能小车）。

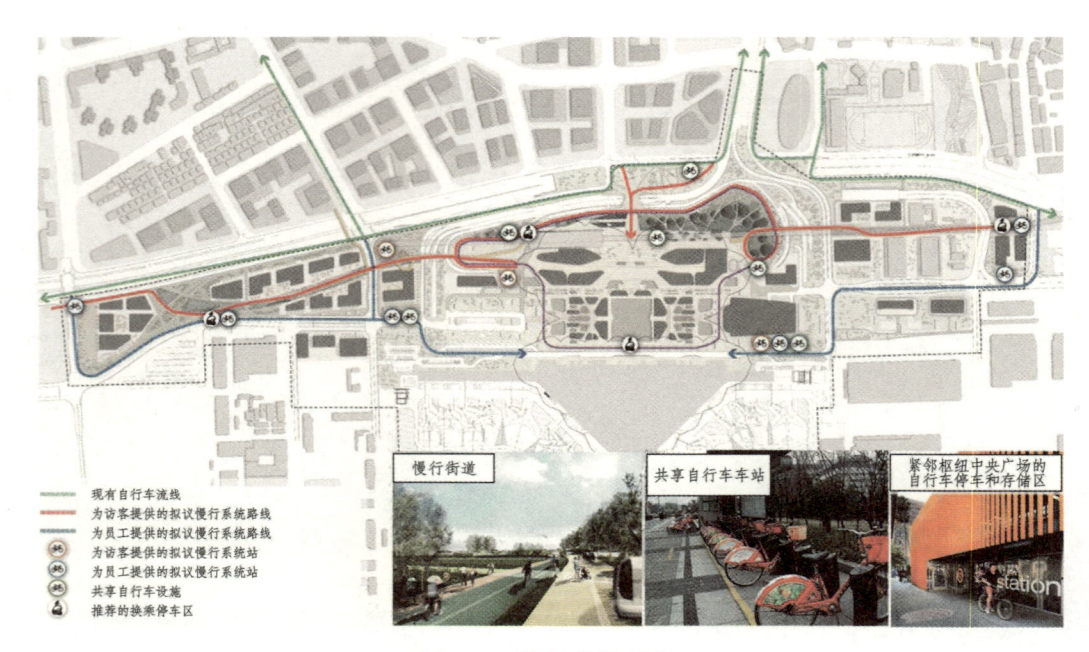

图 13 慢行系统设计

慢行系统连接沿着公园廊道的边缘，街区边缘设置，与总体规划里的建筑群相连接，为咖啡馆露台、户外活动及共享商业街道提供了行人及部分车辆的流动空间。

城市开发区域包含一系列地块，每个地块都有庭院或其他特定的公共空间区域。这些庭院/空间作为更小更私密的安静放松区域，从建筑和咖啡厅/用餐区延伸出来，它们对于地块本身的排水和地表水储蓄至关重要，并将旅客、访客、周边地区的当地居民与新商业区连接起来（见图 14）。

图 14 拟议的行人连接

4.3 场地设施与周边区域衔接角度

从城市层面和地块规划层面，整个枢纽地块的构成已确定下来。下一步需要研究各个区域、各个节点和周边城市设计体系的关系。

4.3.1 不同位置重要节点的衔接

TOD 开发驱动充满活力的城市区域，交通枢纽为核心的公共运输导向型（TOD）开发推动该地块及周边地区的城市更新，新的机场东综合交通枢纽 TOD 开发将在北区打造容纳科技创新产业和旅游零售业务的目的地，同时将在南区提供高效的空铁联运服务设施（见图 15～图 19）。

图 15 地铁 12 号线上方步行天桥效果图——实现进入枢纽的无缝、安全和绿色直接衔接

图 16 枢纽东广场连桥——为南区工作人员和附近的人提供方便的慢行衔接

图17　南侧步行天桥效果图

图18　市集广场效果图

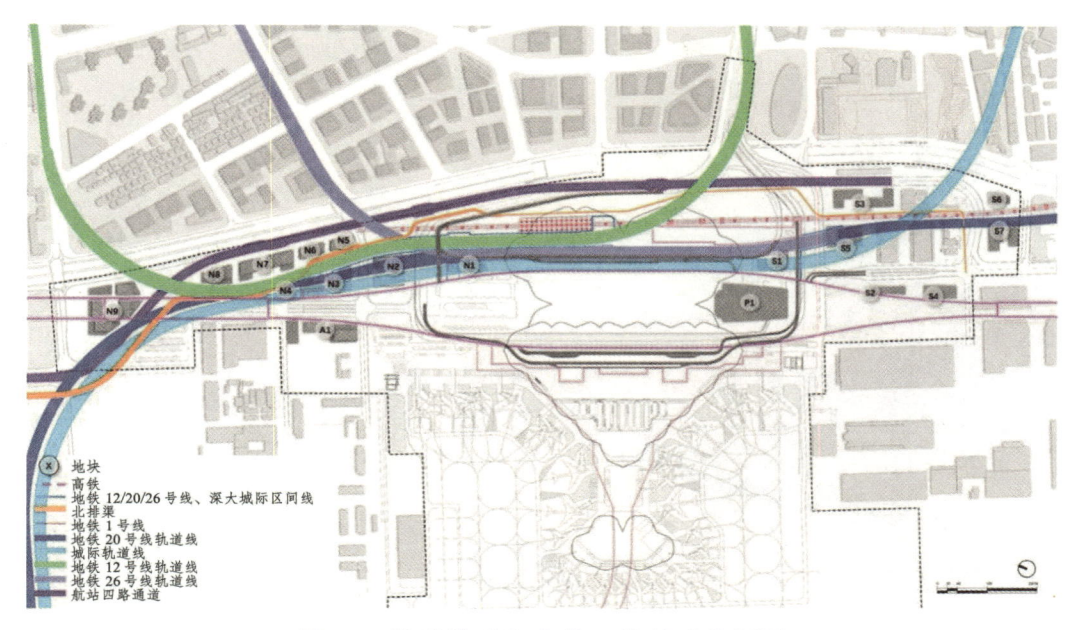

图 19　轨道线路和上盖开发关系分析图

4.3.2　和地铁 1 号线的衔接

地铁 1 号线是本项目的重要现状条件，由于保障运行等限制条件，需要将其保留下来。地铁 1 号线和枢纽建筑的关系处理，形成影响机场东综合交通枢纽项目效果实现的重要因素。地铁 1 号线高架桥的现状分析与拟议的改进以及改进效果如图 20 和图 21 所示。

图 20　地铁 1 号线高架桥的现状分析与拟议的改进

147

图 21 地铁 1 号线高架桥拟议的改进效果图

机场东综合交通枢纽设计在东广场主入口位置，采用木色金属板包裹处理的方法，来修饰地铁 1 号线，协调新建筑和现有建筑的质感与色彩等建筑语言。地铁 1 号线高架桥的材料选择如图 22 所示。

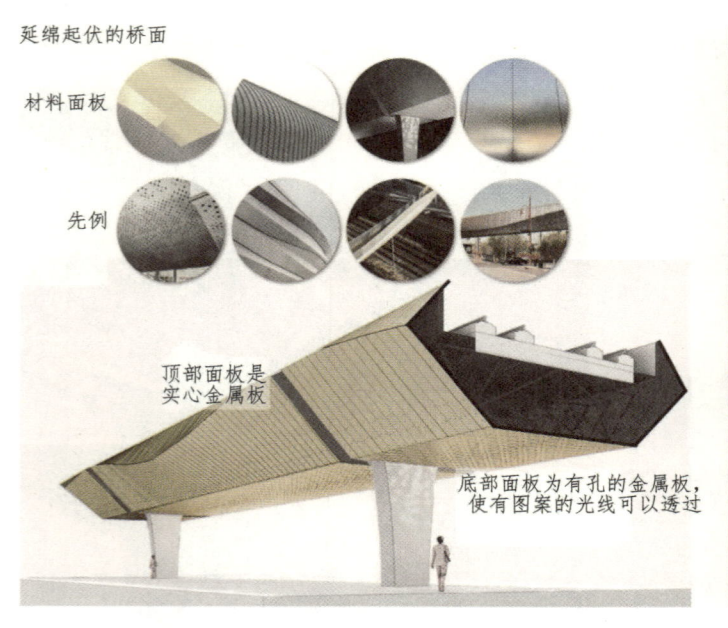

图 22 地铁 1 号线高架桥的材料选择

除了 1 号线在东广场主入口位置的金属表皮处理之外，在 1 号线其他位置下面，还配备了东市集等诸多配套功能的小品建筑，用以丰富场地环境景观设计的层次，形成多维立体的空间场景，也为枢纽的旅客、员工及附近居民提供多种服务（见图 23）。

图 23　地铁 1 号线下配套环境景观设施意向图

通过对外表皮的升级与装饰，对桥下活动空间、景观空间，服务业态的多维设计与改造，地铁 1 号线无论从外观还是功能空间，都将自然融入枢纽建筑体量空间中。如此，枢纽建筑本身从功能到流线都顺滑地融入周边地块和城市设计中，枢纽建筑和周边城市设计体系融合过渡而不是泾渭分明。这也是深圳市机场东综合交通枢纽设计的主要目标和重要特点（见图 24 和图 25）。

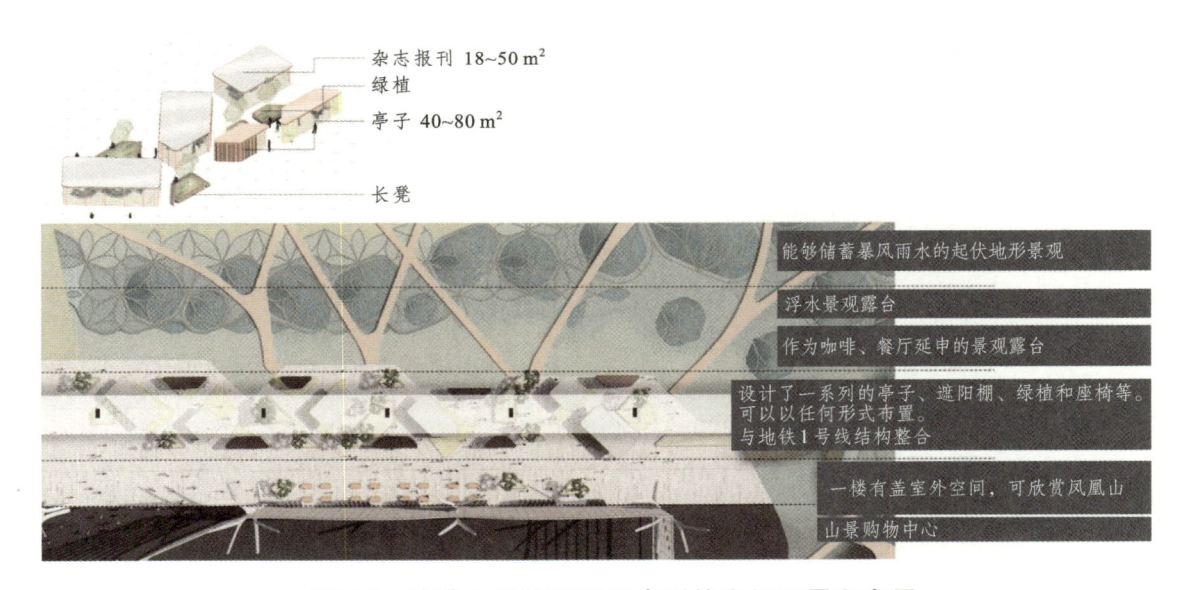

图 24　地铁 1 号线下不同类型的空间配置和布局

149

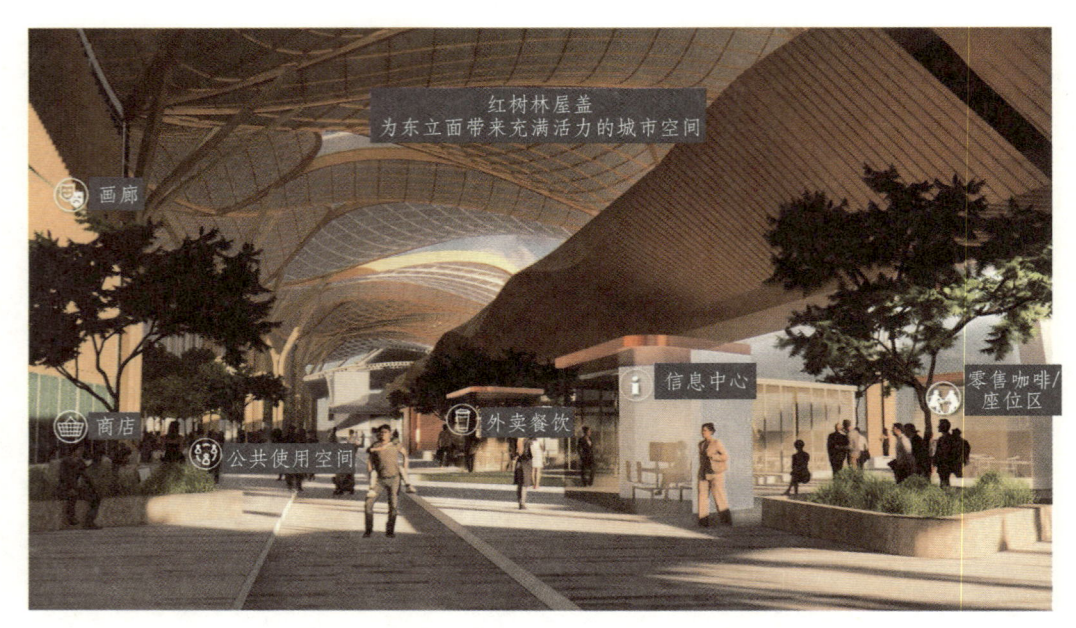

图 25　地铁 1 号线下拟议的东市集效果图

5　小结

经过前文论述，本文阐述了机场枢纽的定义与属性，阐述了枢纽与机场的联系和与外部的联系。不仅仅从交通层面，也从城市功能与形象，各自设施，各自商业及服务等多方面进行阐述和分析。

本文希望通过深圳市机场东综合交通枢纽这个标杆项目，来展望机场综合交通枢纽根植于机场，作为机场的延伸功能，服务于机场的同时也服务城市的一体化设计理念。

参考文献：

［1］徐平利，等. 航站楼建筑及规划设计研究报告[R]. 2014.
［2］民用机场总体规划规范：MH 5002—1999[S]. 1999.
［3］国务院. 国务院印发"十四五"现代综合交通运输体系发展规划的通知[Z]. 2021.
［4］国家发展和改革委员会. 关于促进枢纽机场联通轨道交通的意见[Z].
［5］旅客联运服务质量要求　第 1 部分：空铁旅客联运：JT/T 1114.1—2017[S]. 2017.
［6］民用建筑绿色设计规范：JGJ/T 229—2010[S]. 2010.
［7］刘武君. 虹桥国际机场总体规划[M]. 上海：上海科学技术出版社出版，2010.
［8］班波，等. 城市航站楼设计研究[R]. 2020.
［9］张秀芳，等. 城市轨道交通运营管理概论[M]. 北京：北京航空航天大学出版社，2020.

天府站外部交通规划设计

殷峻，金旭炜，张兴艳，张兴隆，齐洛

（中铁二院工程集团有限责任公司）

摘　要：《四川天府新区成都直管区"十四五"高质量发展规划》提出：为了有效激发公园城市经济活力，需要推动"轨道+公交+慢行"三网融合发展，建设"站城一体化"综合交通枢纽。未来天府站将形成集铁路、地铁、公路客运、公交、出租、社会、网约等交通方式为一体的大型综合交通枢纽，实现铁路、地铁、地面公交等多种客运方式之间的无缝衔接换乘，为旅客提供良好的出行体验。天府站外部交通规划以进站"单快"，出站"多缓"为原则，形成高架快速路+地面二级路的双层疏解格局，有效缓解以铁路车站为核心的大型综合交通枢纽站区的交通压力，为类似工程提供参考。

关键词：天府站　交通格局　流线组织

"近年来，大中型城市的铁路客站所显现的主要矛盾，并不全部在于客站建筑本身，根据大量民调数据显示，关于城市交通与客站集散相互衔接的满意度并不乐观……随着客流量的不断增加，逐步升级为致使旅客满意度下降的焦点问题，阻碍城市交通以及以车站为核心的区域中心发展。"

——郑健《新时代铁路客站设计理论创新与实践》

1　工程概况

1.1　天府站区位

天府新区是四川省下辖的国家级新区，由天府新区成都片区和天府新区眉山片区共同组成。天府新区与成都中心城区共同形成了"一核、两区、双中心"的整体结构。天府新区作为重点开发区，主要集聚新型城市功能，包括科技、商务、行政文化、现代制造业基地和高新技术产业基地，是我国西部地区的核心增长极与科技创新高地，以现代制造业和高端服务业为主，宜业宜商宜居的国际化现代新区。

如图 1 所示，天府站位于成都天府新区直管区，在成都主城以南，天府新城以东。天府站至成都站道路距离 43.9 km，直线距离 35 km，距"天府绿心"兴隆湖仅 3.5 km。天府站为天府新区主交通枢纽，站区的建设将大大改善天府新区对外交通条件，有利于天府新区高端服务业的形成，是科学城发展创新总部、国际交流的重要支撑。

图 1　天府站区位示意图

1.2　区域交通发展规划

1.2.1　铁路枢纽规划——四主三辅

如图 2 所示，成都铁路枢纽位于西南地区中部，是我国铁路六大客运中心之一。成都枢纽现衔接宝成、成昆、达成、成渝、遂成、成绵乐、成渝客专等铁路干线及成灌铁路、成汶地方铁路。根据成都铁路枢纽（2016—2030 年）的规划，成都枢纽将形成成都、成都东、十陵站以及天府、成都南、成都西站"三主三辅"客运站布局。

图 2　成都铁路枢纽总图

随着川藏铁路、成自铁路、成达万铁路的引入，以及西成第二通道、成昆高铁、成都至三台城际等项目的规划，天府站分工可调整为主要办理自贡、拉萨方向的动车始发终到及通过作业，以及辅助办理成都东站始发终到作业。随着天府新区人口及经济的增加，天府站将逐步成为成都枢纽第四主客站。

1.2.2 轨道交通规划——五线换乘

天府新区逐步形成相对完整的轨道交通系统，同时与北部的成都市轨道网络无缝对接，构建"双核"城市轨道交通线网结构。

天府站区轨道交通示意图如图3所示。天府站五线换乘，分别为18号线北起火车北站，经天府新站（南广场）后引入天府国际机场；19号线为天府新中心至双流、温江的城轨快线，接入天府新站南广场；25号线由东边青白江区方向至南部煎茶站，接入天府新站北广场（远期）；26号环线为天府新区天府商务中心环线轨道交通，于南、北广场均设站；S7为邛崃方向至天府新区的市域轨道交通，接入天府新站北广场。

图3 天府站区轨道交通示意图

1.2.3 公路交通规划——双快速接入

天府新区道路系统由城市快速路、结构性主干路、一般性主干路、次干路和支路构成。快速路形成"四横六纵"的快速路网格局，如图4所示，主干路分为结构性主干路和一般性主干路，与快速路共同构成城市道路网络的骨架。天府新区道路网以高密度为倾向，整体采用相对较小的道路间距和地块尺度，鼓励在商业区等人流密集区形成高密度小街坊的路网格局。

基于此，天府站铁路站场以高架形式置于片区上空，不阻碍地面路网体系，将地面归还城市。进站道路以高架形式接入科城路和东山大道（纵）双快速路衔接主城区和东部新区。

1.3 天府站规模

天府站形成集铁路、地铁、公路客运、公交、出租、网约、私家车等交通方式为一体的特大型综合交通枢纽。从建设时序上做到一体规划一次建设，铁路站场按南北场规划设计，近期南场投入使用，北场为土建预留场。其立体布局从人的活动需求及路径出发形成"四层面平台"到、发、换乘布局：一层面平台为高架进站落客系统及候车空间；二层面平台为铁路专用乘降站台层；三层面平台为地面层城市交通体系及核心换乘面；四层面平台为地铁、出租、私家车换乘地下平台。

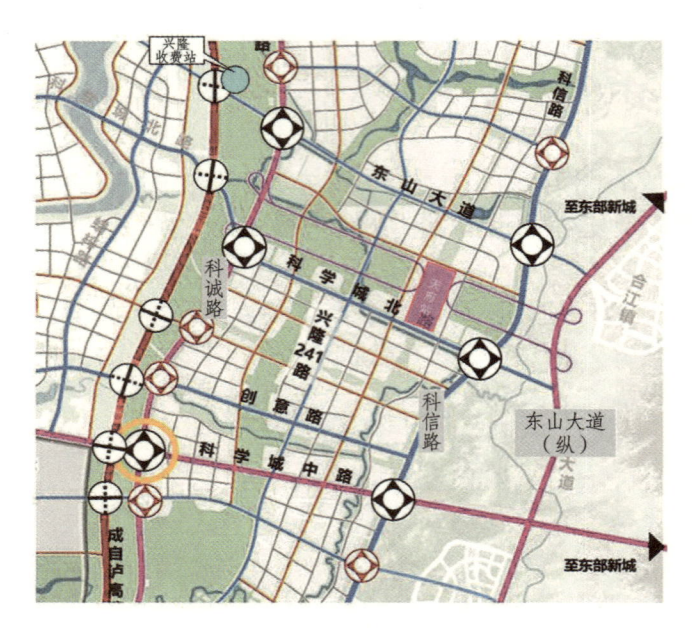

图 4　天府站片区路网规划示意图

天府站站场总规模为 12 台 22 线。其中，新建南场为成自场，设 6 台 11 线；北场为规划预留场，设 6 台 11 线，如图 5 和图 6 所示。天府站站城一体总规模为 61.2 万 m²，其中站房工程 12.02 万 m²、站区工程 6.57 万 m²、成自停车场 4.38 万 m²、市政配套工程 38.23 万 m²。

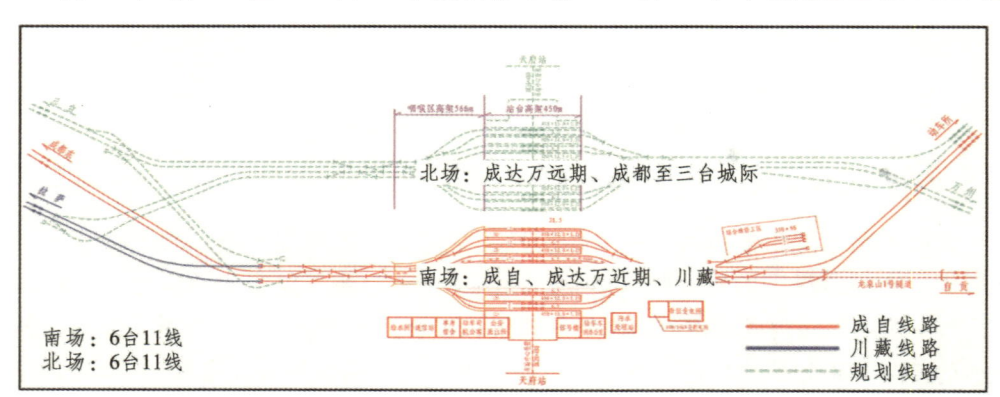

图 5　天府站南、北站场布置

1.4　天府站各交通方式分担率

国内部分车站各交通方式接驳比例表如表 1 所示。从成都东站、苏州火车站、南京站等国内大型客运站出行方式比例可以看出，客运站出行方式上仍以公共交通为主，地铁及常规公交普遍占比 60% 以上。小汽车维持在 6%～15% 区间，出租车维持在 15% 左右。铁路客运需求预测结果表如表 2 所示。天府站铁路外围各交通方式分担率表如表 3 所示。天府站铁路与各交通方式换乘量表如表 4 所示。

图 6 天府站剖视效果图

表 1 国内部分车站各交通方式接驳比例表

高铁站名称	地铁	常规公交	出租车	小汽车	长途车	非机动车	火车
成都东站	45%	22%	14%	12%	5%	2%	
苏州火车站	15%	53%	15%	5%	7%	2%	—
南京南站	20%~25%	45%~50%	8%~10%	16%~22%	—	3%~4%	—
罗湖站	24%	46%	22%	6%		2%	
武广高铁站	40%	28%	12%	7%	9%	3%	1%
虹桥高铁站	63%	16%	16%	5%	—	—	—
唐山西站	23.6%	32.8%	15.8%	16.1%		3.2%	8.4%

表 2 铁路客运需求预测结果表

年度	年旅客发送量/万人	日均旅客发送量/人
2045 年	5 000	136 986

表 3 天府站铁路外围各交通方式分担率表

年度	轨道交通	常规公交	长途客运	出租车	社会车	其他	合计
2035 年	50.80%	16.90%	7.50%	6.20%	17.40%	1.20%	100%
2045 年	72.80%	12.20%	2.10%	4.80%	7.10%	1.00%	100%

表 4 天府站铁路与各交通方式换乘量表　　　　　　　　　　　　单位：人/日

年度	轨道交通	常规公交	长途客运	出租车	社会车	其他	合计
2035 年	32 011	12 311	17 437	5 305	10 964	902	78 931
2045 年	99 726	16 712	2 877	6 575	9 726	1 370	136 986

结合对成自、成达万、川藏铁路及成都至三台城际铁路的研究，天府站远期 2045 年旅客发送量 5 000 万人。根据天府站各交通方式接驳换乘比例表分析，近期 2035 年至远期 2045 年轨道交通的占比将大幅度增加，从 2035 年的 50.80%上升到 2045 年的 72.80%。公交和出租分担率稍有下降相对较稳定，私家车和长途客运分担率大幅降低。由此可见，绿色、可持续、时间确定的轨道交通出行将成为主要的出行方式。

2　外部交通格局

凯文·林奇在《总体设计》中指出："通路是使用任何空间的前提，如果没有进入空间、在其中往来、接收和发送信息或货物的能力，无论这个空间多大，资源多丰富，也没有价值。"如果交通枢纽的通路是拥堵不堪的、流线混乱的，那它的价值将大打折扣，无论它多明亮、多庞大。

2.1　综合交通枢纽外部交通布局案例研究

（1）西安站：西安站周边交通格局大多是旅游车道和环线地铁，与西安站北侧相接的唐大明宫国家遗址公园是丝绸之路整体申请世界文化遗产的重要组成部分，复原修建的丹凤门与车站形成对景关系。改扩建工程将成为区域的重要节点，因此，在建设时通过设计整合区域空间形态，改善城市风貌，承续历史轴线。同时，西安站位于主城区核心地段，也是遗址中的特大型铁路综合交通枢纽，旅客发送量大，客流构成复杂。

（2）昌北国际机场交通枢纽：作为大型综合交通枢纽，昌平国际机场周边布置了发达的公路线铁路线，沿江环湖有南昌、九江两个全国内河主要港口和一批区域性重要港口。其存在问题有：在枢纽机场旅客吞吐量、国际通航城市数量、港口集装箱吞吐量、高速铁路里程等方面仍有较大差距；跨省通道仍有瓶颈问题，制约核心城市群的辐射传导，与北京、广深、福厦、成渝等国家中心城市和发达城市群核心城市之间，仍然缺乏高速铁路的直连直通。

（3）南京南站：南京南站以铁路枢纽为主体，采用"上下叠合，垂直换乘"的布局方式，各场站设施贴近铁路站台区域，利用高架铁路的空间，有效缩短了枢纽体内行人换乘的距离；同时利用枢纽体的建筑提高了换乘的舒适性。设施的布局界限清晰，铁路运输占用了地上三层，地面层布置了出站厅、换乘广场及出租车候车点、长途客车站房、城市公交首末站及社会停车场等。南京南站的高、快路系统采用了网格状布局形式。网状结构布局的优势是没有明显的交通枢纽，不会形成市中心交通过大，同时交通分散，灵活性大，交通组织方便。但是也存在道路功能不易明确，交叉口多，对角线交通不便的缺点。

2.2　天府站外部交通布局

天府站外部交通规划以进站"单快"，出站"多缓"为原则，形成高架快速路单点单流向进站，地面次干路多点多流向出站格局。铁路站场高架后，地面城市道路系统不受铁路影响，双层交通体系形成高架快速路+地面次干路双层疏解格局（见图 7 和图 8）。

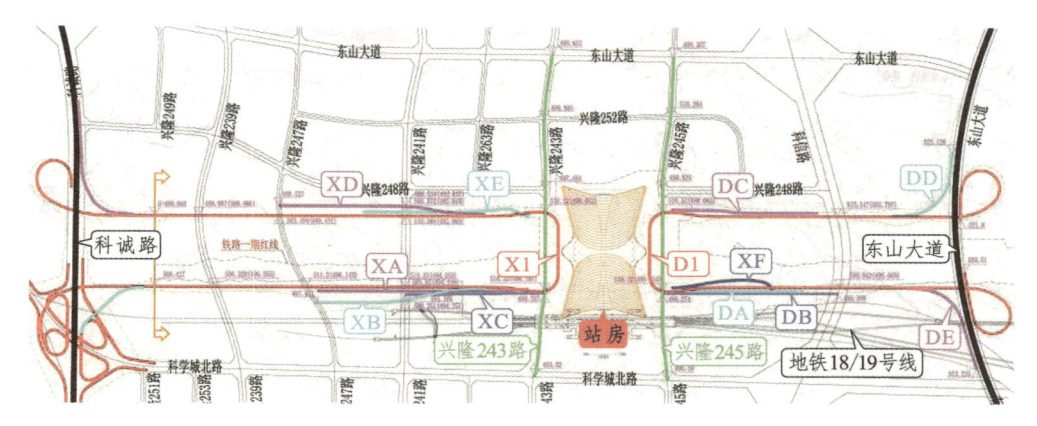

图 7 铁路红线内道路系统

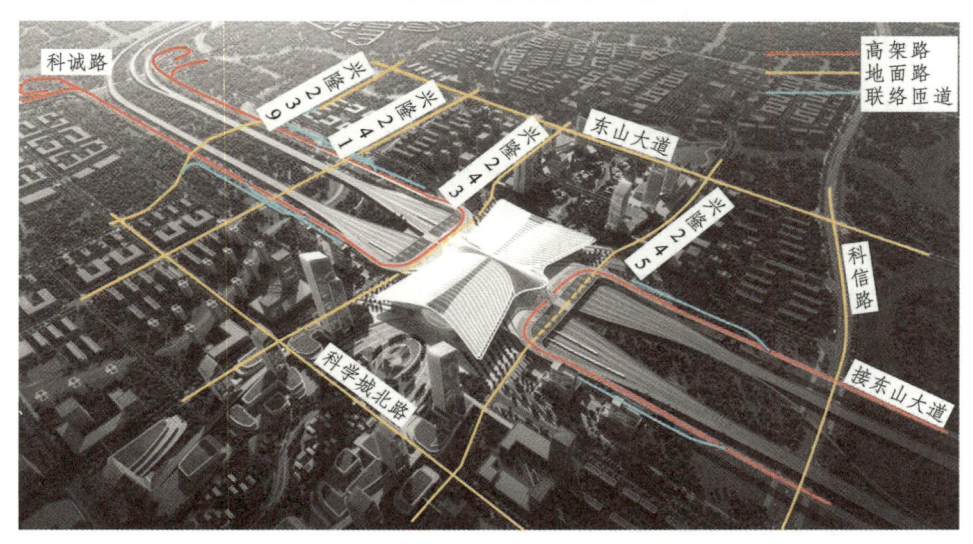

图 8 立体路网示意图

天府站房落客平台至科诚路 1.74 km；至东山大道 1.12 km。天府站市政配套道路采用立体、单循环、便捷快速交通体系。铁路红线范围内道路：西侧高架、匝道及地面道路共 6 条：X1、XA、XB、XC、XD、XE；东侧高架、匝道及地面道路 9 条道路：D1、D1A、D1B、DA、DB、DC、DD、DE、XF；地面道路：兴隆 243 路、兴隆 245 路；共计 17 条路。

2.3 天府站周边道路交通分配分析

天府站枢纽交通出行分布表如表 5 所示。

表 5 天府站枢纽交通出行分布表

组团名称	分担比例		交通量/（pcu/h）	
	2028 年	2035 年	2028 年	2035 年
科学城（蓉遵高速以西）	45%	35%	273	643
评价区域（蓉遵高速以东）	10%	15%	61	275
天府数字文创城	15%	25%	91	459

续表

组团名称	分担比例		交通量/（pcu/h）	
	2028 年	2035 年	2028 年	2035 年
总部商务区	25%	15%	151	275
空港新区	5%	10%	30	184
合计	100%	100%	606	1 836

根据交通出行分布预测结果，结合路径分析，天府站枢纽交通分配至相关道路的流量分配如表 6 所示。

表 6 天府站枢纽交通流量分配表

道路名称	道路性质	交通量/（pcu/h）	
		2028 年	2035 年
科诚路	快速路	47	181
科学城中路	快速路	121	235
科信路	主干路	36	190
科学城北路	主干路	298	580
东山大道	主干路	255	677
兴隆 241 路	主干路	16	23
创意路	主干路	25	58
桐子路	次干路	72	195
兴隆 245 路	次干路	143	250
兴隆 248 路	次干路	88	123
兴隆 243 路	次干路	152	395

根据如表 7 所示的项目范围内道路高峰小时交通量预测及服务水平分析情况表知，规划道路天府站外围支路多为双向 6 车道以上，内部兴隆支路为双向四车道，区域道路建设标准高，路网密集，可以充分承担高铁站出行交通以及天府站站区内城市开发的对外交通。2028 年区域道路均为 A 级，2035 年除东山大道局部拥堵外，其余道路服务水平均在 C 级及其以下，新建项目对区域道路无显著影响。

表 7 项目各道路高峰小时交通量预测及服务水平分析情况表

道路名称	车道数	道路性质	交通量/（pcu/h）		通行能力	W/C		服务水平	
			2028 年	2035 年		2028 年	2035 年	2028 年	2035 年
科诚路	8	快速路	1 464	7 062	10 584	0.14	0.67	A	C
科学城中路	8	主干路	1 057	2 746	5 806	0.18	0.47	A	B
科信路	8	主干路	1 069	1 835	5 806	0.18	0.32	A	A
科学城北路	6	主干路	1 886	3 160	4 717	0.39	0.67	A	C
东山大道	6	主干路	1 510	3 654	4 717	0.32	0.77	A	D

续表

道路名称	车道数	道路性质	交通量/(pcu/h) 2028年	交通量/(pcu/h) 2035年	通行能力	W/C 2028年	W/C 2035年	服务水平 2028年	服务水平 2035年
兴隆241路	4	主干路	412	1 514	2 962	0.21	0.51	A	B
创意路	6	主干路	406	1 716	4 717	0.09	0.36	A	A
桐子路	4	次干路	544	1 690	2 908	0.19	0.58	A	B
兴隆245路	4	次干路	666	1 100	2 308	0.29	0.48	A	B
兴隆248路	4	次干路	476	646	2 308	0.21	0.28	A	A
兴隆243路	4	次干路	447	1 048	2 308	0.19	0.45	A	B
出场匝道（西侧）	2	匝道	122	302	2 777	0.04	0.11	A	A
DD	1	匝道	89	168	1 485	0.06	0.11	A	A

3 交通流线组织

3.1 天府站内部交通流线组织

天府站内部交通流线组织构建以轨道交通为主，高快速路为辅的交通网络，以近远兼顾、人车分离、内外分向为交通组织原则。天府站分别设置快速路和干道连接高架匝道，兼顾近远需求以实现减少绕行，快进快出的需求。设置闭合慢行系统连接南北车场及周边功能区，实现人车分离，并且设置专用通道满足进出站需求，站区交通与城市交通分离，减少干扰。

通过主通道的出入口示意图（见图9）可以大体看出整个天府站各个匝道口出入道路的路口和相隔距离。合理的分流匝道口和上下行出入口能够合理分流车辆，防止高峰期时出现交通拥堵。

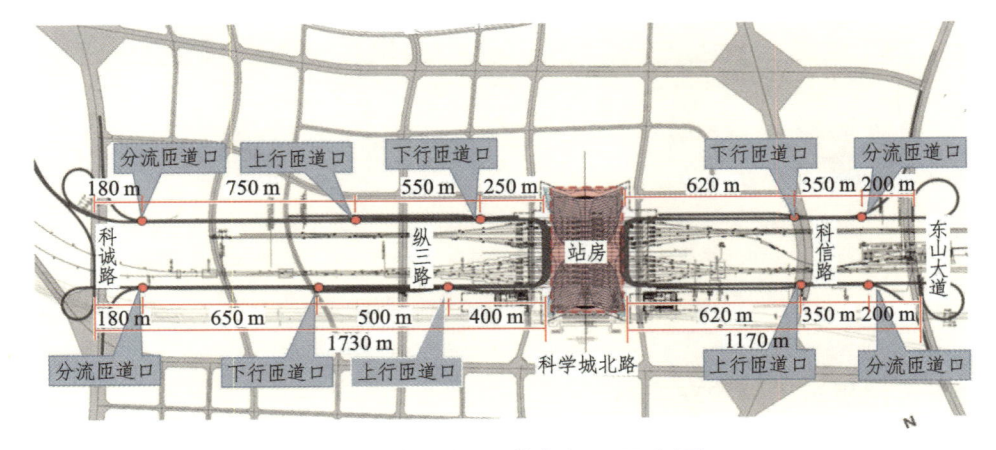

图9 主进场通道出入口示意图

图10所示为天府站各交通方式的综合流线，包括公交车、长途车等大型巴士车辆，以及出租车、社会车、网约车等小型车辆。

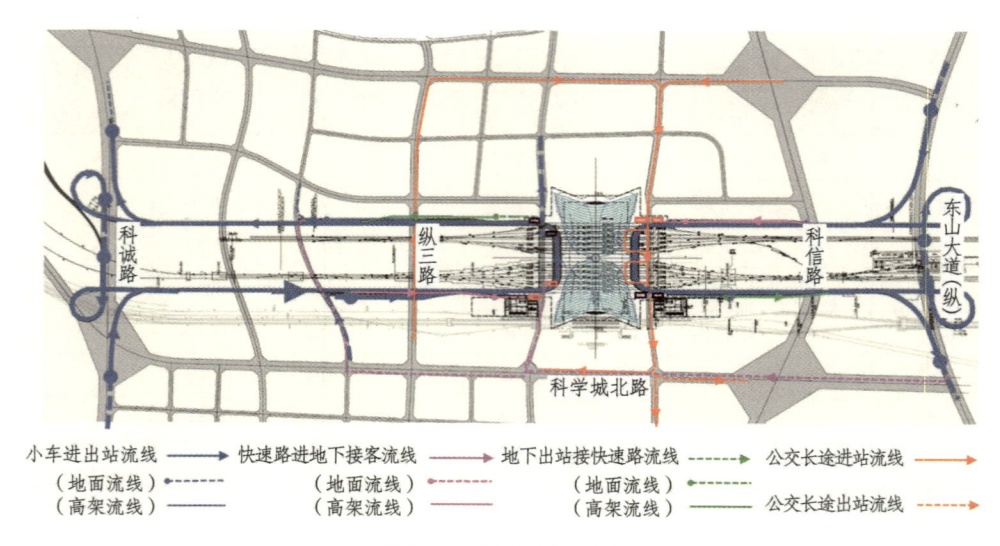

图 10 综合流线图

3.2 公交长途流线

公交和长途流线如图 11 所示，公交车及长途车沿纵三路向北行驶到达东山大道横路向南驶入兴隆 245 路，进入公交和长途车场落客、载客后向南驶入科学城北路向外围疏散。

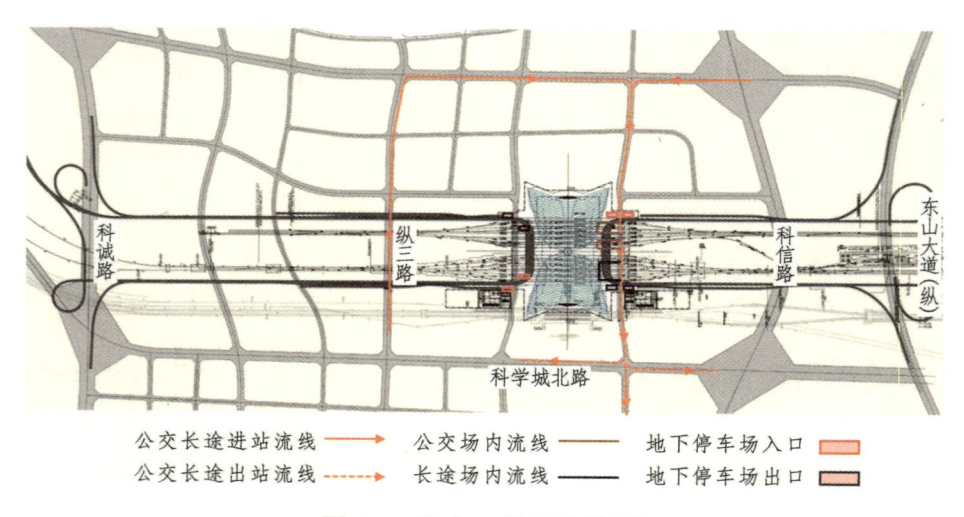

图 11 公交、长途流线图

3.3 社会车、出租车、网约车流线

社会车、出租车和网约车流线，如图 12、图 13 所示，东侧社会车、出租车和网约车由东山大道纵（快速路）进入东侧高架落客平台，送客后沿东山大道返回；西侧社会车、出租车和网约车从科诚路驶向天府站西落客平台，在平台落客后进入转盘驶出。

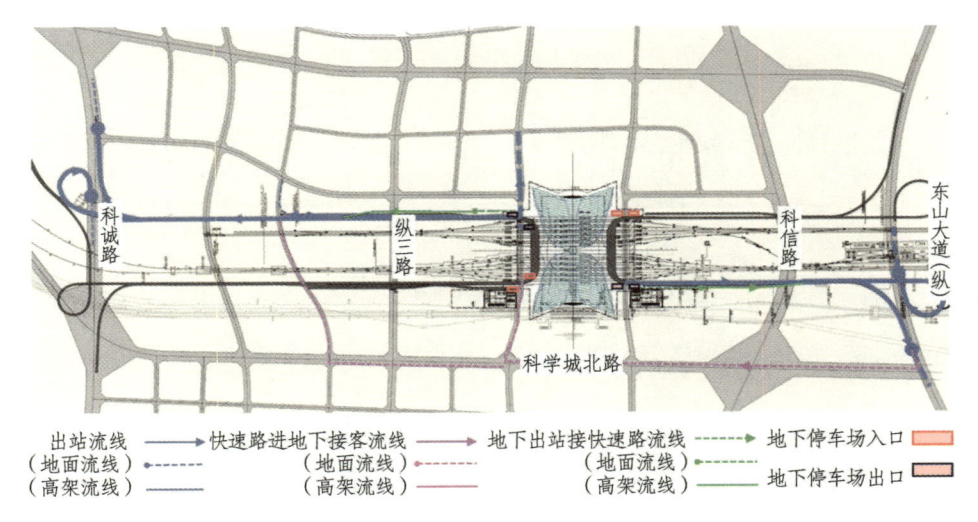

图 12 社会车、出租车落客流线图

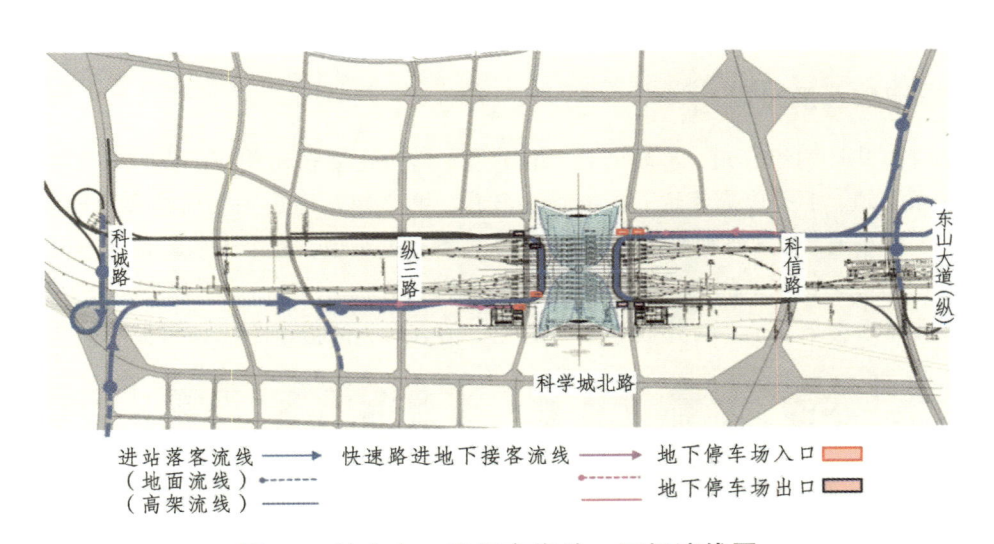

图 13 社会车、出租车出站、回场流线图

4 高架进站道路及落客平台布局

4.1 车道数量、车行速度、匝道布置

天府站匝道的设置，除东、西两侧的科城路和规划的东山大道通过互通式立交连接主进场道路，周围规划路网的纵横向道路可通过上下匝道进出主进场通道。高架进站道路直线段设计速度 60 km/h 控制，转弯段及落客区设计速度 30 km/h，上下匝道设计速度 30 km/h。天府高架车道匝道口示意图如图 14 所示。

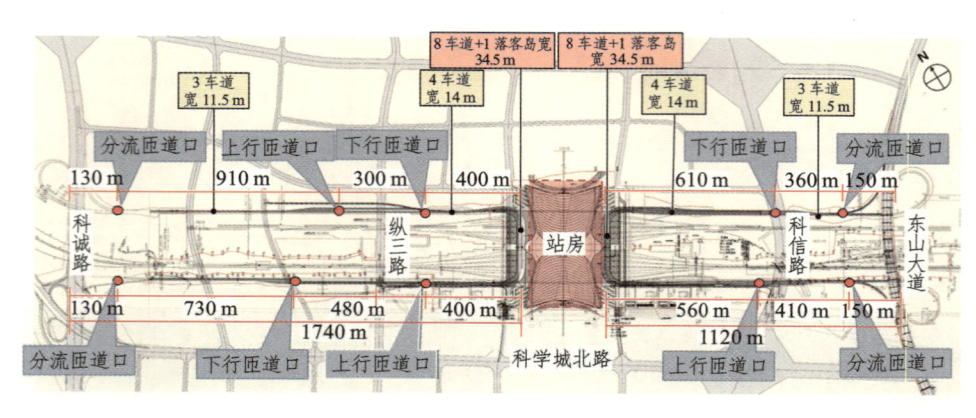

图 14 高架车道匝道口示意图

为避免车行拥堵，高架车道设计将距离高架落客平台最近的匝道口距离控制在 400 m 以上。西侧高架车道较长，南北侧各设两处匝道口，分别与地面、地下连接。高架落客车道采用 8 车道+1 条落客岛形式，车道边长 150 m。东侧高架车道较短，南北侧各设一处匝道口，与地下连接。

4.2 落客车道数量及布局

出发车道边共计两组车道、8 条车道。第 1 组车道边主要供出租车、网约车使用；第 1 组车道边含 3 条车道：1 条停靠车道，2 条通过车道。第 2 组车道边主要供社会车辆使用；第 2 组车道边含 5 条车道：2 条停靠车道，1 条交织，2 条通过车道。整个天府站的落客车道的布局采用 5 车道+落客岛+3 车道的形式，在进入东西落客台之前，5 个车道给进入车辆提供车道，经过中途落客岛乘客下车后，合并成 3 个车道经过落客台，按指定路线驶出天府站（见图 15）。

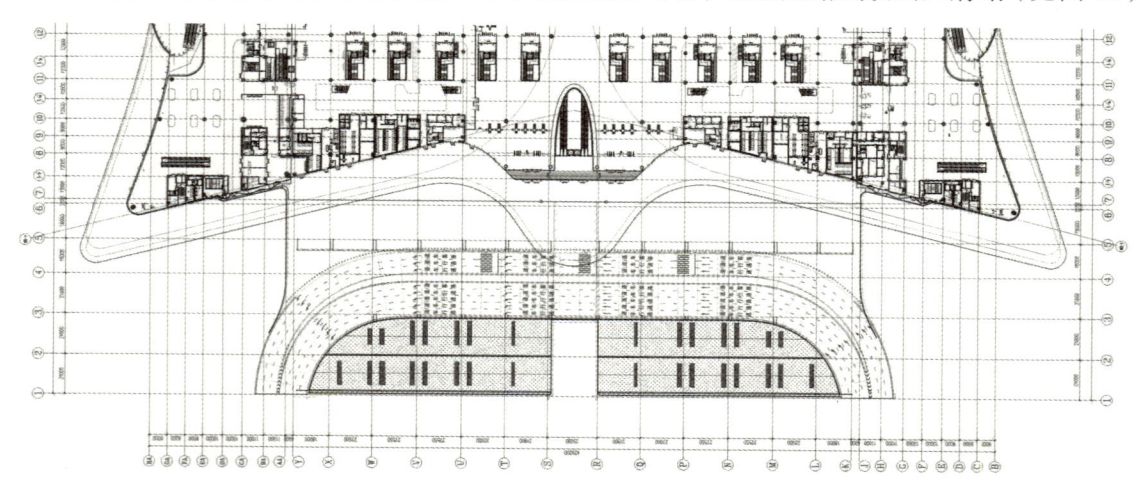

图 15 高架落客车道

4.3 车道边长度计算

高峰小时人数 = 年发送量/365 × 0.15 = 5 000 万/365 × 0.15 = 2.05（万人）

社会车分担率 = 7.1% = 2.05 × 0.071 = 0.145 5（万）

社会车数量 = 1 455÷1.5 = 970（辆）

出租车分担率 = 4.8% = 2.05 × 0.048 = 0.098 4（万人）

出租车数量 = 984÷1.5 = 656（辆）

按 60%旅客 30 min 内到达计算。

$$社会车车道边长度 = \frac{车辆数 \times 停靠长度（停靠时间+附加时间）}{60} \times 1.1$$

$$= \frac{970 \times 0.6 \times 7 \times (2.4+0.333)}{60} \times 1.1 = 204（m）$$

$$出租车车道边长度 = \frac{车辆数 \times 停靠长度（停靠时间+附加时间）}{60} \times 1.1$$

$$= \frac{656 \times 0.6 \times 7 \times (1.8+0.33)}{60} \times 1.1 = 108（m）$$

车道边理论需求总长度 = 204 + 108 = 312（m）

天府站车道边设计总长度为：158 × 2 × 2 = 632（m），满足车道边理论计算长度，如图 16 所示。

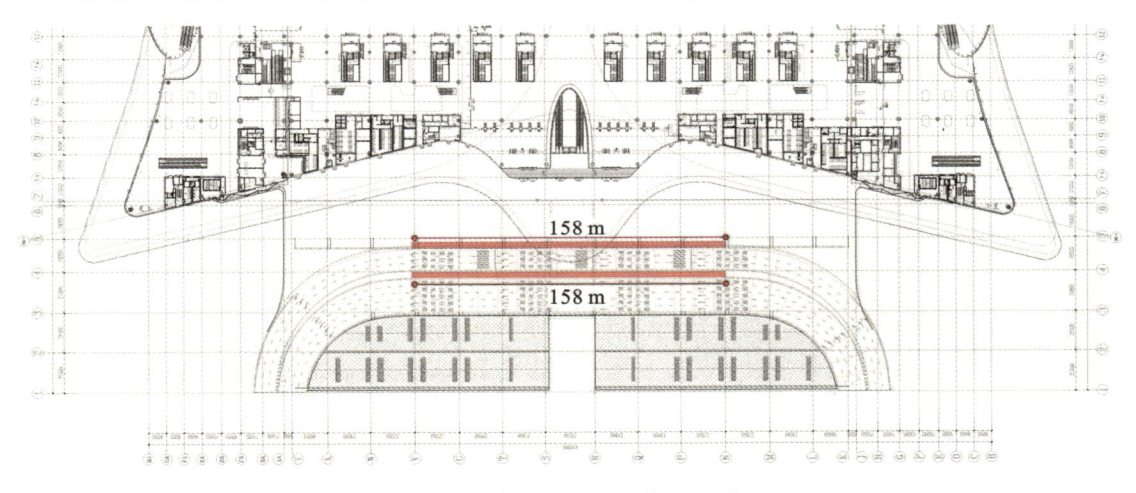

图 16 高架落客车道边长度

5 结论

成都是"一带一路"和长江经济带发展的重要节点、国家中心城市、国际性综合交通枢纽，"成渝地区双城经济圈"的极核，是新一轮西部大开发的国际门户枢纽城市。成都天府站作为枢纽内辅助客运站，配合天府新区的建设，服务天府新区旅客出行，辅助成都东站办理部分动车始发终到及通过作业。根据天府站的前期建设，铁路站场高架后地面城市道路系统不受铁路影响。双层交通体系形成高架快速路+地面次干路双层疏解格局。天府站的各种交通工具路线布局明确规定了不同车辆的行驶路线，有效地规避道路拥挤的情况。落客布局采用落客平台+3 车道+落客岛+5 车道的形式。

深圳大运综合交通枢纽不中断运营雨棚改造设计与应用

王明昇，王一甍

（中国铁路设计集团有限公司）

摘　要：本文以深圳市大运综合交通枢纽工程既有 3 号线高架站改造工程为实例，阐明既有高架轨道交通车站在不中断运营的条件下，对雨棚进行改造工作的重点事项、具体步骤，以及雨棚拆除工具的设计要点。本研究提供了一种高架车站雨棚改建的方法，设计了一种高架雨棚改建的工具，改造步骤安全可行，总结了改建过程的防护措施。

关键词：既有高架车站改造　雨棚改造　不中断运营

大运综合交通枢纽工程位于深圳市龙岗区，是深圳东部重要交通节点，枢纽工程为既有高架 3 号线、新建 14/16 号线与在建深大城际四线换乘车站，相关配套设施有公交场站、小汽车停车场以及自行车停车位等交通接驳设施，邻近地块结合枢纽建设同步开发，最终形成完整的枢纽功能。枢纽开通及周边地块内建设密度增加，片区内集散客流急剧增长，导致既有 3 号线大运岛式车站已无法满足乘客疏散和候车舒适度的需求，因此要对其进行改造提升。

改造工作涉及加设侧站台、拆除既有雨棚等复杂步骤，如停运改造，势必给乘客通勤带来巨大影响，因此本文提供了一种不停运改造的设计思路。

1　大运站改造目的

1.1　车站概况及现状

深圳地铁 3 号线于 2010 年通车，大运站为高架路中岛式 3 层车站，站台宽度为 10 m，车站周边为空地和厂房，开发密度较低。大运站区位图与车站现状如图 1 和图 2 所示。

图 1　大运站区位图　　　　图 2　大运站车站现状

1.2　车站客流变化分析

现状：大运站 750 m 范围内覆盖人口 1.27 万人、岗位 1.69 万个，高峰期集散客流量为 3 241 人次/h。根据建设规划，大运站从现状的单线车站变为 3、14、16、深大城际 4 条线路换乘的交通枢纽站，周边地块人口岗位和集散客流突增。远期：大运站 750 m 范围内覆盖人口 6.84 万人、岗位 7.07 万个，高峰期上下客流 25 674 人次/h，其中，换乘客流成为 3 号线大运站客流的主要组成部分，下客换乘至其他线路客流达到 10 336 人次/h，占 3 号线大运站总上下客量的 40.2%，而南行前往中心区方向的客流为 4 130 人次/h，仅占 3 号线大运站上下客流的 16.1%。大运站 3 号线客流组成如表 1 所示。

表 1　大运站 3 号线客流组成　　　　　　　　　　　　　　单位：人次/h

客流组成	上客量	下客量	合计
集散客流	5 109	4 130	9 239
换乘客流	6 099	10 336	16 435
上下客流	11 208	14 466	25 674

3 号线大运站原以承载进入市中心客流为主，现转变为收集沿线客流输送至其他线路+承载部分进入市中心方向客流，由单一功能转向多项复合功能，既有 3 号线岛式车站已无法满足枢纽建成后乘客乘降服务。

1.3　车站改造成果

为满足 3 号线大运站提升为交通枢纽后的客流乘降，在既有 3 号线岛式站台两侧分别增设侧站台，西侧新增站台宽度约 11.0 m，东侧新增站台宽度约为 12.4 m。同时，根据枢纽设计方案，新建"湾区之舞"双曲金属屋面，需对既有 3 号线 21 榀弧形钢架结构全部拆除，相对应的站台层地面、墙面及导向标识均需要进行改造提升。改造后效果如图 3 和图 4 所示。

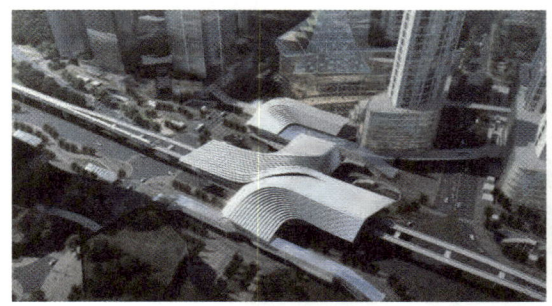

图 3　大运枢纽 3 号线改造完成后雨棚效果图 　　　图 4　3 号线新增站台后效果图

2　不中断运营改造雨棚的设计要点

2.1　3 号线全线运营条件

3 号线全线配线图如图 5 所示。从运行图中可以看出，大运站前后有折返能力的车站分别

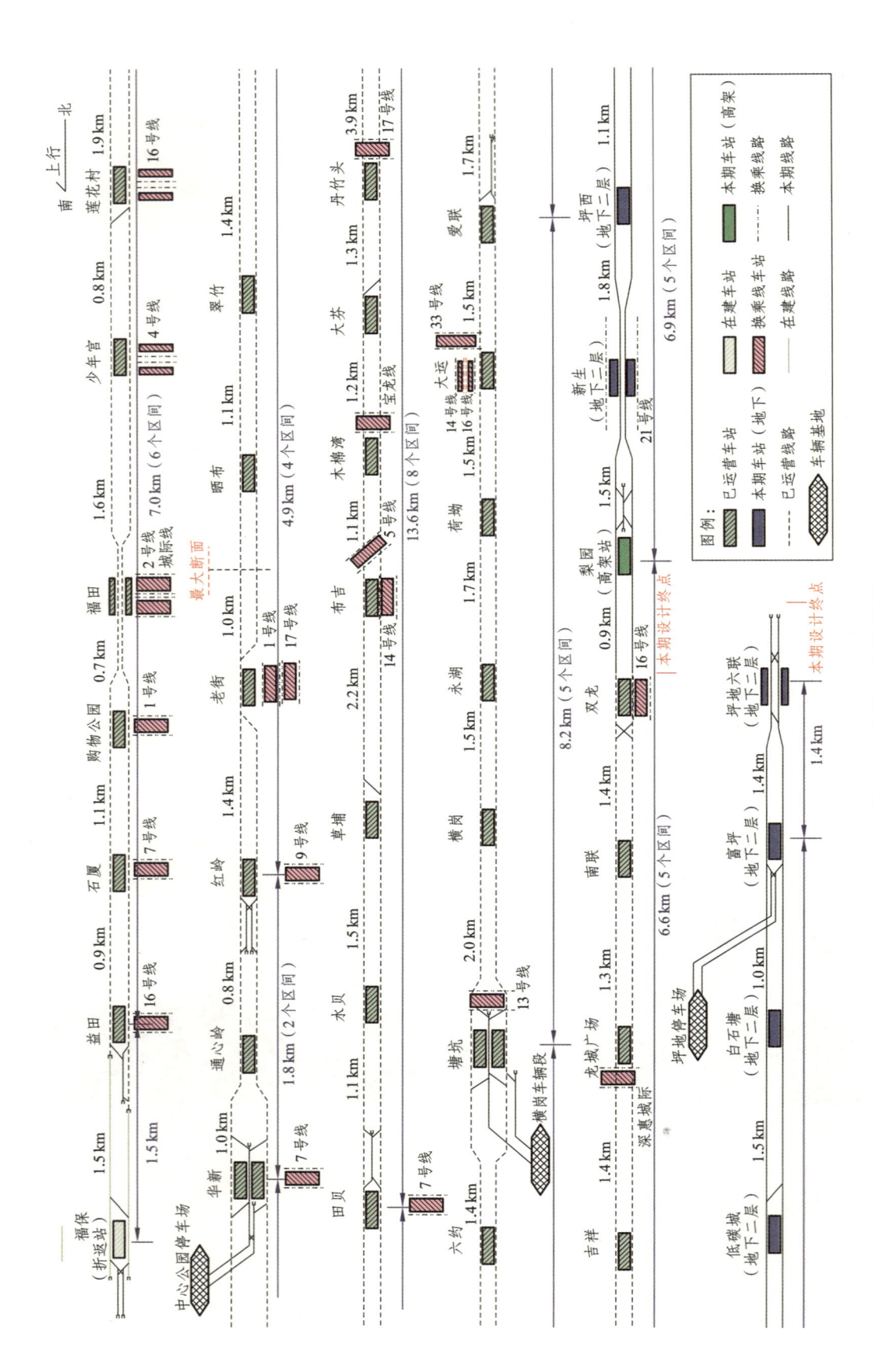

图 5　3 号线全线配线图

是塘坑站和爱联站，其中塘坑距离大运站 3 站、爱联站距离大运 1 站，如停运进行改造，则塘坑站至爱联站之间需要连续停运 4 个车站。以摆渡车的形式衔接塘坑站至爱联站的客流势必对于每日乘坐地铁通勤的乘客影响巨大，研究不中断运营改造方案是合理且必要的。

2.2 不中断运营改造雨棚的前提条件

（1）为保障车站正常运营，设计合理的改造步骤。先安装改造后的新雨棚，再对既有雨棚结构进行切割和拆除。

（2）安装新雨棚时，设计必要的措施保证施工过程中运营车辆和车站内外乘客安全，防止施工作业过程中构件坠落砸中车辆与乘客。

（3）原有钢结构切割拆除时，由于上方已有新建雨棚结构，因此需要设计临时专用工具将既有雨棚结构吊运至区间范围后，再吊至地面进行拆解。

（4）既有雨棚结构吊挂有导向标识、灯具、监控和广播设备，改造过程中还需继续使用，因此需要设计临时结构以支撑设备运行。

（5）设计必要的防护措施，以保证在既有雨棚结构外施工作业时对运营区域不造成影响，防止施工零件和构件有飞溅等现象。

2.3 不中断运营雨棚改造设计

2.3.1 改造设计基本步骤

（1）新建西侧侧式站台及延伸平台。
（2）新建东侧侧式站台及延伸平台，如图 6 所示。
（3）架设雨棚防护棚，新建既有线上空雨棚钢结构。
（4）新建雨棚屋面，如图 7 所示。
（5）拆除既有罩棚、防护棚及延伸平台。

2.3.2 改造专用设备设计

2.3.2.1 机械桁车设计目的

为保障安装新雨棚钢结构和屋面板体系时下方站台乘客安全，同时兼顾拆除旧雨棚后快速运输到区间位置吊装到地面，需要设计一种新型施工设备，其作用有以下几点。

（1）3 号线运营期间，新雨棚钢结构吊装、焊接施工需在站台正上方施工，存在坠物安全风险，需在钢结构施工区域下方设置移动刚性防护，可随时滑动至施工作业区域下方，防止高空坠物。

（2）雨棚屋面板安装期间同样存在坠物安全风险，屋面板人工操作较多且属于高空作业，移动防护棚不仅可以作为安全防护，也可以作为屋面板安装人工作业平台。

（3）既有雨棚位于新建屋面雨棚正下方，在新建屋盖施工完成前，大运站仍然保持运营状态，既有雨棚仍需遮风挡雨不得拆除。新建雨棚建成后，由于旧雨棚构件过大，人工搬运困难且拆除无法采用汽车吊吊装，必须借助移动防护棚将拆除的构件转运至新建雨棚投影面之外，再采用汽车吊吊装至空地后进行拆解。

图6 改造步骤（1）、（2）　　　　图7 改造步骤（3）、（4）

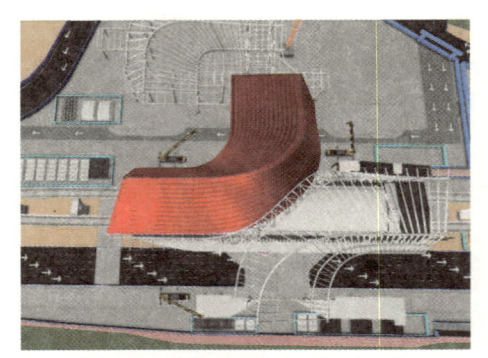

2.3.2.2 机械桁车设计要点

目前对于既有高架运营地铁车站的改造来说，可以采用的技术手段非常有限，尤其对于运营中的高架多层岛式车站，如何在保证地铁车站正常运营情况下实现扩建改造，几乎不存在任何可借鉴的技术手段。此次改造桁车作为改造过程中必要的机械设备，对于以后类似工程有着广泛的借鉴意义。

（1）桁车主要包括横梁、立柱、防护棚和走行机构，共同构成预定长度的门式框架桁车，防护棚对所述门式框架桁车进行上顶防护。桁车荷载取值主要考虑恒载和活载，其中活载包括面板上部施工活载、风载、吊挂荷载、冲击荷载。桁车的结构验算主要包括桁车轨道系统构件验算、桁车运行机构验算（包括传动方案、车轮强度、电动机选择）、连接螺栓校核验算、销轴计算验算、整体吊装验算、吊挂荷载验算等。

（2）桁车的吊装机构组成：吊挂轨道设置于门式框架桁车的内顶面；电动葫芦设置于吊挂轨道上，用于吊移旧雨棚拆除单元块，可沿吊挂轨道纵向移动，方便拆除工作。

（3）桁车的走行机构需要考虑限制桁车在轨道上自行位移的限位装置和锁止装置，以及台风天气下的固定装置以保障各种不利环境下作业，均不会对正在运营的列车带来安全隐患。

利用桁车拆除既有雨棚效果图如图8所示。桁车施工现场照片如图9所示。

图8 利用桁车拆除既有雨棚效果图　　　　图9 桁车施工现场照片

2.3.3 站台临时灯架设计

1. 原始灯架设计

3号线原灯架为吊挂在原屋面钢结构下方的两个钢桁架,桁架集成了照明灯具、导向标识、

PIS屏幕、监控摄像头、广播等设备终端。拆除原有雨棚结构时，需要设计临时过渡方案保证原有设备终端均正常运行，以确保车站运营秩序和服务标准不受影响。

2. 临时灯架设计

为原有钢桁架增加临时支撑系统，支撑系统的设计要保证在乘客使用中临时柱不影响乘客乘降，不阻挡安全门，立柱要进行抗风验算以保证支撑系统的稳定性，同时在根部设置销轴锁定。如图10所示为岛站台原有灯架照片，如图11所示为岛站台临时灯架效果图。

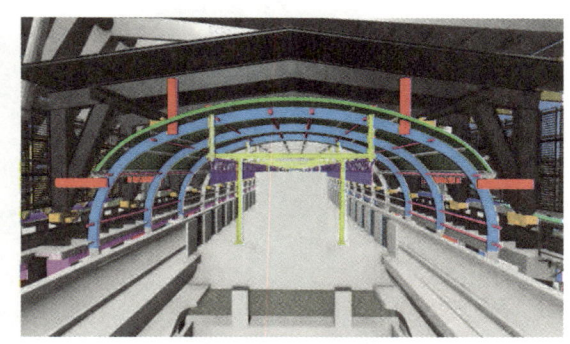

图 10　岛站台原有灯架照片　　　　图 11　岛站台临时灯架效果图

2.3.4　临时防护措施

（1）既有钢结构外侧孔洞防护。

在进行侧式站台一阶段安装前，在既有雨棚两侧进行钢制密目网安装，密目网直接固定在既有钢架上部。

（2）安装钢制密目网。

在门式桁车侧面安装分配梁及钢制密目网；在门式桁车主框架及分配梁共同吊运至延伸平台并滑移至预定位置后，使用天窗点时间对钢制密目网进行安装。安装钢制密目网现场图如图12所示。

图 12　安装钢制密目网现场图

（3）安装定型化钢围挡。

在进行侧式站台安装装修阶段，在站台边缘安装定型化钢围挡，采用预制混凝土基础与钢围挡结合的方式组成。

（4）运营线路侧面防护。

在进行岛式站台改造阶段，在站台边缘安装定型化钢围挡，采用预制混凝土基础与钢围挡结合的方式。

（5）轨行区作业防护车。

在天窗点施工阶段，将定型防护轨道小车安装至轨道上部，进行临时固定，如图13所示。

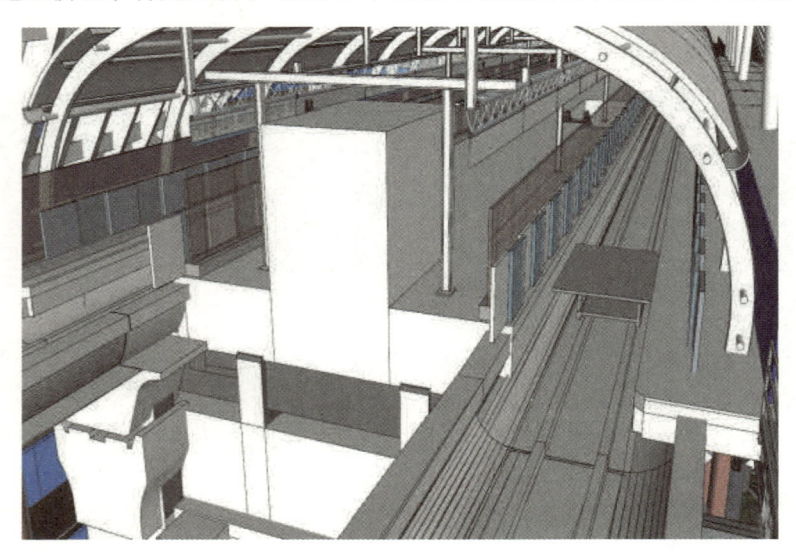

图 13　安装定型防护轨道小车

2.4　改造后成果展示

截至目前，大运枢纽雨棚已基本改造完毕，岛、侧站台改造仍在继续，计划2025年6月全部改造完毕，改造后的效果如图14～图16所示。

图 14　3号线雨棚改造后实景图

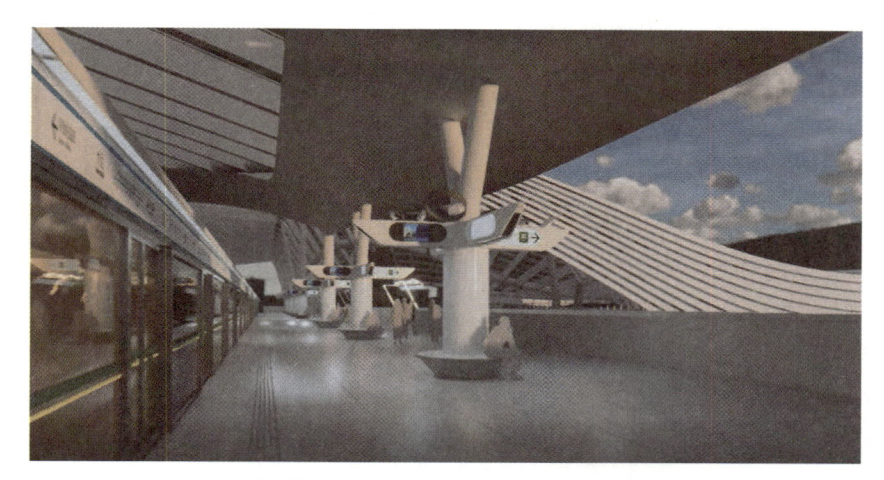

图 15　新建侧站台及 3 号线雨棚改造后效果图

图 16　既有岛式站台及 3 号线雨棚改造后效果图

3　结论

（1）利用桁车拆改既有高架车站雨棚是安全可行的。

（2）改造步骤与桁车的设计均能满足既有线安全行车。

（3）临时灯架的设计满足既有线乘客安全和运营安全。

（4）改造期间临时防护措施能够保障既有线运营的安全。

（5）不停运改造的步骤、桁车设计、临时灯架、防护措施设计对高架车站改造设计有着普遍的借鉴意义。

参考文献：

[1] 北京市规划委员会. 地铁设计规范：GB 50157—2013[S]. 北京：中国建筑工业出版社，2014.

［2］中华人民共和国建设部. 城市轨道交通工程项目建设标准：JB 104—2008[S]. 2008.

［3］中华人民共和国住房和城乡建设部. 城市轨道交通技术规范：GB 50490—2009[S]. 北京：中国建筑工业出版社，2009.

［4］中华人民共和国住房和城乡建设部. 建筑设计防火规范：GB 50016—2014[S].

［5］中华人民共和国住房和城乡建设部. 钢结构工程施工规范：GB 50755—2012[S]. 北京：中国建筑工业出版社，2012.

［6］刘志义. 地铁设计实践与探索[M]. 北京：中国铁道出版社，2009.

［7］中国铁路设计集团有限公司. 深圳市大运综合交通枢纽工程施工图设计要求[Z]. 2019.

［8］戴维，刘洋. 一种改扩建既有高架运营地铁车站建筑主体结构的施工方法：ZL202011436159.X[P]. 2021-09-28.

现代客运交通枢纽工程投资划分方法研究

王国新，张建芳

（中国铁路设计集团有限公司）

摘 要：近年来，现代客运交通枢纽工程的建设呈现出快速发展的新趋势，为解决枢纽工程在项目建设管理过程中投资划分问题，本文结合天津站综合交通枢纽工程的实践经验，采用定量分析及对比分析的研究方法，提出现代客运交通枢纽工程的投资划分可采用建筑面积、业主数量或客流比例等多种投资划分方法，并根据不同投资划分方法对枢纽工程中不同子项工程的造价进行了详细对比分析，为同类枢纽工程提供借鉴和参考。

关键词：现代客运交通枢纽　投资划分方法　造价对比

1　引言

随着我国高速铁路网建设不断推进，高速铁路在城市中的车站成为客流集散节点，大量客流需要不同类型其他交通方式进行疏散，这些交通方式和高铁车站紧密结合，缩短换乘距离，提高换乘效率，形成以高铁车站为核心的城市综合交通枢纽[1]。2019年9月，中共中央、国务院印发了《交通强国建设纲要》，提出"到2020年，完成决胜全面建成小康社会交通建设任务和'十三五'现代综合交通运输体系发展规划各项任务，为交通强国建设奠定坚实基础。从2021年到本世纪中叶，分两个阶段推进交通强国建设。到2035年，基本建成交通强国""现代化综合交通体系基本形成"的发展目标[2]。在此纲要指引下，国内各地客运交通枢纽工程建设得到了快速发展。

现代客运交通枢纽是一个集各类交通设施于一体的复杂超大工程，涉及多个建设单位、设计单位、施工单位及运营管理单位，项目投资额巨大，参与单位众多，沟通协调难度大，会产生诸多设计界面、投资界面、建设及运营管理界面等问题，其中投资界面问题，也就是投资划分问题，因关系各方直接利益，是枢纽工程建设中备受关注的一个技术难题[3]。本文以天津站综合交通枢纽工程为例，对枢纽工程投资划分方法及各子项工程造价对比进行了分析研究。

2　天津站综合交通枢纽项目构成

天津站综合交通枢纽工程地处海河东岸，枢纽规划范围为东北至新开路、东南至华昌道、

基金项目：中国铁设重大科研课题《城市轨道交通投资估算编制及信息化建设关键技术研究》（2023课专-城交-03）。

李公楼立交、赤峰道，西南至大沽北路、五经路、进步道，西北至华龙道、民族路，该地区是天津市重要的公共交通中心，主要包含南广场、北广场及枢纽交通工程3部分内容。

南广场主要为地下停车场及公交中心工程，地下结构主要由主、副广场及三经路以东3部分组成，结构主体为地下一层、局部双层。

北广场主要为城际铁路及站房、地铁2、3、9号线及停车楼、公交枢纽、景观等配套附属工程。其中城际站房为地上两层结构方案，地面层为城际铁路进站及办公区，地上二层为高架候车及办公区，局部地下一层，为城际铁路进、出站区；地铁2、3号线为中间换乘站，9号线为终点站，均为地下车站。地下工程采用4层方案：第1层为公共交通层，供乘客集散及疏解；第2层为地铁2、3、9号线站厅层；第3层为2、9号线站台层和3号线设备层；第4层为3号线站台层，基坑最深可达30余米。

枢纽交通工程主要包括海河东路地道、五经路地道、李公楼立交桥改扩建以及新广路、华兴道、新兆路等改建工程[4]。

3 投资划分方法研究

3.1 投资划分方法

天津站交通枢纽涉及国铁城际铁路、普速铁路、地铁2、3号线、9号线（津滨轻轨延伸线）及前广场、后广场市政等多类工程，国铁工程由铁路部门出资，地铁、轻轨及市政由天津市政府出资建设，各子项工程分别由不同单位负责建设及管理，其中城际轨道交通工程由京津城际铁路有限公司负责，普速铁路由原铁道部北京铁路局负责，地铁2、3号线由天津地铁公司负责，9号线由津滨轻轨公司负责，南北广场市政工程由天津城投集团负责。

鉴于天津站枢纽投资主体及建设单位的多元化及复杂性，投资划分方法研究了多种分析方法。投资划分总体原则：对于功能界面较为清晰的区域，其投资由各投资主体分别承担，其他公共区域由各投资方根据不同方法进行分摊[5]。在天津站枢纽项目构成3部分内容中，南广场工程包括的各子项市政工程功能界面比较清晰，未进行分摊。枢纽交通工程中，五经路地道、海河东路地道及南北广场联系通道3个子项工程均为市政工程，功能界面比较清晰，未进行分摊。对于李公楼立交改造工程，为满足城际需要对既有桥范围进行拆改费用，由北京铁路局和天津城投各投资50%，为满足市规划要求增加范围引起的投资由天津市承担。南北广场人行天桥按全部拆除考虑投资，由北京铁路局和天津城投各投资50%。北广场工程中停车楼等配套附属功能界面比较清晰，均列入市政工程，未进行分摊。针对北广场地下一层、地下四层及铁路站房等不同范围，研究了采用建筑面积、业主数量或客流比例等多种投资划分方法。

方法一：针对北广场地下一层投资进行分摊。

分摊方法包括3种方案：方案A根据铁路和地方常规划分方式，城际站房和站前10 m的投影纳入城际及普速投资范围，其余面积为其他项目，按各1/3均摊，各项目投资按面积比例进行分摊；方案B为地下一层总面积扣除各项目功能独立使用面积，其余面积各项目按不同业主均摊，即每个业主均承担其余面积的1/5，各项目投资按总面积比例进行分摊；方案C为地下一层总面积扣除各项目功能独立使用面积，其余面积按各项目客流比例分摊投资，各项目投资按总面积比例进行分摊。

方法二：对北广场地下四层投资进行分摊。

分摊方法包括两种：方案 B 对北广场地下四层投资按城际、普速、地铁、轻轨、市政 5 个业主各 1/5 进行分摊；方案 C 对北广场地下四层投资按城际、普速、地铁、轻轨、市政各项目客流比例进行分摊。

方法三：针对北广场地下四层和城际地面站房及候车厅进行分摊。

分摊方法包括两种：方案 B 对北广场地下四层和城际地面站房及候车厅投资按城际、普速、地铁、轻轨、市政 5 个业主各 1/5 进行分摊；方案 C 对北广场地下四层和城际地面站房及候车厅投资按城际、普速、地铁、轻轨、市政各项目客流比例进行分摊。

3.2 不同方法造价对比分析

现以方法一的 3 个方案为例，对不同方法投资划分进行对比分析。天津站枢纽中城际铁路、普速铁路、地铁、轻轨、市政 5 个不同项目的客流比例如表 1 所示。

表 1 天津站枢纽各项目客流比例

项目名称	远期全日断面客流量/（人次/日·单向）	客流比例
城际	84 485	0.15
普速	21 311	0.04
地铁	269 288	0.45
轻轨	167 237	0.29
市政	38 087	0.07
合计	580 408	1.00

与之对应，方法一针对北广场地下一层的 3 个方案，各项目投资划分结果如表 2 所示。

表 2 方法一针对北广场地下一层的 3 种方案投资划分表

序号	项目名称	面积/m² 独立面积	面积/m² 均摊面积	面积/m² 合计	投资/亿元	投资比例
一			方案 A			
1	城际	14 130		14 130	2.64	0.20
2	普速	1 500		1 500	0.26	0.02
3	地铁		17 440	17 440	3.42	0.26
4	轻轨		17 440	17 440	3.42	0.26
5	市政		17 440	17 440	3.42	0.26
	合计	15 630	52 320	67 950	13.16	1.00
二			方案 B			
1	城际	10 930	9 114	20 044	3.82	0.29
2	普速	1 500	9 114	10 614	2.11	0.16

续表

序号	项目名称	独立面积	均摊面积	合计	投资/亿元	投资比例
二			方案 B			
3	地铁	800	9 114	9 914	1.97	0.15
4	轻轨	400	9 114	9 514	1.84	0.14
5	市政	8 750	9 114	17 864	3.42	0.26
	合计	22 380	45 570	67 950	13.16	1.00
三			方案 C			
1	城际	10 930	6 836	17 766	3.44	0.26
2	普速	1 500	1 823	3 323	0.64	0.05
3	地铁	800	20 506	21 306	4.13	0.31
4	轻轨	400	13 215	13 615	2.64	0.20
5	市政	8 750	3 190	11 940	2.31	0.18
	合计	22 380	45 570	67 950	13.16	1.00

在此基础上，对天津站整个枢纽进行投资划分，各项目投资划分结果如表 3~5 所示。

表 3　天津站枢纽投资划分表（方案 A）

序号	项目名称	合计	城际	普速	地铁	轻轨	市政
一	北广场	58.91	13.92	6.48	17.14	12.17	9.20
1	铁路	19.04	11.28	6.22			1.54
2	地铁	19.15			12.06	7.09	
3	地下一层公共部分	13.16	2.64	0.26	3.42	3.42	3.42
4	配套附属	2.55					2.55
5	前期准备	5.01			1.66	1.66	1.69
二	南广场	17.43			1.30	1.30	14.83
1	主广场地下	4.05					4.05
2	副广场地下	1.05					1.05
3	三经路西侧地下	6.00					6.00
4	世纪钟处地下	0.48					0.48
5	广场环境与景观	1.80					1.80
6	海河护岸	0.12					0.12
7	前期准备	3.93			1.30	1.30	1.33
三	枢纽交通	11.93		0.97	0.26	0.26	10.44
1	五经路地道	4.66					4.66

续表

序号	项目名称	投资/亿元					
		合计	城际	普速	地铁	轻轨	市政
2	李公楼立交改造	2.06		0.69			1.37
3	海河东路地道	3.57					3.57
4	南北广场联系通道	0.56					0.56
5	南北广场人行天桥	0.28		0.28			
6	前期准备	0.80			0.26	0.26	0.28
	以上合计	88.27	13.92	7.45	18.70	13.73	34.47

表4　天津站枢纽投资划分表（方案B）

序号	项目名称	投资/亿元					
		合计	城际	普速	地铁	轻轨	市政
一	北广场	58.91	15.10	8.33	15.69	10.59	9.20
1	铁路	19.04	11.28	6.22			1.54
2	地铁	19.15			12.06	7.09	
3	地下一层公共部分	13.16	3.82	2.11	1.97	1.84	3.42
4	配套附属	2.55					2.55
5	前期准备	5.01			1.66	1.66	1.69
二	南广场	17.43			1.30	1.30	14.83
1	主广场地下	4.05					4.05
2	副广场地下	1.05					1.05
3	三经路西侧地下	6.00					6.00
4	世纪钟处地下	0.48					0.48
5	广场环境与景观	1.80					1.80
6	海河护岸	0.12					0.12
7	前期准备	3.93			1.30	1.30	1.33
三	枢纽交通	11.93		0.97	0.26	0.26	10.44
1	五经路地道	4.66					4.66
2	李公楼立交改造	2.06		0.69			1.37
3	海河东路地道	3.57					3.57
4	南北广场联系通道	0.56					0.56
5	南北广场人行天桥	0.28		0.28			
6	前期准备	0.80			0.26	0.26	0.28
	以上合计	88.27	15.10	9.30	17.25	12.15	34.47

表 5　天津站枢纽投资划分表（方案 C）

序号	项目名称	投资/亿元					
		合计	城际	普速	地铁	轻轨	市政
一	北广场	58.91	14.72	6.86	17.85	11.39	8.09
1	铁路	19.04	11.28	6.22			1.54
2	地铁	19.15			12.06	7.09	
3	地下一层公共部分	13.16	3.44	0.64	4.13	2.64	2.31
4	配套附属	2.55					2.55
5	前期准备	5.01			1.66	1.66	1.69
二	南广场	17.43			1.30	1.30	14.83
1	主广场地下	4.05					4.05
2	副广场地下	1.05					1.05
3	三经路西侧地下	6.00					6.00
4	世纪钟处地下	0.48					0.48
5	广场环境与景观	1.80					1.80
6	海河护岸	0.12					0.12
7	前期准备	3.93			1.30	1.30	1.33
三	枢纽交通	11.93		0.97	0.26	0.26	10.44
1	五经路地道	4.66					4.66
2	李公楼立交改造	2.06		0.69			1.37
3	海河东路地道	3.57					3.57
4	南北广场联系通道	0.56					0.56
5	南北广场人行天桥	0.28		0.28			
6	前期准备	0.80			0.26	0.26	0.28
	以上合计	88.27	14.72	7.83	19.41	12.95	33.36

参照以上投资划分方法，可测算出方法二、方法三的不同方案枢纽中各子工程所分摊的投资，天津站枢纽不同方法各方案对应子项工程的投资划分结果如表 6 所示。

表 6　天津站枢纽不同方法各方案投资划分汇总表

方法（方案）名称	投资/亿元					
	合计	城际	普速	地铁	轻轨	市政
方法一						
方案 A	88.27	13.92	7.45	18.70	13.73	34.47
方案 B	88.27	15.10	9.30	17.25	12.15	34.47
方案 C	88.27	14.72	7.83	19.41	12.95	33.36

续表

方法（方案）名称	投资/亿元					
	合计	城际	普速	地铁	轻轨	市政
方法二						
方案 B	88.27	17.74	13.65	9.69	9.68	37.51
方案 C	88.27	16.13	8.48	17.76	12.59	33.31
方法三						
方案 B	88.27	15.91	14.11	10.14	10.14	37.97
方案 C	88.27	14.19	8.57	18.79	13.25	33.47

注：1. 方法一对北广场地下一层分摊；方法二对北广场地下四层分摊；方法三对北广场地下四层和城际地面站房及候车厅分摊。
2. 方案 A 按面积比例划分；方案 B 按业主数量划分；方案 C 按客流比例划分。

从以上分析表中可以看出，采用不同方案的投资划分方法，枢纽中不同子项工程所分摊的投资略有不同。对于一个枢纽工程，采用哪种投资划分方法，需结合枢纽工程的项目类别、投融资模式、建设管理模式及划分方法的可操作性等方面综合选定。

4 结语

投资划分方法的研究是现代客运交通枢纽工程建设中一项非常重要且复杂的工作。本文结合天津站综合交通枢纽的工程实践，分析了现代客运交通枢纽工程的投资划分，需综合考虑枢纽中不同子项工程的投资主体、建设单位及专业类别等多种影响因素，提出了以各子项工程清晰功能界面为基础、对其他公共区域采用建筑面积、业主数量或客流比例进行分摊的投资划分方法，并根据不同投资划分方法，对各子项工程造价进行了对比分析，研究成果可为现代客运枢纽工程投资划分提供参考。

参考文献：

[1] 宋长江. 中国交通运输协会现代客运枢纽分会成立大会暨学术交流会论文集[C]. 2010（7）：172.

[2] 国务院. 交通强国建设纲要[EB/OL]. (2019-09-19)[2024-03-09]. https://www.gov.cn/zhengce/2019-09/19/content_5431432.htm.

[3] 王立光，陈建国. 大型综合交通枢纽项目建设的界面管理研究[J]. 建筑管理现代化，2008（4）：24.

[4] 铁道第三勘察设计院集团有限公司. 天津站综合交通枢纽工程预可研报告[R]. 2006.

[5] 张建芳. 大型综合交通枢纽工程造价研究[J]. 工程造价管理，2020（6）：46.

蝶变的数智站城
——引导片区重构的深圳五和枢纽

胡丰

（中国铁路设计集团有限公司）

摘　要：城际铁路和城市更新是国家正在大力发展和推动的重要工程，粤港澳大湾区城际铁路具有进入城市中心区、与交通枢纽、城市轨道交通密切衔接、实行公交化运营等显著特点，而深圳又是城市更新实践的先行者，五和枢纽正是这两项国家政策的交汇点，天然具备将城际铁路建设与城市更新行动深度融合的优势。本文从国家对城际铁路建设和城市更新行动的顶层要求出发，分析深圳五和综合交通枢纽对枢纽所在片区重构升级的作用和策略。

关键词：城际铁路　城市更新　交通枢纽　站城融合

1　引言

《国务院关于印发"十四五"现代综合交通运输体系发展规划的通知》中要求推进城市群和都市圈交通现代化，以轨道交通、高速公路为骨干，提升城际运输通道功能，整体推进京津冀、长三角、粤港澳大湾区城际铁路和市域（郊）铁路建设。为提高粤港澳大湾区城际交通供给质量，服务大湾区建设，国家发改委批复了《粤港澳大湾区城际铁路建设规划》，新一轮城际铁路建设，在粤港澳大湾区启动，当前湾区城际铁路具有进入城市中心区、与交通枢纽、城市轨道交通密切衔接、实行公交化运营等显著特点。

《中共中央关于制定国民经济和社会发展第十四个五年规划和二〇三五年远景目标的建议》中要求，要推进以人为核心的新型城镇化。实施城市更新行动，推进城市生态修复、功能完善工程。高速发展的深圳，是中国城市更新的先行者，亟待更新区域较多。

引入三条城际铁路的深圳五和综合交通枢纽，选址于重点城市更新单元密布的深圳龙岗坂田片区，将是城际铁路建设带动片区城市更新的典型代表。

2　深圳五和枢纽概述

五和枢纽位于深圳市龙岗区西部，地处福田、龙岗、龙华三区交界，是深圳市的地理中心。目前它是深圳地铁 5 号线和 10 号线的换乘站，近期引入深大城际和深惠城际，规划引入深广中轴城际；将形成衔接两条地铁、三条城际，结合公交、出租车、社会车辆等多种交通方式为一体的，以城际铁路为主导的综合交通枢纽；是粤港澳大湾区目前唯一一座三条城际交汇的城际枢纽，区域定位极高。五和枢纽建成后，所在片区将成为龙岗区内轨道交通高可达性地区，也将成为深圳市内重要的综合枢纽之一。

3 现状与愿景

3.1 片区现状

图 1 所示为五和枢纽现状。五和枢纽所在片区场地高差复杂，被平南铁路、布龙路、五和大道多方向切割。其现状功能与区位价值不匹配，低效产业遍布，城中村聚集，城市界面陈旧，公共空间缺失，服务设施不足，教育缺口较大，是依附于中心城区的配套居住地。随着五和枢纽的建设，这里迎来了跃升为都市核心的蝶变机遇。

图 1　五和枢纽现状

3.2 未来愿景

五和枢纽愿景如图 2 所示。五和枢纽依托深大、深惠、中轴三大城际，联通湾区各大核心平台。未来，该枢纽将实现 20 min 直达前海、空港等湾区重要目的地，1 h 抵达广州、东莞、惠州、中山、珠海等 5 大城市，对接湾区服务发展带和创新发展带，成为深圳都市圈参与湾区竞合的核心城际枢纽。

位于龙华—坂田都市核心区的五和，将作为坂雪岗科技城的门户，依托世界级 ICT 产业集群承载区、梅观科创走廊和广深港澳科创走廊，成为重要的科创产业创新中枢。

五和枢纽北连华为总部、富士康、天安云谷，南接深圳北站商务中心、华南数字超级总部基地，周边分布大量居住生活和文化休闲功能，将成为最具时尚性的城市生活服务中心。

坂田—五和是湾区创新走廊承担服务功能的空间载体，是链接湾区第二圈层的重要功能节点，通过五和枢纽的建设，结合片区城市更新建设，协调更新功能，打通片区路网，串联沿线公共服务设施、产业空间和生活空间，将五和地区从"湾区单元"推向"湾区中枢"。

图 2　五和枢纽愿景

4　数智站城

五和枢纽位于城际线网的核心和产城交汇界面，有条件成为大湾区陆海交汇核心引擎和产站城融合的服务链核心。针对深莞出行人群、坂田科创人群、五和生活人群的差异化需求，五和枢纽除了提供便捷的轨道交通服务，还具有承担城市候机、轨道物流功能的优势，融合片区开发提供高品质的科创产业服务、时尚活力的商业休闲场所、趣味立体的公共空间、独具特色的铁路文化体验，互融互促推进五和片区产站城融合发展。

4.1　产站城一体

深圳龙岗区发展定位是"深圳东部区域的综合性服务中心，全球电子信息产业高地和先进制造业集聚区，国际合作高等教育和文化体育交流中心"，并提出了"一芯两核多支点"的空间结构，其中五和枢纽所在的坂雪岗科技城是"西核"，是深圳东部中心与都市核心区联动的重要节点，借助五和枢纽建设契机，引入深大城际、深惠城际，将大大提升五和片区对外联系效率，交通可达性的提升将支撑五和及坂雪岗地区更好地承担中心区产业北拓、资源外溢等重要功能。巩固和发展龙岗区电子信息产业优势、带动深圳中部向北发展的职能。

同时，协调统一城市更新发展和枢纽建设需求，引导片区产业升级，积极发展数字化智能经济产业，建设湾区智造核心，从"产城分离"走向"产城融合"。推动公共设施需求结构由"基础性"向"消费型"转变，结合 15 min 生活圈，构建"生活圈+工作圈"模式，进而促进五和片区从"单元相对独立发展"走向"集合单元组合发展"，成为集群枢纽与集合单元融合典范，打造具有全球影响力和竞争力的世界级 ICT 产业集群、大湾区 5G 先行示范基地，实现城市空间拓展与整合的需求，形成科创孵化承载区、新型物流产业区及综合文化商业区三个组团，打造以轨道交通枢纽为核心的产站城一体融合的数智站城。

4.2　站城融合

五和枢纽核心区鸟瞰意向如图 3 所示。

图 3 五和枢纽核心区鸟瞰意向

五和枢纽的建设，在带动片区产业升级的同时，也为所在城市片区带来焕发新生的机会。基于站城融合的理念，采用枢纽与周边地块协同整体设计的思路，通过行云流水般的建筑形态，将地上地下空间流畅联通，交织与共，使枢纽融入城市之中，与城市共生共荣，打造充满科技感的枢纽核心片区。

4.2.1 融合策略

融合策略指通过站城融合的方式，在城市设计层面重塑枢纽核心区城市界面。五和枢纽重构唤新的城市界面如图 4 所示。

图 4 五和枢纽重构唤新的城市界面

以枢纽为媒介，突破铁路、道路对各象限的割裂，实现城市空间重新缝合，创建空间链接及导向，将城市片区有机联系在一起。

以综合换乘大厅为核心，创造一系列垂直联通空间，消减地下轨道交通空间与城市的边界，打造无边界感的交通枢纽，让枢纽的影响范围随着城市的发展，与城市一同有机生长。

充分利用地形高差，通过多首层、立体交织的方式，形成快慢结合、多维共享的城市空间。地下交通枢纽聚集人流，追求效率和速度，地上城市空间关注共享与开放，快慢两种空间属性相互结合，多维度的地形高差，形成多层次空间过渡，提升空间体验。

进一步发扬以人为本的城市发展理念，借助枢纽的建设，满足人们停留及活动需求，更可体现片区城市形象特质，使城市焕发新生。

通过在社区更新中嵌入更多开放的公共空间，以景观平台和垂直交通核串联各空间节点，建立全天候、多层次、地上地下一体化的立体慢行网络，联动多种空间功能和产业设施，激活并服务区域发展，打造多维复合的站城融合体。

4.2.2 功能片区

功能片区指依托枢纽核心，结合现状建设情况、城市功能特征和未来规划定位，在五和片区形成科创孵化承载区、新型物流产业区和综合文化商业区 3 个城市功能片区。"与城共融，上下一体"的设计理念如图 5 所示。

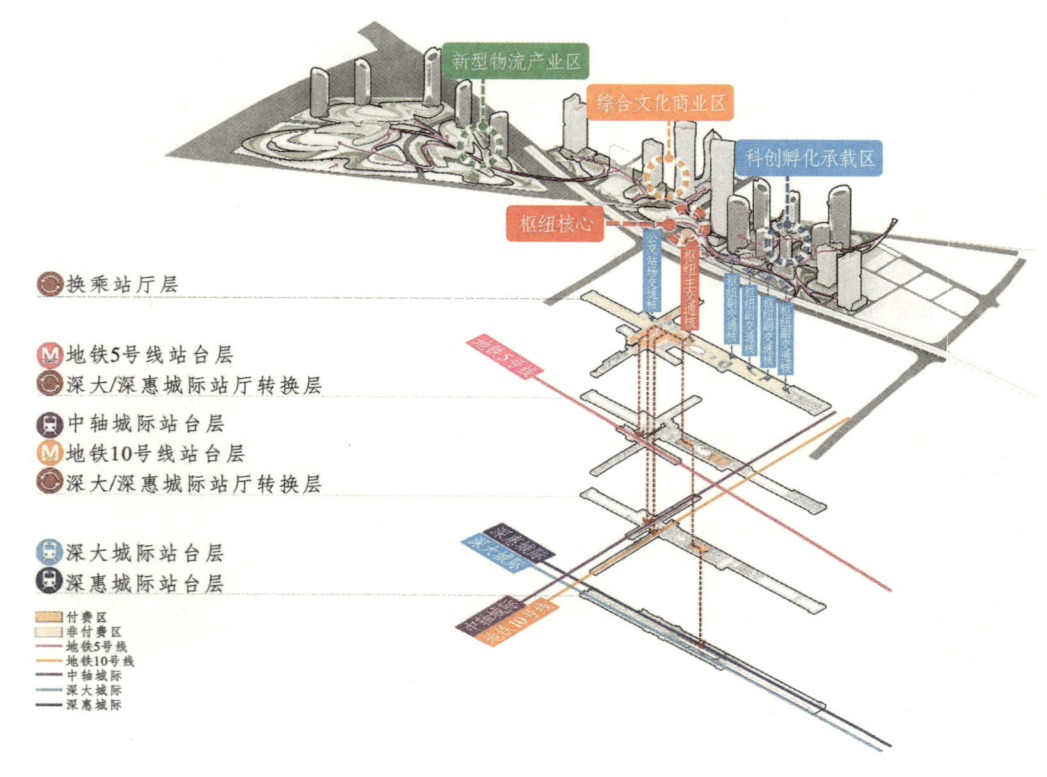

图 5 与城共融，上下一体

1. 科创孵化承载区

科创孵化承载区是与五和枢纽融合最紧密的区域，其功能以枢纽交通、科创产业孵化、生活休闲为主。片区位于地面交通交汇处，是连接地下枢纽和地面交通的重要空间。对应枢纽站体的综合换乘大厅，植入玻璃交通核及下沉广场，既能将光线引入地下，又能保障的枢纽全天候运作。

在三角地上空设置横跨五和大道，与枢纽一体的科创主题城市公共空间，地面是用作公交场站的微枢纽，共同形成五和枢纽的整体形象。230~250 m 的超高层双塔，加强了枢纽门户的标志性，该双塔既作为连接核心，也作为沟通城市东西方向的纽带。

片区南侧为一连串的下沉广场及采光顶，辅以科技展示和商业空间作为枢纽站体的上盖开发区域。通过连续的多层级慢行空间，有效引导枢纽人流进入整个组团。

片区中部延续城市南北向的绿轴，在片区内构建一个环形开放的城市绿芯，可供市民休闲活动。建筑体量沿着圆环放射状布置，建筑功能和绿色景观相互渗透交融。

2. 新型物流产业区

片区结合平南铁路坂田货场更新升级和梅关高速市政化改造，打造以新型物流产业为主，配以科创研发等功能为一体的新型物流产业区。片区西侧为坂田物流转换中心，通过货场整体盖上，为物流研发功能加速发展提供空间，提升用地效率。重新规划的地块结构，可将货运站场与组团北部有效分离，减少影响。北侧通过连廊联系枢纽中心与上盖区域，承接中心区外溢的商办服务，与上盖区形成一体化开发。

3. 综合文化商业区

未来广深中轴城际进一步引入五和枢纽，引导该区域更新改造。片区以文化商业为主，由大型商业购物中心、文化交互实验商业、甲级写字楼等组成，形成综合活力街区。

4.3 枢纽核心

4.3.1 枢纽布局

五和片区建设轨道交通的起点，是设于布龙路与五和大道交口已投入运营的地铁 5 号线、10 号线，分别设于地下二层和地下三层。为确保 10 号线车站正常运营，综合考虑前后区间限制条件及工程实施风险，深大深惠城际从地下四层暗挖下钻 10 号线引入，为五和带来新了的机遇。未来在 10 号线西侧将进一步引入深广中轴城际，最终形成五线无缝衔接的交通枢纽，实现从五和站到五和枢纽的蜕变。届时，每天将有 79.1 万人次的巨量客流在这里经过。五和枢纽演进如图 6 所示。

4.3.2 流线组织

地铁 5、10 号线呈"十字"交叉，既可通过站台换乘，也可通过站厅换乘；设置于 5 号线以北，10 号线以东的深大、深惠城际，拟采用过轨运营，同台同向换乘的方式接入枢纽。

（a）地铁 5 号线　　　　　（b）地铁 5/10 号线　　　　　（c）深大/深惠城际引导城市更新

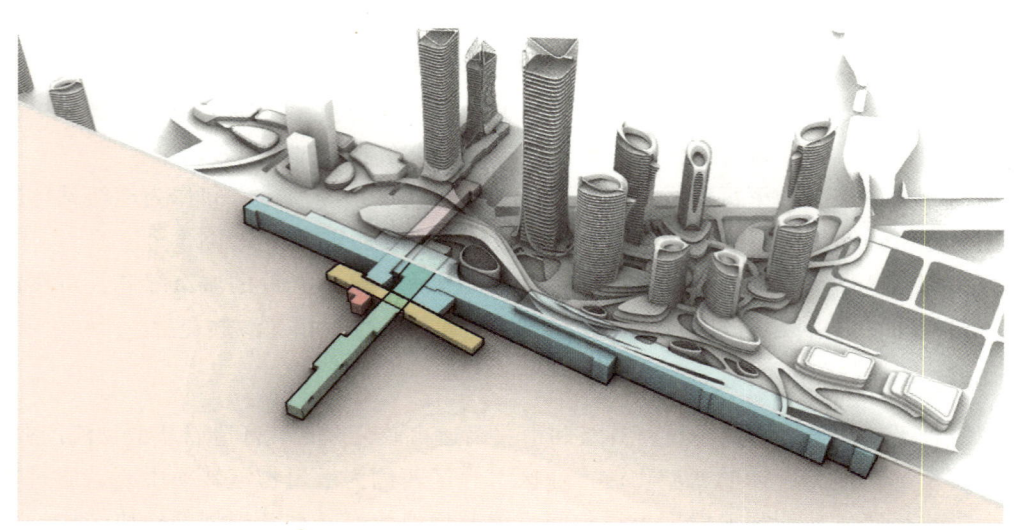

（d）地铁5/10号线与深大/深惠/中轴城际与片区更新

图6 五和枢纽演进

深大深惠城际可通过站台端部扶梯，一次提升至综合换乘厅，实现与5/10号线快捷换乘，也可通过分段提升的方式到达各层站厅，实现旅行目的地转换和进出站集散。未来深广中轴城际从地下三层引入，布置于5/10号线站厅西北侧，与5/10号线、深大/深惠城际形成两两相连，互不交织的三组流线。五和枢纽空间流线如图7所示。

图7 五和枢纽空间流线

通过"多层次、可洄游、功能复合"的慢行系统，创建枢纽与城市的空间链接及导向，根据枢纽与周边地块的连接需求，分散设置出入口和下沉广场，强化枢纽与城市联系，重塑高差关系，重构道路体系，释放街边空间，改善地面慢行体验；通过互联互通的地下空间和空中连廊，串联四至空间，缝合布龙路、五和大道和平南铁路对城市的割裂，将地上地下空间流畅联通，交织与共，消减地下站体与城市的边界，构建立体枢纽城市。

枢纽外围，践行绿色可持续发展理念，以"慢行主导、公交优先、控制小车、多点布置、即停即走"原则布置交通接驳设施。

4.3.3 空间营造

针对城际站台埋深较深的特点，灵活利用竖向空间，将站厅层关键部位公共区下移，形成空间变幻，相互连通的多层站厅，打破传统地下车站空间压抑、单调乏味的刻板印象。五和枢纽室内空间意向如图8所示。

图8 五和枢纽室内空间意向

伴随着内部空间向下延伸，高差复杂的地表也通过局部下沉的方式，形成多个与枢纽地下空间呼应的下沉广场，在下沉广场中植入垂直交通核作为枢纽的核心，上下联通，引导旅客进出，促进枢纽与周边地块链接融合。同时，利用下沉广场将地下空间地面化，下沉广场内设置采光天窗，将引光界面下移，使光线畅达地下，让自然光与旅客如影随形，如图9所示。

在站台层上方设置结构夹层，有效降低底层层高，缩减构件尺寸，同时利用结构夹层布置轨顶风道及设备管线，并为将来接入轨道物流系统、行李直挂系统提供可能。

4.3.4 功能复合

枢纽的功能复合，指中部以轨道交通功能为主，西侧与地面公交场站无缝相连，同时借助枢纽主体穿越平南铁路的契机，以地下联通的方式缝合平南铁路两侧的城市空间；枢纽东侧利用自然形成空间嵌入地块的优势，将枢纽主体与周边地块开发融为一体，形成畅通无界、与城融合的交通枢纽。

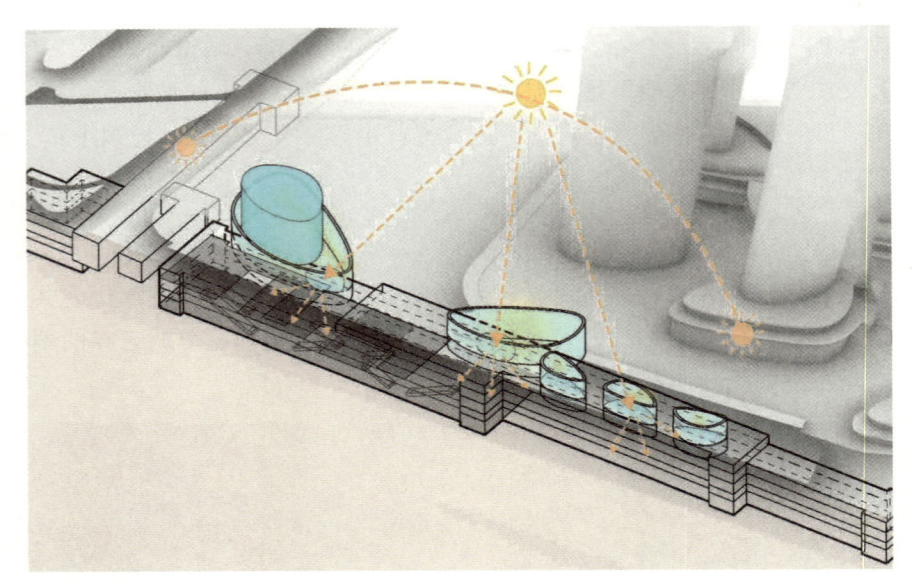

图 9　五和枢纽空间融合示意

4.3.5　有机生长

枢纽的有机生长，指秉承节能、复合、环保、绿色、韧性、循环、低碳的理念，引入自然光与自然风，实现低碳节能的设计目标，分层分流组织流线，保障枢纽高效运转，依地形高差布局错层空间，形成分期灵活的工程界面，依托一体化公共交通网络，构建 15 min 绿色出行圈，打造与城共荣、可持续生长的站与城。

5　结语

以五和枢纽为动因，通过有效的开发引导、合理的总体布局、高度的站城融合、多维的功能复合、高效的枢纽组织 5 大策略手段，打通片区经脉，重构东西双翼。五和也将从过去城市中心边缘跃升为都市核心，从依附于中心城区的居住地，进化成井然有序可以乐享生活与工作的数智站城。蝶变后的五和枢纽，将支撑五和片区实现跨越式发展，推动周边站城一体化、产城一体化建设，成为深圳站产城融合发展的典范，打造"科创枢纽、活力都心"。五和枢纽是深圳践行国家城际铁路建设政策的新典型，也是深圳响应国家"十四五"规划实施城市更新行动的新实践，将为深圳建设具有全球影响力的科技和产业创新高地提供助力。

参考文献：

[1] 中国铁路设计集团有限公司，中国城市规划设计研究院，凯达环球（亚洲）有限公司. 深圳市五和综合交通枢纽工程可行性研究项目投标文件[Z].

[2] 黄卫东，杨瑞，林辰芳. 深圳城市更新演进中的治理转型与制度响应——基于"成本-收益"的视角[J]. 时代建筑，2021（4）：21-27.

复杂地貌城市核心区大型综合交通枢纽改扩建规划设计策略
——重庆站站房及配套综合交通枢纽工程规划设计

朱志鹏，张文磊

（中铁工程设计咨询集团有限公司）

摘　要：构筑多层级一体化的综合交通枢纽体系，是我国建设交通强国的重点任务之一。本文以重庆站大型综合交通枢纽改扩建为主要研究对象，对城市核心区规划设计大型枢纽面临的挑战进行了深入的分析。从立体布局、上盖利用、流线组织、综合交通、送站体系、山水站城和绿色低碳个方面，深入学习和贯彻"因地制宜、尊重国情；国际视野、高点定位；以人为本、高效便捷；复合开发、多方共赢；绿色生态、智慧创新"的客站建设方针，提出了城市核心区大型综合交通枢纽的规划设计策略，对推进综合交通枢纽一体化规划建设提供了技术性支撑，对城市核心区大型综合交通枢纽的规划设计具有重要借鉴意义。

关键词：重庆站　城市核心区　站城融合　综合交通　规划布局　山水站城

引　言

加快建设交通强国，构建现代化综合交通体系，是党中央立足新发展阶段、贯彻新发展理念、构建新发展格局作出的重大决策。推动"站城一体"开发是建设交通强国，推动高铁客站与城市深度融合，服务城市高质量发展的重要方向。越来越多的铁路客站建设和城市规划在前期就深度结合，站与城和谐共生，为拉开城市架构，拓展城市空间，更好服务人民群众出行作出贡献。铁路客站已经成为以交通功能为中心"发动机"；城市以铁路客站建设为契机，引导城市更新与发展。

1 项目背景

铁路客站特别是现代客运综合枢纽的建设，引导城市拓展了发展空间，优化了城市空间布局，带动了城市扩容提质，促进了城市土地增值、产业集聚、劳动就业，实现了城市高质量可持续发展。

2018年8月，国铁集团和重庆市政府联合批复《重庆铁路枢纽规划（2016—2030年）》，明确重庆站定位为重庆市 4 个主要客运站之一，与重庆北站、西站、东站等三座车站共同构成重庆"四主"客运站布局。重庆市铁路枢纽总图如图 1 所示。

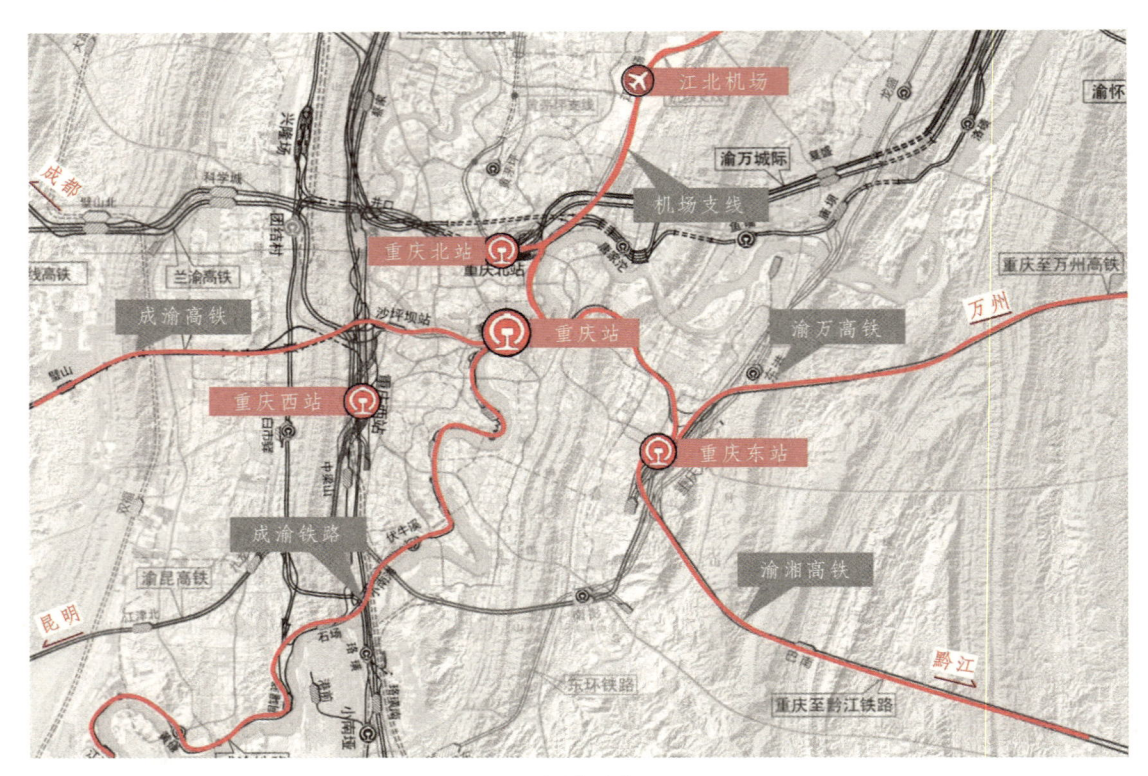

图 1　重庆铁路枢纽总图

2021 年 10 月，中共中央、国务院印发《成渝地区双城经济圈建设规划纲要》要求"构建双城经济圈发展新格局""培育发展现代化都市圈""合力建设现代基础设施网络""构建一体化综合交通运输体系"，明确重庆作为西部国际综合交通枢纽和国际门户枢纽。

重庆站作为城市核心区铁路综合交通枢纽，改扩建后将承担既有成渝高铁、在建渝湘高铁、渝万高铁、成渝铁路改造和重庆站至重庆北站枢纽联络线等项目的始发终到功能，东西向形成厦渝主通道、沿江高铁辅助通道，向北可通过规划的重庆站至重庆北站枢纽联络线与机场支线贯通，形成贯穿主城都市圈南北向的城市铁路公交线，是重庆市构建"米"字形高铁网的重要枢纽节点。

2　项目面临的挑战

2.1　独特的区位——长江边、鹅岭下、老城中

重庆站拥有"长江边，鹅岭下，老城中"的独特自然环境和人文环境。

重庆站片区位于重庆母城——渝中区中部，扼守渝中半岛咽喉部位，东起菜园坝长江大桥，西至龙家湾隧道，南接长江，北临长江一路。片区整体地势北高南低，北侧鹅岭、枇杷山、大梁子一线横亘渝中半岛，卧于两江之间，是渝中半岛的脊梁。重庆站片区在山体范围内的制高点位于山腰处（长江一路），高程为 291 m，既有重庆站站场所在高程为 194 m，高差接近 100 m。长江一路奔涌而下，受到鹅岭—枇杷山山脊的阻挡，水域面积扩大，水流速度变缓，

在重庆站片区形成 1.3 km 的平缓江岸线。重庆站片区现状如图 2 所示。

图 2 重庆站片区现状

如何实现"山、水、站、城"的和谐相融，成为重庆站设计需要着力解决的首要问题。

2.2 极为复杂的场地条件——用地局促、狭长、高洪水位

项目用地东起菜园坝立交，西至龙家湾隧道，南临菜袁路，北靠规划站北路，既有铁路权属用地面积约 22.4 hm²，呈不规则狭长形状——东西长约 1 600 m，中心里程处南北宽约 198 m，最南侧站台距用地边界最小距离仅 11 m。

图 3 重庆站用地条件图

用地红线范围内平均高程为 194 m 左右，站中心轨顶设计高程为 194.48 m，百年洪水位高程为 193.31 m。2020 年 8 月长江特大洪水期间，菜袁路以南至长江间的区域大部分被淹没。

用地北侧沿线主要分布 4 处不良地质灾害：兜子背竹林公园不稳定斜坡、王家坡 39 号不稳定斜坡、王家坡新村 61 号不稳定斜坡、王家坡滑坡。除王家坡滑坡，其余地质灾害现状稳定。王家坡滑坡土质滑坡，现状基本稳定，拟建道路拟在其前缘开挖，故该滑坡对拟建工程影响较大。北侧既有高层住宅——凤凰台，地上 31 层，建筑面积约 2.9 万 m²，属于 A 级高层丙类建筑，基础采用筏板浅基础形式。此建筑位于坡顶，筏板基础到拟建工程道路水平距离约为 45.2 m。重庆站北侧不良地质灾害及现状高层建筑如图 4 所示。

在极为局促的用地条件下保证枢纽功能的完备，在地质、地形、地貌和百年洪水位带来的不利工程条件下保证枢纽的工程安全、合理利用高差成为重庆站设计需要着力解决的第二个问题。

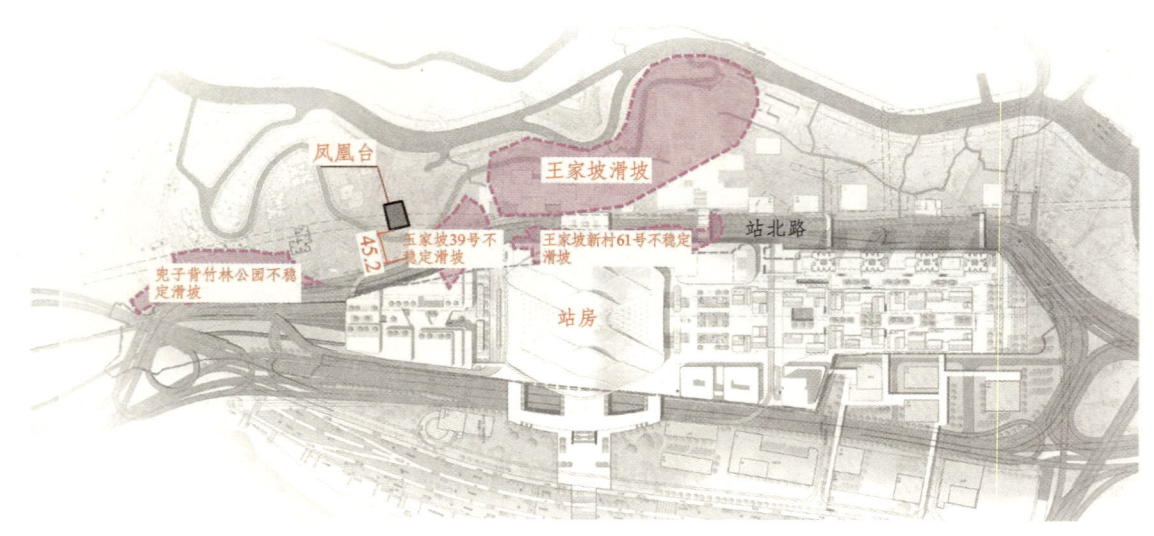

图 4　重庆站北侧不良地质灾害及现状高层建筑

2.3　站与城的关系——功能复合与城市高质量融合发展

老重庆站现状为尽端式车站，站场规模为 3 台 6 线，是既有川黔、成渝铁路始发终到站。新建重庆站站场按照两个车场横列式布置，车站自北向南分别为高速场和城际场，总规模 7 台 14 线，车站最高聚集人数 7 000 人，站房建筑面积按 6 万 m² 控制，车场黔江端咽喉区采用 9.7‰的下坡，与在建的全国最长水下高铁隧道——长江隧道衔接，成为沿江高铁通道、渝厦高铁通道贯通运行列车的中间站，与重庆东站连通。

车站从尽端式车站转变为中间站，高铁引入巨大客流，站城关系发生重大变化，如何应对复杂地质、地形、地貌对枢纽的影响，如何避免铁路对城市空间的割裂，如何统筹协同好新的铁路车站与地形地貌、外围交通、城市功能之间的关系，通过坚持一体化设计统筹建设实施，深度思考"站城融合"的科学思路，推动站城高质量融合发展，成为重庆站设计需要着力解决的第三个问题。

3　设计策略

3.1　局促用地条件下，打造综合交通枢纽的立体空间

城市核心区往往都是城市生活的重要场所，具有土地资源稀缺，人口稠密，建筑容积率高，交通流量大等诸多特点。位于城市核心区的综合交通枢纽，如能充分利用上述特点，为旅客和城市居民提供复合高效、多样化的城市功能和公共空间，将会带动城市的扩容提质。

重庆站建设用地在山脊与江水之间，极为局促，既有的城市道路系统和配套交通设施也因地形因素，出现高差复杂、标高众多的独特现象，只能寻求复合立体的布局形式来组织枢纽功能与城市发展空间。重庆站枢纽立体布局示意图如图 5 所示。其以站场为竖向基准点，上方布置国铁站房、停车设施、铁路配套用房、综合开发等，下方布置快速进站厅、城市通廊、地铁站厅等用房，形成高度复合的立体综合交通枢纽。

19.5 m 标高平面图

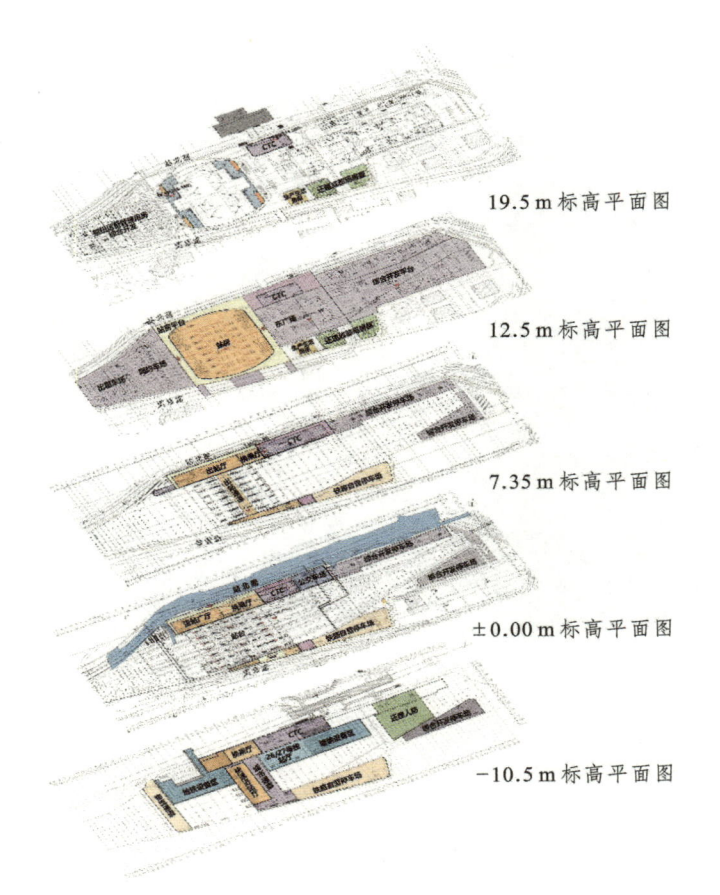

12.5 m 标高平面图

7.35 m 标高平面图

±0.00 m 标高平面图

-10.5 m 标高平面图

图 5　重庆站枢纽立体布局示意图

另外，受百年洪水位的影响和综合安全问题，确定地下空间主要用作铁路快速进站厅和地铁换乘厅，大幅度减少地下工程建设强度，配套停车设施等其他铁路相关工程则充分利用地上和站场上盖空间，有效节约工程建设投资成本，保证了工程的安全性。

3.2　站场上方的充分利用，为站城协调发展创造条件

现代综合交通枢纽的建设，有利于提升城市品质，完善城市空间格局。伴随着枢纽内部多种交通方式的融合，枢纽空间与城市资源的融合，枢纽的规模已远超铁路车站的规模。而位于城市核心区的交通枢纽，规模体量的需求增加与土地资源的稀缺逐渐形成鲜明反差。

城市核心区内的重庆站枢纽同样面临以上问题，南北局促、东西狭长的用地条件进一步加剧了土地资源和枢纽规模之间的矛盾。重庆站利用铁路站场上盖，提高空间利用率，避免线路对城市的割裂，盖上空间实现站城共生共融。

如图 6 所示，重庆站上盖范围基本覆盖整个轨行区，以高架站房为中心，东西两侧科学合理布置枢纽配套及综合开发用房，西侧盖板主要用作出租车、网约车场和铁路枢纽配套等用房，东侧盖板布置与站房相关性强，互补性高的功能用房，包括交通换乘中心（CTC）、东广场、路局还建房屋和商业综合开发等，东侧则作为整个枢纽的门户窗口，规划与城市空间关系较为紧密的综合开发，发展枢纽经济。

193

图6 重庆站枢纽上盖布局示意图

考虑投资实施主体的不同，对产权界面进行清晰明确的界定，保证项目更好的落地实施。按照站房及相关工程、市政交通工程、还建工程、枢纽配套及综合开发工程进行工程投资界面划分，明确平面和竖向界面关系，清晰界定不同投资主体。

为有效推进重庆站综合交通枢纽的建设，加强路地协作，采用"指挥部+平台公司"模式，由重庆市协调成都局、区政府、市级相关部门牵头成立建设工作专班，建设单位、铁路局和设计单位抽调人员加入，分别负责征地拆迁、投融资、规划设计、建设协调、铁路资产处置等工作。

3.3 独特的"上进上出"进出站流线组织方式

重庆站的进出站流线组织方式并未采用常规的"上进下出"方式，而是综合考虑场地现状、城市道路、路基站场、百年洪水位等各种条件，研究综合交通流线组织，最终采用了"上进上出"的流线组织方式，如图7所示。

图7 重庆站"上进上出"空间示意图

与深圳北站同层"上进上出"方式不同，重庆站通过将高架候车层距站台层高度抬高至12.5 m，在站台层和高架层之间利用钢桁架结构设置27 m宽出站夹层。这一创新举措在提高了板下空间利用效率的同时也提高了站台层的空间品质，为站台层在垂轨方向采用预制装配式桁架梁设计创造了空间条件。

为方便"上出"旅客换乘各种交通方式，枢纽设计创新性地设置交通换乘中心（CTC），布置于站房的东北侧，从总图关系（见图8）看，CTC位于整个片区的核心位置，衔接高铁站房、综合开发以及配套交通设施，国铁、轨道交通、公交以及周边城市开发人行流线均可通过CTC进行换乘。CTC在垂直方向上贯穿上落客区、地铁换乘厅和公交车场，保证最短的旅客换乘距离，打造功能完备的集疏运体系。同时CTC在东西方向上衔接高铁站房与综合开发物业，在南北方向上串联起长江一路和滨江景观带，形成两轴一中心的整体布局关系。

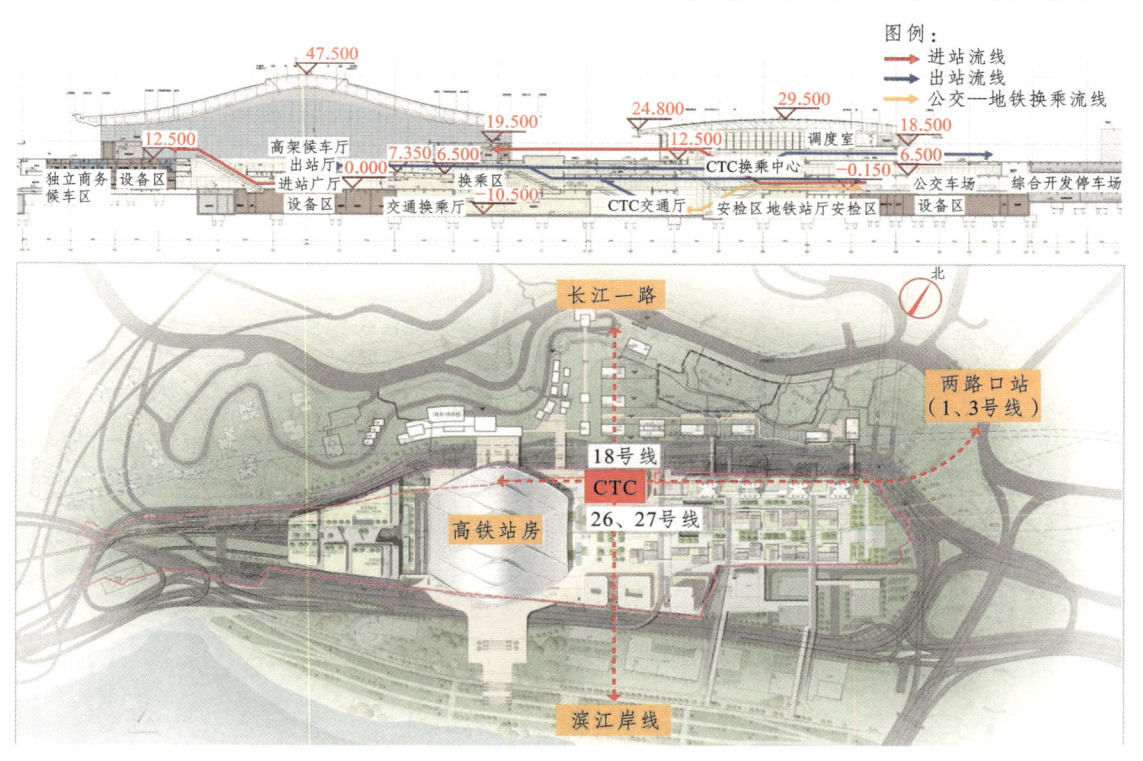

图8 重庆站站房与CTC空间关系示意图

3.4 以"强化公共交通，打造慢行系统"为原则的综合交通组织方案

根据近三年《中国主要城市交通分析报告》数据显示，重庆市城市路网高峰行程延时指数为1.90～1.96，多次成为全国拥堵城市之首。渝中区因其独特区位，对外集散通道主要依赖跨江桥梁和穿山隧道，高峰时段片区路网拥堵严重。

现状片区轨道交通有1号线和3号线经过，两路口轨道站与重庆站距离远、高差大，到达十分不便，换乘效率偏低，常规公交则有1个首末站和3个停靠站。公共交通的支撑不足也造成了片区城市道路通行能力差，尤其菜袁路、南区路过度饱和。

根据国铁集团经规院《关于发送重庆站铁路枢纽综合改造工程规划方案咨询报告的函》，

近期重庆站客流出行轨道交通分担38%，公交分担30%，出租车及社会车辆分担20%；远期出行轨道交通分担45%，公交分担25%，出租车及社会车辆分担22%。提高公共交通分担比率，促进轨道交通与常规公交协调融合，实现功能互补与整合，形成一体化的公共交通体系十分迫切。

重庆站片区规划接入3条城市轨道，分别为18号线、26号线和27号线。其中，26、27号线位于车站下方，与枢纽形成垂直换乘关系。18号线位于枢纽北侧，预留通道换乘。远期在东侧综合开发区域预留自动步道，与两路口轨道站衔接，加强与1、3号线轻轨联系，提升重庆站的可达性。

保留原片区内3个公交停靠站，在站北路北侧增加1处公交停靠站，服务西向出行客流。将原有公交线路资源重新整合分配，CTC下方公交站点设置15条公交线路，同时根据轨道线路、站点位置、方向及发车频率，调整部分公交行驶线路及发车间隔，做好公交—轨道衔接，减少客流竞争，促进"两网"融合。

通过山城步道和人行系统将交通枢纽与城市功能联系，地上空间将枢纽、交通设施、公共空间、开发地块连成整体，打造安全、便捷、舒适的慢行交通系统，如图9所示。

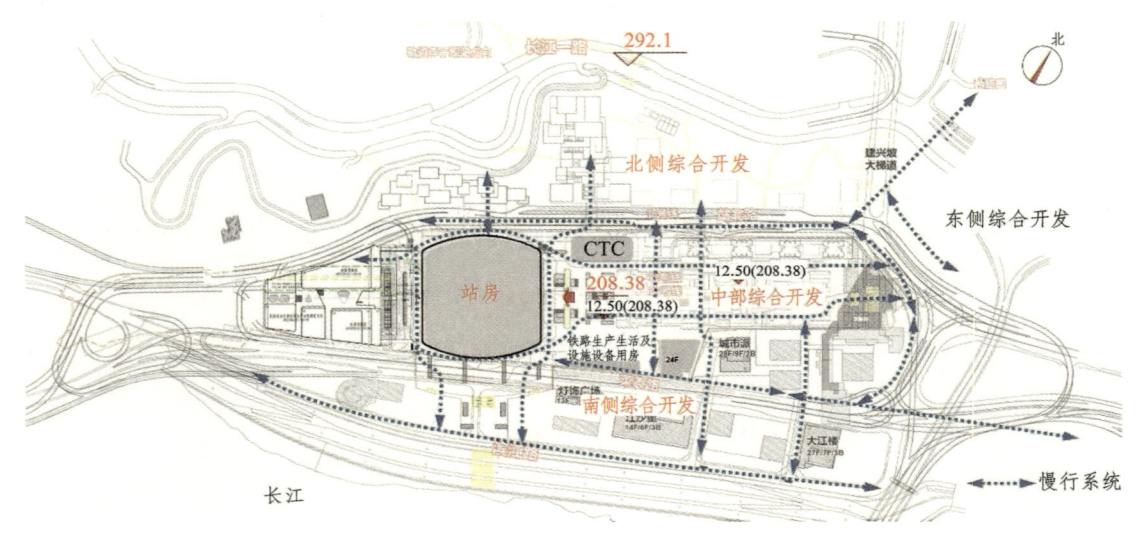

图9 重庆站片区慢行系统示意图

3.5 "适度远离，多点落客"的小汽车送站体系

重庆站小汽车送站交通组织并未采用传统腰部落客或端部落客的方式，而是采取"适度远离，多点落客"的方式，弱化传统集约化的交通方式带来的核心区过大的交通负荷。重庆站外围交通组织流线图如图10所示。

用地红线范围内在西侧上盖设置送站匝道及出租车、网约车场，在站房东南角盖板下适度设置铁路自营停车场；用地红线范围外在站房北侧规划山体停车楼，并衔接长江一路，在站房南侧滨江地块规划地下停车库。建成后站房西侧腰部、站北路双层、菜袁路以及长江一路的小汽车均可以通过临时停车区或停车场实现落客进站。通过完备的步行体系、管道化的流线组织，分散核心区交通压力，实现旅客多点便捷进站，提高整个送站体系的包容度。

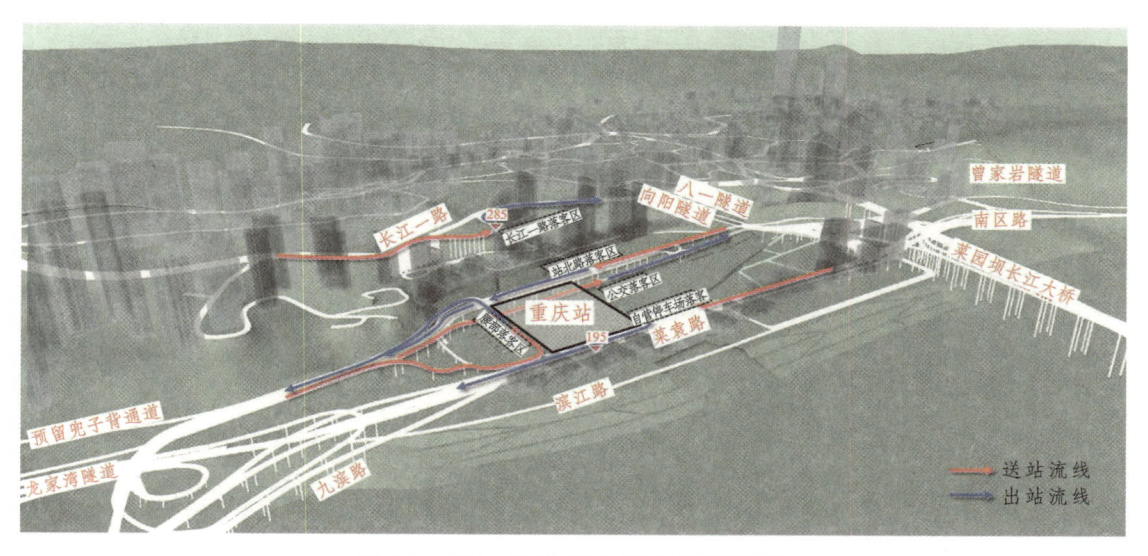

图 10　重庆站外围交通组织流线图

3.6 "山、水、站、城"的和谐共融

重庆站是万里长江边上第一座大型铁路综合交通枢纽，站房整体形象采用曲线——以一种柔和的姿态融入"山、水、站、城"之中。重庆站沿江效果图如图11所示。

图 11　重庆站沿江效果图

站房以"双喜重庆，长江明珠"为设计理念，形态构成犹如编织在山水之间的一对中国结，展现"双重喜庆"的吉祥美好。临江观之，极富张力的线条勾勒出站房鲜明的标志性形态，饱满通透的立面映衬江峡美景，展现璀璨夺目的长江明珠形象。俯瞰重庆站，取自中国结的菱形格元素弱化了屋顶的体量，重重叠叠的水波纹形态与滚滚长江对话，同时呼应重庆层叠的山城印象，形成富有特色的第五立面。

整个站区进行分区高度控制，统筹江上、岸上、山上、桥上、楼上五重视角，结合多条城市景观视线通廊，形成垂江山水生态轴和顺轨历史人文轴，完整地保留了鹅岭天际线，七孔桥、瞰胜楼清晰可见，充分显山露水，形成与山脊线、水岸线相互协调、富于韵律与层次的天际轮廓线。

3.7 绿色低碳技术的应用，积极助力碳达峰碳中和目标的实现

实现碳达峰碳中和，是以习近平同志为核心的党中央统筹国内国际两个大局做出的重大战略决策，建筑领域是需求端降碳的主要领域，综合交通枢纽作为建筑领域的重要组成部分应以更加积极的态度、更先进的技术手段助力碳达峰碳中和目标实现。本项目站房和CTC等工程申报绿色建筑三星级标识。

站房结合第五立面设计在屋面设置太阳能光伏发电系统，车站上盖车场遮阳棚采用BIPV一体式遮阳光伏板系统，采用自发自用的模式，站房部分发电量占站房总安装容量的2.3%。枢纽部分发电量占枢纽（CTC+西侧停车场）总安装容量的3.2%。

重庆站采用ALC装配式轻质墙体、装配式站房雨棚等，其中装配式雨棚为预制装配式拱形桁架叠合梁+预制装配双T次梁+现浇叠合层，拱桁架和双T次梁，标准化程度高，构件在工厂预制，省掉了施工现场的脚手架、模板，体现了绿色环保要求。

绿色建材使用方面，采用重庆市绿色建筑和与建筑产业化协会和中国建材检验认证集团等国家机构认证过的绿色三星建材，比如预拌混凝土、湿拌抹灰砂浆、蒸压加气混凝土砌块（外墙自保温）、中空玻璃及低辐射镀膜玻璃、硅酮耐候密封胶、自粘聚合物改性沥青防水卷材等，使用比例达到80%以上。

重庆站采用高效机房与智慧管控系统融合应用的关键性节能技术，通过机房的优化设计选型、运用BIM技术，实现工厂预制、设备运行监控等。全部暖通设备进行集中监控、能耗预测，进行设备的运行数据进行分析和修正、自动作出节能高效的运行策略。有效实现系统的运行监控、统计管理及评价一体化，提高站房的管理水平。预计设备运行年耗电量节能15%以上。

重庆站采取智慧能源管理系统，在不改变灯具，不增加配电回路的情况下，可以控制照明灯具，并具备开关、监测、报警等回路控制功能，实现了照明节能化、网络化、智能化，节省了配电管线布置，提高了照明控制精度，从而提升了节能效果，节约电能3%以上。

4 结语

从重庆站站房及配套综合交通枢纽工程的设计探索中，我们深刻地体会到：坚持"共建、共享、共赢"的指导思想是城市核心区大型综合交通枢纽在有限的土地、低效的交通和多元的城市环境中实现站城融合的纲领，通过空间的立体复合利用，枢纽核心区整体上盖，以公共交通为主的综合交通组织方案，多元融合的建筑设计等策略，因地制宜、实事求是、适度创新地解决各类矛盾，才能实现枢纽功能的完备，实现城市界面的完善，实现站与城的融合，从而为城市和居民提供更好的生活和工作模式。

高铁站前广场景观设计研究
——以资阳西站为例

王倩
（中铁上海设计院集团有限公司）

摘　要：高铁站前广场作为城市的第一客厅，是旅客获取城市第一印象的公共空间，它对于城市形象的塑造起着非常重要的作用。随着城市化进程加快、TOD 站城一体化建设的发展，站前广场不仅承担交通集散的功能，更是反映不同城市地域文化的重要载体。同时，它也是满足市民休闲、绿色开放的新型公共空间。当今高铁站前广场不再延续"千城一面"的景象，其设计越来越呈现出地域性、文化性，向现代化、多功能的交通枢纽和象征城市形象的公共空间发展。本文基于新时期下高铁站前广场的功能变化，以资阳西站站前广场为例，从立足地域文化的设计理念、规划布局以及铺装、绿化、雕塑小品等设计元素分析了高铁站前广场景观设计策略，以期为高铁站前广场景观设计提供参考，从而创造一个新的市民目的地，改善城市人居环境的质量，提升城市门户形象。

关键词：站前广场　景观设计　资阳

1　引言

我国的高速铁路覆盖面积越来越广，高铁将会为更多的人提供便捷的出行方式，促进人民生活水平的提高。与此同时，随着高铁客运站越来越多，站前广场的环境品质也被提出更高的要求，希望能更好地服务于人们。早期的站前广场大多为大面积硬质铺装形成的开阔空间，以满足旅客的集聚、集散等功能为核心，缺少绿化等景观要素及相应的公共服务设施，广场整体规划缺少鲜明的特色与度身的设计，"千城一面""千站一面"现象较为严重。近年来，不同于传统铁路客站，随着高铁客站立体化的布局建设，站房内高效的换乘功能与发车频率使得站前广场人流汇集、疏散空间减少，交通集散功能得到极大弱化。同时，站城一体化理念快速发展，城市审美观念不断转变，高铁客站站前广场的功能需求和定位发生了极大的变化。

MAD 建筑事务所对嘉兴火车站的改造中，设计师将主要交通及火车站配套商业功能收置于地下，南广场引入文化业态，人民公园延展至站前广场，将自然还给市民和旅客，建造了一座"森林中的火车站"，打造日常、开放、绿色、人文的新型城市公共空间。新时期下的高铁站前广场越来越强调其作为城市门户形象与市民公共空间的作用，地域文化展示与景观功能得到增强，本项目以此来解决交通运输、环境影响和审美观念等综合性的问题。

2 高铁站前广场的功能

1. 交通集散功能

站前广场首先作为联系铁路与城市交通的纽带、城市公共交通建筑的集散广场，承担着高效、流畅地处理轨道交通与步行、汽车等交通运输方式之间换乘的职责。高铁客站交通的立体化发展，许多交通空间集中在站房与广场地下，使得广场地面部分已经不再需要承担以前需要承担的大量的交通换乘功能，站前广场交通空间因此极大地弱化，交通功能不再是传统意义上的大面积的交通集散，而更多的是只需承担人群通行、疏散等简单的交通功能。

2. 文化功能

高铁站前广场作为城市重要的门户空间，是来往旅客重要的交通节点，不仅是城市内外空间的转换点，也是旅客获取城市意向、感受城市文化的平台和窗口，也作为城市公共空间融入人们的生活，成为重要的城市节点。因此，站前广场应具备较高的空间环境品质与文化展示的功能，为城市带来更积极的影响，创造更好的城市形象。

3. 景观功能

站前广场从复杂的交通功能流线中解放出来，广场的景观功能就尤为重要，旨在创造良好的景观形象与人居环境空间。大尺度的广场有更多的空间做景观绿化，在一定程度上承载了城市绿地的功能。广场的整体布局向"公园式"空间发展，广场人流的行进道路被隐藏于景观环境之下，既满足了广场基本交通功能，又使广场的休憩功能得到增强，还增加了美学功能、行人出行体验的舒适度以及景观的生态功能等。

4. 防灾功能

站前广场作为城市大型公共交通枢纽的附属开放空间，和城市公园等绿地一样，在防灾活动中发挥重要的作用，在火灾、地震等灾害发生时，可用作临时避难场所或救援活动的据点。

3 高铁站前广场景观设计策略研究

高铁站前广场景观设计应以新的功能特征为出发点，促使站前广场发挥更大的价值，给人们带来更好的体验，给城市发展带来积极影响。

1. 立足于地域文化的设计理念

站前广场是城市的新门户，也是重要的人文生态景观复合轴。其景观设计需要立足于当地特色地域文化，增强当地群众归属感与凝聚力，加深旅客的城市文化印象，增加城市旅游吸引力。地域文化包括两个方面：一方面是指城市特色自然与人居环境、历史文脉、社会人文等，如地方特色山水、特色建筑、民族图腾等；另一方面是站前广场的景观设计。站前广场规划设计时应将城市的空间格局作为前提基础，进行系统性考虑，让站前广场的景观与城市肌理有机交融，成为城市景观的一部分。设计师应从地域文化出发，提炼最能展现地域特色的文化特征形成广场设计理念，对人文要素进行抽象化的整合与处理，提取为代表性的城市符号，再应用于景观的形式肌理中，从而塑造具有地域文化特色的站前广场。

2. 站前广场规划布局

高铁站前广场的景观规划设计中，应该根据周围的开发用地性质和使用主体的不同，对站前广场进行合理的功能分区，一般包括交通集散区、文化展示区、商业休闲区。交通集散区既可在客运的高峰期疏散人流，又可在特殊时期作为避难场所使用；文化展示区作为站前广场门户空间，可在广场上举办各种文化交流和展览等社会活动，展示当地地域文化；商业休闲区通过设置商业休闲区可营造出商业景观的氛围。3种功能区共同承担起广场交通集散、旅游服务、生态环境、文化艺术、商业娱乐、景观休闲等综合功能，能够满足不同类型旅客和当地市民的交通旅游、商业生活、公共服务等不同需求。

同时，站前广场景观设计不应一味地追求恢弘大气的门户形象，割裂场地与市民的日常生活环境，而应以人为本，重视使用者的感受，考虑空间的序列感，利用合理的空间尺度表达人性化的设计思想，塑造具有文化生活、自然生态的新型公共空间，满足市民日常休闲游憩的需求，使旅客能够安全、舒适地活动，产生愉悦的心理感受。因此，站前广场设计时需同时考虑适宜的空间尺度。芦原义信在其著作《外部空间设计》中提出了用于量化分析空间舒适度的进深尺度 D/H 比值理论，当 $1 \leqslant D/H \leqslant 3$ 时，场地的内聚性较好，空间尺度适宜。根据克利夫的著作《街道与广场》中的研究成果，当空间的面宽比值在 1~6 时，尤其是在比值接近于3附近的时候，使用人群可得到较为舒适均衡的观赏感受。

3. 站前广场设计元素

（1）铺装。

硬质铺装是广场设计中最主要的设计元素，设计可通过材质、色彩深浅、纹理的规律变化体现广场景观空间的节奏感和层次感，表达设计理念。为展示城市特色地域文化与精神风貌，考虑以当地特有的图案、纹样等为灵感结合设计理念，抽象出具有象征性的符号应用于铺装的形态设计，并尽可能应用具有特色的本地铺装材料，也可应用地刻铺装浓缩城市特色文化，传递城市的人文气息，增强场地的可阅读性。

（2）植物。

植物是塑造景观空间的重要竖界面元素，植物季相变化也为生硬的建筑环境和硬质空间注入了生命力，同时广场上的植物群落参与微气候的调节，可帮助行人营造舒适宜人的自然空间。站前广场植物景观应与周围生态环境协调统一，并根据广场不同的功能空间环境满足场地设计要求，如行列式乔木种植打造中轴线突出的入口空间，植物与树池花池相结合形成旅客的休憩场所。广场植物景观设计应注重生态性，以乡土植物体现因地制宜的原则，选取凸显城市地域特色的植物品种，传递地域的自然环境特征，使其成为代表城市特色鲜明的景观符号和元素，给人留下深刻印象。

（3）水景、小品。

广场的景观小品也是必不可少的景观元素，包括雕塑、座椅、灯具、座椅等。水景及景观小品的设计采用有地域特质的形式、色彩元素，通过现代化艺术手法提炼，与站前广场整体风格相协调。水景可采用跌水喷泉、镜面水的形式增强场地的活力,改善站前广场微气候。雕塑是站前广场常见的景观小品元素,能够直观地表达场地设计精神,传递地域文化,具有标志性景观的作用。值得说明的是,广场上的景观小品与铺装、植物是相辅相成的,它们之间互相联系,形成一个整体,共同营造站前广场的文化氛围,展现独特的地域文化魅力。

4 资阳西站站前广场景观设计

1. 项目背景

资阳市地处四川盆地中部,北靠成都(相距 88 km)、德阳,南连内江,东接重庆、遂宁,西邻眉山,是四川唯一一座同时连接成渝"双核"的区域性中心城市。资阳西站位于资阳市西部,距市区 8 km,距成都天府机场仅 12 km,定位为临空客运枢纽和高铁物流基地,是天府国际机场配套的组合式枢纽、成都平原的高铁动货站、资阳临空的城市航站楼。资阳西站为线侧站,站房面积约 11 850 m²,站房为地面进站,地面出站,并预留地下出站条件,站前广场总面积约 67 085 m²。

2. 设计理念

资阳是成渝古驿道交通节点,依山傍水,景色秀美,具有"五台毓秀,二水还珠"的自然景观特征(见图 1)。古有诗句"灵毓秀江水,环抱古雁城。资溪环缭绕,蜿蜒九曲回"正是赞美资阳的秀美山水。资阳站前广场景观设计取意资阳自古的灵秀山水,以"山之赫,水之谧"为设计理念,并以此理念应用于广场的布局、铺装、喷泉等方面,广场外围临路界面横向折线取意山形写意,广场内纵折线取意水形汇聚,代表资阳自然特色与山水文化底蕴,山水交融,资溪风采依旧,表达出在高铁建设飞速发展的时代背景下,"雁城"——资阳谱写新曲的美好愿望。

图 1　资阳沱江自然山水

3. 总平面设计

资阳西站站前广场景观以人为设计出发点，平面布局以"礼、融、悦、享"作为旅客的感官动线，将站前广场分为迎宾形象区、文化展示区、休闲生态区、都市景观区，打造和谐、大气的站前广场，为旅客提供焕然一新的感官体验，成为高品质的城市公共空间、资阳的城市形象展示窗口。资阳西站站前广场景观总平面图及功能分区图如图2所示。

图2 资阳西站站前广场景观总平面图及功能分区图

（1）礼：迎宾形象区。通过阶梯草地、线性铺装、景观灯柱等景观元素打造典雅大气的高铁站及城市印象。

（2）融：文化展示区。通过历史地刻铺装、文化景墙等设计元素的植入展示资阳的城市文化，为旅客提供感受资阳城市魅力的重要空间。

（3）悦：休闲生态区。作为多功能复合的城市公共空间，利用商业外摆、树池座椅等设计元素打造休闲的活动空间。

（4）享：都市景观区。通过形象绿地、景观水池等标志性元素展现赋有资阳城市印象的景观场所，让旅客可以感受到资阳的城市风采。

资阳西站站前广场效果图如图3所示。

图3 资阳西站站前广场效果图

4. 设计总结

本次设计摒弃传统大面积简单铺装形成的开阔广场空间，而是更加强调站前广场所承担的地域文化展示功能与景观功能，立足于资阳的地域文化抽象形成广场的平面布局，通过商业外摆、树池座椅等休闲设施及景观水池增强站前广场作为市民公共空间的属性和活力。同时，地刻铺装、文化景墙、景观灯柱及乡土特色树种等设计元素的运用从细节处让旅客及市民可观、可感、可触地感受资阳的本地文化，从而让站前广场成为城市门户形象展示的重要平台。

5 展望

新时期高速铁路的快速发展，站前广场景观成为城市空间的重要组成部分，也是衡量一座城市公共空间品质的新标杆。站前广场不再只是作为铁路客站交通集散的场所，更是兼具文化展示、景观休闲等复合型功能的城市公共空间，是城市重要的形象门户，这对站前广场景观设计提出了更高的要求。本研究期望站前广场景观设计能够突破常规的布局形式、设计手法，适当地大胆创新，打造具有地域特色和活动内容多样化的景观空间，让来往车站的旅客、市民、工作人员都能有美好的景观感受。同时，站前广场景观设计应不断舍弃交通枢纽片区、铁路客站建筑、站前广场割裂封闭设计的思路，应采用系统、开放的城市设计策略进行统筹考虑从而打造景观综合体，创造一个与城市有机融合，具有交通功能、自然生态、文化生活的新型城市人文商业公共空间。市民乐意前往，旅客愿意驻留，享受生活带来的美好，真正实现城与站的一体化。

高铁站片区与城区联动助力长三角一体化

颜佳佳

（中铁上海设计院集团有限公司）

摘 要：长三角地区作为高速铁路最发达的地区之一，其高速铁路的建设不仅带动了沿线城市的经济发展，还对区域内结构和格局产生了重要影响，进一步推动了长三角一体化的进程。但如何扩大这种优势，助力长三角高质量一体化发展，培育城市新的经济增长点成为值得思考的问题。本文通过分析高铁站片区与城区在功能、产业、人口、交通、文化、景观、城市形象、环境等方面的良性互动，进而促进站城协调，助力长三角美好蓝图的描绘。

关键词：长三角一体化　站城融合　良性互动

1 概述

高速铁路作为长三角发展的重要组成部分，其网络的日趋完善，推动了长三角地区同城化的发展，加快了长三角高质量一体化的实现，是联系城市群间的纽带，可以加强长三角中心城市的辐射作用，使得城市发展的相关要素动起来、活起来。现阶段高速铁路选线多避开城市建成区，高铁站作为纽带上的重要结点也多位于城市边缘地带。如何把握高铁站片区与城区间的关系，使高铁站片区更好的服务于城市，有效地带动区域高质量一体化发展，成为规划者需要思考的问题。

虽然高速铁路飞速发展，但国内真正实现高铁站片区与城区联动发展的案例很少。长三角作为国内飞速发展地区之一，更应充分研究两者间的联动发展，引领站城协同发展的新方向，思考高铁站片区如何承担相应的城市功能，促进城市开发建设和空间结构调整，实现高铁站片区与城区的良性互动发展。本文旨在通过对国内外相关案例的分析，总结出高铁站片区建设与城区发展的相互影响因素，制定相应的策略，助力长三角乃至其他高速铁路沿线地区的高质量一体化发展。

2 国内外现状及分析

结合案例分析高速铁路对于城市社会经济发展的影响，得出高铁站片区与城区联动发展的相关启示如下所示。

法国TGV实现了城市的便捷联系，降低了出行成本，产生了企业的积聚效应，带动了沿线开发，促使房地产和服务业加速发展，吸引了大企业、大学、科学园落户沿线城市。站点及周边区域的建设使得城市空间由单一向复合转变。其中里尔站抓住机遇，加快发展高科技、高端服务业等新兴产业，吸引商务办公、商业购物、会展会务、文化娱乐等功能聚集，推进城市空间结构由单一向复合转变、由低容量向高密度提升，促进里尔由传统的交通枢纽转换向经济活动中心转型升级。在功能结构方面，里尔站实现圈层布局，站点附近建设大型商业、办公、金融、汇演中心等形成核心区，外层布局住宅、产业等，通过站产城的相互补充、良性互动，推动城市新中心的建设；在产业集聚方面，里尔站以会展功能为首期项目，商业中心、商务办公及公园广场等公共空间紧随其后依次开发，结合高铁站打造站房和商务办公融合的大型综合体，置入商务办公、商业购物、会展演出和休闲娱乐等功能，与里尔市中心错位发展、互为补充，逐渐完成由交通中心向经济活动中心的转变。

  日本新干线的快速集聚效应加强了中心城市辐射作用，缓解了交通压力，促进了人口、知识及技术的高效流动，带动了沿线产业带的形成，旅游、商贸、文化教育产业得到发展，促使二产结构的调整和升级以及三产的快速发展，其站点作为新的中心，促进了城市发展由单中心向多中心转变。其中，新横滨站作为典型案例，通过50年的发展，已从周边全是农田的城市外围车站发展成为IT产业中心和横滨市新中心。新横滨站在产业发展方面，以联运为触媒，引导城市产业升级，在大力发展IT产业的同时，积极实现商务办公、体育竞技、文化旅游等产业的聚集，与老城区形成了相互独立又彼此联系的产业群；在交通发展方面，对外依托高铁站强化交通枢纽的连线建设，同时建设高速公路、引入地铁打造立体综合交通网络，进而实现与周边城市的快速便捷联系，为横滨快速融入"新干线经济带"创造条件，对内构建完善的公交体系和步行网络，打造站区城市功能有机体，有效提高站区空间品质；在文化及城市形象方面，重视对站点形象的塑造，通过站前广场的立体化改造，引入复合化城市功能和文化设施，把站区打造为充满活力的区域中心，提升站区价值。

  中国京沪高铁的重要贡献是其对沿线地区的经济增长产生影响，构成地方经济实现增长的一种动力[1]。其缩短了沿线城市的时空距离，提升了沿线城市的可达性，推动了城市化进程，深化了沿线城市的经济合作，提高了区域物流运输能力，有效促进城市与周边产业带和产业群的聚集，带动沿线城市产业转移和结构调整。通过对沿线多个高铁站片区的对比分析，了解到城市边缘站由于空间大动力足，新增开发最多[2]，依托城市现有产业、人口和交通等各项资源，可以分担城区功能，进而实现高铁站片区与城区的联动发展，其中上海虹桥、南京南、昆山南、泰安站的开发情况良好，均超过400 hm^2。其中，南京南站建成后带动了南京南部的发展，荒山秃岭已发展成为现代化城市圈。南京南站在产业方面，以枢纽型商贸商务业和总部经济为主导产业，发展面向长三角的金融服务、贸易咨询、证券保险等商贸商务功能，以及配套的住宿餐饮、精品零售等商业服务功能，建设企业的战略管理、投资运营、生产研发、产品营销等总部的办公基地，实现由交通枢纽向服务中枢的转化；在交通方面，建设畅通的快速路网，构建轨道主导、公交优先的集疏运体系，打造快进快出的大交通格局，实现与周边区域的快速联系；在文化、景观、城市形象方面，延续城市历史轴线，突出火车站形象标志、塑造城市副中心景观形象，强化站前区与秦淮新河风光带的联系，并通过活力景观带的构建，视觉廊道的预留，与其他区域共同形成"山水城林"的城市特色，实现与其他区域的良性协同发展。

  综上可知，城市带或城市群的发展需要高速铁路的支撑，长三角作为国内重要的城市群，其一体化建设更加需要高速铁路的助力。高铁站片区作为盘活沿线资源的重要结点，只有对其进行合理定位，从功能、产业、人口、交通、文化、景观、城市形象、环境等多个方面实现高铁站片区与城区的联动发展，才能更好的带动区域整体经济的发展。

3 高铁站片区与城区联动发展的策略

高铁站片区的开发建设，不仅加快了城市边缘地区的城市化进程，同时缓解了人口向中心区不断聚集的压力，高铁站片区与城区的联动发展将成为助力长三角高质量一体化建设的重要举措之一。同时，如今的高铁站片区不仅具有交通功能，还将承担商业、商务、文娱、会展、信息服务等多种功能，其多数将成为城市功能的"集核"。从区域角度分析，高速铁路的建设加强了沿线城市与中心城市间的联系，提高了城市地位。从所在城市角度分析，高铁枢纽作为地标性建筑、城市形象的展示窗口，将为城市带来更多的资源流动，实现资源的交互、人口和经济的集聚，促进城市向多中心转变。因此高铁站片区需要通过科学统一的规划与管理以及合理的开发利用，与城区实现良性互动发展，才能促使其在未来建设中成为城市重要的对外窗口以及经济增长的高速区。

新建高铁站多数处于新开发地区，由于其可达性较高、已建成用地较少、拆迁费用低、土地基础条件较好、政策倾向度高、发展空间大，TOD模式可以更好的实现。因此，更应该依托高铁站优势，构建高铁站与城区及周边各地间的便捷联系，提高高铁站的使用率及影响力，带动高铁站片区的开发建设，促进城市的升级，进而使得高铁站片区与所在城市城区实现相互促进、协调发展的局面。通过高铁站片区发展的影响因素分析研究其发展的特征和规律，采用TOD理论，引入站城协同发展的理念，继而提出能达到与所在城市城区联动发展的规划对策。下面主要从功能、产业、人口、交通、文化、景观、城市形象、环境等方面对两者的联动发展进行分析。高铁站片区与城区联动发展示意图如图1所示。

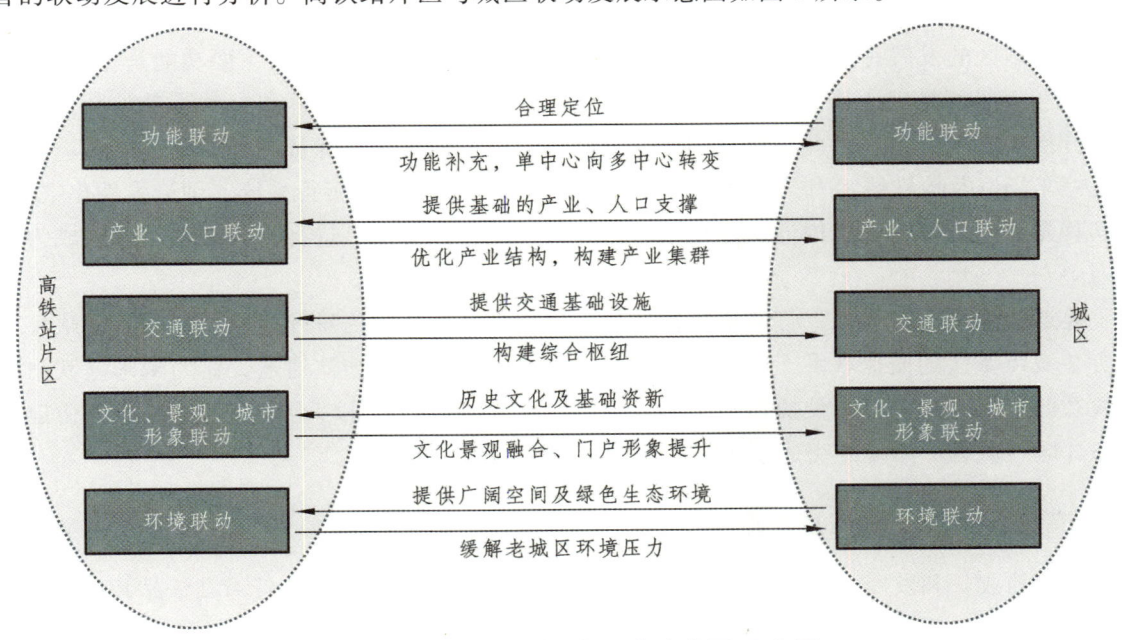

图 1 高铁站片区与城区联动发展示意图

3.1 功能联动

高铁站片区具有交通综合、功能整合、城市节点、活力中心等特点，功能上呈现出交通、商业、贸易、服务、办公、文娱休闲等多种功能复合的趋势。因而在规划中其建设要注意契合城市的发展目标，不仅要解决好交通功能，还要进一步完善配套功能，聚集人气，适当发展产业，形成综合性较强的功能区以用来支撑高铁站片区的发展，进而带动城市向多中心转变。

3.2 产业、人口联动

设计者应梳理高铁站片区用地，明确高铁站片区产业定位，打造产业链，构建产业集群；结合产业发展需求，对用地布局进行整体规划，优化产业结构、提升产业品质，以优质多元的服务增强产业发展能力，进而带动人口聚集，形成高铁站片区与城区在产业、人口方面的联动发展。高铁站片区商业、产业、居住等功能构建示意图如图2所示。

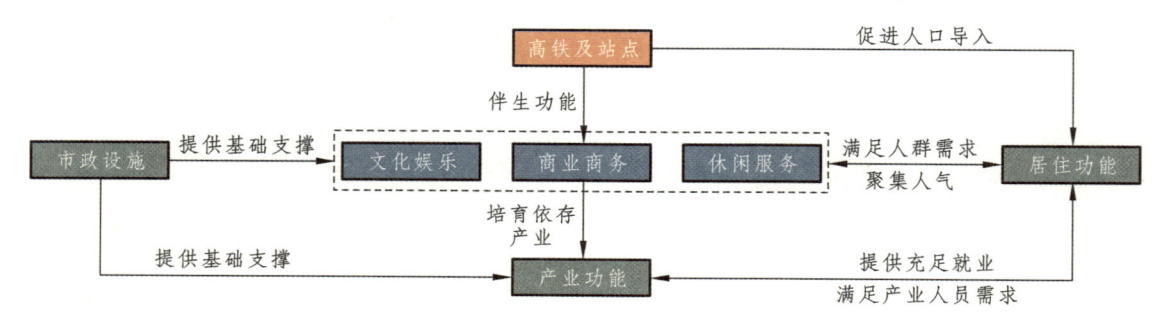

图2 高铁站片区商业、产业、居住等功能构建示意图

3.3 交通联动

高铁站片区建设高效的交通系统，实现内部及与城市中心区的便捷联系，对高铁效益的发挥以及站区的发展有重要影响。高铁站片区作为重要的交通节点，其主要功能是枢纽功能，首先要考虑的就是交通疏散问题，需要构建快速便捷的交通系统才能更好的带动站区发展，有效分担中心区压力。因此在规划中，要突出综合交通的特点，保证高速站、公交站、汽车站、停车场以及地铁线（有条件地区）的紧密衔接，构筑完善的慢行系统，创造人性化空间，使其首先成为城市对外对内的交通枢纽新区，再补充其他功能，进行综合开发，建设成为城市副中心。

通过构建快速路通道，打造集疏运系统，疏导高铁站片区的对外交通，加强高铁站片区与所在城市城区的便捷联系，实现两者的快速连通。充分预留涉铁通道，作为未来高铁站两侧联系的重要节点。打造便捷换乘、高效集散、无缝衔接的立体综合交通换乘中心，构建高铁站片区与城区一体化的交通系统，实现两者间的交通联动发展。

3.4 文化、景观、城市形象联动

城市的成长和发展要保留特色，关键是保持城市文化上的差异[3]。针对高铁站片区，应该依托当地特色，吸收所在城市的文化精华，打造特色明显、富有活力的高铁站片区，摆脱趋同化倾向。通过传承城市优秀文化，延续城市良好景观，打造城市门户形象，实现高铁站片区与城区的文化、景观、城市形象的联动。同时，文化的传承与联动可以促进高铁站片区与城市文化产业的培育，进而带动高铁站片区与城区的经济发展。

3.5 环境联动

高铁站一般位于城市外围地区，城市环境更易营造。建设过程中通过贯穿绿色发展和生态保护理念打造公共绿地、公共空间，构建高铁站片区的良好环境，缓解老城区环境压力，提升城市整体品质，实现高铁站片区与城区的环境联动。

4 结语

为了更好地支撑长三角高质量一体化的建设，应加强高铁站片区与城区多方面的联动，完善两者间的规划，明确两者间的定位，规划并衔接两者间的交通体系，合理布局高铁站片区产业，调整城市结构，有序拓展城市空间，提升城市形象。通过两者间的联动发展，形成城区支持高铁站片区开发建设，高铁站片区带动城区加快发展的局面，两者良性互动、多级增长的城市新局面，进而助力长三角美好家园的建设。

参考文献：

[1] 郭晓晓. 京沪高铁对沿线区域经济增长的作用研究[D]. 北京交通大学，2015.

[2] 赵倩，陈国伟. 高铁站区位对周边地区开发的影响研究——基于京沪线和武广线的实证分析[J]. 城市规划，2015（7）：50-55.

[3] 钮钦. 城市主题文化视域的高铁新城成长路径——以苏州高铁新城为例[J]. 北京交通大学学报（社会科学版），2016，15（4）：27-33.

设计探索篇

粤港澳大湾区交通建筑的城市角色
——以白云机场、珠海机场和肇庆东站为例

陈雄

（广东省建筑设计研究院有限公司）

摘　要：我国城镇化发展快速，以航空、高铁与轨道交通为代表的大型交通建筑也在快速演变，并在城市发展中扮演着非常重要的角色。本文以粤港澳大湾区三个大型交通建筑为例，从多维度探讨了在城市视野下的当代交通建筑设计。

关键词：粤港澳大湾区发展　大型交通枢纽　城市更新　城市缝合

中华人民共和国成立以来，特别是改革开放以来，我国在各方面都取得了巨大成就。城乡现代化进程不断加快，人们的生活方式和城市面貌发生了翻天覆地的变化。在这一过程中，航空、高铁与轨道交通等交通方式也经历了重大变革。城市区域经济的一体化协同发展，带来了综合交通枢纽的大规模兴建。

《粤港澳大湾区发展规划纲要》的发布，标志着粤港澳大湾区建设进入全面实施阶段，明确要建设充满活力的世界级城市群，构建现代化的综合交通运输体系，建设世界级机场群。人性化设计是未来的设计趋势，按照零距离换乘、无缝化衔接目标，完善重大交通设施布局，而交通建筑在城市发展中扮演着重要的角色。

1　交通建筑的城市角色

1.1　源于功能特征的标志性的城市门户

建筑承载着人们对美、尊严、身份的表达，满足人们对归属感及标志性的需要。大型交通建筑作为一个城市的门户，需要适度的标志性，这种标志性源于建筑本身的功能特征。

航站楼是现代建筑的典范，是迎接旅客的重要门户，同时也是让世界各地旅客在此交汇的航空枢纽港，人们在这里交错过往，或者利用航站楼作为休闲和商业的去处。从现代意义上来讲，大型交通建筑已不仅是一个单纯担负交通功能的场所，而是一个有许多旅客或市民在此交汇、许多活动同时发生的场所。因此，努力让其体现当地特色，可大幅提升旅客的出行体验。

1.2　充满活力、聚集人气的城市客厅

借鉴新加坡樟宜国际机场的经验，把城市门户和城市客厅两个角色合二为一。大型交通

建筑可以作为城市客厅，为吸引人们驻足、周末聚会，可融入风景、自然空间、科普展览等，就像一个城市的乐园，而不再仅是交通枢纽。将交通与商业休闲设施结合，旨在打造一个充满活力、聚集人气的城市客厅。

如白云机场 GTC（地面交通中心）整合土地资源，利用航空商务的带动作用，高效整合各类功能模块，释放宝贵的航站区空间资源，使其成为集合轨道换乘和值机、停车楼、酒店、办公会议、商业、航空主题馆等功能复合的空铁联运综合体。

1.3　作为城市生活新载体的微型城市

大型交通建筑不仅是一座用于接待旅客的建筑物，更是一个全天候开放的微型城市。此外，必须将大城市的都市概念融入设计之中，包括简单明了的导向指示、规模合理的功能区域、娱乐和文化场所精美的绿化景观等。

通过便捷的旅客流程、多样化的购物选择、价格亲民的本地特色餐饮、丰富的文化吸引力、智能化的出行，意图打造一座可以用来玩、可以用来逛街的交通枢纽型城市综合体，使其就像一座微型城市，成为城市生活的新载体。

1.4　区域带动及辐射的城市引擎

航空+轨道+公路+航运的多式联运，成为当代中国城市之间连接的重要方式。机场，作为城市中规模最大、能级最高的交通枢纽，是城市与世界交往的窗口。纵观国内外知名机场，"多式联运""临空经济"等主题词所代表的空港 TOD（以公共交通为导向的开发）模式已悄然孕育，机场成为区域新兴板块强势崛起的见证者。

密集的铁路网，拉近了白云国际枢纽与空港经济区、大湾区其他地区的时间与空间距离，输出空港 TOD 和 AED（Airport Economic Development，机场经济发展）模式，优化珠三角机场群与港口群的区域分工与协作，携手提升大湾区的世界竞争力。

粤港澳大湾区将新建 11 条高铁线、13 条城际线，将拥有近 200 个铁路站场，超 50 个站场周边正在建设与孕育产业新城与枢纽综合体。

1.5　交通枢纽带动的城市更新

城市更新为交通更新带来契机，也带来巨量交通需求的增长。通过引入高铁站，综合上盖物业开发，缝合两侧用地，带动整个区域的城市更新和产业升级。

2012 年，耗资 5 亿英镑的国王十字火车站改造完工，欧洲之星引入并与圣潘克拉斯火车站接通，加上原有的 6 条轨道线路和 12 条公交线路，形成英国最大和最重要的综合交通转运站，每年乘客数量高达 5700 万人次。整个国王十字区街区实行高强度城市更新模式，基于"交通枢纽带动经济"的发展模式，运河以南地块（包含两座火车站与一座地铁站）主要用于开发办公空间，运河以北规划住宅区和相关配套。高强度混合开发原则贯穿始终，10.5 万 m^2 的公共空间与其周边的多元化建筑，构成了交通更新与城市更新。

1.6 功能与空间维度的城市缝合

快速交通设施是现代大都市重要的基础设施，其在带来交通便利的同时，也破坏了城市的景观和尺度，割裂了城市，造成城市空间和功能的破碎化，以及大量的环境、经济和社会问题。20 世纪 70 年代以来，许多城市对此进行了大量研究和实践，试图通过交通基础设施的更新，消除或减轻快速交通设施对城市功能、城市生态和城市空间的分割。

因轨道交通对于城市的意义，以及轨道交通本身运营方式的转变，沿线老城区城市空间得以通过轨道交通建设过程中的城市设计方法，与城市其他区域建立更加紧密的联系，以解决老城区交通拥堵、活力衰退、居住环境恶化、城市空间割裂系统不连续等城市问题，实现地区城市空间在功能与空间两个维度的织补与缝合。

2 大湾区大型交通建筑创作实践

2.1 大湾区核心枢纽门户：广州白云国际机场 2 号航站楼（2006—2018 年）

白云机场是大湾区核心枢纽机场之一。2004 年转场启用的 1 号航站楼，主楼跨越贯通南北的陆侧道路系统，候机指廊分列东西两侧站坪，形成中轴对称的航站楼门户形象，以独特的构型范式在机场设计领域产生了广泛影响。2018 年启用的 2 号航站楼是 1 号航站楼的升级版。本期航站楼总建筑面积为 65.87 万 m^2，交通中心及停车楼面积 20.8 万 m^2，总建设规模约 90 万 m^2。两个航站楼最终形成一个整体，既分又合，具有弹性和灵活性，独树一帜。2 号航站楼是一个崭新的、令人印象深刻的、具备国内先进建筑水平的复合型交通枢纽，建成启用后获得了社会各界好评，被全球民航运输认证权威机构 SKYTRAX 评为"全球五星航站楼"。它助推了白云机场的世界级航空枢纽建设，助力粤港澳大湾区的经济发展。

2.1.1 "云"概念下的城市门户和城市客厅

"云"概念是 2 号航站楼建筑造型和空间的核心元素，塑造出具有原创性的 2 号航站楼建筑与空间形象，为到访的旅客带来个性化并具有亲和力的独特感受。

从"云"概念提炼出连续云状、拱形的造型母题。连续多跨拱形的张拉膜雨篷，与航站楼南立面檐口连续拱形曲面在造型上相呼应，形成连绵起伏的"云"意象。张拉膜雨篷是白云机场特有的设施和标志之一，适合岭南地区的多雨炎热的气候（图 1）。

图 1 白云机场 2 号航站楼主立面

装修设计与建筑的动感造型一气呵成，同样表达出"轻盈、漂浮、流动"的感觉，且与结构形状相适应。办票大厅的吊顶采用全国首创的旋转、渐变的天花。以36 m为单元的波浪吊顶造型，简洁而富有动感（图2）。

图2　白云机场2号航站楼办票大厅

"宇宙飞船"——办票大厅的文化广场，彰显出独特的公共文化魅力，成为展示公共文化艺术和商业的独特平台，也可举办商业推广活动（图3）。

图3　白云机场2号航站楼办票大厅文化广场

岭南花园让旅客在现代化的航站楼内可以感受到传统园林的魅力，是建筑与自然融合的实践。游客身处这里，犹如在漫长旅途中遇到一片绿洲，体现了广州地处南方的气候特点。岭南花园绿化墙面的提取体现岭南特色窗、墙元素，是传统与现代的融合（图4）。

图4 白云机场2号航站楼岭南花园

2.1.2 全天候开放的微型城市

航站楼是融合旅客流程的非典型商业综合体，其重中之重是旅客流程。旅客聚散集中，旅客流动性高，停留时间短，因此为了达到增加非航收入的目标，在和商业顾问共同研究之后，从多方面创造了不同于国内其他枢纽机场的航站楼商业布局模式，使旅客在出行途中可享便利的购物的环境，增加非航收入：整合旅客流程，合并商业动线；创造跃层中庭，营造商业氛围；组合功能布局，控制业态配比；引入生态绿化，优化商业环境（图5）。

图5 白云机场2号航站楼陆侧商业区

通过乘客进出港混流、多样化的购物选择、价格亲民的本地特色餐饮、丰富的文化吸引力、岭南花园、智能化的快速进出港流程，意图打造一座可以用来玩、可以用来逛街的航站楼，就像一座微型城市，成为城市生活的新载体。网上评论说，这座航站楼体现了中国机场正在从单纯交通设施的1.0时代，迈向"一种生活方式"的2.0时代（图6）。

图 6　白云机场 2 号航站楼国际免税区

2.2　大湾区西翼新门户：珠海金湾国际机场 T2 航站楼（2019 年至今，在建）

作为广东省"5+4"骨干机场，珠海机场将被打造为复合型国际干线机场，主要服务于珠江西岸及其周边地区。随着横琴新区的建设和长隆海上世界的营运，国内航班的数量增长迅速，因此建设面积为 19 万 m² 的 T2 航站楼被作为国内航站楼使用，与 T1 航站楼共同满足年旅客量 2 500 万人次的需求。珠海航展已跻身于世界五大航展之列。2018 年珠海机场年旅客吞吐量已突破 1 100 万人次，机场与航展的飞速发展，为机场周边交通组织、商业商务等配套设施提出了更高的发展要求。兼顾航展的机场运行模式也是独一无二的。由于机场和航展的双重作用，其周边的土地价值明显提升。

2.2.1　展现珠海特色的城市门户

珠海，是粤港澳大湾区的重要城市，也是一座花园城市、滨海城市。设计师从海洋主题中提取"海浪""海鸟""贝壳"等形象中的曲线元素，形成 T2 航站楼"碧波银贝""展翅腾飞"的建筑形象，与 T1 航站楼相呼应，并以"湾区之翼"的理念，将珠海机场打造成大湾区西翼新门户，寓意展翅飞翔（图 7）。主楼立面构成的逻辑延伸进办票大厅，波浪形的吊顶与天窗进一步呼应了航站楼造型的海洋主题（图 8）。

珠海机场是一个既能看山又能看海的机场。把综合交通中心下挖，留出航站楼前方的景观绿化空间，既营造了"花园空港"的景观，又为未来发展留有余地（图 9）。

图 7　珠海机场 T2 航站楼主立面造型局部

图 8　珠海机场 T2 航站楼办票大厅

图 9　珠海机场 T2 航站楼及 GTC 陆侧夜景

2.2.2 多元集约的"城市中的空港,空港中的城市"

位于机场路北侧的航空城,是功能复合的综合体。设计通过跨路的高架绿化平台及地下空间,与航站楼、交通中心建立了立体联系。

设计师以"山海航城"的理念,将其打造为滨海航空城,挖掘机场和航展的双重附加值,重点打造 8 个项目——航空企业总部、休闲公园及水舞台、山景湖景酒店、滨水创意商业街、航空商务酒店、过街绿化平台及地下空间、航展主题综合体、航展主题酒店。建筑群体与山海生态元素的融入,用飞翔与海浪延续航站楼的元素。6.5 hm² 的绿地与水面,创造了优越的区域景观,实现了土地价值与绿色生态价值的平衡。整齐的城市界面与航站楼相呼应,生态和航空元素贯穿主题花园(图 10)。

图 10　珠海机场及航空城鸟瞰

2.3　肇庆新区发展引擎:肇庆东站站前综合体(2016—2018 年)

肇庆新区位于广东省肇庆市,是肇庆市各功能区紧密连接的主要纽带,是珠三角联通大西南各省区的重要交通节点,是珠江西岸正在崛起的具有较大开发潜力和支撑引领作用的新兴增长极。

高铁肇庆东站与广佛肇城轨鼎湖东站,分属两个不同的投资建设运营主体。政府决定新建肇庆东站站前综合体,作为组织高铁、城轨、长途客运、公交大巴、出租车、社会车辆及地铁等交通方式换乘的重要节点,充分发挥枢纽中心作用,为站区提供完备的服务配套及环境优美的集散广场。项目用地面积约 68 440 m²,总建筑面积为 85 295 m²。

2.3.1　呼应独特山水格局的新区门户

设计立意为"山之起伏,水之涟漪",采用三维曲面自由、流畅的建筑造型,呼应肇庆独特的山水格局,以节约土地、可持续发展为前提,结合已建成的高铁站和城轨站,进行建筑、结构、室内、景观一体化设计,创造一个和谐的、现代的、新颖的交通建筑,提升站区的整体气势和空间品质(图 11)。

图 11　肇庆东站站前综合体鸟瞰

项目于 2018 年 7 月竣工并开始运营，为第十五届广东省运动会提供了重要的交通支撑和展现窗口，并为 2019 年春运带来良好的服务，使其成为大湾区标志性门户建筑之一。

2.3.2　缝合高铁与城轨的交通综合体

因高铁、城轨及客运的旅客负荷较大，高峰时旅客数超过 7 000 人/h。本着"以人为本，快速换乘"的设计原则，在高铁站及城轨站之间设置换乘枢纽交通厅。换乘大厅高效集约，承担快速换乘及分流的功能，铺设与高铁站、城轨站间的连廊。

城市公交同时服务于站外人群，大巴车体型较大，因此在首层临市政路设置。出租车上客区设置在换乘大厅首层，提供舒适的候乘环境，有利于快速疏散人群（图 12）。

图 12　肇庆东站站前综合体城市公交站架空候车区

高铁、客运站站厅位于首层，城轨站厅位于二层，地铁站厅标高在地下二层，各交通工具间换乘存在换层的需求。通过立体化流线设计，整合公交车、社会车辆、出租车、地铁等交通方式的功能流线，满足换乘时的竖向及水平连接需求，结合流线组织商业空间。

2.3.3 建筑与空间互融的城市客厅

建筑采用边缘消减的手法，创造出边界模糊的半室外空间和露天中庭，各层次开放空间中的绿植及台阶使场所气氛轻松、活跃，也为公交车和出租车站提供舒适的候乘环境（图13）。

图13　肇庆东站站前综合体枢纽中庭近景

因地制宜打造公园式的站前广场，新建交通综合体尽量不对高铁站和城轨站造成立面遮挡，在有限可建设用地上，出租车落客区及私车库设置在地下，置换出地面空间以打造站前广场。站前广场打破传统设计，以自由、灵动的曲线为元素进行大面积绿化微地形设计，具有层次的绿化景观结合覆土下的商业，使整个场地协调、统一而富有活力和动感，为市民及旅客提供漫游、休息的场所，实现站城一体（图14）。

图14　肇庆东站站前综合体鸟瞰夜景

3 结语

大型交通枢纽作为城市门户，每天人来人往，肩负着城市形象塑造的重任。事实上，它们远远不止是交通建筑和城市门户，已经是城市生活方式的载体，有效促进着"交通+产业+人"的融合发展。大型交通枢纽 TOD 开发模式，综合利用土地，提升换乘效率，打造立体都市，营造枢纽产业社区，做到站城一体空间融合，可为城市提供高品质的公共空间。

（广州白云国际机场 2 号航站楼照片摄影：潘勇；珠海金湾国际机场 T2 航站楼效果图：宋永普；肇庆东站站前综合体照片摄影：李开建）

铁路交通枢纽绿色性能设计决策与应用评估

李春舫，王力

（中南建筑设计院股份有限公司）

摘　要：铁路交通枢纽绿色设计与运维是推动我国交通运输行业"绿色转型"、助力"双碳"目标实现的关键举措之一。结合我国铁路交通枢纽发展特征，本文梳理了铁路交通枢纽绿色性能设计的"先策划"和"后评估"，并提出了设计决策的流程与模式，并以太原南站、郑州东站、杭州东站为例，从被动式节能技术、桥建一体化、绿色能源利用等方面进行了探讨与分析，为铁路交通枢纽绿色建筑设计与实践提供了可参考的思路和技术手段。

关键词：绿色建筑性能　先策划-后评估　建筑节能　铁路交通枢纽

1　引言

　　铁路是我国重要的基础设施和国民经济大动脉，在运输体系中起着举足轻重的作用。过去 15 年，我国高速铁路进入了快速高质量发展期。截至 2020 年末，我国铁路营业里程达到 14.6 万 km，其中高铁运营里程达到 3.8 万 km，总里程长度居世界第一（占全世界的 2/3）。铁路交通枢纽作为城市重要的基础设施，越来越受到城市规划建设的高度重视。相关研究表明，我国大型铁路交通枢纽平均耗电量约为 160 kW·h/（m^2·a），几乎达到现行节能标准对于商业、办公建筑能耗限值的两倍，均值超过 130 kW·h/（m^2·a），建筑整体节能潜力巨大。基于我国当前大型铁路交通枢纽建筑的能耗情况，在保障舒适的室内环境条件前提下，提出相应的绿色性能设计与决策，对于铁路交通枢纽节能减排，推动交通运输行业"绿色转型"，助力"双碳"目标实现具有重要的现实意义。本文针对铁路交通枢纽运维特征，提出了绿色性能设计决策的思路，并结合实际案例分享了铁路交通枢纽绿色性能设计的后评估成果，为铁路交通枢纽绿色性能设计与运维提供参考。

2　铁路交通枢纽绿色性能设计决策

2.1　铁路交通枢纽特征绿色设计决策模式

　　为满足与城市轨道交通、公交、长途等多种运输方式的换乘需求，铁路交通枢纽在流线、空间、功能上往往较为复杂。高铁站房作为铁路交通枢纽重要的主体，承担着旅客进出站、等候、乘车、换乘等多种功能。作为大型公共建筑，铁路交通枢纽往往具有空间大、人流密集，且全年连续运营等特征。为了营造温馨的环境空间，提升旅客体验，对候车环境的舒适度也提出了更高的要求,给建筑节能带来了巨大的挑战。相关研究表明,铁路客站的采暖供冷系统和照明能耗之和可达总能耗的50%~80%。因此,在铁路交通枢纽工程实践中,针对性地采取绿色建筑技术来实现绿色低碳发展,对于达成交通运输行业"双碳"目标具有积极的推动作用。

铁路交通建筑作为一个完整的系统,研究其不同影响因素的绿色设计原则,对于实现绿色建筑整体性能的最大化至关重要。因此,铁路交通枢纽绿色性能设计决策考虑科学合理的决策过程和均衡全面的"先策划-后评估"结果。本研究通过前置化的绿色节能目标,并采用有效的设计决策过程,进一步完善绿色性能设计从"策划—设计—反馈—优化—评估"的闭环,提高设计质量[1]。针对铁路交通枢纽与城市交通系统联系紧密,建筑规模大,人流密集、能耗高等特征,在绿色规划、绿色设计和能源设计等多层面开展绿色性能设计与决策。如绿色规划考虑站城一体化,城市空间协同发展与"绿色换乘"交通等需求;绿色设计考虑地域适用性的绿色节能技术应用;能源设计考虑城市能源供给、绿色能源使用等。研究铁路交通枢纽在不同影响因素下的绿色设计原则,能更有效地实现绿色建筑整体性能的最大化。针对铁路交通枢纽运营特征,在绿色规划、绿色设计和能源设计等多层面开展绿色性能设计与决策,涉及气候策略、技术策略、能源策略、材料策略、细部策略等多学科因素,从建筑全生命周期角度做出科学合理的决策[2]。绿色性能设计与决策,从设计初期到项目实施,体现全过程运用的特征。绿色设计与决策模式如图1所示。

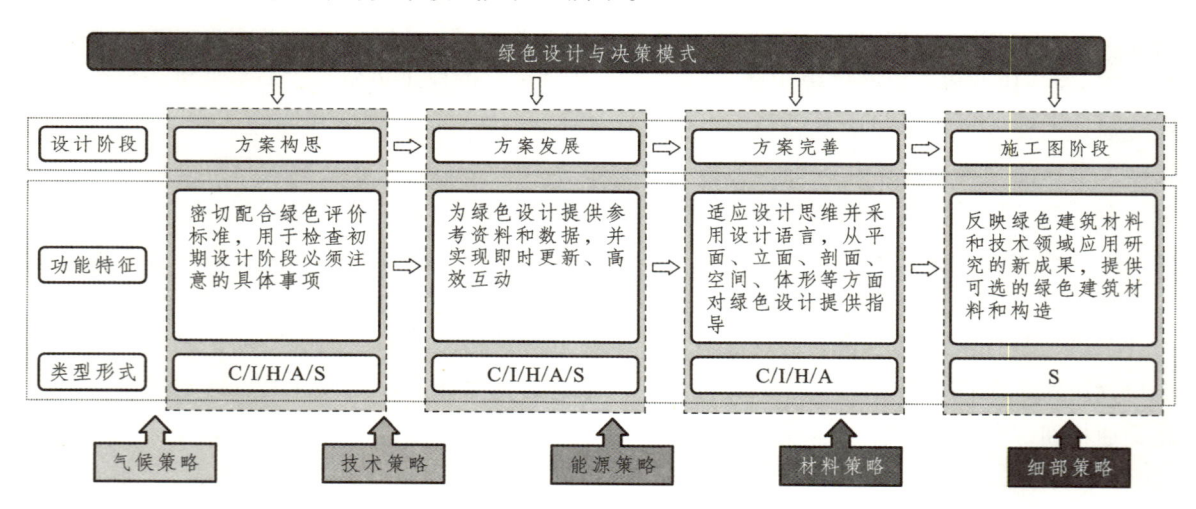

图 1 绿色设计决策模式

在设计决策过程中,通过标准、手册、性能模拟等手段,体现其绿色功能内涵、绿色技术应用与表达,并能够在设计实践过程中得到不断的检验、修正与完善。为了更好进行绿色设计和决策,在方案设计阶段,采用多种绿色建筑性能分析软件进行定量评价。通过性能模拟工具来分析建筑的整体性能,确定绿色建筑设计目标。建筑性能模拟有效地将分析过程、材质(构件)数据、设计标准、设计细节等信息整合于设计过程,为绿色性能设计决策和评价提供依据。

2.2 铁路交通枢纽绿色性能设计与决策影响因素

铁路交通枢纽从设计初期开始,将项目基地环境条件(如气候、经济、文化等)与绿色建筑环境性能评价体系中的控制要素同时进行分析,因地制宜整合设计策略。结合 BIM 和性能模拟软件等工具,建立包含建筑造型、功能空间、环境场地、材料构造等初步信息模型。

在此基础上,依据现行《绿色建筑评价标准》(GB 50378)、《绿色铁路客站评价标准》(TB/T 10429)、《公共建筑节能设计标准》(GB 50189)等标准和规范,确定设计决策的控制要素。为了更好地体现绿色建筑性能特征,优化绿色性能设计与决策过程从"性能因素"和"决策因素"两方面进行。"性能因素"描述建筑活动目标,"决策因素"描述决策过程与方法。"性能因素"主要涉及建筑节能与能源利用、健康舒适等内容;"决策因素"以解决"性能因素"为目标,涉及绿色技术、建筑设计、能源应用等多种手段[3]。绿色性能设计与决策因素分类如表 1 所示。

表 1 绿色性能设计与决策因素分类

性能因素	主要涉及内容	决策因素
建筑节能	(1)被动式节能 (2)主动式节能 (3)可再生能源利用	(1)围护结构热工性能 (2)建筑遮阳系统 (3)自然通风与机械通风 (4)能源分项监控系统 (5)太阳能光伏一体化技术 (6)地源热能应用技术
环境舒适性	(1)室内热舒适性 (2)室内光环境 (3)室内空气品质 (4)室内声环境	(1)天窗、侧窗及通风塔,利于自然通风、天然采光 (2)吸声降噪构造

2.3 铁路交通枢纽设计决策流程

以铁路交通枢纽绿色性能设计决策思路确立设计流程如图 2 所示。结合项目建设目标和绿色建筑环境性能评价体系要求,确定项目设计信息及研究分析内容;梳理铁路交通枢纽空间、功能、流线、景观、材料以及能源利用等特征,并将其信息反馈到建筑模型信息中;考虑铁路交通枢纽节能、环境舒适性等需求,基于"被动优先、主动优化"的绿色设计思路,采用计算机模拟工具,从建筑能耗、采光、通风、热环境改善等方面进行模拟分析,并将其分析结论反馈到建筑信息模型中[4]。同时,将设计决策同"先策划-后评估"相结合,在先策划阶段,以设计决策为主导,运用模拟、仿真等方法进行引导控制;在后评估阶段,运用测试、调研与数据跟踪等方法进行验证。

应用上述决策思路,对建筑绿色设计方案进行评估,归纳评估过程中的问题进行优化设计。同时,将优化设计反馈到项目建设的设计目标中,形成可循环的绿色设计过程,为铁路交通枢纽提供可控的绿色设计流程。

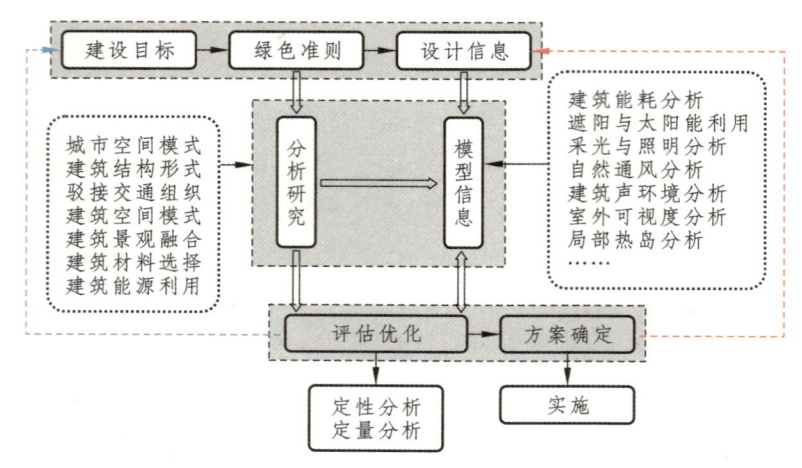

图 2　铁路交通枢纽绿色设计决策流程图

3　铁路交通枢纽绿色性能设计决策应用

3.1　被动优先的节能技术——太原南站

太原南站是石太铁路客运专线上的重要铁路交通枢纽之一，集铁路、城市轨道、城市公交换乘等多功能于一体。建筑总规模达 18.3 万 m^2，车场规模达 10 台 22 线，最高聚集人流量 5 500 人/h。太原南站鸟瞰图如图 3 所示。在太原南站绿色性能设计中采用"被动优先、主动优化"的原则，以天然采光、自然通风、建筑自遮阳、围护系统保温隔热措施为设计主导，结合地源热泵与地板热辐射采暖系统，体现绿色生态策略的设计与运用[5]。设计过程中结合计算机性能模拟确定各项参数，建成后通过现场实验测试将获得的结果与设计目标值进行比对，通过实际效果验证得出评估结论。

图 3　太原南站鸟瞰图

太原南站主体采用 48 个独特的模块化单元式结构体系，将通风塔、屋面透光带及室内吸音板与单元体结合形成"绿色建筑单元体"，实现了良好的自然通风和天然采光效果[5]。模块化单元式结构体系示意图如图 4 所示。通风塔通过风压和热压效应，在大空间实现自然通风的同时，利于火灾时自然排烟。实验表明，风速最大可达 1.1 m/s，平均风速在 0.22 m/s。屋面透光带可实现站房主要空间白天天然采光，全年可减少人工照明 2 300 多小时，每年节约建筑照明能耗约 45 000 kW·h。

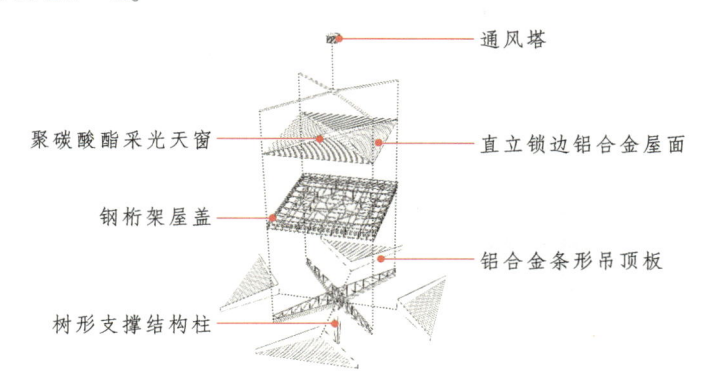

图 4　模块化单元式结构体系示意图

太原南站结合建筑造型，采用建筑形体自遮阳方式，东西方向设计出挑深远的大屋檐，在形成过渡的建筑灰空间同时，有效化解了主站房里面朝西的缺点。通过模拟和实测，夏季西立面可降低近 90%的太阳辐射直射，有效降低夏季设备系统的制冷负荷。站房立面采用蓄热集热的双层石材幕墙系统（内侧单片玻璃+石材，外侧中空玻璃+石材），中间设置 600 mm 空气间层，有效增强了围护结构的热惰性，在寒冷地区利于维持室内温度稳定的同时，降低站房的运行能耗。

在舒适性采暖方面，结合太原寒冷地区气候特征，采用"地板辐射采暖+区域通风采暖"方式，热源采用"地源（土壤源）热泵+市政热网"。同城市市政集中供热相比，虽初期投资相对较高，但项目运维的节能减排效果明显。"地热热泵+地板热辐射"总体节能率达 39%，年节约 960 t 标准煤，年节水 13 500 t，减少碳排放 1 600 t。

3.2　桥建一体化——郑州东站

郑州东站是石武客运专线和徐兰客运专线交汇处的大规模交通枢纽站，同时也是京广高铁线上规模最大的铁路交通枢纽。站房总建筑面积约 42 万 m^2，设有站台 16 个，到发线 30 条。郑州东站汇集了多种形式交通的换乘并实现了有机衔接，成为一个车流人流高度聚集的交通综合体[6]。郑州东站鸟瞰图如图 5 所示。

郑州东站以绿色、可持续规划理念为引导，实现车站区域与城市交通系统的全面整合，形成系统化的高效率交通网络。通过旅客换乘空间及服务设施，形成便捷的进出站流线，避免迂回与交叉，减少步行距离，提高换乘效率，形成高效率高品质的综合交通枢纽。郑州东站房主体建筑共 3 层，分别为地面层、站台层和高架层。在交通专项设计中，把交通枢纽纳入到整个城市的交通体系之中，并进行全面整合。建筑形态上，郑州东站的设计提炼了中原文化厚重沉稳的神韵，将其抽象地融入立面造型之中。整个车站立面构图上打破了高架站房主体部分被高架桥分离的常规模式，主体建筑与基座有机结合，浑然一体，整体形象上犹如宏伟的城市雕塑。

图 5 郑州东站鸟瞰图

郑州东站首次将"钢骨混凝土柱+双向预应力混凝土箱形框架梁"结构应用于"桥建合一"站台层结构。结构布置充分利用站台结构的布置特点，利用顺轨方向的次梁和双向预应力箱形框架梁作为楼盖主要传力和受力构件。钢骨柱承载力大、抗震性能好，可以有效地减小其截面。箱型框架梁不仅刚度大，而且腹板部位与钢骨柱中钢骨平面上完全错开，预应力筋和非预应力筋穿越柱时施工方便。"桥建合一"高铁承轨结构体系可直接节省约 10 万 m^3 钢筋混凝土使用，减少近 385 万 t 碳排放，节省成本近 1 亿元。

3.3 绿色能源利用——杭州东站

杭州东站作为杭州的"东大门"，位于沪杭、浙赣、宣杭、萧甬 4 条铁路干线的交汇处，是我国大规模的铁路交通枢纽之一。总建筑面积约 32 万 m^2，旅客流量可达 15 人次/d，高峰聚集人数达 15 000 人/h。杭州东站集高铁、城轨、公交、长途客运、磁浮、机场专线等多种交通方式于一体，同上海虹桥交通枢纽形成"同城效应"，城际交通缩短为 45 min。

杭州东站作为城市副中心"城东新城"的核心，总体规划上打破了传统铁路客站"封闭、割裂、功能单一"的模式，从城市设计角度高度整合城市资源，实现了"开放、融合、复合功能"的转变。杭州东站作为我国 TOD 模式的初级样板，主体站房和广场枢纽综合体通过一体化设计，成为杭州东新城极具活力的中心。杭州东站全景鸟瞰如图 6 所示。

图 6 杭州东站全景鸟瞰图

杭州东站从城市设计角度充分考虑城市公共空间的可延伸性，采用生态可持续的发展模式，打造以交通枢纽为中心的未来城市副中心。总体规划打破环境"孤岛效应"，将交通枢纽综合体与城市公共空间、生态景观系统高度融合，形成舒适宜人的空间环境；车站通过绿色性能设计，实现自然通风、天然采光与建筑自遮阳，全面提升车站环境舒适性，实现节能低碳。在绿色能源利用方面，利用杭州东站体量巨大，建筑屋面受周边建筑遮挡少的特征，在直立锁边的金属屋面系统之上设置屋面光伏太阳能一体化（BIPV）发电系统，并网城市发电系统。杭州东站站房屋顶铺设多晶硅太阳能板约 7.0 万 m²，发电容量约 10 MWp。经实际监测，自 2013 年正式并网发电以来，年平均上网电量可达约 948 万 kW·h，大约 28 年可实现初期投资成本。与煤电、火电相比较，每年可减少排放温室气体 8 687 t。

图 7　杭州东站屋顶太阳能系统

4　结论

铁路交通枢纽绿色性能设计决策与应用评估，为铁路交通建筑提供了新的设计思路。其以绿色生态建筑的基本原理为依据，在设计阶段通过绿色建筑设计决策，采用被动式节能为主导、结合可再生能源利用，在建成后进行实地检测和评估，为枢纽运营与维护提供指引。该方法对铁路交通枢纽及大型公共建筑的设计、改造和运行管理，具有重要的理论意义与应用价值。

参考文献：

[1] 庄惟敏，张维，梁思思. 建筑策划与后评估[M]. 北京：中国建筑工业出版社，2018.

[2] 张国强，徐峰，周晋. 可持续建筑技术[M]. 北京：中国建筑工业出版社，2009.

[3] 任娟，刘煜，郑罡. 基于 BIM 平台的绿色办公建筑早期设计决策观念模型[J]. 华中建筑，2012（12）：45-48.

[4] 李传成. 大空间建筑通风节能策略[M]. 北京：中国建筑工业出版社，2011.

[5] 李春舫. 城市更新背景下以轨道交通为导向的站城一体化[J]. 世界建筑，2021（11）：18-21.

[6] 李春舫，王力. 铁路交通枢纽设计的绿色生态策略——以太原南站站房工程实践为例[J]. 城市建筑，2014（2）：30-32.

绿色低碳在厦门北站的实践

王睦，刘丹，车帅军，贾瑜，武海波

（悉地（北京）国际建筑设计顾问有限公司）

摘　要：厦门北站作为福厦铁路重要的枢纽站，通过绿色建筑技术的应用为乘客创造健康、实用、高效、舒适的使用空间，从而达到降低能耗，实现可持续发展的目标。

关键词：新厦门北站　绿色建筑　换乘中心　智能天窗　光纤

项目背景：厦门北站是福州至厦门铁路的重要枢纽站，既有厦门北站车站规模为 6 台 12 线。新厦门北站在既有厦门北站北侧新建客运专线场，规模为 7 台 15 线。新老厦门北站共同组成了未来东南沿海铁路客运大通道上的重要节点站，也会成为厦门市新的综合交通中心和城市地标。新建厦门北站是在既有厦门北站北侧新建站场，与现有站房平行布置。在空间关系上，新北站延续传统建筑中轴对称的布局，如图 1 所示。

图 1　新厦门北站鸟瞰图

厦门地处台湾海峡南部，属于亚热带海洋性季风气候，温和多雨，年平均气温在 21 ℃ 左右。年平均降雨量在 1 200 mm 左右，每年 5~8 月份雨量最多，风力一般为 3~4 级，常向主导风力为东北风。夏季高温时间长、湿度大，对空调依赖严重。本项目除了多种交通流线组织、交通换乘距离等交通枢纽的常规问题，还希望针对厦门的气候特征，通过绿色建筑技术的应用,为乘客创造健康、实用、高效、舒适的使用空间,从而达到降低能耗、可持续发展的目标。

图 2 所示为厦门北站正透视效果图。图 3 所示为候车大厅效果图。图 4 所示为细部设计。

图 2　厦门北站正透视效果图

图 3　候车大厅效果图　　　　　　　　图 4　细部设计

1　利用智能天窗系统,降低机械能耗,提高室内舒适度

本项目换乘中心位于新老站房"夹心地带",受新老站房屋面限制,其室内空间净高有限,为确保进站集散厅的空间效果,在其屋面上设置了智能天窗系统(见图 5),并与 FAS(火灾自动报警系统)及 BAS(楼宇自动化系统)系统智能联动,旨在达到如下目标:

(1)减少空调或机械通风开启时长。
(2)提高室内空气质量及舒适度。

图 5 屋面上设置智能天窗系统

1.1 智能天窗系统在本项目中的运用

1.1.1 智能天窗设置方案

（1）天窗位置：换乘中心进站集散厅屋面，天窗洞口尺寸 71 m×14 m。

（2）天窗数量：共 426 扇，其中开启天窗 210 扇，固定天窗 216 扇。

（3）单扇窗户尺寸：1 000 mm（W）×2 400 mm（H）。

（4）开启天窗链条行程：700 mm，有效开启面积 0.7 m²（正面开启）。

（5）天窗遮阳：天窗内置电动遮阳。

1.1.2 智能天窗控制系统方案

智能天窗系统通过与 BAS 联动，可实现非空调季时辅助通风功能。BAS 通过收集并分析室内外设置的温度及风雨探测器信息，智能控制天窗启闭并联动机械送风系统，具体联动逻辑如下：

1. 天窗开启逻辑（任意满足一条）

（1）室外无风雨。

（2）室内温度≥18 ℃。

2. 天窗关闭逻辑（任意满足一条）

（1）室外有风雨。

（2）室内温度低于 18 ℃。

（3）每天 24:00～6:00 定时关闭天窗。

3．开启机械送风

当室外温度低于 26 ℃ 且室外天窗开启 15 min 之后，室内温度仍然高于 26 ℃。

4．关闭机械送风

室内温度低于 22 ℃。

天窗控制系统架构图如图 6 所示。

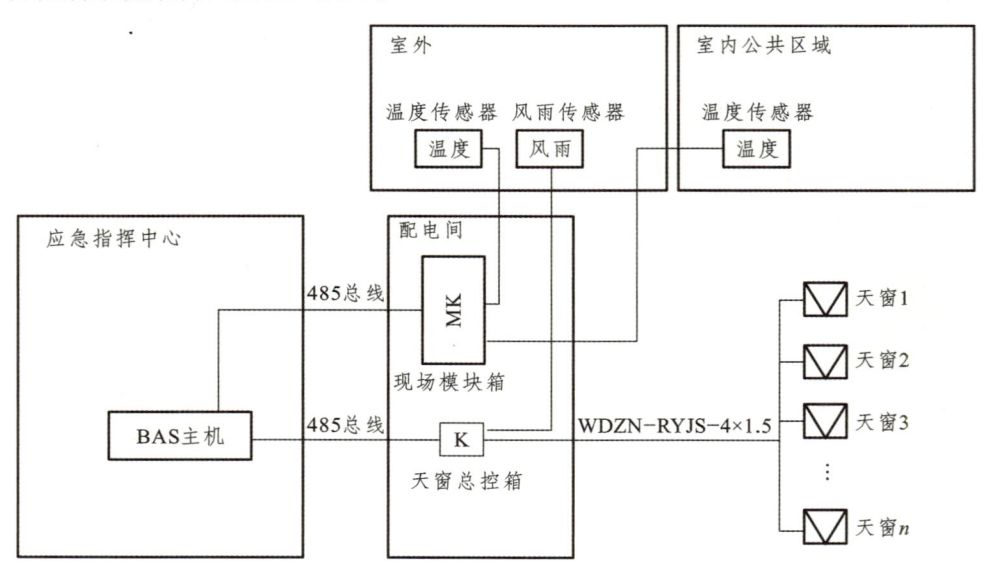

图 6　天窗控制系统架构图

1.2　智能天窗系统开闭效果论证

通过专业模拟软件对不同工况、不同季节的天窗系统、空调系统、新风系统的开启或者关闭时室内气流状态进行仿真模拟，具体结果如下。

1.2.1　非空调季工况一

天窗关闭、机械通风系统开启，室内气流状态：竖向温度梯度较明显，上部积累热量，局部最高温度高于 36 ℃，人员活动区平均温度 26 ℃；气流自喷口送出，经外门窗泄出，气流模拟如图 7 所示。

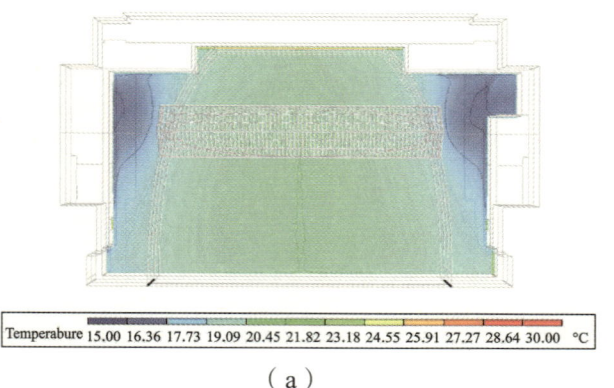

(a)

（b）

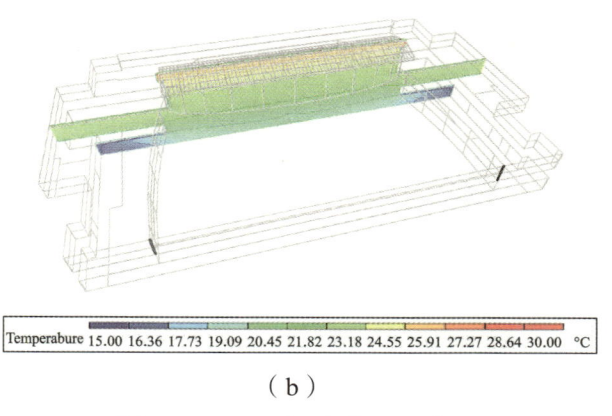

图 7 工况一气流模拟示意图

1.2.2 非空调季工况二

天窗开启、机械通风系统开启，室内气流状态：竖向温度梯度较明显，上部局部最高温度高于 34 ℃，人员活动区平均温度 23 ℃；气流整体呈现自下向上的气流方向，在热压作用下能够实现有效的自然通风，气流模拟如图 8 所示。

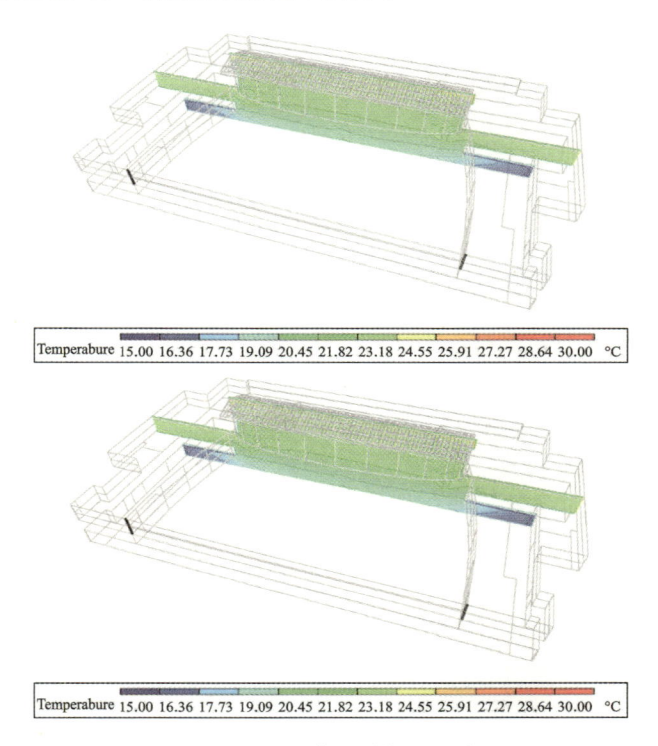

图 8 工况二气流模拟示意图

1.2.3 非空调季工况三

天窗开启、机械通风关闭，室内气流状态：竖向温度梯度较明显，上部局部最高温度高于 36 ℃，在人员活动区平均温度 25 ℃；气流整体呈现自下向上的气流方向，在热压作用下能够实现有效的自然通风，满足人员舒适性要求，气流模拟如图 9 所示。

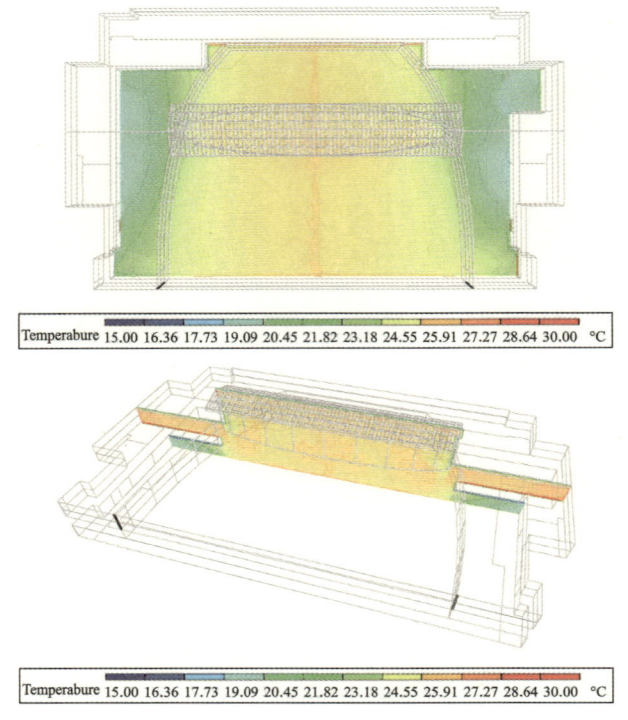

图 9　工况三气流模拟示意图

1.2.4　天窗开\关进站层空气温度小时数数据分析（见表 1）

表 1　天窗开/关温度小时数上限对比（即大于温度限值小时数）

	26 °C	27 °C	28 °C
天窗关/h	8 760	8 760	8 760
天窗开/h	8 664.5	8 526	8 270

天窗开/关全年温度对比图如图 10 所示。

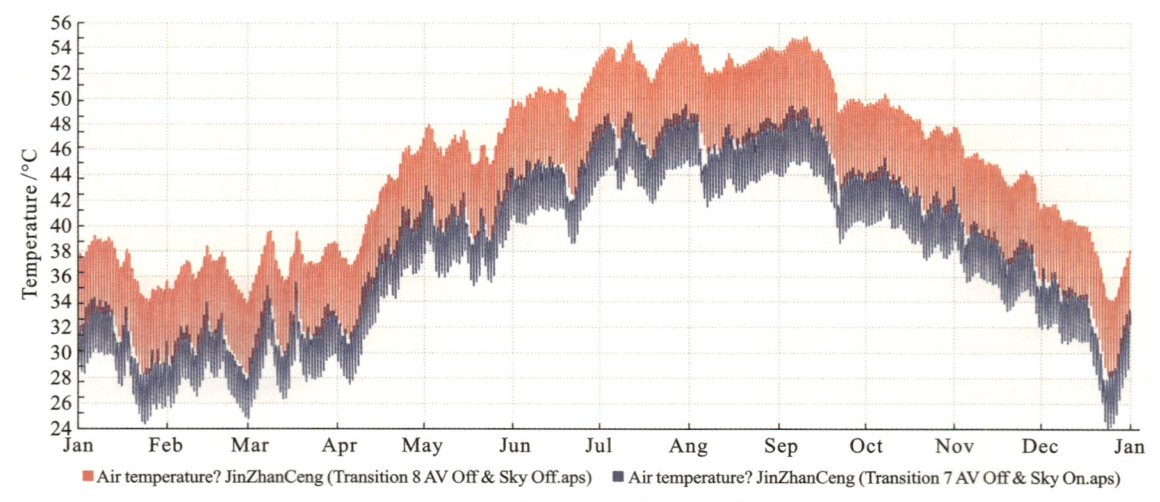

图 10　天窗开/关全年温度对比

(1)根据图 10 可知，天窗开启状态下，自然通风，可明显改善进站层空气温度。

(2)根据表 1 可知，进站层空气温度，在天窗开启情况下，可大大减少空气温度限值对应的小时数。即通过天窗开启进行自然通风，在满足室内舒适度的情况下可减少机械通风运行时长约 490 h。

1.2.5 结论

通过对非空调季不同工况下气流模拟结果分析后可知，非空调季 BAS 通过收集并分析室内外设置的温度及风雨探测器信息，智能控制天窗系统开闭，可显著实现通风换气、辅助降温的功能从而提高室内空气质量及舒适度。按照车站每天运营时长 16 h 计（早上 6:00 ~ 22:00）预计全年可减少机械送风系统约 30 天的运行时长。

1.3 智能天窗的系统一体化

1.3.1 安装一体化

为避免窗体现场拼装带来的安装风险影响到整窗的防水性能及密封性能，智能天窗系统采用完全预制的模块化设计理念，其整窗包含完整的排水系统、智能电控系统。玻璃、型材、五金件、遮阳、马达、电控系统、感应系统、防水系统等统一集成为天窗模块。全部由工厂组装完成，现场预留洞口，厂家负责安装，可最大限度减少交叉施工及接口工程。智能天窗效果图如图 11 所示。

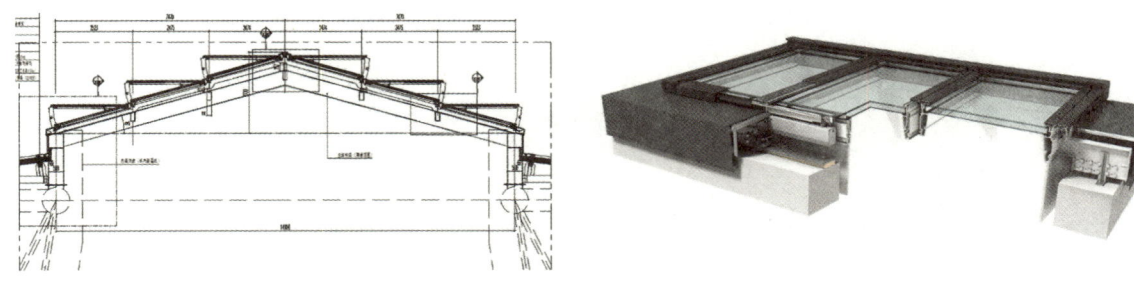

图 11 智能天窗效果图

1.3.2 水密性保证

(1)智能天窗系统完全在工厂组装生产，避免窗体现场拼装带来的安装风险，影响到整窗的防水性能及密封性能。

(2)天窗系统水密性能要求达到 900 Pa，高于国标规范要求。

1.3.3 系统一体化

天窗模块内置的智能监测系统同 BAS 系统联动，可结合室内空气质量、室内外温度、室外风压、室外雨水等条件实现自动启闭。其在满足消防排烟的同时也可实现自然采光通风，通过智能系统的控制可显著调节室内环境质量及舒适度。

1.3.4 技术指标（见表 2）

表 2 产品技术指标

序号	项目	检验等级
1	抗风压性能	≥5.0 kPa
2	气密性能	≥7 级
3	水密性能	≥900 Pa
4	保温性能	K≤1.5 W/（m²·K）
5	空气隔声性能	≥35 dB

2 新型节能光源的应用

换乘中心出站层为东西两侧开敞的半室外空间，其空间大、人流量大，对照明需求大，如图 12 所示。若能将自然光源引入这一区域代替人工照明，对整个项目的节能减排具有重要意义。

图 12 城市换乘厅效果图

本项目设置了光纤照明系统，结合该系统运用的新材料、新技术并辅以精细化的设计措施，可满足出站层换乘集散厅白天晴天状态下替代人工照明。

2.1 光纤照明

2.1.1 光纤照明系统

（1）太阳光光纤导入照明系统由采光器（室外主机）、石英光纤、室内光纤灯组成。

（2）采光器安装在室外光线充足处，用于跟踪采集阳光。石英光纤用于高效传输采集的阳光。室内光纤灯具用于将采集的阳光作为光源输出并结合光控系统进行照明。

2.1.2 光纤照明系统在本工程中的应用及效果

（1）室外采光器布置于换乘中心屋面东西两侧，每侧各设置41台，共计82台，如图13所示。连通室外采光器与室内照具的光纤敷设在就近结构钢柱的装饰层中，引至出站层换乘集散厅天花区域。

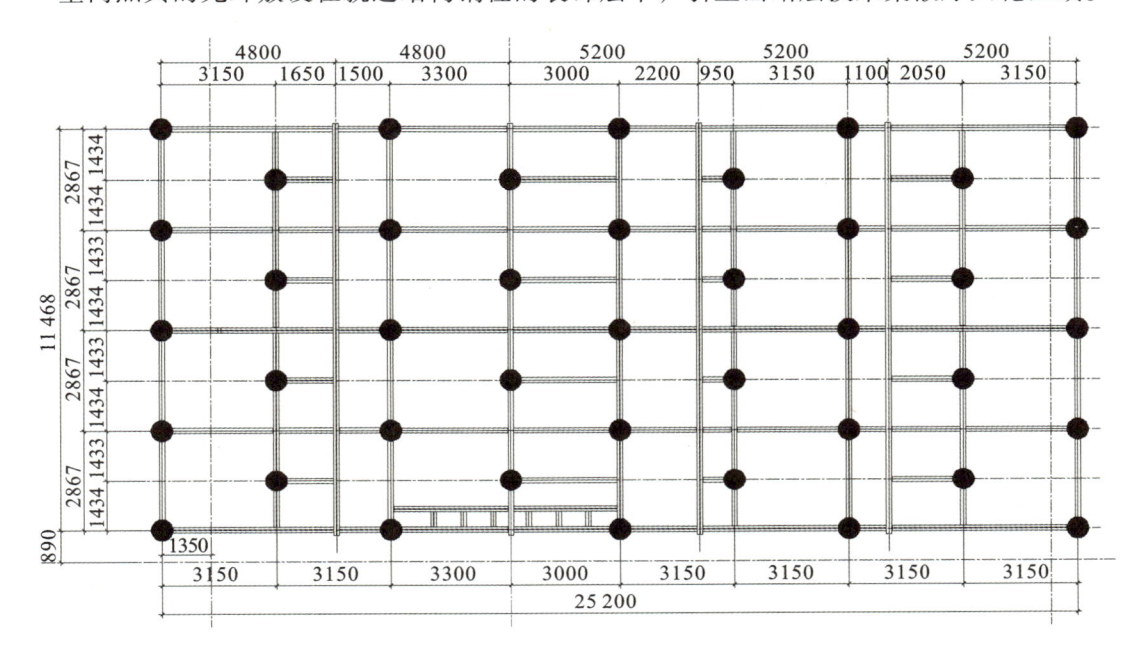

图13 室外采光器布置示意图

（2）本工程中光纤照明应区域为换乘中心出站层换乘集散厅，此区域功能照明照度标准不应低于150 lx。晴天时，光纤照明区域功能照明全部关闭的条件下，光纤照明灯满足照度不低于150 lx照度要求。图14所示为换乘集散厅白天光纤照明效果图。图15所示为换乘集散厅夜间效果图。图16所示为换乘集散厅光纤照明范围及灯位布置示意图。

（3）换乘集散厅吊顶平均高度约为6 m，此区域光纤灯采用10芯ϕ1 500 μm石英光纤，模拟集散厅区域环境，进行测光实验，测光仪置于距离灯具6 m的地方，通过实验数据可知，在天气晴朗无遮挡条件下，室内照度均满足要求。具体实验数据如表3所示。

（4）光纤照明区域在天气晴好状态下（9:00~18:00）运行，全年可节约用电约40 000 kWh，其余时间通过智能照明系统进行智能补光，也能进一步起到节能作用。

2.2 太阳能光导系统

太阳能光导系统在本项目中也有运用，现介绍如下。

本项目在出站层东北角，地下一层车库顶板处设置38处太阳能光导照明设备，可满足地下一层车库约460 m² 区域白天自然采光要求。

图 14 换乘集散厅白天光纤照明效果图

图 15 换乘集散厅夜间效果图

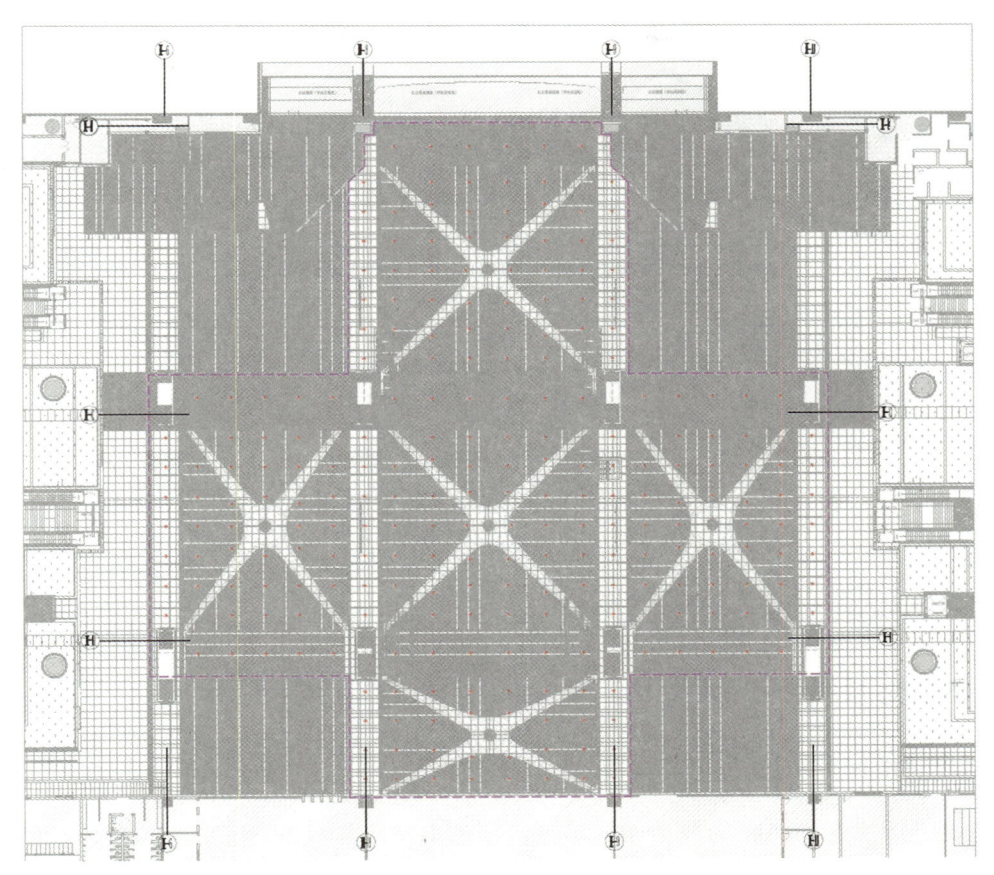

图 16　换乘集散厅光纤照明范围及灯位布置示意图

表 3　具体实验数据

序号	时间	光纤	芯数	即时天气	照度
1	9:00	φ1 500 μm 石英光纤	10	晴	156
2	10:00	φ1 500 μm 石英光纤	10	晴	160
3	11:00	φ1 500 μm 石英光纤	10	晴	161
4	12:00	φ1 500 μm 石英光纤	10	晴	164
5	13:00	φ1 500 μm 石英光纤	10	晴，太阳周围伴有雾气	154
6	14:00	φ1 500 μm 石英光纤	10	薄云	149
7	15:00	φ1 500 μm 石英光纤	10	建筑物遮挡	0
8	16:00	φ1 500 μm 石英光纤	10	晴	162
9	17:00	φ1 500 μm 石英光纤	10	晴，太阳周围伴有雾气	151
10	18:00	φ1 500 μm 石英光纤	10	晴	152

太阳能光导系统是一套采集天然光，并经管道传输到室内，进行天然光照明的采光系统。该系统主要由室外采光罩、导光管、室内漫射器等组成，如图17所示。

图 17　太阳能光导系统示意图

太阳能光导系统技术成熟，建造简单可靠，节能效果显著。本项目设置约 450 m² 光导照明空间，全年可节约用电约 3 800 kWh。

3　便捷的交通组织，减少步行距离，实现绿色出行

3.1　项目目标

通过合理的交通场站布局和功能排布，实现进出站旅客与各种交通方式间的换乘距离控制在 300 m 以内。

新建厦门北站的新老站站场并未像传统车站一样并场设置，而是在两个站场之间拉开了 70 m 的间距。城市轨道交通有已通车运营的地铁 1 号线、在建的地铁 4 号线，未来还将新建未 BRT 和公交场站，建成后将有约 60% 的客流使用公共交通进出站（见图 18）。

3.2　利用 70 m 新老站过渡空间，创造夹心地公共交通中心

新老站场间的夹心地空间为我们提供了不一样的设计思路。利用该区域设置公共交通中心，分别在东西两侧设置公交中心和 BRT 中心。出站层（-10.00 m）接驳 BRT、公交场站的上客区，同时在出站层下设置地铁 1、4 号线的换乘厅及站台；站台层（0.00 m）设置公交及 BRT 的落客区，平接夹心地进站大厅；高架层（9.00 m）设置新老站房连接的空中连廊；公共交通中心进站旅客可以快速到达各层，实现地铁、BRT、公交车的公共交通立体换乘（见图 19）。

3.3　南北设置个体交通中心

本项目将公共交通和个体交通进行分离，在北侧岩兴路上新建高架落客平台，平台下设置出租车、网约车、社会车落客停车场，同时考虑出租车会场匝道，与南侧既有站房的高架落客车道一起，形成南北两个个体交通进站区（见图 20）。

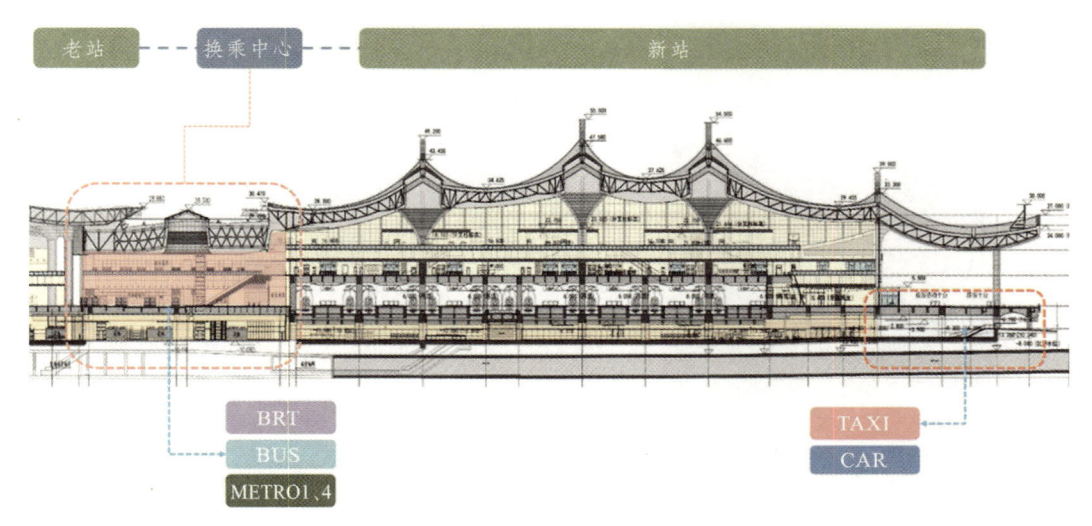

图18 厦门北站

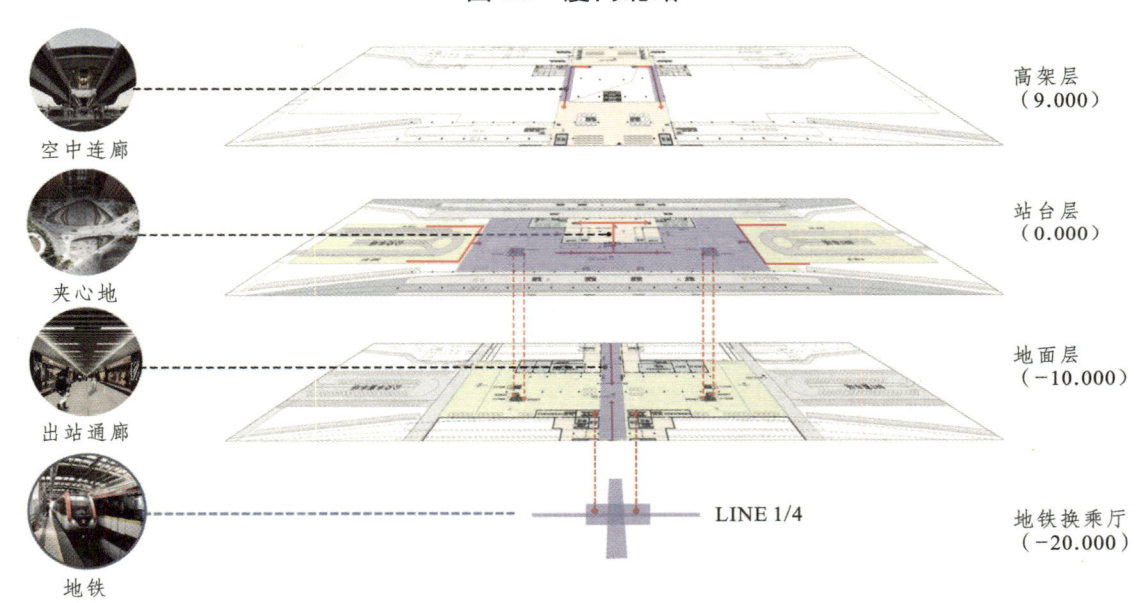

图19 过渡空间

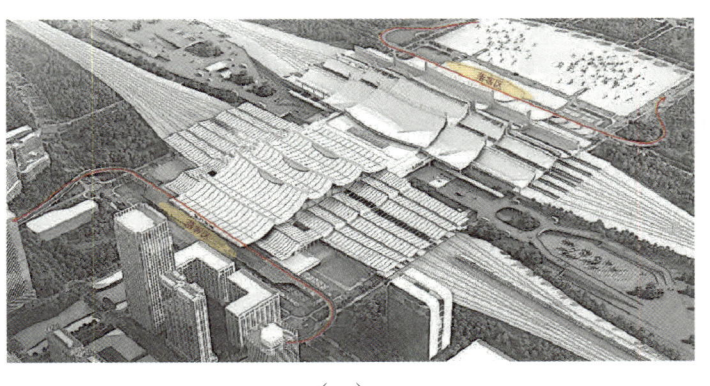

(a)

243

（b）

图 20　个体交通中心

3.4　走行距离分析

由于换乘十字及夹心地换乘大厅的设计，使得各种交通方式间的换乘变得简洁、高效，旅客到、发的步行距离大大缩短，走行距离分析如表 4 所示。

表 4　走行距离分析

	国铁进站		国铁出站	
	抵达位置	换乘距离/m	抵达位置	最远换乘距离/m
公交	换乘中心东侧入口	120	公交上客区	280
BRT	换乘中心西侧入口	120	BRT 上客区	280
地铁	地铁换乘厅	100	地铁换乘厅	170
出租车	南北落客平台	20	南北出租车上客区	200
社会车	南北落客平台	20	南北社会车停车场	200

通过对功能的整合和空间的改造，实现出行国铁旅客与各种交通方式不超 300 m 的换乘距离，极大地缩短了旅客的走行距离提高了出行效率，实现了绿色出行（见图 21）。

4　总结

本项目在解决枢纽站换乘距离过长、改扩建项目新老融合问题的同时，尝试通过绿色建筑技术的应用，为乘客创造健康、实用、高效舒适的使用空间，是对畅通融合、绿色温馨、经济艺术、智能便捷的现代化铁路客站枢纽的又一次新尝试。

设计探索篇

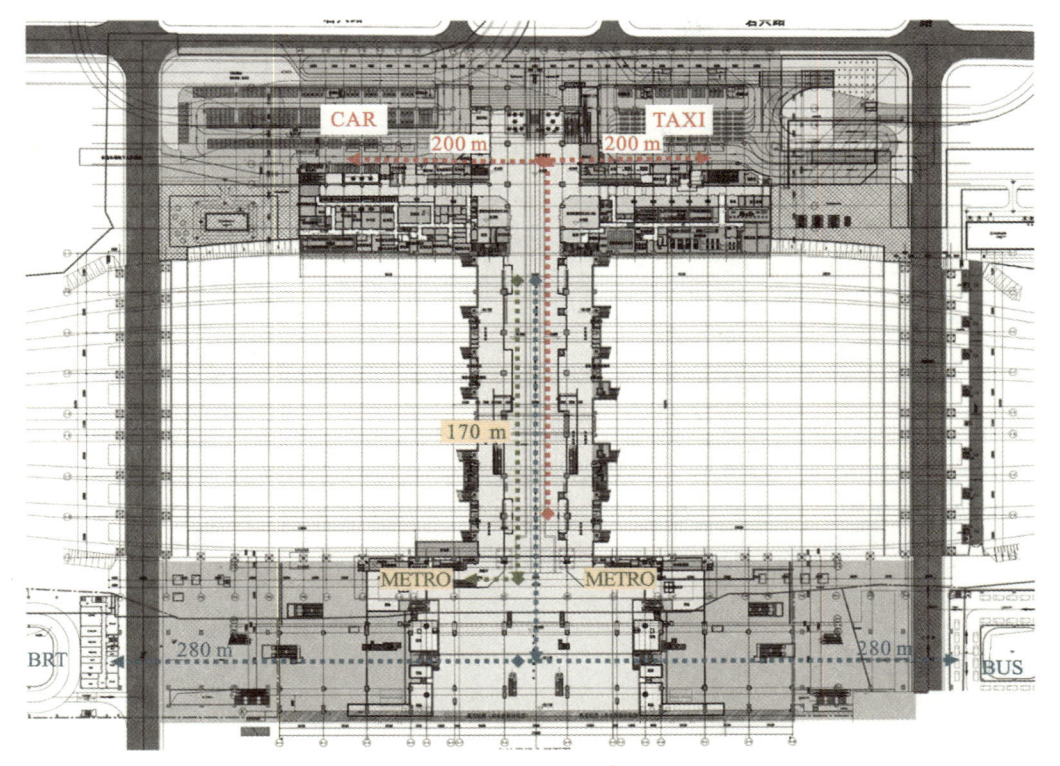

图 21　走行距离

地下大型高速铁路客站站台宽度设计研究
——以广州白云机场 T3 综合交通枢纽为例

梅振斌

（中国铁路设计集团有限公司）

摘　要：随着我国经济高速发展，城市用地紧张及综合交通枢纽建设需要，地下高铁车站逐年增加。地下高铁车站土方开挖量大，投资较高，合理优化地下铁路客站车场规模可显著降低工程投资。车场规模除受车场线路数量制约外，还受到站台宽度的制约。本文以广州白云机场 T3 综合交通枢纽设计项目为例，结合既有建成地下站实例及现行相关规范，研究地下大型高速铁路客站站台的合理宽度。

关键词：高速铁路　站台　枢纽　宽度

1　引言

地下铁路客站是指旅客站台及轨道位于地面标高以下的车站。目前，我国大部分铁路客站为地面站或高架站。但随着城市用地紧张及综合交通枢纽建设需要，近些年，地下铁路客站逐渐增多。地下铁路客站可减少铁路对城市的割裂作用，且位于综合交通枢纽中的地下铁路客站可减少旅客在不同交通方式间换乘距离，提升出行体验。但是，地下火车站开挖方量大，施工作业空间狭小，作业面有限，施工环境较差，因此往往施工速度慢，工期长，造价相对高[1]。在控制轨道交通土建工程造价中，主要的是要控制车站的规模，而在车站规模中的首要因素，就是控制好站台的规模[2]。旅客站台的宽度直接影响铁路用地、土方及工程投资[3]。在满足使用功能及规范要求的基础上，合理优化地下铁路客站车场规模可显著降低工程投资。车场规模除受车场线路数量制约外，还受到旅客站台宽度的制约。本文结合既有建成地下站实例及现行相关规范，以广州白云机场 T3 综合交通枢纽项目为依托，研究地下大型高速铁路客站站台的合理宽度。

2　相关规范

关于高速铁路旅客站台宽度，相关规范有如下要求：

《高速铁路设计规范》（TB 10621—2014）第 10.4.2 条第 3 款规定：站台宽度应根据车站性质、站台类型、客流密度、安全退避距离、站台出入口宽度等因素计算确定，可按表 10.4.2 采用[4]。旅客站台宽度如图 1 所示。

设计探索篇

表 10.4.2 旅客站台宽度				
名称	特大型站（m）	大型站（m）	中型站（m）	小型站（m）
站房或建筑物突出部分边缘至基本站台边缘距离	20.0～25.0	15.0～20.0	8.0～15.0	8.0
岛式中间站台	11.5～12.0	11.5～12.0	10.5～12.0	10.0～12.0
侧式中间站台	8.5～9.0	8.5～9.0	7.5～9.0	7.0～9.0

图 1　旅客站台宽度（引自《高速铁路设计规范》第 122 页）

《铁路车站及枢纽设计规范》（TB 10099—2017）第 9.3.3 条第 2 款规定：旅客站台宽度应根据车站性质、站台类型、客流密度、行包搬运工具、安全退避距离、站台上通道出入口宽度、站台上的建（构）筑物宽度等因素确定。高速铁路和客货共线铁路的旅客站台宽度可按表 9.3.3-1 采用[5]。高速铁路和客货共线铁路旅客站台宽度如图 2 所示。

表 9.3.3—1 高速铁路和客货共线铁路旅客站台宽度（单位：m）				
名称	特大型站	大型站	中型站	小型站
站房或建（构）筑物突出部分边缘至基本站台边缘距离	20.0～25.0	15.0～20.0	8.0～15.0	8.0
岛式中间站台	11.5～12.0	11.5～12.0	10.5～12.0	10.0～12.0
侧式中间站台	8.5～9.0	8.5～9.0	7.5～9.0	7.0～9.0

注：1 站房或建（构）筑物范围以外地段的基本站台宽度不应小于侧式中间站台宽度。
　　2 客货共线铁路的站台宽度宜采用下限值。
　　3 表中数值未考虑设置站台门所需宽度。

图 2　高速铁路和客货共线铁路旅客站台宽度（引自《铁路车站及枢纽设计规范》第 60 页）

高速铁路大型地下站旅客站台形式多为岛式中间站台，部分站存在侧式站台。通过上述规范中数据，其宽度要求为：岛式中间站台 11.5～12.0 m，侧式中间站台 8.5～9.0 m。

规范中指出，站台宽度计算需考虑车站性质、站台类型、站台出入口宽度、站台建构筑物宽度、站台门所需宽度（规范中未计列）等因素。关于车站性质、站台类型、站台建构筑物宽度及站台门所需宽度，设计阶段已明确。关于站台出入口宽度，相关规范有如下要求：

《高速铁路设计规范》（TB 10621—2014）第 10.4.3 条第 3 款规定：旅客站台的出入口宜设计为双向出入口，其宽度应符合表 10.4.3-2 的规定；通道出入口设有自动扶梯或升降电梯时，其宽度应根据升降设备的数量和要求加宽[4]。旅客站台出入口宽度如图 3 所示。

表 10.4.3—2 旅客站台出入口宽度（m）			
名称	特大型及大型站	中型站	小型站
基本站台、岛式中间站台	5.0～5.5	4.0～5.0	3.5～4.0
侧式中间站台	5.0	4.0	3.5～4.0

注：特大型及大型站的旅客进出站通道出入口宽度已包括设置一部自动扶梯的宽度。

图 3　旅客站台出入口宽度（引自《高速铁路设计规范》第 123 页）

《铁路车站及枢纽设计规范》（TB 10099—2017）第 9.3.6 条第 6 款规定：旅客天桥、地道通向站台宜设双向出入口。高速铁路和客货共线铁路旅客站台出入口宽度应符合表 6.2.3-1 的规定，即出入口设有自动扶梯或升降电梯时，其宽度应根据升降设备的数量和要求确定[5]。高速铁路和客货共线铁路旅客站台出入口宽度如图 4 所示。

表 9.3.6-2　高速铁路和客货共线铁路旅客站台出入口宽度（m）

名称	特大型、大型站	中型站	小型站
基本站台和岛式中间站台	5.0～5.5	4.0～5.0	3.5～4.0
侧式中间站台	5.0	4.0	3.5～4.0

图 4　高速铁路和客货共线铁路旅客站台出入口宽度
（引自《铁路车站及枢纽设计规范》第 62 页）

《铁路旅客车站设计规范》（TB 10100—2018）与《铁路车站及枢纽设计规范》（TB 10099—2017）要求一致。

3　既有案例

3.1　京津城际天津滨海站（原于家堡站）

天津滨海站位于天津市滨海新区，是京津城际延伸线终点站，同时 B2、Z1、Z4 城市轨道交通线路在此设站。从而形成了集高铁、城轨、公交、出租车及社会车辆等多种交通方式于一体的综合交通枢纽。为使铁路客站能够直接引入到中心商务区的内部，并不破坏地面的景观环境，所以采用地下引入的方式[6]。总建筑面积约 28 万 m²。

为使铁路客站能够直接引入到中心商务区的内部，并不破坏地面景观环境，故采用地下站形式。车站设计共地上 1 层，地下 3 层。地面层为入口大厅，地下一层为候车厅、进出站厅、售票及办公设备用房，地下二层为高铁及 B2、Z4 线站台层，地下三层为 Z1 线站台层。

高铁站台共 3 座，尺寸均为 450 m×11 m，站台均无结构柱且未设置屏蔽门。每座站台设楼扶梯 3 组、垂直电梯 1 部及疏散楼梯 1 部。每组楼扶梯均为一楼一扶，总宽度 4.95 m，其中楼梯宽度为 3.2 m，扶梯宽度为 1.66 m，楼扶梯间距 0.09 m。楼扶梯组距站台边分别为 3.05 m 及 3.0 m。

3.2　京雄城际大兴机场站

北京新机场位于北京与河北交界处榆堡镇，距市中心 50 km，定位为大型国际枢纽机场，总建筑面积约 103 万 m²（含地下）。京雄城际大兴机场站位于航站楼下，为全地下站房，地下一层及地下二层，总建筑面积为 11.5 万 m²，站场规模 2 台 6 线。两座站台宽度分别为 17.0 m（东站台）及 16.8 m（西站台）。每座站台各设楼扶梯两组，疏散楼梯 3 部，垂直电梯 2 部。每组楼扶梯均为一楼一扶，总宽度 3.55 m，其中楼梯宽度为 1.8 m，扶梯宽度为 1.65 m，楼扶梯间距为 0.1 m。垂梯宽度 2.85 m。屏蔽门退站台边 1.2 m 安装，屏蔽门厚度 0.3 m。楼扶梯组距离屏蔽门边分别为：东站台：2.9 m 及 3.5 m；西站台：3.5 m 及 2.5 m。

3.3 站台宽度对比分析

两站台宽度对比分析如表 1 所示。

表 1　站台宽度对比分析

站名		京津城际天津滨海站			京雄城际大兴机场站	
站台名		东站台	中站台	西站台	东站台	西站台
站台总宽度/m			11		17	16.6
站台结构柱	是否设置结构柱		否		是	
	结构柱宽度/m		—		1.2	
屏蔽门	是否设置		否		是	
	屏蔽门宽度/m		—		0.3	
	屏蔽门距站台边净距/m		—		1.2	
楼扶梯组	组成		1 部楼梯、1 部电扶梯			
	总宽度/m		4.95		3.55	
垂直电梯	与楼扶梯组位置关系		顺置		并置	
	宽度/m		2.93		2.85	
站台可通行最小宽度/m			3		2.9	2.5

4　广州白云机场 T3 综合交通枢纽高铁站台宽度设计研究

4.1　项目背景

广州白云机场 T3 综合交通枢纽位于中国广东省广州市白云机场站（白云区人和镇和花都区新华街道、花东镇交界处），距广州市中心约 28 km，东面毗邻流溪河，西至大广高速，南到迎宾大道，北至机场横十六路，为全地下式车站，总建筑面积约 16.9 万 m²。车站位于新建 T3 机场航站楼综合交通中心正下方，为地下两层，其中地下一层为站厅层，地下二层为站台层。

4.2　站台设置情况

车场从北至南依次为既有新白广城际、芳村至白云机场城际、广河高铁、广珠（澳）高铁。高铁车场规模为 4 台 10 线，其中广河高铁车场为岛式站台 2 台 6 线，广珠（澳）高铁车场为岛式站台 2 台 4 线。芳村至白云机场城际车场为岛式站台 1 台 2 线。既有新白广城际车场为岛式站台 1 台 2 线，车站主体结构已完工。

广河高铁站台尺寸为 450.0 m × 17.3 m × 1.25 m 及 450.0 m × 15.7 m × 1.25 m。广珠（澳）高铁站台尺寸为 450.0 m × 17.5 m × 1.25 m 及 450.0 m × 16.8 m × 1.25 m。站厅层和站台层平面布局示意图分别如图 5、图 6 所示。

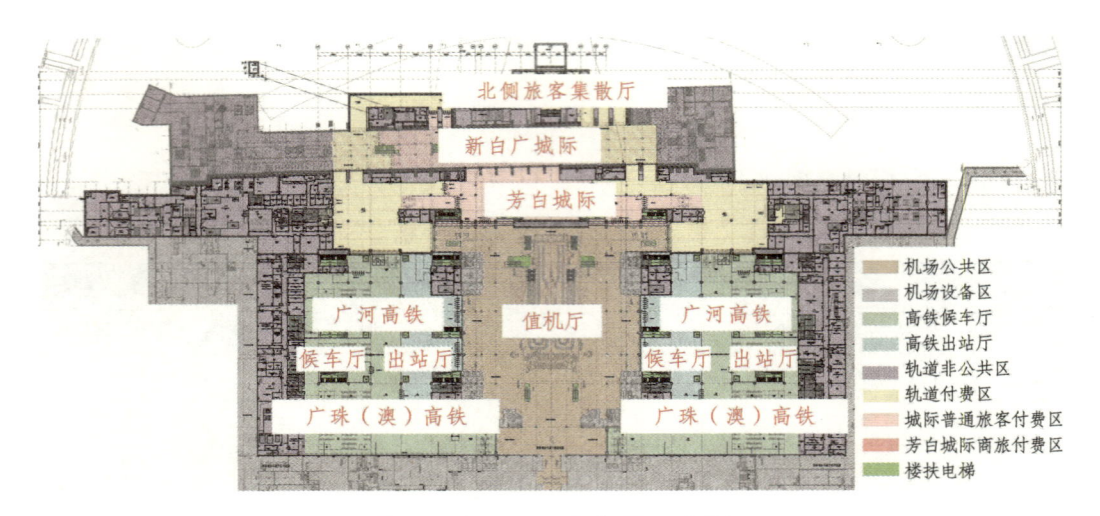

图 5　站厅层平面布局示意图

图 6　站台层平面布局示意图

因站厅层设置机场值机大厅，高铁候车厅及出站厅被分为东西两部分，故站台层每座高铁站台均需设置4组楼扶梯及4部垂直电梯以满足旅客进出站需要。每组楼扶梯含楼梯1部、扶梯2部。楼梯宽度为2 450 mm，扶梯宽度为1 800 mm。

广河高铁的站台示意图如图7所示。广珠（澳）高铁的站台示意图如图8所示。

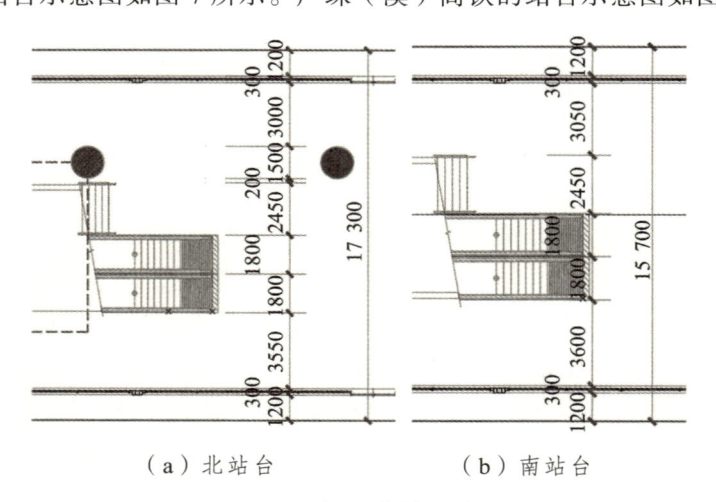

（a）北站台　　　（b）南站台

图 7　广河高铁站台

（a）北站台　　（b）南站台

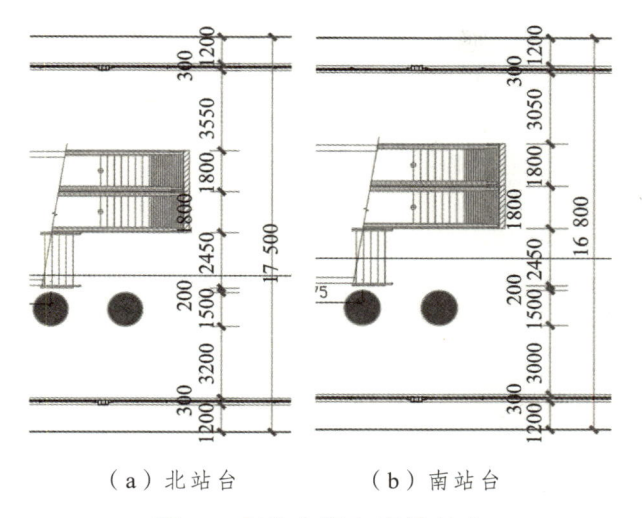

图 8　广珠（澳）高铁站台

4.3　高铁站台宽度设计研究

高铁站台宽度主要取决于以下因素：站台出入口宽度、站台建（构）筑物宽度、站台有效通行净距、屏蔽门所需宽度等。

4.3.1　站台出入口宽度

由于铁路客运专线列车的停靠车站，均设计有地下通道，而其在站台出入口宽度的确定，是站台宽度确定的重要依据[3]。站台出入口宽度主要为出入口处设置楼梯及扶梯数量及其各自宽度。

1. 楼扶梯数量

按照《铁路工程设计防火规范》（TB 10063—2016）第 11.0.6 条规定：地下车站公共区内任一点与最近安全出口的疏散距离不得大于 50 m。高铁站台长度为 450 m，为满足 50 m 疏散距离要求，站台至少设置 4 组公共区楼扶梯，且需在站台端部设置两部净宽不小于 1.65 m 的疏散楼梯[7]。

目前，为提高服务旅客水平，高铁站进出站楼扶梯组均按 2 部扶梯 1 部楼梯设计。

2. 楼扶梯宽度

（1）扶梯宽度。

站房扶梯提升高度较高，宽度基本为 1.7～1.8 m，暂按 1.8 m 考虑。

（2）楼梯宽度。

《铁路旅客车站设计规范》（TB 10100—2018）第 5.13.7 条规定：地下车站公共区单向楼梯（高铁进出站分流）最小净宽为 1.8 m[8]。所谓"净宽"，按照《民用建筑设计统一标准》（GB 50352—2019）第 6.8.2 条说明：梯段净宽应为两侧扶手中心线之间的水平距离。

此外，楼梯宽度还取决于消防疏散计算所需宽度。

根据《铁路工程设计防火规范》（TB 10063—2016）第 11.0.7 条的规定：地下车站站台公

共区设置的楼梯、自动扶梯、出入口通道，应符合 6 min 内将所有乘客及站台上的候车人员全部撤离站台到达安全区的要求[7]。根据条文解释中释义：乘客从站台层疏散至集散厅或其他安全区域的时间为 6 min，包括 1 min 反应时间和 5 min 疏散时间，其时间 T（小于或等于 6 min）计算方法详见式：

$$T=1+(Q_1+Q_2)/0.9[A_1(N_1-1)+A_2\times B]\leq 6\text{ min}$$

式中，Q_1——列车定员，岛式站台按两列列车定员之和确定，侧式站台按单列列车定员确定，两种站台形式均考虑 10% 的超载客流（人）；

Q_2——站台上候车乘客、工作人员及其他人员（人）；

A_1——单台自动扶梯的通过能力[人/（min·m）]；

A_2——疏散楼梯的通过能力[人/（min·m）]；

N——自动扶梯数量；

B——疏散楼梯的总宽度（m），每组楼梯的宽度按 0.55 m 的整数倍计算。

按照站台公共区设置四组楼扶梯，站台两端部各设置两部疏散楼梯考虑。如表 2 所示为站台疏散时间计算表。

表 2　站台疏散时间计算表

参数	取值	依据
Q_1——列车定员 Q_2——站台上候车、工作人员及其他	3 000	《铁路车站及枢纽设计规范》 第 9.3.6 条条文说明中指出： 大型站岛式中间站台上的旅客人员数量按岛式站台同时有两列停靠，考虑站台上的旅客、工作人员及接车、送站人员等，合计按总人数（Q_1+Q_2）为 3 000 人计算
A_1——单台自动扶梯的通过能力[人/（min·m）]	75.00（4 500/60）	通过能力依据《铁路工程设计防火规范》11.0.11 条每米宽自动扶梯每小时通过人数数据
A_2——疏散楼梯的通过能力[人/（min·m）]	41.67（2 500/60）	通过能力依据 《铁路工程设计防火规范》第 11.0.11 条 每米宽上行楼梯每小时通过人数数据
N——自动扶梯数量（台）， 注：只计算上行扶梯	4	
B——疏散楼梯的总宽度（m） 不包括下行扶梯静止后通行。 每组楼梯按照 0.55 的整数倍来算，例如 1.85 m 楼梯按 1.65 m 计算	12.1[8.8（站台）+3.3（站台端）]	站台四组楼扶梯，每组内楼梯净宽 2.2 m（4 股人流） 站台端部设置疏散楼梯两部，净宽 1.65 m（3 股人流）
计算结果		
$1+(Q_1+Q_2)/0.9[A_1(N-1)+A_2\times B]=5.57$（min）		

按照每组楼扶梯内楼梯宽度 2.2 m 考虑,基本满足规范对于站台疏散时间≤6 min 的要求。

本项目均为岛式站台,若其他项目中出现侧式站台,则按照《铁路车站及枢纽设计规范》（TB 10099—2017）第 9.3.6 条条文说明中要求,仅考虑一侧停靠列车,站台总人数为 1 500 人,站台楼扶梯组内楼梯宽度可减少至 1.8 m（地下车站公共区单向楼梯最小净宽要求）[5]。

4.3.2 站台建（构）筑物宽度

站台建（构）筑物主要为结构柱及其装修厚度。本项目站台柱装修完成后,垂直轨道方向宽度为 1.5 m。

4.3.3 站台有效通行净距

按照《铁路车站及枢纽设计规范》（TB 10099—2017）第 9.3.5 条,站台出入口或建（构）筑物边缘至靠线路侧旅客站台边缘的净距不应小于 3.0 m。关于 3.0 m 的原因,根据条文解释说明,有 3 点考虑：一是站台消防车通行需要；二是残疾人轮椅车通行需要；三是高峰时段站台上最高聚集人数使用需要。地下高铁站站台无通行消防车要求,但需满足后两点,且站台设置屏蔽门后,此净距应计算至屏蔽门内表面。

4.3.4 屏蔽门所需宽度

目前地下站站台为提升旅客候车舒适度,减少空调能耗,站台设置全封闭屏蔽门。因为车型种类较多,安全门开门无法满足多种车型停靠要求。为满足乘客上下行安全,安全门退站台边 1.2 m[9]。屏蔽门厚度一般为 0.3 m。

4.3.5 站台宽度最小值

综上所述,岛式及侧式站台在有柱及无柱情况下的宽度最小值如表 3 所示。

表 3 站台宽度最小值

站台类型/参数项	站台出入口宽度	站台建（构）筑物宽度	站台有效通行净距	屏蔽门所需宽度	总计
岛式站台（有柱）	5.9 m（1.8 m×2+2.2 m+0.1 m）	1.5 m	3.0 m	3.0 m（1.2 m×2+0.3 m×2）	13.4 m
岛式站台（无柱）	5.9 m（1.8 m×2+2.2 m+0.1 m）	0	3.0 m	3.0 m（1.2 m×2+0.3 m×2）	11.9 m
侧式站台（有柱）	5.5 m（1.8 m×2+1.8 m+0.1 m）	1.5 m	3.0 m	1.5 m（1.2 m+0.3 m）	11.5 m
侧式站台（无柱）	5.5 m（1.8 m×2+1.8 m+0.1 m）	0	3.0 m	1.5 m（1.2 m+0.3 m）	10.0 m

4.3.6 站台层基坑宽度

站台层基坑宽度与站场排布相关,同时受制于上部结构柱网与站台宽度限制。

站台层柱网模数需与地上建筑统筹考虑。本项目地上为机场综合交通中心,其柱网模数为 8.4 m。原因有两点：

（1）综合交通中心内有停车楼，8.4 m柱跨满足停放三辆车的要求，且最为经济、合理（与既有T2航站楼停车库柱网模数一致）。

（2）综合交通中心内有五星级酒店，房间开间尺寸最少为4.2 m。因此，轨道交通站厅层及站台层柱网尺寸按照8.4 m倍数考虑并结合站台及轨道排布，定为16.8 m及25.2 m。模数化的柱网便于结构设计且减少结构转换及工程投资。8.4 m模数柱网示意图如图9所示。

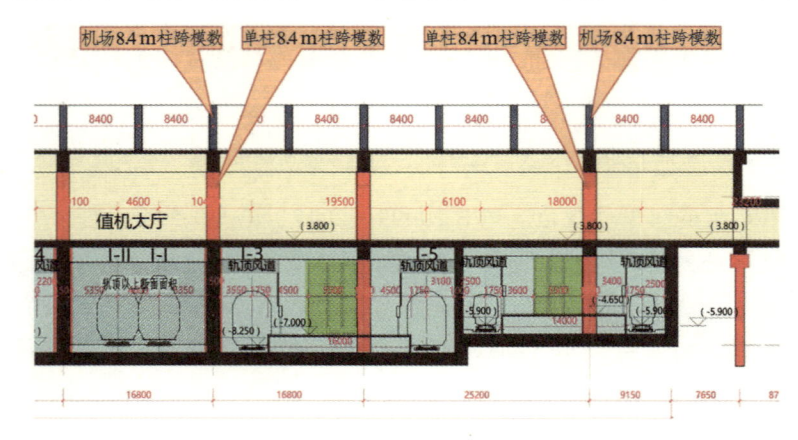

图 9　8.4 m模数柱网示意图

同时，在模数化柱网基础上，结合上述站台宽度最小值分析，进行站场布局，最大化减少站场总宽度，站台层基坑宽度最终确定为146 m。如图10所示为站台层基坑宽度。

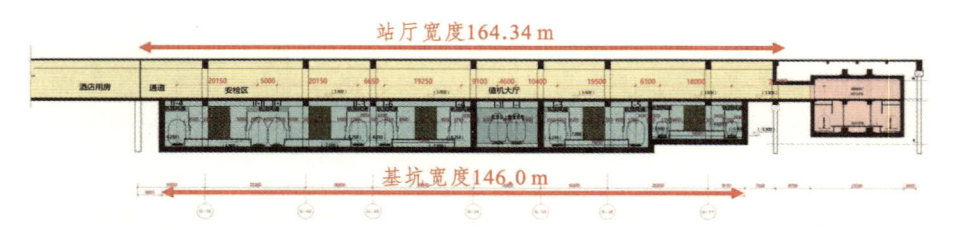

图 10　站台层基坑宽度

5　结语

近年来，地下高速铁路客站逐渐增多。地下站房涉及较大的土方开挖及结构投资，需合理设计站场尺寸。本文以广州白云机场T3综合交通枢纽为例，从站台出入口宽度、站台建（构）筑物宽度、站台有效通行净距及屏蔽门所需宽度等方面，对地下高铁站房站台宽度进行研究，并得出岛式站台及侧式站台的合理站台宽度数据。在完善车站站台宽度计算公式的同时，还应该在具体的研究和规划设计方面进行改善。例如，重新对站台上楼梯和自动扶梯的上下行通过能力进行确定，以期在满足安全疏散的条件下合理控制站台上的楼梯和自动扶梯的宽度[2]。站台宽度的合理确定决定车场的宽度，继而影响工程投资，希望本文的研究对今后地下铁路客站的设计工作提供参考。

参考文献：

[1] 刘建友，吕刚，岳岭，等. 京张高铁八达岭长城站设计思路及创新支撑[J]. 铁道标准设计，2021，65（10）：32-37.

[2] 柴小艳，叶霞飞. 中日城市轨道交通站台宽度对比研究[J]. 城市轨道交通研究，2011，14（2）：4.

[3] 李庆生. 客运专线车站旅客站台宽度的研究[J]. 铁道运输与经济，2005，27（10）：3.

[4] 国家铁路局. 高速铁路设计规范：TB 10621—2014[S]. 北京：中国铁道出版社，2014.

[5] 国家铁路局. 铁路车站及枢纽设计规范：TB 10099—2017[S]. 北京：中国铁道出版社，2017.

[6] 周铁征. 于家堡站，天津，中国[J]. 世界建筑，2017（5）：2.

[7] 国家铁路局. 铁路工程设计防火规范：TB 10063—2016[S]. 北京：中国铁道出版社，2016.

[8] 国家铁路局. 铁路旅客车站设计规范：TB 10100—2018[S]. 北京：中国铁道出版社，2018.

[9] 赵琳，孙行，吕刚，等. 京张高铁八达岭长城站站台宽度计算及舒适度分析[J]. 铁道标准设计，2020，64（1）：8.

以铁路为主导的城市交通枢纽换乘研究
——以白山市综合客运枢纽为例

付杰，张兴超，李政

（中铁第六勘察设计院集团有限公司）

摘　要：综合客运枢纽快速建设发展背景下，其接驳换乘衔接效率对综合交通规划有着重要影响。在空间导向理论引导下，以白山市综合客运枢纽为例，分析以铁路为主导的城市交通枢纽接驳旅客客流和布局特征，剖析综合客运枢纽与各接驳交通方式间换乘衔接方式和效率提升途径，在客运枢纽与周边路网交通组织、枢纽内部换乘方式布局、各接驳方式间流线组织等三方面提出综合客运枢纽接驳换乘效率提升策略，为同类型综合客运枢纽规划建设提供有效参考。

关键词：综合客运枢纽　接驳换乘　接驳空间　空间导向理论

引言

国家综合立体交通网是我国综合交通体系的基本所在。综合交通枢纽作为综合立体交通规划的重要一环，是不同交通方式衔接的纽带，并支持着综合立体交通网的发展。综合交通枢纽换乘的有效衔接问题以及换乘效率提升网研究是综合立体交通规划环节中最为基础且关键的一项。因此，分析换乘效率影响因素既能够使枢纽站换乘效率快速提高，又可以为顾客解决烦恼，降低旅客的换乘时间，通过使运输系统更加完善，为顾客解决难题，具有十分重要的意义。

1　研究基础

1.1　发展现状

国内学者在换乘效率一方面已经有了初步的研究以及理论基础，包括换乘效率的界定、影响因素的研究和评价指标体系的构建等方面。王紫晨[1]等运用层次分析法构建高速铁路枢纽站乘客满意度及评价体系；方蕾[2]从方便性、迅捷性、舒适性（乘客服务水平）和经济性4个方面构建了评价体系并进行了评价；朱胜跃[3]等认为换乘安全、换乘环境、换乘距离以及建筑风貌为枢纽设计最重要的4个要素；陈旻瑜[4]从乘客角度出发构建车辆、设施设备和客运服务3个方面评价指标体系。综上所述，以往学者多为对综合客运枢纽换乘效率评价的模型构建，采用层次分析法、综合集成赋权法、模糊聚类等主观方法进行分析，缺乏对接驳空间整体布局和换乘流线组织的系统研究。因此，本文以白山市综合客运枢纽为依托，在空间导向理论的引导下，剖析以铁路为主导的综合客运枢纽接驳交通的空间布局和流线组织，在理论与项目实践的基础上，提出接驳换乘效率提升策略。

1.2 理论基础

空间导向理论是多个学科领域理论，在建筑、艺术、环境、平面设计等多个学科设计领域有广泛研究应用。所谓的"导向"就是指人们在所处的空间环境中能快速地辨别出自己身在何处并且尽快熟悉自己接触的事物，并决定下一步将要到达某个空间场所所采用方式的一系列全过程。空间导向设计由一套完整的导向体系构成，该体系具有可识别性、合理性、连续性和系统性等特征。空间导向设计并不是简单的标识设计，而是包括空间布局形式、组合方式以及流线组织等多体系设计。在综合客运枢纽接驳换乘设计过程中，让旅客快速分辨自己所处位置并了解接驳换乘的目的地，能够在很大程度上提升综合客运枢纽的接驳换乘效率。

1.3 项目概况

规划范围位于新建沈阳至白河铁路与鹤大线（G201）的围合区域内。建设内容主要是白山市综合客运枢纽（汽车客运站房、GTC、公交枢纽站和商业功能）、长途车场、公交车场、社会车车场及地下空间开发。白山东综合客运枢纽效果图如图1所示。

图1 白山东综合客运枢纽效果图

项目总用地面积 5.65 hm²，枢纽总建筑面积 9 900 m²，地下空间开发总面积为 7 000 m²，地上长途、公交、出租、社会等各交通设施车场及景观广场占地面积为 47 000 m²。

2 客运枢纽接驳空间布局研究

2.1 铁路旅客客流特征分析

2.1.1 铁路旅客行为基本类型

按状态分，综合枢纽乘客行为可分为候车、换乘、购票3种基本类型[5]。伴随综合客运枢纽周边土地资源开发利用强度加大，枢纽不仅仅局限于候车、换乘等功能空间，商业、展览、文化娱乐等城市休闲功能与交通空间相互重叠，休闲、消费成为旅客行为状态的第4种类型。

2.1.2 铁路旅客行为特征

铁路旅客行为特征指以交通换乘为目的行为。由于在综合枢纽地点，旅客通常主要的活动为换乘，因此，枢纽的"换乘"功能特征尤为重要。不同的交通方式的特点不同，因此，交通换乘行的分类方式也有所不同，主要包括换乘城市对内交通运输方式，轨道交通之间或轨道交通与城市公交之间的换乘。换乘城市对外交通运输方式主要是指旅客在进行换乘过程中在城轨、公交与高速铁路之间的行为方式。

2.1.3 铁路旅客行为影响因素

在枢纽中，旅客的行为多样，且行为方式大多都不统一、不固定，主要原因是在影响综合枢纽的内部环境的因素较多[6]。影响旅客到发、换乘行为的因素，主要的影响因素有3类。

换乘时间、换乘距离太大，会影响旅客的舒适度，如换乘距离太小，将给枢纽的功能空间组织设计和人员集疏散工作造成困难。

2.2 与高铁站房相对空间布局模式分析

对于不同类型的综合枢纽，内部功能布局的影响因素有很多。枢纽与高铁站房相对位置的布局应根据乘客的需求，所处地理位置、周边交通环境以及不同功能空间转换所需土地规模等多个因素，分为平面、立体和混合式。与高铁站房相对空间布局模式如图2所示。

2.2.1 平面式

与高铁站房在同一平面上，综合客运枢纽和站房，主要呈现出一种相对独立的分布模式，因此，在该分布模式上，枢纽的车流、人流主要集中在同一水平面上。对于彼此间换乘流量大的功能区，应优先考虑将它们临近布置，以保证干流方向旅客换乘的便利性，另外尽可能地降低各方向换乘流线间的冲突程度。

2.2.2 立体式

这种模式就是在站房与客运枢纽的不同建筑层面上布置各功能区设施，一般以一种功能区空间作为主导功能区，在建筑体内通过楼梯、扶梯和电梯实现各种功能区之间的衔接与换乘。该立体式的布局，使交通枢纽在交通集散、换乘功能上效果显著，此外，在餐饮、休闲、娱乐上也优势显著，因此，它是一个集多功能为一体的城市枢纽综合体。

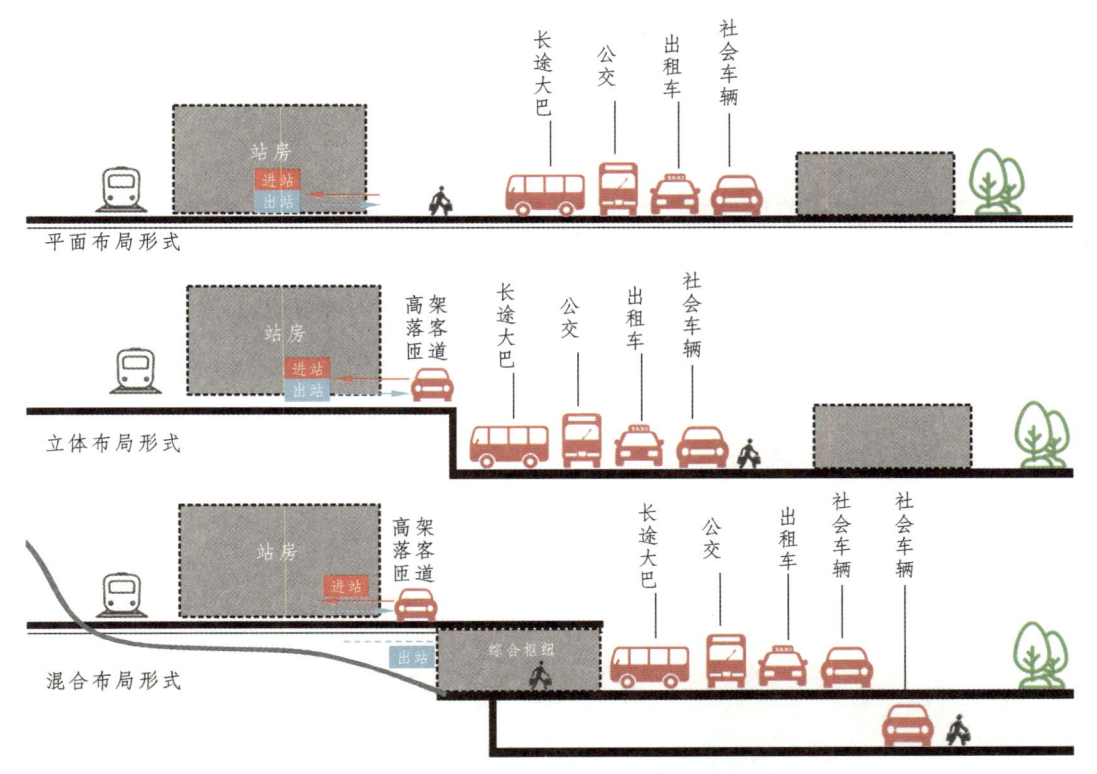

图 2　与高铁站房相对空间布局模式

2.2.3　混合式

混合式是平面式和立体式相组合的布局形式。结合城市用地、交通、环境等特点，适宜布局不同功能区，既能确保枢纽旅客的高效换乘，减少换乘距离，又能改善城市交通网络的功能，使得城市居民出行方便、换乘快捷。

白山综合枢纽采用混合式布局，结合周场地东高西低的地形和与白山东站高差大的场地特征，枢纽与站房呈立体式布局，位于站房北侧的正下方，长途客运、公交与高铁站房呈"品"字形展开布局。社会车、网约车集中在枢纽前同一平面上，降低换乘与立体换乘流线之间的交叉，实现多种交通方式的"一体化"换乘。

3　白山东综合客运枢纽空间导向分析

3.1　枢纽内部接驳换乘衔接空间导向分析

通过对白山东综合客运枢纽简化模型进行空间网格细分处理，将枢纽空间平面划分成 500 mm×500 mm 方格网，并利用 depthmap 软件建立白山东综合客运枢纽视域分析模型，对其进行视域分析。枢纽内视觉整合度分析如图 3 所示。

通过对换乘枢纽内部视觉整合度进行分析，分析显示整合度数值范围在 1.69～13.37。枢纽内视觉整合度分析图显示了白山东综合客运枢纽的换乘空间可视性特征，红色表示整合度最高，蓝色表示整合度最低。图中显示获悉 GTC 南侧进站口区域视觉整合度最高，其次分布在 GTC 与公交车场通道商业界面和长途车通道区域。而通往高铁站的 GTC 北侧和高铁出站通道区域的视觉整合度均较低，尤其出站通道处，其视觉整合度仅为 5.37。这表示白山东综合客运枢纽换乘空间在高铁的出站通道处可视性平均较低。

图 3 枢纽内视觉整合度分析

如图 4 所示，对白山东综合客运枢纽的主要换乘节点的视线深度进行分析，蓝色表示最易看到的位置，红色表示最难以看到的位置。图中显示，高铁出站通道处的视域范围较小，以出站通道处的换乘乘客整体空间深度较大。出站通道没有岔口，通过标识设计，在空间导向的作用下，乘客可以顺利到达出站通道和 GTC 的交叉口处，在此处的视域范围更广，对于主要节点来看，均有较大视域范围，对于换乘的其他各种交通方式具有较强空间导向性。

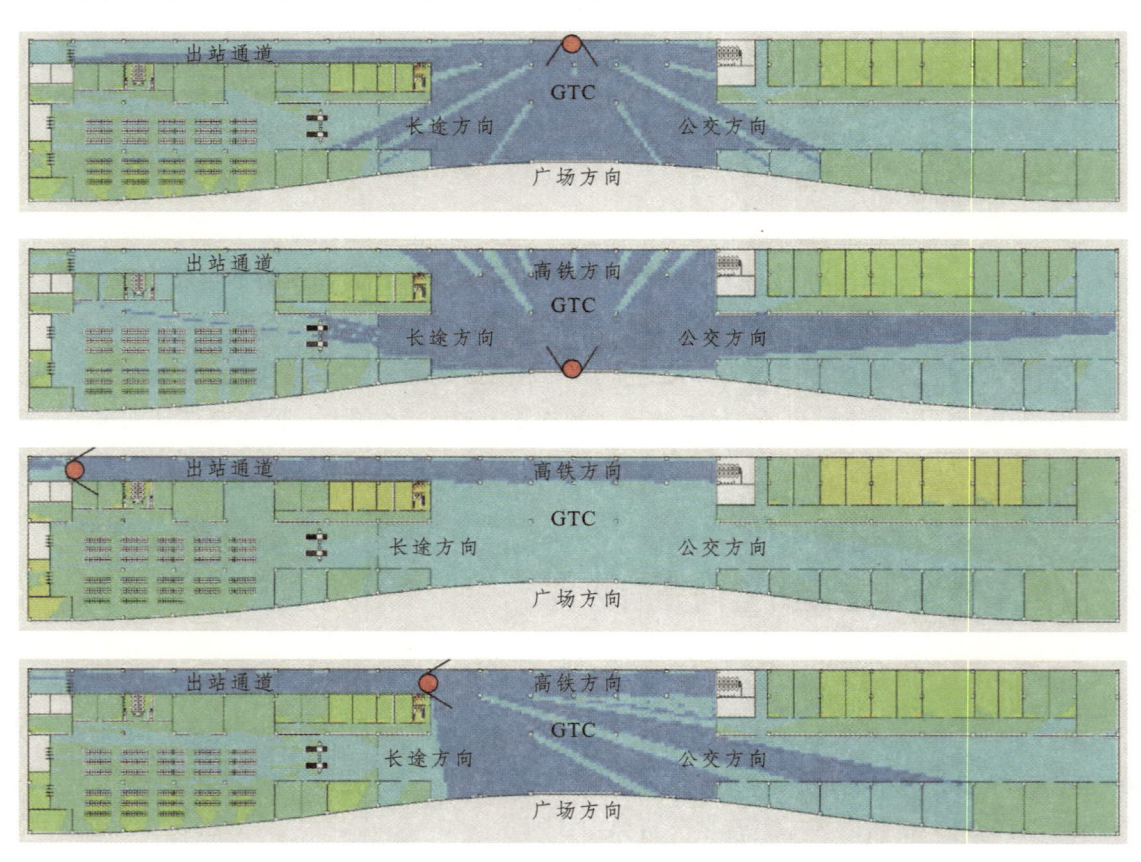

图 4 枢纽内主要节点视域分析

从白山东综合客运枢纽内部的凸视面分析获悉，枢纽换乘空间内部的平面整合度与连接值的线性回归指数为 0.874，两者的相关性极强和可理解度，出站旅客在枢纽内部换乘时具有良好的可视性和认知感，空间内部对旅客流向具有较好的空间导向性。

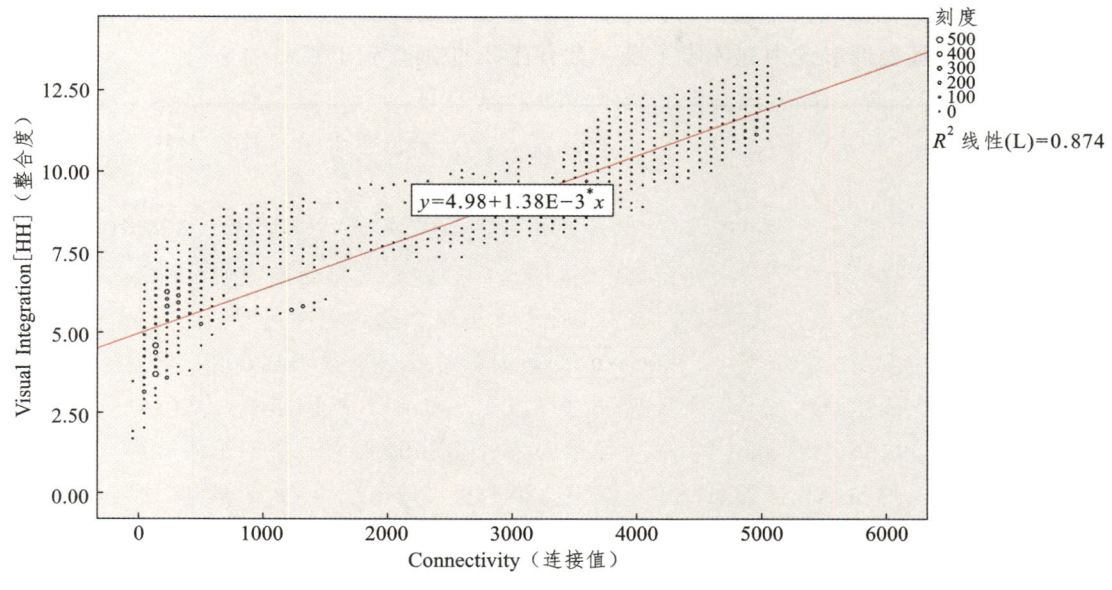

图 5　视域分析空间可理解度

3.2　枢纽与接驳换乘交通空间导向性分析

旅客对交通枢纽换乘接驳空间的认知和理解是铁路为主导的城市交通枢纽换乘接驳空间流线组织过程中的重要因素。在陌生复杂的连续变换空间中，旅客对换乘接驳空间的识别依靠空间结构拓扑关系，所以换乘空间导向性对各交通方式接驳流线优化提升和提高旅客换乘效率起到重要作用。在空间句法中 Integration[HH]（整合度）和 Connectivity（连接值）的相关度（R^2）可以用来量化旅客对换乘空间的认知和理解程度。

如图 1 所示，从白山东综合客运枢纽各交通接驳方式功能区空间结构分析可以看出，白山东综合客运枢纽整体呈景观广场为中心其他接驳交通场地和换乘 GTC 周边环绕布置的空间格局。另外，进站各交通接驳换乘旅客大部分需通过 GTC 后再进入高铁站房，高铁出站旅客均需通过 GTC。优势在于所有的交通接驳换乘与 GTC 的布深均不大于 2。由此可以看出，白山东综合客运枢纽换乘接驳的空间结构逻辑清晰且布局紧凑。

如图 6 所示，从白山东综合客运枢纽换乘空间和周边车场间的凸视面分析获悉，换乘接驳空间的平面整合度与连接值的线性回归指数为 0.932，两者的相关性极强和可理解度，表现出了旅客在接驳换乘时对空间具有良好的空间认知和理解，说明白山东综合客运枢纽换乘空间与周边车场之间的换乘流线具有较好的空间导向性。

3.3　周边路网对客运枢纽空间导向性分析

长途客站与高铁站房所处的位置不同，分为集中式一体化布局和周边式布局两种。周边式布局，主要是指在位置的设置上，整体位于枢纽一侧，且呈单独布局，或者会整体远离枢纽区域。该布局方式整体上来说缺点较明显，其主要的缺点是在进行铁路换乘过程中其花费的时间和距离相对较远。结合实际建设情况，白山市综合客运枢纽长途车衔接采用立体式集中式一体化布局。立体式集中式布局长途客站的位置靠近高铁站房，且一般会在站前广场一侧，通常情况下其表现形式为立体停车场，具有良好的空间导向性。

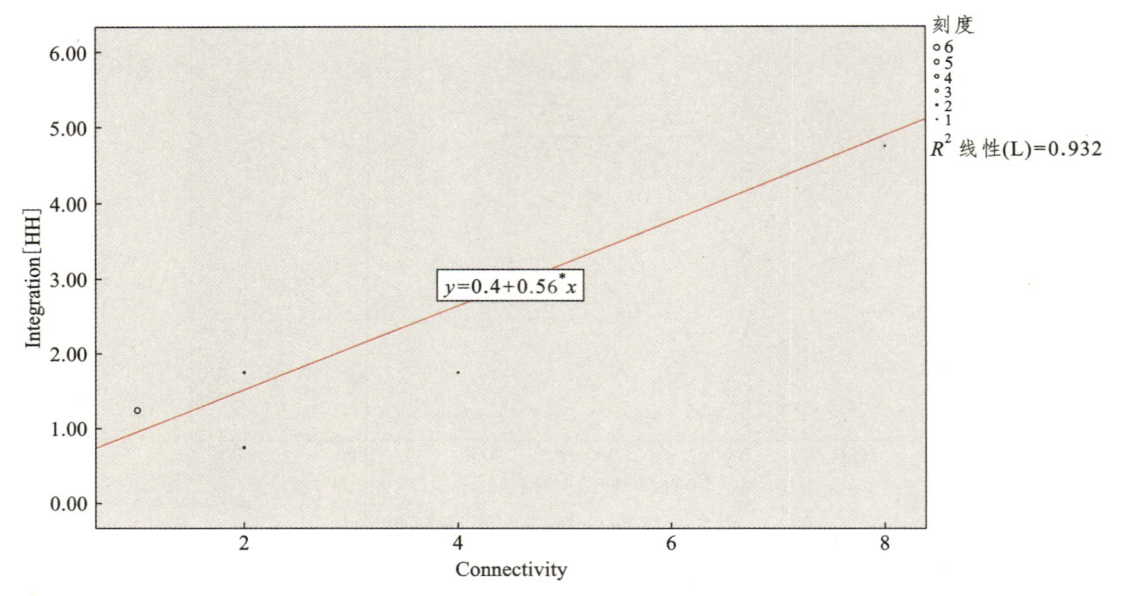

图 6　凸视面分析空间可理解度

4　客运枢纽接驳换乘效率提升策略

4.1　枢纽与周边路网的交通组织

为提高综合客运枢纽接驳换乘效率，需要在空间导向理论的引导下，协调高铁站房与枢纽内部各交通接驳换乘方式、外部交通流线的衔接关系。目前很多的枢纽站房正对城市道路，广场与城市道路平行，不利于交通组织。

因此推荐综合交通枢纽与城市路网采用两侧连接的形式，拉通枢纽周边进出通道，增加转换节点，使周围路网与枢纽贯通。同时，可以采用快速路匝道高进低出等方式，合理地设计的匝道宽度和车道数，保证在特殊情况下仍有保证通行能力，减少不必要的拥堵。该模式具有兼容性和延展性，为远期结合实际需求，实施单向交通组织、共享道路、无车区等预留条件。

4.2　枢纽内各换乘交通方式布局

综合客运枢纽为乘客出行带来更高选择性和更便捷的出行方式的同时，由于其内部换乘关系的复杂性，致使枢纽内的各换乘交通方式布局成了设计的重难点。因此，在综合客运枢纽内部接驳方式布局设计时，接驳方式的位置是换乘效率的重要影响因素。合理的接驳交通布局和空间导向设计，可以缓解旅客的滞留时间，极大提升综合客运枢纽内部换乘效率。为了让换乘时间和距离进一步缩短，需要科学规划枢纽内部设计，通过各种换乘方式来减少换乘距离，实现人车分流，避免交通压力。

在充分考虑空间导向设计理念及场地条件约束的情况下，综合客运交通枢纽地块立体高效的交通组织则显得尤为重要。立体化设计有助于分离慢行与其他各换乘交通方式，其通过简洁高效的立体匝道，在保证枢纽交通优先的同时，逐级分离城市交通，避免两者相互干扰。在路网规划设计时，可根据地块现状条件，有序提前分离各类型交通，降低进城交通对进站交通影响，同时对不同目的地的交通流采用渠道化分层分类组织。高铁、枢纽站房、公交场站、小汽车停车、自行车停车等各部分功能空间需有机合理组织，集约利用土地及各层空间，最大化地减少换乘距离，缩短换乘时间。

4.3 枢纽各接驳方式间流线组织

人流车流互为干扰问题是枢纽内部流线设计的关键考虑因素，因此在设计过程中，需要运用空间导向设计将人流车流分离，实现完全人车分行。在空间布局上，需要明晰乘客疏散和汇集通道互不干扰设计，这样能够让乘客人身安全有保障，同时也能够让枢纽换乘效率更高。

中小型综合客运枢纽接驳方式采用平面布局时，设计中可采用人行区域在中央，其他车行接驳空间以"指状"或"岛式"周边式布置的空间布置方式。在换乘节点处做好标识系统设计，秉承互不干扰，分离设置的原则，以规避人流过大，出现拥堵的问题，同时也可以设置护栏进行人流分离。

复杂的交通枢纽也面临诸多运营管理难题，有必要利用先进的智慧技术手段，构建枢纽多源数据监测及决策支持体系，打造智慧枢纽，解决枢纽不通畅、不便捷和运营效率低的问题。通过智慧技术创新，打造智慧枢纽管控平台，强化全程交通出行引导、无缝对接的换乘诱导，提供枢纽全出行链条智慧出行服务。积极推动并提供快速高效的安检体验，推动国铁、地铁、城市客运安检互认，研究生物识别进站等新科技手段，提高枢纽运营效率。

5 结论

本文通过对综合客运枢纽旅客特征、空间布局模式和客运枢纽空间导向的归纳分析，在以铁路为主导的城市交通枢纽换乘研究背景下以白山市综合客运枢纽为依托，结合平面式、立体式和混合式接驳空间布局的优缺点与白山市综合客运枢纽区位和地形特征，确定白山市综合客运枢纽与城市内部、城市外部和慢行系统 3 类交通间衔接方式。通过白山市综合客运枢纽规划设计，归纳总结综合客运枢纽接驳换乘效率提升策略，在为白山市提升交通出行服务水平和经济效益的基础上，也为同类型综合客运枢纽规划建设提供有效参考。

参考文献：

[1] 王紫晨，刘萍，余孝军. 贵州省城市公路综合客运枢纽服务质量满意度评价研究[J]. 交通企业管理，2015，30（11）：40-42.

[2] 方蕾，邹哲，庞志显. 城市轨道交通服务质量模糊综合评判[J]. 城市，2004（1）：28-30.

[3] 赵慧，朱胜跃，吴海俊. 北京客运交通枢纽满意度及设计要素调研分析[J]. 城市道桥与防洪，2012（12）：9-11+5.

[4] 陈旻瑜. 地铁乘客服务水平评价体系研究[J]. 城市轨道交通研究，2006（9）：63-64.

[5] 王晶. 基于绿色换乘的高铁枢纽交通接驳规划理论研究[D]. 天津大学，2011.

[6] 陈少芳. 综合客运枢纽内部换乘组织优化研究[D]. 吉林大学，2013.

中小车站改扩建策略研究
——以怀仁东站改扩建为例

李文涛

（中国铁路设计集团有限公司）

摘　要：城市快速发展与铁路网络的不断完善，导致车站改扩建需求的急剧增加。本文研究中小车站改扩建的适用手法，就既有工程评估、车站扩建方向与新旧融合策略开展论证，结合怀仁东站改扩建机遇，实践"消防统一""便于过渡"与"空间整合"的扩建原则，为未来中小车站改扩建项目提供一定的借鉴意义。
关键词：中小车站　改扩建　怀仁东站　新旧融合

引言

随着铁路线网不断完善，服务质量的提升，经济快速发展，高铁客站客流激增。前期高铁建设时期因对其认识不足，造成现状车站规模不足，不符合城市规划发展需要，导致越来越多政府提出车站扩建需求。但相较于大型枢纽改扩建项目，中小车站常囿于资金少、改造限制因素多等诸多问题，不仅对既有工程完全拆除要慎之又慎，也要在车站改扩建期间组织过渡实施，保证既有铁路的安全运营。整体工程既要经济节约，又要达到"新旧融合"的扩建效果，统筹规划、功能整合与空间融合是改扩建项目的核心所在。

1　中小车站改扩建应用策略

中小车站车站改扩建基于经济节约原则，尽可能利用既有工程，但如何与既有工程相结合，首先需要对既有工程进行评估，研判既有工程策略，明确扩建方向，论证新旧功能结合策略，最终达到旅客体验良好、空间整合的效果。

1.1　既有工程评估

对既有工程评估如下：车站建筑主要从功能流线、结构稳固、消防内容、沉降情况、建筑造型等方面进行充分评估；站场设施主要从站台雨棚、进出站地道或天桥的使用情况进行评估；最终形成评估意见，以此指导后续设计工作。

1.2　扩建方向研究

我国需要改扩建的一般是线侧式中小型车站，在明确新建车站总体规模后，总体来说有以下扩建方式：广场侧扩建、两侧扩建、站场侧扩建、多向扩建（见表1）。其中，站场侧扩建最有效，造价最高；广场侧扩建方式效果较好，两侧扩建方式效果一般。

表1　扩建方向研究汇总

扩建模式	广场侧扩建	两侧扩建	站场侧扩建	向上或向下扩建	多向扩建
优点	便于过渡，易实施，可有效改善候车环境与造型	便于过渡，不影响既有工程运营，易实施	利用桥下空间或站场上方优化进出站流线，可最大程度提升候车空间体验，扩建方式最有效	设基本站台线侧下式车站扩建时，可考虑线侧平站型；线侧平式站型可考虑线侧下扩建，优化进出站流线	需巧妙解决过渡工程，易实施，可有效改善候车环境
缺点	进出站流线加长	未有效改善候车环境	实施难度大，工程复杂，造价高，需组织过渡工程	实施难度大，工程复杂	既有工程制约较大

1.3　新旧融合策略

既有车站的改扩建中利用既有建筑通常可大幅度节约工程投资，充分评估利用既有工程的内容，研究结构与建筑部分的保留程度，对不同扩建方式进行比选论证，根据铁路运营模式，评估不同方案的改造工程难度系数，遴选出经济节约、效果最好的扩建方案。

1.3.1　"消防统一"原则

消防规范在2015年有较大调整，需要改造的车站按照当时消防规范要求实施，满足现行规范的改造工程代价极大。因此，为了便于车站消防审批，新旧工程融合要按照"消防统一"原则，前期调研中要系统地评估既有建筑消防设施是否满足消防要求，客观评估改造代价，明确新旧结合策略。既有工程不能满足现行消防规范且不能改造时，新建功能可通过连廊与既有工程衔接，消防系统独立设置；既有工程现状或通过极少代价可以满足现行消防规范，则可将新建车站候车功能与既有工程整体衔接。

1.3.2　"便于过渡"原则

基于既有车站在施工改造期间不能影响既有铁路的安全运营的要求，同时，既有工程的改扩建设计的关注核心不仅在于车站建筑本身，也要关注安检、实名认证、进出站流线组织与涉及相关专业工程改造的系统设计。因此，通过合理组织过渡期间的进出站流线，尽量"不设"或"少设"临时过渡设施，可极大助力节约工程投资。

1.3.3 "空间整合"原则

新旧之间的造型结合有"形象融合"与"新旧分离"两种手法：一是在既有建筑规模与新建建筑规模体量相当的情况下，需要充分利用既有设施作为车站功能，则可将新建与既有工程外形整合为统一的建筑形象；二是新建建筑规模明显高于既有建筑，既有建筑弱化为配套功能，可以采用"新旧分离"的手法，将车站形象重心转至新建部分。

内部空间为了降低旅客对于新旧建筑空间的割裂感，可将候车功能与既有工程尽可能按照"空间整合"的方法衔接。即从建筑结构与吊顶的高度入手，使新建候车厅吊顶高度、室内装修风格与既有吊顶统一。对既有车站建筑的候车空间较差，且不具有历史保护价值时，也可采用重新装修的方式，与新建候车空间风格统一。

2 以怀仁东站改扩建为例的设计策略研究

2.1 既有工程评估

既有怀仁东站为韩原线既有车站，采用线侧下式站型，于 2014 年 3 月 19 日开通，主要用于货运和旅客行李托运等业务，车站建筑面积 1 056 m²。为了旅客便捷出行，2019 年利用既有韩原线开通动车组，怀仁东站广场侧扩建过渡站房，新旧站房由 15 m 连廊连接，总建筑面积 1 800 m²。2020 年引入集宁经大同至原平铁路，对既有二站台扩建，延长既有 5 m 宽地道作为出站功能，新建 8 m 宽地道为进站功能在充分利用既有车站建筑的基础上，批复新增站房规模 7 800 m²。既有怀仁东站（见图 1）主要存在以下问题：

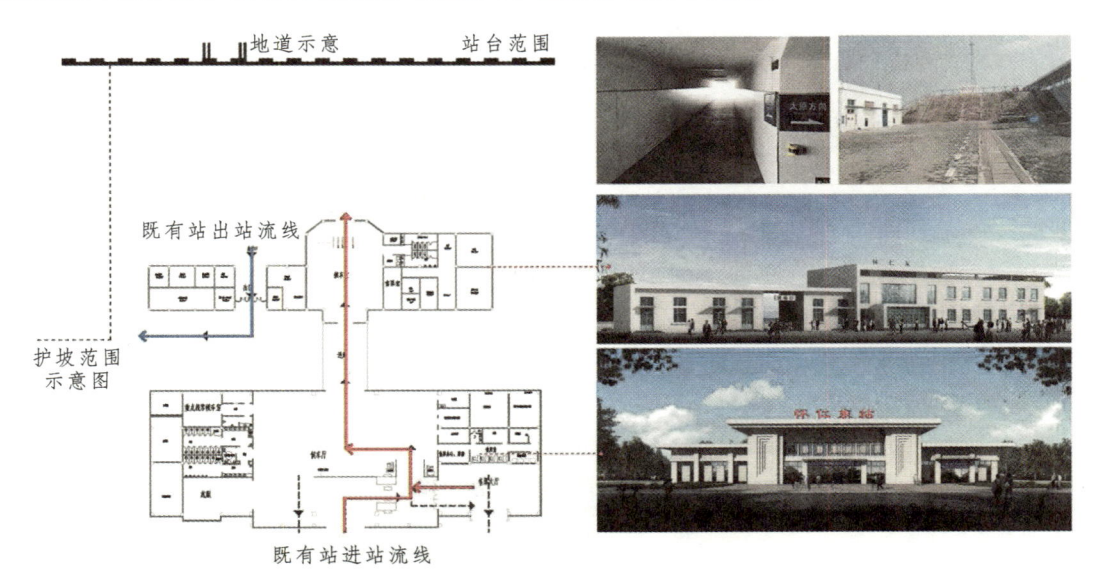

图 1 既有怀仁东站情况

（1）既有车站为 2013 年完工，不满足现消防规范，原候车室面积只有 230 m²。既有车站功能还包含办公与设备功能，设施满足保留条件。

（2）过渡工程结构设计年限为 50 年，满足结构工程保留条件；方案造型完整，新旧之间难以融合。

（3）既有地道为 5 m×3 m，旅客空间感受较差；车站北侧为既有护坡，与既有车站之间间距 6 m，北侧扩建困难较大。

2.2 扩建方向研究

怀仁东站为线侧下式站型，延长既有 5 m 宽地道作为出站功能，新建 8 m 宽地道为进站功能。车站由既有站房、临时过渡站房及新建站房 3 部分组成，既有与过渡站房规模为 2 200 m²，新建规模为 7 800 m²，总建筑规模为 10 000 m²。

2.2.1 "消防统一"的新旧结合

新建车站功能与临时过渡车站可按照"消防统一"原则结合设置，与既有站房消防分离处理。因此，既有车站南侧布置新建车站主体功能，保证新旧候车厅公共区的有效联结，向广场侧扩建一跨公共联系通廊；办公等服务功能靠近站场方向布置，与既有站房办公，保证广场侧皆为公共区域；在既有与新建之间的留白设置绿色庭院，提升候车空间体验；利用既有售票功能，直面候车区，在新建部分设置自助售取票，预留施工过渡站房期间的人工售票功能；结合特殊旅客候车，设置绿化与展示功能，在前厅不妨碍旅客处设置怀仁陶瓷文化展览台。功能生成如图 2 所示。

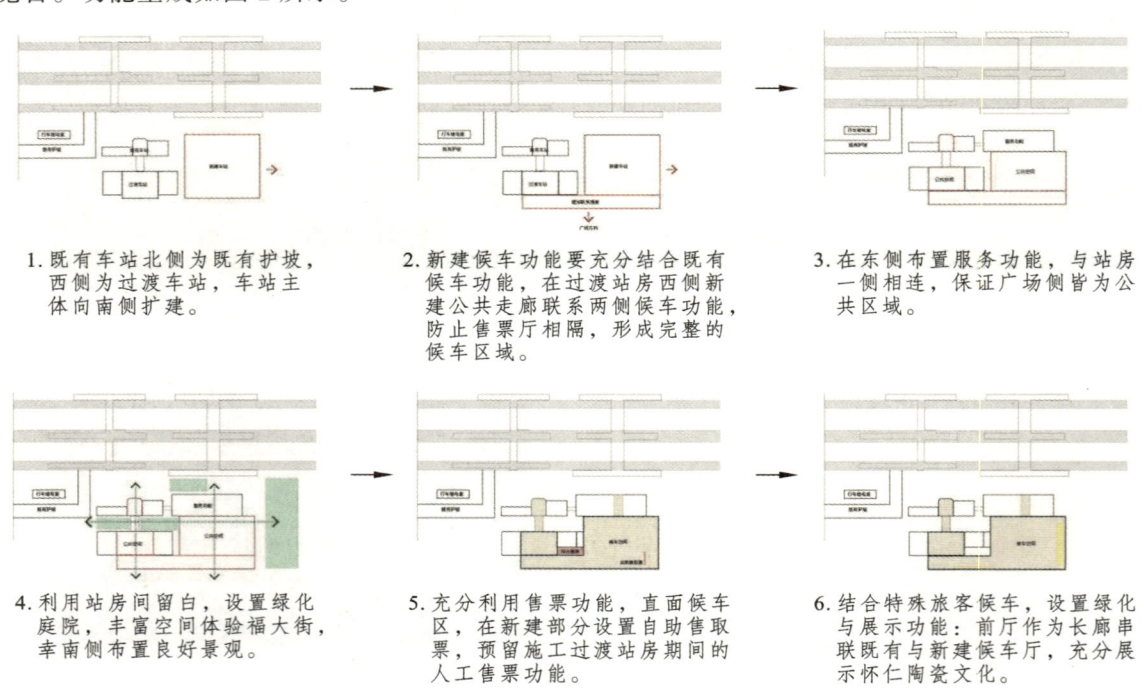

1. 既有车站北侧为既有护坡，西侧为过渡车站，车站主体向南侧扩建。

2. 新建候车功能要充分结合既有候车功能，在过渡站房西侧新建公共走廊联系两侧候车功能，防止售票厅相隔，形成完整的候车区域。

3. 在东侧布置服务功能，与站房一侧相连，保证广场侧皆为公共区域。

4. 利用站房间留白，设置绿化庭院，丰富空间体验福大街，幸南侧布置良好景观。

5. 充分利用售票功能，直面候车区，在新建部分设置自助售取票，预留施工过渡站房期间的人工售票功能。

6. 结合特殊旅客候车，设置绿化与展示功能：前厅作为长廊串联既有与新建候车厅，充分展示怀仁陶瓷文化。

图 2　功能生成

2.2.2 "便于过渡"的分期实施组织

采用拆除既有过渡车站的旅服与卫生间，利用既有出站与过渡工程 7.2 m 跨作为出站厅。

因出站功能为非采暖空调区域，可充分利用既有出站设施，在户外设置玻璃雨棚，可使旅客享受"花园式出站厅"。

1. 首先在既有工程运营时，施工新建站房

2. 既有站房改造完成后，形成新建地道与候车厅进站系统避开既有基础，站前公共厅利用既有站房柱结构，在新建候车厅进站，既有建筑北侧出站。

3. 在新建工程完成后，对既有站房进行改造，轴网站、既有地道与站房出站的新格局。

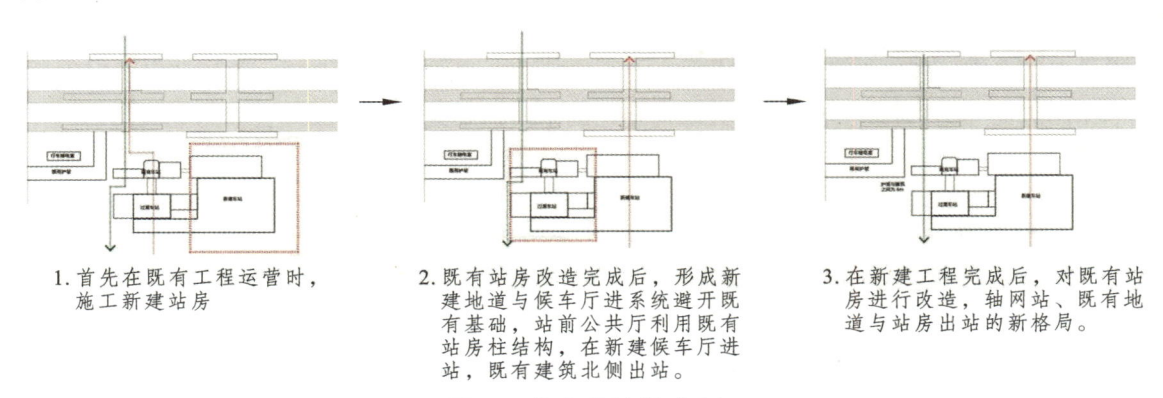

图3　进出站流线分析

首先在既有工程运营时，施工新建站房，此时利用既有工程进出站；在新建工程完成后，对既有站房进行改造，轴网系统避开既有基础，站前公共厅利用既有站房柱结构，在新建候车厅进站，既有建筑北侧出站。既有站房改造完成后，形成新建地道与候车厅进站、既有地道与站房出站的最终格局。进出站流线分析如图3所示。功能布局如图4所示。

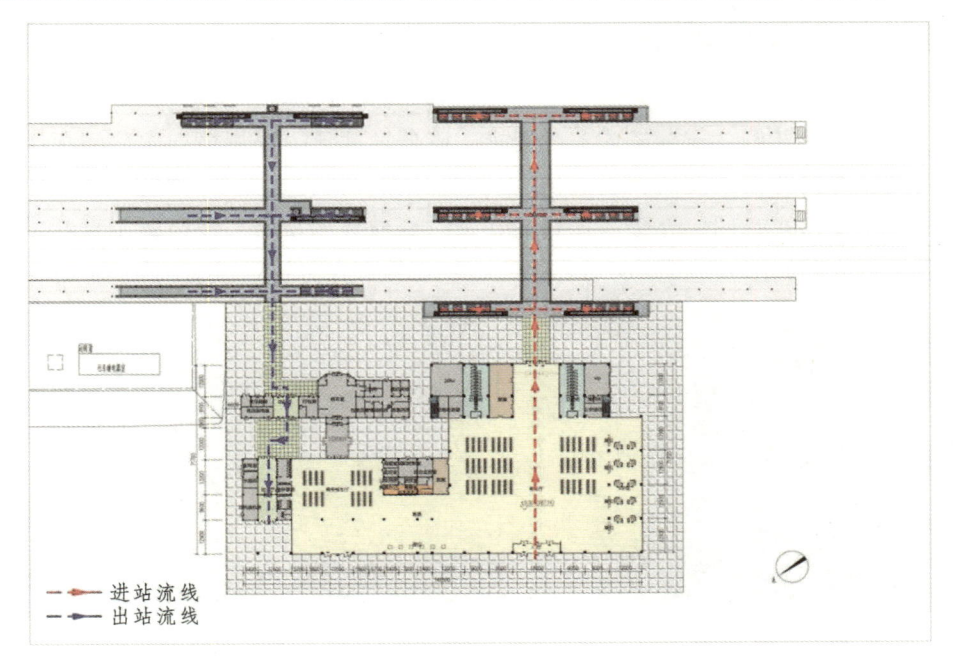

图4　功能布局图

2.2.3　内外一体的"空间整合"

1. 外部形象融合

既有建筑作为候车功能，新建车站与既有功能通过形象融合手法，打造交通性文化地标。怀仁古为云州，得名于《论语》中"怀德礼仁"，有垒旺火等民俗活动，素有"中国德乡、幸

福怀仁"之美誉。本案以"新旧融合，人文怀仁"为设计理念，提炼旺火民俗符号与历史文化，兼顾怀仁市的教育、陶瓷等文化产业，展现简洁大气的建筑之美。

既有站房候车厅建筑高 12 m，两侧辅助空间高 8 m，通过站前道路视线分析，提升南侧新建候车厅高度，形成视觉核心，结合"A"字柱，整合为"人"字造型，增加站房的标志性，契合怀仁历史人文，打造兼具传统与现代特色的车站。建筑造型生成过程如图 5 所示。

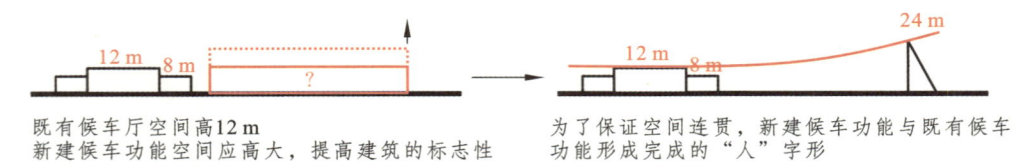

图 5　建筑造型生成过程

站房正立面面向北侧，充分考虑节能需求，降低窗地比，采用横向木色陶板为主的幕墙体系，横向隔墙之间穿插渐变的"楔形体"，夜晚可见"荧光点点"，体现"怀仁旺火"特色民俗。南侧为主要候车空间，充分衔接自然，透过斜向玻璃幕墙与横向遮阳百叶。站房的鸟瞰图与侧透视图分别如图 6、图 7 所示。

图 6　鸟瞰图　　　　　图 7　侧透视图

2. 内部"空间整合"

新旧之间采用空间高度一致的吊顶，使旅客感受不到两个空间的"割裂感"，无论是外部造型还是室内空间，浑然一体；新建办公区为低矮空间，采用钢筋混凝土结构，经济适用，如图 8 所示；公共区域为高大空间，采用空间网架结构，利于外部展示形象如图 9 所示。

图 8　室内空间　　　　　　　　图 9　公共区域

3　结语

本文通过怀仁东站的既有车站与设施的评估、改扩建方向研究、功能与流线分析等适宜中小站型的改扩建流程与成果，希望为中小车站改扩建提供一定的借鉴。

（1）不同时期的车站扩建建议遵循"消防统一"原则，消防设施可以统一的既有车站可以充分融合，"消防设施统一"改造代价大或不能实现的车站与新建车站则需分离，通过连廊联结。

（2）通过合理组织进出站流线，通过既有工程与新建车站功能内部之间有效过渡，尽量不设置临时过渡设施，实现经济节约的"精明式"扩建。

（3）根据既有车站的功能属性研判造型整合策略，功能一致情况下采用形象融合策略，功能不一致则可考虑新旧分离。利用既有车站还需降低旅客对不同时期候车空间的割裂感，新旧空间吊顶高度及装修风格保持一致，实践内外一体的"空间整合"策略。

参考文献：

[1] 戴刘生. 既有铁路站房建筑改扩建模式探讨[J]. 城市建筑，2019（16），170-171.
[2] 韩超. 大型铁路综合客运枢纽站改扩建规划研究[J]. 铁道标准设计，2013（6），118-121.
[3] 刘保红，鲁文科. 以徐州站房改造为例谈既有铁路站房改造的特点[J]. 铁道标准设计，2013（4）：96-100.

（资料来源：图1~3、表1均为笔者自绘；图3~9均由中国铁路设计集团有限公司提供）

站城协同的线索
——伦敦利物浦街站及周边地区的城市发展研究

张少森，樊鹏涛，魏崴

（同济大学建筑设计研究院（集团）有限公司）

摘 要：本文基于利物浦街站周边地区开发的大背景，首先从关系共同利益的顶层设计、空间形态选择、交通联系方式3个层面诠释其空间构型的成因。其次分析其30余年发展历程中空间、功能、交通、人文、生态等层面为适应城市发展而产生的变化，进而梳理出其与城市协同发展的线索，以期为今后我国车站地区的发展建设提供可借鉴的经验。

关键词：站城协同　火车站地区　城市设计　利物浦街站

引言

铁路车站及其周边地区的发展通常有3个阶段：

（1）车站建设之初，处于城市边缘地带，带动城市的发展。

（2）车站发展带动周边地区的建设发展，交通逐步隐形化。

（3）城市进一步发展，运输需求转变，铁路车站综合前两个阶段的发展成果，完成交通隐形，铁路车站从阻碍城市发展的物理屏障，到填补区域联系，带动城市发展的引擎，推动车站地区的更新，以适应城市的发展[1]。

欧洲发达国家中心城区的车站及周边地区的发展基本已完成或者进入第3个阶段。本文从空间、功能、交通、开发机制等层面切入，深入研究分析伦敦利物浦街车站及周边地区适应城市发展诉求的演变规律，以期为国内铁路车站及周边地区的更新与城市协同发展建设提供借鉴。

1 背景

利物浦街车站位于伦敦金融城东北部边缘（见图1），拥有18个站台面。2019年以前，年进出站旅客约6 733万人，是伦敦第3繁忙的铁路车站。其周边现在是伦敦金融城主教门地区的大型办公零售街区。整个片区的开发始于伦敦金融、地产繁荣发展的20世纪80年代中期。该区域为原布罗德街站、布罗德街货站和利物浦街站的站场上方空间（见图2）。布罗德街站建成于1865年，紧邻利物浦街站，服务于伦敦北部铁路网，受二战的破坏以及20世纪汽车、有轨电车和地铁网络发展的冲击，客流量锐减，于1985年关闭，1986年被拆除。早在

设计探索篇

1975年，英国铁路公司公布了一项由Fitzroy Robinson & Partners主持的布罗德街站和利物浦街站片区的研究计划（见图3）。该方案的特点是利用铁路上盖进行高密度的物业开发，建筑以现代主义风格的高层和多层为主，但由于需要同时拆除了布罗德街车站、利物浦街车站的铸铁雨棚和站前的大东方酒店，完全破坏了历史建筑，该方案并没有得到实施。

图1 利物浦站片区区位

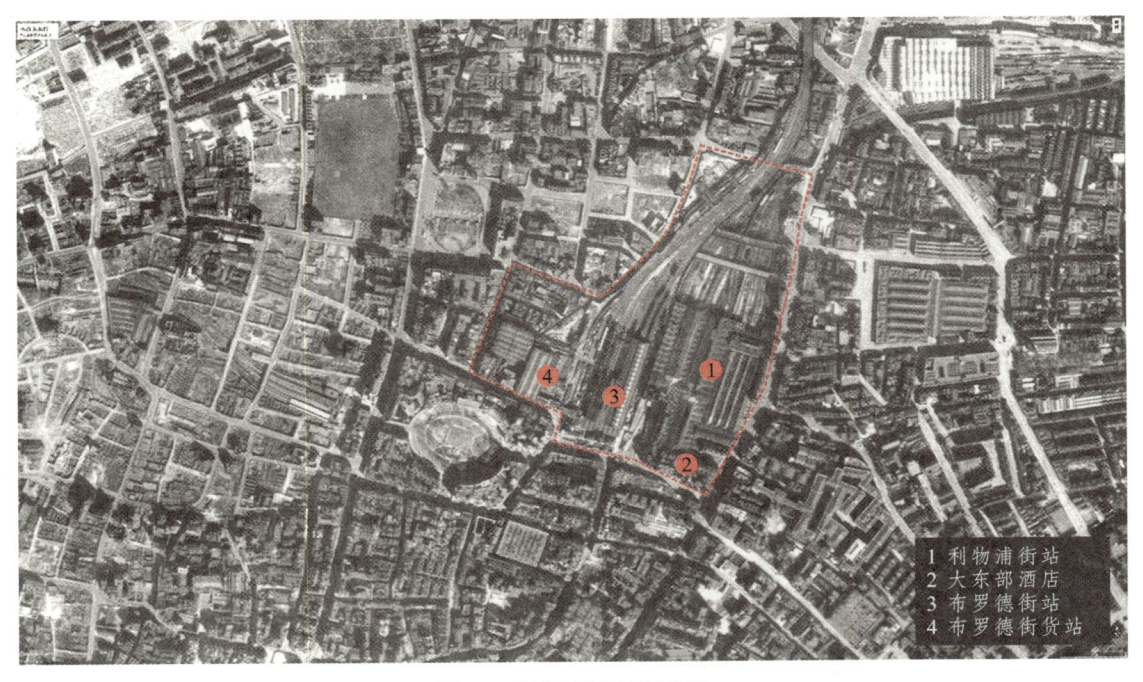

图2 原场地卫星图片

273

图 3　1975 年 Fitzroy Robinson&Partners 利物浦街站研究方案

1983 年议会通过了一项议案进行车站地区的重建，随后英国铁路公司宣布由泰勒·伍德罗（Taylor Woodrow）和维普（Wimpey）地产公司联合作为该地块的开发商，重新进行了方案设计，但由于缺少对周边城市环境的考虑，方案的可行性较低。1985 年英国铁路公司在多家方案中选定了由 Rosehaugh Stanhope 和 Arup 公司的开发方案。他们的方案不仅保留了部分利物浦街车站的历史结构，而且使之与周边新建现代主义风格的建筑融合，并成功提升了该地块的价值。

2　奠基——空间构型成型

2.1　构建共同利益的合作框架与空权转移

铁路站点周边的开发涉及铁路、地方政府、开发商等多方利益，在顶层设计层面构建合理的合作开发机制，实现各方利益的平衡，是整个项目成功的基础。布罗德盖特的合作开发机制不同于此后欧洲铁路车站地区的 PPP 开发模式（一种政府和社会资本合作模式），土地所有方英国铁路公司以土地租赁的形式将土地转让给私人开发商，铁路公司除了得到开发公司的一次性付款之外，还可以持续的获得开发利润的 33.3%～50%。而开发商并不拥有土地的永久产权，在租赁期限到期时，土地包括开发的建筑仍然归属铁路公司[2]。与 PPP 模式相比，开发商拥有更大的自主权，并且可以出售租赁的土地权益，相比欧洲其他铁路车站周边的开发项目，地方政府在此项目中的作用较小。这种特殊的合作框架与当时的时代背景有关，自从 1986 年撒切尔政府废除大伦敦委员会以来，规划权利归各区所有①。在该项目中开发公司与哈克尼区共同构成布罗德盖特规划的权力部门，一起负责该项目的开发，规划当局的作用

---

① 大伦敦议会（GLC）是伦敦的顶级地方政府行政机构。GLC 于 1986 年解散，其权力移交给伦敦自治市镇和其他实体。

主要限于各个阶段建筑许可证的审批，而其早期制定的作为长期发展框架的总体规划并不具备法律效力。此外，该项目的另一个特殊性在于，其所在的伦敦金融城地区只有不到1万人的居住人口，因此开发商的主要任务是使该片区融入伦敦金融城，并成为新的活力中心，而不用过多地考虑居民的建筑环境利益。这对项目有显著的影响，而且有力地统一了土地所有者、开发商和规划当局的利益，促使在6年时间内完成了片区主要建筑的建设。

空权转移，利用利物浦街站站场上方空间与拆除布罗德街站及货站的土地共同作为整体开发用地是形成该项目的空间基础。利物浦街站站场上方利用结构转换盖板营造新的次级地面——下方为铁路站台和车场，上方与周边地块形成一个整体，摒弃了铁路车场带来的不利影响，破除了铁路对城市的物理阻隔界限，在根本权属层面将场地与城市空间融合，为整个地区的设计奠定了基础。该站场地演变图解如图4所示。

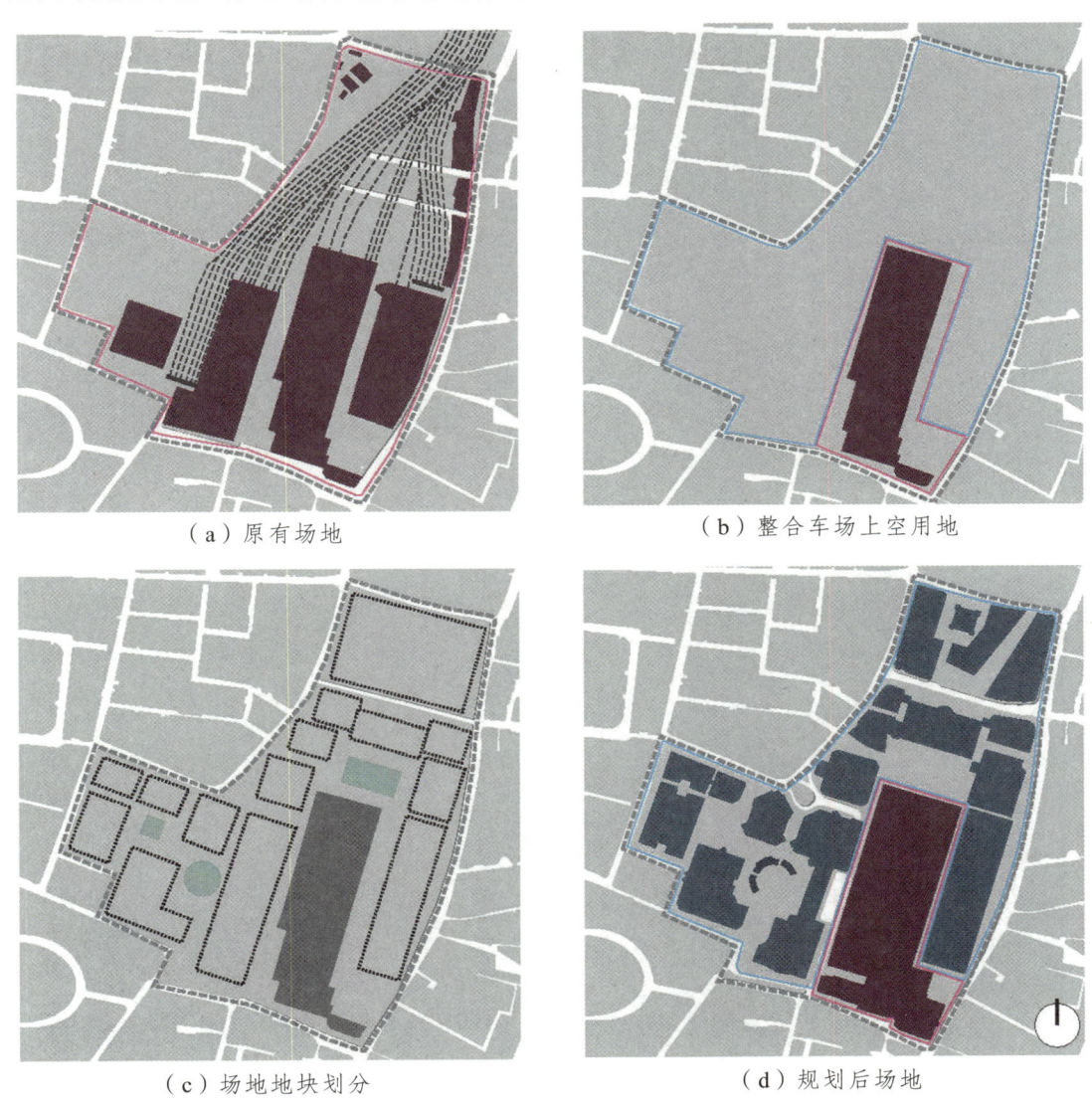

（a）原有场地　　　　　　　　　（b）整合车场上空用地

（c）场地地块划分　　　　　　　（d）规划后场地

图4　场地演变图解

275

2.2 适应市场的独立空间场所与街区式布局

整个布罗德盖特片区的城市设计采用街区式布局延续了金融城的城市肌理，用地内独立的建筑体量结合外部广场及道路构成了整个场地的基础空间框架，如图 5 所示。这种独立体量街区式布局思想为分期施工创造了条件：第 1 阶段实施的为 Arup 公司设计的芬斯伯里大道 1~3 号，第 2 阶段为布罗德盖特环周围的建筑，第 3 个阶段为利物浦街站周围和上方的建筑，其中利物浦街站上方的布罗德盖特大厦 2008 年才完工。场地内建筑分布如图 6 所示。

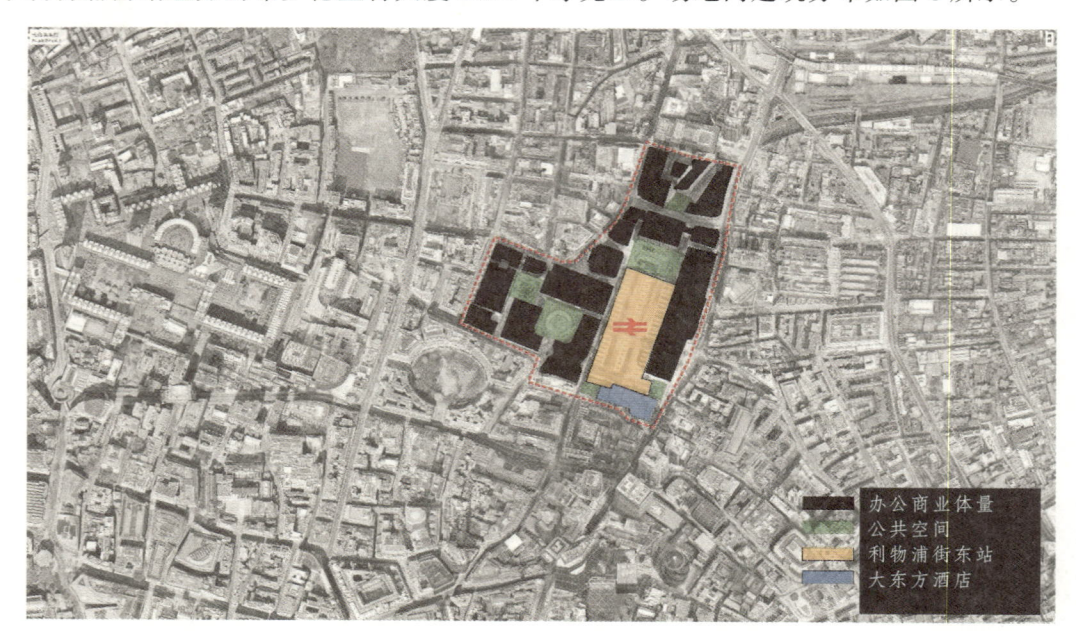

图 5 场地空间构成图解（自绘）

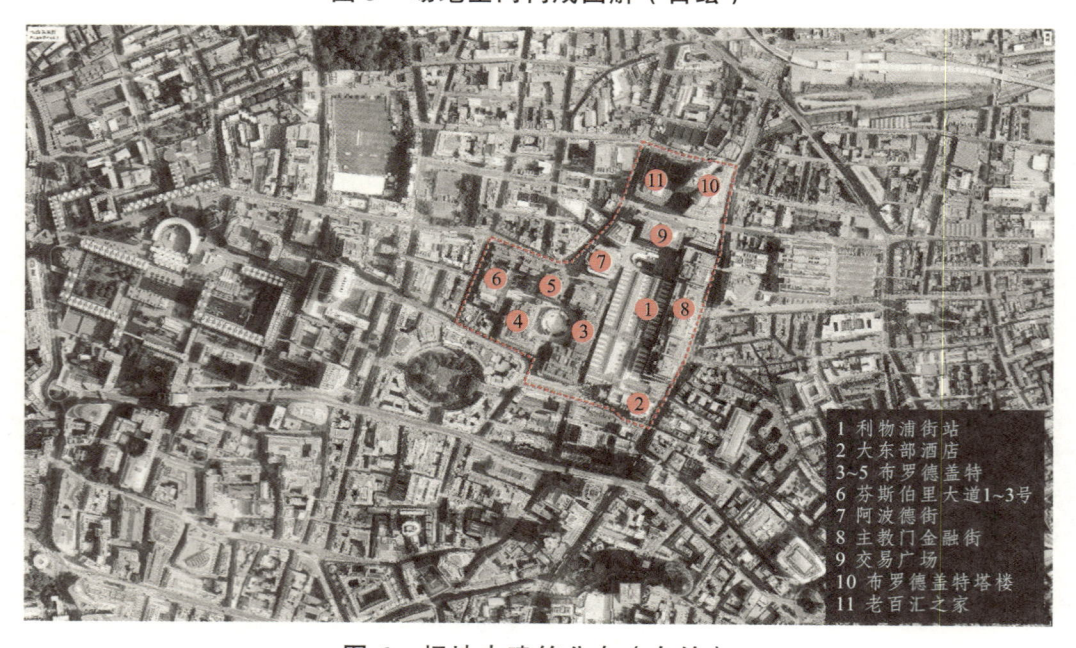

图 6 场地内建筑分布（自绘）

场地内芬斯伯里广场、布罗德盖特环、交易所广场、利物浦街站前广场以及后期的布罗德盖特大厦前广场共同形成场地内的开放节点空间，与步行路径一起形成一个开放的外部公共空间体系。该体系结合周围建筑底层的零售、餐饮、休闲等用途的空间，为伦敦创造了一个新的街区，并使金融城得以向北延伸。在项目建设之前，该片区部分用地仍属于相对贫瘠的哈克尼区，项目完成之后该片区于1994年成为伦敦金融城的北部边界，从侧面印证了该项目的开发成功提升了片区的土地价值。

2.3 以公共交通为导向区域连接方式

利物浦街站片区所在的伦敦金融城约2.9 km²的面积汇集了利物浦街站在内的7个火车站和12个地铁站，以地铁站为核心200 m半径作圆辐射该区域的过半面积。整个区域仅有10余座停车场提供3 300余个停车位服务该区域的40余万的办公人员，奠定了整个金融城以公共交通为主导的基调（见图7）。在这一交通思想框架下，利物浦街车站周边的规划在设计之初，并没有规划停车设施，直到2008年片区内最后一栋建筑布罗德盖特大厦和主教门201完工，片区内部才新增了85个停车位，且停车费用高。车站地区与外部的机动车交通联系主要通过外围城市干道A501、A10及伦敦城墙和结合片区内部的城市毛细道路实现，从而保证了片区与城市连接界面的友好，以及内部步行及非机动车线路的连续和完整。片区5 min步行圈内主要交通组织图解如图8所示。

图7 区域停车场地铁及铁路车站分布

城市轨道交通与铁路是实现片区与其他区域连接的主要途径。片区地铁站及线路分布如图9所示。片区在规划之初就汇集了中央线、环线、哈默史密斯城市线和大都会线4条地铁线路，通过利物浦街地铁站可实现换乘[3]。利物浦街站运营的大东部干线、西英吉利干线以及斯坦斯特德机场快线等每天为片区带来近 20 万的人流。此外，在利物浦街站和利物浦 100 号之间的巴士总站有 4 条线路，邻近的主教门街和艾迪逊街上还散布 5 个公交站点和通往伦敦的不同方向几十条公交线路。于 2022 年贯通的 crossrail 连接着大伦敦区近 150 万的居民[4]，为片区带来持续的活力。

图 8 片区 5 min 步行圈内主要交通组织图解

图 9 片区地铁站及线路分布

3 生长——适应城市发展的新陈代谢

3.1 空间与功能

从 1985 年布罗德盖特片区开始建设到 2008 年片区内最后一栋建筑布罗德盖特大厦和主教门 201 落成，以及之后的十多年内，片区内的建筑和公共空间一直都在跟随城市的发展进行着不断的更新。片区城市生长时间轴如图 10 所示。外部空间的更新，2002 年完工由 SOM 设计的布罗德盖特公共空间改进项目，重新塑造了片区内的芬斯伯里大道广场、八角广场和布罗德盖特环，最大限度地吸引了片区的办公人员和游客，为场所注入了新的活力。2022 年完成改造的交易广场项目，对比原广场更加注重可持续性和生物多样性，将片区内的绿地数量增加了一倍，提供了一个有充足座位的室外圆形剧场和新的零售和活动空间，并且与片区内其他公共空间有了更友好的步行连接。建筑体量的变化方面：2015 年布罗德盖特 5 取代原来的布罗德盖特 4&6 成为 UBS 新的总部大楼；2019 年 AHMM 建筑事务所对已经被列为二级文物的芬斯伯里大道 1 号进行内部空间的升级改造，重塑了位于一层的入口公共开放空间并植入了电影院、开放露台、新零售等新的功能；2020 年由霍普金斯事务所设计的利物浦街 100 完成，加强并优化了与邻近利物浦街车站的连接；由 AHMM 事务所设计的布罗德盖特 1~2 号已于 2021 年开始施工，新的建筑在保持原有建筑 L 型布局的基础上提供了更多的退层露台空间，并在首层设计了开放的可穿越的入口空间，增强了布罗德盖特环与外部街道的连接，植入了住宿功能以及更多的零售空间。未来芬斯伯里 2~3 号将会被 35 层和 20 层的塔楼取代，这些塔楼由一个 12 层的裙楼相连，裙楼将包含绿地和公共区域。该片区城市空间演变如图 11 所示。

片区所有更新变化都是在原有规划框架的基础上进行，空间的更新更加强调公共性和开放性，以增加园区同周边的连接。片区功能由原来相对单一以金融办公为主导，逐步向更加多元的混合功能转变。零售餐饮等面向公众服务的功能面积对比原来增加了两倍，占园区总建筑面积（约 43 万 m²）的近 10%。片区功能的转变，一方面是适应空间的开放性转变，另一方面是适应伦敦金融城向创新和混合用途的目的地定位转变，其目的是保证片区在伦敦中心的竞争力。

3.2 连接与活力

片区的空间演变旨在与外界城市创建更多的物理连接以增加片区的活力。一是通过边界建筑植入更多的开放性空间，开辟更多进入片区的方式；二是与利物浦街车站更好的整合。2021 年完成的利物浦街 100 号是在原有布罗德盖特 8~12 号和利物浦街 100 号的结构基础上改造完成的。新完成的建筑强化了布罗德盖特园区与利物浦街车站之间的衔接，通过正对利物浦街车站地面层开敞式通廊和地下层商业街的设置打破了原有体量的封闭性，增强了园区与车站的连接性，与正在施工的布罗德盖特 1~2 号以及布罗德盖特环一起形成了地上和地下两个层面的连续步行商业街道空间，增加了园区的活力和首层的开放性（见图 12）。此外芬斯伯里大道 1 的改造，以及未来芬斯伯里 2~3 号的改建，将打开片区西侧和北侧与城市连接的通道（见图 13）。

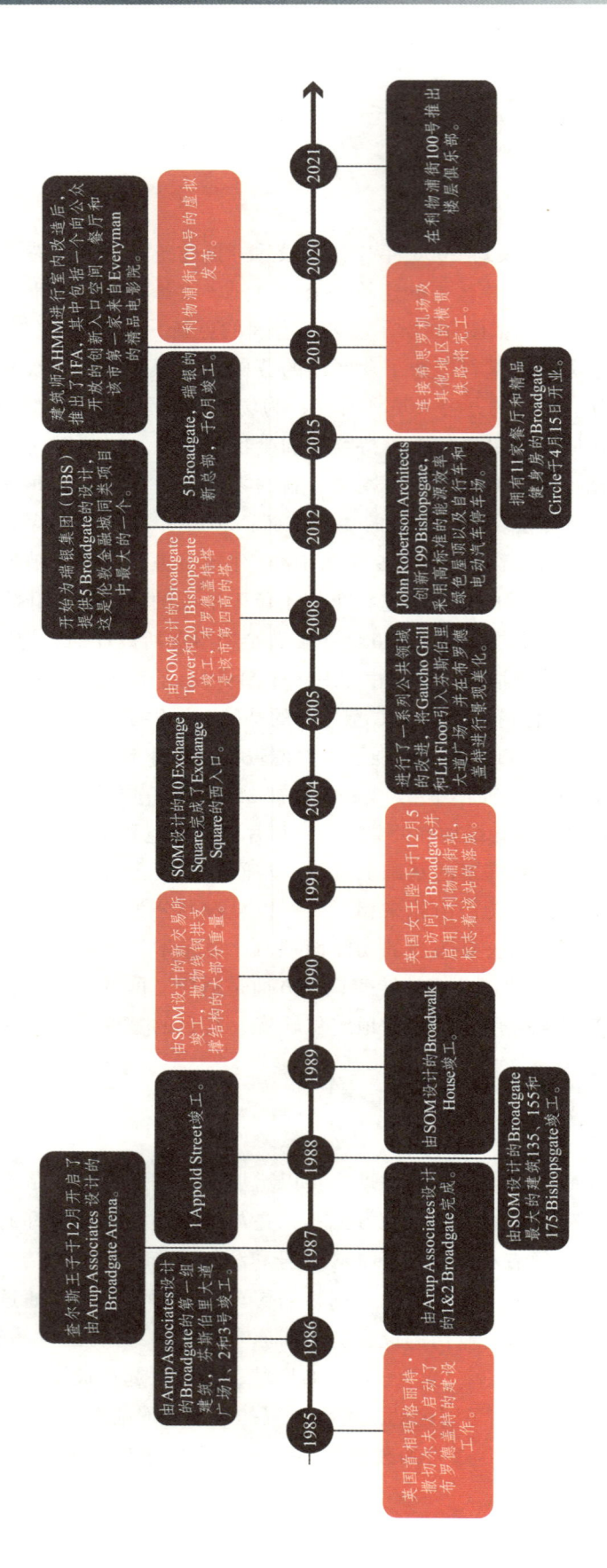

图 10 片区城市生长时间轴

（a）1991 年　　　　　　（b）2021 年　　　　　　（c）2030 年

图 11　片区城市空间演变

图 12　片区与车站地下层平面图

构筑隐形交通枢纽，加强区域间的连接。随着 2022 年 Crossrail 的全线贯通，片区内的轨道交通体系更加完善，新建立了片区与希斯罗机场的直接连接。Crossrail 利物浦街站的植入，使利物浦街站与摩尔门车站连接而构建出隐形的"超级枢纽综合体"——在 Crossrail 接入时，考虑到利物浦街站有限的可扩建面积，尽可能减少对原车站运营效率的影响，Crossrail 车站在利物浦街车站只留了一个地面的入口，主入口设在了 Moorgate 车站，两者之间通过地下通道连接，站台设置在中央通道两侧（见图 14）。枢纽的概念演变为通过加快运营效率疏解并导向站内客流，强调建立虚拟联系激活枢纽周边区域，而不只是物理空间的联系，连接也从地上延伸至地下[5]。

图13 片区地面层开放空间分布与连接

图14 crossrail利物浦街站站位平面图解

3.3 人文与生态

布罗德盖特诞生于尊重历史建筑文化的基础之上，项目伊始就具有了传统历史文化的基因。从最初场地上利物浦街车站及大东方酒店被作为历史文物得到保留与修缮，到布罗德盖特 1 号被列为二级文物，整个场地形成了不同时代清晰的建筑历史脉络，古典与现代在场地中共存，形成了独特的建筑人文环境。在场地自身文化体系的塑造上，片区成立之初，就邀请一些著名当代的艺术家创作了一系列的公共雕塑艺术作品，从片区的外部公共空间延伸到每一栋建筑的公共大堂，随着时间的累积形成了片区内部完整的艺术品观赏线路。建筑师有意识的空间规划预留与艺术家的参与，树立了场地独特的艺术形象。片区内公共艺术品分布如图 15 所示。此外，从 2010 年 8 月起，每月举行两次的布罗德盖特农贸市场成为片区的新传统，为园区带来新的活力；不定期的室外现场音乐会以及在冬季举办的溜冰活动等，都在持续地增加片区的吸引力。

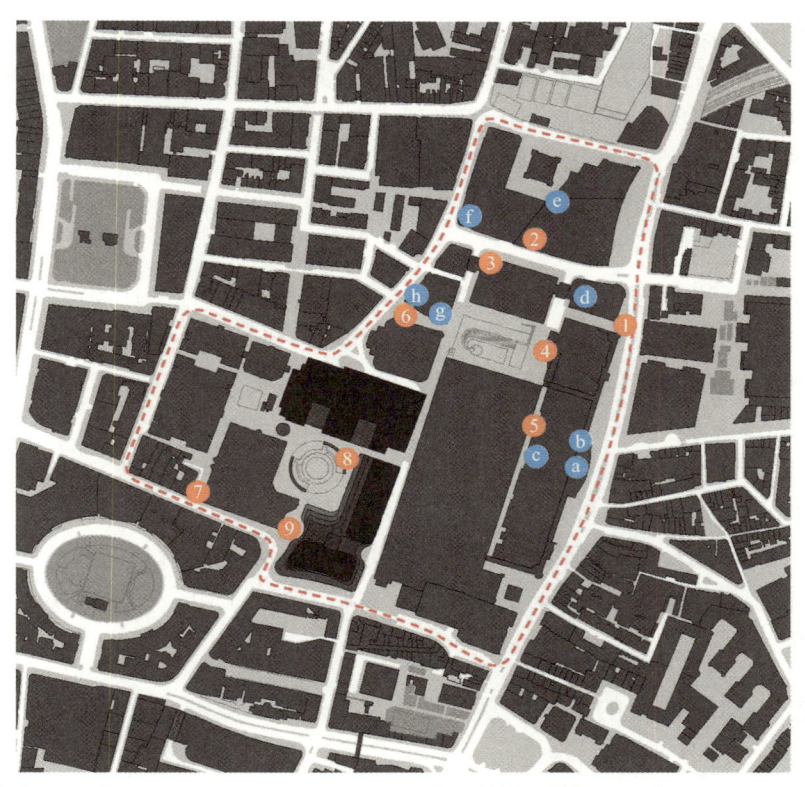

1—眼睛-Ⅰ，彩绘钢铁，1993年，Bruce McLean
2—加纳帕蒂和德维，花岗岩，1988年，Stephen Cox
3—陶瓷雕塑，1990年，Joan Gardy Artigas
4—布罗德盖特维纳斯，青铜，1989年，Fernando Botero
5—炼金术，混合媒体，1991年，lincoln Seligman
6—大家庭，玄武岩，1991年，Corberó
7—驯服飞马，镀铜青铜，1966年，Jacques Lipchitz
8—月牙钟上跳跃的野兔，镀铜青铜，1988年，Barry Flanagan
9—支点，耐候钢，1987年，Richard Serra

a—东区维纳斯，镀铜，1989年，Jim Dine
b—力学研究所Ⅱ，布面丙烯，1991年，William Tillyer
c—沉淀与通道，布面油画，1989年，THÉRÈSE OULTON
d—文件夹，丝网版画，1996年，MICHAEL CRAIG-MARTIN RA
e—日食，玻璃，2004年，DANNY LANE
f—塔架，黏土，1993年，PETER HAYES
g—城市与五类，纸上混合媒体艺术作品，1991年，Gwyther Irwin
h—羊毛挂毯，1981年，MARTA ROGOYSKA

图 15 片区内公共艺术品分布

近期片区更加关注可持续发展战略，预计在 2030 年实现片区的碳中和。新的改造更新项目通过采用低碳材料、全寿命周期的碳评估、增加对可回收材料的利用等措施减少隐含碳排放；通过可再生能源的利用减少运营碳排放；另外片区还通过碳排放税支撑造林计划，支持从大气吸收碳来平衡园区的碳排放。此外新的改造项目通过退层式屋顶绿化，塑造更多的室外绿化空间，营造多样化的生物生存空间以改善园区的生态环境。

4 线索（启示）——与城市协同发展

4.1 适应未来的弹性：搭建远见的空间构型

布罗德盖特片区经过几十年的发展逐步实现交通隐形与城市融合发展，得益于其最初搭建的适应未来的弹性空间构型。

其中刚性的要素包括：片区的空间结构以及层级化的室外公共空间体系、交通组织模式以及与铁路枢纽协同发展的理念。整片区外部空间以小尺度、网络化的形式呈现，层次分明；有分有合、差异化场所价值对待，满足不同人群的需求。面向铁路车站的服务的站前交通广场，以及高级别面向园区内金融从业人员服务的广场体系，既相对独立，又有连续的步行路径可连通。另外片区开发 30 多年以来，Arup 和 Som 两家设计公司持续地为其更新提供的设计与咨询服务，这种设计师陪伴式的服务过程中也是园区空间框架得以保持延续，一脉相承的因素[6]。

弹性要素包括：片区内的功能、空间开放性以及与车站的连接性等。布罗德盖特片区自形成以来，一直处于动态的生长过程之中，其内部单体建筑的空间、建筑的立面表皮以及内部功能，都在随着时代以及周边城市需求而进行着微更新。建筑单体的空间相较以前更趋于面向公众的开放性，强调片区内各个建筑单体公共空间之间的连通性，这一空间性的演变，根植于片区功能定位的微变。开发之初以金融办公为主，目的是提供大面积的办公空间，这与当时伦敦金融业的繁荣背景相吻合。然而随着时代的演变，金融业的式微以及伦敦其他金融区的建成，片区内部为了吸引更多的人流，来带动持续的场地价值，开始向混合功能转变。因此，后续的更新除了保证办公空间的需求外，在临近外部公共空间界面引入了更多的零售、餐饮等服务功能。

4.2 共同利益：构建合理的土地权属框架

布罗德盖特片区站与城之间模糊化的界限感，得益于利物浦街站上盖结构所营造次级地面与原布罗德街站拆除场地整体确权。土地所有者英国铁路与开发商之间通过满足双方共同利益的财务协议的确定，授权开发商在满足铁路交通功能的前提下，进行适应市场需要的土地开发，充分发挥开发商的市场优势，从而创造出超越铁路枢纽自身价值的场地价值。这样的顶层设计虽然具有特定的时代色彩，有不可复制的属性，但却是片区设计达成预期成果的前提，是整个设计的基础，同时也为独特的创造性建筑作品出现提供了条件。如 Som 设计的交易所大厦，拱式结构的设计既减少了轨行区的结构面积，也创造了更大面积利用效率的板式办公空间，后期完成的布罗德盖特大厦则创造了铁路上盖超高层建筑的独特结构形式。

4.3 强化区域联系：完善轨道交通网络

布罗德盖特片区提供了可容纳 3 万多人，其具有 40 余万 m^2 的办公、零售及休闲空间。

由于伦敦中心城区昂贵的地价及历史原因，其停车设施相对较少且费用高昂，支撑片区与其他区域的联系主要通过完善的轨道交通系统和利物浦街车站的国铁网络。利物浦街站每天为片区带来近 20 万旅客流量（2019 年），连通四条地铁线路的利物浦街地铁站每天的客流量约 11.3 万人（2016 年），Crossrail 开通后，其每 2.5 min 一列班次的发车频率，又为利物浦街站每日带来了 12.4 万人的客流量，同时为利物浦街提供通往金丝雀码头和希思罗机场之间的连接，进一步强化了片区的便捷性以及与其他区域之间的联系。

4.4 文化传承：尊重历史，培育场所文化体系

塑造地区文化氛围的建筑和设施，传承地区的文化特色，以保持地区持续的吸引力是城市更新设计的目的之一[7]。布罗德盖特片区在历次改造中保存下来的街巷式空间格局，延续了伦敦人对于中心城区的城市记忆。片区内从 19 世纪古典风格的利物浦街站和大东方酒店，到后现代主义风格的芬斯伯里大道 1 号都被以文物的形式得以保存，古典与现代形成了片区内独特而清晰的建筑传承脉络。1922 年栖身于利物浦街站内的第一次世界大战纪念馆等地共同塑造了场地独特的历史文化形象。积淀 30 余年的公共雕塑及装置艺术品，树立了片区的当代艺术形象。持续的有场地特色意识的公共活动举办，完善了片区的品牌文化形象。这些共同构成了布罗德盖特保持持续吸引力的文化基因。

5 小结

利物浦街车站周边的布罗德盖特片区开发距今已有 30 余年的时间，存在时代的局限性，譬如权属私有的性质导致其开发之初的空间开放性并不强，受伦敦金融城定位的限制，开发之初片区的功能相对单一等，然而这些都在历次更新改造中逐步得到改善。除去这些，其网络化、层级化、小尺度分布式的公共空间体系，以公共交通特别是轨道交通为主导的区域连接方式，注重历史传承以及场所自身文化的培育，具有市场意识的顶层设计思想和可持续发展观等，至今观之仍有不少可取之处。

车站地区作为城市中空间、交通、机制等复杂的区域，不同的国家、不同的时间、不同的城市都具有独特性，不存在经验的全盘复制。因此，面对当下我国的站场协同发展诉求，在研究国外发展经验的基础上，仍需结合我国的国情、城市发展阶段，立足本土的站点地区城市的发展规律，因地制宜，一站一策。

参考文献：

[1] 郑健，魏崴，戚广平. 新时代铁路客站设计理论创新与实践[M]. 上海：上海科学技术文献出版社，2021.

[2] FIRLEY E, GROEN K. The Urban Masterplanning Handbook[J]. John Wiley & Sons Ltd, 2013.

[3] 程泰宁. 中国"站城融合发展"论坛论文集[C]. 北京：中国建筑工业出版社，2021：59-76.

[4] 赖艺欢，张源，王静，等. 伦敦市郊铁路 Crossrail 规划建设运营经验及启示[J]. 现代城市轨道交通，2022（5）：100-105.

[5] 吴晨，丁霓. 伦敦铁路交通枢纽在城市复兴的旗舰作用[J]. 北京规划建设，2017（4）：75-83.

[6] 陈恩山，庄宇. 力量博弈与要素组织——乌德勒支站城融合发展研究[J]. 建筑师，2022（3）：52-60.

[7] 同济大学建筑与城市空间研究所，株式会社日本设计. 东京城市更新经验：城市再开发重大案例研究[M]. 上海：同济大学出版社，2018.

AutoCAD 二次开发在地铁结构参数化绘图设计中的研究

顾福霖

（中国铁路设计集团有限公司）

摘　要：由于地铁设计过程中涉及大量绘图工作，现有的设计方法不仅繁琐复杂、效率低下，而且容易出错。目前现有的辅助设计软件只能达到辅助画图的功能，远达不到辅助设计的标准。本文通过对地铁设计过程中各专业需求的梳理和总结，参照传统设计模式，创新发明一套提高工作效率的设计绘图系统；以 AutoCAD 平台为基础，通过 AutoLISP 语言编制一套智能地铁结构设计系统。并依托杭州地铁 9、10 号线项目验证系统的可行性和准确性；借助电脑的批量处理，完善传统地铁设计过程的瑕疵和不足，最终实现地铁结构体系的标准化设计。

关键词：AutoCAD　二次开发　地铁设计方法　AutoLISP

1　引　言

随着城市发展，城市人口数量越来越多。发展地铁将是城市交通建设中的必然趋势。地铁主要由区间隧道与地铁车站两大部分组成：其中车站作为乘客的集散地，具有空间大、层数多、人流量大的特点；而区间隧道往往比较长，需要穿越各种复杂地质条件土层和周边环境。因此地铁区间和车站的设计与施工一直是设计工作人员关注的重点，是一项非常关键的综合性的任务。地铁车站的设计需要考虑客容量、结构形式、造价以及地面交通等多个方面的影响。地铁隧道的设计需要考虑沿线工程地质和水文地质条件、环境条件、工期、造价、运营效果等因素。地铁设计过程中涉及大量绘图工作，传统的设计方法不仅烦琐复杂，效率低下，而且容易出错[1-3]。

1985 年，Autodesk（欧特克）公司为了给 AutoCAD 软件提供二次开发功能，专门在 AutoCAD 的 v2.18 版本中设计加入了 AutoLISP 语言，并嵌入在 AutoCAD 的内部，是 LISP 语言和 AutoCAD 有机结合的产物。AutoLISP 典型代码如图 1 所示。

AutoLISP 语言的设计和语法都基于 CommonLISP，并在 CommonLISP 的基础上针对 AutoCAD 软件的特性增加了许多新功能。这样的设计使得 AutoLISP 语言既有计算机语言人工智能的特性，又有制图软件强大的绘图功能。AutoLISP 具有以下 4 个优点：① 语法简单；② 功能函数强大；③ 编写环境泛用性高；④ 横跨各操作系统[4]。

针对上述问题，本文提出基于 AutoLISP 的 AutoCAD 二次开发的智能地铁设计系统，针对地铁工程设计方法的特点，通过对地铁设计过程中各个专业配合情况的梳理和总结，给出参照传统的配合模式，并提取归纳其中可编程自动实现的部分，设计出一套符合本智能系统的参数化设计绘图流程，并依托杭州地铁项目，验证系统的可行性和准确性。该系统可借助机器的批量处理，完善传统地铁设计过程的瑕疵和不足，实现地铁结构体系的标准化设计。智能系统的设计流程如图 2 所示。本智能系统包括两个模块，分别为区间结构和车站结构。每个模块下包含若干设计功能。各模块主要功能介绍如下：

图 1　AutoLISP 典型代码示意图

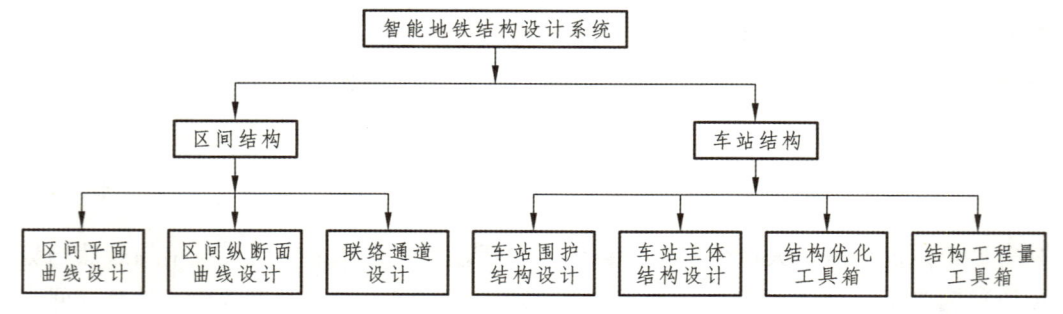

图 2　智能系统的设计流程

1. 区间结构设计

（1）配合线路和建筑专业，完成区间平面设计和纵断面设计，平面设计中要有缓和曲线生成里程、里程查询、车站生成、长短链计算等。

（2）纵断面设计有竖曲线的生成、坡度计算、管片布置及工程量统计等功能。

（3）根据截面输入参数自动绘制联络通道，自动绘制施工深化管片图并以此指导施工。

2. 车站结构设计

（1）配合建筑、线路、环控等专业，完成主体和附属的围护及结构设计。结合集团公司标准化的制定，将其准则应用于 CAD 辅助设计中，比如在通过启明星、迈达斯等结构分析软件计算后，确定围护结构尺寸以及支撑布置形式，再通过固定模数（地连墙标准幅宽 6 m 等）来完成 CAD 自动绘图，可以完成基坑平面（支撑横向间距，立柱布置）、剖面（支撑竖向间距，截面尺寸，标高）、地基加固（封条/裙边，降水井布置）等图纸。以上均可以通过参数控制绘图，对于集水坑、楼电梯井坑可通过后期手动修改；内部结构可以通过自动识别建筑图构件布置以及洞口绘制平面图和剖面图。

（2）同一元素制定线型图层颜色来绘制，并统一标注尺寸，可以让图纸更加标准化，而且方便后期统计工程量；配合 Excel 算量表格辅助 CAD 图纸来自动完成工程量计算。

（3）可以设置优化条件来合理布置围护和内部结构构件。

2　AutoCAD 二次开发在地铁隧道设计中的研究和应用

2.1　区间结构设计简介和二次开发技术框架

2.1.1　区间结构设计简介

由于区间隧道断面型式多样，围岩情况复杂，给人一种不具有参数化绘图条件的感觉，但是，经研究发现，将隧道进行模块化及必要的再细化处理后，大部分模块图形结构形式基本固定，只是结构尺寸参数变化，这是符合参数化绘图要求的，如图幅绘制、建筑限界的绘制、内轮廓绘制、洞门图的绘制等。其余部分模块虽然不符合参数化绘图的要求，但是适合于编程，如地质纵断面设计模块中地面线的绘制、地质填充等。程序参数化绘图能够应用于隧道系统的开发[5]。

常规方法设计地铁区间隧道重点需解决的问题是平纵断面设计、横断面设计和衬砌结构设计，它们是最终所期待的设计对象。在求解这些设计对象的过程中，对于每个特定的对象，其设计边界约束条件如路面高程、限界净空、地质参数等已经确定，因此，如何建立约束条件和期待对象之间的关系，并最终借助设计平台表述这些设计对象，正是参数化设计的范畴。

纵断面设计的目的是通过各项原始资料和设计要求，输出标准的纵断面图形。纵断面设计中用到的参数有一般设计规定、参考图信息、工点设计信息、地质资料、线路资料等。根据如上参数，需要绘制地质断面、地铁线路、隧道坡度、里程布置、各种说明等图形对象。

在实际设计过程中，隧道衬砌断面的确定和出图大多都可以用参数来控制，比如衬砌内轮廓图，通过调整一个参数，其他的参数都随之变化，因而达到参数化设计和绘图的目的。本节依托杭州地铁 10 号线 8 个区间施工图进行研究分析。

2.1.2　区间结构二次开发技术框架

本研究中的区间结构技术框架如图 3 所示。

2.2　LISP 在地铁隧道平纵断面设计中的研究

地铁区间平纵断面设计过程主要为配合线路和建筑专业，完成区间平面设计和纵断面设计：平面设计中要有缓和曲线生成里程、里程查询、车站生成、长短链计算等；纵断面设计有竖曲线的生成，坡度计算、管片布置及工程量统计等功能；此外，完成一些基本的尺寸标准，图面版本等功能。

区间平面设计输入为建筑车站轮廓和线路平面中心线信息，在此基础上绘制盾构区间平面图，图面信息需包含盾构边线、车站端头加固区域、线路交点及拐点里程和坐标。图 3 代码分别执行操作：① 对线路中心线进行偏移；② 对车站端头加固进行自动识别及绘制；③ 对线路交点及拐点信息进行识别并以出图的格式输出到图面上；④ 完成一些简单的尺寸标注，如线间距、加固范围尺寸等。如图 4 所示为基于二次开发的自动绘制的区间平面图。

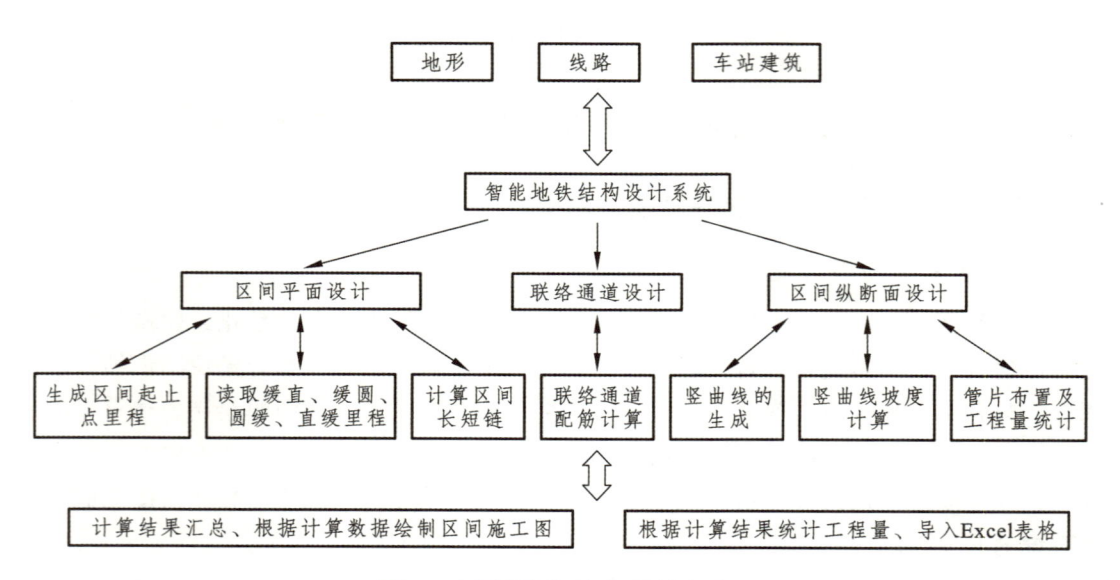

图 3　区间结构技术设计框架

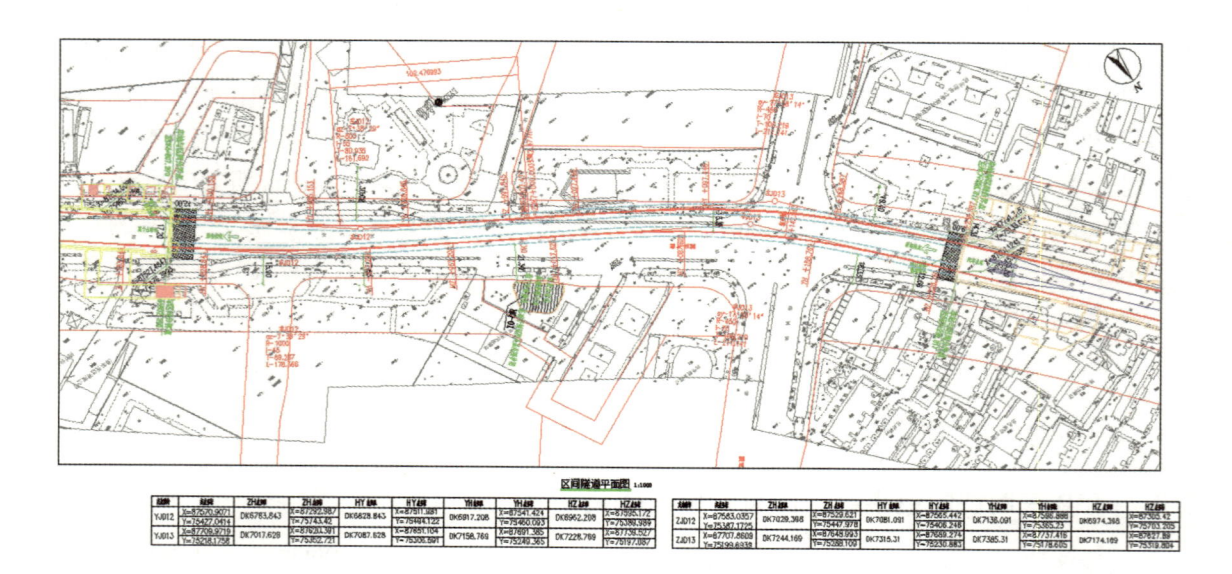

图 4　基于二次开发的自动绘制的区间平面图

区间纵断面设计输入为建筑车站起终点里程和线路纵断面信息以及地勘地形资料，在此基础上绘制盾构区间纵断面图，图面信息需包含盾构边线、车站起终点里程、线路竖曲线信息、设计轨面高程、地面高程及平面曲线信息。上图代码分别执行操作：① 对线路中心线进行偏移；② 将线路纵断面信息按照统一格式输入 CAD 图纸中。如图 5 所示为基于二次开发的自动绘制的区间纵断面图。

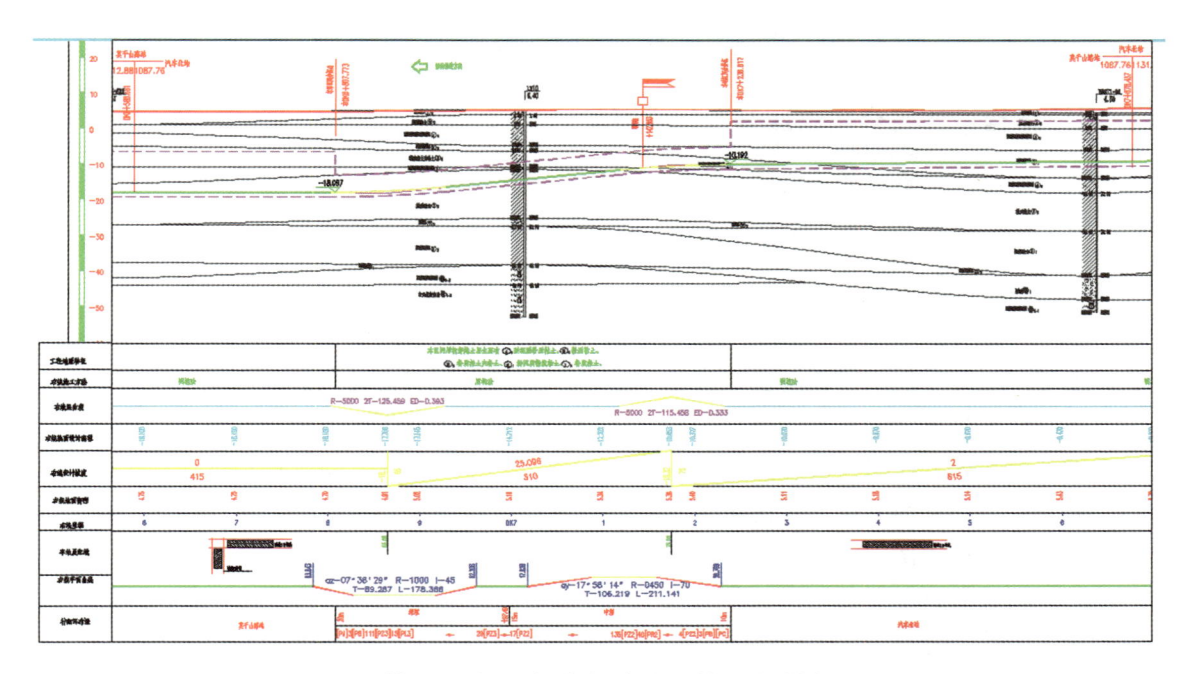

图 5　基于二次开发的自动绘制的区间纵断面图

2.3　LISP 在地铁隧道管片排列中的研究

在区间隧道纵断面设计中，需要根据隧道埋深、土层信息及线路信息对管片进行初步排列并最终统计工程量以方便后续招标使用。根据管片前进类型可以分为左转弯环、右转弯环和直线环 3 种；根据管片埋深分为浅埋、中埋、深埋和超深埋 4 种。两种分类方式两两组合会有 12 种通用管片类型，还要考虑始发环、接收环、联络通道处特殊环和变形缝后一环四种。因此如何高效准确地对区间管片进行排版显得尤为重要。

本代码执行操作为先读取平纵断面线路信息、地层信息以及分界线信息；设定管片配筋的分界埋深；再通过读取的信息对平面线路直线段、缓圆段以及曲线段进行拟合，确定每个区段采用的管片个数，再按照统一格式输出到 CAD 图中。如图 6 所示即为基于二次开发的自动布置并汇总管片信息。

图 6　基于二次开发的自动布置并汇总管片信息

3 AutoCAD 二次开发在地铁车站设计中的研究和应用

3.1 车站结构设计简介和二次开发技术框架

地铁车站设计主要包括基坑设计、内部结构设计和防水设计 3 部分，本研究主要针对前两项开展工作。本节依托杭州地铁 9 号线某车站施工图进行研究分析。

3.1.1 基坑围护设计

基坑工程是集地质工程、岩土工程、结构工程和岩土测试技术于一体的系统工程，是人类进行地下空间开发所不可避免的工程活动。基坑工程施工图设计则是综合考虑工程勘察、支护结构设计与施工、地下水控制、周边环境保护、土方开挖与回填等工程环节后的技术成果，用于指导基坑工程顺利、安全地实施[6-9]。

一般而言，完整的基坑施工图纸包括：基坑支护设计施工总说明、基坑周边工程地质剖面图、基坑周边环境图、支护结构平面布置图、支护桩大样图、支护结构剖面图、降水井平面布置及监测点平面布置等。

3.1.2 内部结构设计

车站内部结构形式的选择应在满足功能要求的前提下，兼顾经济和美观，力图创造出与交通建筑相协调的气氛。明挖地铁车站的结构形式一般采用矩形框架结构或拱形结构。

由于地铁一般均为狭长型结构形式，因此可以简化为二维有限元模型进行分析设计，而这也为 CAD 开发提供了方便，更容易找到规律将重复工作交给计算机完成。

3.1.3 车站结构技术框架

本研究中的车站模块的设计框架如图 7 所示。

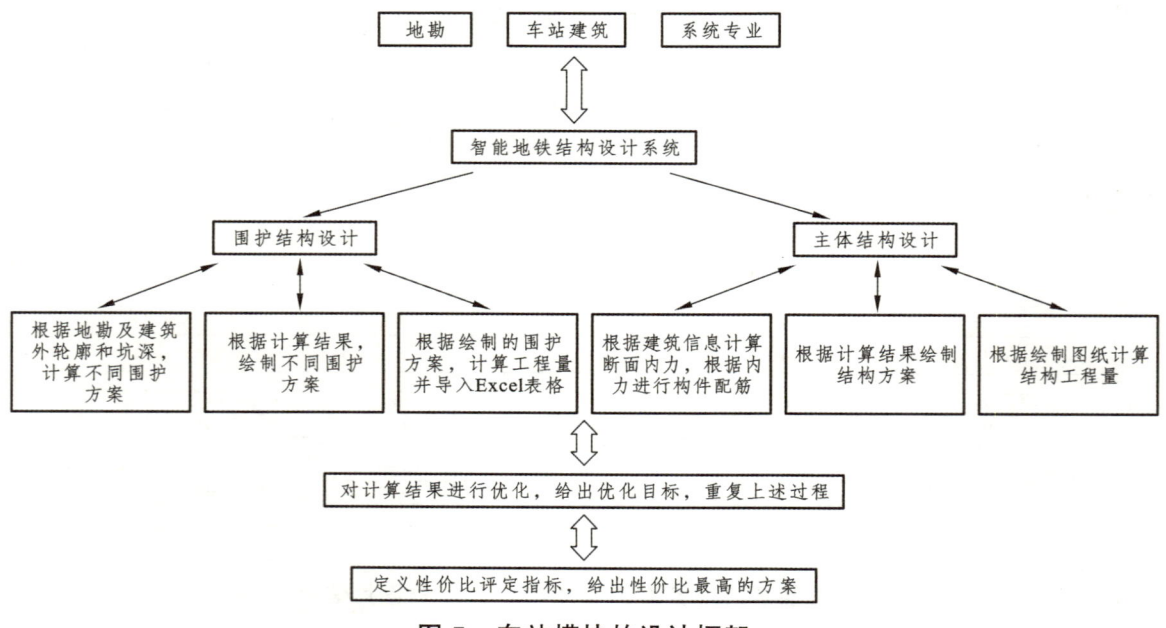

图 7 车站模块的设计框架

3.2 LISP 在地铁车站围护结构设计中的研究

车站围护结构设计过程主要为配合建筑和地勘专业，完成围护结构平面设计、纵剖面和横剖面设计以及各个构件配筋详图，平面设计中包含围护结构平面布置图、混凝土支撑平面布置图、钢支撑平面布置图、降水井及基坑加固布置图以及监测图等。如图 8 所示为车站围护结构平面设计开发代码。

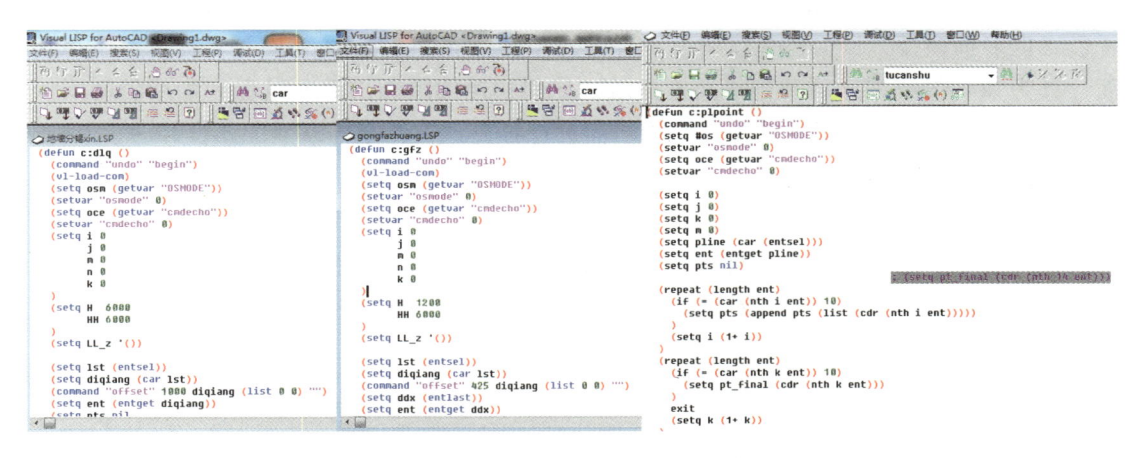

图 8　车站围护结构平面设计开发代码

车站围护结构平面设计输入为建筑车站轮廓和周边地形地勘信息，在此基础上绘制围护结构平面图，图面信息需包含围护结构边线、地连墙分幅、工法桩规格等。图 8 所示代码分别执行操作：①针对杭州地区施工工艺的地连墙分幅原则和特点，标准幅为 6 m 宽，转角幅和 T 型幅各肢均匀分布并相加接近 6 m，识别建筑外轮廓线后自动分幅。②根据工法桩的尺寸，插入型钢的尺寸和数量自动绘制工法桩平面布置图。如图 9 所示分别为自动划分地连墙围护结构图和自动生成工法桩围护结构图。③标注各个拐点的坐标，并添加标注信息。

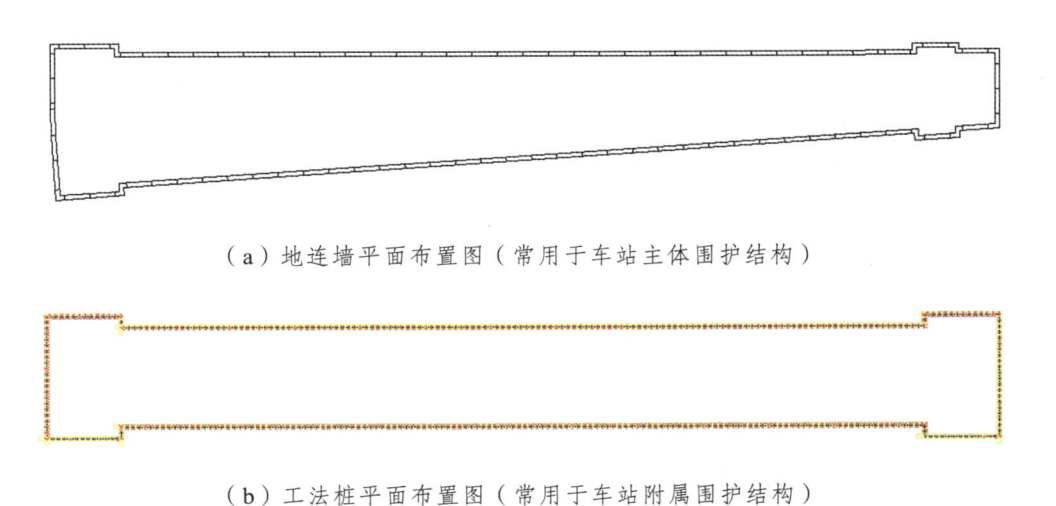

（a）地连墙平面布置图（常用于车站主体围护结构）

（b）工法桩平面布置图（常用于车站附属围护结构）

图 9　基于二次开发的自动绘制车站围护结构平面图

3.3 LISP 在地铁车站内部结构设计中的研究

车站内部结构设计过程主要为根据建筑和风水电专业提资，完成内部结构平面设计、纵剖面和横剖面设计以及各个构件配筋详图，平面设计中包含顶板平面布置图、中板平面布置图、底板平面布置图等。由于建筑图图面信息较多，需要建筑专业在绘制时统一原则，尽量每种图元用专属的图层，方便 LISP 后期在图面上提取所需要的信息。虽然地铁内部主体结构仍然为长条形，也可以简化为二维结构进行计算，但内部结构相较围护结构复杂得多，梁的布置形式也多种多样，目前还是以用三维有限元（例如 midas gen、YJK 等）计算为主，二维断面计算为辅。本节重点展示当平面确定后，如何快速的绘制剖面的过程，最后借助围护结构的断面计算设计流程，对地铁内部结构断面进行补充计算并指导断面配筋设计[10]。

车站内部结构横剖面设计输入为车站建筑图和结构平面布置图，在此基础上绘制围护结构断面图，图面信息需包含内部结构的梁、柱、板、墙、通风口以及集水井等信息。上图代码分别执行操作：①读取各个构件截面尺寸。②读取各个构件的相对位置关系。③绘制剖面图。最后利用杆系有限元原理，对地铁车站内部结构进行二维有限元内力计算校核，如图 10 所示。

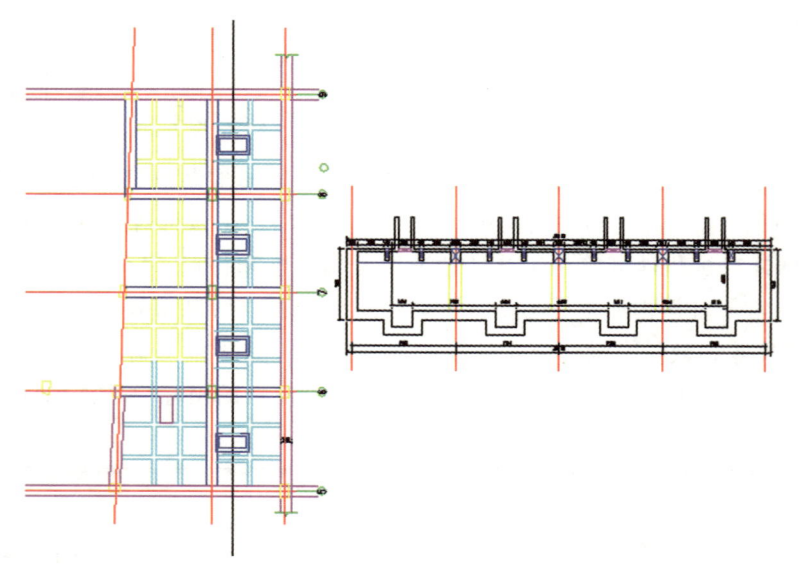

图 10　基于二次开发的自动绘制车站内部结构剖面图

4　结论

本文以杭州地铁 10 号线 8 区间和杭州地铁 9 号线某车站为研究对象，详细介绍了一种能够提高设计效率、减少反复工作的 CAD 二次开发程序。在产品开发过程中提出了结合 AutoLISP 的二次开发技术路线，完成了程序框架设计、地铁区间设计、地铁车站围护结构设计及内部结构设计等工作，取得了主要成果如下：

（1）根据线路和建筑提资，自动完成地铁区间设计工作，包括区间平面布置图，纵横断面布置图，并完成管片排列以及工程量统计工作。

（2）根据建筑和地勘提资，自动完成地铁车站围护结构和内部结构设计工作，包括围护结构平面布置图和纵横剖面布置图、内部结构的平面布置图和纵横剖面布置图等，并完成主要工程量统计工作。

（3）迅速反馈由于上序专业（建筑、线路以及风水电）提资更改导致的结构设计方案变化，并及时反馈给下序专业（工经）工程量变化情况，对设计方案的反复可以做到快速、及时、准确的反应，节约了设计时间，提高了设计效率，并为结构方案决策提供依据。

通过实现以上功能解放设计师的双手，能使设计师将更多的时间用在设计方案的构思上，保障地铁工程实施的安全性、经济性以及便利性。

参考文献：

[1] 冯波. AutoCAD 二次开发成图技术的应用[J]. 山东煤炭科技，2021，39（8）：211-213.

[2] 朱佳. AutoCAD 二次开发及其在基坑工程中的应用研究[J]. 土工基础，2021，35（2）：96-100+110.

[3] 王新刚. 隧道计算机辅助设计系统的设计与实现[D]. 东南大学，2018.

[4] 顾叶环. 基于 AutoCAD 二次开发的参数化绘图设计研究与应用[D]. 安徽建筑大学，2017.

[5] 王泽峰，钟世航. AutoCAD 二次开发在岩溶探查中的应用[J]. 物探与化探，2016，40（1）：163-166.

[6] 曹庆祝. 基于 AutoLISP 的 AutoCAD 图框批量处理技术研究[D]. 上海交通大学，2014.

[7] 李斌. 基于 AutoLISP 的 AutoCAD 二次开发在钣金展开软件开发中的应用与研究[D]. 南京理工大学，2013.

[8] 王新林. 铁路隧道工程辅助设计系统的设计与实现[J]. 铁道工程学报，2011，28（12）：80-83+88.

[9] 方贵盛，王建军. AutoCAD 二次开发技术及其应用研究[J]. 机床与液压，2007（6）：185-187+212.

[10] 顾福霖. AutoCAD 二次开发在地铁车站围护结构设计中的应用与研究[J]. 城市建筑与发展，2023.

南昌东站双向钢拱架屋盖结构设计研究

刘明，杨诗文，何浩博，刘爽，倪晋峰

（中国铁路设计集团有限公司）

摘　要：南昌东站作为南昌市主要枢纽客站之一，屋盖采用了双向拱形桁架结构，造型新颖。经计算分析，屋盖结构具有良好的稳定性能、防倒塌能力较强，结构体系安全、可行。结合施工情况、建筑效果对屋盖主要节点构造进行了详细设计，可以为今后类似工程提供借鉴。

关键词：双向拱桁架　稳定性　滑移缝

1　工程概况

南昌东站选址于南昌市青山湖区罗家镇，为南昌市主要客运站之一。站房及相关工程总规模22.4万 m²，其中站房工程10万 m²，市政工程3.1万 m²，铁路配套停车场9.3万 m²。车场总规模8台16线（含正线4条），近期为6台13条，远期在站房东侧预留2台3线。南昌东站鸟瞰效果图如图1所示。车站采用"建桥合一"结构形式，分为线上高架站房和西侧侧式站房，南北两侧为无柱钢雨棚。

车站采用高架腰部+侧式站房地面进站、地下层出站的交通组织方式。站房西侧为城市广场；地铁2、5号线线路为东西向，沿广州路向东延伸至南昌东站，站台层位于负二层。

图1　南昌东站鸟瞰效果图

1.1　结构分区

承轨层顺轨向长435 m，垂轨向长186.5 m。承轨层昌九铁路正线采用桥梁结构，其余采用"建桥合一"钢筋混凝土框架结构。昌九铁路正线与到发线之间设2道顺轨方向变形缝，承轨层站房区域与站房雨棚之间设 2 道垂轨方向变形缝。最大温度区段为 A2 区段尺寸 207.8 m × 88.65 m，如图 2 所示。

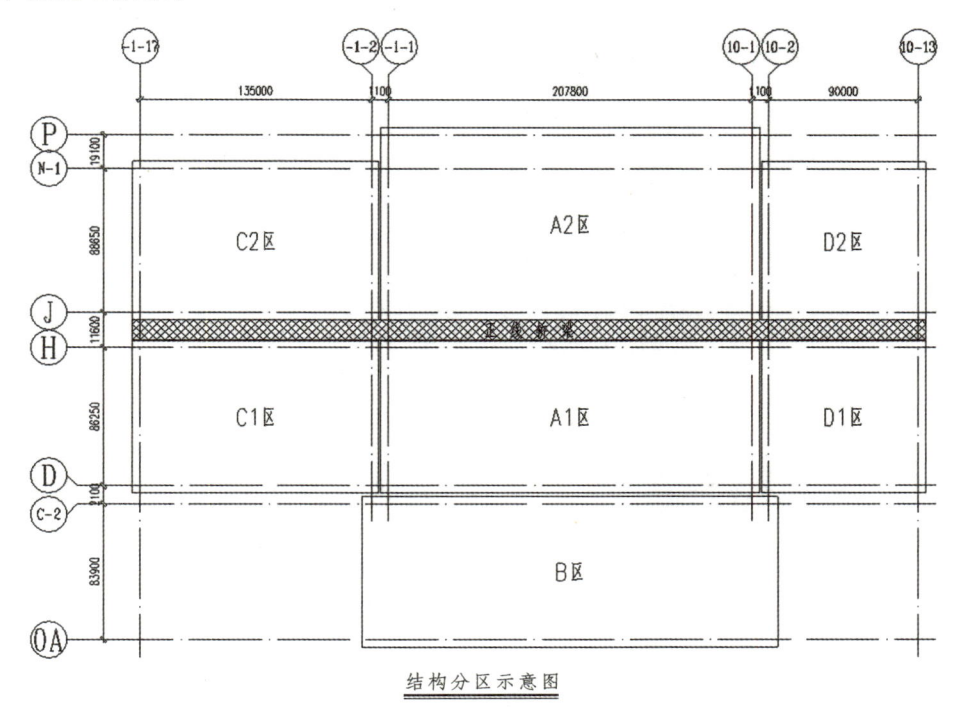

图 2 地下结构分缝

高架候车室与侧式站房之间设 1 道顺轨方向变形缝（双柱设缝）；高架层高架车道与站台雨棚之间设 2 道垂轨方向变形缝（梁对挑设缝）；落客平台与高架候车室之间设 2 道垂轨方向变形缝（落客平台侧设柱，高架侧悬挑梁）。为减少温度作用，高架站房、南落客平台、北落客平台结构中部分别设置了隐藏式牛腿滑移缝，如图 3 所示。

钢屋盖在侧站房与高架站房之间设滑动缝。

1.2 结构形式

站房上部采用钢筋混凝土框架结构，大跨度梁采用预应力混凝土梁，钢屋盖拱脚支撑在高架层结构柱上，高架层与承轨层柱采用型钢混凝土柱，其余结构柱均采用钢筋混凝土柱。站房屋盖钢结构采用钢桁架拱结构，高架夹层采用钢筋混凝土框架结构。无站台柱雨棚采用钢框架结构。整体模型如图 4 所示。

2 屋盖结构选型

站房屋面造型由一系列极富动感的连续拱有序组合而成，通过同一造型的重复使用在整体上形成了更为醒目的建筑造型。站房屋盖钢结构以 14 榀相似的拱桁架模块单元相互连接构成，每个模块单元可分解为中间的一个大跨主拱结构（跨度 96 m），主拱两侧的次拱结构（跨度 48 m），以及最外侧的悬挑半拱结构，拱单元分为 GJ1、GJ2 和 GJ3，其中 GJ1 为首榀钢拱架，GJ2 为标准钢拱架，GJ3 位于正线区域且采用连体拱形式，屋盖结构组成如图 5 所示。

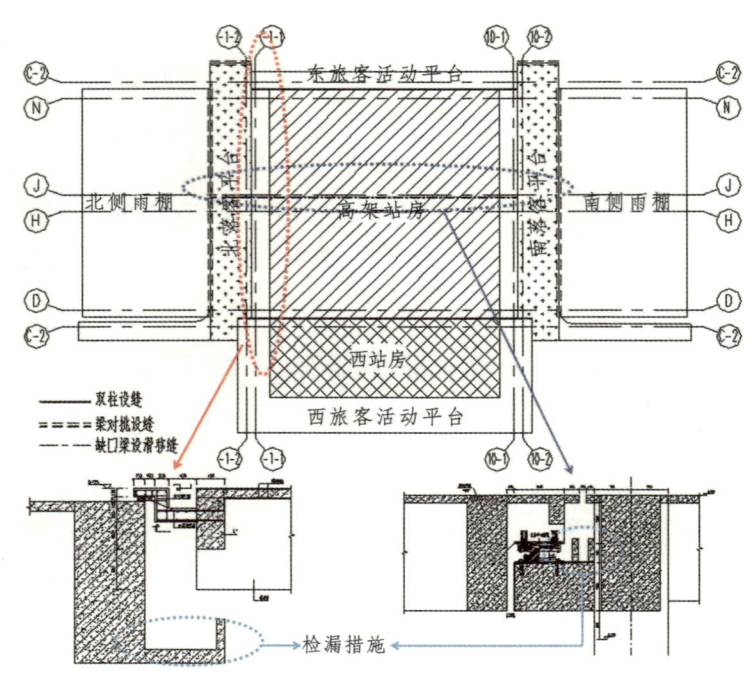

图 3　地上混凝土结构分缝

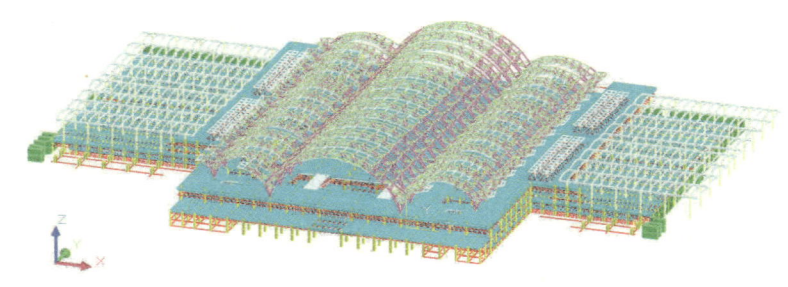

图 4　整体模型

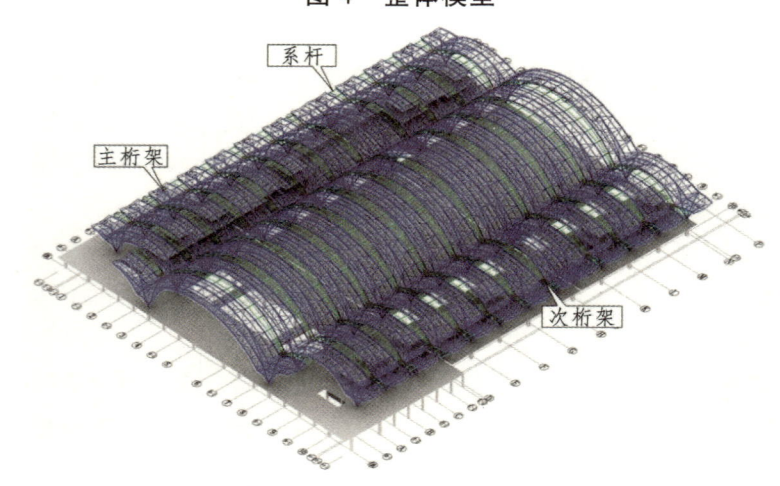

图 5　屋盖结构组成

初步设计阶段拱单元之间仅采用垂轨向的矩形天窗系杆连接，屋盖纵向刚度较弱，为提高屋盖纵向刚度，施工图阶段主要采取了以下措施：

（1）在拱脚顶部设置4榀纵向次桁架，形成垂轨向多联拱桁架。

（2）在主拱拱脚顶部增加屋面水平支撑的布置，进一步加强结构整体稳定性。除此之外，考虑到结构长度为270 m，温度荷载对结构影响较大，因此屋盖在侧站房和中央站房处设缝，屋盖断缝处节点创新采用了一种牛腿滑移缝节点形式，最大限度减少了对建筑效果的影响。檩条截面采用热轧无缝钢管，从而更好地满足双向弯曲构件受力要求与建筑造型要求。纵向受力体系方案演变示意图如图6所示。

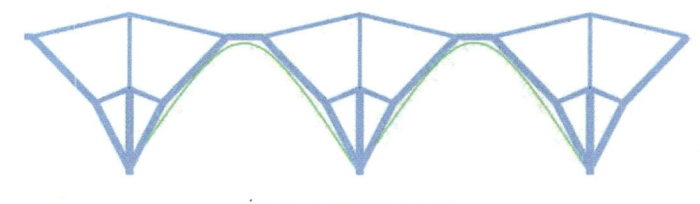

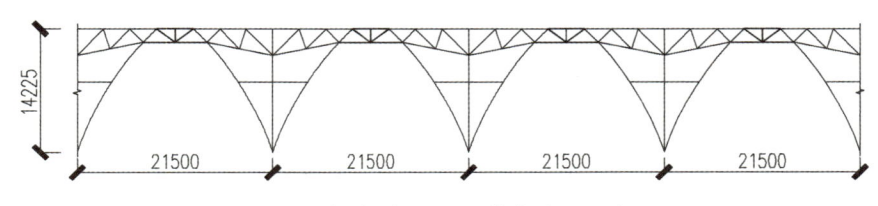

（a）初步设计方案

（b）施工图设计方案

图6 纵向受力体系方案演变示意图

3 主要杆件规格

3.1 分肢柱杆件

屋盖主桁架由拱脚单元与桁架单元组成，拱脚为适应建筑造型变化，采用5根分肢柱组成，材质均为Q355B。96 m跨拱拱脚杆件截面采用P620×28，48 m跨拱拱脚杆件截面采用P580×28。分肢柱间通过水平系杆相连，以提高分肢柱的整体刚度，如图7所示。

3.2 拱桁架杆件

屋盖典型结构单元以GJ2标准拱单元为例，主要由上弦三杆、下弦两杆的空间桁架构成，如图8所示。在杆件截面布置上，尽量减少弦杆种类，不同外径的杆件之间平滑过渡，体现结构美。屋盖桁架杆件采用Q355B，主桁架弦杆截面从P426×16向P480×18渐变，腹杆主要为P219×10，P245×10，P273×16等。屋面水平支撑采用P351×16。拱桁架之间联系杆采用箱形截面，截面规格为箱形600×250×10×20。

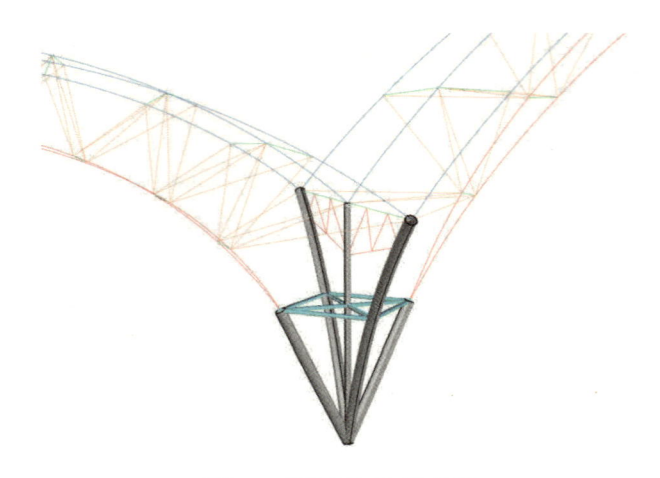

图 7　拱脚单元示意图

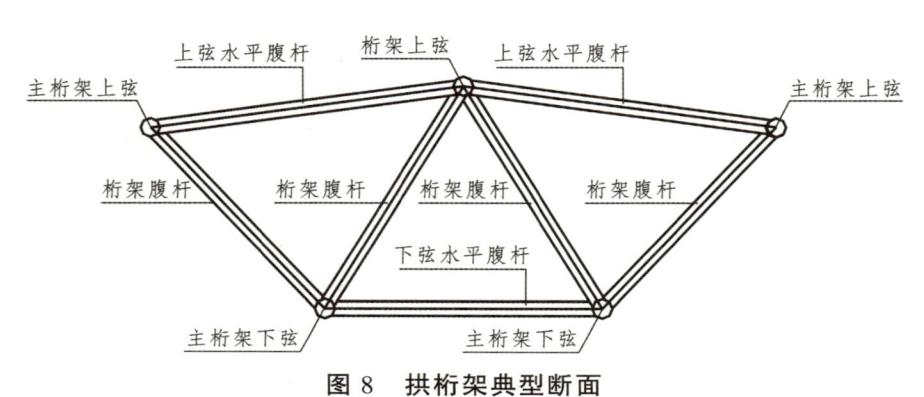

图 8　拱桁架典型断面

4　结构计算分析

4.1　荷载取值

站房主体结构设计基准期为 50 年，结构安全等级为一级，抗震设防烈度为 6 度（0.05g），设计分组为第 1 组，场地类别为Ⅱ类。恒荷载除钢结构自重外，金属屋面恒荷载为 1.2 kN/m^2（考虑太阳能光伏板荷载），天窗处恒载为 2 kN/m^2，下弦室内吊顶荷载为 0.4 kN/m^2，室外吊顶荷载为 0.8 kN/m^2；屋面活荷载为 0.5 kN/m^2，马道活荷载为 0.5 kN/m^2；基本风压为 0.55 kN/m^2（重现期为 100 年），风荷载施加以风洞实验报告与荷载规范计算包络取值；基本雪压为 0.35 kN/m^2（重现期为 100 年），并考虑半跨雪荷载的不利布置。根据气候资料，考虑结构合拢温度为 15 ℃ ~ 25 ℃，考虑升温 28 ℃，降温 35 ℃。

4.2　计算结果分析

4.2.1　动力分析结果

南昌东屋盖结构是典型的空间结构，振型密集，结构前几阶的周期和振型如表 1 和图 9

所示。结构的基本振型表现为垂轨向平动,基本周期 1.224 s,表明结构体系受力较好,面外刚度较大。

表 1　屋盖结构周期

模态号	频率/(rad/s)	周期/s	模态号	频率/(rad/s)	周期/s
1	5.134 9	1.224	6	7.282 5	0.863
2	6.229 3	1.009	7	7.738 2	0.812
3	6.406 2	0.981	8	8.235 0	0.763
4	6.703 2	0.934	9	8.271 5	0.760
5	6.807 6	0.923	10	8.563 9	0.734

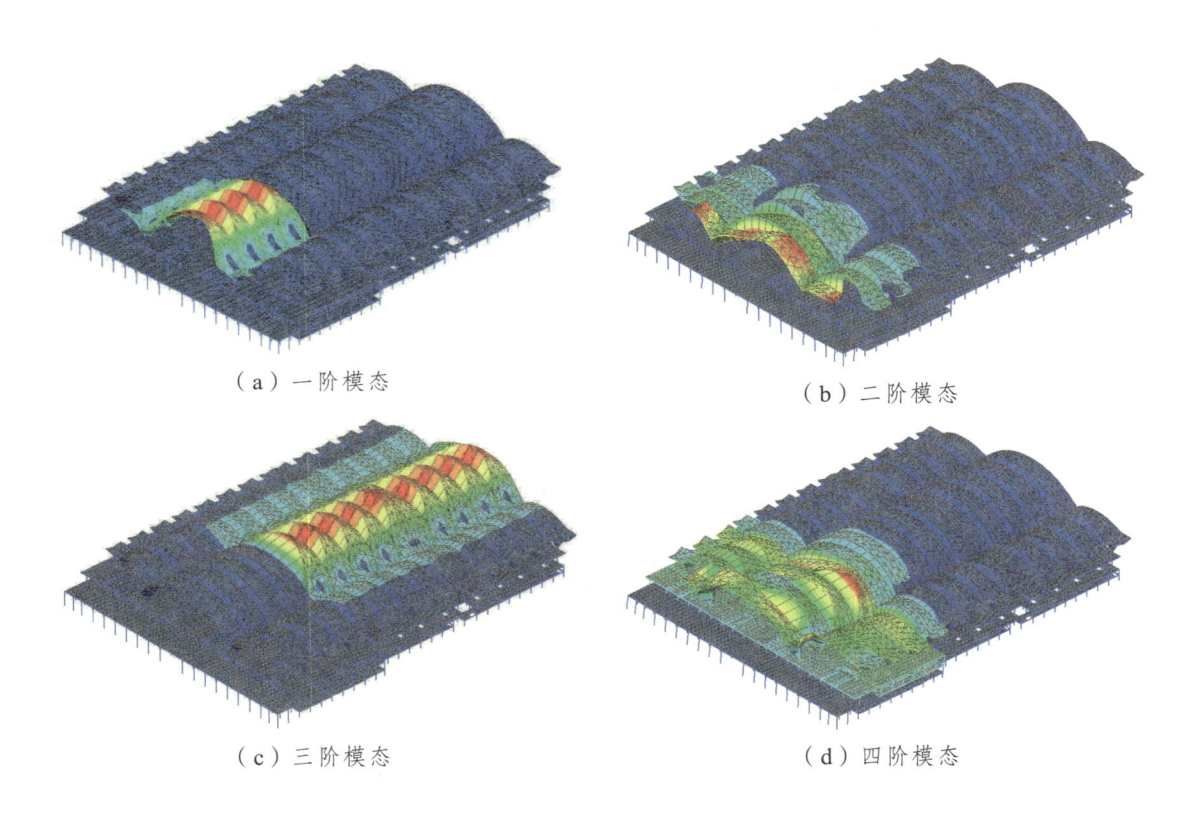

（a）一阶模态　　　　　　　　　　　　（b）二阶模态

（c）三阶模态　　　　　　　　　　　　（d）四阶模态

图 9　屋盖振型图

4.2.2　结构整体稳定分析

南昌东站屋盖为双向钢拱架体系,呈现明显拱效应,在现有铁路客站屋盖中首次采用三联拱形式,结构体系新颖,因此有必要对其进行整体稳定分析[1,2]。屋盖结构的稳定控制工况为恒+活工况,以 1.0 恒+1.0 活作为分析工况,取中央站房屋盖进行特征值屈曲分析。振型相对比较密集,图 10 所示为屋盖结构的整体屈曲模态分析结果,屈曲模态为屋盖柱脚部分的水平移动。

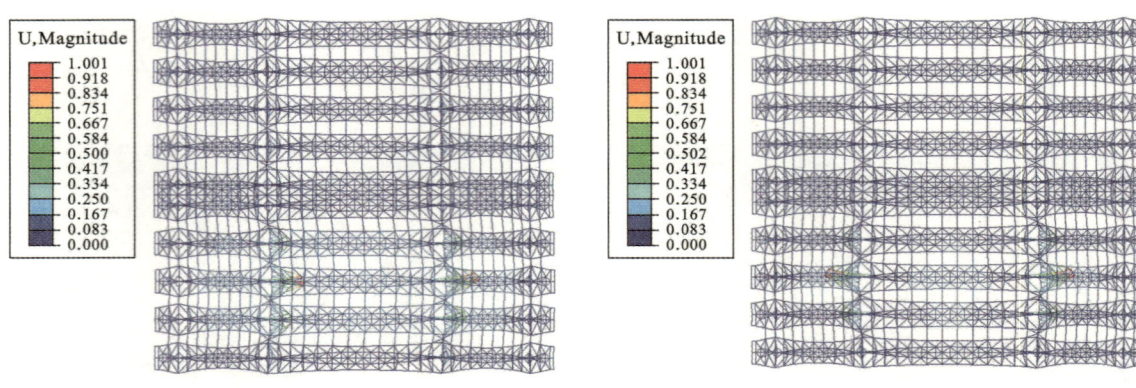

（a）第1阶屈曲振型（屈曲系数22.998）　　　（b）第2阶屈曲振型（屈曲系数23.284）

图10　特征值屈曲模态分析结果

根据上述2种屈曲模态，进而考虑屋盖结构初始缺陷的非线性全过程分析。弹塑性稳定屈曲分析结果如图11所示。跨度取96 m，初始缺陷与屈曲模态方向一致，最大初始缺陷0.32 m。

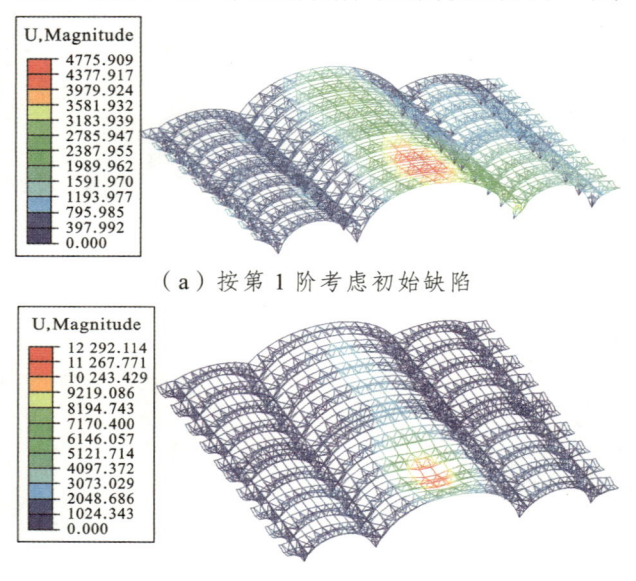

（a）按第1阶考虑初始缺陷

（b）按第2阶考虑初始缺陷

图11　弹塑性稳定屈曲分析结果

根据以上计算，考虑初始缺陷和双重非线性的稳定系数分别为6.74与6.72，均满足规范不小于2的要求。屋面结构的稳定性计算结果满足《空间网格结构技术规程》（JGJ 7—2010）第4.3节的规定，结构的稳定性计算的安全系数满足规范要求[3]。

4.2.3　连续倒塌分析

确定结构损伤部位必须以结构的受力分析及建筑布置特点为基础。屋盖结构为空间结构体系，局部杆件的失效不会造成整体屋盖的连续倒塌，因此屋盖构件不是本次研究的关键构件；屋盖主要支承构件为由5根钢管组成的柱脚，而且桁架拱跨度较大，柱脚为主要的传递竖向力以及抗侧力的构件，因此，柱脚是本次分析的关键构件。

采用动力弹塑性拆杆法进行了防连续倒塌分析[4]，拆除计算分析中的荷载效应组合为：1.0恒荷载+0.5活荷载。主要考虑以下4种破坏情形：

（1）主站房标准拱中间跨处柱脚破坏（以下称情形1）。

（2）主站房标准拱边跨处柱脚破坏（以下称情形2）。

（3）主站房双拱处中间跨两柱脚破坏（以下称情形3）。

（4）主站房双拱处中间跨两柱脚和主站房标准拱中间跨柱脚同时破坏（以下称情形4）。

防连续倒塌分析工况如图12所示。

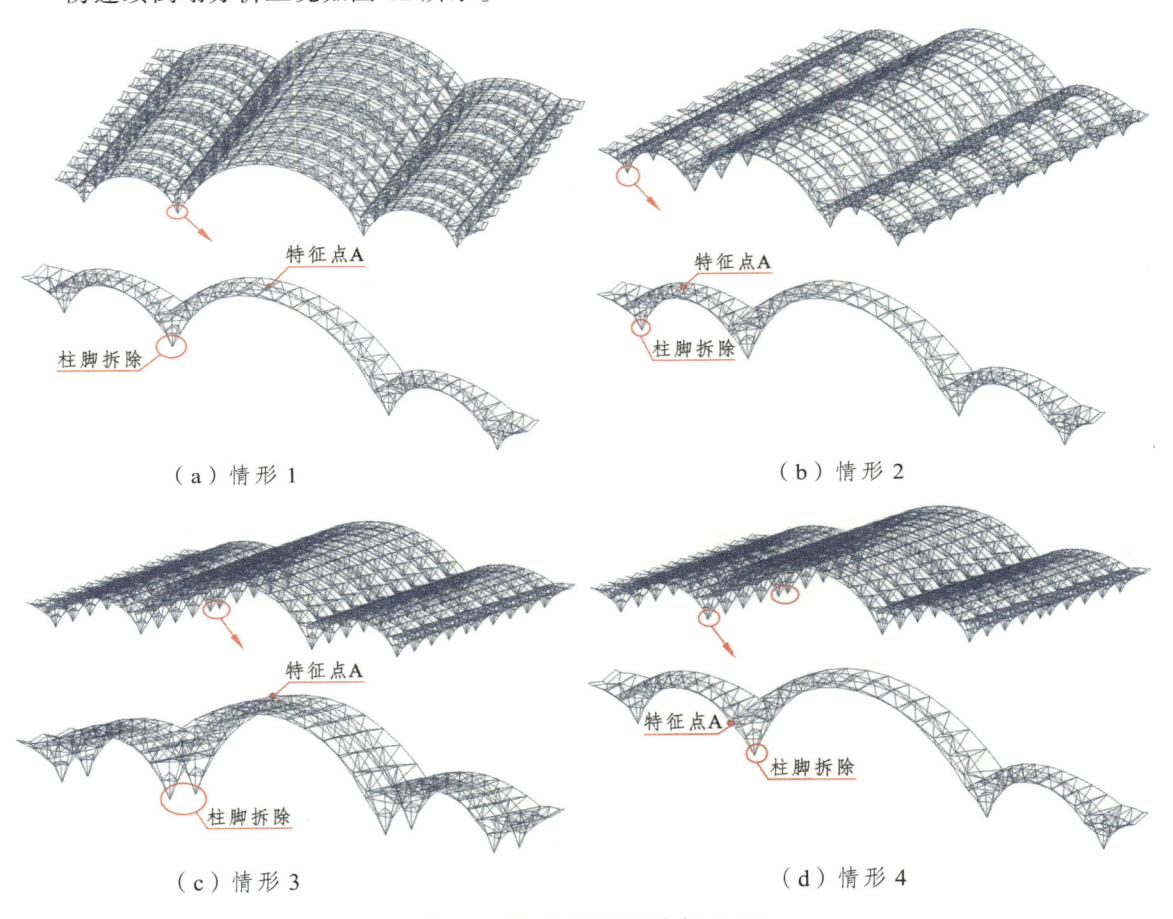

（a）情形1　　　　　　　　　　　　（b）情形2

（c）情形3　　　　　　　　　　　　（d）情形4

图12　防连续倒塌分析工况

连续倒塌计算结果见表2。在这4种情形下，结构均具有足够的冗余度，不会发生连续性破坏，具有充分的冗余度和良好的抗连续倒塌的能力。

表2　连续倒塌计算结果

计算工况	构件最大Mises应力/MPa	结构稳定后最大竖向位移/m	结论
情形1	345	0.141	与拆除柱脚处拱桁架相连的斜撑进入到塑性，但未达到破坏强度，而且主体桁架结构均处于弹性状态，结构未发生局部倒塌破坏

续表

计算工况	构件最大 Mises 应力/MPa	结构稳定后最大竖向位移/m	结论
情形 2	389	0.654	与拆除柱脚处拱桁架相连的斜撑进入到塑性，但未达到破坏强度，而且主体桁架结构均处于弹性状态，边跨悬挑处位移相对较大，但结构未发生局部倒塌破坏
情形 3	345	0.087	拆除柱脚处拱桁架相连的斜撑进入到塑性，但未达到破坏强度，主体桁架均处于弹性状态，结构未发生局部倒塌破坏
情形 4	345	0.123	拆除柱脚处拱桁架相连的斜撑进入到塑性，但未达到破坏强度，主体桁架结构均处于弹性状态，结构未发生局部倒塌破坏

5 关键节点设计

5.1 柱脚节点

为了增强屋盖的整体稳定，适应建筑效果，在拱脚处采用分肢柱与钢拱架相连。支座处节点作为连接屋盖与下部支承结构的纽带，应具有足够的强度和刚度，本工程支座处竖向荷载下支座反力如表 3 所示。

表 3　竖向荷载下柱底反力　　　　　　单位：kN

类型	恒载			活载		
方向	竖向	顺轨向	垂轨向	竖向	顺轨向	垂轨向
主拱	4 880	1 060	60	1 220	250	12
次拱	3 060	880	30	670	210	4

考虑本工程采用滑移方案施工，为满足滑移轨道在框架梁顶铺设要求，且避免后期大量的嵌补杆件施工，分肢柱与下部钢骨混凝土柱之间采用抗震球铰支座相连，三向铰接，如图 13 所示。

图 13　柱脚节点示意图

5.2 滑移缝节点

为减少温度效应影响，钢屋盖在侧站房与中央站房处设滑移缝，在钢拱架外伸牛腿处设置长椭圆孔释放水平位移。滑移缝节点设计中，为便于屋面变形缝处理，金属屋面和屋盖钢结构缝宽采用了不同的设计原则。金属屋面缝宽按多遇地震下计算确定，取为 150 mm。屋盖钢结构滑移缝中垂轨向椭圆孔长度按缝两侧屋盖在中震下的位移差确定，取为 300 mm；钢梁在牛腿上的搭接长度范围根据大震下缝两侧结构相对位移差确定，为 650 mm；长椭圆孔内螺栓按小震下的抗剪进行设计。滑移缝宽设计考虑了抗震设防三水准的要求，既解决了建筑处理的困难，又保障了结构在地震作用下的安全。牛腿滑移缝节点示意图如图 14 所示。

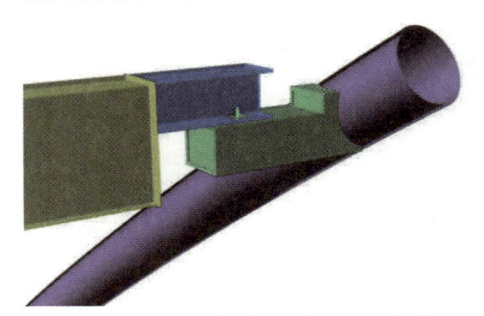

图 14　牛腿滑移缝节点示意图

5.3 铸钢节点

南昌东站屋盖结构主桁架弦杆与拱脚处分肢柱杆件的连接节点处杆件截面大、汇交杆件多，对于弦杆夹角过小的节点，采用节点板转化形式焊接难度大、焊接质量难以保证，因此部分节点在钢结构深化阶段改为铸钢节点，同时满足建筑美观要求。

铸钢节点示意图如图 15 所示。为确定铸钢节点的承载性能，在不同的静力荷载下，对节点进行了有限元分析。图 16 所示为在 2 倍静力荷载作用下节点的应力云图，节点 1 最大 Mises 应力为 279 MPa，节点 2 最大 Mises 应力为 95 MPa，分析结果表明，在设计荷载作用下节点均为弹性受力状态，在 2 倍的静力设计荷载下，节点仍然保持弹性受力状态，具有足够的安全储备。

（a）下弦杆与分肢柱连接节点　　（b）上弦杆与分肢柱连接节点

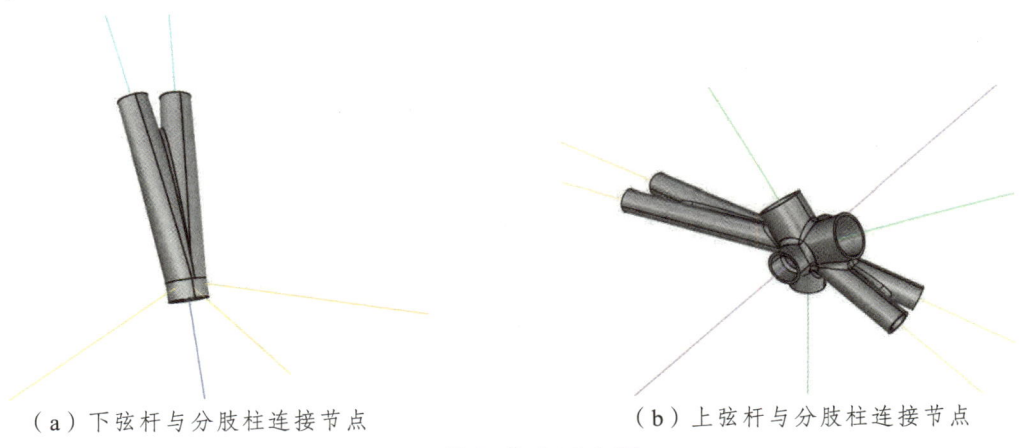

图 15　铸钢节点示意图

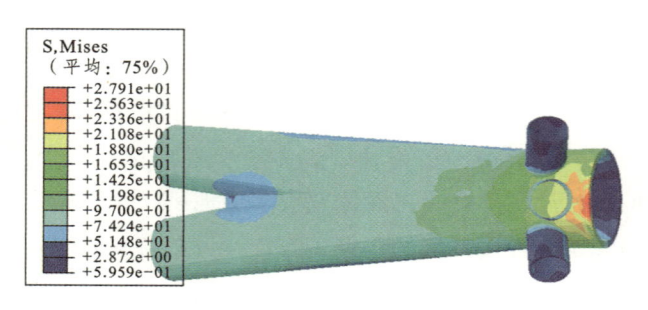

(a) 下弦杆与分肢柱连接节点

(b) 上弦杆与分肢柱连接节点

图 16　铸钢节点应力云图

6　结论

本文根据南昌东站双向钢拱架屋盖结构体系特点，全面分析了结构的受力性能并对设计关键技术进行了研究。

（1）横向采用空间拱桁架作为主要受力构件，纵向通过设置次桁架、系杆、屋面水平支撑等形成双向拱架受力体系，通过模态分析、弹塑性稳定性分析及抗连续倒塌分析，表明结构受力性能较好。

（2）对于空间桁架结构体系设缝问题，屋盖和主体结构区别对待，滑移缝的缝宽根据不同地震水准的要求确定，有效解决了结构缝宽过大的问题，保证了建筑效果。

（3）柱脚采用了抗震球铰支座，多杆交汇处采用铸钢节点，充分满足了工程施工的便利性和建筑的美观性。

参考文献：

[1] 余洋，马明，宋志文，等. 济南东站落地拱屋盖结构体系研究[J]. 建筑结构，2018，48（21）：6.

[2] 刘明. 天津西站主拱节点承载力研究[J]. 建筑结构，2011，41（12）：4.

[3] 中华人民共和国住房和城乡建设部. 空间网格结构技术规程：JGJ 7—2010[S]. 北京：光明日报出版社，2010.

[4] 中国土木工程学会. 中国土木工程学会2021年学术年会论文集[C]. 北京：中国建筑工业出版社，2021.

徐州东站扩建形成大型综合交通枢纽的设计探索与实践

刘赓

（中铁第五勘察设计院集团有限公司）

摘　要：随着我国铁路线网的逐步完善，既有车站由于其自身优越的地理位置、周边完善的基础配套设施等，在节约用地、节约投资等方面，相比增设新站具有显著优势。因此，很多城市需要对既有铁路站场及站房进行改扩建设计以形成规模更大、功能更完备的综合交通枢纽以满足人民日益增长的出行需求。注重分析现状条件，适当融入超前理念，恪守安全底线，并据此原则制定设计对策，从而打造便捷高效的综合交通枢纽。

关键词：车站扩建　交通枢纽　现状条件　适度超前　保障安全

1　铁路车站的扩建模式

我国大多数高速铁路站房布局多为线侧式，部分大型车站采用高架式或线下式，因此，根据其扩建方向的不同，铁路站房的扩建可简略地分为原址扩建模式和对侧扩建模式。

原址扩建模式是指对既有车站本身进行改扩建，包括改扩建线侧站房，扩大旅客候车面积；或加建高架候车厅，线侧候车变为线上候车，如九江站、哈尔滨站等；对侧扩建模式则是在既有站房的对侧新建子站房，一般情况下结合新线路的引入开展实施，如徐州东站、绍兴北站等。

2　车站扩建形成综合交通枢纽的设计要点

2.1　改善提升，适度超前

一些车站建设时受制于意识观念及城市发展水平限制，建成几年后就客运饱和，候车厅内人满为患；或者其未充分考虑出租车、社会车数量的增长速度，车站与城市接驳能力弱；再者没有考虑轨道交通的接入，导致未来高铁与轨交的换乘不便，整体关系混乱等。因此在扩建设计时，一方面要针对既有客站存在的问题和缺陷查漏补缺，完善功能；另一方面，也要融入发展眼光，对未来的发展充分预估，适度突破当前固有定式，为今后枢纽车站的发展预留条件，使车站枢纽能够在未来较长的时间内与交通发展的速度相匹配。

2.2　结合现状，统一规划

与新建车站不同，一般情况下，既有车站周边已建设有部分市政设施及站前开发等，因此，务必充分研究车站现状，考虑如何把有限的空间和条件价值发挥到最大，为旅客提供快捷、便利的乘车环境，另外，最重要的，对于车站枢纽这类人员密集、客流量大的交通设施，设计一定要坚持"以人为本，以流为先"，结合旅客进出站及换乘活动，对整个站区统一规划，统筹考虑区域内的旅客流线、设施布局、空间关系等，实现铁路与其他配套客运设施的紧密联系。

另外，造型风貌方面，站场设计除了要体现时代特色和地域特征，还要充分考虑扩建部分与既有建筑造型的呼应，保证车站形象的整体性与统一性。同时，车站枢纽作为城市与铁路的过渡空间，其造型还要结合功能、空间等，实现城市门户形象的塑造。

2.3 经济适用，保障安全

节约投资始终是建筑设计需要考虑的重要层面。在车站扩建设计中，面对复杂的现状环境与限制条件，如何减少投入，提高收益，更需要设计师们深入研究，大胆创新，通过对现状条件的高效利用，适当突破定式界限，达到缩短工期、节约投资的目的。

保障安全也一直是铁路运营及建设的底线。在车站的扩建设计中，经常涉及既有设施的改扩建或跨既有运营线施工，因此，设计需要详细考虑从方案到施工中的各类影响因素，从而保障列车安全运行、旅客安全出行的基本要求。

3 徐州东站扩建工程

3.1 既有站房及周边市政条件概况

徐州东站位于徐州市主城区东部，京福高速以西，城东大道以南，站区距离正在建设的徐州新城区 5 km，距离徐州市老城区 10 km。站区现状示意图如图 1 所示。

图 1 站区现状示意图

扩建前徐州东站站区内已建成京沪场高铁车站，站场规模为 7 台 15 线，车站建筑规模为 15 000 m^2，线侧式站型，既有 17 m 宽天桥和 12 m 宽地道各一座，主体客运部分共两层，架空层为出站厅，首层为进站厅+候车厅，二层设候车厅连接进站天桥，进站旅客在候车厅检票后通过既有天桥到达各站台乘车，出站旅客经地道出站。

同时，东广场已建成公交综合楼、公路长途客运站并投入使用，且徐州地铁 1 号线在徐州东站设站，已在京沪场底侧预留框架涵，与拟建徐淮场成垂直关系。

3.2 新建站场及站房概况

新建徐宿淮盐铁路，线路位于江苏省北部，西起徐州东站，经睢宁县、宿迁市、泗阳县，至淮安东站，后经阜宁县、建湖县至盐城市，线路总长度 317.194 km。线路引入徐州东站后，将在既有徐州东站东侧新建徐淮场及东站房，徐淮场站场设正线 2 条、到发线 11 条；设 450 m × 12 m × 1.25 m 基本站台 1 座、中间站台 5 座。新建东站房建筑规模 30 000 m^2。站区扩建示意图如图 2 所示。

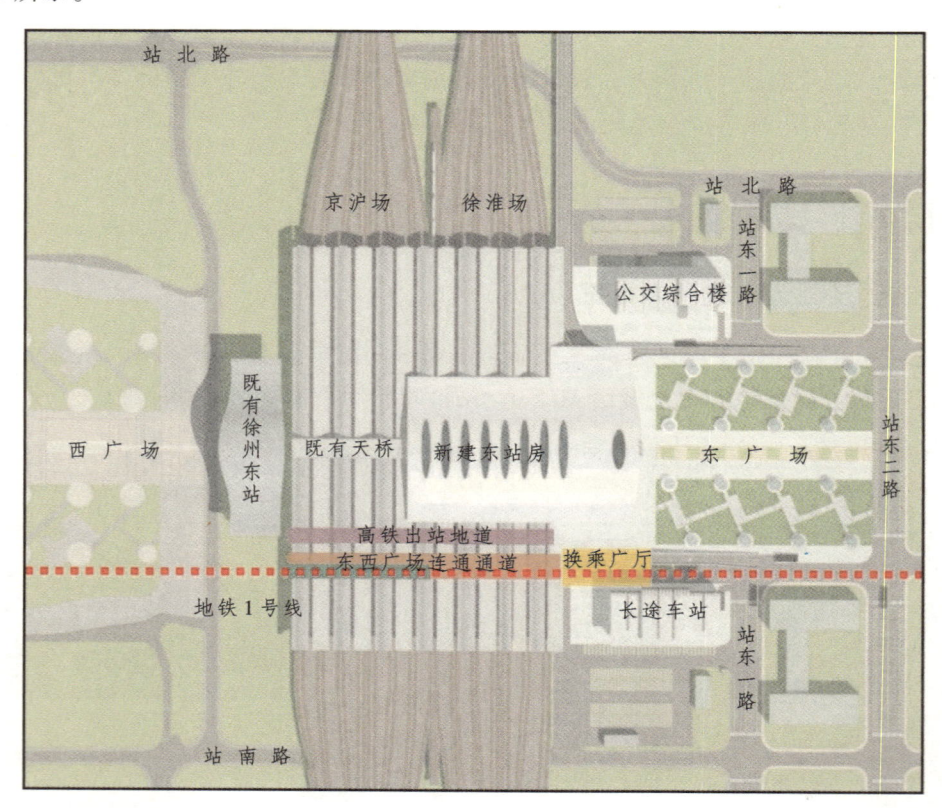

图 2 站区扩建示意图

3.3 存在问题及重难点分析

结合前文提到的设计要点及铁路站场及既有市政设施条件，徐州东站扩建设计中需要解决的问题及重难点如下：

（1）既有西站房建成于 2011 年，站房总规模 15 000 m²，目前旅客候车空间严重不足，人满为患；且徐淮场引入后，两场合计将形成 13 台 28 线，约 200 m 的进深间距，中间站台距离车站进站口较远。

（2）新、旧车站的衔接互通。未来扩建徐淮场站场和站房时，结合既有跨线设施及客运组织要求，需考虑旅客进站及站内换乘方式。

（3）随着城市轨道交通的发展，未来徐淮场及东站房建设时，要同步考虑地铁 6 号线的引入。

（4）西站房枢纽与城市快速路未直接连通，市区车辆需要经过站前道路进入枢纽，车站整体交通可达性较弱。

（5）造型设计需要考虑新站房与既有站房的关系，此外，作为城市门户，还要考虑如何打造特色鲜明又完整统一的枢纽车站形象。

4 设计策略

4.1 新老互联——"高架候车厅+进站通廊"连通两场

考虑补充西站房候车空间，缩短两场旅客检票后，进站乘车的步行距离，对应西站房，东站房采用"线侧式站房+线上候车大厅"站型，车站主体客运部分共两层，架空层为出站厅，首层为进站厅+候车厅+售票厅，二层为线上高架候车厅。通过设置高架候车厅，旅客可从高架候车厅到达两场站台乘车，有效扩大了旅客候车空间并缩短了乘客进站距离。

关于新、旧车站衔接方式，设计团队进行了多方案的尝试比选。

方案一：直接拓宽既有进站天桥并连通东站房候车厅，然后将京沪场检票闸机对应各站台楼扶梯布置；实施过程中，天桥拓宽需要上跨运营中的京沪场高铁施工，且需改移各站台楼扶梯，并在既有站台打桩立柱，对行车安全及车站运营有影响。

方案二：跨京沪场在既有西站房两侧新建两座天桥，新建天桥作为检票后进站使用，既有天桥则改为两侧候车厅联系通廊；与方案一相同，实施过程中，加建天桥需要上跨运营中的京沪场高铁施工，另需改移各既有站台楼扶梯，并在既有站台打桩立柱，对行车安全及车站运营有影响。

方案三：东站房增设进站通廊的设计方案，在东站房线上候车大厅外侧设计了半围合的"C"形进站通廊，并与既有天桥连接，从而实现了京沪场和徐淮场检票后区域的互联互通。与方案一、方案二不同，方案实施时仅接长既有天桥，实施过程中不需上跨京沪场施工作业，不影响行车安全及车站运营。

通过分析，3 个方案均能满足两场旅客在进站，以及京沪场、徐淮场之间的换乘需求，但方案一与方案二由于涉及既有运营线上施工，影响铁路行车安全及运营等，因此可行性较弱，方案三可行性较强，最终确定为实施方案。方案三平面图如图 3 所示。

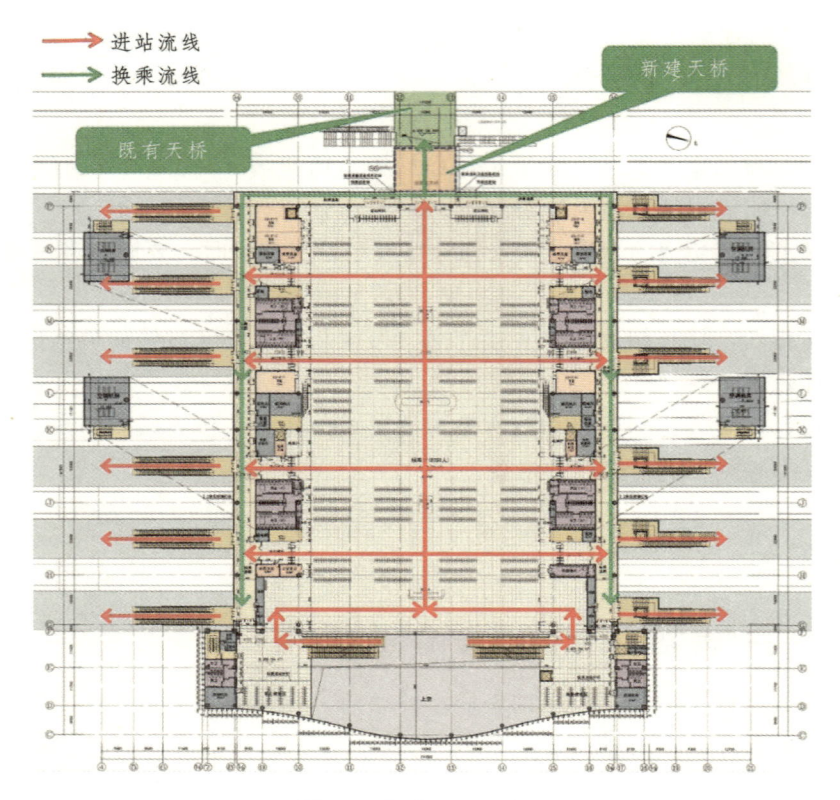

图 3　方案三平面图

4.2　消融边界——城市轨道与高速铁路同站换乘

未来徐州东站将汇入 1 号线、6 号线两条城市轨道交通，并在此换乘。目前地铁 1 号线沿东西走向下穿铁路站场，并在站场底部设有站点——徐州东站站点，旅客进出站口设置在铁路站场东西两侧。地铁布置示意图如图 4 所示。

地铁 6 号线计划沿南北走向引入东枢纽，由于目前东广场已建成公交综合楼、公路长途客运站并投入使用，因此考虑避让既有建筑，地铁 6 号线有西线方案和东线方案。

（1）西线方案——地铁线路设置在既有公交综合楼西侧，下穿国铁站房侧式部分并设站。

方案优点：地铁站布置在国铁站房底侧，竖向距离 7.5 m，地铁旅客出站后，耗时仅 1.5 min 即可进入国铁站房，实现旅客同站换乘，换乘较便捷。

方案缺点：工程界面交叉，需要与国铁站房同步实施，且国铁站房通车时间确定，因此工期紧迫。

（2）东线方案——地铁线路布置在既有公交综合楼东侧，在东广场地下设站。

方案优点：与国铁站房脱开，不存在工程界面交叉。

方案缺点：地铁站距离东站房水平距离 300 m，竖向距离 7.5 m，地铁旅客出站后，步行耗时约 7 min 进入国铁站房，相比西线方案，换乘距离长、耗时多。

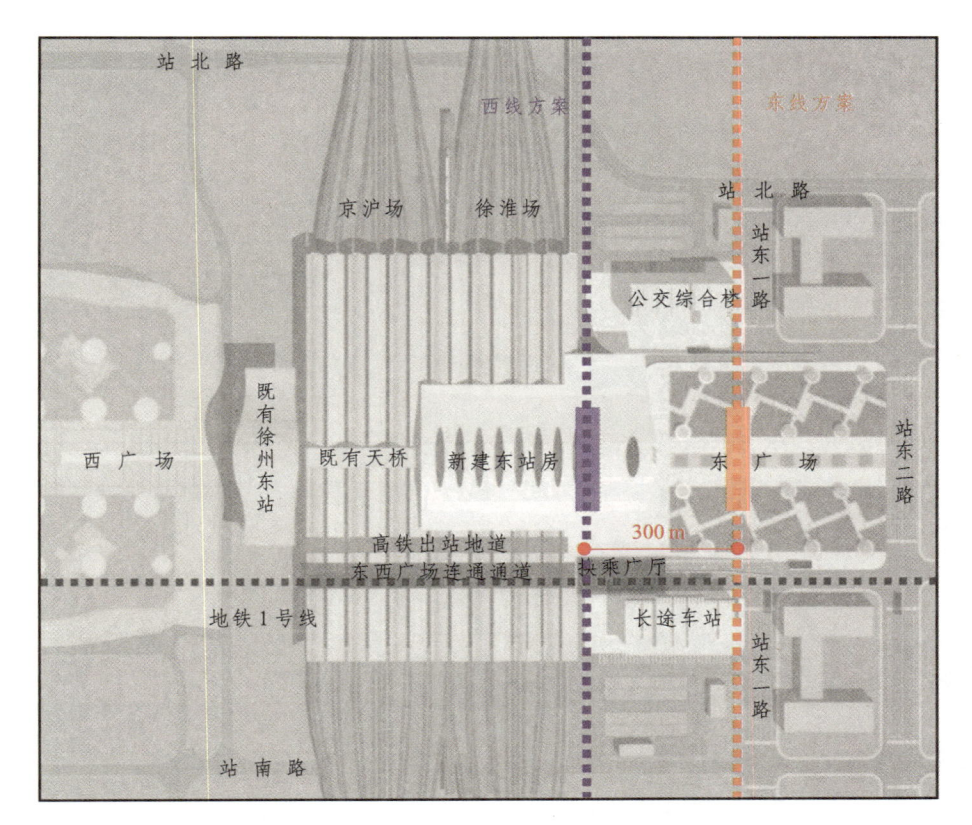

图 4　地铁布置示意图

经过比选，考虑未来旅客换乘便捷等因素，最终采纳西线下穿国铁站房，并在国铁站房底侧设站的方案。地铁车站为地下两层岛式站台，车站共设 2 个出入口，其中，南侧出入口结合国铁出站通道、东西广场连接通道设置，实现与高铁出站等旅客实现换乘，并衔接地下车库出租车候车区、站前广场公交车候车区；北侧出入口则直通站前广场。

工程实施方面，由于 6 号线车站主体工程位于国铁站房底侧，因此需要在国铁站房底侧预埋并同步实施。关于地铁车站与国铁站房的合建方式，共考虑两种形式——分离式和共构式。地铁国铁共构式及分离式示意图如图 5 所示。

分离式，即国铁站房结构与地铁站房结构脱开，国铁站房采用筏基础形式落在地铁站房箱涵结构顶板之上，涵结构顶板预留楼扶梯及电梯孔洞，与国铁站房连通。其优点是国铁与地铁站房之间结构相互不影响；缺点是工程量大、工期长、造价高。

共构式，即国铁站房结构与地铁站房共用一套结构体系。相比分离式方案，其优点是工程量小、工期短、造价低；缺点是国铁与地铁站房之间结构相互影响，国铁站房结构设计需要考虑地铁震动等荷载。

经过方案比选，考虑国铁站房紧张的施工工期要求及工程投资，因此国铁站房与地铁站房主体结构采用共构式，这对于国内后续地铁车站沿纵向下穿国铁站房的工程设计和实施，具有一定的示范意义。

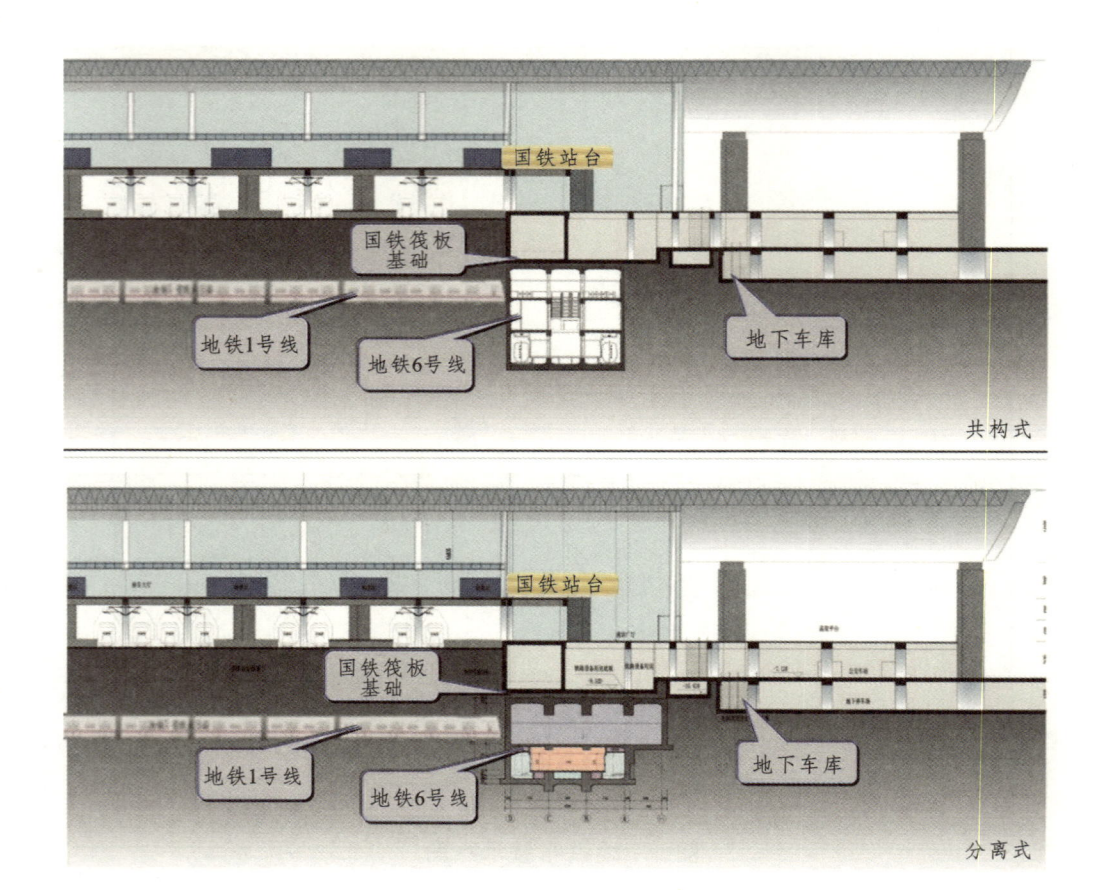

图 5　地铁国铁共构式及分离式示意图

4.3　扩能提升——打造畅通融合、换乘便捷的综合客运枢纽

扩建前西站房以出租车、公交车、社会车换乘为主，所有车辆通过站前道路进出枢纽，与城市接驳不便，而东站房建成后，整个车站将形成以高铁为核心，汇集两条地铁、长途车站、出租车、公交车、社会车的大型综合交通枢纽，因此，提升整体枢纽的接驳换乘能力势在必行。

（1）加强枢纽对外接驳，机动车辆快进快出，如图 6 所示。一方面，设置进站高架车道直连城市快速路，东站房站前落客平台匝道设计为"两进一出"通行模式，东侧匝道连接站前路，而北侧进站匝道则与城东大道及京福高速直接连通，方便市区及郊区车辆直接到达东站房。通过设置北侧直连匝道，车辆整体的通行效率得到大幅提升，相比西站房的落地匝道的机动车通行量为 800 pcu，东站房机动车通行量未来将达到 1 800 pcu，整个车站的通行总量将达到 2 600 pcu，东站房的通行效率将达到既有西站房的 2 倍以上，承担车站与城市的主要通行。

另一方面，将东广场范围由站东一路向东扩展至站东二路，并在广场底侧设置地下停车场，广场面积增加约 3 万 m^2，东广场地下停车场面积将达到 8.7 万 m^2，比西广场地下车场规模多 1.2 万 m^2，并且站东一路和站东二路均可实现社会车、网约车进出地下停车场，极大提升了车站枢纽的机动车容量以及机动车辆的疏解能力。

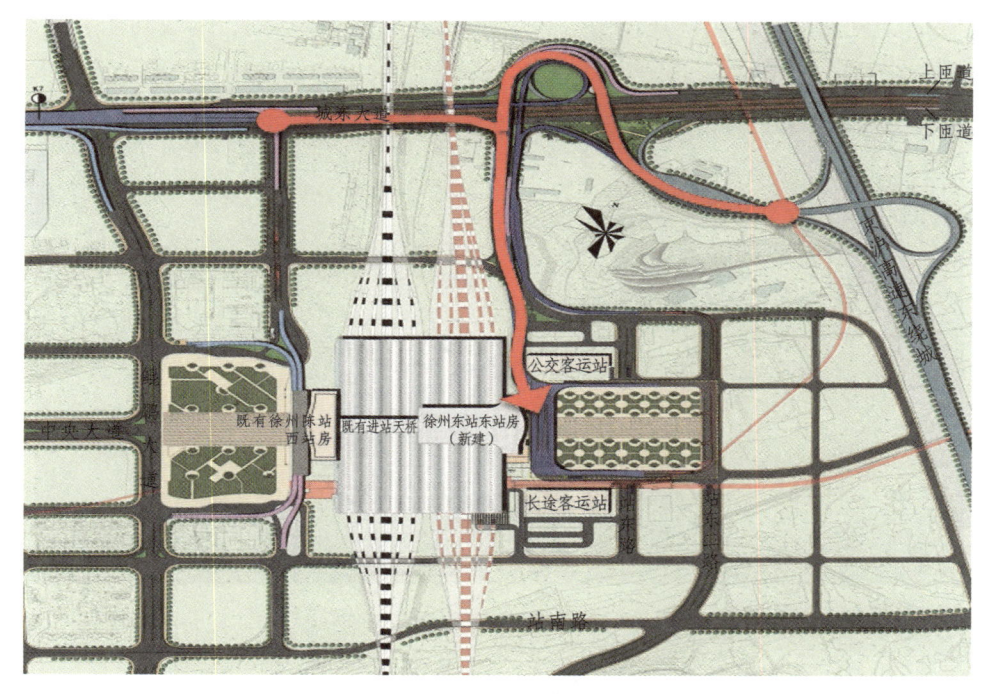

图 6　进站匝道则直连城市高架主干道及京福高速

（2）充分利用铁路站场架空空间，如图 7 所示。设计利用东站房南侧铁路站场架空空间，总建筑面积超过 2 万 m²，将来作为市政出租车场使用，由于车场邻近城市通廊、高铁出站通道及地铁站，旅客步行距离不到 30 m，耗时不到 1 min，极大方便了旅客换乘。

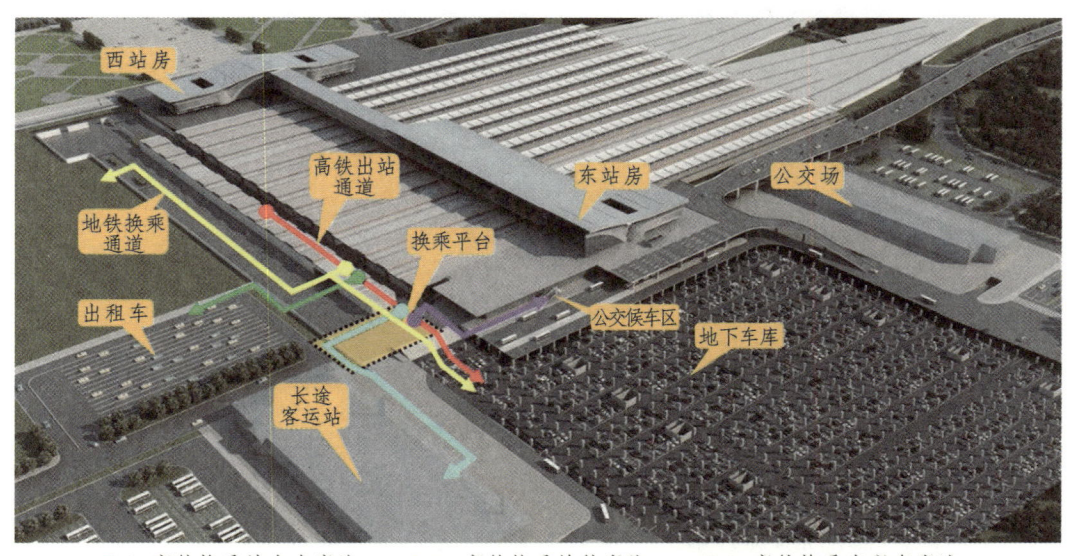

图 7　空间利用示意图

（3）打造一体化的换乘空间，如图 8 所示。旅客进出站及各交通方式的换乘均集中在站前，人员集中，流线密集，因此设计创新性地将屋顶前伸覆盖车行平台，从而实现旅客进站、公交、地铁的无风雨、一体化换乘，塑造"车站—城市"过渡空间，形成功能、空间有机一体的城市门户。

图 8　入口处的一体化换乘空间

4.4　形象统一——塑造完整一体的枢纽车站

既有东侧站房于 2011 年建成通车，作为高铁新城乃至徐州市的标志性建筑，其曲线大屋顶形象已深入人心（见图 9）。

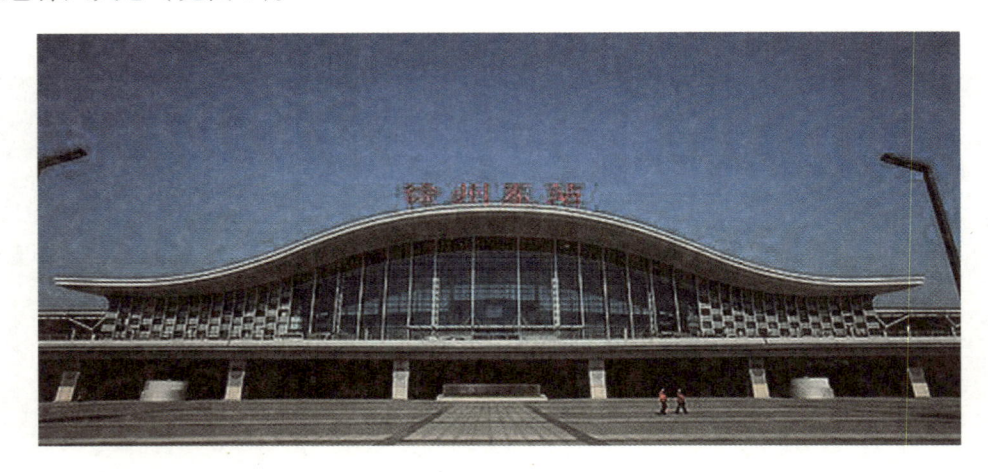

图 9　既有东站房

因此，在东站房造型设计中，一方面，为塑造徐州东站东、西两侧完整统一的车站形象，新建东侧站房同样采用曲线屋顶形式，并结合功能、空间等，将屋顶继续向前伸展，覆盖整个站前落客平台，形成"车站—城市"的过渡空间。

另一方面，造型设计参考徐州汉式建筑恢弘大气、舒展庄重的神韵，两侧巨型支柱承托屋顶，同时融入"汉式高台"的造型，表现力量感与恢弘雄伟的建筑气势，从而塑造完整统一的综合交通客运枢纽的门户形象（见图 10）。

图 10　新建东站房

5　结语

综合交通枢纽作为各种交通方式的汇集点，也是城市中极其重要的公共节点，对于城市交通等具有显著影响。而既有铁路扩建形成综合交通枢纽的设计需注重分析现状条件，融入超前理念，严守安全底线，制定相应的设计对策，寻求设计的最优解，从而完善枢纽功能，提高换乘效率，为旅客提供高效、便捷、多样化的出行服务。

参考文献：

[1] 周贤雯. 浅谈既有铁路站房改造建设[J]. 中国高新技术企业，2015（18）：111-112.
[2] 杨涛，韩超，芦守义，等. 既有铁路站房改扩建形成综合交通枢纽的设计对策[J]. 铁道经济研究，2013（6）：69-75.
[3] 韩超. 大型铁路综合客运枢纽站改扩建规划研究——以铁路长春站改扩建为例[J]. 铁道标准设计，2013（6）：118-121.
[4] 李竹. 铁路旅客枢纽站站房改造设计初探[D]. 重庆：重庆大学，2004.

基于性能化设计的地铁车辆段上盖开发结构关键技术研究

刘传平

（同济大学建筑设计研究院（集团）有限公司）

摘　要：地铁车辆段上盖物业开发存在很多关键性技术问题，如底部结构刚度突变、竖向构件转换、结构超限设计以及对上下部建筑类别、建设时序差别的处理等。本文重点介绍了上海某地铁停车场上盖物业开发的复杂高层结构设计，为保证此类建筑底部普遍存在薄弱层结构的抗震性能，采用以抗震性能化设计为主，对各抗震设防阶段进行分析，并以室内模型振动台试验进行论证。理论计算分析及振动台模型试验结果表明，车辆段及上盖开发结构体系安全可行。本研究还对上盖物业开发影响地铁车辆段建筑设计的主要因素进行了分析，并提出了应对措施，可为类似工程设计提供参考和借鉴。

关键词：地铁车辆段　停车列检库　上盖开发　性能设计　振动台模型试验

1　引言

在城市轨道交通建设中，车辆基地是保证地铁正常运营的后勤基地。车辆基地包括车辆段（停车场）、综合维修车间、材料库，以及其他生产、生活、办公等配套设施。车辆段由于工艺设计需要，一般采用单层平铺式平面布置，占地面积较大。

地铁车辆段结合上部物业开发的结构存在以下 4 个方面的特点。

（1）底层停车库建筑层高较高，一般为 8～10 m，而上盖开发建筑多为办公、住宅，层高为 3 m 左右，造成结构底部抗侧刚度突变，存在结构薄弱层。

（2）底部停车库建筑采用框架结构，柱网间距较大，而上部物业多为小开间轴线布置的住宅或办公写字楼，采用剪力墙或框架-剪力墙结构，不可避免地带来较多的上部竖向构件转换甚至二次转换的情况。

（3）底部地铁工艺限界的要求限制了底层框架柱垂直轨道方向的截面尺寸。

（4）上下部建筑类别不一致。底部库区属于工业建筑，而上部开发建筑属于民用建筑，因而车辆段上盖开发建筑为工业建筑与民用建筑的混合体。此特殊类型的建筑结构形式在中国现有的设计规范中没有相关标准，而现行结构设计规范对于常规结构体系的抗侧刚度、位移角等的设计要求也并不能完全适用于车辆段上盖开发这一特殊的建筑类型。

2 地铁车辆段上盖开发的结构设计

2.1 工程概况

金桥车辆段停车场项目位于上海浦东地区，项目规划集成了上海轨道 9 号线、12 号线和 14 号线 3 条线路的停车列检库区。其中，9 号线列检库 E 区总长 364 m，宽 196 m，沿长向共设 3 道结构缝将整个库区分为 4 个相互独立的抗震单元（E1~E4 区，见图 1）。规划 E 区进行上盖开发，建筑底层为列检库，层高为 9.7 m，上盖开发物业建造在列检库大平台之上，为 7~18 层住宅楼。开发物业的首层（即列检库大平台上一层）为汽车停车库和设备层，层高 4.7 m，二层及以上为住宅。E 区建筑剖面示意图见图 2。

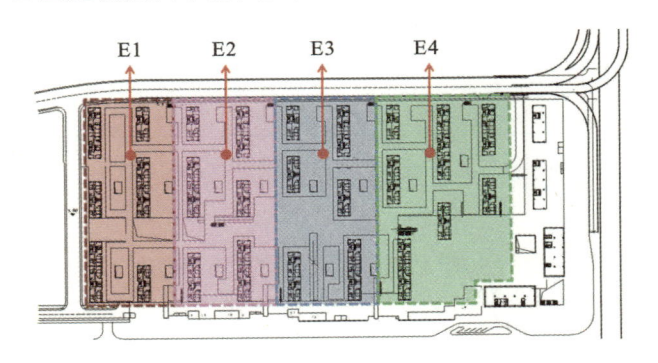

图 1 E 区停车库平面图

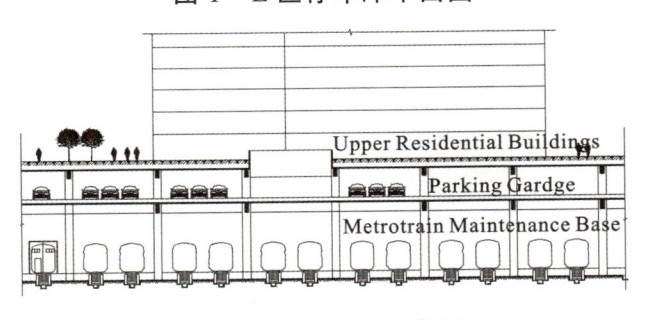

图 2 建筑剖面示意图

2.2 结构超限情况分析

本工程底部采用框架结构体系，上部采用框架-剪力墙或剪力墙结构体系，上下部结构在库区上方（二层）设置结构转换层。

本工程存在以下方面的结构超限情况[1]。

（1）扭转不规则，考虑偶然偏心的部分楼层的扭转位移比大于 1.2，但均小于 1.4。

（2）侧向刚度突变，底层与二层的侧向刚度比在垂直轨道方向小于 0.7，不能满足《建筑抗震设计规范》（GB 50011—2010）相关规定，也不满足上海市《建筑抗震设计规程》（DGJ 08-9—2013）关于限制楼层抗侧刚度突变的要求。

表 1 所示为按《建筑抗震设计规范》（GB 50011—2010）和上海市《建筑抗震设计规程》

（DGJ 08-9—2013）相关规定分别计算的底部楼层抗侧刚度比值。从计算结果分析，由于底部列检库区的大层高和对竖向结构构件截面的限制，一二层侧向刚度比在垂轨方向（X 向）为 0.688，按上海市《建筑抗震设计规程》（DGJ 08-9—2013）计算的等效剪切刚度比仅为 0.506，表明本工程底部存在结构薄弱层。

表 1 底部楼层抗侧刚度比值

	方向	STAWE
按国家《抗规》计算：一层与二层侧向刚度比值（宜≥0.7）	X 向	0.688
	Y 向	1.018
按上海市《抗规》计算：一层与二层等效剪切刚度比（宜≥0.7）	X 向	0.506<0.7
	Y 向	0.620<0.7
转换层与上层剪切刚度比（应≥0.5）	X 向	0.525
	Y 向	1.111

（3）竖向抗侧力构件不连续，本工程在二层设有转换层，上部大部分框架柱和剪力墙不能直接落地。

（4）立面不规则，二层大平台上有多栋层数不等的多、高层住宅，为大底盘、多塔楼结构。SATWE 整体计算模型见图 3。弹塑性分析单塔计算模型见图 4。

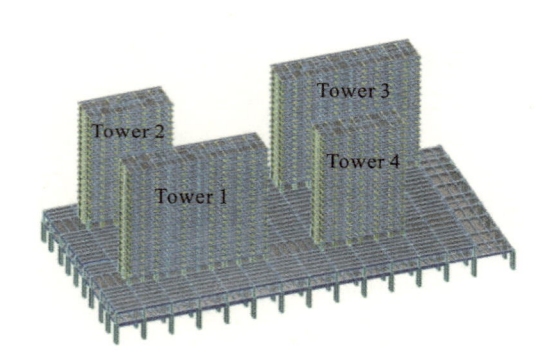

图 3 SATWE 整体计算模型　　　　图 4 弹塑性分析单塔计算模型

2.3 结构设计要点

针对车辆段建筑的特点，为尽可能加强底部结构抗侧刚度，提高底部一、二层侧向刚度比值，结构方案采用抗震概念设计方法，采取了以下措施。

（1）对底层和二层的框架柱均采用型钢混凝土劲性柱，以加强底部结构（主要是框架柱）的抗侧刚度、抗剪承载能力和抗震延性。

（2）与建筑协调适当调整底部楼层的层高：一层层高由原设计 10.0 m 调整到 9.7 m，二层层高由 4.3 m 调整到 4.7 m，经上述层高调整，可将一、二层抗侧刚度（剪切刚度）比值 X 方向由 0.39 提高到 0.506，Y 方向由 0.45 提高到 0.620，尽量减小底部楼层因层高变化引起刚度突变的程度。

（3）对底部楼层主要抗侧力构件-框架柱的截面采用渐变减小的方法调节因较大层高差异造成的抗侧刚度和抗剪承载力的突变。对底层框支柱采用 1.2×2.5 m（内插十字钢骨 1 800×500×30×30+700×500×40×40），二层框支柱采用 1.05×2.3 m（内插十字钢骨 1 200×500×30×30+700×500×30×30），如图 5 所示。

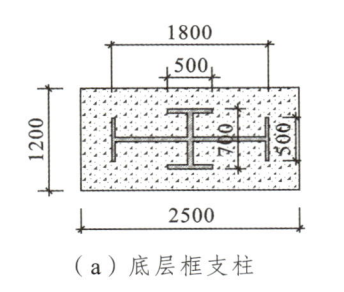

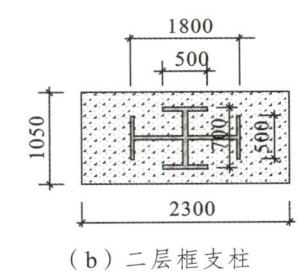

（a）底层框支柱　　　　（b）二层框支柱

图 5　钢骨混凝土柱截面示意图

（4）对大平台下框支柱和转换梁等关键构件采用基于性能目标的抗震设计方法，验证关键构件满足设定的抗震性能目标，确保结构设计安全。

3　上盖开发结构的抗震性能化设计

3.1　结构抗震性能目标

针对本工程的重要性和结构特点，采用基于性能目标的抗震设计方法[2]，设定了关键结构构件的抗震性能目标，如表 2 所示。

表 2　抗震性能化设计目标

抗震烈度水准		7 度小震 α_{max}=0.08	7 度中震 α_{max}=0.23	7 度大震 α_{max}=0.45
整体抗震性能目标	定性描述	不损坏	损坏可修	不倒塌
	整体变形控制目标	1/800	—	1/100
关键构件抗震性能目标	框支柱	小震弹性	中震受剪、受弯弹性	大震下满足抗剪不屈服
	转换梁	小震弹性	中震受剪、受弯弹性	大震下满足抗剪不屈服

3.2　中震作用分析

根据设定的抗震性能目标，底部框支柱和转换梁需按中震弹性设计，验算结果如表 3、表 4 所示。

表 3　框支柱中震弹性验算

截面	位置	最不利轴力/kN	弯矩/(kN·m)	剪力/kN	最大计算配筋率	计算箍筋面积/mm²
1 200×2 500（内插十字型钢）	底层	6 324（拉）	11 577	1 678	1.12%	780 满足
1 050×2 300（内插十字型钢）	二层	5 748（拉）	8 269	2 479	1.16%	710 满足

321

表 4　主要转换梁中震弹性抗弯、抗剪验算

截面		最不利内力 kN·m，kN	截面承载力 kN·m，kN		承载力 比例
1 000×1 800 （钢骨 1 200×450×32×35）	M	18 759	$[M]/\gamma_{RE}$	32 500	0.580 满足
	V	10 275	$[V]/\gamma_{RE}$	14 205	0.723 满足
900×1 200 （钢骨 800×350×30×32）	M	6 179	$[M]/\gamma_{RE}$	12 750	0.485 满足
	V	6 020	$[V]/\gamma_{RE}$	8 905	0.676 满足

从上表计算结果可以看出，底部框支柱、转换梁截面均可满足抗弯和抗剪的中震弹性性能目标要求。

3.3　大震下关键构件截面验算

根据设定的抗震性能目标，罕遇地震作用下关键构件的抗震性能验算结果如表 5、表 6 所示。

表 5　大震下框支柱抗剪不屈服验算

	框支柱截面	地震 方向	抗剪承载力/kN $[V]$	预估大震下剪力/kN $V_{GE}+V^*_{EK}$	承载力 比例
底层	1 200×2 500 （内插十字型钢）	X	20 506	2 876	0.14 满足
		Y	26 906	2 626	0.10 满足
二层	1 050×2 300 （内插十字型钢）	X	18 286	5 088	0.28 满足
		Y	21 085	5 151	0.24 满足

表 6　大震下转换梁抗剪不屈服验算

转换梁截面	抗剪承载力/kN $[V]$	预估大震下剪力/kN $V_{GE}+V^*_{EK}$	承载力 比例
1 000×1 800 （钢骨 1 200×450×32×35）	16 189	14 290	0.882 满足
900×1200 （钢骨 800×350×30×32）	10 459	8 797	0.841 满足

计算结果表明，在罕遇地震作用下，底部框支柱和转换梁均能够满足抗剪不屈服的抗震性能目标要求；从变形计算结果来看，大平台转换结构大震下的最大层间位移角为 1/280，远小于限值，具有较大的整体刚度和足够的安全储备。

4　上盖开发结构振动台模型试验研究

4.1　模型试验方案设计

振动台模型试验设计方案如表 7 所示。

表 7　振动台模型试验设计方案

	模型 A（多塔模型）	模型 B（单塔模型）	模型 C（单塔模型）
上部结构	18 层框架-剪力墙	18 层框架-剪力墙	14 层框架
下部结构	2 层框架	2 层框架	2 层框架
模型比例	1∶40	1∶25	1∶25
计算模型	上盖塔楼2短型+2长型　14.2 m　34.2 m　14.2 m　57 m　4.4+2.9×17=53.7 m　10+5.5=15.5 m　164.2 m　81 m	14.2 m　57 m　69.2 m　4.4+2.9×17=53.7 m　10+5.5=15.5 m　79.8 m　36 m	54.8 m　13.5 m　2+14×3=44 m　58.9 m　10.4+4.5=14.9 m　82.1 m　55.1 m

4.2　试验过程

振动台模型试验过程如图 6 所示。

（a）模型 A（多塔模型）　　（b）模型 B（单塔模型）　　（c）模型 C（单塔模型）

图 6　振动台模型试验过程

4.3　试验结果

对比 3 个模型在输入地震波作用下的破坏情况，结构整体抗震性能评价如下：

（1）A、B、C 模型在设计的各级地震作用下表现良好，层间位移角等指标均满足规范要求。

（2）分析多塔楼结构模型（A 模型）与单塔楼模型（B 模型）的试验结果，均表明：长塔楼结构的加速度、扭转响应等比短塔楼结构响应更明显，对应的长型塔楼在地震作用下破坏更为严重。

（3）上盖高层框架结构（C 模型）由于裙房偏置和大底盘平面凹凸不规则，大底盘在地震作用下扭转响应明显，位于角部的构件较早出现损伤情况。

试验结果表明，A、B、C 3 个模型在底部刚度比超限的情况下，底部框支转换层结构依然表现出良好的抗震性能，剪重比沿楼层高度分布均匀，在罕遇地震作用下框支结构均未发生屈服，达到了设计的抗震性能目标要求。

5 上盖物业开发对车辆段设计影响分析

5.1 对车辆段库线布置的影响

地铁车辆段考虑上盖开发时，库区柱、墙等结构构件尺寸及库内线间距除应满足地铁工艺要求外，尚需同时考虑上盖开发结构的荷载及竖向结构落地的要求，对车辆段库区的股道布置形式和线间距作相应的调整，使之既能满足车辆段的工艺和限界要求，又能满足后期上盖物业开发结构设计需求。

5.2 对车辆段结构设计的影响

地铁车辆段结构设计必须与上盖开发结构统一考虑，车辆段库区结构要充分预留上盖开发建筑的各类荷载，包括分期实施的施工荷载。

停车列检库可根据库上盖开发建筑的需求，将库区结构设置成2线1跨或1线1跨，让上盖开发结构的柱或剪力墙（核心筒）等竖向承重结构直接落地或通过转换结构落在库区结构上。

5.3 对车辆段设备管线设计的影响

地铁车辆段上盖建筑的各类设备管线应自成系统和体系，原则上不与盖下车辆段建筑的管线合用或混用。且上盖开发建筑的设备管线、设备房等应尽可能在上盖平台板上布置，管线尽量不穿越上盖平台板进入盖下库区内。

可采用在上盖平台板上设置设备管沟、管廊（见图7），或平台板上的绿化覆土层内埋设管线等，将上盖开发物业的所有管线集中排放至车辆段建筑的外墙，引至地面再与市政管线连接。

图7 上盖平台预留管廊

5.4 上盖物业开发的分期建造技术

依据设计的上盖建筑的规划位置，预留转换梁和转换柱。转换结构一般设于停车场顶板，因转换梁一般截面尺寸较大，如果上盖开发物业为商业，可结合首层商业预留的面层上翻转换梁；如果开发物业为住宅，也可结合首层室外覆土和高差上翻转换梁，以增大下层的建筑净高。考虑到盖上开发建筑方案的不稳定性，可采取转换结构二次叠合施工的方案。停车场施工时可仅施工顶板以下的转换梁部分，并将转换梁箍筋甩出做预留。待上盖开发方案稳定后，再浇注顶板以上上翻的转换梁。

6 结论

本工程针对地铁车辆段上盖开发所特有的建筑特点，采用抗震性能目标设计方法，对关键结构部位和构件设定合适的抗震性能目标，应用多个计算方法对结构抗震各个阶段进行计算分析，并采取相应的结构设计和构造加强措施。计算结果表明，结构设计方案安全可行，能够满足预定的抗震性能目标，并且有较好的安全储备。采用室内振动台模型试验研究了车辆段底部关键构件在地震作用下的塑性变形发展和结构损伤情况，试验结果表明，大震作用下结构底部的框支柱和转换梁等关键构件未发生屈服破坏，整体结构可实现"中震弹性、大震不倒"的抗震性能目标。本文对上盖开发影响车辆段建筑设计的主要因素进行了分析，并提出了针对性的应对措施。

参考文献：

[1] 胡兴为，王俊，陈弟，等. 深圳地铁塘朗车辆段上盖物业 D 区结构设计[J]. 建筑结构，2013，43（S1）.

[2] 赵宏康，张敏，陆春华，等. 苏州太平车辆段停车列检库上盖物业开发复杂高层结构设计[J]. 建筑结构，2013，43.

[3] 中华人民共和国住房和城乡建设部. 高层建筑混凝土结构技术规程：JGJ 3—2010[S]. 北京：中国建筑工业出版社，2011.

[4] 中华人民共和国住房和城乡建设部. 建筑抗震设计规范：GB 50011—2010[S]. 北京：中国建筑工业出版社，2010.

铁路客站与换乘中心一体化设计思考与实践

陈剑，武洋，杨金鹏

（中国建筑设计研究院有限公司）

摘　要：随着站城融合理念的发展与实践，铁路客站设计在立足自身交通功能的同时也更加注重其空间场所的营造，以实现站与城的和谐相生。铁路客站与换乘中心一体化设计在我国已有多年的实践，本文将对铁路客站换乘中心的发展进行系统梳理，归纳总结已建成客站换乘中心的经验与问题，在此基础上尝试推演出新时期换乘中心与站本体一体化设计的改善策略，最后结合设计实践案例阐述改善策略在设计中的具体运用，为以后铁路客站与换乘中心一体化设计提供思考与借鉴。

关键词：站城融合体　铁路客站本体　换乘中心（GTC）　一体化设计　城市空间

引言

　　伴随着我国高速铁路的飞速建设，高铁不仅带来了传统交通模式的转变，更是促进了区域经济的发展变化。铁路客站由单一的铁路客运场所逐步演变为城市交通综合体[1]。当今大型铁路客站通常汇聚高铁、地铁、公交、出租车等众多交通形式，其交通接驳模式逐渐多元化，换乘空间更加强调全天候、高复合的空间体系；另一方面，随着站城融合理念的发展与实践，对站城关系提出了更高的要求，车站周边衍生出了更多的商业及城市公共服务职能，车站与城市之间的隔阂被进一步打破。以往铁路客站具有标志性的大尺度站前广场逐渐失去了主要的交通属性，在功能上也逐渐边缘化。站场、站房、站前广场 3 部分组成的经典模式已无法适应与城市相融的需求。因此，换乘空间也不再仅作为交通空间被关注，借助换乘空间与站房本体一体化设计推动站城融合成为新的思路。

　　在我国，换乘中心这一概念最早出现于现代机场航站楼配套设置的地面交通中心（GTC），是解决交通枢纽的换乘问题而产生的建筑空间[2]。其有着标识度高，引导性强，集中高效的特征。图 1 所示为首都机场 T3 航站楼地面交通中心（GTC）。随着铁路客站功能与规模的迭代发展，多种交通模块换乘需求逐步提升，机场航站楼的交通换乘中心的模式也逐渐在铁路客站枢纽中得到普及与运用。两者设计原理相同，但由于周边环境略有区别。机场航站楼一般远离城市，交通中心强调自身的交通换乘功能与服务功能，而铁路客站位于既有城市发展区或未来城市发展规划区域，除自身换乘功能与服务功能之外，城市功能诉求显著。如果将其作为联系"站"与"城"的融合过渡空间，有助于实现土地集约开发和城市基础设施的高效利用，进一步起到聚集人流及服务功能的作用，从而组合成新的发展模式，为不同人群提供充分除交通功能以外的多样性的生活服务。

图 1　首都机场 T3 航站楼地面交通中心（GTC）

1　铁路客站换乘中心发展简析

1.1　初代客站枢纽，站前广场平面换乘模式

我国最早建成的一批铁路客站基本采用的是"站场+站房+站前广场"的平面组合形式（见图 2）。这一时期，车站周边交通基本全部服务于火车站且种类单一，主要由公交及长途车组成，分别位于站前广场两侧。站前广场自然而然成为了交通换乘的组织空间。此时的站前广场除集散换乘功能外，通常考虑仪式感，因此往往尺度宏大，使用效率较低，与周边的城市联系较弱，如北京站、长沙站等。

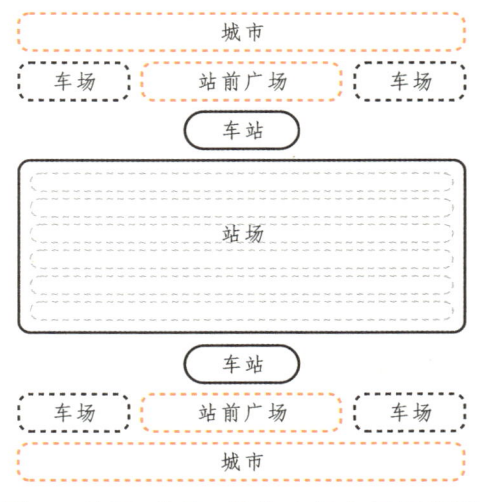

图 2　站场+站房+站前广场布局示意图

1.2 综合交通型枢纽，线性换乘空间

进入 21 世纪，随着城市轨道交通的迅猛发展，地下空间的利用意识的增强，以及站桥一体结构形式的成熟，以北京南站、广州南站等为代表的新一代铁路客站已经从单纯以广场作为交通集散中心，向各种交通设施聚集在车站内部转变，强调枢纽换乘距离最短与高效。图 3 所示为广州南站线下换乘空间。此类综合交通枢纽多在站场下方空间设置一条公共城市通廊，连接枢纽内部与城市空间；各类市政车场设施尽量沿通廊两侧布置，形成线性换乘空间，处理各种交通方式的疏散与换乘。同时兼顾服务设施的衔接利用从而形成高效、多功能的交通建筑综合体[3]。各种交通形式汇聚在车站内部的新一代铁路客站示意图如图 4 所示。由于此类枢纽是以交通功能为主导的设计模式，枢纽自身节点效应强，大量乘客在枢纽内部已完成换乘循环，城市周边并未享受到枢纽强大客流带来的商业与发展红利，导致枢纽缺乏推动城市发展的触媒动力。

图 3　广州南站线下换乘空间

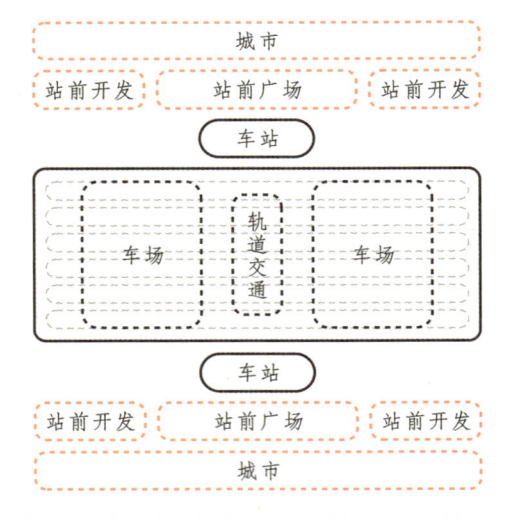

图 4　各种交通形式汇聚在车站内部的新一代铁路客站示意图

1.3 站城融合新型枢纽综合体——中央光谷换乘核心

随着近年来站城融合理论在枢纽中的实践与运用，国内大型枢纽的设计创新不断。主要表现在站前开发与客站关系更加紧密，通过轨道上盖开发延续城市肌理与功能，达到与城市尺度与形象的融合，例如如图 5（a）所示的杭州西站。同时在大型多站场枢纽中，通过拉开站场间距引入自然光线形成光谷，将城市轨道交通结合光谷布置，连接换乘车场空间，形成位于枢纽中部的换乘中心如图 5（b）所示。中央光谷换乘中心示意图如图 6 所示。此类枢纽可以说是对上一代线下换乘空间的整合与升级，结合自然光的引入，引导性、集散性增强，线下空间的品质及效率得到了进一步的提升。但枢纽自身高效换乘循环，与周边城市未能共享大客流带来的商业与发展红利的局面并未完全打破。

（a）杭州西站整体形象

（b）中央光谷换乘空间

图 5 杭州西站整体形象及中央光谷换乘空间

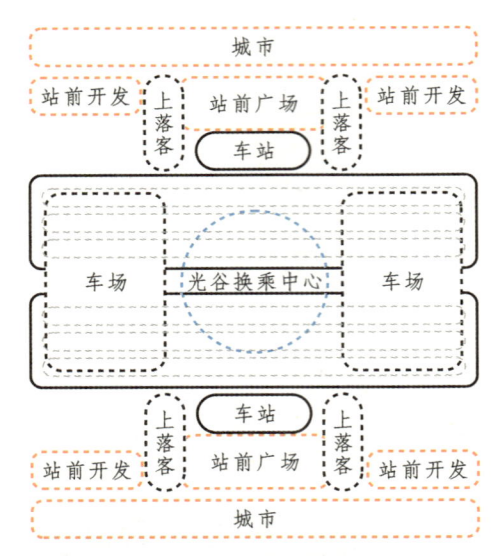

图 6　中央光谷换乘中心示意图

2　当前铁路客站换乘中心存在的问题

2.1　换乘空间过于依赖标识系统，空间引导性较差

随着枢纽规模扩大，铁路与城市交通系统的衔接方式也愈发增多，枢纽内部交通流线也变得越发复杂。而大型综合交通枢纽的换乘空间多置于铁路站场下方，自然采光条件相对较差。由于线下净高的制约，旅服与商业体量的穿插，广告灯箱与店招的干扰，造成换乘空间的视觉可达性较差，乘客在到达换乘空间后，主要依赖于标识系统进行引流，一定程度上影响了换乘效率与乘客体验。中央光谷换乘核心的创新虽然一定程度上解决了自然采光与视觉可达性的问题，但是相比于大型枢纽庞大的站场进深还是略显不足。

2.2　过于强调枢纽自身的换乘效率，与城市空间衔接及客流商业价值共享薄弱

当换乘空间结合线下空间设置后，将出站功能，城市通廊，地铁站厅，换乘车场进行了同层整合，大大提高了枢纽内部的换乘效率与集散效能，功能复合。但同时也造成了枢纽内部换乘客流快速疏解，客流对站内核心部分的商业及旅服配套的推动作用显著，对两侧站前空间及城市空间的影响作用逐渐递减。造成了枢纽内部强核心，站外人流稀少，城市界面萧条的现象。可以说一定程度上弱化了与城市空间的衔接，并没有充分利用自身强大人流聚集优势，成为城市发展的触媒动力。

3　对换乘中心一体化设计新的思考

结合几代客站枢纽换乘中心的发展历程，以及对存在问题的梳理分析，我们对换乘中心一体化设计提出新的思考。

如果将枢纽及周边主要功能元素简化成功能色块，不难发现站前广场衔接着车站，站前

开发以及城市空间，是枢纽片区站与城的重要过渡空间。如果在设计中将换乘中心与站前广场进行进一步结合，能巧妙地将铁路客站、站区开发、城市空间更好的紧密衔接，同时有效解决了站前广场使用率及经济效益偏低的问题。位于站前的位置关系大大增加了换乘中心的方向性，结合采光顶的设置，利用光导性提升旅客换乘的舒适性与体验感。同时适当拉长旅客换乘的动线，有效提升沿程空间商业与开发价值，扩展了大客流发展红利的范围，带动站前与城市界面的活力，利用流线的优化进一步的拉近站与城之间的关系。换乘中心位于站前广场示意图如图 7 所示。

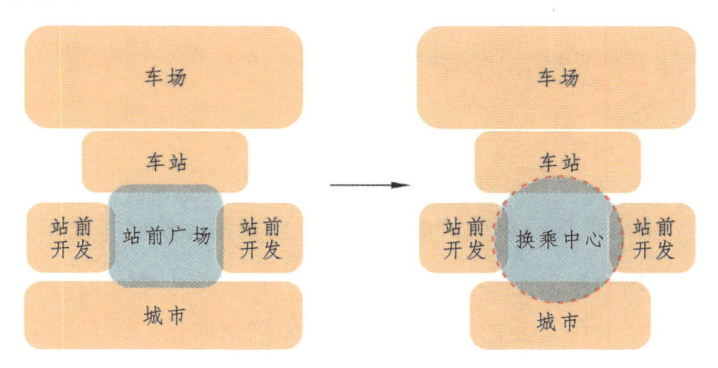

图 7　换乘中心位于站前广场示意图

在新一轮的铁路客站枢纽设计中，换乘中心向站前转化也逐渐在项目中尝试，例如由中铁第四勘测设计院与德国 GMP 设计的南昌东站方案。南昌东站换乘中心位于车站一侧站前空间，以 3 条轨道交通为核心，整合各类交通，形成便捷的换乘中心。其内部是多层通高的共享空间，围绕 GTC 内部布置适度商业，方便了旅客的同时，又实现经济效益最大化[4]。此时铁路客站换乘中心空间的设计无论在功能还是形象上，都与站房本体产生了一定的关联，为两者进一步结合与一体化设计奠定了初步的基础。南昌东站站前换乘中心剖透图如图 8 所示。

图 8　南昌东站站前换乘中心剖透图

4　铁路客站与换乘中心一体化设计的改善策略

4.1　位置选取

铁路客站换乘中心位置的选取首先要充分考虑城市轨道交通线路走向，站位与轨顶标高等前期限定条件。

当枢纽规模适中，城市轨道数量少且方向单一的情况下，可以将城市轨道站位尽量选取在站前广场一侧，并以此为原点进行换乘中心的设置，如图9所示。

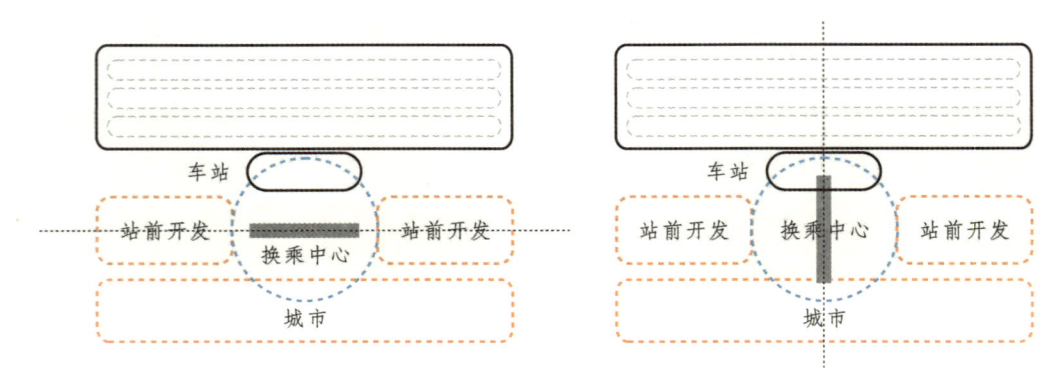

图9 中小型枢纽单一方向城市轨道换乘核心功能布局示意图

当枢纽规模大，站场数量多，多条轨道线路交叉叠加穿过站区时，拉开站场结合光谷设置换乘核心已经成为当今一种普遍的处理方式，例如杭州西站、厦门北站。以此为基础，结合前文的设计思考，我们可以尝试对轨道交通集中式布局进行拆分，两侧站前形成T字形站位布局形式，分别设置换乘中心，从而在换乘距离与商业动线之间寻求平衡，提升换乘路径商业价值，避免轨道站点过于集中在站内产生的问题。中央光谷换乘中心到双侧站前换乘中心拆分示意图如图10所示。

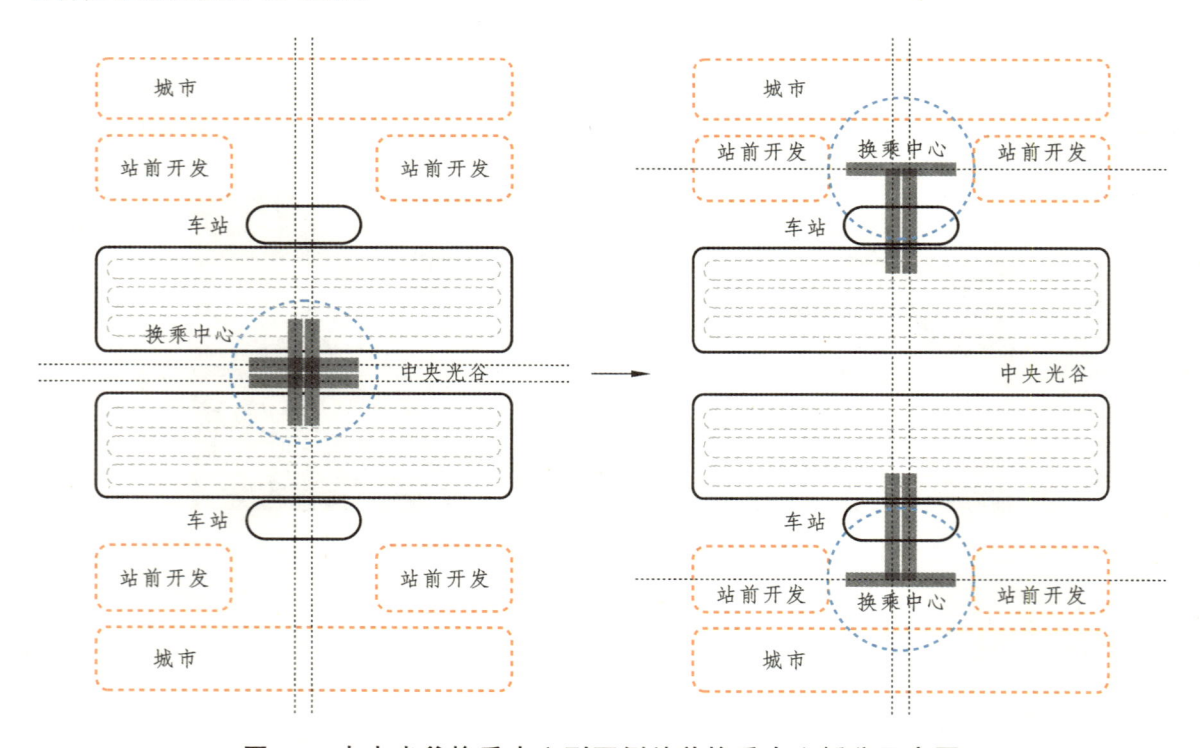

图10 中央光谷换乘中心到双侧站前换乘中心拆分示意图

4.2 流线聚合

交通换乘是高铁枢纽换乘中心的核心使命与基础。以城市轨道交通为原点构建集散的交通换乘体系，首先要保证轨道与高铁进出站流线的便捷与顺畅。对于路基站场，为了节约工程量，可以将出租、公交、社会车车场分别布置在换乘中心两侧，从而增强换乘中心的集散作用，成为旅客到达、出发的集散公共空间。对于桥式站场，出于土地集约化考虑，车场一般结合桥下空间设置。可以采用"落、驳分离"的原则，将主要交通换乘的公交、大巴、出租车车场置于线下空间，而上落客区域设在换乘中心两侧，仍然保持换乘中心高效集散的作用。总之在设计中要尽量整合各种交通换乘方式，利用交通中心进行集散，提高其运转效率。站前换乘核心功能布局示意图如图11所示。

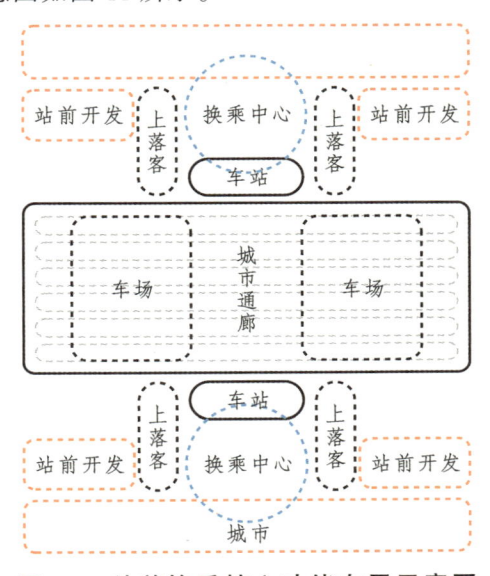

图11 站前换乘核心功能布局示意图

4.3 功能复合

铁路客站换乘中心除强化交通流线集散与高效外，还应包含辅助换乘行为的其他配套功能，同时融入更多的城市公共功能空间，赋予其更强的城市属性，成为连接"站"与"城"的核心过渡空间。

因此，在设计中，换乘中心需结合旅客换乘流线，根据客站所处区域的策划需求，引入休闲、餐饮、娱乐、展览、购物等诸多复合化功能业态，满足不同人群的各层次需求，达到客流经济效益的最大化，也为换乘时间充裕的旅客及周边城市人群提供一个舒适方便的场所空间。当换乘中心从单一交通功能向交通、城市双功能并行的模式转换过程中，带来的可观收益可直接用来维护交通设施，提升车站空间品质，吸引更多的人流，逐步形成交通及城市目的地双元支撑的开发模式。

换乘空间的功能复合也是对城市功能的补充，弱化路地两侧的红线制约，保持城市整体规划的连续性及可持续性，成为客站、站区开发与城市的连接强核心，推动站城融合的发展。但需要注意的是功能复合不是简单的业态叠加，要注意规模及分类，充分结合上位规划及市民生活合理引入，做到因地而异，因站而异，避免千篇一律。

4.4 形象整合

铁路客站形象作为城市的重要门户与地标，无论在方案设计阶段还是实施阶段都备受各界的关注。旅客对于车站形象的认知是要早于对城市的认知，所以铁路客站造型是展示城市形象的重要窗口。在以往的铁路客站的设计中，站前换乘中心由于交通属性强，功能单一，又多处于地下空间，造型处理多为下沉空间的采光顶，标识性与站房整体性偏弱。当今随着换乘中心的作用日渐凸显，功能的叠加与复合，换乘中心无论是自身体量及标识性需求进一步增强。其与车站本体一体化设计使形象设计手法更多元化，造型手法更加丰富。因此，换乘中心的形象可以直接作为车站的主立面形象，或者成为车站造型的重要部分，连接车站本体形成一个整体枢纽形象构图。

4.5 温馨空间

换乘中心主要在地下结合地铁站厅展开，因此空间的舒适性，人性化与温馨的氛围对换乘体验的提升和城市人群聚集显得尤为重要。在设计中，我们要首先确保清晰及人性化的标识系统从而保证换乘的高效，同时还可以通过中央集散空间的采光顶引入自然光，增强地下空间的整体舒适性，也对旅客流线进行引导。其次由于城市功能属性的增强，结合商业及活动功能的室内休憩空间需要进一步增强，包括休息座椅、室内绿化、儿童游乐设施等，为非急切换乘旅客及城市人群提供留的住、愿意来的城市公共空间，从而增强交通中心的城市集聚性及经济效益。

5 高铁站本体与换乘中心一体化设计案例实践——上海东站综合交通枢纽设计

5.1 项目概况

作为浦东综合交通枢纽功能的重要组成部分，上海东站是上海铁路"四主多辅"的主客站，承担着浦东新区对外铁路联系，上海市域客流转换的重要作用。设计竞赛工作在2022年年初展开，由上海东站综合交通枢纽建设指挥部办公室和沪宁城际铁路股份有限公司联合承办。

东站综合交通枢纽位于浦东新区东部祝桥镇范围内，东接浦东国际机场，南邻S32申嘉沪高速，西邻G1503高速，地理位置优越。车站总建筑面积20万m^2，车场规模14台30线，其中国铁车场6台14线，市域线车场8台16线，轨道交通包含东站枢纽与浦东T3航站楼联系的内部专用捷运线路及地铁21号线。上海东站鸟瞰图如图12所示。

5.2 设计构思

上海东站的设计构思是从功能流线与车站造型两个维度出发，同步推进。功能流线上需要保证轨道21号线，机场捷运线与国铁的高效换乘。而整体造型需体现出上海城市现代、包容、海纳百川的城市气质，同时要表达出东站未来空铁联运的重要使命。

图 12 上海东站鸟瞰图

枢纽站场沪通场与机场联络线站台间有 25 m 宽的间距，且正好处于车站中部，因此将轨道 21 号线与机场捷运线与其结合设置必然成为设计中的首选。但是上海东站为一个尽端枢纽，东侧直接连接浦东机场跑道区，通过流线分析和整体布局考虑，我们逐渐发现将轨道交通设置于车站中部虽然有利于国铁与城市轨道间的换乘，但是城市人流乘坐地铁及捷运线并不便捷。同时，大量客流在站内区域完成换乘并未与城市周边发生联系，更加强化了近端枢纽的孤岛效应。因此，我们在设计过程中尝试将地铁 21 号线与捷运线向西侧站前移动，形成城市交通换乘核心，场间光谷仅作为国铁内部换乘核心。优化后的布局形式使车站的功能流线布局更加清晰，兼顾了城市对轨道交通的需求，同时适当地拉长了旅客动线，提升了换乘流线沿程的商业潜力与价值。换乘中心将内部专用捷运线与 21 号线成 T 字形布局，21 号线靠近城市一侧，方便城市人流。轨道站厅设置在 B1 层，与地面出站通廊同处安全区并用扶梯相连。剖面流线示意图如图 13 所示。

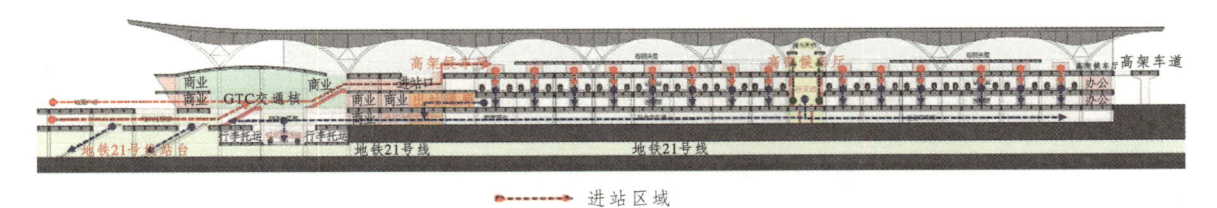

图 13 剖面流线示意图

换乘中心造型以捷运轨道为原点，自下而上环形布置商业与城市活动空间，形成颇具未来感的空铁云环。云环与客站广厅直接相连，彼此镶嵌，形成了国铁、地铁、商业活动空间紧密衔接的空铁换乘核心，其效果图见图 14。绽放的屋面、科技感的云环、流动的覆土平台，使城市商业活动空间彼此交融。车站与云环的构图，犹如白玉兰，花含露珠，表达着东站未来空铁联运的重要使命，也是城市传统文脉与区域未来发展相融的完美诠释。从功能到造型，换乘中心巧妙地将换乘中心与客站本体融为一体，塑造出创新、变化的组合立面形象。其正透视效果图如图 15 所示。

图 14　综合换乘中心效果图

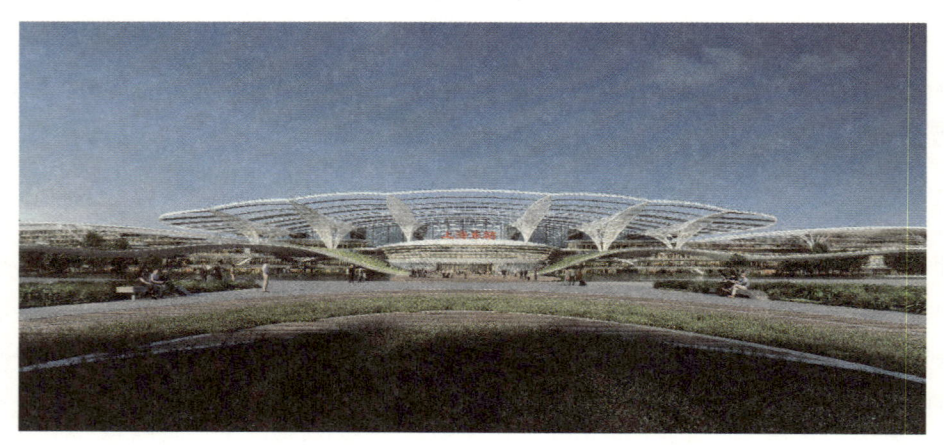

图 15　正透视效果图

6　结语

通过对铁路客站换乘中心的梳理与案例分析，我们可以发现将交通换乘中心与站前广场空间进一步结合，可以更好地将城市与客站本体进行衔接与过渡，提升换乘客流的商业潜力与价值，同时也会成为铁路客站形象创作新的要素与设计源泉。

参考文献：

[1] 郑健. 大型铁路客站的城市角色[J]. 时代建筑，2009（5）：6-11.
[2] 陈一辉. 当代高铁站换乘中心功能空间设计策略研究[D]. 哈尔滨工业大学，2020.
[3] 李胜全，张强华. 高速铁路时代大型铁路枢纽的发展模式探讨——从"交通综合体"到"城市综合体"[J]. 规划师，2011（7）：26-30.
[4] 殷伟，杜凯鑫，刘振娟. 站城一体化模式下高铁客站进站空间设计初探[J]. 铁道经济研究，2022（S1）：85-88.

… 设计探索篇

厦门新机场交通中心（GTC）无障碍设计实践与探索

高林，李冰

（中国建筑设计研究院有限公司）

摘　要：本文以厦门新机场交通中心（GTC）工程的设计实践为起点，从建设"四型机场"中的人文视角，着重论述介绍了本工程在无障碍设计方面的人文关怀和设计实践。从需求分析、功能规划、动线组织、设施配置、细节设计等方面，阐述作为陆侧交通枢纽核心的交通中心（GTC）在无障碍人文关怀方面的探索。

关键词：交通中心　无障碍设计　四型机场　人文机场

1　引言

近年来，随着国内各省会、直辖市迎来了机场建设的高峰期，如何打造以人为本、体现人文关怀的航空枢纽，已经成为机场设计、建设、管理、使用者越来越关注的问题。2019年9月25日，习近平总书记在北京大兴机场投运仪式上提出了建设以"平安、绿色、智慧、人文"为核心的四型机场要求，这为中国机场建设的未来指出了明确的方向。厦门新机场工程作为践行这一设计理念的重要交通枢纽，在上述4个方面都进行了积极的探索与实践。航空港交通枢纽最终服务的对象是人，作为我国东南沿海的门户、海上丝绸之路的发源地以及联系海峡两岸的重要客运交通枢纽，如何在机场设计中体现人性化，成为项目设计中的核心焦点。本文以作为机场陆侧交通集散核心的客运枢纽——交通中心（GTC）为研究对象，以无障碍设计人性化设计为切入点，总结梳理了厦门新机场交通中心（GTC）的无障碍设计系统。

2　项目概况

厦门新机场飞行区等级为4F，规划建设4条跑道。本期（2025年）规划目标年旅客吞吐量4 500万人次，年货邮吞吐量75万t，年飞机起降量38万架次，高峰小时79架次。终端（2045年）年旅客吞吐量8 500万人次，年货邮吞吐量200万t，年飞机起降量63万架次，高峰小时127架次。

本期航站区工程主要建筑包括T1航站楼、交通中心（GTC）、停车楼-北楼、停车楼-南楼、机场旅客过夜用房1#、2#、3#，运行控制中心1#、地服配套用房1#、非基地航业务用房1#、制冷站等。厦门新机场航站区中轴线鸟瞰效果图如图1所示。

交通中心（GTC）位于T1航站楼西侧，是厦门新机场工程中重要的配套设施，是代表厦门新机场整体形象和服务质量的重要工程。它位于空陆侧的连接部位，衔接了包括轨道交通、长短途巴士、旅游巴士、市政公交等多种交通方式，同时也成为汇集机场内、外部交通，旅客过夜用房，停车楼及航站楼的立体枢纽。其中部的换乘大厅分别与 T1 航站楼，地下二层 -10.100 m 标高的 M3、M4 地铁及 R1 线城际铁路的站厅层相连；首层与机场巴士、市政巴士、长短途巴士、旅游巴士车道边及停车楼-北楼、南楼相连；二层与停车楼-北楼、南楼相连；三层 8.000 m 标高与 T1 航站楼国内混流层，停车楼-北楼、南楼及其快速车道边，长短途巴士及旅游巴士候车厅，以及位于其西侧的空港大堂及机场旅客过夜用房 1#、2# 楼相连。其地下一层设置的 -4.600 m 标高出租车到达车道边与航站楼室内候车区相连。交通中心（GTC）将上述多种交通功能连为一体，共同组成了陆侧的立体交通换乘体系。交通中心内各功能流线关系如图 2 所示。

图 1　厦门新机场航站区中轴线鸟瞰效果图

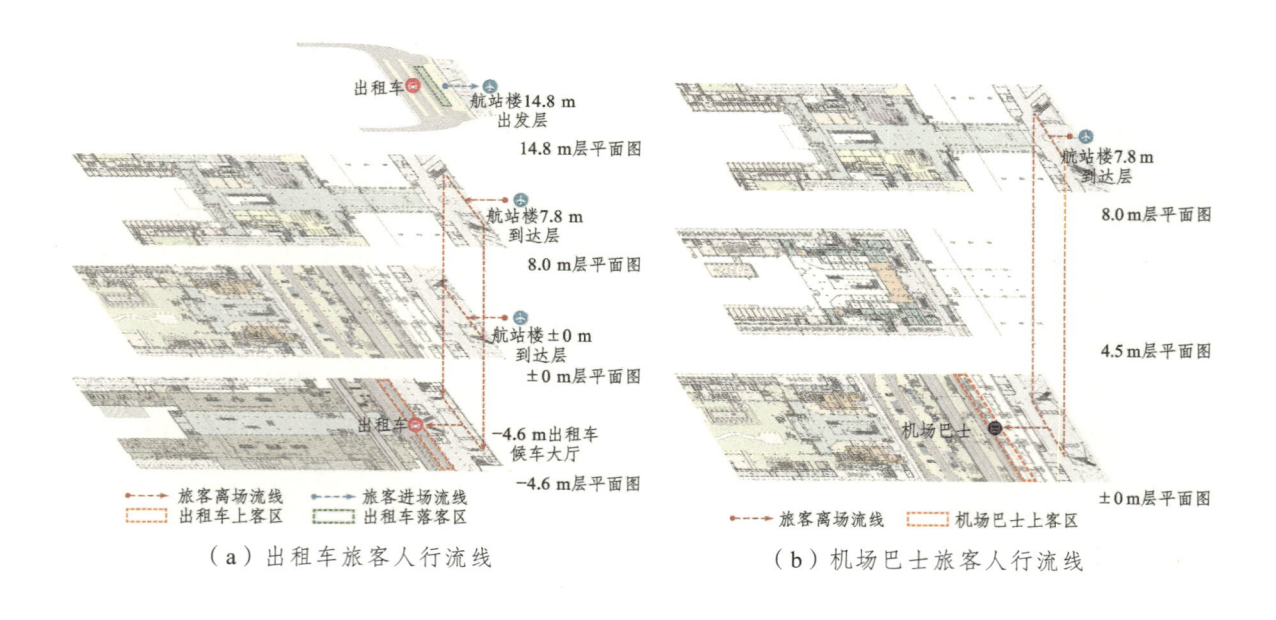

（a）出租车旅客人行流线　　　　（b）机场巴士旅客人行流线

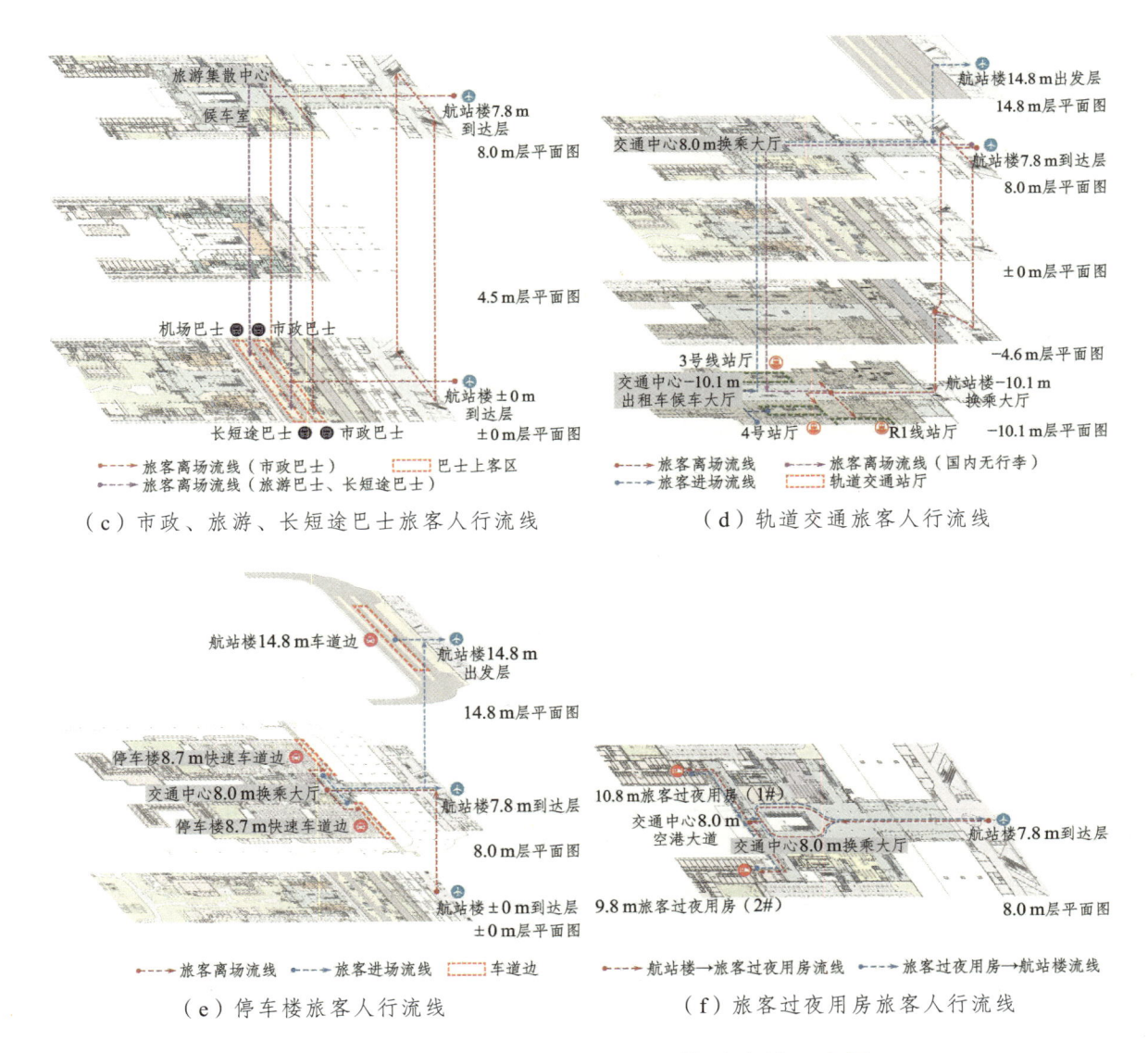

（c）市政、旅游、长短途巴士旅客人行流线　　（d）轨道交通旅客人行流线

（e）停车楼旅客人行流线　　（f）旅客过夜用房旅客人行流线

图2　交通中心内各类交通工具换乘流线示意图

3 厦门新机场交通中心（GTC）无障碍设计

3.1 无障碍设计的内涵

提起无障碍设计，大众甚至是很多设计师的第一反应都是针对残障人士进行的设计。但其实从无障碍设计的英文"Accessibility Design"就能看出，其字面含义更多的是指"可达的""易于接近或获得的"，而这才是无障碍设计的核心。使用无障碍设施的人，不一定是肢体有残疾的人，身体健全的人（例如：推婴儿车的年轻夫妇、带小孩的母亲、上了年纪身体健康的老人，甚至是年富力强的男士手提大行李的时候），在某些情况下也能享受或体会到好的无障碍设计所带来的便利及其背后实实在在的人文关怀。所以，无障碍设计的核心内涵并不仅

仅是按照规范设计一系列的无障碍设施，而是系统化地梳理建筑使用者及其行为特征，从需求分析、功能规划、动线组织、设施配置、细节设计等方面，建立一套多层级、多尺度的人性化空间规划与设施设计的过程。本文将从上述 5 个方面介绍厦门新机场交通中心的无障碍设计实践。

3.2 以人为本的无障碍设计

3.2.1 需求分析

客运空港枢纽的核心使用需求是旅客的出行与换乘。在设计之初，我们就将旅客的需求和体验放到首要的位置，通过分析国内外同规模机场的案例和机场旅客客群行为的特点，充分考虑各类交通换乘区的分摊占比及优先级，将关联度最高，使用频率最高的交通设施尽量临近换乘大厅布置，应对旅客需求配置相应的功能。例如：表 1 中的预测数据显示，私家车、出租车及轨道交通为各类交通方式中最主要的 3 种，在方案设计中，我们重点将上述换乘功能尽可能靠近换乘大厅，实现旅客动线的最短化，以提高换乘的效率和服务体验。

表 1 厦门新机场规划年交通方式预测表

年份	轨道交通	出租车	私家车	机场大巴	长途车	旅游巴士	水运	合计
2025 年	13%	24%	40%	10%	10%	3%	—	100%
2030 年	20%	22%	39%	9%	2%	7%	1%	100%
终端	29%	19%	34%	8%	2%	7%	1%	100%

3.2.2 功能规划

在明确了旅客核心需求后，功能规划自然而然地顺应各类交通方式的工艺需求及客群分析的结论进行规划设计。图 3 展示了交通中心横、纵剖面的功能空间关系：底层的两条地铁线及一条城际铁路线毗邻通高换乘大厅的南北两侧，实现乘轨道交通来往航站楼的旅客的最短距离换乘；停车楼的地面各层均可通过平层连廊或位于交通中心南北两侧庭院的垂直交通核抵达交通中心的 8.000 m 及首层换乘大厅；交通中心 8.000 m 标高和-10.100 m 标高设有两条连接航站楼的换乘通道，为旅客到港离港换乘提供了便利。本项目将出租车到达车道边从地面层分离出来，单独设置-4.600 m 夹层，并为旅客提供室内舒适的候车环境，提升了旅客的换乘体验。

3.2.3 动线组织

功能空间关系确定后，动线组织就成为至关重要的设计内容。图 2 详细展示了各类旅客的换乘流线和换乘方式。经测算和横向比较，厦门新机场的交通中心的换乘距离在同期新建扩建的机场项目中拥有较高服务水平。部分换乘距离比较一览表如表 2 所示。

在针对残障人士的动线组织设计中，我们充分结合各类无障碍设施以及公共设施的布置点位，合理组织无障碍设计流线。各层的无障碍动线如图 4 所示。

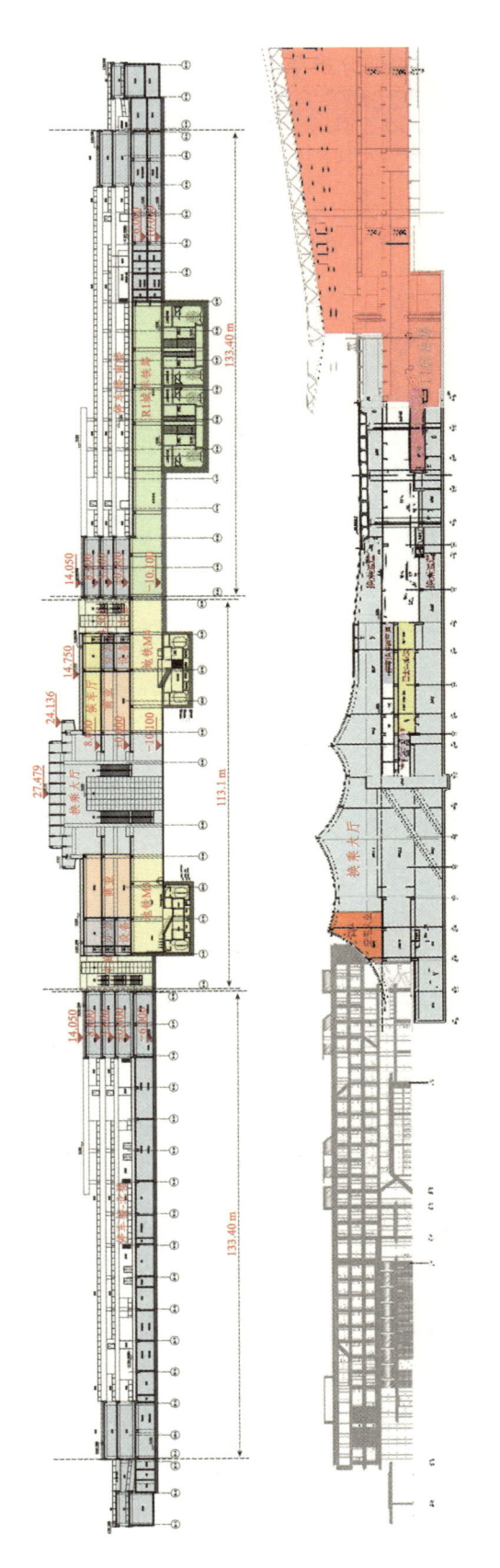

图 3 交通中心（GTC）横、纵剖面功能关系图

表 2　部分换乘距离比较一览表

指标名称	厦门新机场	广州白云机场	西安咸阳机场
停车位的交通核到达航站楼的最大步行距离	439 m	355 m	520 m
从轨道站厅到达航站楼的最大步行距离	250 m	277 m	294 m

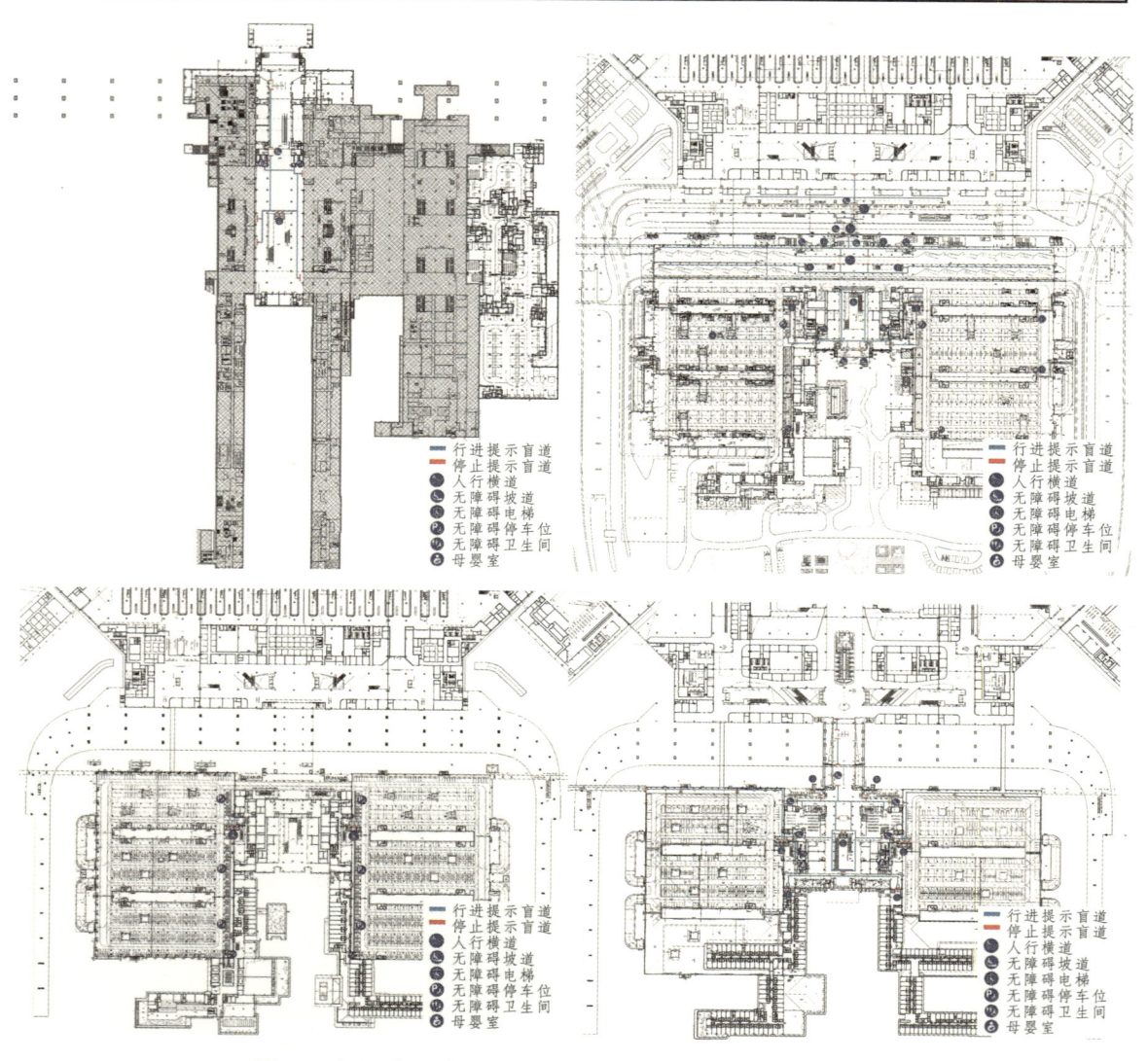

图 4　交通中心各层平面无障碍设施及盲道动线组织

1. 地下二层

交通中心换乘大厅设有两部无障碍电梯，换乘大厅及换乘通道交接位置设置有两处无障碍卫生间和公共卫生间，进入航站楼前防爆检查区域设置一条无障碍安检通道，上述设施通过盲道与轨道站厅出入口连通，流线直接便捷，方便残障人士使用。各设施前均设有提示盲道。

2. 一层平面

交通中心首层在中庭及换乘节点处共设置 8 部无障碍电梯。两侧对称设置两个无障碍卫生间。东侧沿巴士车道边设置行进盲道，同时连接两部无障碍楼梯，并通过中间的无障碍人行通道与航站楼到达车道边相连。各无障碍设施之前均设置与设施等宽的提示盲道，并由简明直接的行进盲道串联，便于身体障碍人士使用。

停车楼-北楼、南楼均在靠近交通中心区域设置无障碍停车位，并紧邻两部无障碍电梯。同时，楼内与地下车库通过无障碍摆渡电梯相连通。首层靠近酒店区域设置有两处无障碍卫生间。

3. 二层平面

停车楼-北楼、南楼在本层结合交通中心设置有两组6部无障碍电梯，并在旅客过夜用房交接位置设有两处无障碍卫生间。

4. 三层平面

交通中心三层与航站楼7.8 m层相连，本层除与轨道、停车楼相连位置的8部无障碍电梯，还在南北两侧设有两处无障碍卫生间和母婴室。其余航站楼、交通中心连接处均采用无障碍坡道等方式衔接。通往航站楼换乘通道处设有一条无障碍防爆检查通道。各无障碍设施之前均设置与设施等宽的提示盲道，并由简明直接的行进盲道串联，便于身体障碍人士使用。

旅客过夜用房与交通中心相连位置均设有一部无障碍电梯。

停车楼-北楼、南楼均在靠近航站楼一侧设有一条快速车道边，并在靠近交通中心一侧设有一个无障碍停车位上车点。对应位置的车道边设置三面坡的缘石坡道，便于轮椅通行。

3.2.4 设施配置

除普通公共建筑配置的无障碍设施外，本项目结合《民用机场旅客航站区无障碍设施设备配置技术标准》（MH/T 5047—2020）的相关要求，根据航站楼的交通工艺特点进行了相关设施设计。例如航站楼特有的车道边无障碍停车位的设置，就以便捷无障碍人士的使用为出发点，从车位到目的地均有无障碍的缘石坡道和盲道引导，所有无障碍停车位的位置均靠近停车楼的垂直交通核，可通过无障碍电梯便捷的联系各主要换乘楼层，极大地方便了乘轮椅的旅客及有需要推运大件行李的旅客的使用，同时结合标志标牌的引导系统，形成易于到达，易于使用的无障碍一体化设计，如图5所示。

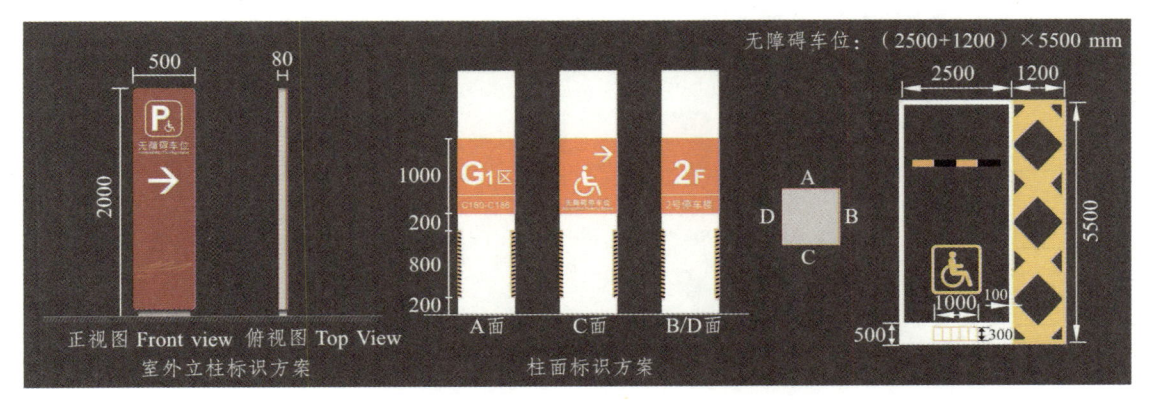

图5 无障碍停车位设计及标志标识引导系统

3.2.5 细节设计

无障碍细节设计如图 6 所示。在细节设计上，我们从使用者的切身视角考虑，将无障碍细节设计融入各类设施设备，例如：在交通中心换乘大厅的玻璃电梯采用脚触式呼叫按钮；无障碍卫生间坐便器选用更符合人体工学的"L"形安全抓杆；在低位服务台的容膝空间两侧设置八字斜角便于轮椅驶入；可视性强的无障碍标志标识导引系统等。这些细节设计能够让使用者从舒适便利的使用体验中，潜移默化地感知到人文关怀。

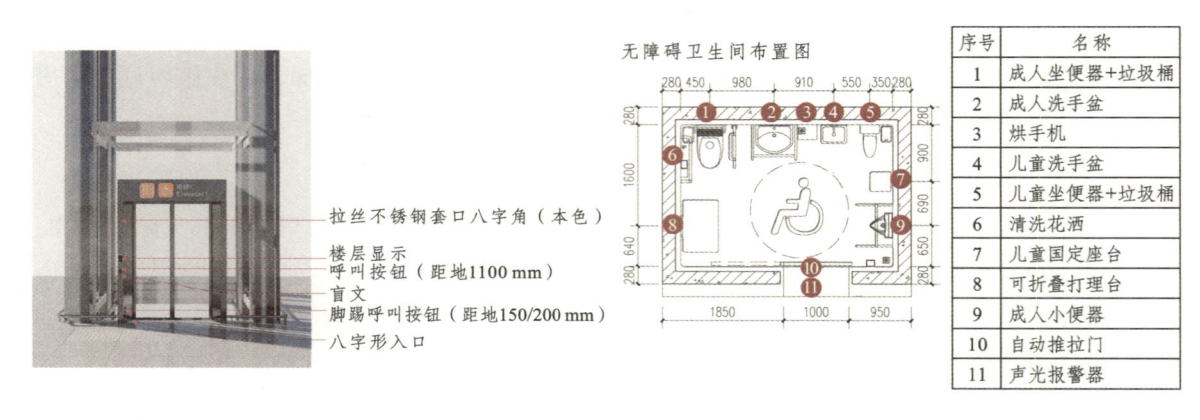

序号	名称
1	成人坐便器+垃圾桶
2	成人洗手盆
3	烘手机
4	儿童洗手盆
5	儿童坐便器+垃圾桶
6	清洗花洒
7	儿童国定座台
8	可折叠打理台
9	成人小便器
10	自动推拉门
11	声光报警器

标识系统——信息设计
- 旅客航站楼内供残障旅客使用的服务设施，应设置有盲文使用说明、语音及盲文按键；
- 残障旅客电话位置应设置方便、易找到的位置；
- 机场应设置无障碍设施导向标识，并在无障碍设施旁边显著位置设置无障碍设施位置标识；
- 标识色彩采用对比强的色彩，方便视觉障碍群体识别；
- 标识字体字号应保证远距离可识别；
- 无障碍标识设置应满相关标准

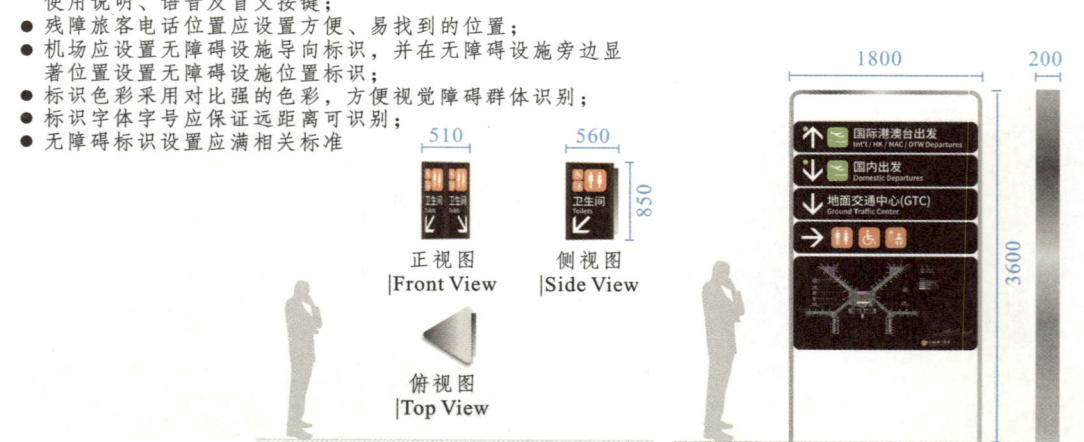

图 6 无障碍细节设计

4 结语

厦门新机场交通中心（GTC）的无障碍设计过程，自始至终秉持多元化、立体化、一体化的要求进行设计，衔接各个方向各种类型的交通工具及交通服务设施，结合紧凑的航站楼平面布局，辅以直观的内部动线路径，保证旅客和工作人员的最短步行距离，体现了不同交通方式"便捷乘换"以及与航站楼"无缝衔接"的设计理念。设计在无障碍方面坚持以人为本，以使用者需求为导向，从功能规划到流线梳理，再到设施设备的细节甄选与设计，尝试将四型机场中的人文机场的理念贯彻到建筑环境的每一个细节，为厦门百姓营造一个充满人情味的客运枢纽建筑。

无障碍设计作为人性化设计的一个着眼点，并不是高深的设计理论，而是具体且实际的一系列具有连贯性和系统性的设计实践，只要我们能够从使用者实际使用需求和使用痛点出发思考问题，就可以在设计作品中为使用者提供有温度的空间环境，造福人民。

参考文献：

[1] 民航局综合司. 中国民航四型机场建设行动纲要（2020—2035年）[R]. 2020.
[2] 中国民用航空局. 人文机场建设指南：MH/T 5048—2020[S]. 2020.

丝路天山
——乌鲁木齐机场北区新建航站楼设计实践

张宏波

（华东建筑设计研究院有限公司）

摘　要：两千多年前，张骞"凿空"西域，乌鲁木齐以其华丽的身姿映入人们的视野。如今的乌鲁木齐，已经成为一座中西文化交融，历史与现代兼蓄的现代化都市。规划与设计立足科技进步、改革创新和协同共享，坚持一切从乌鲁木齐国际机场的特点和实际出发，坚持面向未来，高起点、高标准地打造精品工程。乌鲁木齐机场北航站区的建设将为这座城市和新疆地区经济发展的新引擎，为这座城市插上腾飞的翅膀，这颗丝绸之路上的明珠必将绽放出更加璀璨的光芒。

关键词：一体化的航站楼构型　文化双轴

引言

新疆维吾尔自治区位于欧亚大陆腹地，总面积约 166 万 km^2，占我国陆地面积的 1/6 左右，是丝绸之路经济带核心区，国家向西开放的重要门户，具有独特的区位优势和资源禀赋。

乌鲁木齐机场则辐射中亚和西亚，是连接欧洲大陆的重要门户枢纽，构筑"空中丝绸之路"的重要节点，将成为带动西北地区由传统的经济腹地转变为面向中亚和西亚地区的经济发展前沿地带，对于我国的经济发展、对外开放和安全稳定具有重要的战略意义。

目前运行的 T1、T2、T3 航站楼和跑道已经不能满足日新月异的发展需求，根据民航的战略部署，新建北区扩建项目，预计于 2023 年建成，乌鲁木齐国际机场年旅客量将达到 4 800 万人次，远期将则达到 6 300 万人次。

新建航站区核心区建设航站楼约 50 万 m^2，交通中心 34 万 m^2，同时建设塔台、旅客过夜用房、能源中心等其他相关配套设施，满足年旅客吞吐量 3 500 万人次的服务要求。扩建工程同时，新建航站区还将新建滑行道系统、站坪系统、货运等功能配套设施。

图 1 所示为新建航站区北区鸟瞰图。新建航站区北区采用双向进离场方式，外部交通形成"五横八纵"的地面交通网络；并引入轨道交通，在北区航站楼前规划集轨道交通、公交客运站、停车楼于一体的机场综合交通换乘中心。航站区核心建筑由西向东依次布置北区新建航站楼、交通中心换乘通道，换乘通道南北两侧各为 2 组开敞式停车库和旅客过夜用房，通过空中连廊与东侧商业开发地块相连接，打造以航站楼为主体的"一体化"建筑综合体。新建航站区北区建筑组成如图 2 所示。

设计探索篇

图 1　新建航站区北区鸟瞰图

建筑层数：地下1层，地上4层　　建筑层数：地下1层，地上4—6层　　建筑高度：99.9 m　　建筑层数：6层
建筑高度：55 m　　　　　　　　　建筑高度：30 m　　　　　　　　　　建筑面积：6372.13 m²　建筑高度：24 m
建筑面积：50.09万 m²　　　　　　　建筑面积：34.4万 m²　　　　　　　　　　　　　　　　　　　建筑面积：10万 m²

图 2　新建航站区北区建筑组成

结合乌鲁木齐干旱少雨多风沙、夏季酷暑、冬季严寒多雪的较极端的气候类型，针对地域特点，为了确保设计成果的高水准呈现，设计团队采取以科研课题辅助设计的对策，通过调研和实地交流，结合以往项目经验设立多项科研课题，边研究边解题边设计，涵盖规划、消防、隔振、节能、商业、人文等诸多内容。我们的目标是打造一个全面的高效运行的门户机场，使其起到中国西部的门户枢纽作用，达到现代的高质量高水平的服务要求。

经反复的斟酌、研究、沟通、对比，从规划、建筑、室内3个层面入手，通过提炼形成8大设计亮点高度概括，用来诠释和总结我们的设计思路。

1　一体化的航站楼构型

新建航站区位于原航站区北侧，依次建设航站楼、交通中心、塔台、酒店、商业等建筑，

347

整体规划形成"天山丝路、汇聚八方"的格局（见图3），各地块以航站楼中轴线为中心向外扩展，紧紧环绕交通中心布局，实现了土地价值的最大化，充分发挥现代空港交通枢纽建筑的集约化优势，交通体系简化便捷，流线紧凑。

图3 新建航站区规划格局——天山丝路、汇聚八方

航站楼主楼一次建设、指廊分期实施，采用一体化的构型与渐进式生长方式，未来机场发展航站楼则继续扩建向东延伸指廊，并根据旅客增长依次新增南北卫星厅，最终满足整场年旅客吞吐量6 300万人次的服务需求。航站楼一体化的构型与渐进式生长方式如图4所示。

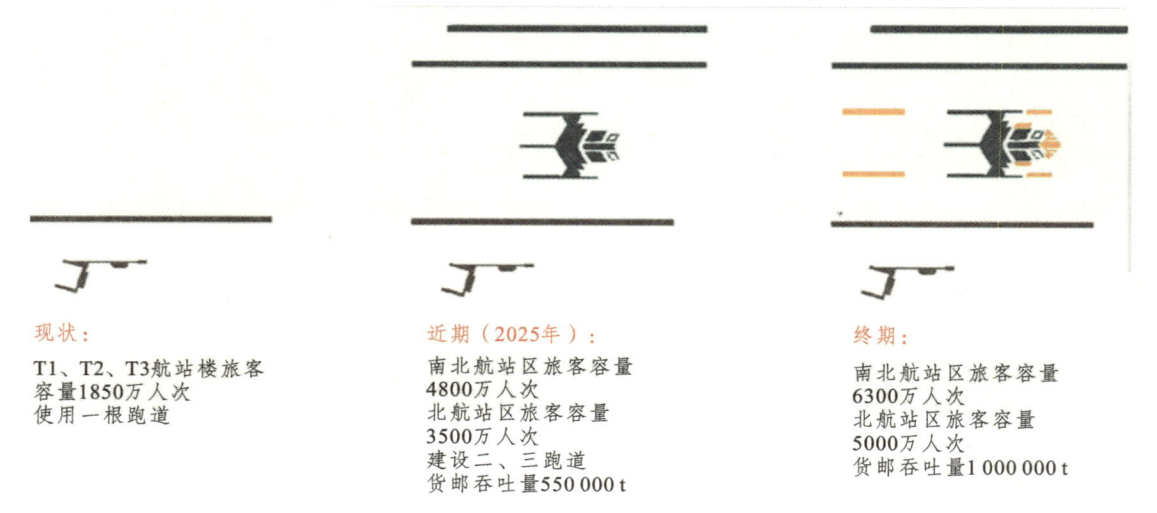

现状：
T1、T2、T3航站楼旅客
容量1850万人次
使用一根跑道

近期（2025年）：
南北航站区旅客容量
4800万人次
北航站区旅客容量
3500万人次
建设二、三跑道
货邮吞吐量550 000 t

终期：
南北航站区旅客容量
6300万人次
北航站区旅客容量
5000万人次
货邮吞吐量1 000 000 t

图4 航站楼一体化的构型与渐进式生长方式

航站楼构型呈几何形，有较强的逻辑感，三根指廊为简单易读的直线性构型设计，空间清晰方向明确，具有强烈的导向性，便于旅客寻找方向，避免在超大、复杂的交通建筑内有迷失感。

指廊则平行于跑道布置，为飞机的进出提供了最为高效的空侧运行；远期则通过加建指廊完成扩建，使得分期建造界面明确，便于不停航施工，最大程度地减少扩建施工期对航站楼正常运行的影响；指廊与主楼连接体的集中式布局具有更好的商业凝聚力和发展潜力。

2 化繁为简的陆侧规划

机场周边有北二环、安宁渠路、城北主干道、机场高速围合形成高效的快速路，进入新建航站区形成东西两大方向，最终我们选择了"双向进场，单侧入楼"的陆侧道路组织方式，以"东西进出、分类管理、公交优化"为核心区道路交通组织理念；形成"一环、三层、立体"的交通骨架；交通中心紧邻航站楼布置，融合了轨交、私家车、大巴、出租车等多种交通模式，巧妙利用场地高差，构筑起空、路、轨的立体交通体系。

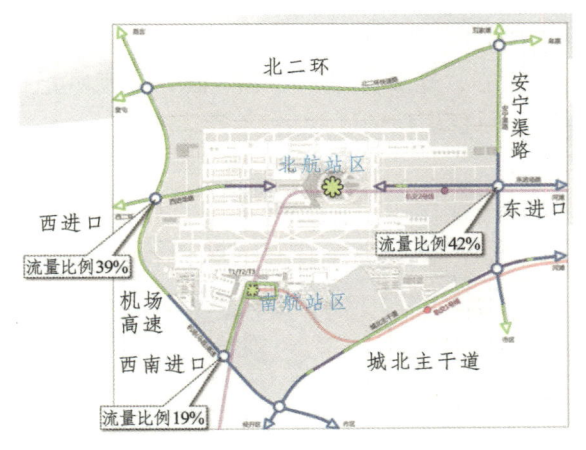

图5 机场周边道路

（1）"双向进场，单侧入楼"的陆侧道路组织方式。

航站楼总体采用双侧入场，单侧进楼的陆侧道路组织方式，在东侧高架进场和西侧下穿机坪进场的两个方向上合理的组织进出场车流，离场的车流可以灵活地选择东离场或者西离场，构成简洁高效的陆侧道路系统，如图6所示。

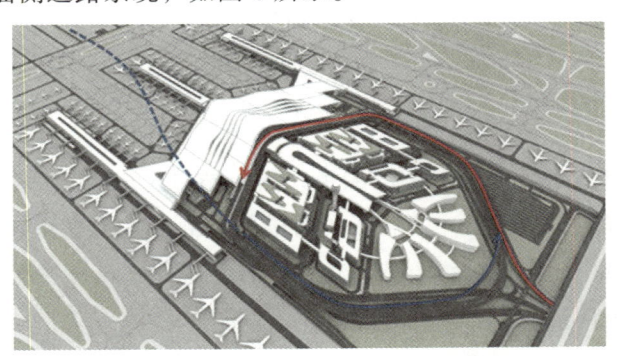

图6 陆侧道路组织方式——双向进场，单侧入楼

（2）该理念具体表现为："东西进出、分类管理、公交优化"的核心区道路交通组织理念。

东西集散形成双向连续流交通，具有较高的通行服务效率和通道保障可靠度，满足不同方向进场需求及容错要求，道路保障可靠；

针对不同类型的车辆服务特征，采用分类管理措施，合理组织交通流线；

倡导公共交通，减少排放、换乘距离最小化，人车分离保障交通安全。

3 人性高效的航站楼布局

随着"一带一路"倡议的推进，新机场将成为国际航空网络的重要中转节点，2045 年中转旅客吞吐量预计将达到 1 500 万人次。为了旅客更为便捷的体验，将传统分离的国内出发和国内到达合二为一，形成国内混流模式，提高了旅客中转效率。

新航站楼在国际国内分区处设置了中转中心。国际转国内旅客在中转中心完成入境手续后可平层前往国内混流层。国内转国际通过出境检查后则通过自动扶梯前往国际出发层。而到达层实现了与行李提取大厅，交通中心廊道层的平层联系，旅客到达后无须楼层转换即可平层到达行李提取厅、交通中心，逐级分流、分层集散，实现功能上的无缝衔接，最大程度地提高了旅客体验。混流和平层运输如图 7 所示。

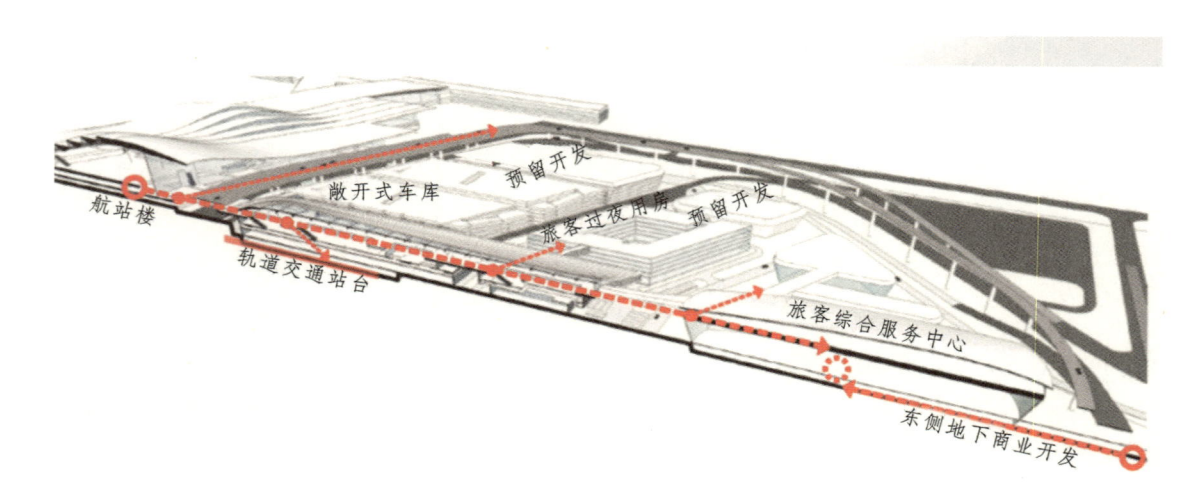

图 7　混流和平层运输

4 量身定制的商业设计

乌鲁木齐是一座具有多元文化的宜居城市，新航站楼是城市生活的有机组成。我们结合区域特点以及发展趋势，打造乌鲁木齐机场独有的机场商业，提高整体服务品质。

航站楼商业自陆侧由东向西延续形成一体化的商业网络，在探讨航站楼商业发展的同时，考虑与核心区商业的延伸发展。

航站楼内结合旅客动线，形成了 3 个大型集中式的商业广场和若干分散式商业区，构成"一轴一链三珠"的商业体系，服务半径覆盖了整个旅客公共区域，如图 8 所示。3 大集中式商业广场形成不同的商业主题，可带给旅客全新的感受。

在商业空间设计中形成特色的陆侧观景平台，在陆侧中央广场设置自动扶梯，将人们引导至 21.4 m 标高的观景平台，如图 9 所示，在保障机场安全运营的前提下，旅客可以一边喝茶，一边欣赏飞机起降的壮丽景象，形成乌鲁木齐机场一道亮丽的风景线。

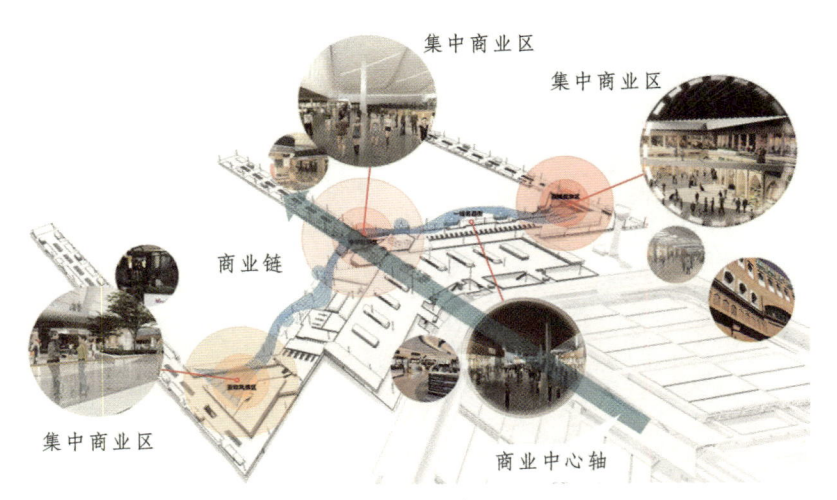

图 8 "一轴一链三珠"完善的商业体系

图 9 观景平台

5 绿色节能的生态空港

绿色建筑方面，机场定制适宜于当地气候特征、地理环境和能源背景的绿色建筑，提升机场品质，提高运营效率，达到绿色三星级标准，力争成为自然、阳光、生态的绿色机场卓越典范，彰显绿色、低碳、健康的国际化高品质魅力。机场充分利用自然能源和新能源，并利用环保建筑材料和工艺，通过绿色施工减少了建设过程中对于环境的影响（见图10）。

机电系统的设计以节能、高效为设计目标，在满足航站楼运营功能的前提下，将建设投资成本、运行管理成本以及系统的有效运行作为设计的指导思想，综合考虑机电各专业系统的经济性、合理性，使机电设计方案做到最优化。机电系统采取切实可行的防风防冻、融冰融雪措施，保证机电系统运行安全可靠。

此外，机场按照主流智慧机场、平安机场设计理念进行机场智能化设计，综合利用大数据、云存储、智能分析、人脸识别等最新技术手段，为机场的安全防范、高效运营、旅客的舒适快捷出行提供了有力支撑。

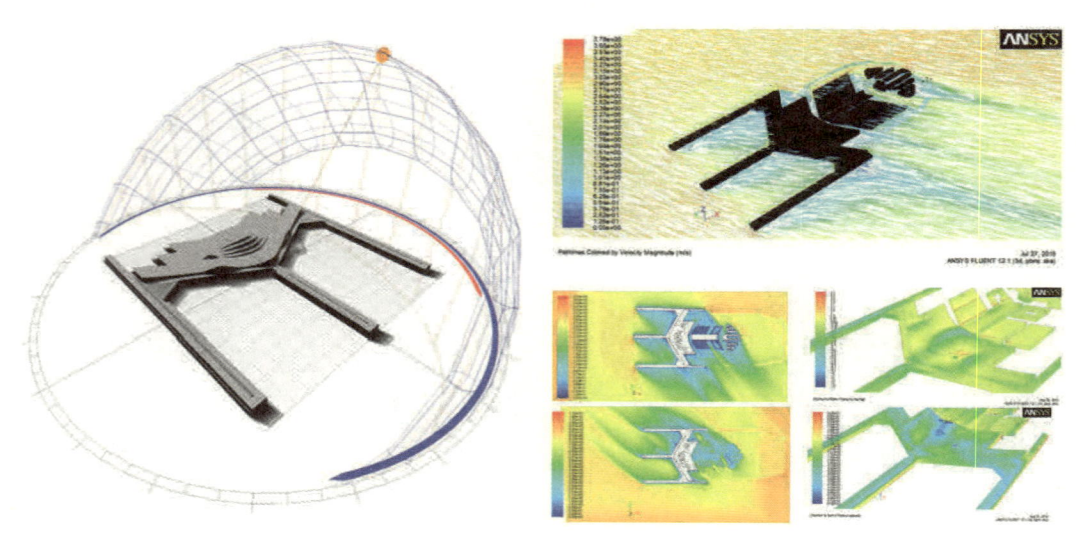

图 10　绿色研究

6　"天山丝路"的造型演绎

我们的造型设计尊重当地文脉，以"天山丝路"为灵感来源。航站楼以"天山"为母题，航站楼屋面呼应着新疆地区三山夹两盆的地理特征，并从大漠、雪山等新疆特有的大地景观中提取元素，形成了航站区连绵起伏的壮丽景象，如图 11 所示。

图 11　大漠天山，巍峨磅礴，丝路地景，灵动飘逸

7　以人为本的室内设计

在屋面灵动的曲线下，室内设计运用国际化枢纽设计理念和现代设计手法，本着强化功能导向、体现空港高效性和舒适旅客体验的原则，创造出乌鲁木齐机场精妙的一体化空间规划。从宏观到微观，室内方案设计对航站楼内登机柜台、办票岛、标志标识、卫生间，以及母婴室、吸烟室等其他辅助服务设施，进行了一系列全方位、人性化、精细化的高质量设计，来满足不同层次旅客需求，为旅客提供舒适、优质的出行服务。并通过对空间比例、尺度、细部的刻画以及对光线的运用，营造出高敞、明亮、现代的空间。局部点缀温暖木色和曲线

舞动元素，彰显了标志性门户机场"现代·未来"的空间特征，如图12所示。

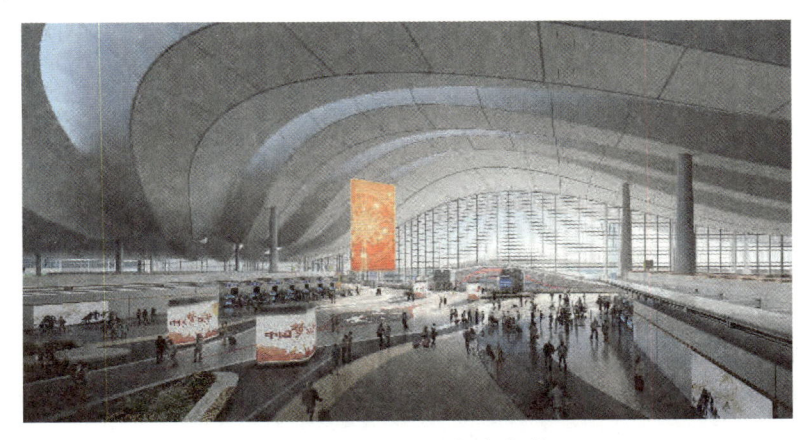

图12 屋面灵动的曲线

8 文化双轴——艺术机场

空港是城市的客厅，是旅客聚散的舞台，旅客在空港中匆匆而过，艺术展示往往会给旅客留下了深刻的印象。乌鲁木齐机场航站楼室内方案空间体系规划设计，强调艺术体系的塑造和文化展示舞台的打造，围绕国际文化和中华文化两条轴打造具有公共艺术体系的品位机场。中华文化主轴，通过设计"大美新疆"机场博物馆、"一带一路"主题展览区、中央广场"中国结"主题展区、多媒体互动区以及观景平台，来展现新疆改革开放发展成果和"站在草原望北京"的主题；国际文化主轴，通过串联航站楼3个商业集中广场，构建当代艺术国际化展示舞台，进一步提升机场文化品位，充分发挥机场作为优秀文化传播窗口的作用。文化双轴如图13所示。

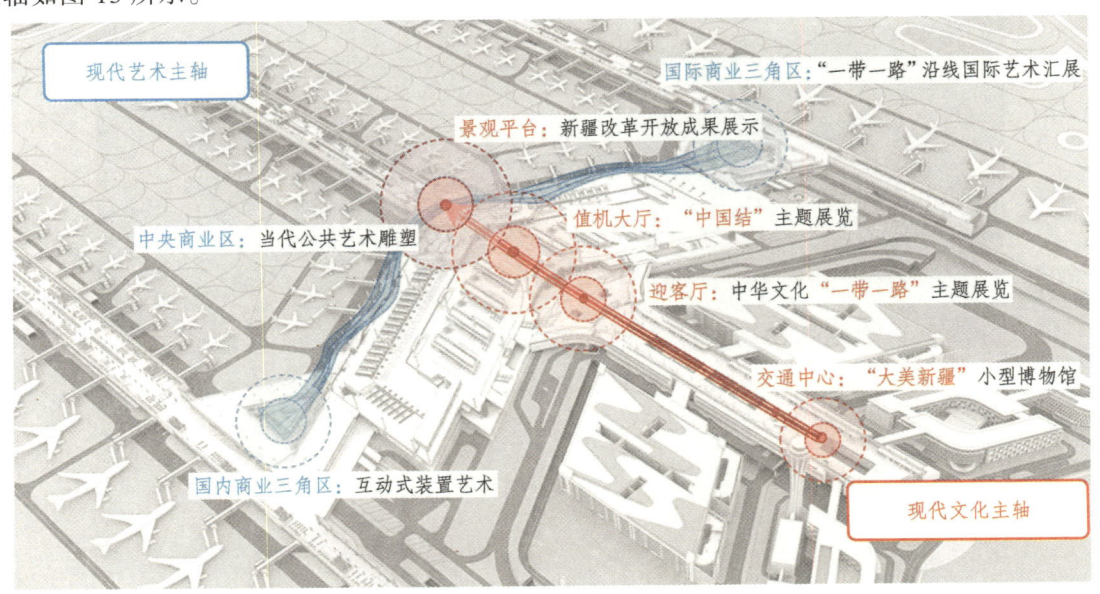

图13 文化双轴

9　设计思考

随着航空事业的发展，大型、超大型航站楼层出不穷，从注重功能顺畅、流程简洁、造型简洁、风格现代，到如何能做出特色，设计出最适合当地的航站楼，设计师都做出了最大的努力。

航站楼建设（见图14和图15）的每一个步骤都是对管理与决策的挑战：与众不同的设计需要思考的问题更多，设计者倾注了更多的智慧和努力；同时，需要设计师抽丝剥茧，梳理与把控各种矛盾和制约因素，最终形成最优的建设方案。

我们也期待新的航站楼华丽转身，为乌鲁木齐的城市发展写下浓墨重彩的一笔。

图14　现场施工照片

图15　现场室内大吊顶施工照片

城市更新中的空港建筑改造实践和绿色措施

张宏波，宋海瑛

（华东建筑设计研究院有限公司）

摘 要：近年来，国内航空基础建设进行得如火如荼，随着大中型机场航站楼建设已初见规模，航站楼的改扩建将成为空港建筑的重要发展方向。虹桥国际机场作为我国重要的航空客货运枢纽之一，与浦东国际机场共同形成上海"一市两场"，对上海乃至全国的经济社会发展发挥着重要的作用。在虹桥国际机场东西两区的发展格局中，东侧的T1航站区改造前由于建设年代久远，设施设备陈旧，规划建设的标准低，与西侧T2航站区的发展极不匹配。虹桥国际机场T1航站楼通过改扩建，完善了虹桥商务区的服务功能，带动了虹桥商务区东片区综合改造，使其实现"脱胎换骨"的转变。航站楼的改扩建对虹桥机场、虹桥商务区乃至上海市的经济、社会和环境效益发挥了重要的作用。

关键词：改扩建　绿色措施　全生命周期

1 空港建筑的更新趋势及动因

城市人口的激增使得城市更新成为城市发展的必由之路，航空作为城市与城市之间最密切、最快捷、覆盖面最广的交通方式，也给航空港的发展带来机遇与挑战。从《全国民用机场布局规划》分布来看，我国的机场建设布点已经逐渐完善并发展饱和，航空港的改扩建将成为空港建筑的重要发展方向。

1.1 空港建筑的更新趋势

根据对目前航空港更新实践的研究，更新方式总结为以下3个趋势。

1. 发展第二机场

原有空港用地及规划已经不能匹配新的发展需求，则另行选址重新配建完整的航空港系统。发展第二机场可对运营管理产生巨大影响，可以满足旅客量爆发式的增长，但在实施中需重新建设飞机跑道、空侧站坪、陆侧交通、空港建筑与配套、能源供给等诸多项目，对投资、自然资源、空域资源均提出很高的要求。

目前国内大型枢纽空港由于旅客的爆发性增长，同时受到原有机场固有资源的限制，纷纷选择另行选址筹建第二机场的发展模式，例如北京大兴机场、昆明长水机场、成都天府机场、重庆目前筹建的璧山机场等，如图1所示。

(a)　　　　　　　　　　　　　　(b)

(c)　　　　　　　　　　　　　　(d)

图1　发展第二机场的案例

2. 原有机场场址的改扩建

在已形成规模的航站区内，对原有航站楼进行改扩建，最大效率地利用原有空、陆侧资源，节约土地、节省投资，便于集中运营管理，是机场发展到一定阶段的航站楼提档升级改扩建发展方向。由粗放型逐渐向节约型进行转变，也是目前国内大型枢纽空港多采用的改扩建模式。

图内已有利用原有航站区的既有资源，扩建航站楼或对现有航站楼改建的案例，例如北京的首都机场T3航站楼、广州T2航站楼、宁波机场、南京机场等，如图2所示。

图2　原有机场场址的改扩建的案例

3. 集约化、综合化和枢纽化的发展

世界上已有将传统的客运功能、商业购物设施、休闲娱乐、景观绿地集于一体，各功能相互穿插，本着节约土地，充分利用交通设施资源的原则，实现城市交通的网络化的案例，其以枢纽为核心带动周边区域的经济发展为目标，走集约化、综合化和枢纽化的发展路线。例如韩国仁川机场群、巴黎戴高乐机场群，类似还有日本京都火车站、香港西九龙火车站等。集约化、综合化和枢纽化的发展案例如图3所示。

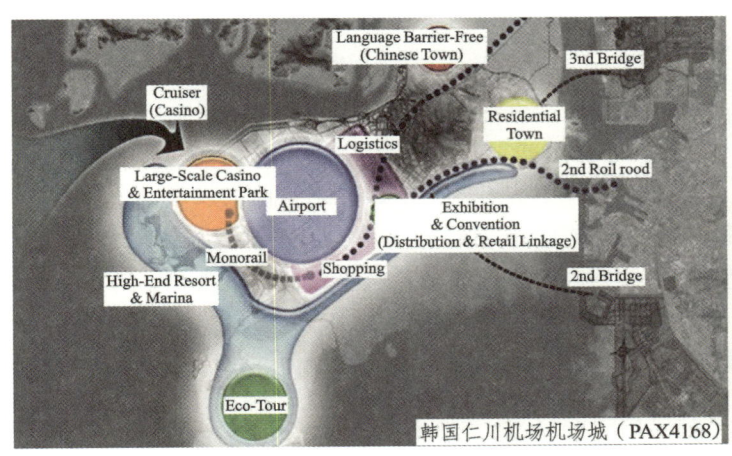

（a）韩国仁川机场城（PAX 4168）　　（b）巴黎戴高乐机场航站区 75mpax

图3　韩国仁川机场城、巴黎戴高乐机场航站区

1.2 空港建筑的更新动因

1. 旅客量规模的激增

因为航站楼的旅客量快速上升已经接近建设时的预测量，航站楼容量趋于饱和或者超负荷的运行，原有航站楼提供的服务已经不能满足旅客增长的使用需求。例如杭州萧山机场T3航站楼扩建、宁波机场的扩建，就是应对旅客容量的快速增长需求，如图4所示。

（a）杭州萧山机场T3航站楼扩建　　（b）宁波栎社机场航站楼扩建

图4　杭州萧山机场T3航站楼扩建、宁波栎社机场航站楼扩建

357

2. 航站楼定位的改变

航站楼有较大的功能定位调整，航站楼的功能定位变化导致航站楼的发展变化：例如上海机场的两场定位，明确浦东机场构架枢纽航线网络，建设国际门户枢纽；虹桥机场则是以国内点对点航班运营为主，同时承担国际与地区包机业务。因此，浦东机场 T1 航站楼根据新的服务要求和服务水平对功能流程及设施改造，依据定位提档升级；而虹桥 T1 航站楼改造，则是由于区域的规划对航站楼的重新定位，走精品、高端航站楼路线，通过航站楼改造带动周边区域的发展。

2　虹桥 T1 航站楼改造思路

虹桥机场始建于 20 世纪中叶，经历了近百年的风风雨雨发展到目前的规模。在 2010 年，虹桥交通枢纽投入使用后，上海的航空又形成了新的格局。而在虹桥国际机场东西两个航站区的发展格局中，改造前原有东边的 T1 航站区由于建设年代久远，设施设备比较陈旧，规划建设的标准较低，与西边 T2 航站区发展不匹配的矛盾日渐突出，影响虹桥国际机场整体生产服务水平的提升。为进一步提升虹桥国际机场生产运行保障能力，提升服务水准与服务能级，启动 T1 航站楼的综合改造工作，显得尤为迫切。

虹桥 T1 航站楼的改造契机源于虹桥商务区东片区的改造，是虹桥开发区的重要组成部分，是联系中央主城的门户，具有良好的交通可达性和完善的周边配套支持。东片区将依托 T1 航站楼建设成为上海乃至全国的"现代航空服务示范区"，其主要功能为对外交通、航空服务、主题商务办公等。而 T1 航站楼的改造将引领东片区的土地开发。虹桥机场东区规划图如图 5 所示。

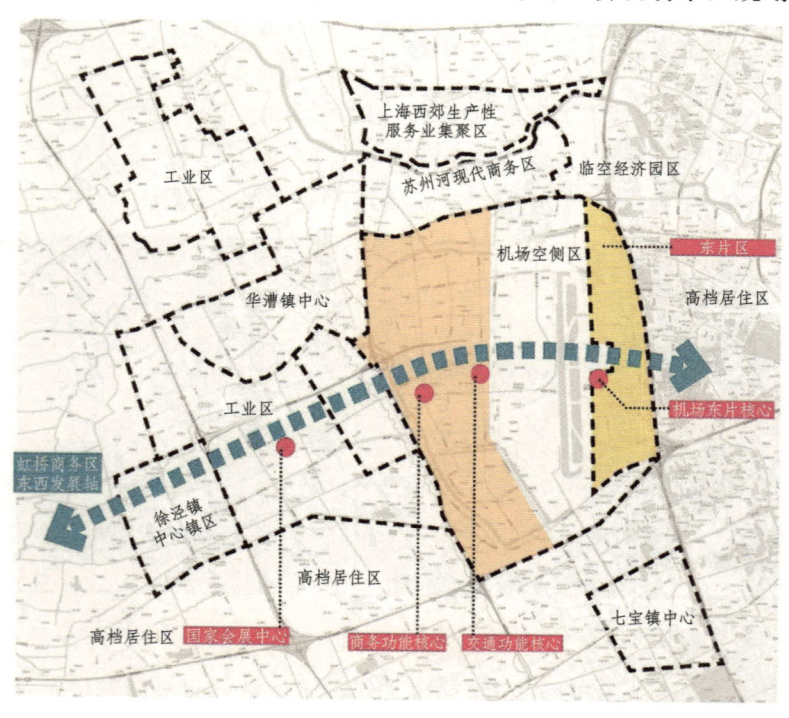

图 5　虹桥机场东区规划图

T1航站楼的改造以提升航站楼整体服务品质、安全保障系统、环境空间形态为目标，最终达到"脱胎换骨"的目的。项目定位目标是建一座精品、有特色的高品质航站楼改造工程，建成后虹桥T1航站楼有望成为航站楼改造项目类型的典范，成为上海的又一个城市客厅。

2.1 交通衔接一体化

虹桥T1属于典型的城市航站楼，具备良好的城市有机更新的基础，区域交通网络化相对成熟，如图6所示。地面交通、城市高架快速路、轨道均可到达。

图6 区域网络化交通

虹桥机场具备交通衔接一体化的条件：虹桥T1改造的楼前交通系统集合各类交通换乘模式，贴合受众，形成一体化的综合换乘中心，旅客步行系统将航站楼与地下立体停车库、出租车候车区、大巴上客区、地铁10号线车站、公交车站等换乘设施有机结合，最大限度地提高公共交通载客比例；为航站楼功能的外延提供了平台，实现了同一屋檐下"零距离"换乘，如图7所示。

2.2 航站楼综合体

一体化的航站楼的概念是指集航站楼、交通中心、南北地块多功能于一体的航站楼综合体；集约化、综合化是航站楼未来发展的趋势，其有利于带动区域经济发展，形成新的经济增长极。

虹桥国际机场T1航站区建筑布局示意如图8所示。改造前航站区内主要建筑分布凌乱，除航站楼、楼前地面停车场外，还分布有酒店、机场内部办公、机场内部停车场等功能，缺乏整体规划和完整形象。原有总体布局所提供的功能和容量也不能满足航站区日新月异的发展需求。我们将地块内建筑重新整合，形成航站楼、交通中心、南地块、北地块4个区域，功能互为补充，更有效地利用资源，形成集交通、商业、展览、办公、酒店为一体形成以航站楼为主体的建筑综合体。

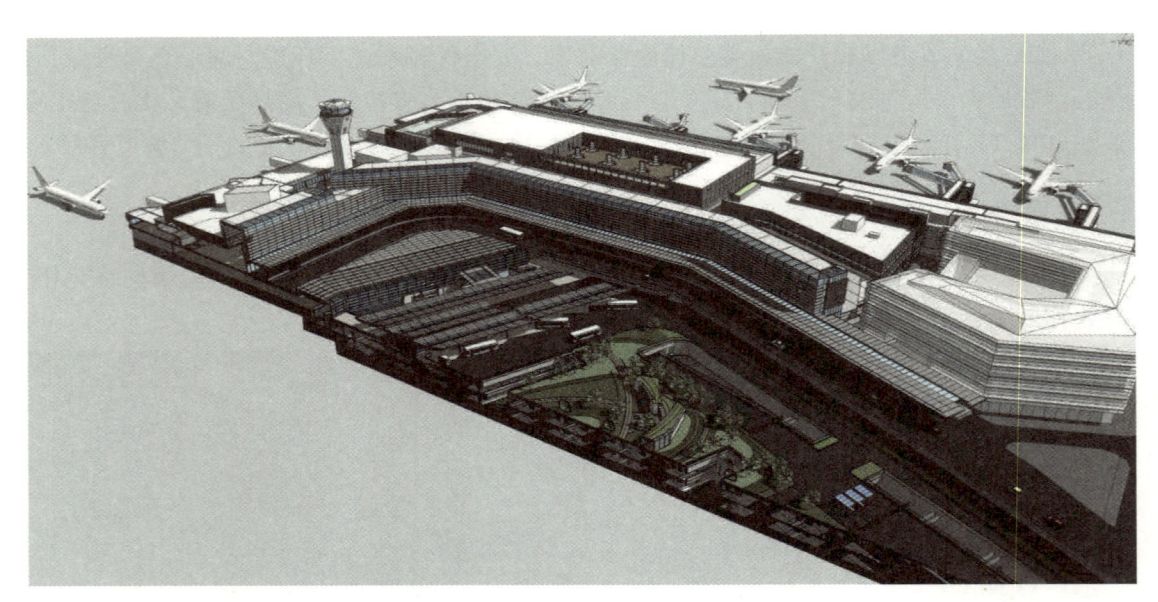

图 7　同一屋檐下"零距离"换乘

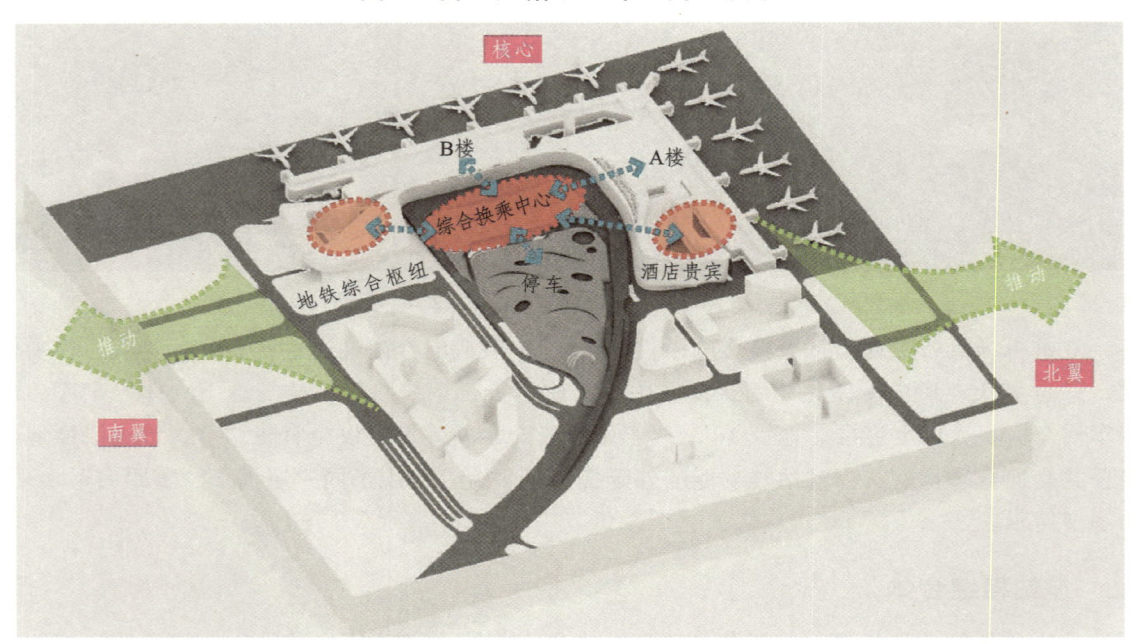

图 8　虹桥国际机场 T1 航站区建筑布局示意

航站区整体地块约 16 hm², 分为拆除、新建、改造 3 种措施。

T1 航站楼改扩建可承担年旅客吞吐量 1 000 万人次的使用要求, 建筑面积约 12.73 万 m²; 航站楼相关的交通换乘由交通中心完成, 交通中心由旅客换乘大厅、地下停车库、地面总体、楼前高架组成, 新建建筑面积约 7.3 万 m², 可提供 1 250 个社会车辆停车位; 南侧及北侧地块的综合开发定位是为航站楼配套的办公和商业服务, 北侧地块约新建 4 万 m², 南侧新建 7 万 m²。

总开发量为建筑面积 30 万 m² 左右, 地上 22 万 m²。

2.3 文化引领的城市更新

网络化时代，机场设计应更加关注旅客体验，满足旅客的品质需求，延续城市的文化传承，实现城市品质的更新。

虹桥机场东片区历经 90 年风风雨雨，呈现出风格迥异的景象：一方面，从 1964 年建设第一个现代化航站楼开始，每个年代的改扩建都与上海民航事业发展息息相关，成为记载丰富历史的"典籍"；另一方面，原虹桥 T1 建筑群由不同阶段不同历史时期的建筑组成，它在反映自身发展历程的同时，也体现了通常航站楼发展的模式。因此，在改造设计中，除了考虑航站楼的正常发展模式，更要兼顾历史文脉的传承。

同时，虹桥 T1 航站楼属于虹桥枢纽整体的一部分，应与虹桥枢纽的协调保持统一的设计手法，采用相同的建筑语言向虹桥枢纽的建筑风格致敬，并结合 T1 航站楼自身，体现平实、高效、快捷的特性，与虹桥枢纽形成遥相呼应的"虹桥风格"：精致、舒适、简洁、务实，如图 9 所示。

图 9　虹桥国际机场西航站区——"虹桥风格"

因此设计手法上，虹桥国际机场改建延续了方正平直的建筑形体、简洁现代的立面形式、成熟的建筑技术、淡雅明快的建筑色彩。

对文化传承的具体手法表现在以下几个方面。

1. 对原有建筑元素的传承

虹桥 T1 航站楼由不同阶段的建筑组成，可从中提取代表性的建筑元素并用新手法表达。

（1）借鉴原有航站楼通长的车道边雨篷，保留通长雨篷的形态。

（2）延续原有航站楼内独特的 45°矩形网格，按照 45°矩形网格作为基本模数，对吊顶、墙面、隔断、地面进行控制。

（3）保留原有天窗，底部增加遮阳系统。

（4）利用原有建筑屋架，进行加固，提升内部空间感受。

（5）保留特有八角形结构柱形式。

（6）与虹桥枢纽航站楼办票大厅保持同样的 DNA-水平向百叶。

2. 对空间色彩的传承

航站楼由不同阶段组成并发展而来，原有建筑色彩关系统一，也体现了交通建筑简洁淡雅的色调，新的航站楼继承了原有空间的淡雅色彩。

3. 对海派文化的继承

（1）上海文化特点：精致、高雅、大气、细腻，虹桥 T1 改造将海派文化融入设计的各个方面。

（2）在空间内植入艺术品和文化展示空间，创造具有地方文化与记忆的场所，使航站楼成为反映上海人文精神和艺术气息的文化之窗。

虹桥 T1 改造后实景风貌如图 10 所示。

图 10　虹桥 T1 改造后实景风貌

3　实现交通建筑的全生命周期——不停航施工实践

航站楼改造项目，必须实现全生命周期航站楼不停航施工的可能性，满足空港建筑在改造过程中正常运行的需求。

3.1　改扩建模式

（1）填充式改扩建：利用建筑的内部庭院空间，增加建筑面积和功能。建筑在内庭院改造基本不影响建筑外立面。

代表案例：

浦东 T1 航站楼改造——利用内部庭院增加部分新建面积满足枢纽化改造需求。

（2）贴临式改扩建模式：在建筑外侧，贴着建筑立面增加建筑面积和枢纽化功能，新建部分需要考虑对原有建筑外立面的影响。

代表案例：

苏黎世机场航站楼改造——在 AB 楼靠近空侧的部位扩建了通往 E 楼的捷运车站和换乘厅并兴建了贵宾设施。

首都机场 T2 航站楼改造——在 T2 航站楼陆侧靠近主楼两侧进行扩建。

首都机场 T1 航站楼改造——在 T1 航站楼空侧进行扩建。

（3）局部替换改扩建模式：基于航站楼价值提升、强化品质的原因，在现有平面不变的基础上进行空间的改建。

代表案例：

虹桥机场 T1 航站楼改造——内部功能布局基本不变，对外立面、金属屋面和内部装修进行改造。

萧山机场 T1 航站楼改造——为与 T3 扩建后形成一个整体航站楼，对原有建筑出发大厅空间和屋面拆除更新。

苏黎世机场 D 楼改建——拆除局部原有指廊，在平面轮廓不变的基础上重新建造新的指廊。

（4）内部空间改扩建模式：在原有建筑内部，保留建筑整体结构和空间，仅对内部进行枢纽化改建以提升航站楼服务水平和品质。

代表案例：

浦东机场 T1 航站楼改造（改造部分）——改造办票岛、联检、商业设施、改造中转厅等。

首都机场 T3 航站楼改造——改造安检、商业和办公。

3.2 虹桥 T1 航站楼的改扩建方式探索

如何实现虹桥 T1 改造的不停航施工，实现航站楼全生命周期，设计初期就制定了改造原则——易分易合技术成熟。

（1）功能区相互独立、功能完整、相互联系、切换简单。

（2）改造空间的可再利用。

（3）过渡期完成后，各空间恢复简单、方便经济。

根据施工和航站楼过渡期管理运营的要求，最终形成了 T1 航站楼 A 楼+B 楼的建设方案，即施工建设分为两个阶段：

第 1 阶段：A 楼整体改造；原 A 楼的功能搬迁至 B 楼运营。

第 2 阶段：B 楼整体改造；将 B 楼功能挪至 A 楼。

虹桥 T1 改造过渡期方案如图 11 所示。

4 结合改造建筑自身特点的绿色策略实践

虹桥 T1 立足于既有机场建筑改造与扩建的项目特点进行可持续设计，结合建筑自身特点制定被动式的绿色策略，营造高效舒适空间。

4.1 可持续设计目标

寻求建筑与环境的充分契合才能以最小的资源、能源消耗获得最大的舒适性。而在建筑整个设计运行中，在设计之初即将生态可持续的理念融入进建筑的本体造型中，充分考虑其对本地气候的适应性，可以取得事半功倍的效果。

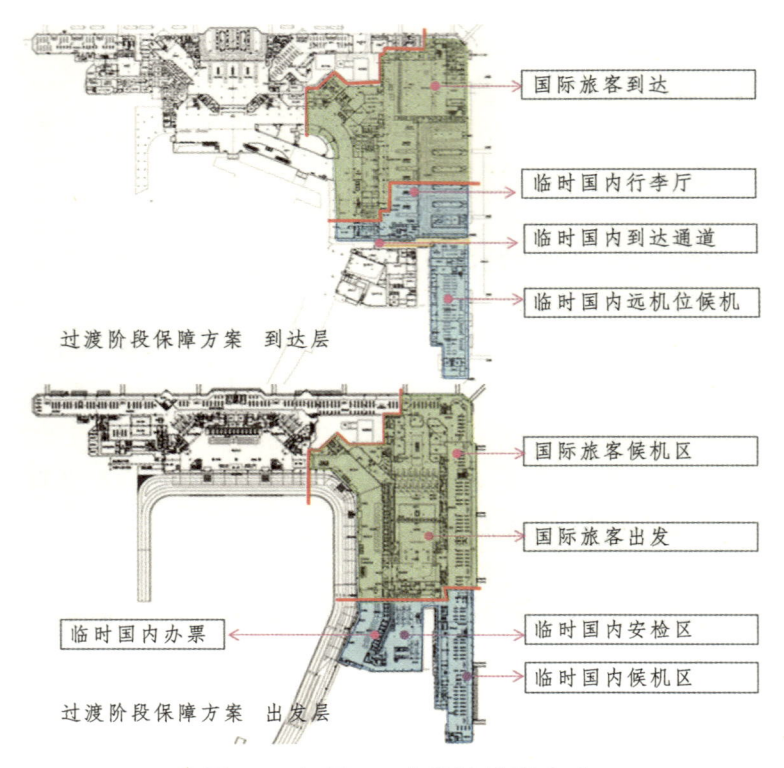

图 11 虹桥 T1 改造过渡期方案

可持续设计即是在资源、环境与空间品质之间寻求最佳的平衡，通过建筑、结构、机电各个专业的综合设计，使历史得以延续、当下能够适用，未来可以发展。

对本项目而言，基于既有机场建筑改造与扩建的项目特点，实现可持续设计，即主要从两方面进行考虑：

（1）充分利用既有建筑，对其实现功能提升与再利用。

（2）进行被动式气候适应设计，营造高效舒适的空间，最终实现建筑低碳生态，低成本的运行。

4.2 设计理念

1. 新旧结合，融旧为新

原有机场建筑经过多次改扩建，新的设计应充分尊重原有建筑的发展历史，并充分利用既有建筑与材料，使新建部分与原有建筑协调，使原有建筑焕发新的光彩，并达到节材目标。

（1）通过结构检测与加固尽可能保留旧有建筑结构。

（2）对既有建筑进行功能与空间品质提升。

（3）扩建部分延续既有建筑风格。

（4）充分循环利用拆除的构件材料，物尽其用并使原有材料融入新建部分中。

2. 文质相宜，以形带质

建筑的造型设计与功能品质营造同步，建筑形体、空间设计同时要兼顾美学、功能与室内物理环境的舒适。

（1）在建筑造型、组织内部功能的同时考虑其对内部空间品质的影响。

（2）通过建筑本身的设计，营造通风、采光、热舒适的良好空间品质。

3. 气候适应，契合环境

应适应上海气候特点，并充分考虑将来建筑的运行特点，从设计到运行实现低成本、低能耗的建造与运行。

（1）以所在地的气候与环境为条件，采取适宜技术措施，控制成本。

（2）根据气候特点与运行时间，采取恰当运行管理策略，节省能耗。

4.3 项目特点分析

本项目最大的特点是在原有机场建筑的基础上进行改扩建。原有建筑均为钢筋混凝土框架结构，也是经由不同年代逐步改造扩建成现有样式与规模的。

因此，设计时需要充分考虑与原有建筑结构体系、建筑风格的衔接与协调，尽可能将其发展脉络延续下去；能够利用原有建筑的结构、空间等，也可以充分循环利用旧有材料；对原有建筑进行功能与环境品质的提升。

4.4 绿色措施实践

下面介绍4种设计策略。

设计策略1：建筑围护结构，优化分析当地气候及地区特征，选择适宜性的围护结构隔热与保温体系，控制合理的窗墙比。与全玻璃幕墙方案相比，铝板幕墙方案能耗与造价较低且能较好地避免眩光，因此选择铝板幕墙作为南立面设计方向，如图12所示。

图 12 T1 航站楼建筑围护示意图

设计策略2：合理设计采光与遮阳。

保证航站楼内的采光均匀度及适宜的光照环境，综合两季最优效果合理设置玻璃参数及遮阳构件。

设计倾斜屋面以在光线较弱的时候利用其漫反射作用加强室内采光；天窗上设计遮阳格栅，打散与过滤强烈的直射阳光，提高采光均匀度，并降低热负荷。

空侧立面增加室外遮阳,避免候机空间的直射阳光。

T1 航站楼建筑自然采光示意图如图 13 所示。

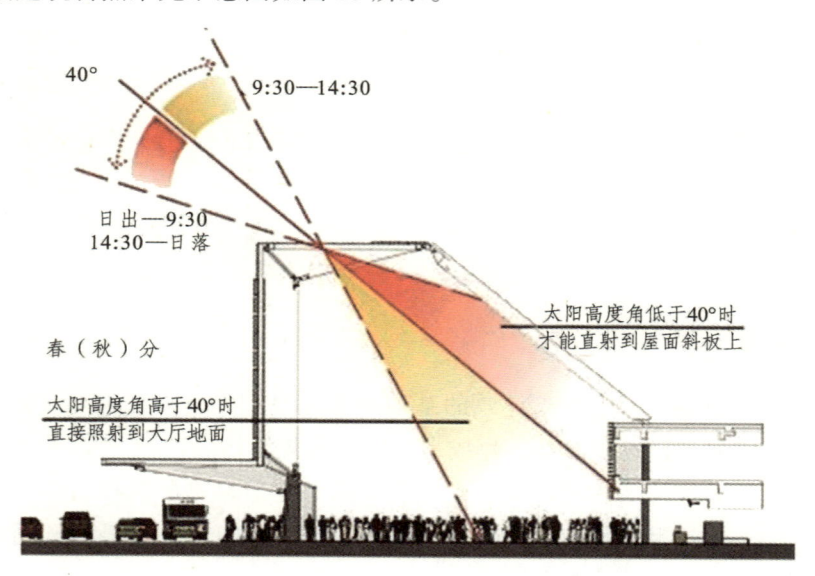

图 13　T1 航站楼建筑自然采光示意图

设计策略 3：自然通风与室内气流组织设计。

自然通风与室内气流组织设计提高室内空气品质,并有效减少空调开启时间,节约运行能耗。根据模拟结果优化气流组织设计策略,提高室内舒适度。采用通风塔,实现建筑内部的自然通风。T1 航站楼建筑自然通风示意图如图 14 所示。

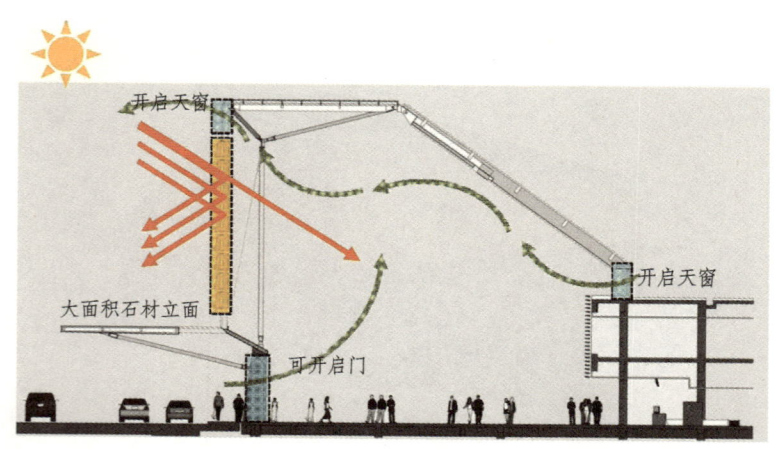

图 14　T1 航站楼建筑自然通风示意图

设计策略 4：设施设备节能措施。

采用高效率空调冷热源机组、高效照明灯具,利用再生能源,以降低设备能耗。

4.5　能耗后评估

航站楼的投入使用之初,运营单位也加强了能耗监测。在 2018 年 1~8 月,初步对航站楼数据进行统计，与改造前（2013 年同期）相比，改造后的航站楼单位面积电耗强度下降 12.8%[1]。后续又监测统计了 2019 年全年的航站楼（含能源中心用电量）单位建筑面积年电耗为 176.84 kW·h/（m²·a），低于我国航站楼单位建筑面积年电耗均值 180 kW·h/（m²·a）的[2]。

能耗监测是一项持续性的数据收集和积累的长时期过程性工作。随着 2023 年 3 月 26 日虹桥 T1 航站楼恢复了国际、港澳台的进出港航班业务。后续该项目将会坚持做好监测工作，完成绿色改造评价体系中的后评估工作。

5 改造建筑的设计思考

随着航空事业的发展，空港建筑改造的项目会越来越多，作为城市有机更新的一部分，希望虹桥改造项目能成为航站楼改造的示范，为类似的航站楼改造项目提供经验。

在航站楼发展的每个阶段，都是下一个阶段改扩建的基础，在本阶段的规划设计中都应保留一定的弹性和冗余度，通过适度调整可控的服务品质获得足够的向下阶段建设平稳过渡的空仓时间。梳理与把控各种矛盾和制约因素，最终形成最优的改扩建方案。

参考文献：

[1] 戴晓坚. 上海虹桥机场 T1 航站楼不停航改造的节能策划与管理[J]. 经济师，2019（2）：145-147.
[2] 余娟，等. 我国航站楼用能和室内环境质量调研与实测分析[J]. 清华大学学报（自然科学版），2020，60（12）：977-984.

琅勃拉邦站房结构设计浅析

倪文勇

（中铁二院工程集团有限责任公司建筑工程设计研究院）

摘　要：本文以某典型的中小型站房的设计为例，提出了此类站房设计中面临的典型问题及处理思路。对初设控制阶段，建议考虑钢结构屋面荷载，不考虑钢结构屋面刚度，可以满足设计控制的要求。对超长混凝土结构设计，应具体对比"抗"与"放"的利弊，选择正确的处理手法；当需要通过计算考虑温度的作用时，除了考虑气候温度外，还应考虑混凝土收缩等效温降、围护的有利作用，同时应注意施工措施的配合。

关键词：站房　超长　钢结构屋面

1　工程概况

中老铁路是连接中国和老挝的重要基础设施。其中，琅勃拉邦站房（见图1）是中老铁路在老挝境内的一个重要节点站房，其建设对于加强中老两国的经济和文化交流具有重要意义。

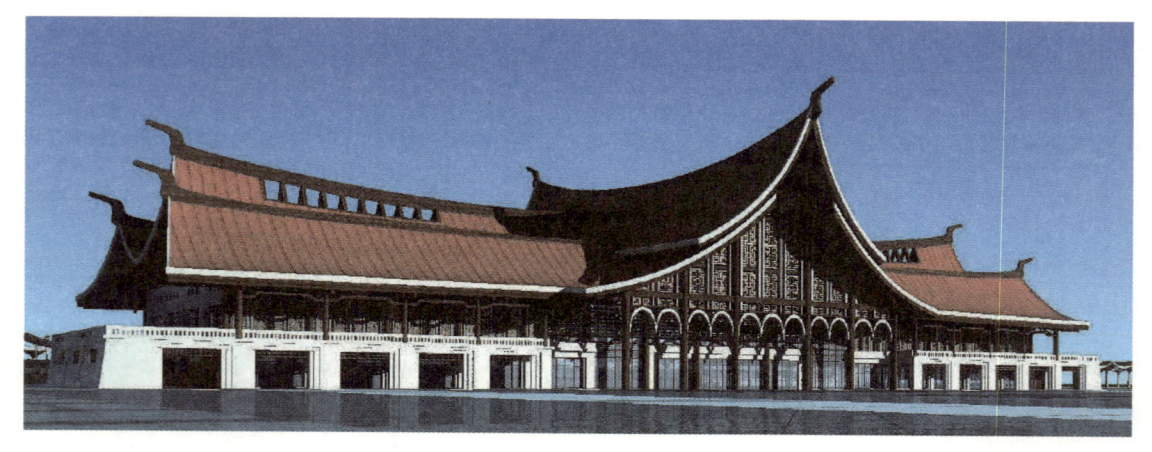

图1　琅勃拉邦站房三维效果图

琅勃拉邦车站位于琅勃拉邦县，此县位于南康江与湄公河汇合处。其中，琅勃拉邦站位于琅勃拉邦市区东南侧 5 km 左右，站区目前为山地，但地势平缓，平均海拔 290 m。

琅勃拉邦站房建筑面积 7 970 m²，为线侧平式站房，站房主体结构平面总长 176 m，宽约 38 m。长度方向，平面两侧各 36 m 左右为 2 层的设备及办公用房（带局部地下室和进出站通道），中部 104 m 为单层候车大厅。屋面造型为正面弧形双坡与侧面山字形弧形坡正交融合过渡的方式，具有当地民族和宗教色彩，但造型对结构带来一定挑战，经综合考虑，屋面采用钢网架结构。

本文主要针对站房上部结构（混凝土主体、钢结构屋面，见图2），基础方面从略。

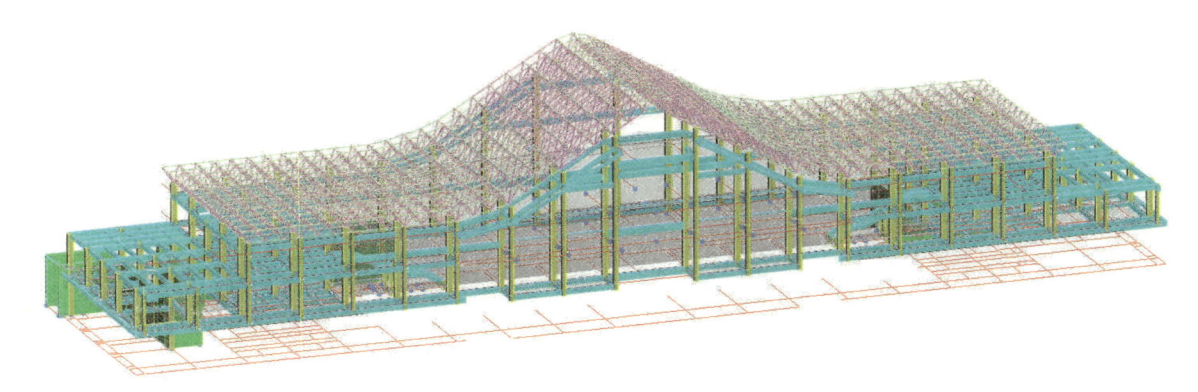

图2　结构模型三维图（屋面进行了简化）

站房结构采用现浇钢筋混凝土框架结构，框架抗震等级为二级。候车大厅屋面采用下弦支撑的正交正方倒四角锥螺栓球网架结构形式，网架双向跨度为 33 m × 140 m，网格高度为 2.5 ~ 3 m，结构根据建筑造型变化找型，屋面主要为结构找坡。

2　本工程在设计中的主要技术要点

琅勃拉邦站房作为一个典型的中小型站房，其技术特点在中小型站房中具有代表性，以下是此类站房的典型特征和需要关注的问题：

（1）小型站房一般均为单层候车大厅，大厅两侧根据需要布置设备办公房（一般为 1~2 层结构），大厅进深向一般为单跨，跨度较大时采用钢结构屋面。以上特征导致两侧刚度较大，中部候车厅为正背立面柱联系较弱的排架（依靠钢结构屋面的联系），整体结构刚度分布较不均匀，存在薄弱环节。屋面的刚度强弱对结构的整体性有明显影响，而屋面和其下部混凝土主体设计往往同步开展，在屋面的设计尚未完成时，无法提供屋面模型的情况下，需要合理假定网架屋面的平面内刚度，以考虑其对站房下部主体结构的影响。

（2）车站作为一个地方交通枢纽，设计上要凸出其风格，屋面的建筑造型往往需要采用钢结构来实现，屋面钢结构设计时要兼顾造型的实现和受力的合理。如何做到两者的协调考虑，也是值得讨论的问题。

（3）车站由于其功能需求，中小车站一般均为 1~2 层建筑，虽然面积不大，但平面尺寸往往不小。从目前的车站工程实例来看，3 000 ~ 4 000 m² 的小型站房，总长基本都超过 100 m，超过 150 m 也较为多见，这已经大大超过了混凝土规范对不设缝结构长度上限的要求。以前在超长结构的处理上，一是设置永久变形缝，二是设置后浇带。现在由于对建筑物使用要求越来越高，很多时候无设置永久变形缝条件，因此只能通过分析考虑温度作用的影响，如何合理地进行温度作用的分析，也是值得讨论的问题。

2.1 钢屋面对站房结构整体分析的作用

对于空旷结构+钢屋面的结构形式，一般屋面采用 3D3S 或 MST 等软件分析设计，下部结构采用 PKPM 或 YJK 等软件分析设计。下部主体的设计往往由于时间的限制来不及真实考虑屋面钢结构的影响，多采用先各自设计，后采用整体模型校核的模式。为了不至于在整体模型校核阶段发生过大的变化，需要对前期的下部主体模型中的简化考虑屋面钢结构的影响。关于此问题，已有不少可参考的规范和研究[1~3]，对于屋面钢结构已经确定好主要杆件规格的情况，可以直接参考应用。当屋面钢结构无可参考资料时，可采用简化模型进行控制性初步设计，以下通过对比算例进行阐述。

2.1.1 不同简化情况对计算结果的影响

对本文所述站房类结构，候车大厅中部一般最高，柱距往往也较两侧更大。在风荷载较大的地区，风荷载往往会控制大厅柱的设计；在地震较高的地区，地震会控制大厅柱的设计。在方案或初步设计阶段，如无屋面钢结构资料，可按照无屋面结构进行分析，即按单柱对应的屋面投影面积估算出单柱顶恒活荷载，施加于柱顶。如果大厅立面柱横梁稀少，则还应在楼层无梁时设置虚梁连接，以便形成受风面，正确倒算风荷载。如此进行计算，则可保证大厅柱的安全。此种算法对大厅柱偏于安全，对两侧框架稍不安全。本文基于本工程，对有无屋面结构的分析结果进行对比，重要结果及结论如下文所述。

1. 周期对比

带网架与不带网架（网架支座反力作为荷载输入在柱顶）的模型分析所得振型图及对应周期分别如图 3~图 8 及表 1 所示。

从以上结果可见，带网架整体分析结果与不带网架的分析结果差别很大。不带网架情况下，由于大厅柱之间缺乏联系（尤其正背立面柱之间），局部的振型明显。主要对分析结果产生如下两点影响：

（1）不带网架时，大厅柱的振型呈现相对独立的振动形态，一般大厅正背立面相对独立振动，振型明显与实际情况不一致，对大厅部分的柱计算结果失真严重。

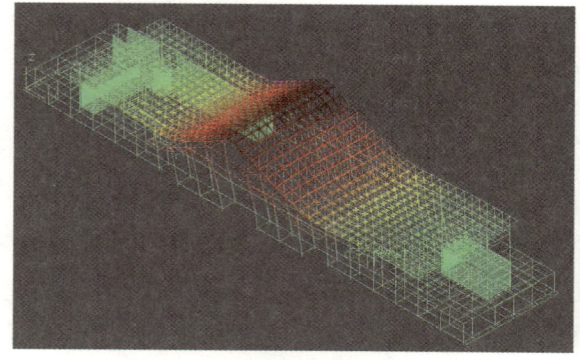

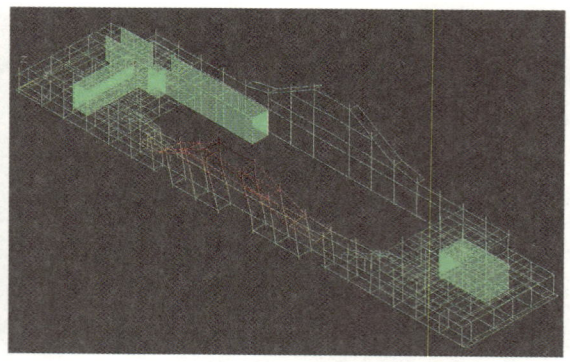

图 3　带网架模型第一振型　　　　图 4　不带网架模型第一振型

设计探索篇

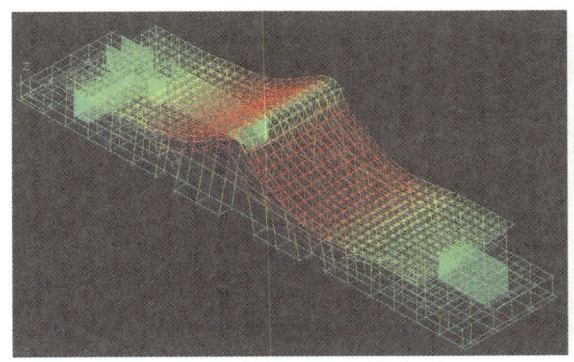

图 5　带网架模型第二振型

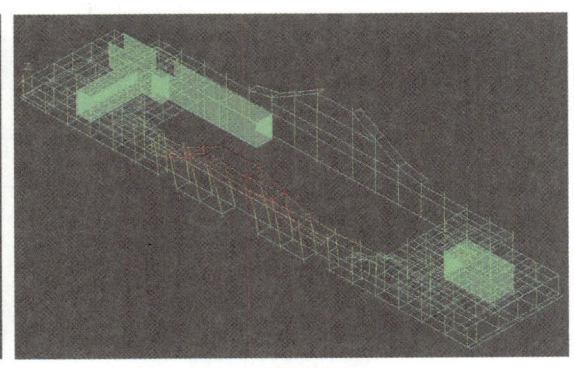

图 6　不带网架模型第二振型

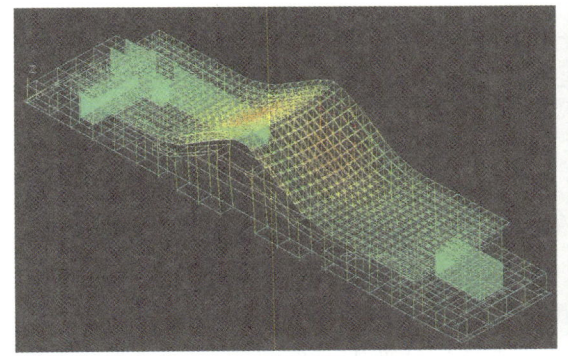

图 7　带网架模型第三振型

图 8　不带网架模型第三振型

表 1　主要振型对比结果

模型	整体模型			不带网架模型		
	T1	T2	T3	T1	T2	T3
周期	1.176	0.692	0.576	2.299	1.253	1.200
振型主要参与部位	大厅部分整体	大厅部分整体	大厅部分整体	大厅背面柱	大厅正面柱	大厅背面柱

（2）不带网架，局部振型数量多。采用特征值法求解时，局部振型排序靠前，两侧主体框架参与度高的振型排序靠后，要注意检查振型形态及振型质量参与系数是否足够，保证主要的结构部分参与的主要振型都已出现，以确保分析结果的可靠性。如果振型质量系数不容易满足，可采用瑞利-里兹法，其采用相对更少的振型即可达到振型质量系数的要求。

2. 内力与位移对比

在振型参与质量系数达到要求的前提下，考查两种情况下两侧主体及大厅柱典型部位在地震作用下位移和内力。结构在 Y 向侧向力（作用）下，屋面网架起协调作用，对结构影响明显，故本对比主要基于 Y 向地震作用。由于结构基本对称，对两侧主体挑选左侧二层屋面作为考察对象，观察位移值及扭转情况。考察平面角部同一部位底层柱底弯矩；大厅柱挑选中部最高的柱考察柱顶位移及柱底弯矩。最大对比结果如表 2、表 3 所示。

371

表 2　两侧主体屋面层位移比较

位移比较	整体模型	不带网架模型	误差
最大位移/mm	5.78	5.92	2.4%
扭转位移比	1.07	1.08	0.9%
外角柱弯矩/（kN·m）	191.9	188.3	1.9%
与大厅分界柱弯矩/（kN·m）	366.0	374.4	2.3%

表 3　大厅中柱顶位移比较

位移比较	整体模型	不带网架模型	误差
柱顶最大位移/mm	24.98	55.09	120%
柱弯矩/（kN·m）	488	691.6	41.7%

2.1.2　对设计控制的参考意义

从以上结果比较可知：

（1）对两侧主体结构，失去屋面网架刚度的协调作用，会导致两侧主体结构的最大位移角和扭转位移比增大，最大柱底弯矩会适当增大。但由于两侧结构的刚度和强度相对中部大厅而言优势较大，大厅钢结构屋面的有无对两侧主体结构的影响比例不大。

（2）对大厅柱，失去屋面网架的协调作用后，大厅柱受两侧结构的帮助较小，而导致柱顶位移和柱底弯矩都急剧增大。

基于以上特点，一般采用无钢结构屋面的模型得到的结果进行设计，对两侧主体结构而言误差不大；但对大厅柱而言一般会得到过于安全的结果，作为柱设计的控制边界是可行的，但在侧向作用（风、地震）很大的地区，应考虑不利的位移和内力控制数据可能导致过大的柱截面和基础，应根据整体模型的分析结果，结合实际需求对大厅柱截面及基础进行必要的优化。

2.2　造型复杂屋面的结构设计

车站设计除了实现其交通枢纽的功能外，对造型上要求具有特点，往往屋面结构造型比较复杂，一般都由钢结构来实现。琅勃拉邦站的屋面造型具有明显地方特色，造型复杂，现仅就屋面结构设计谈一些心得。

就目前公共建筑大跨度屋面的结构体系来说，采用钢网架、钢桁架形式居多，小跨度也可采用梁式。具体应用应把握以下要点：

1. 一次结构与二次结构的合理结合

为了避免严重的受力不利点，对结构的主体而言，往往希望其形状均匀或渐变。中小站房，受限于其体量，表达造型细节需要较小的尺寸，往往不能由主结构来完成，此时需要考虑一二次结构的合理结合。一次结构的选择，一方面要考虑受力的合理，另一方面，还要尽量减小二次结构的工作量。

2. 外部造型与内部效果的统一

过多的细节，除了带来结构的复杂性外，往往会带来受力的不合理，建筑专业在前期效果设想时，往往不清楚结构上的限制。除了外部造型的要求外，室内也会做出一些效果要求，内外的双重限制，对结构设计造成很大困难。因此，结构设计时要与建筑专业进行沟通，以结构为依托实现其内部效果，修改一些不切实际的内部效果。

3. BIM 技术的使用

琅勃拉邦站屋面主体为弧线坡屋面，三向尺度均存在渐变，为准确实现其造型，结构设计时利用 BIM 真实造型，可以准确检查结构构件与造型边界之间的关系，确保对建筑效果的准确实现。

2.3 超长结构受温度作用的设计

琅勃拉邦站房全长 176 m，因为造型和功能缘故不能设缝，不设缝长度大大超过规范界限，因此应考虑温度作用的影响。关于温度作用的分析，规范[4]中已经给出了基本规定，但是具体设计中尚有些问题值得讨论。

2.3.1 温度作用的合理取值

1. 合拢温度的取值

合拢温度应为结构具有设计的刚度时对应的温度，由于混凝土强度和刚度随着水化进程而不断变化，而水化的过程中温度是不断变化的，所以很难有一个确切的时间点作为取值的依据。但对典型情况可以有如下建议：

（1）对于施工中不设置后浇带的超长结构，由于混凝土产生刚度时明显的温度提高，且没有释放途径，应该考虑水化升温的不利影响，合拢温度可取混凝土终凝温度。

（2）对结构超长，但是设置足够多后浇带，施工缝间各段混凝土长度不超过规范的限值时，合拢温度可以取浇筑混凝土时的月平均环境温度。

有人认为在设计文件中一般要求后浇带选在凌晨气温较低时，即认为可采用此时刻的环境温度，这样做是偏于不安全。对于大体积或超长的结构，如果一次浇筑混凝土量很大，应该根据情况考虑混凝土水化温升的影响，提高合拢温度。

（3）对于施工周期很长的大型结构，当无法预计结构合拢时的月份时，应适当偏于安全地确定最低或最高合拢温度，合拢温度的范围应该包含全年大部分的可施工期。

2. 混凝土收缩对应的当量温降

混凝土收缩是一个随时间发展的过程，其终值和胶凝材料品种、用量，施工振捣、养护方式、环境湿度和风速都有关系，但其发展均具有前期快，后期趋缓的特点。合理设置后浇带封闭时间，使大部分混凝土收缩在结构连为一个超长整体前已经完成，可以消除大部分混凝土收缩的不利影响，但未完成的混凝土收缩，应折算为当量温降参与温度作用分析。

3. 结构最高平均温度与结构最低平均温度的取值

结构最高平均温度与最低平均温度的取值，应考虑结构导热特性和所处环境，具体应用应注意以下几点：

（1）结构类型的考虑。

由于基本气温为最高、最低月平均温度，此值作为结构最低最高温度，对室外混凝土这一类导热缓慢的结构来说，可以直接采用。但钢结构因为其导热速度很快，其结构温度应取历史重现期内极端最低与最高温度。

（2）围护结构的影响。

围护结构的存在会减小温度变化的上下限，一般应考虑其有利作用。有的设计者统一按室外结构考虑，按最不利温度取值，一方面结构代价可能过大，不仅造成用材的浪费，而且配筋过大往往对施工造成不利，因此是不可取的做法。对施工周期很长，结构合拢后，围护结构及空调系统投入使用前，仍可能经历寒、暑季的结构，可根据情况进行相应中间工况的分析，但应注意此中间工况应根据实际情况考虑相应的荷载或作用，不应将所有不利荷载和作用均参与组合。

4. 材料徐变的影响

目前土木工程中常用的主体结构材料主要为混凝土和钢材，两者各有不同的特点，考虑温度作用时，尚应根据材料特点对温度作用引起的内力予以调整。

由于极限温差作用施加到结构物上的时间较长，如最大温降为从结构合拢开始直到月平均温度最低的月份，最大温升为从结构合拢开始直到月平均温度最高的月份，平均加载时间长达半年。如此长的加载时间，对混凝土材料，由于其有明显的徐变特性，一般应根据混凝土的徐变系数，对按弹性分析的内力予以 0.3~0.4 的折减。对钢结构，由于其弹性工作阶段，基本无徐变（蠕变），因此不应考虑其徐变折减。

2.3.2 超长结构设计建议

超长结构的设计应注重整体结构方案与施工措施的配合。

对超长结构的设计，有一种倾向，认为只要温度的作用考虑足够，结构长度可不作限制。关于此种观点应该予以纠正，超长结构受温度作用，除导致构件受力不利外，在降温工况下，对混凝土结构会产生过大裂缝，影响耐久性。裂缝产生主要由于结构自由变形受限所致，过长的结构，应考量其所受约束的程度。除非能对约束采取合理手段进行释放，否则应限制最大长度。在满足结构造型、功能及结构受力需求的前提下，应优先采取适当设永久变形缝的方案，以"放"代"抗"。

混凝土结构裂缝的成因复杂，不仅要考虑狭义的荷载，还要考虑温度、变形等作用，而且很多因素，在常规分析方法中是无法考虑的。想要靠分析控制就解决所有裂缝问题是不切实际的，要尽量减少裂缝数量和宽度，就必须结合施工的控制。如控制混凝土最大水灰比，加强振捣，加强养护，在低温天气加强养护期保温，延迟拆模时间等，都能有效地减少混凝土沉缩裂缝、塑性裂缝、内外温差裂缝。

参考文献：

[1] 范康，赵歆冬，张斌，等. 等效刚度板模拟网架对下部支承结构的影响分析[J]. 水利与建筑工程学报，2012，10（5）：73-76.

[2] 许天勇，肖开喜，张运华，等. 建和中学风雨操场屋面网架与下部结构整体分析[J]. 山西建筑，2015，41（35）：2.

[3] 中华人民共和国住房和城乡建设部. 空间网格结构技术规程：JGJ 7—2010[S]. 北京：光明日报出版社，2010.

[4] 中华人民共和国住房和城乡建设部. 建筑结构荷载规范：GB 50009—2012[S]. 北京：中国建筑工业出版社，2012.

玉磨铁路高烈度地震区站房抗震分析

夏成建

（中铁二院工程集团有限责任公司，成都　610031）

摘　要：现行《建筑抗震设计规范》《中国地震动参数区划图》《混凝土结构通用规范》中地震力计算规定存在不同，本文以高烈度地区玉磨铁路的中小型旅客站房抗震设计为依托，提出高烈度地区中小型旅客站房抗震计算中面临的典型问题及处理思路，总结了此类站房抗震设计的主要技术要点，并给出了相关建议。

关键词：旅客站房　高烈度地震区　抗震计算

1　工程概况

玉磨线全线共 11 个旅客站房，我院设计了 8 个，抗震设防烈度从 7 度（0.1g）到 8 度（0.3g）不等，其中 6 个站房抗震设防烈度不小于 8 度（0.2g），建筑场地类别包含Ⅱ类和Ⅲ类。

2　设计技术要点

高烈度地震区站房抗震设计对站房结构方案、投资均有较大影响，为贯彻执行国家有关建筑工程、防灾减灾的法律法规及预防为主的设计方针，使建筑经抗震设防后，减轻建筑的地震破坏，避免人员伤亡，减少经济损失，同时做到技术先进、经济合理、布置适用，本文根据玉磨线站房抗震设计经验，总结高烈度地震区站房抗震设计技术要点如下：

1. 确定抗震设防烈度、设计基本地震加速度和设计地震分组

结构抗震设计时，各工点抗震设防烈度、设计基本地震加速度和设计地震分组数据来源主要有以下 3 个方面：

（1）地勘报告。

（2）《建筑抗震设计规范》（GB 50011—2010）（以下简称"抗规"）附录 A。

（3）《中国地震动参数区划图》（GB 18306—2015）（以下简称"区划图"）附录 A、B、C。

根据"区划图"前言第 1 条[2]：本标准附录 A、B、C 为强制性条文，故当地勘报告抗震设防烈度等参数高于"区划图"要求时，建议与地质专业确认参数无误后以地勘报告为准；当地勘报告抗震设防烈度等参数低于"区划图"要求时，应以"区划图"强制性条文为准。结构设计时不用再考虑"抗规"附录 A 的数据。

2. 确定水平地震影响系数最大值（多遇地震）

水平地震影响系数最大值会直接影响施加在主体结构上的地震力，对结构抗震承载力及

位移验算、构件截面验算及配筋影响巨大。水平地震影响系数最大值数据来源主要有以下 3 个方面：

（1）"抗规"第 5.1.4 条。

（2）"区划图"第 4.4、4.6 及 6.2 条。

（3）地勘报告（仅部分完成场地地震安全性评价的项目会提供此参数）。

"抗规"第 5.1.4 条水平地震影响系数最大值取值如表 1 所示[1]。

表 1　水平地震影响系数最大值

地震影响	6 度	7 度	8 度	9 度
多遇地震	0.04	0.08（0.12）	0.16（0.24）	0.32
罕遇地震	0.28	0.50（0.72）	0.90（1.20）	1.40

注：括号中数值分别用于设计基本地震加速度为 0.15g 和 0.30g 的地区。

根据上表，水平地震影响系数最大值不受建筑场地类别影响，仅仅与设计基本地震加速度（$a_{\max 基本 II}$）正相关；

根据"区划图"第 4.4、4.6 及 6.2 条要求[2]，多遇地震下水平地震影响系数最大值应通过计算确定，整理后计算公式如下：

$$\alpha_{\max 多遇}=2.5\times a_{\max 多遇}=2.5\times F_{a 多遇}\times a_{\max 多遇 II}=2.5\times F_{a 多遇}\times a_{\max 基本 II}/3$$

各类场地地震动峰值加速度调整如图 1 所示。

附录 E

（资料性附录）

各类场地地震动峰值加速度调整

E.1　I_0、I_1、III、IV 类场地地震动峰值加速度 $a_{\max}$ 可根据 II 类场地地震动峰值加速度 $a_{\max II}$ 和场地地震动峰值加速度调整系数 F_a，按式（E.1）确定：

$$a_{\max}=F_a \cdot a_{\max II} \qquad (E.1)$$

E.2　场地地震动峰值加速度调整系数 F_a 可按表 E.1 所给值分段线性插值确定。

表 E.1　场地地震动峰值加速度调整系数 F_a

II 类场地地震动峰值加速度值	场地类别				
	I_0	I_1	II	III	IV
≤0.05g	0.72	0.80	1.00	1.30	1.25
0.10g	0.74	0.82	1.00	1.25	1.20
0.15g	0.75	0.83	1.00	1.15	1.10
0.20g	0.76	0.85	1.00	1.00	1.00
0.30g	0.80	0.95	1.00	1.00	0.95
≥0.40g	0.90	1.00	1.00	1.00	0.90

注：①"区划图"表 E.1 左列应按 $a_{\max 多遇 II}$ 数据查表。

②$a_{\max 基本 II}$ 数值按"区划图"附录 A、B、C 确定。

图 1　各类场地地震动峰值加速度调整

根据上述公式计算结果，水平地震影响系数最大值不仅受设计基本地震加速度（$a_{\max 基本Ⅱ}$）影响，同时受场地类别影响巨大。经试算，Ⅱ类场地、多遇地震下水平地震影响系数最大值按"区划图"计算结果较"抗规"增大约4%，Ⅲ类场地、多遇地震下水平地震影响系数最大值按"区划图"计算结果较"抗规"增大约 30%；以上数值的巨大差异可能会对高烈度、Ⅲ（或Ⅳ）类场地站房抗震设计带来颠覆性的影响。

根据"区划图"前言第 1 条，该标准第 4.4、4.6 及 6.2 条非强制性条文；根据"抗规"编制组主编单位中国建筑科学研究院在 2016 年重庆建筑结构技术高级研讨会上的答复："区划图"的调整系数存在很大争议，调整公式为资料性附件，不视同规范要求，"区划图"亦不是住房和城乡建设部管辖的工程建设标准，"区划图"关于水平地震影响系数最大值部分可选择性执行。

综合以上讨论，建议水平地震影响系数最大值（多遇地震）的确定原则如下：

（1）当地勘报告提供了水平地震影响系数时，按地勘报告采用。

（2）当地勘报告未提供水平地震影响系数、建设单位及站房所在地住建部门无明确要求按"区划图"计算水平地震影响系数最大值时，按"抗规"采用。

（3）当建设单位或站房所在地住建部门明确要求按"区划图"计算水平地震影响系数最大时，按"区划图"计算。

3. "抗规"和"区划图"中场地类别对抗震设计影响的异同点

（1）根据本文第 2 条，"区划图"会根据场地类别调整水平地震影响系数最大值，"抗规"不调整。

（2）根据"抗规"第 5.1.4、5.1.5 条[1]，场地条件越好（Ⅰ类）则特征周期越短，相应地震影响系数曲线平台段越短，作用在结构上的地震力可能越小（尚受结构自震周期影响）；场地条件越差（Ⅲ、Ⅳ类场地）则特征周期越长，相应地震影响系数曲线平台段越长，作用在结构上的地震力可能越大（尚受结构自震周期影响）。"区划图"亦按本原则执行，两本标准无区别。

（3）根据"抗规"第 3.3.2、3.3.3 条[1]，建筑场地类别对抗震设计的影响尚需通过调整抗震构造措施实现：建筑场地为Ⅰ类时，对甲、乙类的建筑应允许仍按本地区抗震设防烈度的要求采取抗震构造措施；对丙类的建筑应允许按本地区抗震设防烈度降低一度的要求采取抗震构造措施，6 度不再降低；建筑场地为Ⅲ、Ⅳ类时，对设计基本地震加速度为 0.15g 和 0.30g 的地区，宜分别按抗震设防烈度 8 度（0.20g）和 9 度（0.40g）时各抗震设防类别建筑的要求采取抗震构造措施。即场地条件好（Ⅰ类场地）的部分建筑可适当降低抗震构造措施，场地条件差（Ⅲ、Ⅳ类场地）的部分建筑需适当加强抗震构造措施。"区划图"无相关要求。

4. 竖向地震作用的计算

"抗规"第 5.1.1 条规定[1]：8、9 度时的大跨度和长悬臂结构及 9 度时的高层建筑，应计算竖向地震作用；《混凝土结构通用规范》（GB 55008）（以下简称"通用规范"）第 4.3.6 条规定[3]：大跨度、长悬臂的混凝土结构和结构构件，当抗震设防烈度不低于 7 度（0.15g）时应进行竖向地震作用计算分析。"通用规范"条文说明明确：大跨度、长悬臂结构，一般指跨度大于 24 m 的楼盖结构、跨度大于 8 m 的转换结构、悬挑长度大于 2 m 的悬挑结构。

根据"通用规范"第3页公告，本规范全部条文必须严格执行，结合"抗规"第5.1.1条要求，高烈度地震区站房抗震设计应按如下原则执行：

（1）抗震设防烈度不低于7度（0.15g）时，跨度大于24 m的混凝土楼盖（或屋盖）结构、跨度大于8 m的混凝土转换结构、悬挑长度大于2 m的混凝土悬挑结构应计算竖向地震作用。

（2）9度时的高层建筑，应计算竖向地震作用。

常规铁路站房候车大厅（当采用混凝土屋盖时）跨度一般大于24 m，属大跨度框架结构；常规的铁路站台混凝土雨棚属长悬臂结构；故7度（0.15g）及以上烈度地震区钢筋混凝土站房和站台雨棚设计时，务必注意计算竖向地震作用。

3 设计技术总结

虽然本线抗震设防烈度高，但鉴于本院设计的站房规模均不大，规模最小的罗里站房建筑面积为1 500 m²，规模最大的宁洱站房建筑面积为8 000 m²，且高烈度地震区仅宁洱站房采用了钢筋混凝土框架结构和钢网架结合的混合结构，其余各高烈度地震区站房均采用一般钢筋混凝土框架结构。站房平面布置也采用常规三段式方案，即两侧功能用房，中部候车大厅方案。基于以上因素，本线站房抗震设计难度不大。

但由于玉磨铁路是中老铁路重要组成部分，开建至运营全过程备受各方瞩目，故对各站房建筑效果要求非常高，这就对结构抗震设计提出了新的要求：结构抗震设计不能仅考虑满足规范，更应与建筑空间尺度、美学效果匹配。为达以上目标，结构专业在本线站房抗震设计中加强了以下几方面工作：

（1）高烈度地震区地震力对构件截面尺寸影响非常大，而构件截面尺寸对建筑效果又有非常直观的影响，故在保证结构安全前提下，本线各高烈度区站房尽量按本文讨论的原则尽可能经济、合理地确定各站房抗震设计参数。

（2）候车大厅柱对站房候车厅视觉效果影响巨大，按规则、对称原则布置抗侧力构件的同时，尽量弱化候车厅柱截面尺寸，由此造成的抗侧力刚度损失通过加大两侧功能用房部分抗侧力刚度来弥补。同时，考虑到候车厅柱高度高、垂轨方向无层间梁，是抗震承载力薄弱部位，设计对其纵向钢筋及箍筋超配系数均进行了人为调大，以提高其抗震承载力及延性。

（3）本线高烈度区站房均为线侧下式，为保证站房与站台间连廊简单大方而又通透的建筑效果，减少连廊柱对站房视觉效果的遮挡，连廊靠站房侧均取消双柱抗震缝、采用牛腿方式与站房搭接。为保证结构抗震分析模型与结构实际传力状况相符，各站房结构建模时均尤其注意连廊搭接站房处的约束释放，以力求模拟真实的结构抗震模型。

（4）宁洱站房主体结构采用钢筋混凝土框架结构，候车厅屋盖采用钢网架结构[4]，设计采用3D3S软件和YJK软件分别完成整体建模分析、相互校核，以校验其抗震分析结果的准确性。

参考文献：

[1] 中华人民共和国住房和城乡建设部. 建筑抗震设计规范：GB 50011—2010[S]. 北京：中

国建筑工业出版社，2016.

[2] 中华人民共和国国家质量监督检验检疫总局. 中国地震动参数区划图：GB 18306—2015[S]. 北京：中国标准出版社，2015.

[3] 中华人民共和国住房和城乡建设部. 混凝土结构通用规范：GB 55008—2021[S]. 北京：中国建筑工业出版社，2021.

[4] 中华人民共和国住房和城乡建设部. 空间网格结构技术规程：JGJ 7—2010[S]. 北京：中国建筑工业出版社，2010.

杭州西站超长金属屋面板断板搭接构造研究

陈立国

（杭州中联筑境建筑设计有限公司）

摘 要：杭州西站金属屋面尺度巨大，造型复杂，为实现综合性能最优的、中段屋面取消天沟的防排水选型方案，如何设计并引入一种新型节点构造用以替代天沟在释放温度和结构变形中起到的调节作用，避免长度超过 100 m 的金属屋面板可能出现的系统性风险，保证建筑的使用和运营安全，是本研究需要解决的问题。超长金属屋面板断板搭接构造，解决了通过屋面板自身搭接实现排水构造和系统断缝的技术问题，通过金属屋面动态风揭试验，破坏值-11.2 kN/m^2，超过设计值 4 倍，证实系统安全、可靠。

关键词：超长金属屋面板 断板 搭接 抗风揭 防水抗渗

1 概述及研究背景

1.1 项目概述

新建湖州至杭州西至杭黄高铁连接线杭州西站站房及相关工程位于杭州市余杭区仓前街道，站房综合楼总建筑面积 499 920 m^2，其中国铁站房面积 99 970 m^2，站房主体东西面宽 230 m，南北进深 302 m，建筑高度 49.975 m。车站为高速铁路与城际铁路客站，旅客最高聚集人数 6 000 人，高峰小时旅客发送量近期 8 762 人，远期 12 480 人，站场规模 11 台 20 线，属特大型铁路客站。站房主屋面东西宽 249 m，南北长 333.95 m，采用玻璃采光天窗和金属屋面系统相结合的方式。

1.2 杭州西站金属屋面系统的主要特征

杭州西站金属屋面采用 1.0 mm 厚 65/300 型铝镁锰合金板直立锁边系统，总面积 56 995 m^2，屋面趋势中间高外围低，系统最高点标高 55.5 m，檐口最低点标高 38.6 m，整体造型略呈自由曲面薄壳状，中心大玻璃采光顶将屋面分割为 4 个相对独立的单元，每个单元内屋面沿面板长边方向最大长度超过 100 m，为不规则双曲面超长金属屋面系统。

1.3 需要解决的技术问题

铝镁锰合金直立锁边金属屋面系统以其较优良的综合性能，成为铁路房建工程领域金属围护系统设计和应用的主流选择。随着我国铁路建设的高速发展，特别在当下 TOD 站城融合语境下，车站建筑的内涵得以极大丰富，更为多元的使用需求推动站房建筑不断更新迭代，部分中心城市的重要枢纽客站已经或正在面对一系列新的技术问题，其中就包括金属围护系统如何通过低成本的改进优化，在充分保证防水抗渗和抗风揭性能的前提下，更好地去适应更大尺度单一空间项目的工程需求。杭州西站金属屋面尺度巨大，造型复杂，为实现综合性能最优的、中段屋面取消天沟的防排水选型方案，如何设计并引入一种新型节点构造用以替代天沟在释放温度和结构变形中起到的调节作用，避免长度超过 100 m 的金属屋面板可能出现的系统性风险，保证建筑的使用和运营安全，是本研究需要解决的问题。杭州西站鸟瞰效果图如图 1 所示。其屋面标高分析与排水方向如图 2 所示。

图 1　杭州西站鸟瞰效果图

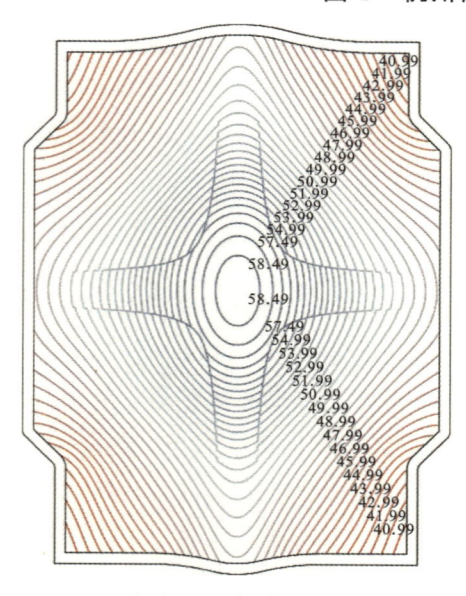

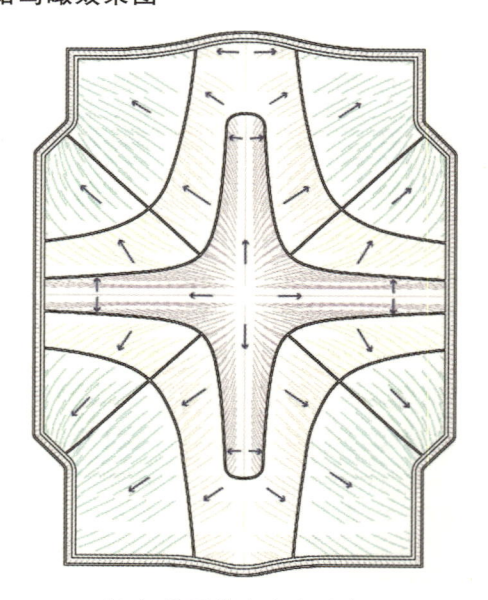

（a）屋面标高分析　　　　（b）屋面排水方向示意

图 2　杭州西站屋面标高分析与屋面排水方向示意

2 杭州西站金属屋面防排水系统选型及利弊分析

2.1 首轮方案：均匀划分汇水分区的分散式排水方式

首轮方案汇水分区均匀布置，沿大天窗边缘和金属屋面中段设环向天沟，再按每个分区不超过 2 000 m² 将 3 个嵌套的区域划分成放射状的总计 52 个分区（见图 3）。由于屋面略呈壳形，体形中心高外围低，有 4 个独立的坡向，承水面均存在自然坡度，天沟不存水，仅起到导流作用，每个分系统末端通过设置虹吸集水槽和挡水板对雨水进行最终收集。这种方案的优点在于，雨水可以就近通过均匀分布的水槽快速进入管网，效率高，屋面被网格状切分，单元尺度适宜，对释放系统变形较为有利。这种方式的缺点是，大量排水设施，约 43% 的天沟系统、44% 的水槽系统位于车站候车大厅上方，一旦发生渗漏水，结果直接影响车站主要功能运行的负面概率显著增加。

2.2 优化后实施方案：分级批水到屋面外围的集中式排水方式

鉴于第一种方案的不足，优化方案取消了除外檐天沟和集水槽以外的全部中段区域排水设施，相对应的，调整为单个面积不超过 2 500 m² 的 44 个汇水分区（见图 3），排布呈放射状，形成了中段屋面分级批水，通过直立锁边板板肋和外圈天沟导流进入虹吸集水槽完成雨水收集的方式，系统逻辑和屋面构造得以极大简化。该方案的优点非常突出，调整后 100% 天沟和集水槽系统位于候车厅范围以外，系统渗漏影响建筑使用功能的风险被降至最低，但是由于屋面尺度巨大，取消起到变形缝作用的中段天沟，双曲造型逻辑下的超长扭曲屋面板长度接近 110 m，难以有效应对温度和结构自身变化引起的形变，从而可能引发新的系统性风险。

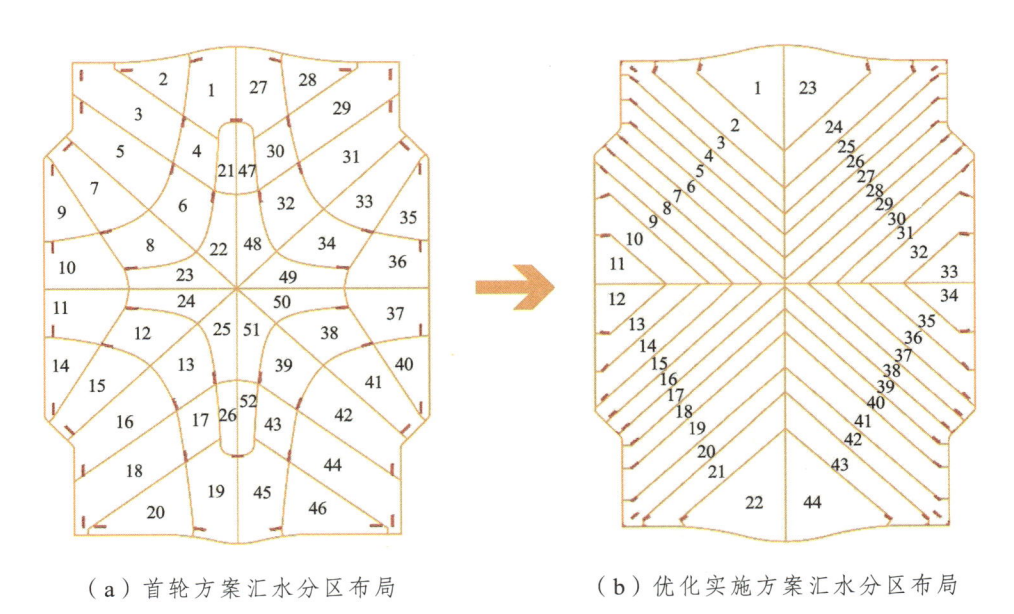

（a）首轮方案汇水分区布局　　（b）优化实施方案汇水分区布局

图 3　方案汇水分区布局对比

3 一种新型断板搭接金属屋面构造的引入

常规构造在超长屋面工程应用方面的局限性明显。一方面，铝合金的热膨胀系数高，温度变化易产生更为剧烈的热胀冷缩，由此引发漏水问题，而且铝合金屋面板的密度小，再加上较大的伸缩变形，对风揭非常不利[5]，尤其是在屋面板超长的情况下；另一方面，超长屋面板的固定所需要的支座数量远超常规情况，特别是在双曲造型屋面的施工中，对精度控制的要求极其严苛，少数支座的安装精度不够便会导致整个面板伸缩不自由，在温度应力下，面板同样可能被磨损破坏，引起渗漏水和被风揭等现象。为了改善这些问题，考虑将过长的屋面板打断，分解成尺度适宜的小系统，综合防排水方案不设中段天沟的要求，拟将断板搭接的方式引入这个构造的设计思考，断板后的最大屋面板长度由 108 m 优化为 66 m，如图 4 所示。

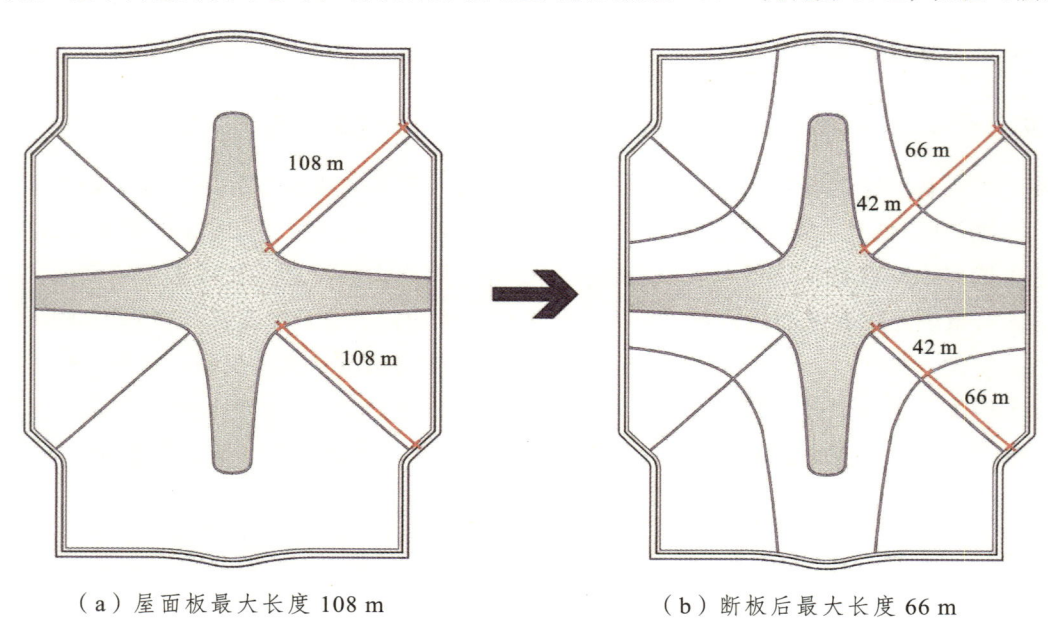

（a）屋面板最大长度 108 m   （b）断板后最大长度 66 m

图 4 最大屋面板上度优化

3.1 基本构造原理及设计要点

如图 5 所示反映了断板塔接构造的基本布局，通过上下层屋面板脱开 300 mm 高差，同时上层屋面板出挑 500 mm，设置内道 "Z" 字形泛水板（以下简称泛水板）1 和外道泛水板 2，由上下层屋面板和两道泛水板分隔图示 A 和 B 两个区域，区域 B 为建筑的内部空间，即不允许渗漏水的重点设防区域，重要性等同于候车大厅，空间上与候车大厅相连通；区域 A 作为重点设防区域和室外环境之间的过渡区域，可以允许少量水短暂进入，但不允许长期积水，借助屋面自身坡度和板肋之间的泄水孔，积水可快速排出。TPO 防水卷材 4 跨高差全封闭，与屋面板和内道泛水板组合后构成一级防水，300 mm 高差保证内道泛水板至少 250 mm 的泛水高度。保温岩棉板在 A、B 之间封堵形成暖封闭界面。

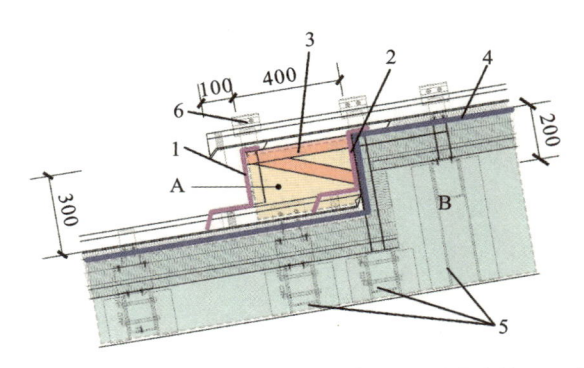

1—内道泛水板；2—外道泛水板；3—泛水板；4—防水卷材；5—檩条。

图 5　断板搭接屋面构造基本原理示意图

过渡区域 A 所对应的屋面出挑部分是抗风设计需要重点关注的部位。借助屋面的高差，设置一个稳定的三角形结构框架对出挑屋面板进行支撑，三角形框架的根部结构中心线高度不应小于 200 mm，以保证出挑部分的结构强度。靠近断板部位的檩条支托和辅助檩条 5 加密布置，出挑板端头、有加密檩的部位，上层屋面抗风夹在对应位置加密布置；外道泛水板 1 在抗风设计中是作为封堵空腔 A 避免负风压对上层出挑屋面造成不利影响的重要构件，泛水板 1 和 2 与下层屋面板板肋衔接位置应按规范设置屋脊银盒及泡沫堵头组件，避免泛水板 1 的被风揭风险。

在较好地解决了防水抗风问题的前提下，需兼顾建筑造型的美学要求。TOD 站城融合语境下，站房屋顶第五立面的建筑造型效果比以往任何时候都更为重要。从屋面造型美观角度，断板位置，上下层屋面的高差越小，效果越好，上层屋面板在泛水板 3 以外的出挑部分不宜过小，出挑距离和泛水板高度维持在接近 1∶2 的比例，有利于出挑部分形成的阴影弱化泛水板立面对造型效果的不利影响，叠级的阴影缝效果是比较理想的，应避免形成类似台阶的外观效果。

3.2　构造抗风揭性能验证

杭州西站金属屋面工程抗风揭检测方法按照国标《钢结构工程施工质量验收标准》（GB 50205—2020）附录 C 执行，金属屋面系统抗风揭性能检测应选取金属屋面中具有代表性的典型部位进行检测，被检测屋面系统中的材料、构件加工、安装施工质量等应与实际工程情况一致，并应满足设计要求并符合相应技术标准的规定[7]，根据风荷载可能存在最大值或可能是薄弱区域的，按上述技术要求制作试验组进行检测，试验选择 3 组不同的采样区域，其中第三组选择屋面断板搭接位置安装试验样板。试验基本风压按照 100 年取值，杭州地区为 0.5 kN/m²；地面粗糙类别为 B 类；高度按照最高点标高 55 m 计算高度系数为 1.665，阵风系数为 1.545；风荷载体型系数取值为 -1.2。根据国家钢结构工程技术研究中心围护系统实验室出具的试验报告数据结果：风荷载标准值为 0.5 × 1.665 × 1.545 × -1.2 = -1.543 kN/m²，根据《钢结构工程施工质量验收标准》（GB 50205—2020）附录 C 中 C.0.1 第二条进行动态风揭试验，要求动态检测风荷载不小于 1.6 倍的风荷载标准值，即第 3 组测试风荷载不小于 -2.469 kN/m²，最终结果显示，第 3 组的破坏值达到了 -11.2 kN/m²，证明该构造抗风揭能力远超设计值。

3.3 节点构造图解

如图 6~图 8 所示为直立锁边系统断板搭接构造主要组成部分示意图，按编号依次为：1—屋面主架；2—檩条支托；3—辅助梁；4—辅助支架；5—下层屋面板；6—岩棉板；7—下层屋面支架；8—泛水板；9—上层屋面支架；10—上层屋面板；11—安装座；12—密封沿；13—防风夹具；14—泡沫堵头；15—滴水片；16—导水沿；17—加强杆；18—防水卷材；19—第二支腿；20—玻璃棉毡。

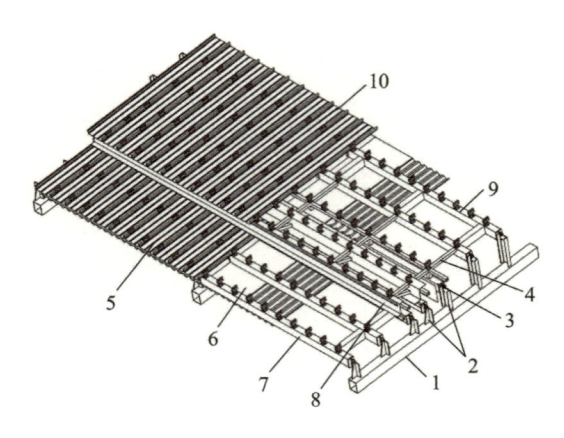

图 6　断板搭接构造总体轴侧示意图

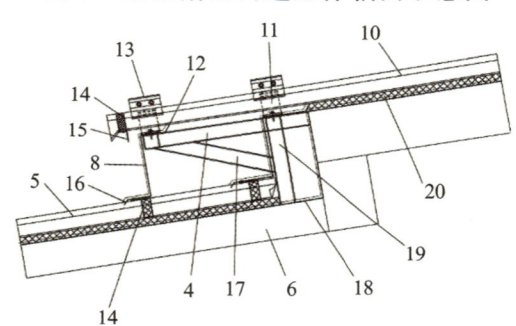

图 7　断板搭接构造节点示意图

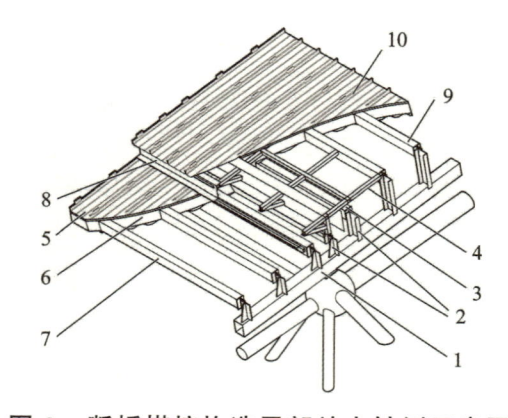

图 8　断板搭接构造局部放大轴侧示意图

4 结语

超长金属屋面断板搭接构造，解决了通过屋面板自身搭接实现批水构造和系统断缝的技术问题，是对于常规铝镁锰合金直立锁边金属屋面系统的必要补充和应用延伸；通过屋面抗风揭试验，风荷载标准值为-1.543 kN/m²，动态风揭实验破坏值为-11.2 kN/m²，超过设计值4倍，证实系统安全、可靠。

在工程应用领域，这一构造做法，可广泛适用于大型车站、机场、体育场馆、工业厂房等采用铝镁锰合金直立锁边系统的大跨度建筑类型，为单一空间超大尺度金属屋面工程的规模扩展提供了新的设计工具，具有复制推广价值。

参考文献

[1] 郑健，沈中伟，蔡申夫. 中国当代铁路客站设计理论探索[M]. 北京：人民交通出版社，2009.

[2] 张芹. 采光顶与金属屋面技术规程理解和应用[M]. 北京：中国建筑工业出版社，2013.

[3] 党保卫. 钢结构与金属屋面新技术应用[M]. 北京：中国建筑工业出版社，2015.

[4] 陈凯旋，李静媛，刘爱森，等. 2020年工业建筑学术交流会论文集（下册）[C]. 2020.

[5] 余志敏. 直立锁边金属屋面系统动态抗风揭试验及抗风性能研究[C]. 哈尔滨工业大学，2019.

[6] 国家市场监督管理总局. 金属屋面抗风掀性能检测方法 第 2 部分：动态压力法：GB/T 39794.2—2021[S].

[7] 中华人民共和国住房和城乡建设部. 钢结构工程施工质量验收标准：GB 50205—2020[S].

大型交通枢纽的绿色建筑设计探索
——以长沙西站为例

曹秀辉，安立强，吴建云

（中铁第五勘察设计院集团有限公司）

摘　要："2030 年前达到峰值，努力争取 2060 年前实现碳中和"的目标成为国家战略，绿色发展模式成为未来城市和经济发展趋势。绿色建筑设计是绿色发展的重要一环，是实现人与自然和谐共生的重要途径。长沙西站自方案设计伊始，积极应用绿色建筑相关技术，将绿色设计理念贯穿始终，为绿色建筑技术在铁路客站中的应用推广提供有益探索。本文结合长沙西站的设计实践，系统阐述设计阶段在绿色设计等方面的积极实践，归纳总结并进行发展展望，为绿色建筑理念及技术在大型铁路站房的应用推广提供有益借鉴。

关键词：铁路客站　绿色建筑实践　未来展望

1　引言

2021 年 2 月中共中央、国务院印发的《国家综合立体交通网规划纲要》指出，到 2035 年我国铁路里程将增加到 20 万公里，基本建成便捷顺畅、经济高效、绿色集约、智能先进、安全可靠的现代化高质量国家综合立体交通网。

截至 2022 年 11 月，我国建成铁路站房约 2 000 座，其中高铁客站 50%以上。中国国家铁路集团有限公司提出的"畅通融合、绿色温馨、经济艺术、智能便捷"铁路客站新理念，为新时代铁路客站高质量建设提出了总要求。作为铁路客站新建设理念提出后建设的长沙西站，积极探索、应用绿色技术，总结经验为今后建设的新客站提供宝贵借鉴。

2　规划及建筑设计

2.1　选址

既有长沙西站位于湖南省长沙市望城区南部金山桥街道和黄金园街道交界处，北邻望城国家级经济技术开发区，南靠梅溪湖片区，东连麓谷片区，西接宁乡经济技术开发区。"经济发展，交通先行"，作为省会长沙市未来发展新引擎，望城区亟须建设大型综合交通枢纽，为长沙的壮大提供强劲动力。

经国家铁路总公司批准，站房建设指挥部与长沙市、望城区规划部门的多次沟通，确认新建长沙西站采用原址扩建，拆除既有站房。采用此方案的优势如下。

（1）与望城区原城乡规划相契合，避免修改区域规划方案，引起不必要的废弃。

（2）极大节约征地、拆迁费用。

（3）充分利用原站房的市政配套，如周边市政道路、供排水设施、公交线路等。

新建长沙西站站场平面图如图1所示。

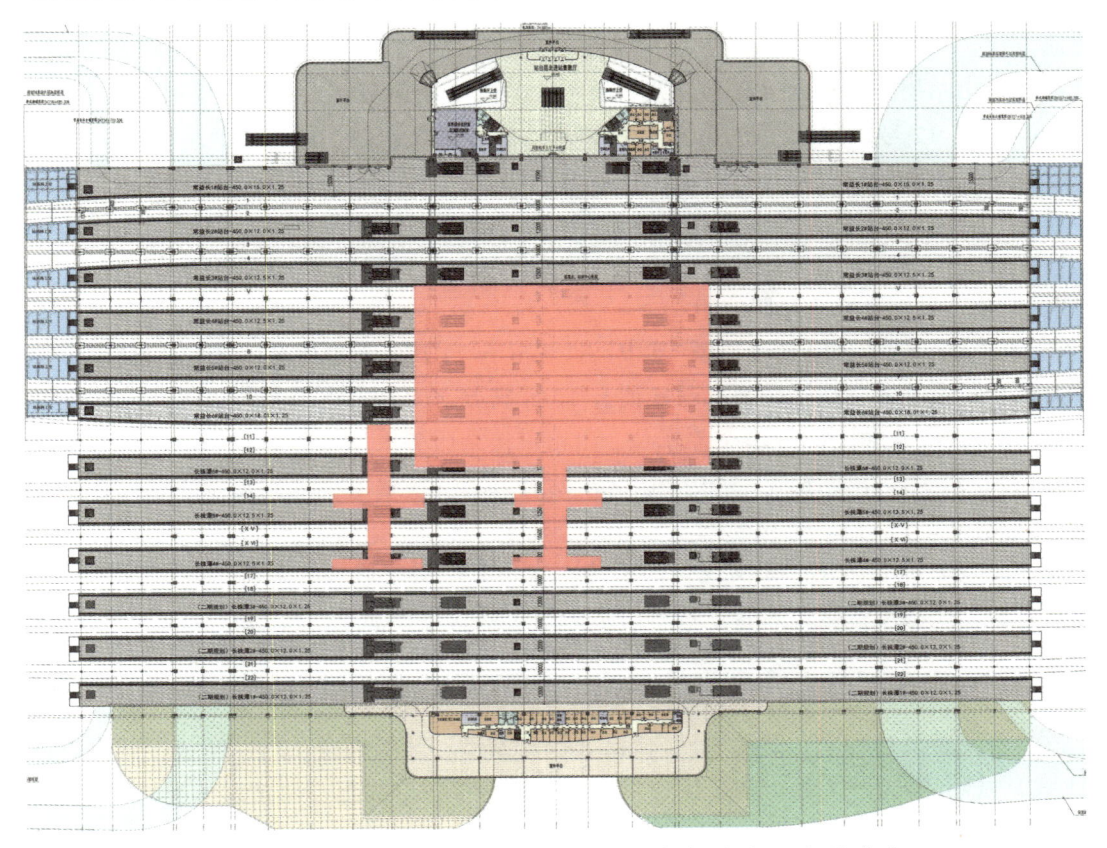

图1 新建长沙西站站场平面图（红色部分为既有站房）

2.2 规划

新建长沙西站自方案设计伊始，便与地方规划单位望城区湘江管委会积极沟通，讨论长沙西站周边配套建设情况。湘江管委会多次组织规划设计单位、市政设计单位、站房设计单位、地铁设计单位等开展研讨会，统筹规划、协调相关工作。在各个单位的共同努力下，长沙高铁西城片区控制性详细规划顺利通过专家评审，新建长沙西站融入片区规划，成为区域发展新引擎。

新建长沙西站枢纽总规模约50万m^2，投入使用后长途车、公交车、出租车、社会车等交通压力极大。为了快速疏解车辆，提高交通效率，经与望城区规划、交通运输部门沟通，并经过交通模拟计算，确定地面道路车辆逆时针单向组织左转，且路口不设置红绿灯，极大提高车辆通行效率。

站房方案前期与地方规划部门的充分交流、沟通，极大促进站城融合，使站房成为区域发展引擎；片区规划更加准确、翔实，确保一张蓝图绘到底。

2.3 集约化设计

土地是不可再生资源，大城市用地更是弥足珍贵。因此，高效利用土地、集约化理念贯穿长沙西站设计始终。新建长沙西站用地方整，用地界限为站前东、西、南、北路。以高铁站房为中心，整个枢纽融合高铁、城际铁路、地铁、长途大巴车、公交车、出租车、社会车等交通方式。

高铁站出站层下部规划 4 条地铁线，采用侧岛侧 T 型换乘模式，其中规划近期有 2 号线，远期 10 号线、12 号线和 S2 线。乘坐高铁到达的旅客无须出站，可直接换乘地铁。

长沙西站用地的西北角设置长途大巴服务用房及到发车区，可同时满足 7 辆大巴车停靠，并留有 15 个大巴停车位，便于旅客快速换乘；站前西路对过规划长途大巴候车区，为大巴停车、检修等提供保障。用地的东北角规划为公交车场，可同时满足 10 辆公交车停靠，并留有 26 个停车位，充分满足近远期使用。

长沙西站的车场为 12 台 22 线：其中高铁场 6 台 11 线，为桥建合一结构；城际场 6 台 11 线，为路基轨道基础。高铁场下部与地面有 10 m 高差，为充分利用空间，桥下规划两层停车场、出租车场等，可提供 1 380 个停车位。出租车接乘服务采用人车分流设计，出租车自地面层（61 m）向上驶入出站层（66 m），旅客出站可后直接换乘出租车，人车分流无交叉，实现安全、快速接乘。

长沙西站通过立体化、公交先行的设计，实现多种交通形式的融合，既充分利用土地，又为旅客提供便利的换乘，将长沙西站打造为零距离换乘枢纽。

2.4 远期规划

长沙西站原设计为南、北侧式站房+高架候车站型；站场规模 12 台 22 线，其中高铁场 6 台 11 线，城际场 6 台 11 线。初步设计过程中，长沙市政府提出在西站远期规划 4 台 11 线的普速场，客货两用。国铁集团、湖南省、长沙市、建设指挥部、设计院等召开相关研讨会，最终决定取消南侧式站房，在南侧站台层仅设置临时办公用房。设计院根据远期需求，简化南侧立面，并预留结构变形缝，大幅度降低远期拆改费用。

3 通风及空调设计

长沙西站空间高大，功能复杂，车站人员密集、流动性大，旅客停留时间短暂，冷热源主要集中在候车厅且分布不均匀，室内温度梯度大，冷热负荷总量大，空调能耗占比大。在站房暖通设计中始终要本着绿色设计理念，采用主、被动结合的方式节能降耗。

3.1 自然通风设计

自然通风是一种被动式节能设计的方法，可最大限度地减少电能消耗，利用自然风对室内空气降温。采用自然通风可以达到取代部分空调系统的目的，实现被动调节。当室内空气温湿度较高时，可以在不消耗不可再生能源的条件下，将室内的潮湿和温度较高的气体排到室外，从而降低室内温度，新风通过自然通风进入室内，减少了空调的使用，减少了能源消耗和对环境的污染。

长沙西站 66 m 层进站厅至候车厅为上下连通的高大空间，垂直高度近 30 m，夏季可充分利用热压作用，在室外空气温度低于室内设计温度的条件下，利用候车厅屋顶可开启天窗自然通风，可有效减少空调主机运行时间，降低能源消耗。

3.2 候车厅分层空调设计

候车厅空间高大，长沙西站候车厅近面积 6 万 m²，净高约 20 m，室内垂直方向温度梯度大。采用分层空调设计的方式，仅对高大空间下部人员活动区域进行空调设计，保持一定的温湿度。对上部区域无空调要求的空调方式，与全室空调相比，分层空调夏季可节省冷量约 30%。分层空调负荷计算时，夏季冷负荷约为全室空调冷负荷计算值的 70%，冬季热负荷取全室空调热负荷计算值。分层空调系统采用双侧喷口射流风口送风，侧送多股平行射流应互相搭接，双侧射流风口对送时，射程按两侧喷口重点的 90%计算。回风口布置在送风口的同侧下方，使得工作区处于回流区，可以获得均匀的温度场和速度场。分层空调系统在夏季使用，节能效果显著。冬季，由于热气流的上升，温度梯度的加大，设计采用角度可调送风口，大于 30°。夏季水平送风，冬季斜向下送热风，利用较大的送风速度，送入工作区，减轻热气流的上升。候车厅空调风口布置图如图 2 所示。候车厅夏季和冬季温度场分布图如图 3、图 4 所示。

图 2 候车厅空调风口布置图

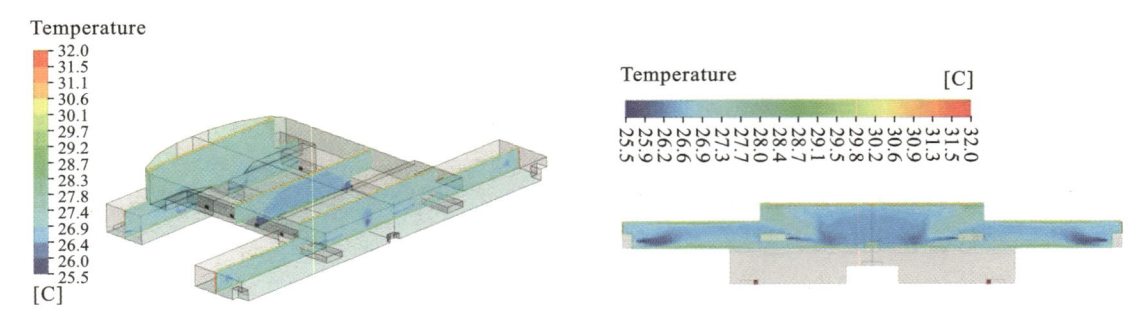

图 3 候车厅夏季温度场分布图

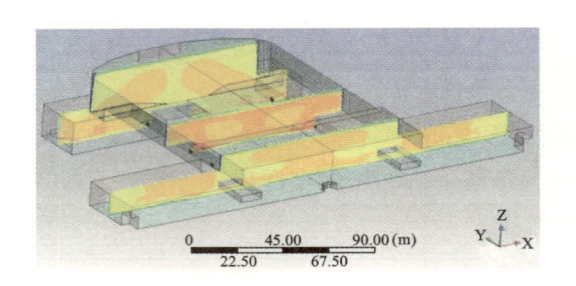

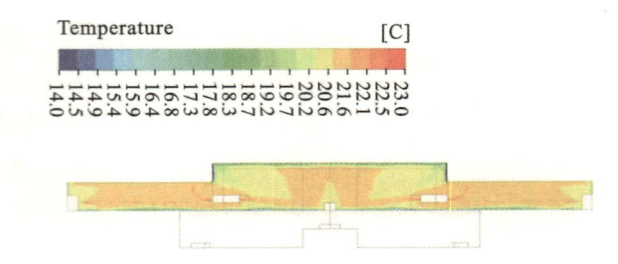

图 4　候车厅冬季温度场分布图

通过对候车厅温度场模拟仿真分析，分层空调设计能够满足人员活动区域的室内舒适度要求。

（1）空调喷口送风半径在夏季和冬季均可覆盖至每个空调服务的区域，候车大厅内空气整体上形成从送风经上部空间再返回至回风口的循环，只有在回风口附近的空气形成从喷口经下方区域至回风口的小涡流。

（2）空调喷口射流明显，在空气射流的流动过程中，伴随送风温度变化，一部分空气在回风口侧的负压作用下，回流至回风口，一部分送风在惯性力作用下沿原射流方向继续前进，至候车大厅中部区域后，因密度差产生的浮力而上升，然后大厅上部折返至回风侧。

（3）候车大厅和国铁交通核的人员活动区温度均满足设计要求，夏季平均为 27.2 ℃，与设计值基本吻合，冬季平均为 19 ℃，满足设计要求。

（4）空调喷口出风方向的室内空气流速较高，其他区域空气流速较低，人员活动区域室内空气流速夏季在 0.5 m/s 以内，冬季在 0.4 m/s 以内，满足人员舒适性要求。

3.3　空调自动控制及能效管理

长沙西站空调冷热源群控系统，主要实现对站房工程冷热源群控系统设备进行监视及节能控制，进行安全、高效的监控和管理，通过采集系统相关设备、仪表等的温度、流量、压力等信息，集远程控制、高效节能、安全可靠为一体。此智能化控制系统充分利用节能控制策略优化供冷供暖效率，在满足整体冷热需求的前提下，进一步降低站房机电设备运行能耗。

（1）根据采集的空调系统冷（热）水供、回水温度、压力、流量以及环境温湿度，能效控制器计算空调实际负荷，确定机组启、停台数。

（2）当环境温湿度、空调末端负荷发生变化时，冷（热）水供回水温度、温差、压差和流量亦随之变化，能效控制器依据所采集的实时数据及系统的历史运行数据，计算出空调负荷，动态调节冷（热）水流量，使系统始终处于最优值。

（3）能效控制器采集系统附属设备（如循环水补水装置、全自动软化水装置、全程水处理仪等）的运行、故障等状态信号，通过空调节能控制系统实现集中控制和管理。

（4）在能效管理计算机上，实现冷水机组、水循环系统、空调机组、新风系统、等整个系统设备的集中控制和能效管理。

长沙西站集中空调自动控制及能效管理系统应用，空调系统整体节能率15%。

4 机电节能设计

4.1 配电

长沙西站用电负荷主要有：空调负荷、信息通信负荷、商业负荷、广告负荷、电扶梯负荷、照明负荷及充电桩等其他用电负荷。长沙西站变配电室设置于各区域负荷中心，大幅度降低低压电缆供电距离，减少低压电缆用量，有效降低了系统铜耗。同时，因为低压供电距离缩短，大大降低了线路损耗。变压器的负载率控制在70%左右，变压器处于最节能的运行区段；合理分配变压器低压侧配电母线（干线）的单相负荷，使得变压器低压侧配电母线的三相不平衡度小于15%。无功补偿采用变配电所低压侧集中补偿方式，补偿后功率因数不低于0.9。水泵、风机以及电热设备应采取节能自动控制措施。大功率电机当需要调速时，采用变频技术。对于其他一些机电设备或装置也应有针对性地采取一些节能控制措施。电开水器等电热设备可以采用时间控制模块，确保在无人使用的时间段暂时停机。全方位的配电节能措施，为绿色节能低碳建筑的实现奠定了基础。

4.2 照明

候车大厅区域结合本建筑采光情况模拟分析、运营时间、环境变化、客流状态以及车站和列车的运行信息，并根据建筑朝向及采光方式、节气、时间及气象条件，应设置日间、早晚及夜间等不同工作场景模式，控制照明强度及效果，进行智能调光的场景设置，达到绿色节能的效果，并且营造氛围舒适、引导性强的照明环境，大面积候车厅分区设计不同照度水平及光氛围，以适合多样化需求。如高照度的纸版阅读区、低照度的休憩区等，可提升旅客的体验。建筑景观照明结合实际使用功能，设置了平时、一般节日及重大节日等多种照明控制模式。

4.3 智能管理

本工程为了实现节能、降碳，提高车站智慧化水平，设置了建筑设备管理系统，对建筑机电设备实施统一监测、管理，本系统包含：建筑设备监控系统（BAS）、建筑能效监管系统。系统框图如图5所示。

BAS系统具体控制对象包括空调系统、通风系统、排污系统、电扶梯系统、热风幕系统、机房专用空调、多联机等，其作用为实现对照明、自动扶梯、电梯、空调、通风、水泵、电热水器等设备运行工况的监视、控制、测量、记录等，并将机电设备监控信息上传至站房监控中心，系统实现BAS监控中心和就地控制及管理。

建筑能效监管系统，配合BAS对暖通、空调、给排水、电梯、照明等主要用能设备的运行进行检测、统计、分析，并结合铁路客站空间建筑形态、客运量和当地气候特点，给BAS提供控制策略，进行智能管控，以实现车站设备安全运营及节能降耗。

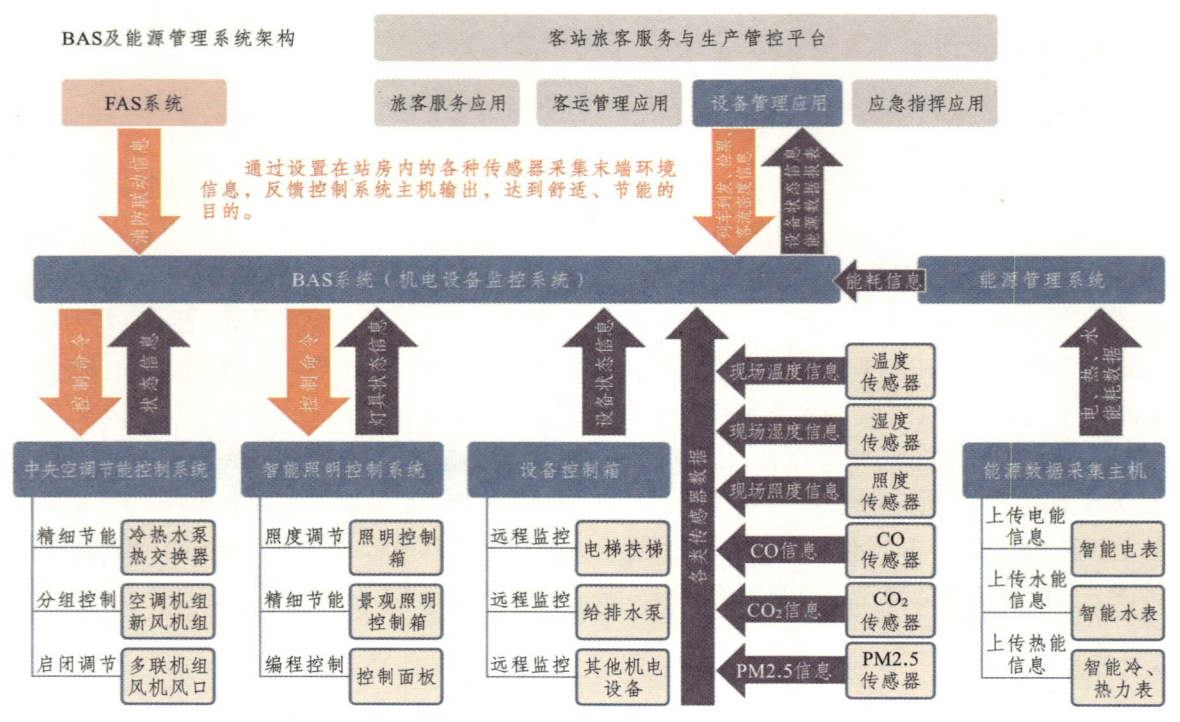

图 5 建筑设备管理系统框图

5　绿色建造技术

高强钢与预应力结构等新型结构应用技术依托于长沙西站项目，采用构件拆分、图纸深化等方式，采用高强度钢筋及钢材，优化结构形式，实现节材的目标。本依托工程钢结构组成复杂，按照项目主体结构概况的结构类型，钢结构主要涉及钢管混凝土柱的钢管、型钢混凝土柱/梁的型钢、钢结构体系结构。对钢结构整体深化设计，包括钢结构节点形式、吊装位置、吊装措施等，提高整体钢结构的深化设计水平。本工程使用预应力结构，显著节约材料，提高结构性能，减少结构挠度。施工前应会审图纸，并复核计算张拉应力及延伸量，做好深化设计及现场施工进度计划安排。通过本工程的深化设计及现场施工，为今后类似工程提供技术借鉴。

6　结束语

高架候车铁路客运站与一般公共建筑相比，其建筑空间具有尺度大、高度高、开敞性强、功能复合、交通复杂、人流密集等特点，目前针对这一特殊类型公共建筑的绿色建筑设计还没有形成系统性的设计策略。

通过分析长沙西站的绿色建筑设计，提出以下几点原则，希望为今后站房设计提供借鉴。

（1）地域性原则：站房规划建设融入城市发展；客运站适应周边自然环境；适应地域气候设计；适应城市空间设计。

（2）可持续性原则：客运站减少对能源的消耗，降低对环境的污染；利用可再生资源。

（3）高效性原则：客运站对土地资源进行高效利用和空间流线进行高效组织，提高客运站综合价值，减少环境负荷，从而提高生态效率。

在国家"双碳"政策背景下，对各种建筑类型实行绿色规划和设计非常重要。同时，在未来的很长一段时间里，铁路客站仍在大量建设，做好铁路客站的绿色规划和设计，对中国交通发展和城市化有重大影响，对实行整体高效绿色环保有积极意义。

参考文献：

[1] 何楚梦. 高架候车式铁路客运站绿色建筑设计策略研究[D]. 华南理工大学，2024.

[2] 赵振利. 绿色铁路客站创新实践与发展展望[J]. 中国铁路，2021（S01）：6.

[3] 盛晖，李传成. 绿色铁路旅客站建筑设计探讨[J]. 铁道经济研究，2010（1）：7.

[4] 周燕来. 夏热冬冷地区大中型铁路客运站站房建筑节能设计方法研究[D]. 西南交通大学，2008.

既有铁路站房改造的创新与探索
——以庐山站为例

蔡新萍

（中铁第五勘察设计院集团有限公司）

摘 要：随着我国铁路运输服务质量的提升以及铁路客运量的增长，许多城市的既有铁路站房规模无法满足铁路运力带来的客流增长的需求，出现候车空间偏小、交通不便捷等问题，驱使我们对早期站房进行改造设计研究。本文将以既有站铁路站房的改造为中心，对站房改造的设计原则进行归纳总结，并以庐山站设计为例，对复杂情况下既有铁路站房改造设计进行了探讨，提出了"新老过渡"的无缝衔接、"上进上出"的创新站型、"分区分期"的线上安全实施技术以及"山影水语"的形象提升等四方面的策略，以期为我国未来铁路站房改造工作提供实践经验与参考。

关键词：既有站　改造　新老过渡　上进上出　形象提升

1 既有站改造设计产生的意义及研究背景

1.1 既有铁路站房演变过程存在的问题

我国铁路快速发展，成功实现 6 次大面积提速，随着全国铁路网的加密，其快捷、经济、环保的优势更加突出，越来越多的旅客更倾向于火车作为交通工具。但是，我国大多数地区中，作为城市媒介的铁路客运站建设时间较早，已无法满足铁路旅客的需求，存在很多问题。

1.1.1 铁路站房容量不足

近几年铁路线路大面积提速，路网覆盖面不断扩大，铁路客运量也大幅度增加，尤其是在春运等客运高峰期，客流量迅速增加，当时的铁路客运站的设计中未能考虑到日后铁路乘客人数的井喷式增长以及后期新线路引入带来的客流增长，导致站房的客容量明显不足。

1.1.2 城市割裂及用地的局限性

随着城市的扩张，原本处于城市边缘的铁路枢纽慢慢被纳入到城市中心区，将直接面临与城市空间密切衔接的问题，火车站及铁路沿线出现了城市割裂的情况。这种割裂不仅表现在城市空间和肌理上，也表现在城市活动和行为上，站场和站房已被周围建筑重重包围，可以扩容的空间有限，给后期引入线路、扩大站房等改造带来了一定难度。

1.1.3 高速时代带来的普速、高铁并网共站

我国逐步进入高铁时代，出现普速和高铁共用车站的情况，分场运行。既有站房主要是

满足原有普速场使用，如何对既有站扩容，使其容纳高速场客流是改造的重点。目前普、高共站有 3 种方式：第 1 种为共建高架候车室，双向进站，如石家庄站；第 2 种为于既有站对侧新建高速场站房，如长沙站，乘坐普速车从西广场进站，乘坐长株潭城际走东广场，两者候车区域不互通，进出站通道联通；第 3 种为新建独立的高铁站，如廊坊站与廊坊北站，站内不互通，旅客换乘、进出站不便捷。

1.1.4　站房形象缺少时代特征

我国目前仍在使用中的铁路客运站建成年代各不相同，除了少数几个车站有 100 年左右的历史外，其他城市现有的中心铁路客运站大都建设于 20 世纪 80~90 年代。随着城市的发展及经济的增长，站房作为城市的门户，需展示地域特点及时代特征，但目前具有历史价值的站房，时代过于久远，结构和立面形态老化，不符合时代特征，没有体现地域化、民族化特征，需对老旧站房形象进行提升。

1.2　既有站改造设计研究的必要性

铁路站房作为城市基础设施的重要部分，是城市形象的展示。基于站房及站场的演变过程发现，建于早期的铁路站房的建筑规模、功能布局、站房形象、候车空间等不能满足乘客对铁路站房的需求；同时随着城市及高速铁路的发展，存在站房与周边城市的联系紧密及普高共站的情况，既有站房已不能满足复合功能、流线的需求，驱使我们对早期既有铁路站房进行改造设计；目前铁路站房改造更具复杂化和多元化，存在很多的重难点等复杂情况。因此需要我们对既有铁路站房改造进行深入研究。

2　铁路站房改扩建设计原则

针对当前铁路客运站发展趋势存在的问题，对既有铁路客站的改造提出以下设计原则。

2.1　和谐过渡、完善衔接性

在铁路客运站改造设计中，新建部分与既有建筑怎样结合、过渡是改造设计的重难点。从火车站客运业务不可中断的角度来看，通常中等城市的铁路客运站在进行改造期间仍然是要承担该城市部分铁路客运业务，基于这种大型交通建筑的不可替代性，使改造的难度大大增加。因此，如何实现新旧站房功能上的和谐过渡、自然衔接，是设计中主要探究的内容。在改造过程中，根据不同的改造模式，合理优化新旧过渡设计方案，将不同的功能逐步合理转换、有效过渡，尽量减少客运站运营的影响。

2.2　功能扩容、提高舒适度

对于既有车站的改造来说，重要的是把有限的空间、有限的环境、有限的资源最大限度地利用好，为旅客提供便捷的乘车环境，改善火车站拥挤、空间不足的现状。同时，功能改造要增加站房容量，重新调整划分旅客流线、站房平面的空间布局，规划站房与站前广场，达到站房功能完善及品质得到提升的目的[1]。功能扩容根据线路数量及旅客需求，包含 3 种方式：第 1 种为站台和站场股道数量不变，对侧式站房进行空间扩大，并利用既有站房进行整合设计；第 2 种为站台和站场股道数量增加，对其改造方式为于广场侧扩容站房或线上增加高架候车室，其中高架候车室的加建包括仅新增线上加建，并通过廊桥与原有侧式站房进行进出站衔接，如临海站；第 3 种为全线线上设高架候车室，并与侧式形成双向进出站的条件，从线侧变为线上式，形成双向贯通、双向进站的模式，如庐山站。

2.3 合理实施、注重安全性

铁路客运站的改造，常受到一定条件的限制。如何合理投入能取得最佳的效益，能获得对限制的突破与超越，需要在方案设计时深思熟虑，仔细推敲。同时，应高度重视铁路客运站改造的安全性。铁路客运站改扩建通常伴随既有客运站的拆除和新建客运站的建设，以及对既有跨线设施的改造，其设计工作必须提前考虑施工过程中各项影响因素，重视安全性设计，维护旅客生命安全。对既有站改造设计时，根据受现有基础设施限制的不同，以实际情况进行科学的统筹规划分析，争取在不影响列车正常运行和旅客进出站的情况下进行合理化设计与施工安排，分期分批按步骤实施，尽量将改造施工对客运站运营的影响减少至最低。

2.4 与时俱进、塑造新地标

不管是新建还是改建，在站房规模和功能布局设置上，要融入前瞻意识，树立着眼发展、面向未来的观念，准确把握现代建筑理念、技术、材料的发展动向，以发展的眼光看待现代社会交通需求的趋势。设计上应适度超前，具有前瞻性，使其能够在未来较长的时间内能够满足运输服务的需求[2]。同时，对于既有站房改造的外部空间而言，它代表城市的门户形象或城市中心节点，需体现时代和当地建筑特征。其通常有两种改造模式：一种是以体现时代性为目的，立面造型摒弃原有设计，结合功能空间的改造，重新创作具有时代特征站房造型，体现建筑艺术性，展示现代交通建筑特点；另一种则是尊重原有立面设计，新扩建部分在老建筑的基础上继承与发展，与之和谐统一，立面造型反映地域特色、融合环境文脉，与环境协调，体现地域特点和民族文化[3]。

3 庐山站改造设计策略

庐山站坐落于江西九江。既有站实景图及平面流线图如图 1 所示。既有庐山站站房面积为 4 000 m²，既有车场 5 台 18 线，为路基场。既有跨线设施为两处地道，为 6 m 宽进站地道及 4 m 宽出站地道。既有站左侧信号楼、行包库占据一半功能空间。旅客主要于右侧进站厅进站，在 700 m² 的候车厅候车，为满足九江地区城市未来发展需求，适应多方向运力需要，提升运输服务质量，同时安九高铁引入建设的需要，铁路部门对庐山站进行大规模扩建改造，站场规模扩大为 8 台 25 线，既有的候车面积、候车体验不能满足远期规划需求，因此对庐山站改建是必要的。

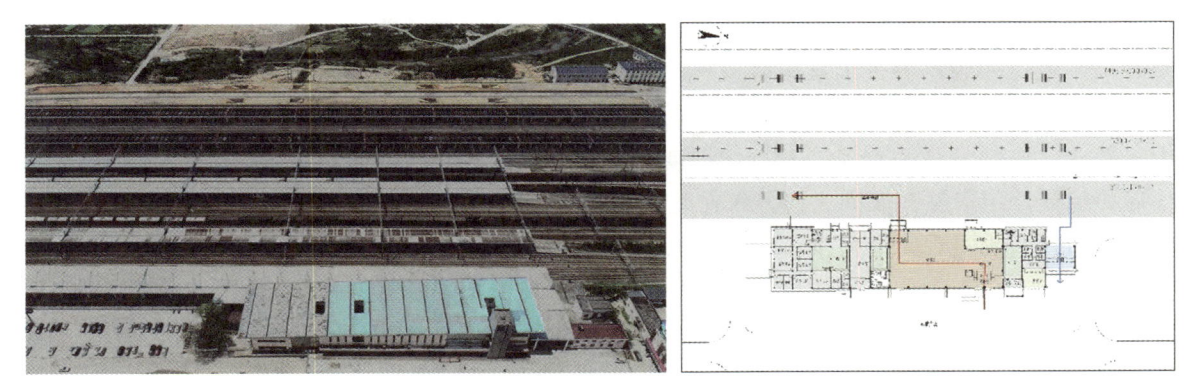

图 1　既有站实景图及平面流线图

根据相关要求，站房面积由原来的 4 000 m² 的侧式站房扩建为近 60 000 m² 的高架式站房。在原有站房对侧进行全新设计，新增线上候车和侧式进站空间。在进行改造期间，既有站场仍然要承担该城市的部分铁路客运业务。考虑旅客的过渡使用，其既有站场旅客需通过两座地道进出站，本项目为在既有铁路线上施工，施工过程中，正线列车正常通过站场，因此地道无法进行改造。传统上进下出的进出站模式并不符合远期庐山站大运量出站要求。同时，既有站房的形态造型过于久远，与周边城市的发展已不契合，需要重新建设城市新门户。因此庐山站的改造设计基于以上复杂情况，提出以下 4 点策略。

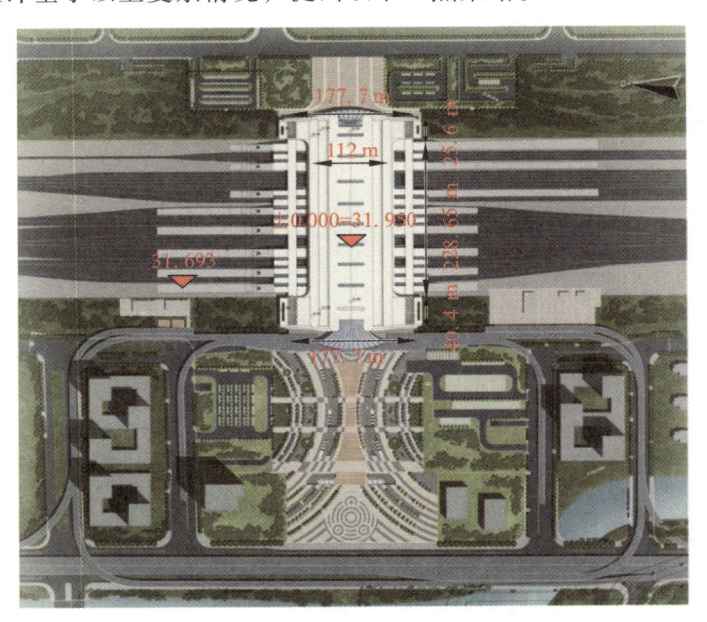

图 2　庐山站总平面图

3.1　新老过渡、无缝衔接——统筹协同的可持续性

为响应可持续发展的政策，同时合理优化新旧过渡设计方案，尽量减少改造施工与客运站运营相互间的影响，保障庐山站改造中的正常运营，站房采用分期开发策略，重点在于有机结合，协调一致。

临时过渡时期，保留东侧既有站房作为旅客进出站的过渡使用。西侧站房施工过程中，既有出站地道作为东侧进出站旅客进出站的过渡使用。既有站房西侧信号楼是铁路行车的区段调度指挥中心，因站房二期扩建需占用原信号楼位置，为确保铁路不间断运行，一期建设中需新建一座信号楼并重建一套行车调度指挥系统，待新信号楼内所有软硬件到位并调试完毕后，封锁停用车站和区间，将分布在站场和线路的设备从既有信号楼分离，接入新信号楼，使调度指挥系统实现无缝衔接。

一期开发中东侧旅客利用既有的进出站功能，集中高架层进行候车，候车体验较原有提升。西侧旅客通过西侧多向进站厅至高架候车室候车，东侧旅客至既有站房进站，通过站台新增楼扶梯上至高架候车室。

出站旅客通过站台两侧出站楼扶梯上至出站天桥，向西至出站厅楼扶梯下至首层出站或进行快速换乘其他站台乘车，向东旅客可通过地道至既有出站厅出站。

同时，合理利用既有跨线设施，改造既有进站地道为城市通廊，新增东西贯通的联系通道。既有出站地道为行包通道，为远期发展做预留。庐山站新老过渡时期进出站流线图如图 3 所示。

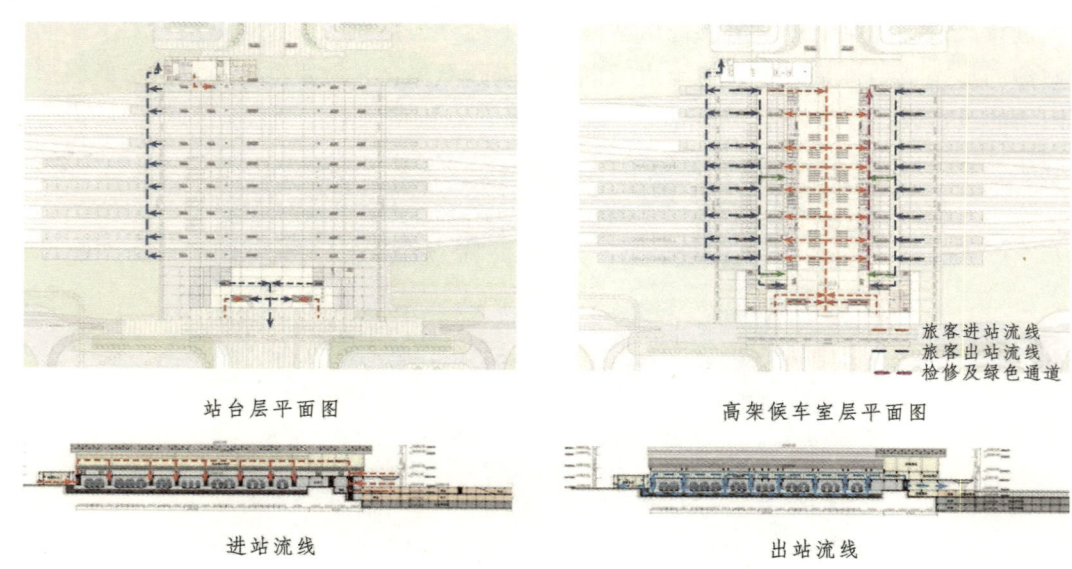

图 3　庐山站新老过渡时期进出站流线图

3.2　上进上出、分进合出——功能创新的舒适体验

本项目设计根据现状条件进行大胆创新，提出了全新的解决方案，采用"上进上出""分进合出"的模式，在保证旅客线上舒适候车的前提下，设计于东西广场层、站台平台层、高架落客层设置进站空间，使旅客就近便捷地多方向进站。同时，在线上候车厅两侧新建两座与高架候厅平行的 12 m 宽出站天桥满足旅客出站，出站模式与国际大型机场出站模式相同，旅客体验较传统地道出站舒适性更高，结合庐山自然风光，可营造出通透轻盈的空间效果。中转旅客通过出站天桥中部及两端换乘厅进入绿色通道到达高架候车厅进行快速换乘。该设计人性化地实现了急客及中转旅客的快速进站需求。出站旅客通过侧式高架楼扶梯至地面层

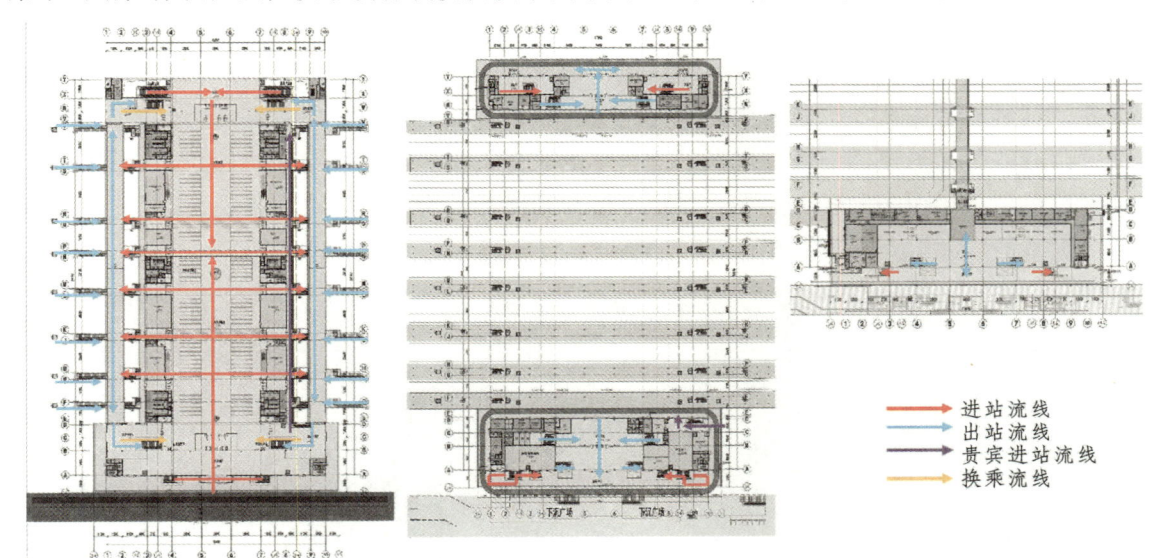

集中出站，标识性强，便于接客或便捷换乘城市交通。庐山站功能平面流线图如图 4 所示。

图 4　庐山站功能平面流线图

3.3　线上施工、分期分区——技术可行的安全保障

站房设计及实施遵循"安全可控、技术可行、分期分区作业"的原则。为保证顺利通车，并能达到使用的需求，结合工程实施难度及工期要求，设计遵循一次性规划、分两期实施的原则。为保证投入使用时站房内各个系统的完备，建筑、暖通、给排水、电气、通信、信息、消防等相关专业根据分区投入的范围制定设计方案，保证一期、二期各系统相对独立，合拢后各系统相互联系形成整体。

（1）一期工程：保留东侧既有站房作为东侧旅客进出站的过渡使用。新建西侧站房、4~8 站台及相应高架候车室。建设期间遇到的主要建设难题为既有线上高架站房同步施工所带来的困难。借鉴国内高架站场或既有线施工经验，庐山站既有线的高架候车室地面结构拟采用搭设吊装专用胎架，采用设立临时支撑+路基箱板的胎架形式，形成施工平台，吊车在施工平台上进行吊装作业，既有线上施工利用天窗点施工。高架候车室结构施工至 3 站台，站房、天桥、进站通廊装修并至 4 站台投入使用，在 3、4 站台间设置临时封堵进行封堵，高架候车室临时封堵采用抗风桁架形成主体结构，采用铝板幕墙进行临时装饰。最后实施站房内装修等工程，一期工程竣工，满足站房一期客运作业。庐山站一期已建设图如图 5 所示。

（2）二期工程：原址拆除并新建东侧站房，抗风桁架进行拆除，恢复设计方案高架候车室合拢，形成完整的高架候车室，使东、西站房互联互通。

3.4　山影水语、融汇九川——体现时代的形象提升

庐山站外立面造型图如图 6 所示。新建庐山站造型以体现时代性为目的，立面造型摒弃既有站形态，结合内部功能空间的改造，重新创作具有时代特征建筑造型，体现了建筑艺术性，展示现代交通建筑特点。立面造型反映地域特色、融合环境文脉，与庐山的环境协调，

将山之形、水之韵转译为简洁明快的设计语汇，演绎出山的秀美、水的灵动、云的飘逸。整体站房造型以雄秀庐山为原型，勾勒出"横看成岭侧成峰"的秀美山峦形体，两侧结合柔美的曲线雕刻出"众水汇集"韵律感，整体似山似水又似云，勾勒出融山纳水，浑然一体的建筑形态。舒展层叠的造型形成了向阳腾飞之势，赋予九江展翅腾飞的美好寓意。立面造型还利用屋顶高差关系形成侧向天窗满足站房内部的采光，站台雨棚利用楼扶梯高差错落，结合曲面造型模拟庐山瀑布的壮美形态，实现造型与功能的结合统一。总的来说，造型整体打造出"山影水语、融汇九川"的理念，与时俱进，符合当今时代发展特征。

图 5　庐山站一期已建设图

图 6　庐山站外立面造型图

在室内设计上，采用现代的建筑材料，运用简约的线条和错落的光影变化体现乐山乐水的文化情怀。柔和的天窗光线，营造出云雾萦绕之感。入口雨棚结合弧线瀑布造型，为来往旅客创造遮蔽风雨的灰空间，如图 7 所示。庐山站一期室内候车实景效果图如图 8 所示。

图 7　庐山站入口雨棚造型图

图 8　庐山站一期室内候车实景效果图

4　结语

作为京港高铁、武九高铁、京九铁路等 5 条线路的重要交会枢纽，庐山站扩建改造工程是顺应新线开通而实施的重点工程。西站房已于 2022 年 4 月 28 日正式开通运营，东站房预计在 2024 年 7 月底具备开通运营条件。庐山站作为江西首个、全国第二个"上进上出"式高铁站，扩建改造全部完成后，将成为江西第二大高铁站。

参考文献：

[1] 米锋霖. 基于"流动性"的城市中心区火车站及周边地区整合更新研究[D]. 东南大学，2020：10-17.

[2] 周贤雯. 浅谈既有铁路站房改造建设[J]. 中国高新技术企业，2015（18）：111-112.

[3] 罗筱. 我国铁路客运站建筑改造设计研究[D]. 哈尔滨工业大学，2008：73-74.

机电设备篇

铁路站房预制现装集成能源站应用技术研究

田利伟

（中铁第四勘察设计院集团有限公司）

摘　要：本研究提出铁路站房集成能源站设计技术，通过合理选用暖通设备、优化水系统设计、构建区域组网控制系统，同时强化基于各机电设备技术数据的流转共享，实现集成能源站的设计方案节能；进一步提出能源站运营维护阶段的应用技术，为建筑运维管理信息化、提高管控能力提供支持。在满足室内热环境要求的前提下，实现铁路站房冷热源系统从策划、设计、施工到运维全阶段的高效管理及智慧化运行。

关键词：铁路站房　集成能源站　机电一体化

1　引言

现有集中空调冷站实际运行能效普遍偏低，在 2.5～3.0，分析其原因主要有以下几个方面：

（1）专业接口多，涉及不同专业、不同阶段、不同单位。

（2）运营调试困难，不同设备间接口协议众多，兼容性难以保证，调试效果难以达到设计意图。

（3）冷站各机电设备的匹配性不佳，无法保证冷站整体运行在高效区。

（4）运营维护技术难度高，由于各机电设备以及控制系统由不同厂商提供，其协调性难以保证，需要运维人员具备较高的专业技能。最终导致冷站运行过程节能评估粗放、用户"冷热不均"、整体性能差[1]，国家现行规范中也未将能源站内所有设备作为一个整体进行性能评判。铁路站房能源消耗大户，其集中空调系统同样存在能耗高、能效低，性能参差不齐等问题。

基于上述原因，开展铁路站房预制现装集成能源站设计技术研究，包括能源站模块化设计与拼装、水管路低阻力设计、大温差设计、能源站整体能效控制技术等，实现集中能源站的预制现装，形成工业化产品并便于运输，可在施工现场直接进行模块化拼装，有效提高能源站的系统能效。

2　铁路站房预制现装集成能源站整体思路

预制现装集成能源站设计理念贯穿于工程全过程，因此需从策划、设计、施工及运维等各阶段做好策划，按流程实现各阶段设计目标。在此基础上制定集成能源站设计流程：

（1）开展站房全年冷热负荷的精细化计算分析。

（2）根据计算结果给出各机电设备的最优匹配。

（3）对各功能模块进行基于三维模块的参数化设计和的整体组装，保证最佳的整体性能和质量。

（4）建立各功能模块和模组群的组网控制技术，制定一系列的节能运行控制策略。

（5）对系统整体能效及各机电设备状态进行实时监控，对潜在问题给出合理的运维建议，保证系统持续、可靠、高效运行。

图 1　铁路站房预制现装集成能源站特征

3　全年冷热负荷的精细化计算分析

铁路站房特有的建筑结构形式、功能分区和使用作息，包括通透的高大空间、众多开敞的室内外联络通道、大面积透明围护结构、高强度的客流密度等特点，决定其具有区别于一般公共建筑的空调负荷特性分布。针对铁路站房不同的使用特点，通过理论分析、数值模拟与测试研究的方法，给出空调逐时负荷计算模型的边界条件。铁路站房空调负荷计算模型如图 2 所示。

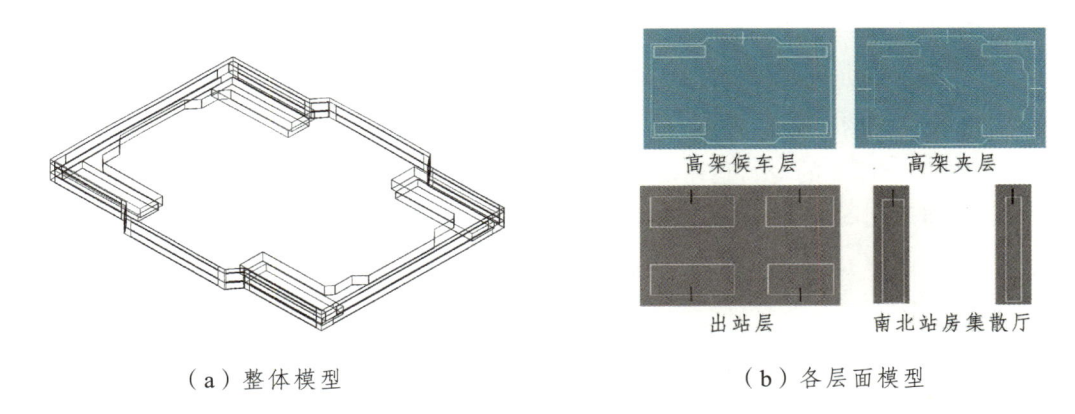

（a）整体模型　　　　　　　　（b）各层面模型

图 2　铁路站房空调负荷计算模型

铁路站房空调负荷计算边界条件如图 3 所示。对于高大空间，基于现有高大空间垂直温度实测经验数据设置不同高度的温度分层；对于众多开敞的室内外联络通道，开展基于当地气候特征的渗透风模拟计算研究；对于大面积的透明采光天窗，将进入室内的太阳辐射折算到地面并归入设备热扰；对于客流波动性，考虑不同时刻的客流密度分布。通过上述边界条件的设置，获得铁路站房精确的空调负荷计算结果。

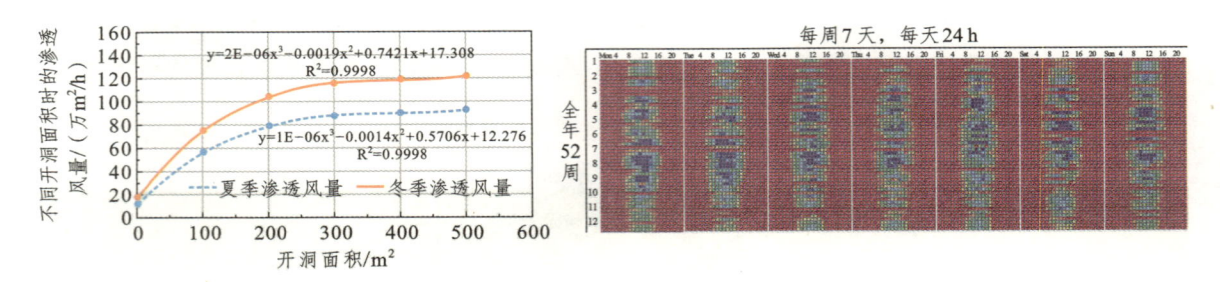

图 3　铁路站房空调负荷计算模型边界条件

4　机电设备的优化匹配

4.1　设备选型

首先，进行冷水机组选型。为了实现项目空调负荷与设备选型的最佳匹配，基于精确的空调负荷计算结果特征，选择合理的冷水机组，基于初投资与运行费用综合考虑，选定 n 台定频 1 变频的集成能源站冷水机组构成，其中 n 台定频机组通过台数调节的方法保证系统长时间处于高效区，当系统负荷率低到一定程度时，通过 1 台变频冷水机组进行负荷调节，使整个集成能源站长期稳定高效运行。

基于冷源设备选型，匹配适应的冷水泵、冷却水泵与冷却塔的选型。为避免低负荷时的超荷载情况，采用变频水泵，水系统可根据冷负荷需求和供回水温差调节流量。

4.2　能效目标

目前可参考的冷站整体评价的标准主要有美国的 ASHRAE 标准、新加坡的标准以及广东省的地方标准[2]，如图 4 所示。

综合考虑 3 个标准的冷站整体能效要求，确定要实现铁路站房预制现装集成能源站的高效，系统能效需达到 5.0 以上。

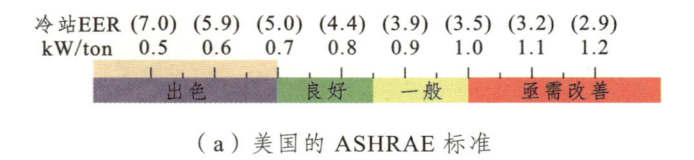

（a）美国的 ASHRAE 标准

（b）新加坡标准

系统额定制冷量（kW）	系统能等级	系统能效最低要求
<1758	三级	3.2
	二级	3.8
	一级	4.6
≥1758	三级	3.5
	二级	4.1
	一级	5.0

（c）广东省地方标准

图4 冷站整体能效要求

5 基于三维模块的参数化设计和的整体组装

构建集成能源站总体结构框架，考虑到冷站中各模块的作用及其更换的可能性和必要性，模块要具有较大的灵活性，避免组合时产生混乱；同时考虑到模块的扩展，要保持模块在功能及结构方面有一定的独立性和完整性，模块间的接口信息要便于连接与分离，将集成能源站分为主机模块、水泵模块、分集水器模块以及控制模块4部分。

其中：冷水机组模块包括主机族、阀部件族，控制点位；水泵模块包括水泵、两边支管、阀部件、进水口高度；分集水器模块主要为共母管无缝拼装；控制模块主要是强电设计和弱电设计。通过模块化设计和工厂化加工，集成能源站节省机房面积30%，施工周期则缩短80%左右，数据采集和控制点位预先布置，则有效保证了系统的性能和质量。冷站模块化设计与整体拼装如图5所示。

（a）主机模块 　　　　　（b）水泵模块

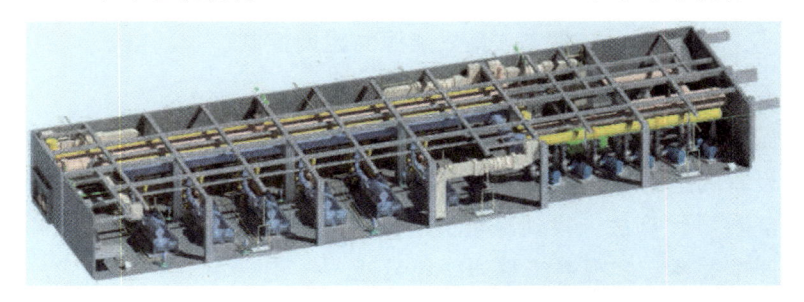

（c）冷站整体拼装

图5 冷站模块化设计与整体拼装

对于铁路站房项目，水泵的输配能耗占比偏高，为提高集成能源站的整体能效，需重点降低输配系统的能耗，通过开展低阻力管路设计，主要是减少管路弯头，优化管路阻力，降

低水泵扬程，减小水泵的装机功率。低阻力管路设计如图 6 所示。

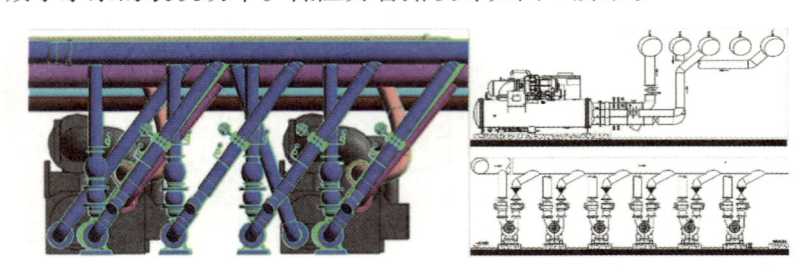

图 6　低阻力管路设计

进一步采用大温差技术，水系统温差由 5 ℃ 增大至 7 ℃（甚至 9 ℃），水管路流量可大大减少，水泵输配能耗进一步降低，集成能源站的整体能效得到提升。

6　各功能模块和模组群的组网控制技术

在集成能源站各机电模块中嵌入 CPN，使各类机电设备升级为"智能机电设备"，解决"实用性"和"通用性"问题，整个系统呈现快速部署、敏捷开发、"即插即用"的特点，不同厂家、不同型号的机电设备实现自主协同工作、通用替换。

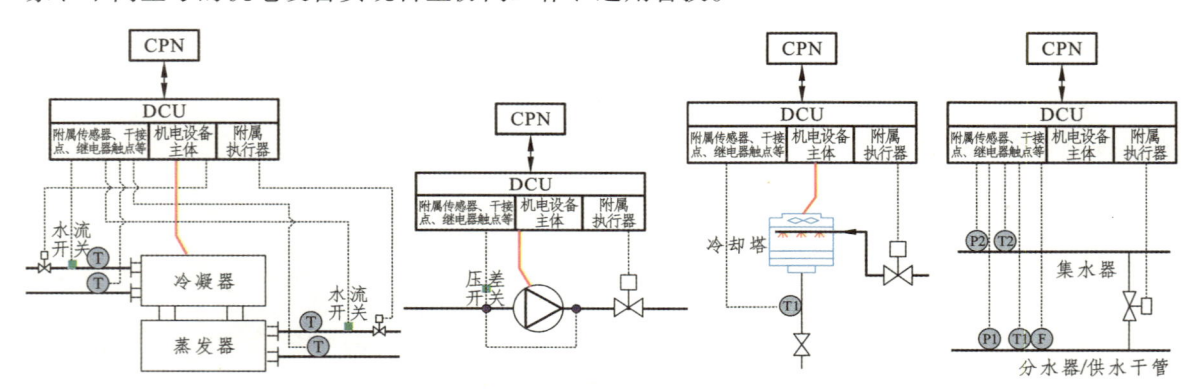

（a）冷机智能体机电单元　（b）水泵智能体机电单元　（c）冷却塔智能体机电单元（d）协调器智能体机电单元

图 7　集成能源站组网控制

进一步制定控制系统节能控制策略，包括以下措施：

（1）出力按需主动控制，依据负荷需求，基于关联数据库控制模型及末端负荷预测模型，自动分配各主要设备的运行参数，对负荷变化快速响应。

（2）通过能耗自寻优算法，找到冷水机组、水泵等设备在不同冷负荷需求时，设备之间的实时最佳运行匹配关系，实现系统整体能耗最低。

7　高效的智能运维管理

建立系统专家数据库，通过数据分析技术，对系统运行数据、历史数据、设备参数、环境参数等主要数据的关联属性进行主动分析及整合，基于专家优化决策策略，提出集成能源站优化提升建议，并反馈到设计环节，实现集成能源站的自我设计提升与更新换代。集成能源站运维技术如图 8 所示。

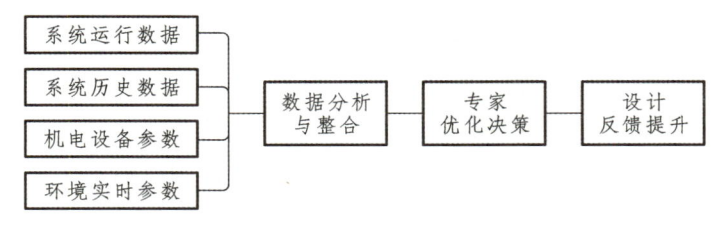

图 8　集成能源站运维技术

综合采用上述技术措施后，集成能源站的整体性能可大幅提升，包含冷水机组、冷冻水泵、冷却水泵、冷却塔在内的能源站整体年均能效可达 5.0 以上，与常规制冷机房相比提升 30% 以上。

8　案例分析

夏热冬冷地区某特大型高架站房，建筑面积约 10.8 万 m²，通过进行站房渗透风模拟计算，获得渗透风量冬季为 58 万 m³/h，夏季为 44 万 m³/h；进一步基于当地气候特征，计算得到通过屋顶天窗进入候车区的全年逐时太阳辐射强度，作为热扰并入灯光和设备的逐时热扰；基于类似站房候车室高大空间的温度分层实际测试结果，设定不同高度的温度分布。基于上述边界条件建立该站房的 DeST 负荷计算模型，进行全年逐时冷热负荷计算。计算结果表明，候车室冷、热负荷指标分别为 266 W/m² 和 188 W/m²，夏季空调负荷率主要范围在 20%～80%，冬季空调负荷率主要范围在 10%～70%。全年不到 2% 的时间空调负荷率为 90% 以上。

基于上述精确的逐时冷热负荷计算结果，开展集成能源站冷热源设备选型，最终选定 5 台制冷量 5 274 kW 的定频离心冷水机组和 1 台制冷量 5 274 kW 的变频离心冷水机组。为提高能源站的整体能效水平，进行输配管路的低阻设计，包括经济流速、低阻力阀件、斜插弯头等措施，输配系统阻力降低约 50%；进一步采用大温差技术，冷冻水系统供回水温差为 9 ℃，冷却水系统供回水温差为 7 ℃，依据该方案选定冷冻水泵和冷却水泵。综合采用上述措施后，整个集成能源站，包含冷水机组、冷冻水泵、冷却水泵及冷却塔在内的综合制冷性能系数设计值达到 5.65。

为保证集成能源站的运行节能，进行控制系统所需数据的采集，包括室外温湿度传感器，冷水机组冷冻水、冷却水进出口流量、压力、温度传感器，冷冻水泵、冷却水泵进出口压力传感器，冷却塔供、回水总管温度传感器，分、集水器温度、压力、流量传感器及压差传感器、冷量表等，实现集成能源站的运行优化提供基础监测数据，并制定基于客流预测的节能运行控制方案。

综合采用上述技术方案后，该铁路站房集中空调系统预测面积能耗指标为 69 kWh/(a·m²)，与传统制冷机房相比，每年可节省运行费用 189 万元。

9　结论与建议

提高冷热源系统的性能系数是降低建筑供暖、空调能耗的重要手段，通过开展集成能源站设计技术研发、精确的负荷计算、合理的设备选型、低阻力管路设计、大温差技术，有效降低冷热源系统的总装机容量，实现集成能源站硬件方面的节能设计；进一步辅以智能控制技术，根据空调末端负荷的变化，及时主动调整冷量输出，同时根据关联控制算法及设备的最佳效率曲线，提高机电设备运行效率，实现空调各部分之间的协调高效运行。整个冷站综合节能率达30%以上，节省机房面积达30%，施工周期缩短80%，并极大提高了系统可靠性，开辟了智能运维服务新模式。

参考文献

[1] 杨丹，宗文波，范志远，等. 集成制冷站系统集成技术与工程应用[J]. 暖通空调，2014，44（3）：89-92.
[2] 广东省住房和城乡建设厅. 集中空调制冷机房系统能效监测及评价标准：DBJ/T 15-129—2017[S]. 北京：中国城市出版社，2018.

大型交通枢纽防雷接地系统方案探讨

谢柳竹，万旭

（中铁二院工程集团有限责任公司）

摘　要：本文以重庆东站站房及配套综合交通枢纽工程为依托，探讨大型交通枢纽防雷接地系统方案设计，具体从屋顶防雷细节、引下线、强弱电设备接地设计细节、接地网设计、智能防雷系统等几方面进行介绍。

关键词：交通枢纽　防雷接地　智能防雷

1　引言

随着高层建筑、大体量建筑及其他重要多功能建筑的增加，防雷接地系统的重要性愈加凸显，建筑遭受雷击，可能引起电气设备损坏、电子信息系统无法正常运行、建筑物损坏，甚至可能造成火灾，引起较大的人身财产损失。建筑遭受雷击后产生的雷电流非常大，怎样快速有效地将其安全释放入大地关系到建筑和建筑内的人身财产安全，所以现代建筑防雷接地系统在维护安全方面尤为重要。

近几年随着铁路建设的高速发展，站城一体化设计越来越多，由单一的站房发展为大型交通枢纽项目。其由站房、车库、综合体等一起组成，因此，防雷接地系统需要作为一个整体考虑，以便各部分可靠连接使整个防雷接地系统可靠运行。本文以重庆东站站房及配套综合交通枢纽工程作为基础，对大型交通枢纽防雷接地系统方案进行探讨。

2　项目背景

重庆东站站房及配套综合交通枢纽工程主要由重庆东站房及桥下部分与西三栋和东二栋楼构成，本次防雷接地系统方案主要讨论站房及桥下部分，此部分面积约 80 万 m^2。此部分分为 3 个部分：

第 1 部分：重庆东站站房及相关工程，主要包含车站及 620 m 路基改高架范围内承轨层结构，以及站房平台、站台、雨棚、客运辅助工作区、铁路自营停车场等工程。

第 2 部分：铁路枢纽配套及综合开发工程：含城市通廊和公共区，出租车、网约车、共享汽车及自动泊车停车场。

第 3 部分：市政交通工程，含重庆东站铁路红线范围内的公交枢纽站、长途车站。

本工程按二类防雷、接地电阻值不大于 1 Ω 进行设计。

本工程体量大、产权单位较多、房屋类型较多，防雷接地相对复杂，设计过程中需要综合考虑的因素较多。如图 1 所示为重庆东站站房及配套综合交通枢纽工程的剖视图。

图 1　重庆东站站房及配套综合交通枢纽工程的剖视图

基础接地极和保护导体的接地配置示例如图 2 所示。外设环形接地汇集线连接系统示意图如图 3 所示。

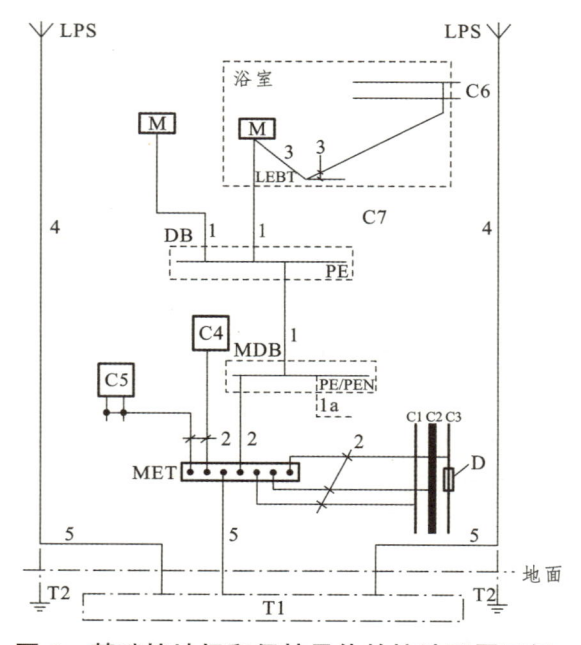

图 2　基础接地极和保护导体的接地配置示例

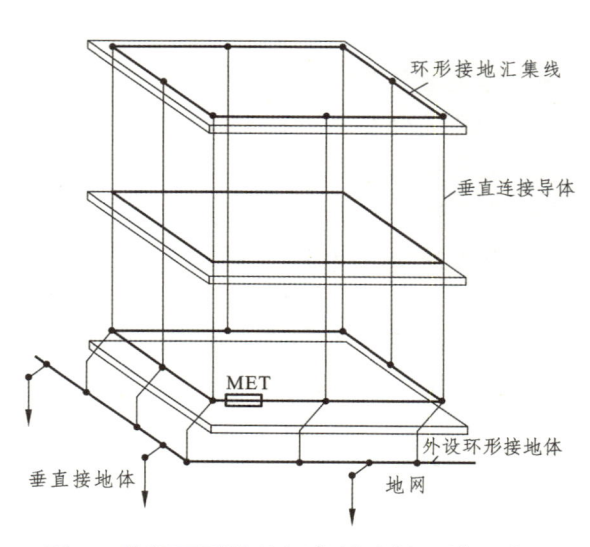

图 3　外设环形接地汇集线连接系统示意图

3　防雷接地系统方案

由于本项目体量大，怎样综合引下线、接地装置及等电位连接的各种需要，使整个防雷接地系统可靠连接，设计时做了一些方案比较。方案一参照《工业与民用供配电设计手册》第 1 408 页"基础接地极和保护导体的接地配置示例"（见图 2），这个方案的优点是简单，缺点是对于体量大的建筑物引下线和室内接地多处交叉，不方便连接。特别是引下线，从屋顶完全引下存在困难，比如雨棚柱子贯穿楼下各层的城市通廊、车库等，若全部作为防雷引下线则内部设备接地引下将存在较大困难。设计方案二进行比较，此方案参照《工业与民用供配电设计手册》第 1 441 页"外设环形接地汇集线连接系统示意图"（见图 3），这个系统方式

414

可以很好地解决以上困难。但是本项目基础面积大不需要再单独设置垂直接地极，于是本项目最终结合这两种方案的优缺点，本工程采用在主要楼层设置环形接地体，在各主要楼层形成等电位，项目方案如图4所示。

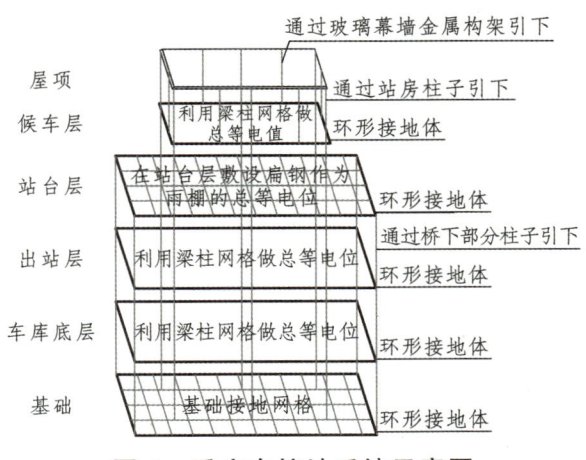

图4 重庆东接地系统示意图

防雷接地系统主要由接闪器、引下线、接地装置组成，还包括等电位设计和智能防雷系统，下面就重庆东站站房及配套综合交通枢纽工程的设计实例，对以上几个方面分别进行介绍：

3.1 接闪器

接闪器由拦截闪击的接闪杆、接闪带、接闪线、接闪网以及金属屋面、金属构件等组成[引自《建筑物防雷设计规范》（GB 50057—2010）2.0.8条]。它是直接接受雷击的避雷装置，它需与引下线、接地装置保持良好的电气连接。其作用是当雷电直接击中它时，雷电流从它的本身通过引下线、接地装置，迅速泄流到大地，从而保护建筑物和建筑物内的电气设备。接闪器一般有避雷针、避雷带（线）、避雷网，以及利用金属屋面或者金属构件作为接闪器等几种方式。

重庆东站站房及配套综合交通枢纽工程为金属屋面，同时屋面有采光窗和采光膜，金属屋面部分直接利用金属屋面做接闪器，此为常规设计，本文中不再阐述。设计中，对采光窗和采光膜的防雷设计进行了两种方案对比：一是单独增设避雷装置，二是利用采光窗和采光膜金属构件作为接闪器。单独增加避雷装置的好处是不影响建筑设计，缺点是玻璃上敷设扁钢不方便施工，且可能会影响美观，利用金属构件作为接闪器需要满足防雷接地系统对材质及构件构成的网格大小的要求，这样可能会影响建筑天窗构件布置方案，最终经与建筑协商，采用调整金属构件材质及网格大小满足防雷要求，直接利用其作为接闪器。

屋顶设置有柴发烟道，其顶部设置-50×5镀锌扁钢作为接闪器。在4个角就近通过-50×5镀锌扁钢与金属屋面可靠焊。

屋面上所有金属建筑物和构筑物均应与接闪带连接焊牢，屋面设备基础与接闪网、设备基础与设备之间均应形成可靠电气连接。屋顶无金属外壳或保护网罩的用电设备应处于接闪器的保护范围内。不同标高的接闪器、接闪带之间采用扁钢进行搭接焊接。建筑物顶部和外墙上的接闪器必须与建筑物栏杆、旗杆、管道、设备、太阳能热水器、门窗、幕墙支架等外露的金属物进行等电位连接。

3.2 引下线

引下线是用于将雷电流从接闪器传导至接地装置的导体[引自《建筑物防雷设计规范》(GB 50057—2010) 2.0.9 条]。它也是连接接闪器与接地装置的金属导体，防雷装置的引下线应满足机械强度、耐腐蚀和热稳定的要求，引下线为雷电流流入大地提供电气通路。

本工程的防雷引下主要集中在站房和雨棚，其余部分均在这两部分下方。由于柱子间距大，为增加引下线的可靠性，考虑在柱子之间增加引下线，由于侧墙全是玻璃幕墙，如果单独敷设引下线不美观，也不好实施，最后选择利用玻璃幕墙钢结构作为引下线。但是由于玻璃幕墙下方正对站台无柱子可引下至接地装置，所以在候车层沿外墙设置一圈接地体，作为环形接地体，利用玻璃幕墙作为引下线的部分与此环形接地体连接，形成等电位，利用站房柱子引下的部分一直引下至底层接地装置。

本工程采用在站台层设置环形接地体及接地网格，将雨棚柱子及站房柱子形成等电位，再利用外圈雨棚柱子及站房柱子引下至接地装置。

所有引下线与接闪器、接地装置形成可靠电气连接。引下线通过站房、雨棚、城市通廊、停车场、公交长途等柱子与建筑物接地体及各楼层沿外墙敷设的闭合接地体可靠相连，当柱子在跨越楼层或其他特殊情况，柱内钢筋没有连通时，设置 50×5 的镀锌扁钢将柱内主筋连通，以便形成可靠的电气通路。

弱电设备的接地引入线、接地干线或等电位连接带不与防雷引下线直接共用，不从防雷引下线所在的建筑物结构柱引入。

有电气线路引上引下或装设电铃等电气设备的雨棚柱不作为防雷引下线。

3.3 接地装置

接地装置的定义为接地体和接地线的总和，用于传导雷电流并将其流散入大地[引自《建筑物防雷设计规范》(GB 50057—2010) 2.0.10 条]。接地装置也称接地一体化装置，其把电气设备或其他物件和地之间构成电气连接的设备。接地装置由接地极（板）、接地母线（户内、户外）、接地引下线（接地跨接线）、构架接地组成。它被用以实现电气系统与大地相连接的目的。与大地直接接触实现电气连接的金属物体为接地极。它可以是人工接地极，也可以是自然接地极。

本工程结构基础可作为接地装置，所以优先利用建筑物结构柱、地梁、桩基、承台等内部主钢筋连通作为自然接地体，结构基础钢筋（每根截面不小于 $\phi 16$，根数不少于 2 根）一律采用焊接、绑扎等可靠电气连接方式，所有金属件的连接方式及截面均应符合防雷接地相关规范要求。建筑物混凝土基础内的钢筋必须焊接成基础接地网。为保证接地可靠性，车库底层下夹层在桩基上方敷设-50×5 热浸镀锌扁钢，沿建筑物四周敷设成闭合形状的人工水平接地体，并与各桩基主钢筋相连。人工接地体埋深不低于 1 000 mm。

沿站台各柱子通长敷设人工接地体，并适当位置设置竖向的通长扁钢将站台区域接地体形成网格。

3.4 等电位连接

防雷等电位连接定义：将分开的诸金属物体直接用连接导体或经电涌保护器连接到防雷装置上以减小雷电流引发的电位差[引自《建筑物防雷设计规范》（GB 50057—2010）2.0.19条]。

本工程在候车层、站台层、出站层、车库底层均设置环形接地体，并利用梁及柱子内主筋形成网格，作为一个大的等电位连接。各层设备接地就近与柱子连接引下至接地体，由于柱子存在作为防雷引下的部分，同时设备接地分为强弱电接地，本工程考虑可靠性进行分开引下，同时本工程强弱电设备接地需要引下的数量较多，怎样做到各种引下线不重复利用同一柱子，本次设计采用分层标记法，逐层向下标记的方式，如图5所示。

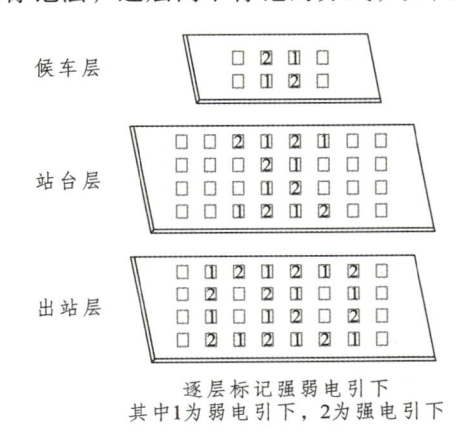

图5　重庆东设备接地逐层标记示意图

3.5 智能防雷系统

智能防雷系统能对数据进行实时监督，通过防雷预警系统，实时显示各区各点设备的运行情况及相关数据，包括电网环境数据、雷电数据、浪涌保护器数据；可以提高运行维护、管理、安全性，提高防雷系统的可靠性，保障电力、信息、通信等系统的安全运行；提高防雷系统的管控性，降低运维成本；监测防雷设备的质量问题，提前分析、预警，减少故障风险；建立可追溯的多元管理平台，提升可视化，主动性防雷网络。

智能防雷监测系统可以有效地对防雷保护设备的运行状态进行监测，并且能够精确的定位，另外受到雷击的时候，监测系统也可以把雷击发生的时间、雷电次数、雷电强度等数据记录下来并做好统计工作，通过全生命周期计算方式全面判断防雷保护设备的损毁情况。并为已有的相关数值提供报警参数设置，更加方便监测单位及时组织对遭受雷击设备的抢修及更换起到减小灾害的效果。智能防雷接地系统功能优势如表1所示。

本工程接地装置及浪涌保护器数量非常多，非常有必要设置智能防雷系统。本工程的智能防雷系统由两部分组成：一部分为接地检测部分，一部分为电源防雷部分。

本工程接地检测部分由接地电阻检测箱、辅助接地极、智能中集器构成，最后智能中集器数据上传至智能防雷系统主机，智能中集器和主机可与电源防雷部分共用。接地电阻检测箱设置在变电所、信息主机房、信息主设备间、通信机械室、消防控制室、机电监控室、柴油发电机房及部分主通道配电间的 MEB/LEB 旁，通过箱体上显示装置显示接地电阻值。被检测 MEB/LEB 与综合地网连接点的连接线上，每间隔 20 m 等距做辅助接地极。辅助接地极应用铜包钢或接地材料制作，辅助接地极的接地电阻值越小越好，一般要求辅助接地极的接地电阻值不超过 100 Ω，对地电压小于 10 V。

表 1 智能防雷接地系统功能优势

	典型功能优势	详细描述
电源防雷部分	优化防雷效果	所用电源 SPD 具备熔断组合结构，在相同雷电流冲击下，残压更低，为后端设备提供更好的保护效果，防止浪涌过电压击穿设备
	本质安全	电源 SPD 采用全电流无盲区的自我保护技术，自身劣化失效后及时从电路中自动摘除，彻底避免生热起火
	雷击事件记录	对雷电浪涌幅值、波形、发生规律进行记录和分析，提供防雷装置设置指导建议，帮助使用方优化防雷措施
	寿命预警	通过数据库分析，预测 SPD 剩余使用寿命，提前提供告警信息，帮助使用者及时更换将失效的 SPD，使后端设备得到连续性的雷电防护
接地检测部分	测量时段灵活可调	根据现场铁路运行规律和管理人员的监测需求，可在后台灵活设置监测时段，避开高铁运行期；设备在不进行测试时与地网分离，避免对铁路其他系统或设备造成干扰
	检测电流安全可控	检测电流信号为毫安级，安全可控
	多所亭集中监测	末端监测设备可独立组网，与专用的后台监测软件共同构成智能接地电阻监测系统，对多个所亭进行集中监测，代替人工巡检工作，极大减少工作量
	高精度测量	高性能电磁隔离及程控滤波，消除近频、同频干扰和地网回流影响，保证所测结果的准确性；根据实际接地电阻幅值自动选取最佳量程和测试频率，实现稳定的高精度测量
	智能分析	汇总历史数据，进行趋势分析，诊断地网状况和关键接地点的可靠性，提供更深层次的接地检测结论

电源防雷部分由智能浪涌保护器、智能中集器、光纤收发器、交换机、主机等组成。智能浪涌保护器设置于现场配电箱/柜中。本工程各双切箱内的浪涌保护器采用智能浪涌保护器纳入智能防雷系统。各智能浪涌保护器通过 485 总线连接至智能中集器。

智能中集器设置于配电箱或机柜内，对接地电阻检测箱的数据和状态信息进行汇总处理，通过网线接至光纤收发器，进而通过光纤连接至监控主机。

4 结语

防雷接地系统在建筑设计中非常重要，是保障建筑、设备运行安全及人身财产安全的重要一环，重庆东站站房及配套综合交通枢纽工程比较特殊，其体量大，建筑类型多，建筑之间的连接多，柱子跨距大，强弱电 LEB 板数量非常多，防雷接地设计比较复杂，需要考虑的细节比较多，是典型的大型交通枢纽工程。本文通过对此项目防雷接地系统形式、防雷装置、引下线、接地装置等具体设计介绍，为大型交通枢纽防雷接地系统设计提供参考方案。但是此设计方案还存在优化空间，比如多层形成接地等电位需要在各层连接柱内主筋及梁内主筋，施工量大，有无必要性也需要进一步探讨。

参考文献：

[1] 中国航空规划设计研究总院有限公司. 工业与民用供配电设计手册[M]. 4版. 北京：中国电力出版社，2016.

[2] 中国机械工业联合会. 建筑物防雷设计规范：GB 50057—2010[S]. 北京：中国计划出版社，2011.

[3] 中国建筑东北设计研究院有限公司，等. 民用建筑电气设计标准：GB 51348—2019[S]. 北京：中国建筑工业出版社，2019.

[4] 中铁二院工程集团有限责任公司. 铁路防雷及接地工程技术规范：TB 10180—2016[S]. 北京：中国铁道出版社，2016.

[5] 汪钦琳. 重庆东站铁路综合交通枢纽工程一体化建设的思考[C]. 建筑技艺，2021.

[6] 罗鑫. 重庆铁路枢纽站城融合初探——重庆东站铁路综合交通枢纽统筹规划设计的思考[C]. 中国房地产业，2022.

站城融合模式下铁路客站给排水设计实践

吴凡，高文金

（中铁二院工程集团有限责任公司）

摘　要：随着我国高速铁路的飞速发展，以站城融合为指导思想的铁路客站不断涌现，铁路客站与城市规划的联系越来越紧密。站城融合弥补了铁路与地方在工程建设、运营、管理之间的理念差异。站城融合模式下铁路客站作为大型综合体，给排水及消防工程既要满足铁路、轨道交通建筑特殊功能需求，又要满足多种业态的复杂功能需求。本文总结了某站城融合模式下铁路客站给排水设计技术方案，展望了客站综合体给排水系统的发展方向，供后续相关工程参考。

关键词：铁路客站　站城融合　给排水设计

引言

站城融合模式下铁路客站的建设是个复杂的系统工程，这种融合不仅包含铁路客运、物流功能与配套公交、长途、社会车辆及轨道交通客运功能的融合，也包括铁路与地方建设的管理、审批建设流程的融合，以及铁路与地方工程在工程运营管理、维修保养更深度的融合[1]。铁路客站通过立体布局，物理上的换乘衔接给乘客出行提供了便利的可能，一体化的建设、运营和管理使这种可能变为实实在在的体验。客站给排水及消防系统设计过程中须始终遵循相互融合的指导思想，在功能定位、系统布置、智能运维、绿色低碳等多个维度促进站城融合的发展。

1　工程概况

重庆东站站房及配套综合交通枢纽工程位于重庆市南岸区茶园新区，客站最高聚集人数15 000人，总规模为15台29线，总建筑面积约120万 m²。该工程以"站城融合、城轨融合、景城融合"为原则，集国铁、长途、公交、地铁、出租、网约、共享汽车、机器人泊车、综合商业开发等多种客流组织方式于一体。工程建设采用"统一设计、统一审批、统一建设、分类确权、投资分摊、同步开通"的模式，以便打造城市活力的新中心。工程为实现一体化交通模式，人行区域上下主要共计8层，近50 m高差；车行区域上下五层立体交通分布，全立体交通疏解，实现"零换乘"理念。具体立体交通竖向布局详见图1，采用高架站台，位于260 m，高架层夹层设置旅客服务用房。

重庆东车站程设有生产生活给排水系统、室内外消火栓系统、自动喷水灭火系统、气体灭火系统、固定消防炮灭火系统、自动跟踪定位射流灭火系统、手提灭火器及移动式高压细水雾灭火装置等。水源采用城市自来水，预留市政中水接入条件，设置雨水回用及中水回用设施。消防给水采用临时高压给水系统，设有消防水池（箱）、屋顶消防水箱，储存火灾初期用水量。

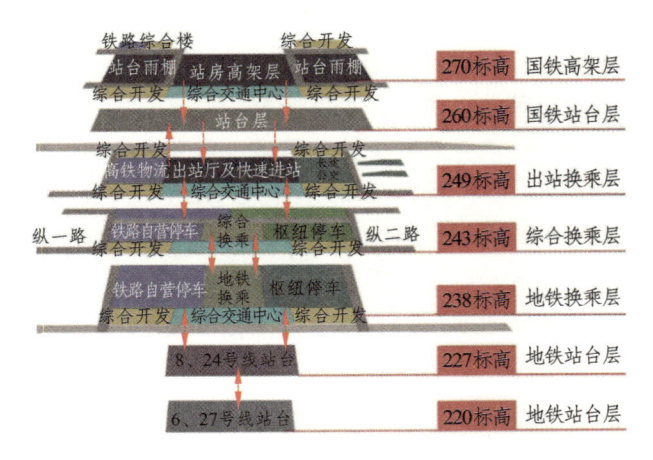

图 1　立体交通分布图

2　功能定位

本工程根据功能分为站房及相关工程、铁路枢纽配套及综合开发和市政交通工程 3 大部分，其具体分项详见图 2，具有功能业态复杂，产权单位多，管理界面难以明确界定的特点。按照国际化、绿色化、智能化、人文化的要求，给排水及消防系统遵循适用、经济、安全、卫生的基本要求。

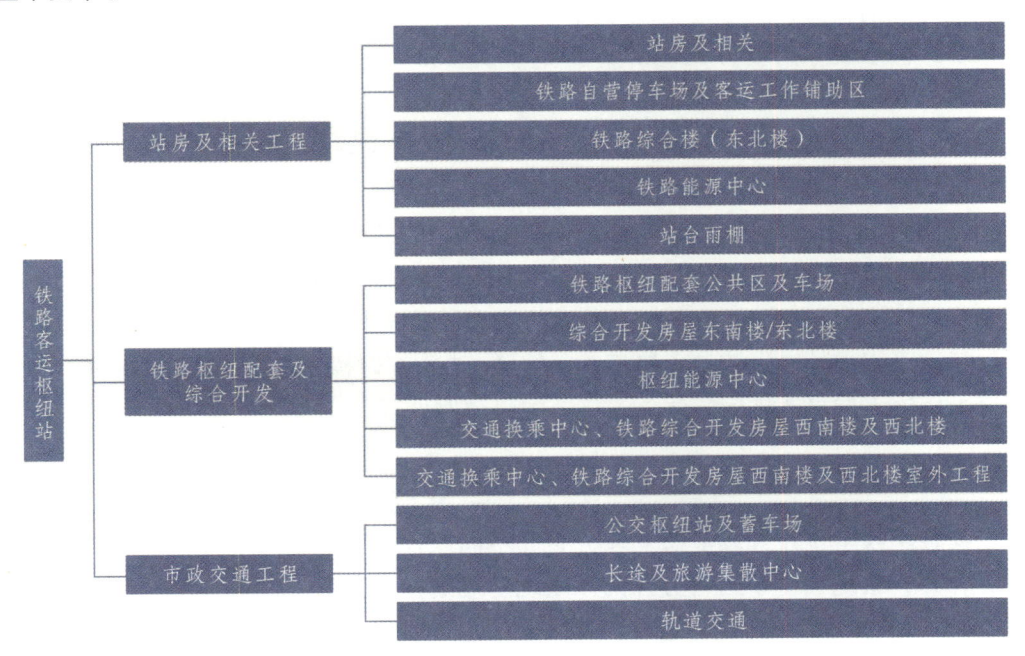

图 2　铁路客运枢纽功能分类图

给排水系统设计致力于满足生产、生活及消防用水对水质、水量、水压的要求,同时坚持综合利用、节约用水的原则。设备采用技术先进、节能、可靠性高、结构简单、规格统一、便于安装调试和运营维护的产品,产品在满足系统功能的条件下立足于设备国产化。排水系统的各类污、废水及雨水分类集中,符合当地和国家现行排水标准、排水体制的有关规定后,就近排入城市污、雨水管网。

筑牢供水安全的红线,确保供水稳定,水质安全。站房室内及室外给水管网干管布置成环状布置,大大提高供水安全性,有效减少支状管道,避免死水区,缩短水龄,保障供水水质[2]。消防设计贯彻"预防为主,防消结合"的方针,采用生产、生活用水和消防用水分开的给水系统。水消防系统采用两路进水,消防给水管网环状布置。生产、生活用水采用枝状管网,采用分质供水,明确水质指标体系:管道直饮水系统供水水质符合现行行业标准《饮用净水水质标准》(CJ 94);生活热水水质符合现行行业标准《生活热水水质标准》(CJ/T 521);采暖空调循环水系统水质满足现行国家标准《采暖空调系统水质》(GB/T 29044);中水回用水水质满足《城市污水再生利用 城市杂用水水质》(GB/T 18920);雨水回用水质满足《城市污水再生利用 绿地灌溉水质》(GB/T 25499)。

3 系统布置

结合本工程业态复杂的特点,给排水系统的设计和实施以功能完善为基本原则,对于需要穿越不同产权范围的给排水系统,共用设备机房及检修条件,设备及供电单独设置。

3.1 给水系统

站房设计近期最高日用水量 722 m³/d,最大时用水量为 69 m³/h。工程周边有完善的市政给排水系统,供水服务高程为 296 m,轨面标高为 260 m,给水系统采用室外管网直接供应,站房不单独设置生活给水加压设备。站房设置消防水池一座,有效容积 1 440 m³,高架夹层屋面设置消防水箱一座,有效容积 36 m³。公共卫生间卫生器具采用感应水嘴洗脸盆、埋入式感应式冲洗阀壁挂式小便器、液压脚踏加感应式冲洗阀蹲式大便器。用水器具采用满足现行《节水型生活用水器具》(CJ/T 164—2014)及《节水型产品通用技术条件》(GB/T 18870)的要求,用水效率等级不低于 2 级。室内给水管采用不锈钢管道,管道及管件的公称压力为 1.2 MPa,生活给水管设置橡塑保温防结露。架空敷设的消火栓及喷淋管道采用内外热浸镀锌加厚钢管,消防水炮管道采用内外热浸镀锌无缝钢管。管径≤DN50 时螺纹连接,≥DN65 时卡箍连接;埋地管道采用给水球墨铸铁管,法兰连接,加强防腐处理。

3.2 排水系统

本工程各产权单位及开发业态立体分布,不同产权、业态之间垂直相互交叉,排水系统根据分类合并,系统独立、运营分开的原则统筹规划排水系统。系统采用雨、污分流制式,室内卫生间采用污、废合流制。地面层及以上污水均采用重力流排入室外检查井,局部不具备重力排水处设置污水密闭提升装置,室外设置隔油池。站房屋面采用虹吸排水系统,设计重现期 20 a，单独设置溢流设施。虹吸雨水排水系统与溢流设施的总排水能力不小于 100 a 重现期雨水量。各产权单位共用排水机房，系统及加压设备独立。

3.3 消防系统

"站城融合"一体化客站为南北长 650 m，东西宽 630 m 的核心区域，高强度开发了 120 万平方米的建筑工程，对消防设计提出了极高的要求。本工程面临着建筑定性、防火分区扩大、疏散距离超长、防火分隔复杂等防火设计难点。工程通过特殊消防设计论证分析，给排水设计的针对措施包括快速响应喷头、移动式高压细水雾灭火装置等[3]。根据建筑方案，分别设置消防水池及消防泵房，旅客站房、铁路物业开发、枢纽及物业、长途、公交及蓄车场、CTC、地铁分别独立设置，具体排水设施配置详见表 1。

表 1 给排水设施配置表

部位	给排水设施	消防泵房位置
站房	生产生活给排水、消火栓、喷淋、消防炮、气体灭火、移动式高压细水雾	侧站房 243 标高
铁路（车场及综合楼）	生产生活给排水、消火栓、喷淋、气体灭火	铁路综合楼 243 标高
枢纽（车场及综合楼）	生产生活给排水、消火栓、喷淋、气体灭火	枢纽综合楼 243 标高
公交（蓄车场）	生产生活给排水、消火栓、喷淋、气体灭火	蓄车场 243 标高
长途	生产生活给排水、消火栓、喷淋、气体灭火	枢纽综合楼 243 标高
交通换乘中心	生产生活给排水、消火栓、喷淋、自动跟踪定位射流灭火系统、气体灭火	交通换乘中心 232 标高
铁路综合开发房屋西南楼及西北楼	生产生活给排水、消火栓、喷淋、自动跟踪定位射流灭火系统、气体灭火	西南楼及西北楼 232 标高

变电所、信息主机房、信息主设备间、通信机械室等重要设备房间设置七氟丙烷灭火系统。变电所、配电所灭火设计浓度 9%，灭火浸渍时间 10 min，喷放时间小于或等于 10 s。通信机械室、信息机房灭火设计浓度 8%，灭火浸渍时间 5 min，喷放时间小于或等于 8 s。气灭房间设置防毒面具（呼吸器）及自动泄压阀。防护区门外设置自动/手动转换开关。高层建筑配电间、配线间设置超音速干粉自动灭火系统。

根据《建筑灭火器配置设计规范》配置手提灭火器，灭火器设于各消火栓箱内，不足之处设灭火器箱（2 具装），落地安装。具体灭火器配置表标准见表 2，汽车库按照 B 类中危险级，充电停车区按照 A 类严重危险级。

表 2 灭火器配置表

配置部位		危险等级	火灾种类	最低配置基准	配置种类
站房	公共候车区	严重危险级	A 类	3A	手提式 MF/ABC 5
	发电机房、变电所	严重危险级	E 类	3A	手提式 MF/ABC 5
	信息机房、设备间、机械室	中重危险级	E 类	2A	手提式 MT7
	其余区	严重危险级	A 类	3A	手提式 MF/ABC 5

4 智能运维

给排水系统作为综合交通枢纽工程的重要组成部分，具有系统复杂、末端管线多、安全管理要求高的特点，站城融合模式下铁路客站给排水系统以上特点尤其突出。随着人们对出行品质及要求不断提高，对供水安全保障、生态环境质量要求不断提高，给排水系统智能化运维是非常必要和紧迫的[4]。

本工程设置智能水健康在线监测系统，构建以多参数水质监测仪为核心，运用现代传感器技术、自动控制技术、专用数据分析软件和通信网络构成的水质在线自动监测体系。系统能够连续、及时、准确地监测综合体内生活给水水质及其变化状况，随时随地获得真实的监测数据，智能水健康在线监测系统构架图监测系统具体构架详见图3，实时在线监测指标包括：色度、余氯、pH值、溶解性总固体等，检测频率不低于每月一次。水质监测的关键性位置和代表性测点包括：水源接入点、水箱、水处理设施出水及最不利用水点，有记录和报警功能确保给水系统安全、稳定、高效运行。

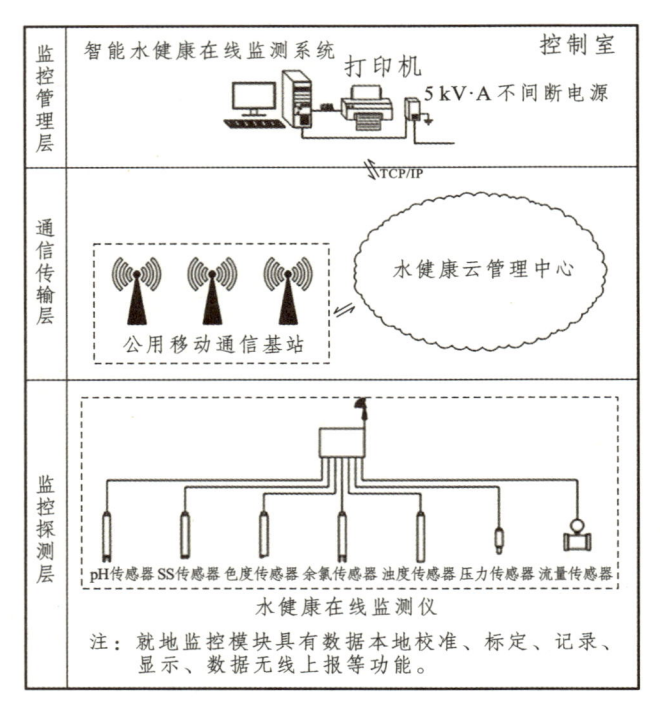

图3 智能水健康在线监测系统构架图

本工程设置用水远传计量系统对各类用水进行计量，及时、准确掌握项目用水状况，分析用水的合理性，为节水运行提供信息辅助和效果验证。同时，远传水表根据水平衡测试的要求分级安装，管理方随时了解管道漏损情况，及时查找漏损点并进行整改，远程关闭控制阀门，避免不必要的水量损失。在远程电子水表设备内集成无线通信芯片，实现远程无线组网，免去了通信线路的铺设和维护，使水远传计量系统安装更加方便，施工更加简单，综合成本最优。无线远传水表被赋予监控用水情况并对漏损情况产生告警的同时，实现了采集和管理用户水务信息的重要功能，极大程度提升供水管理水平，有效弥补机械水表的局限性[5]。

消防给水系统设置智慧消防系统（简称智慧消防给水系统），通过设置智能传感装置及巡检设施采集消防水池（箱）液位、管网流量及压力、消防水泵巡检（试验）流量及压力、末端试水装置流量及压力等信息，监视消防泵房及屋顶消防水箱等重要供水场所，将监测到的数据（图像、语音）进行实时展示、整合、分析、评判，再按照既定目标反馈、预警，并保存数据与行为以最终实现全面的消防管理功能，保障消防给水系统处于临战状态，降低消防管理的劳动强度，智慧水消防系统具体构架详见图4。

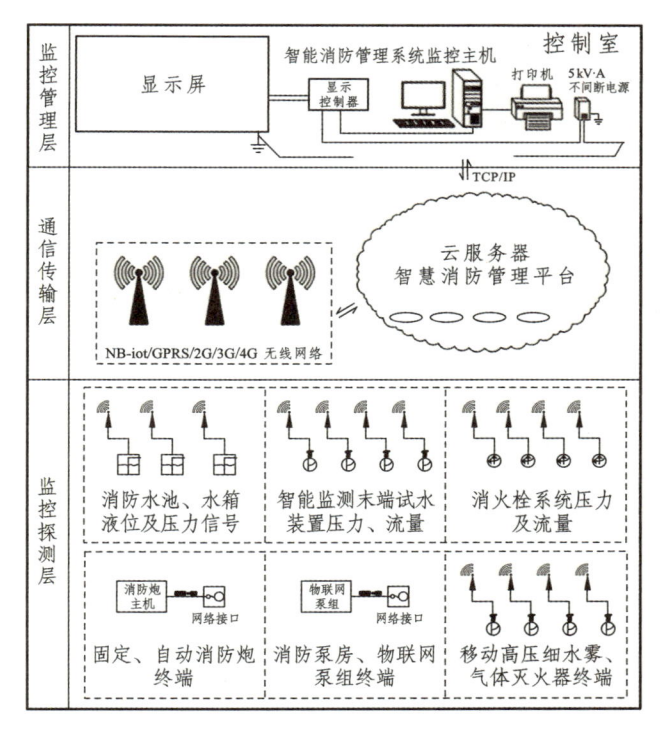

图4 智慧水消防系统构架图

5 绿色低碳

为满足绿色低碳的设计要求，工程统筹、综合利用中水、雨水等非传统水源。根据工程所在地气候温暖湿润，雨量充沛，年均降雨量为1 163 mm的特点，低影响开发雨水系统遵循"规划引领、生态优先、安全为重、因地制宜、统筹建设"的原则，最大化设置海绵设施，统筹整个用地红线及流域的下垫面情况，设置透水铺装、下凹绿地、雨水调蓄回用设施。通过渗、滞、蓄、净、用、排等多种技术进行雨水控制与利用，构建低影响开发雨水系统[6]。从源头减少径流量、削减径流污染，防止径流外排对周边场地和环境形成洪涝和污染，实现海绵城市建设场地年径流总量控制率不低于55%的目标。本工程给排水及消防所采用的绿色建筑技术措施详见表3，最大限度满足三星级绿色建筑的要求。

表 3　绿色建筑技术措施

序号	措施
1	饮用水、直饮水、生活热水、采暖空调系统用水、景观水体等的水质满足国家现行有关标准的要求
2	生活饮用水水池、水箱等储水设施采用食品级不锈钢水箱，水箱对角进出水，水流通畅，检修孔加锁、溢流管、通气管设置防虫网及消毒设施
3	所有给水排水管道、设备、设施设置明确、清晰的永久性标识，管道采用不同色环区分
4	设置用水远传计量系统、水质在线监测系统。水嘴、阀门寿命达到相应产品标准要求的 1.2 倍
5	使用较高用水效率等级的卫生器具，洁具自带水封，用水效率等级不低于 2 级
6	绿化灌溉及空调冷却水系统采用节水设备或技术，绿地采用自动喷灌
7	绿化灌溉、车库及道路冲洗、洗车用水采用非传统水源的用水量占其总用水量的比例不低于 40%
8	规划场地雨水径流，对场地雨水实施外排总量控制，场地年径流总量控制率 55%
9	按用途和管理单元分别设置水表计量；用水点处水压大 0.2 MPa 的配水支管已设置减压设施，并满足给水配件最低工作压力的要求

6　发展方向

伴随我国城市化发展与高铁客站快速建设，站城融合模式下的客站的设计理念、建筑功能、建设模式及站城关系都需要与新时代铁路客站发展方向相协调。整站城融合模式下铁路客站给排水系统在未来的发展中需根据客站多元化交通、多业态综合开发的特点，重点关注的以下几个问题：针对大体量、多功能、立体综合交通枢纽的成套水消防安全技术；针对多产权单位，高强度开发，复杂下垫面客站枢纽低影响开发雨水系统构建技术；大型城市交通综合体水质安全、节水关键技术研究。

参考文献：

[1] 汪钦琳. 重庆东站铁路综合交通枢纽工程一体化建设的思考[J]. 建筑技艺, 2021, 27(3): 87-89.

[2] 赵锂. 全文强制性国家规范《建筑给水排水与节水通用规范》（GB 55020—2021）要点介绍[J]. 给水排水, 2022, 48(5): 1-5.

[3] 中国建筑科学研究院有限公司建筑防火研究所. 重庆东站站房及配套综合交通枢纽工程特殊消防设计论证分析报告[R]. 2022.

[4] 杨甲锋, 蒲道北. 重庆东站铁路综合交通框纽智慧化建设研究[J]. 高速铁路技术, 2021, 12(4) 1-6.

[5] 俞杰. 无线远传水表在供水企业中的应用[J]. 净水技术, 2017, 36(s2): 142-144.

[6] 仇保兴. 海绵城市（LID）的内涵、途径与展望[J]. 给水排水, 2015, 41(3): 1-7.

低碳技术在铁路站房电力工程中的应用分析

谢瑞，俞靖波

（中铁二院工程集团有限责任公司）

摘　要：站房电力工程的低碳技术对我国铁路电力行业实现"双碳"目标起着至关重要的作用。本文基于"碳达峰"和"碳中和"的定义与发展要求，结合站房电力设计现状以及实现"双碳"目标的主要途径，对低碳技术在站房电力工程的应用进行探讨及分析。

关键词：低碳技术　铁路站房电力工程　应用分析

引言

当前世界经济发展是建立在石油、煤炭、天然气等能源大量消耗的基础上，这种经济发展模式事实上是一种高碳经济。近半个世纪以来，世界上越来越多的国家走上了工业现代化的道路，高碳经济快速增长带来的负面影响就是二氧化碳排放量增加，由此引发严重的生态危机——气候变暖。为了应对全球气候变化，低碳经济将必然成为未来全球经济发展的重要走向。绿色低碳，节能先行。实现低碳经济，能源是主战场，电力是主力军，低碳技术是关键。

近年来，我国铁路运输行业快速发展，特别是高速铁路的跨越式发展，让我们迎来了铁路站房的建设高潮，同时也面临了巨大的挑战，铁路站房电力工程中的低碳技术，成为了我们设计工作的重头戏，为更好地实现站房低碳节能目标，本文就低碳技术在站房电力工程中的应用进行探讨，为站房电力工程节能设计提供一定的参考性。

低碳技术指所有能降低人类活动碳排放的技术，可分为无碳或者减碳技术，捕存和利用二氧化碳技术。低碳技术原理如图1所示。

图 1　低碳技术原理图

铁路站房电力工程中的低碳技术主要有太阳能光伏发电系统、照明技术、燃气冷热电三联供技术、机电设备监控技术和变配电系统节能减排措施。

1 太阳能光伏发电系统

太阳能是可再生能源，是低碳技术中的无碳部分，对于实现"双碳"目标发挥着至关重要的作用。铁路站房电力工程设计中，目前运用最广泛的属于太阳能光伏发电系统。

我国的大型及特大型客运站房，如北京南站、杭州东站、武汉火车站、青岛火车站、上海虹桥站、银川火车站等站房均设置有太阳能光伏发电系统，并且产生了一定的社会效益和经济效益。

杭州西站房在站房屋顶共设置约 1.5 万 m^2 太阳能光伏组件，逆变后升压为 10 kV 并入铁路高压开闭所。该项目光伏发电组件部分采用先进逆变设备和技术成熟、效能优秀的单晶硅光伏板，并通过开发新能源综合管理系统等手段，实现光伏发电效能管理最优化。其产生的电能主要供杭州西站站房内空调、站内灯光、商业广告等设施设备使用。正式投用后，预计年均发电量可达 231 余万 kW·h，每年可节约标准煤 830 余吨，相当于减少二氧化碳排放量 2 300 余吨。

那么铁路站房太阳能光伏发电系统的设置原则又是如何确定的呢？

太阳能光伏发电系统一般由光伏组件、逆变器、控制器、蓄电池及监控装置几部分组成。其系统框图如图 2 所示。

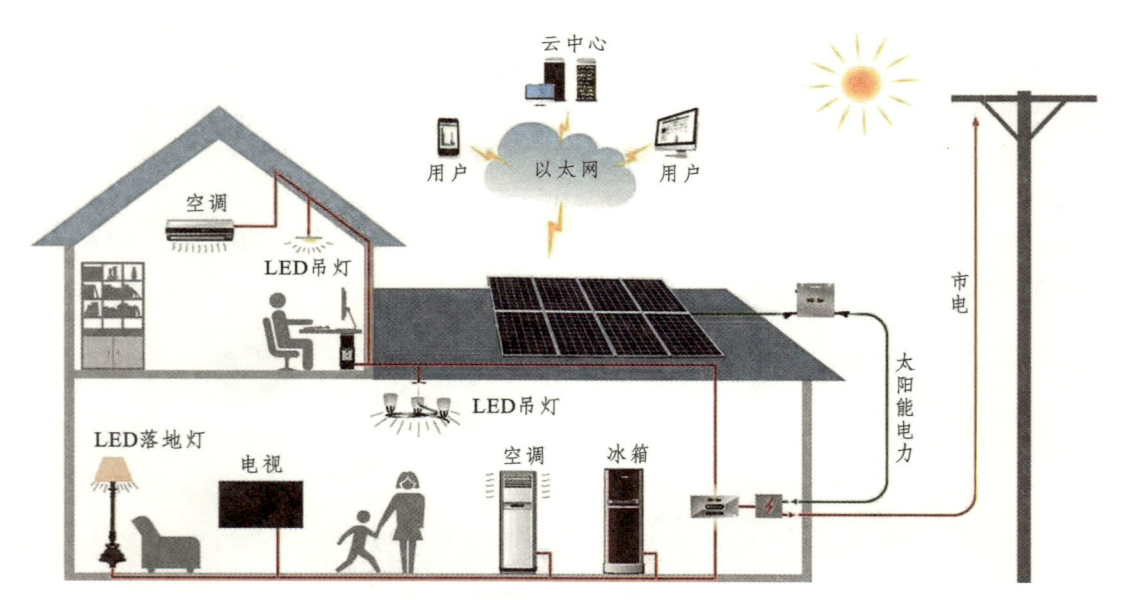

图 2 太阳能光伏发电系统框图

其中，光伏组件是直接将太阳能转换为电能的关键组件，目前国内外的太阳能光伏组件主要有 3 类，即单晶硅、多晶硅和非晶硅薄膜电池板。全国各地的太阳能资源储存量存在很大差异，根据各地太阳能总辐射量的多少，所选择的光伏组件也会有所差异。太阳能光伏组件的选择应根据站房所处的气候环境特点及工程投资情况，并要考虑到建筑的美观性来统筹设计。例如，对于日照强度较弱的川渝地区，建议采用具备弱光发电功能的非晶硅太阳能电池板，提高发电效率，而对于光照资源非常丰富的西藏、青海、山西等地区，太阳能光伏组件的选择范围则更为宽泛一些，当然还要结合站房工程实际，综合考虑电池板受风沙、雨雪天气等因素的影响。太阳能光伏组件与站房的结合形式分为两类：一类是光伏方阵与建筑结合，将光伏方阵依附在站房屋面，因考虑到站台雨棚与接触网相邻，为保证行车可靠和安全，尽量不要在雨棚屋顶设置太阳能光伏电池板；另一类是光伏方阵与建筑集成，如光电瓦玻璃、光电幕墙和光电采光顶灯。

光伏发电系统的运行方式主要有独立运行和并网运行两种形式，考虑到铁路站房屋顶面积较小以及各站房的用电情况相对较大，并充分结合各站房运营单位的意见，铁路站房的光伏发电系统推荐采用独立运行，自发自用型。对于特大型车站，也可根据实际情况采用"自发自用，余电上网"的并网运营模式。

为保证光伏发电系统的正常运行，及时了解系统的运行状态和环境数据，可按需设置太阳能光伏发电监测系统，同时纳入铁路站房机电设备监控系统监测。

2 铁路站房照明技术

铁路站房的照明系统分为正常照明、应急照明、值班照明、泛光照明等。站房照明设计本着先进、成熟、节能、寿命长的技术特点，并配合建筑总体规划，达到舒适、美观的使用效果。照明器具分组及控制合理，满足各种使用状态需求。充分利用自然光，做到高效、节能、有效控制光污染。站房的照明设计遵循共同的理念和基本原则，在建筑结构相似的前提下，主要技术标准和方案尽量统一，做到个性与共性相协调，站房照明灯具选用LED光源，采用新型纳米反光涂层、减少散射、加强工作面照度的高效灯具，减少灯具光源需求，满足各区域照明功率密度限值，达到低碳节能的目的。

站房楼梯间照明采用光感及人员感应系统自动开关灯具技术，办公区充分利用建筑开窗等区域补充日照水平，并分区控制，达到节能减排目的。站房公共区照明实施集中控制和管理，采用智能照明控制系统实现现场及远端控制、时序控制、室内照度控制等功能，达到科学管理、节能优化的目的，并将智能照明系统纳入铁路站房机电设备监控系统监测。

智能照明系统主要采用时间控制和现场面板场景控制对站房候车厅、出站厅、综合服务中心、雨棚等公共场所照明实现自动控制。

（1）时间控制：整个系统根据需要对站房公共区照明回路按照预定的时间定时开启关闭各回路灯具。例如：根据季度变化及车站运营规律定时开启关闭灯光回路，下午5:30开启小部分回路；晚7:00开启大部分灯光回路；午夜定时关闭大部分回路，仅保留值班照明。

（2）现场面板场景控制：当站房智能照明检修或者退出自动控制时，通过监控软件切换到手动模式，在现场各区域设置控制面板，面板场景根据车站管理需要设置，总控开关可实现某部分区域内的整个灯光的开闭，而场景控制开关可实现相应场景的开关控制。

（3）设置在地面层以上的候车厅、出站厅和综合服务中心区域，按需设置室内外照度传感器，通过室内外照度值的比较，实现自动控制。当室外光线明亮时，关闭临近窗边的照明回路，节省电能，室外光线比较暗时，自动依次打开临窗由近及远回路照明，补充照度。

站台雨棚和地道则增加了时钟控制器与照度传感器联动控制，在照度控制的基础上，与列车到达系统联动，当站台照度低于一定值后，结合列车到达时间点，提前输入乘客检票时间，在乘客检票时同步将开启对应站台照明指令发送给控制主机，控制主机按照预先设定值，开启不同的灯光模式，达到照度要求。列车出发后延迟一定时间，关闭部分灯具，提醒到达旅客尽快出站，再延迟一段时间，关闭大部分照明灯具，保留值班照明。

对于部分地下站房，可采用导光管采光技术，通过计算全年晴天太阳路径，选用采光效率较高的导光管，系统导入自然光柔和均匀，无频闪和眩光，减少灯具照射的辐射伤害，保证地下站房照明白天不耗电同时减少用电隐患，无污染、零排放，使用过程中能真正达到零排放，绿色环保。亚洲最大铁路枢纽客站北京丰台站在顶层地面，采用特殊制作的"导光管"装置，把自然光、太阳光引到候车大厅室内进行照明，从黎明到黄昏，甚至是阴天或雨天，系统导入室内的光线仍然十分充足。200余个导光管，为高10 m的候车大厅提供了自然光线照明，采用导光管技术预计整体节能率可达到10%以上，每年可节省用电量约95万 kW·h 电，减少碳排放900余吨。

另外，类似天府站等站城融合的交通枢纽，如果按照传统的思路，仅室内采光就是一笔不小的能耗支出，而合理设计，使用"被动式"的自然采光，是大家公认的最为高舒适度、低能耗、经济性质的环保设计。天府站利用成自场和预留场两个铁路站场之间拉开的约25 m的空间，形成由地下层至高架层贯通的光谷。自然光通过站房拱形天窗照射进来，可一直达到地下停车库，不仅更为绿色节能，而且增强了旅客的方向感，明亮的氛围更可以让开阔的空间变更成旅客喜欢且愿意驻留的步行区。

3 燃气冷热电三联供技术

对于类似重庆东等特大型综合交通枢纽，所在地区天然气发达，站房还考虑采用了冷热电三联供技术，其原理是以天然气为能源，通过对其产生的热水和高温废气的利用，以达到冷-热-电需求的一个能源供应系统。冷热电三联供是分布式能源的一种，具有节约能源、改善环境，增加站房电力供应等综合效益，提高能源综合利用率，对天然气和电力具有双重"移峰填谷"作用，比起常规的燃煤发电和电制冷，极大地降低了碳排放量。冷热电三联供系统框图如图3所示。

例如在建的重庆东项目，能源站采用了2台2 000 kW内燃发电机组、2台2 146 kW烟气热水型溴化锂机组及6台离心式冷水机组组合模式。按照"并网不上网"的电力接线模式，在保证所发电力及余热产生的冷热都能在区域内被完全消化的原则考虑发电机组选型，并与调峰设备一起满足项目的全部冷热负荷需求。项目建成后能源站将实现年发电1 204万 kW·h，每年可节约标准煤230余吨，相当于减少二氧化碳排放量690余吨。

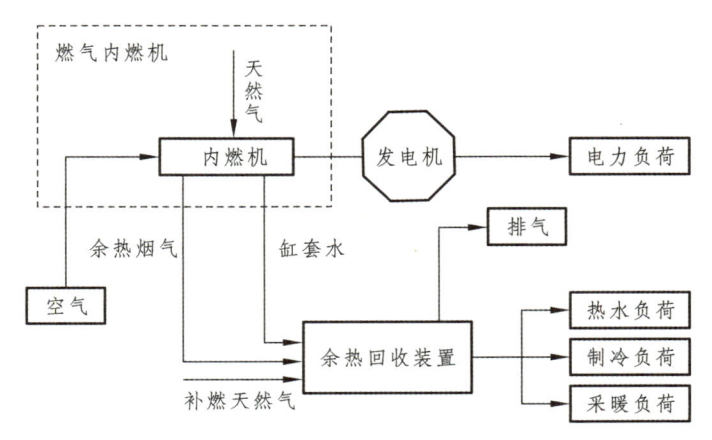

图 3　冷热电三联供系统框图

4　机电设备监控技术

有关研究报告显示，2018 年全国建筑全过程碳排放总量已占全国碳排放比重的 51%，在当前"碳达峰""碳中和"的背景下，建筑领域的"碳达峰"是实现整体碳达峰的关键一环。铁路站房作为铁路系统面积较大的公共建筑，其生产和运行阶段所消耗能源和产生碳排放最多。因此，提升铁路站房的运营管理效率是实现铁路站房碳中和的重要路径之一。机电设备监控系统正是提升站房运营管理水平的重要技术基础，该系统将站房内的空调系统、智能照明系统、给排水系统、供配电系统、电梯系统、冷热源监控系统、送排风监控系统、风机盘管监控系统等众多分散设备系统集成到一个系统平台，对各个设备的运行、安全状况、能源使用状况及节能管理实行集中监视、管理。同时，依靠强大软件支持下的计算机进行信息处理、数据分析、逻辑判断和图形处理，对整个系统作出集中监测和控制，使其在满足控制要求的前提下，实现全面节能，提高运行维护的效率，减少设备失控或设备损坏。系统可根据人员密度及二氧化碳浓度灵活控制新风运行策略，提高站房内旅客的舒适感，从而达到安全、舒适、节能的全方位效果。近年来，BIM 技术也正与机电设备监控系统有效融合，将机电设备监控系统达到了可视化的效果，提升了整个站房的运营管理水平。

5　变配电系统节能减排措施

合理布置变（配）电所位置，尽量靠近负荷中心，能有效降低电能损耗、减少电压损失、提高供电质量。合理确定变压器装机容量，负荷密度不超出当地用电规划要求，并符合地方相关规定。选用高效节能型变配电设备，设置无功功率自动补偿装置并串联适当参数的电抗器，提高供电系统的功率因数，抑制谐波，降低损耗。对空调系统主设备，可在非空调季节停运，降低变压器损耗。

机电设备作为铁路站房工程的重点耗能单元，在铁路站房实施节约资源的政策中具有举足轻重的地位。铁路站房电力工程中所选用变压器均为低损耗、低噪声的非金合金节能型干式变压器,并达到现行标准中规定的 1 级能效要求。选用交流接触器的吸持功率,不高于现行标准规定的能效限定值。

虽然低碳技术门类众多,在铁路工程中应用前景也较为广泛,但以上技术方案在与铁路站房融合方面仍需进一步深化研究论证,以形成标准化的设计理论。例如光伏组件如何更有效地与站房外立面、屋顶造型等区域相结合,从而既能保证站房外立面造型的美观,又能实现光伏发电效率的最大化;智能照明控制系统在现有的时序控制、室内照度控制、场景控制基础上,如何结合环境光(如广告照明等)及客流密度等因素,对大空间区域内各局部区域更精准的进行照明控制。这些都具有进一步研究的价值。

综上所述,在铁路站房电力工程设计中,只有大力推广低碳技术,构建新型站房电力系统,满足能源需求、挖掘潜在价值、降低站房机电设备能耗,才能以高质量的电力供给为中国铁路充电、为美丽站房赋能,为服务实现"双碳"目标作出积极贡献。

参考文献:

[1] 中国铁路经济规划院,等. 铁路照明设计规范:TB 10089—2015[S]. 北京:中国铁道出版社,2016.
[2] 中华人民共和国住房和城乡建设部,等. 建筑节能与可再生能源利用通用规范:GB 55015—2021[S]. 北京:中国建筑工业出版社,2021.
[3] 郭亮. 低碳概念下的建筑设计应对策略[J]. 工程技术(文摘版),43.
[4] 周新军. 铁路节能环保效应评价体系研究[J]. 铁道工程学报,2012(1):94-99.
[5] 冯亦博. 能源管理系统在高铁站房中的应用[J]. 工业仪表与自动化装置,2020(3):86-90.
[6] 李安定. 太阳能光伏发电系统工程[M]. 北京:北京工业大学出版社,2001.

宜昌北站暖通专业绿建设计及节能减碳分析

陈强[1☆]，彭亮[1△]，宁磊[2]，程雅丽[3]，王哲[1]，林艳艳[1]，刘华斌[1]，马友才[1]
（1. 中南建筑设计院股份有限公司；2. 中铁工程设计咨询集团有限公司；3. 中国铁路设计集团有限公司）

摘 要：本文根据建筑年供冷负荷和年供暖负荷计算暖通空调系统全年能耗和碳排放。以宜昌北站为例重点介绍了绿建三星铁路站房建筑暖通空调系统主要措施、全年能耗和碳排放指标计算分析。

关键词：绿建三星 铁路站房 空调能耗 碳排放

1 工程概况

新建沪渝蓉高速铁路武汉至宜昌段宜昌北站站房及相关工程位于湖北省宜昌市夷陵区东北部龙泉镇。车站最高聚集人数 5 000 人。站房建筑面积 79 902 m²，含地下出站层 4 870 m²，地下出站夹层 1 636 m²，地面站台层 20 263 m²，地面夹层 4 080 m²，高架候车层 45 649 m²，高架夹层 3 404 m²。站房按主体三层布局，局部设置夹层。建筑高度为 41.200 m。该项目属于大型站房单、多层建筑。站房候车厅、进站广厅、综合服务大厅与候车厅共用公共空间的旅客服务用房及商业用房等公共区、出站层与站台、高架层公共卫生间采用"水冷冷水机组+燃气热水锅炉"集中冷热源。在北侧站房外站场内设置集中能源站提供空调冷热水。出站层附属用房、站台层商务 VIP 候车厅、商务候车厅、综合服务台及办公用房、值班室、独立生产用房、独立对外的旅客服务用房设置独立空调系统，采用多联机空调或分体空调。通信机械室、信息机房、信息配线设备间、自动售票室等设备用房设工艺性空调，采用分体式机房专用空调。工程按绿色三星目标开展设计。站房鸟瞰效果图、平面图、剖面图如图1~图4所示。

图 1 宜昌北站鸟瞰效果图

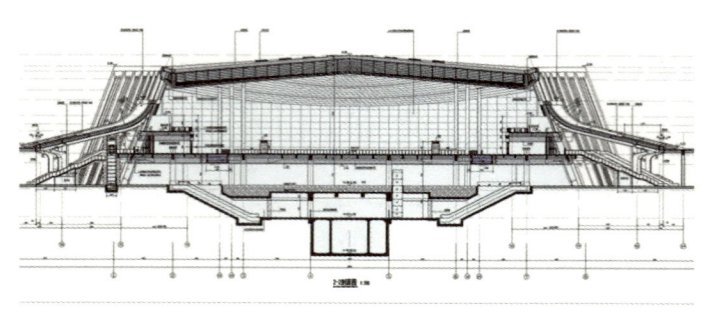

图 2　宜昌北站剖面图

图 3　宜昌北站室内候车厅效果图

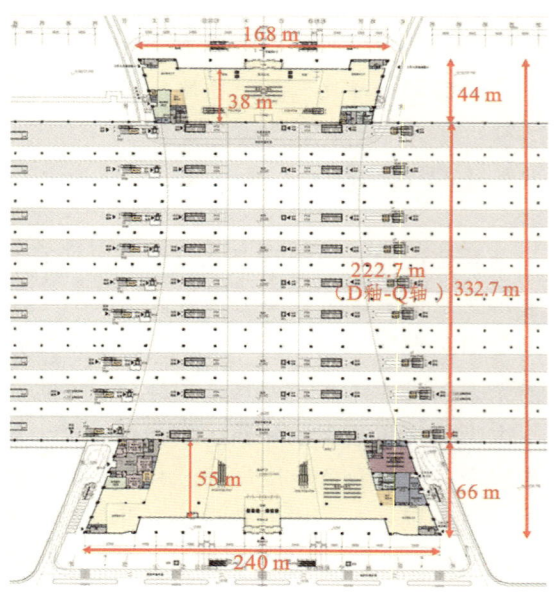

图 4　宜昌北站站台层平面图

2　绿色建筑三星设计

2.1　采用标准与目标

《绿色建筑评价标准》（GB/T 50378—2019）于 2019 年 8 月 1 日起正式实施，适用于民用建筑的绿色性能的评价。评级阶段分为预评价和评价；绿色建筑评价应在建筑工程竣工后进行，在建筑工程施工图设计完成后可进行预评价。绿色建筑的等级分为基本级、一星级、二星级、三星级。现阶段本工程根据《绿色建筑评价标准》（GB/T 50378—2019）开展预评价工作，最终获得竣工或运行阶段的绿色建筑标识三星级标识。

2.2　预评价

2.2.1　预评价分析

依据国家标准《绿色建筑评价标准》（GB/T 50378—2019）、《绿色建筑评价标准技术细则

2019》，对本项目"安全耐久""健康舒适""生活便利""资源节约（节地、节能、节水、节材）""环境宜居""提高与创新"6类指标进行试评估分析。评价指标体系如图5所示。

图 5 评价指标体系

控制项是绿色建筑的必要条件，当建筑项目满足全部控制项的要求时，绿色建筑的等级即达到基本级。

当对绿色建筑进行星级评价时，首先应满足标准中全部控制项要求，且各类指标的评分项得分不应小于其满分值的 30%，以实现绿色建筑的性能均衡。按标准规定计算得到绿色建筑总得分，当总得分分别达到 60 分、70 分、85 分且满足下表要求时，绿色建筑等级分别为一星级、二星级、三星级。一星级、二星级、三星级绿色建筑的技术要求如表 1 所示。

表 1 一星级、二星级、三星级绿色建筑的技术要求

	一星级	二星级	三星级
围护结构热工性能的提高比例，或建筑供暖空调负荷降低比例	围护结构提高 5%，或负荷降低 5%	围护结构提高 10%，或负荷降低 10%	围护结构提高 20%，或负荷降低 15%
节水器具用水效率等级	3 级	2 级	
室内主要空气污染物浓度降低比例	10%	20%	
外窗气密性能	符合国家现行相关节能设计标准的规定，且外窗洞口与外窗本体的结合部位应严密		

2.2.2 预评价分数

根据项目施工图设计资料，项目预计得分 86.80 分，达到绿色建筑 GB 50378—2019 三星级要求。宜昌北站项目绿色建筑得分情况如表 2 所示。

表 2 宜昌北站项目绿色建筑得分情况

	控制项基础分值	评价指标评分项满分值					提高与创新加分项满分值
		安全耐久	健康舒适	生活便利	资源节约	环境宜居	
评价分值	400	100	100	100	200	100	100
评价得分	400	89	82	60	147	68	22
评价总得分	86.80					星级	★★★

435

2.3 绿色建筑三星设计中与空调节能相关的主要措施

2.3.1 建筑专业

围护结构热工性能提升的设计值与标准限值详见表3。

表3 维护结构规定性指标

序号	建筑构件	设计值	标准限值
1	屋顶透光部分与屋顶总面积之比满足《建筑节能与可再生能源利用通用规范》（GB 55015—2021）第3.1.6条的要求	0.09	≤0.20
2	各立面窗墙比满足《公共建筑节能设计标准》（GB 50189—2015）第3.2.2条的要求	0.45	≤0.70
3	屋面满足《建筑节能与可再生能源利用通用规范》（GB 55015—2021）第3.1.10条的要求	K=0.24	K≤0.40
4	外墙满足《建筑节能与可再生能源利用通用规范》（GB 55015—2021）第3.1.10条的要求	K=0.40	K≤0.80
5	底部接触空气的架空楼板满足《建筑节能与可再生能源利用通用规范》（GB 55015—2021）第3.1.10条的要求	K=0.51	K≤0.70
6	外窗（含透明幕墙）传热系数满足《建筑节能与可再生能源利用通用规范》（GB 55015—2021）第3.1.10条的要求	K=1.90	K≤2.2
7	外窗（含透明幕墙）太阳得热系数满足《建筑节能与可再生能源利用通用规范》（GB 55015—2021）第3.1.10条的要求	0.30	≤0.30
8	屋顶透光部分传热系数满足《建筑节能与可再生能源利用通用规范》（GB 55015—2021）第3.1.10条的要求	K=1.90	K≤2.2
9	屋顶透光部分太阳得热系数满足《建筑节能与可再生能源利用通用规范》（GB 55015—2021）第3.1.10条的要求	Shgc=0.25	Shgc≤0.30
10	窗的气密性等级满足《公共建筑节能设计标准》（GB 50189—2015）第3.3.5条的要求	6级	≥6级
11	透明幕墙的气密性等级满足《公共建筑节能设计标准》（GB 50189—2015）第3.3.6条的要求	3级	≥3级
12	可见光透射比满足《公共建筑节能设计标准》（GB 50189—2015）第3.2.4条的要求	0.60	≥0.40

2.3.2 暖通专业

1. 空调冷热源性能系数

电机驱动的蒸汽压缩循环冷水（热泵）机组制冷性能系数（COP）提高12%。燃气锅炉热效率提高4个百分点[1]。各种空调系统冷热源性能指标设计值详见表4。

表 4 空调冷热源性能指标

序号	系统性能指标	设计值	标准限值	备注
1	电机驱动的蒸汽压缩循环冷水（热泵）COP值	6.309	5.487	设计选用冷水机组为变频离心机组
2	多联式空调（热泵机组）APF值	CC≤14, 5.20（APF） 14＜CC≤28, 4.800（APF） 28＜CC≤50, 4.500（APF） 50＜CC≤68, 4.200（APF） CC＞68, 4.000（APF）	CC≤14, 4.40（APF） 14＜CC≤28, 4.30（APF） 28＜CC≤50, 4.200（APF） 50＜CC≤68, 4.00（APF） CC＞68, 3.800（APF）	设计选用满足一级能效指标的设备
3	恒温恒湿型单元式空气调节机AEER值	4.00	3.00	设计选用满足 GB 19576—2019 中一级能效指标的设备
4	燃气锅炉热效率	96%	92%	
5	房间空气调节器APF值	CC≤4.5, 4.50（APF） 4.5＜CC≤7.1, 4.00（APF） 7.1＜CC≤14, 3.70（APF）	CC≤4.5, 4.00（APF） 4.5＜CC≤7.1, 3.50（APF） 7.1＜CC≤14, 3.30（APF）	设计选用满足一级能效指标的设备

2. 输配能耗

通风空调系统风机的单位风量耗功率和空调水系统耗电输热比比现行国家标准《公共建筑节能设计标准》（GB 50189）的规定低 20%。

3 全年空调负荷计算

3.1 室内外设计参数

3.1.1 室外设计参数

宜昌属于夏热冬冷地区。空调计算参数如表 5 所示。全年逐时干球温度和湿球温度如图 6、图 7 所示。

表 5 室外空气计算参数

位置：宜昌市　　　　　　　北纬 30°42/东经 111°18

夏季室外大气压力	990.0 kPa	冬季室外大气压力	1 010.4 kPa
夏季空调室外计算干球温度	35.6 °C	冬季空调室外计算温度	−1.1 °C
夏季空调室外计算湿球温度	27.8 °C	冬季空调室外计算相对湿度	74%
夏季空调室外计算日平均温度	31.1 °C	冬季供暖室外计算温度	0.9 °C
夏季通风室外计算温度	31.8 °C	冬季通风室外计算温度	4.9 °C
夏季通风室外计算相对湿度	66%	年平均温度	16.8 °C
夏季平均风速	1.5 m/s	冬季平均风速	1.3 m/s
夏季最多风向	C SSE	冬季最多风向	C SSE
海拔高度	133.1 m	最大冻土深度	—
极端最高气温	40.4 °C	极端最低气温	−9.8 °C
日平均温度≤+5 °C 的天数：28 天			

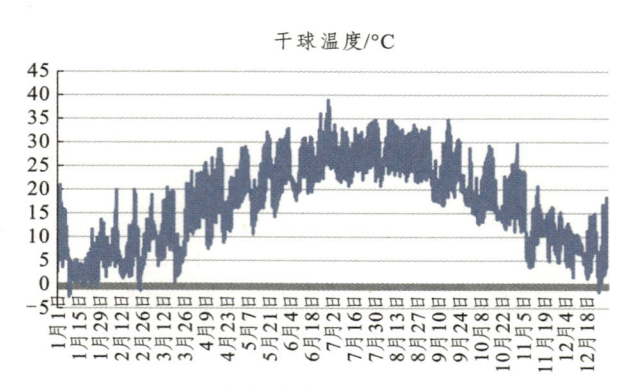

图 6　宜昌全年逐时干球温度

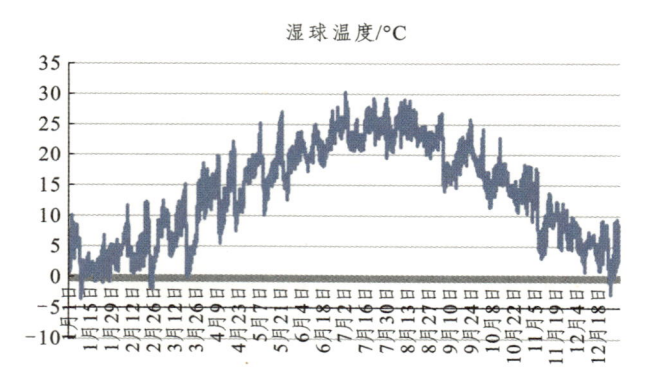

图 7　宜昌全年逐时湿球温度

3.1.2　室内设计参数

主要功能房间室内空调设计参数如表 6 所示。

表 6　室外空气计算参数

房间类型	夏季 温度/℃	夏季 相对湿度/%	冬季 温度/℃	最小新风量 /(m³/h·p)	人员密度 /(人/m²)
进站广厅	28～30	≤70	12～14	10	1/2
综合服务厅	26～28	≤70	14～16	10	7/8
候车室	26～28	≤70	18	10	5/8
商务候车室	24～26	≤60	20	30	1/2
旅客服务	26～28	≤60	18	20	1/4
办公	26	≤60	18	30	1/8
综控室	26	≤60	18	30	1/8
旅客公共卫生间	27～28	≤70	14～16	—	—
通信机械室、信息配线设备间、自动售票室	C 级 全年 18～28 ℃，35%～75%				
（区域）信息机房	B 级 温度 22～24 ℃、相对湿度 40%～55%				

3.2 铁路站房全年空调冷热负荷

3.2.1 铁路站房空调负荷特点

铁路站房建筑空调负荷和空调系统运行状态与普通民用建筑相比有如下特点：

（1）运营时段不同。普通夏热冬冷地区民用建筑空调系统大都采用间歇运行方式，每天下班后空调系统停止运行，上班前提前开启空调系统进行预冷或预热。铁路站房因为运营需求，其集中空调系统在空调季节采用 24 h 连续运行方式[2]。因四电用房内设备散热量较大，用于四电用房的机房专用精密空调全年均处于连续制冷运行状态。在进行负荷计算时需对室内人员、灯光、新风、渗透风等负荷的 24 h 各时段时间系数分别进行详细设定。根据站房实际运行情况，本次计算新风、渗透风负荷时间系数如图 8、图 9 所示。

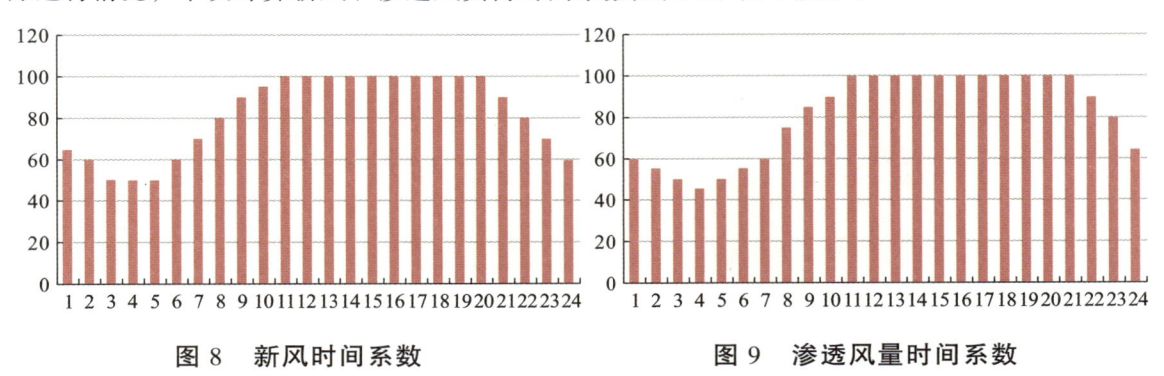

图 8　新风时间系数　　　　图 9　渗透风量时间系数

（2）渗透风量与渗透风负荷计算方式不同。普通民用建筑空调系统向房间内送入适量新风使室内维持正压状态，室外空气无法渗入室内形成侵入负荷。因此，部分负荷计算软件在计算空调负荷时忽略了渗透负荷。铁路站房内部空间高大且上下连通，外立面大量设置幕墙与外窗，进出站房的门很多且旅客进出频繁。这些特点导致即使站房空调系统送入新风，仍然会有大量渗透风在风压、热压的作用下通过进出通道、门窗缝隙进入室内形成侵入负荷。因此，在进行站房负荷计算时需添加额外的渗透风负荷，同时对负荷计算软件计算结果是否计入了渗透负荷进行复核。根据目前的模拟和实测结果，高铁客站跨层高大空间，冬季渗透风换气次数在 0.22～1.21 次/h[3]，夏季渗透风量少于冬季。本次计算渗透风换气次数在 0.5～1.0 次/h 取值。

3.2.2 空调负荷计算结果分析

设置夏季空调运行时段为每年 5 月 15 日至 10 月 15 日，冬季空调运行时段为每年 11 月 15 日至次年 3 月 15 日，空调季节全天 24 h 运行。经过全年逐时负荷计算，得到集中空调区域全年冷负荷为 23.5×10^6 kW·h，全年热负荷为 9.59×10^6 kW·h。全年逐时空调冷热负荷分布如图 10 所示。

办公室多联机空调区域空调负荷受使用率和室外气象参数的影响，其部分负荷特性与集中空调系统区域的变化规律基本一致。本项目多联机系统区域全年逐时空调负荷分布特性参照集中空调区域。四电用房内设置精密空调，其主要空调负荷为电气、电子设备散热量，维护结构、新风、渗透负荷占比较少，空调全年制冷，故可认为四电用房全年空调负荷基本处于稳定状态。集中空调区域、多联式中央空调区域、四电用房区域空调冷热负荷如表 7 所示。

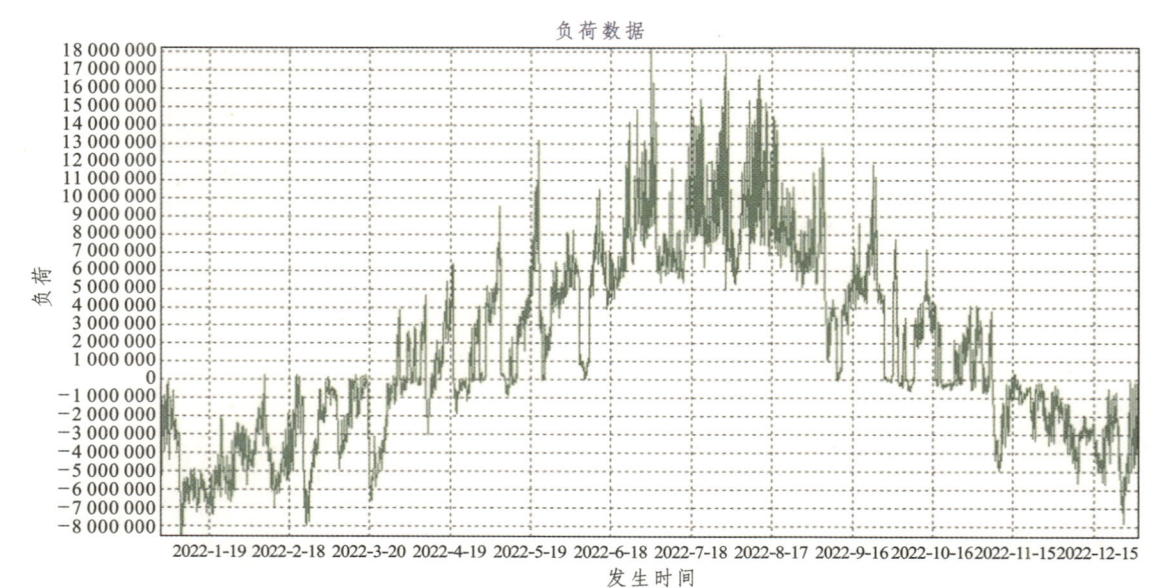

图 10 全年逐时空调冷热负荷

注：图中负荷为集中空调系统区域冷热负荷，不包括办公、四电用房等使用多联机系统或机房精密空调系统区域的负荷。

表 7 冷热负荷统计表

房间名称	夏季冷负荷/kW	冬季热负荷/kW
进站厅、综合服务厅、普通候车室（集中空调系统）	15 316	9 478
商务候车室+管理用房+消控室（VRF 系统）	437	201
工艺设备用房（精密空调）	348	0
合计	16 101	9 732

设置夏季空调运行时段为每年 5 月 15 日至 10 月 15 日，冬季空调运行时段为每年 11 月 15 日至次年 3 月 15 日，空调季节全天 24 h 运行。全年总冷负荷与总热负荷如表 8 所示。

表 8 全年总冷负荷与总热负荷统计表

房间名称	夏季冷负荷/ ($\times 10^6$ kW·h)	冬季热负荷/ ($\times 10^6$ kW·h)
进站厅、综合服务厅、普通候车室（集中空调系统）	23.5	9.59
商务候车室+管理用房+消控室（VRF 系统）	0.67	0.20
工艺设备用房（精密空调）	3.05	0
合计	27.22	9.79

由计算结果可知，本工程中央空调总负荷分别占总冷负荷的 86% 与总热负荷的 98%，如图 11、图 12 所示。

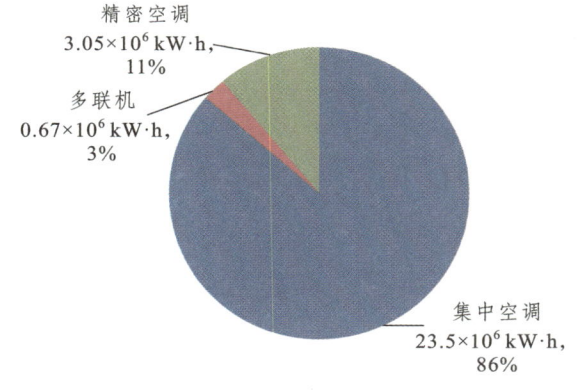

图 11　全年空调总冷负荷组成图

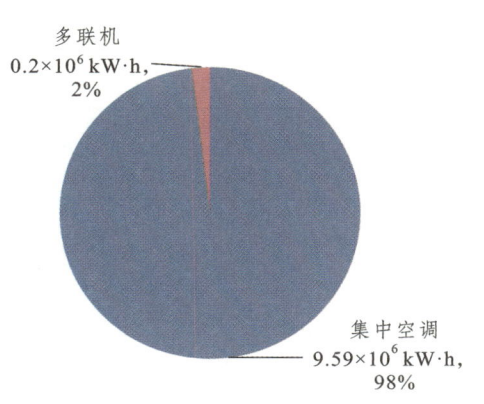

精密空调 3.05×10⁶ kW·h，11%
多联机 0.67×10⁶ kW·h，3%
集中空调 23.5×10⁶ kW·h，86%

图 12　全年空调总热负荷组成图

多联机 0.2×10⁶ kW·h，2%
集中空调 9.59×10⁶ kW·h，98%

4　空调能耗与碳排放计算

4.1　集中空调冷热源配置与输配系统

4.1.1　空调冷热源配置与开机策略

根据建筑物全年空调冷负荷变化规律，该项目空调冷源设计采用 4 台高效变频水冷离心式冷水机组，单台机组名义制冷工况下 COP = 6.979，设计工况制冷量 3 850 kW，流量变化范围 20% ~ 100%，空调冷冻水供回水温度 6/13 ℃。冷却塔选用了 4 台全钢低噪音横流式冷却塔，单台循环水量 960 m³/h，输入功率 37 kW。冷水机组在不同负荷率下的制冷能效如表 9 所示。空调热源选用 4 台额定供热量 2.8 MW 的不锈钢低氮燃气热水机组锅炉，燃气锅炉热效率 ≥96%，空调热水供回水温度 60/45 ℃。锅炉在不同负荷率下热效率如表 10 所示。

表 9　冷水机组部分负荷状态下制冷性能系数

负荷率/kW	制冷量/kW	冷冻水进出水温/℃	冷却水进出水温/℃	性能系数 COP
25%	962.5	7.75/6	19.00/20.19	8.806
50%	1 925	9.50/6	23.75/26.15	8.669
75%	2 887	11.25/6	27.88/31.53	7.653
100%	3 850	13/6	32/37	6.309

表 10　锅炉部分负荷状态下热效率

负荷率	热效率
25%	91%
50%	92.3%
75%	93.2%
100%	94%

将该项目图 10 所示的全年负荷进行归纳分析,得出全年不同负荷率的小时数,并结合冷水机组和锅炉在不同负荷率时的制冷能效,给出不同小时负荷率时的最佳运行策略,如表 11、表 12 所示。

表 11　不同小时负荷率时冷水机组运行策略

负荷率	冷负荷/kW	全年负荷占比/%	运行策略
0~10	0~1 532	0.5	1 台 3 850 kW(0~40)
10~20	1 532~3 063	2.2	1 台 3 850 kW(40~80)
20~30	3 063~4 595	7.0	2 台 3 850 kW(40~60)
30~40	4 595~6 126	15.6	2 台 3 850 kW(60~80)
40~50	6 126~7 658	22.5	3 台 3 850 kW(50~70)
50~60	7 658~9 190	20.1	3 台 3 850 kW(60~80)
60~70	91 890~10 721	13.7	4 台 3 850 kW(60~70)
70~80	10 721~12 253	9.0	4 台 3 850 kW(70~80)
80~90	12 253~13 784	5.3	4 台 3850kW(80~90)
90~100	13 784~15 316	4.1	4 台 3850kW(90~100)

注:括号内百分比表示机组运行负荷率。

表 12　不同小时负荷率时锅炉运行策略

负荷率	热负荷/kW	全年负荷占比/%	运行策略
0~10	0~948	2.3	1 台 2 800 kW(0~35)
10~20	948~1 896	4.6	2 台 2 800 kW(0~35)
20~30	1 896~2 843	13.3	2 台 2 800 kW(30~55)
30~40	2 843~3 791	17.2	2 台 2 800 kW(50~70)
40~50	3 791~4 739	17.0	2 台 2 800 kW(65~85)
50~60	4 739~5 687	17.8	3 台 2 800 kW(55~70)
60~70	5 687~6 635	18.5	3 台 2 800 kW(65~80)
70~80	6 635~7 582	7.7	3 台 2 800 kW(75~95)
80~90	7 582~8 530	1.5	4 台 2 800 kW(65~80)
90~100	8 530~9 478	0.1	4 台 2 800 kW(75~85)

注:括号内百分比表示锅炉运行负荷率。

4.1.2　输配系统

该项目集中空调水系统采用一级泵变流量、两管制异程系统,末端及主机均变流量运行,水泵变频控制。空调冷热水分别设置变频循环泵,根据最不利环路末端压差反馈信号进行变频调节,使最不利末端压差维持在设计值。分、集水器之间设置流量旁通控制,当系统循环水流量小于冷水主机最小允许流量时,旁通阀打开,保证主机最小流量。空调水系统原理图如图 13 所示。

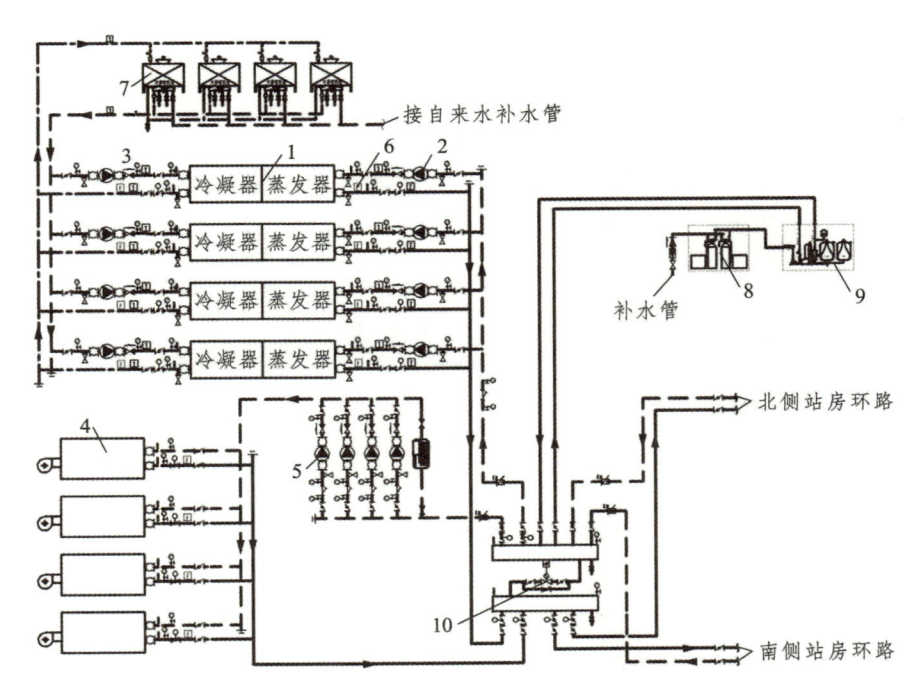

1—冷水机组；2—冷冻水泵；3—冷却水泵；4—锅炉；5—空调热水泵；6—水流开关；7—冷却塔；
8—软水器；9—真空排气定压机组；10—电子式压差旁通阀。

图 13 空调水系统原理图

该工程能源站设置在北侧站房外，距站房外墙直线距离约 130 m。能源站与站房之间设有通行管沟用于空调水管敷设。冷热源机房出口至该系统最远用户供回水管道的总输送长度为 1 260 m。通过增大管径减小比摩阻、选用低阻设备阀门、优化管路，降低系统压力损失。空调主管供冷时比摩阻为 74 Pa/m。冷热源机房外最不利环路阻力损失为 30.9 m，机房内设备管路阻力损失为 10 m。系统选用的冷却水泵、空调热水泵与冷冻水泵参数如表 13 所示。

表 13 水泵选型参数表

水泵	参数	台数
冷冻水泵（变频）	$G = 500$ m³/h，$H = 45$ m，$N = 90$ kW	4
空调热水泵（变频）	$G = 176$ m³/h，$H = 20$ m，$N = 18.5$ kW	4
冷却水泵	$G = 790$ m³/h，$H = 28$ m，$N = 90$ kW	4

耗电输冷比 ECR-a = 0.021 4<0.036 7，提升率为 41.7%。耗电输热比 ECH-a = 0.005 4<0.009 1，提升率为 40.5%。

4.2 空调能耗

空调系统实际运行负荷率处于不断的动态变化之中，空调系统冷水主机、锅炉可以变流量运行，空调冷热水、冷却水循环泵均可变频运行，空调系统可以执行多种运行策略。在设计阶段仅能提出相对较优的运行策略作为初始运行策略。在运行过程中，空调冷热源群控系统基于大数据反馈，对循环泵频率和台数、主机频率及台数进行调节。对调节完后各设备状态、制冷机房全年平均运行能效比进行计算、记录和比较，对控制策略进行优化，通过不断重复以上过程以寻求不同负荷下最佳能效比配置[4]。该工程循环水泵初始控制策略为：在保证最不利末端设备资用压差的同时，使投入运行的主机循环水流量达到其额定流量。基于该水泵运行策略与表11、表12中的冷水机组与锅炉控制策略，对不同负荷状态下的空调系统能耗进行计算。计算结果详见表14、表15。

表14 供冷季空调冷热源系统能耗

负荷率	全年负荷占比/%	全年供冷量/(kW·h)	冷水机组耗电量/(kW·h)	冷冻水循环泵耗电量/(kW·h)	冷却水泵耗电量/(kW·h)	冷却塔耗电量/(kW·h)	总耗电量/(kW·h)	能效比
0~10	0.5	115 564	13 196	1 702	6 754	2 777	24 428	4.7
10~20	2.2	516 746	68 963	4 147	15 100	6 208	94 418	5.5
20~30	7	1 656 204	199 100	20 160	64 527	26 528	310 316	5.3
30~40	15.6	3 660 233	488 484	39 070	106 955	43 970	678 480	5.4
40~50	22.5	5 281 760	664 037	76 424	176 385	72 514	989 360	5.3
50~60	20.1	4 732 751	631 620	71 410	138 295	56 854	898 179	5.3
60~70	13.7	3 219 743	404 794	66 080	107 524	44 204	622 602	5.2
70~80	9	2 112 042	281 867	44 920	61 716	25 372	413 875	5.1
80~90	5.3	1 244 787	179 481	27 685	32 332	13 292	252 790	4.9
90~100	4.1	955 461	152 110	22 330	22 335	9 182	205 958	4.6
合计		23 495 291	3 083 652	373 928	731 923	300 901	4 490 406	

表15 供暖季空调冷热源系统能耗

负荷率	全年负荷占比/%	全年供热量/(kW·h)	锅炉耗气量/(N·m³)	锅炉耗电量/(kW·h)	热水泵电量/(kW·h)	总耗电量/(kW·h)
0~10	2.3	222 581	22 253	1 476	4 202	5 678
10~20	4.6	444 278	44 417	2 947	8 387	11 334
20~30	13.3	1 270 452	125 226	5 362	15 262	20 624
30~40	17.2	1 644 248	160 506	5 453	15 520	20 973
40~50	17	1 626 660	158 789	4 443	12 644	17 087
50~60	17.8	1 709 710	166 896	5 670	16 138	21 808
60~70	18.5	1 776 110	173 378	5 154	14 669	19 823
70~80	7.7	741 990	71 814	1 813	5 160	6 973
80~90	1.5	141 085	13 772	409	1 165	1 574
90~100	0.1	8 598	839	23	67	90
合计		9 585 712	937 890	32 750	93 214	125 964

4.3 碳排放计算

根据《建筑碳排放计算标准》（GB/T 51366—2019），建筑碳排放计算包括建筑运行阶段、建造及拆除阶段、建材生产及运输阶段的碳排放计算。

$$C_r = \frac{m_{rr}}{y_e}\frac{GWP}{1\,000} \tag{1}$$

$$C_p = E_p F_p \tag{2}$$

式（1）、式（2）中，C_r 为建筑使用制冷剂产生的碳排放量，t/a；m_r 为设备的制冷剂充注量，kg；y_e 为设备使用寿命，a；GWPr 为制冷剂全球变暖潜值；C_P 建筑运行阶段制冷机房年碳排放量，t/a；E_p 为制冷机房年耗电量，MW·h/a；F_p 为电能碳排放因子，t/(MW·h)[4]。该项目碳排放量计算结果列于表 16、表 17。该空调系统总年碳排放量为 6 027.7 t/a，折合成单位建筑面积碳排放强度为 75.43 kg/(m²·a)。中央空调供冷运行和供热运行时的碳排放量分别占全年总碳排放量的 52%与 32%，如图 14 所示。

表 16 建筑运行阶段年碳排放量计算

	能源类别	年能源消耗量	碳排放因子	建筑运行阶段年碳排放量/(t/a)
制冷机房	电力	4 490 MW·h/a	0.703 5	3 159
多联机	电力	193 MW·h/a	0.703 5	136
机房专用空调	电力	1 017 MW·h/a	0.703 5	715
锅炉房	电力	126 MW·h/a	0.703 5	89
	天燃气	33TJ	55.54 t/TJ	1 833
总计				5 932

表 17 制冷剂使用产生碳排放量

	冷媒类型	充注量/kg	制冷剂全球变暖潜值	设备使用寿命	碳排放/(t/a)
冷媒 1	R134a	3 000	0.25	20	0.04
冷媒 2	R410A	708.3	2025	15	95.62
总计					95.66

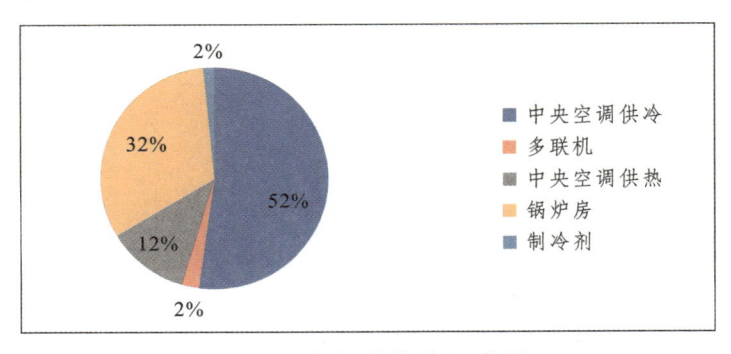

图 14 全年碳排放组成图

5 结论

与常规建筑空调系统相比，铁路站房建筑空调系统具有空调季节运行时间长、单位空调负荷指标较大的特点。按绿色建筑三星目标开展设计，主要措施有提高建筑围护结构热工性能，采用高效空调、通风设备，同时降低空调风系统、水系统阻力，减小输送系统能耗。中央空调供冷季与供热季碳排放分别占站房全年碳排放的52%与32%，因此，提高中央空调系统运行效率能有效降低站房全年碳排放量。

参考文献：

[1] 中华人民共和国住房和城乡建设部. 绿色建筑评价标准：GB/T 50378—2019[S]. 北京：中国建筑工业出版社，2019.

[2] 中华人民共和国住房和城乡建设部. 建筑碳排放计算标准：GB/T 51366—2019[S]. 北京：中国建筑工业出版社，2019.

[3] 刘效辰，张涛，梁媚，等. 高大空间建筑冬季渗透风研究现状与能耗影响[J]. 暖通空调，2019，49（8）：92-98.

[4] 彭亮，尹银涛，杨帆，等. 海南某医院高效制冷机房空调系统及减碳设计[J]. 暖通空调，2022，52（10）：43-49.

"双碳"时代铁路客站大空间照明设计探索
——以杭州西站为例

金智洋

（杭州中联筑境建筑设计有限公司）

摘　要：随着我国铁路建设的高速发展，一些中心城市的重要枢纽客站中大型室内空间照明设计越来越重要。建筑师作为项目的重要统筹角色，在设计过程中统筹室内照明设计的理念、原则、设计策略并深入到工程的设计、实施全过程。结合"双碳"时代的要求，采用多种优化照明系统的节能方式，以期寻求未来铁路客站室内照明设计的新策略、新方法。

关键词：大空间室内照明　多种照明组合　分区分段照明系统

1　引言

杭州西站综合交通枢纽是国内新一批大型旅客车站综合体的典型代表，是新一轮《杭州铁路枢纽规划》（2016—2030年）的核心项目，是"轨道上的长三角"节点工程，杭州亚运会的重点配套项目，也是方便群众出行、完善现代综合交通体系的民心工程[1]。

杭州西站综合交通枢纽选址在余杭区仓前街道，位于高铁新城"云城"的核心片区。基地距离良渚古城遗址约11 km、武林广场约17 km。

综合交通枢纽总用地面积约为32 hm²，总建筑面积约为51万 m²，建筑地上五层地下四层。杭州西站最高聚集人数6 000人，远期高峰小时发送量为12 480人，为特大型车站。站场总规模11台20线，采用全高架站场方案。地铁机场轨道快线和3号线在站房中间下方设站并可同台换乘。在站房南北两侧预留有两条城市轨道。乘坐机场轨道快线自西站枢纽到武林广场时间在20 min以内。

杭州西站立足国际视野、高点定位，秉承国铁集团"畅通融合、绿色温馨、经济艺术、智能便捷"的建设方针，坚持"大TOD"发展、"站城融合"的设计理念，力求打造示范性、标志性现代铁路综合交通枢纽工程[1]。

总体功能布局如图1所示。

笔者以项目总体兼建筑师的身份全程参与了杭州西站候车大厅的室内照明策划研究及设计、实施的全过程。对于"双碳"时代所提出的创新设计要求严格执行，并将创新设计理念贯穿在工程全过程中，对管理、运营等多方诉求整合有了全新的认识和理解。

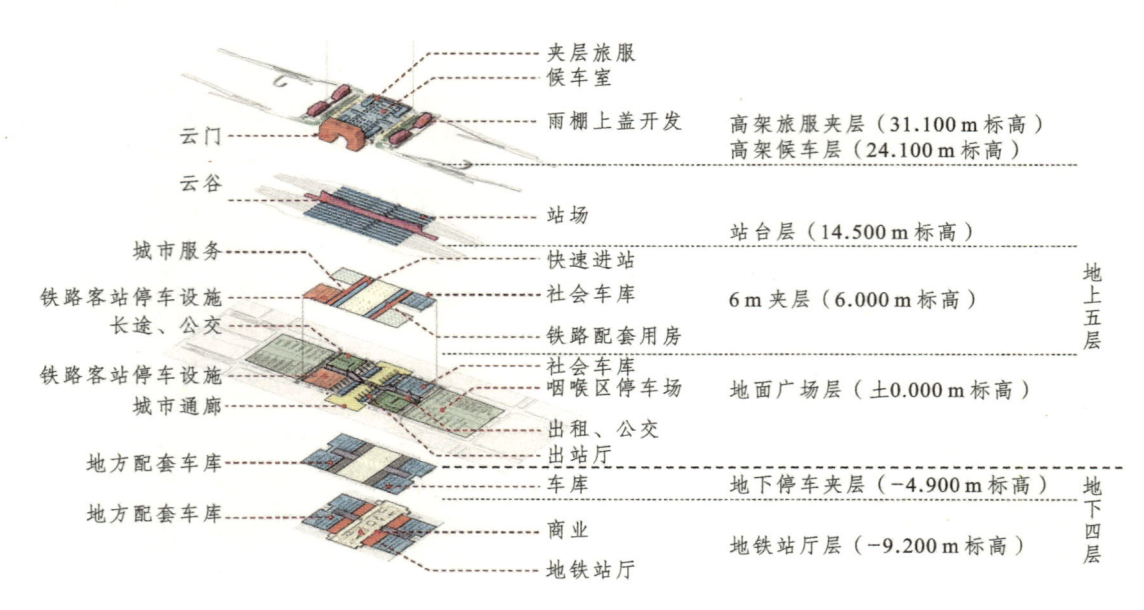

图 1　总体功能布局图

2　杭州西站室内照明设计面临的主要难点及运营痛点

2.1　杭州西站候车大厅空间架构

杭州西站候车厅为南北方向布局，如图 2 所示。旅客经东西两侧通过高架落客车道进入进站广厅，安检验票后进站。进站后向南北两端进入候车区域等待。另外在候车区域东西两侧布局了商务座候车、母婴室、卫生间等服务用房以及部分功能用房和设备机房。

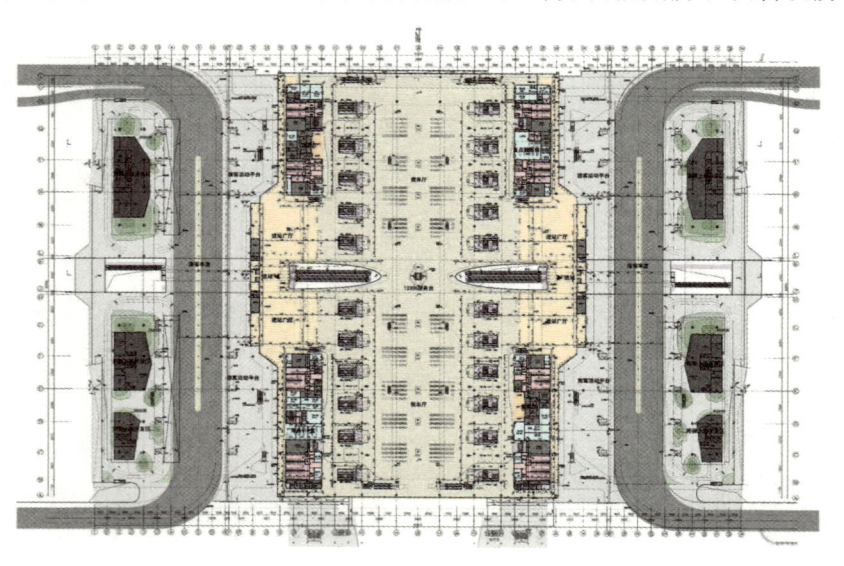

图 2　高架候车层平面布局

旅服夹层位于候车区域上方，主要功能布局了相关的旅客商业服务功能，以餐饮功能及零售功能为主。旅服夹层平面布局如图 3 所示。

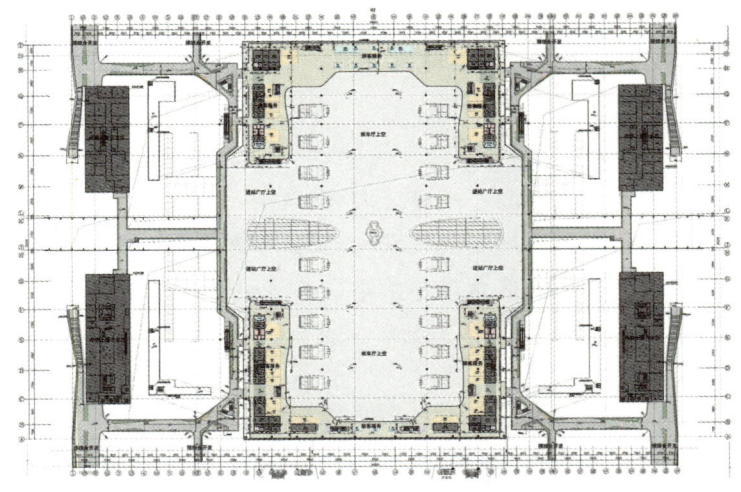

图 3　旅服夹层平面布局

2.2　照明设计主要难点

（1）杭州西站空间尺度大，且高度很高。高敞空间不仅要保证整体照度要求，又要满足不同功能对于照明的需求。

杭州西站候车大厅单层建筑面积约为 64 000 m²，候车大厅总宽度 264.3 m，总进深 302.5 m。旅客等候的区域总进深 75.6 m，总面宽 268.4 m，空间高度最高点约 24.8 m。

候车厅内不同区域的照度要求不同。比如旅客安检进站区域，包括了验票和实名制验证、安检等多项功能，照度要求不低于 300 lx。主要旅客流线的通道区域、候车区以及候车厅内的旅客服务和用餐区域相对来说照明要求也比较高，照度需要达到 200 lx。检票口按照规范要求也不能低于 200 lx。其他通道等照度在 150 lx 以上[2]。

目前在运营车站中，采用大空间均匀照明的方式较为常见，大部分的灯具都设置在候车大厅吊顶的位置。主要存在的问题是没有对具体的空间进行细分，不同功能区域照度相同导致照明对于旅客流线的导向性作用几乎为零。

（2）高敞空间满堂亮的照明方式不能提升空间氛围效果。大空间内柔和亲切的氛围才能更好的提高旅客候车的舒适度。

杭州西站候车大厅内装修设计以简洁明快的色调为主。为了丰富空间色彩效果，在进站罩棚以及功能用房区域中采用了不少暖色调元素。照明设计不能简单的使用单一色调、单一形态布局的灯具来呼应空间，而需要对空间不同的位置进行建筑效果的细分，并根据空间整体氛围来提高候车厅旅客的体验。

2.3　目前主要运营过程中的主要痛点

目前常见的铁路客站候车大厅大多将灯具均布在候车厅吊顶。不仅在大厅内有些等候位置会存在一定的眩光问题，并且由于候车厅的空间高度很高，大部分灯具日常检修维护不便。即便设置了屋面结构内的马道，也存在马道和灯具位置相互不匹配等相关问题。给后期站房的运营维护都带来一定的困难。

3 杭州西站整体设计理念、原则及策略

3.1 设计理念

建筑空间及空间内所有相关联的专项设计需要形成一个完整的效果呈现给旅客。杭州西站以"云"为核心：从杭州西站地处的"云城"，到杭州西站候车大厅的"云厅"，再到候车厅中央大天窗的"云顶"。"云"的概念贯穿始终。整体照明设计需要秉承"云"的概念，以柔和、灵动、轻盈为作为核心理念。

3.2 设计原则

在"双碳"时代，结合不同的功能区域对照明进行细分，并结合不同需求、规范要求及空间氛围效果进行照明设计也是本次设计的主要原则。

通过对不同功能区域的照明设计管控方式进行精细化设计管控，也是本项目中节能设计的要点。

3.3 设计策略

结合以上设计理念及主要设计原则，杭州西站空间照明采用直接照明、反射照明和低位照明 3 种照明方式相结合的设计策略。在不同的功能区域采用多种照明的组合方式，以期达到完整的分区分段照明系统。

采用多种照明结合的主要优势如下：

（1）精简了天花灯具数量，清晰灯位布局，减少了吊顶内马道的长度，减轻了屋面结构负载。

（2）提高整个空间尤其是顶面的视觉亮度，更好的表达建筑空间，提升空间整洁度。

（3）反射照明天花灯具较少，减少马道数量，安装位置低，维护便捷，节省大量成本。

（4）地面设置低位照明灯具，为旅客提供差异化照明，旅客根据需要选择候车区域。

4 照明设计及分析

候车大厅主要的空间物理界面构成元素比较丰富，如图 4 所示。顶面主要的空间构成元素为中央大天窗以及天窗向四边延伸出的采光带。顶面穿孔板的位置以"云"作为意向元素，体现出轻盈、灵动的建筑效果。候车区域两侧的进站口装饰面则采用了暖色调的材料为主，在近人尺度增强空间的亲和力。候车区域地面采用花岗石，结合座椅和标识牌等设施，选取的色调较为淡雅清新。

4.1 候车大厅照度需求分析

杭州西站候车大厅主要功能空间照度分析如下[2]：

（1）中心区域大型采光窗下照度 250 lx 以上。

图 4　候车厅主要空间物理界面效果

（2）沿线主要通道照度 200 lx。

（3）候车区 200 lx 以上，灯杆下 300 lx 以上。

（4）检票口 200 lx 以上。

（5）其他通道 150 lx 左右。

（6）安检区 300 lx。

候车大厅的主要功能布局如图 5 所示。

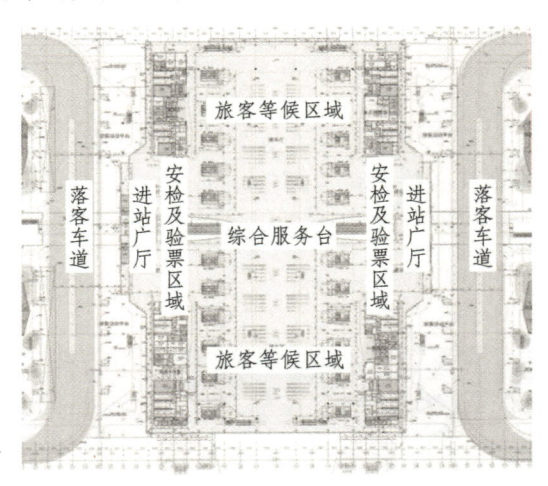

图 5　候车大厅主要功能布局

4.2　天窗照明设计思路

候车厅内天窗为主要的构图元素，因此整体照明设计逻辑应体现出空间设计要点。

候车厅天花布局呈现出云朵的形态，中央为采光天窗，天窗向四边延伸形成采光带。空间的架构作为照明的基本设计逻辑，因此采光天窗不仅是候车厅日间主要光源，晚间也应该作为主要节点。照明创意则是将整个大天窗在晚间设计为一个"灯箱"的形式，作为重要的直接照明的光源，提高候车厅整体地面的照度，同时兼具一定的装饰效果。

4.3 候车大厅亮度分区策划

建筑的旅客进站流线路径为从进站广厅经安检验票区域后在综合服务台位置朝向南北两端分流等候。在照明设计中也希望对旅客行进方向有一定的导引性。因此我们希望候车厅的地面、顶面亮度分布应如图6、图7所示。

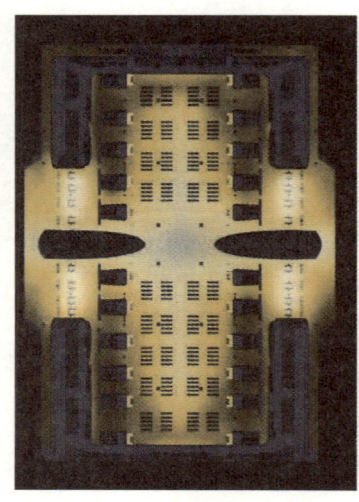

图6　候车大厅地面亮度　　图7　候车大厅顶面亮度

4.4 照明系统设计

4.4.1 照明灯具的布局

直接照明灯位主要布局在两侧进站广厅及安检区域的天花分缝处，通过下射光以满足照度要求。反射照明灯位主要布局在检票口罩棚的顶部灯槽内、旅服夹层地面玻璃护栏外侧的空腔内，主要作用区域为中央候车区域的天花及地面。低位照明灯位主要安装于候车座椅区域内，主要是为了等候区域的灯光补强。

灯具组合照明效果如图8、图9所示。

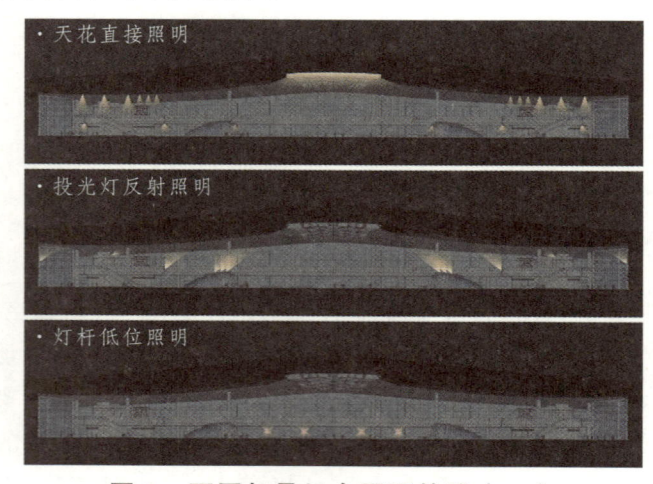

图8　不同灯具组合照明效果（一）

采光窗照明结合功能照明、反射照明、低区照明等，形成完整的分区分段照明系统

安检区域等重点照明特殊设计

图 9　不同灯具组合照明效果（二）

4.4.2　候车大厅灯具布局

候车大厅天窗照明结合建筑效果，沿天窗边界位置设置投光灯，中部补强。候车大厅灯具布局如图 10 所示。

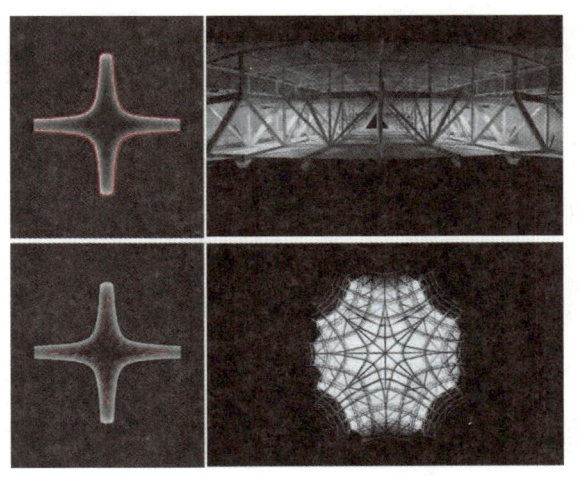

图 10　候车大厅灯具布局

在候车厅两侧的进站厅位置局部增加天花筒灯，作为补强。此处受限于平面布局，不宜增加落地的照明系统，因此综合统筹建筑空间效果和照度要求，适当增加直接照明，如图 11 所示。

图 11　进站厅灯光补强

结合不同区域功能要求，增强安检区域及旅服夹层地面照度，如图 12 所示。

453

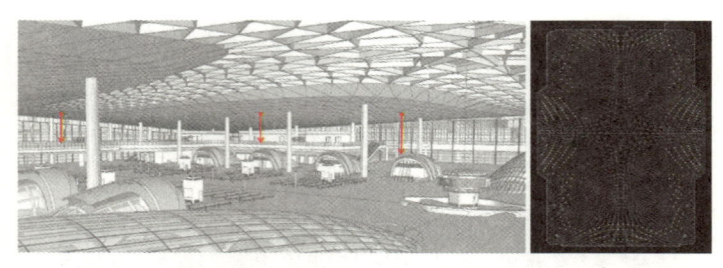

图 12　局部增强安检区域及旅服夹层地面照度

候车厅吊顶采用的穿孔板，因此为了避免在晚间开灯期间吊顶后方全黑，在结合马道的位置向吊顶后方空间也适度增加了照明，结合候车大厅内的人视角，组成层次丰富的艺术效果，如图 13 所示。

图 13　吊顶后方氛围照明

候车厅铝板吊顶区域是依靠旅服夹层屋面、夹层地面板边的位置以及中央服务台、进站罩棚等建筑构件中设置的灯槽形成了大天花照明系统，如图 14、图 15 所示。

图 14　大天花照明系统（一）

图 15　大天花照明系统（二）

另外，结合进站罩棚入口处内嵌凹槽设置了线型灯，作为闸机和人员密集通道位置地面照明的补强。

旅客座椅区域设置一共 18 根定制灯杆，位置与静态标识的立杆平齐。灯杆作为室内家具和照明系统的重要组成部分，设计也秉承了"云"的理念。作为座椅区重要的照明节点，在设计过程中也与制作厂家进行了多轮的反复对接，最终灯具的色温选在 4 000 k，功率为 200 W，作为空间效果的点缀和照明的重要补充，如图 16、图 17 所示。

图 16　定制灯杆形态设计及照度模拟　　图 17　定制灯杆现场效果

4.4.3　照明灯具的管控

杭州西站的照明系统结合具体的使用需求，对每日的不同时段也进行了细分。参照运营时间，将一天分为日间光照充足、日间光照欠缺、人流集中时，人流较少时和清扫模式 5 种管控方式。主要的日间模式对应的时间点为早上 6:00 至日落前半小时，人流集中为日落前半小时至 22:00。人流较少为 22:00 至运营结束，清扫模式为运营结束后至第二天早 6:00 之间。将一天的时段进行精细化划分之后，对应这些不同的控制方式，开启的灯具数量和开启功率也进行了细化的分析与设置（见表 1）。

表 1　杭州西站高架候车室照明控制模式表

	采光窗投光灯	检票口投光灯	旅服层投光灯	屋盖内变色投光灯	天花筒灯	候车区灯杆	功能性线型灯	南北通廊底部筒灯	南北通廊线条灯	装饰灯带	备注
日间模式 06:00—日落前半小时（光照充足）	○	○	○	○	○	○	○	●	○	○	●全开 ▼80% ◐50% ▽30% ○关闭 ◎变色
日间模式 06:00—日落前半小时（光照欠缺）	◐	◐	◐	◐	◐	◐	◐	●	○	○	
人流集中 日落前半小时—22:00	●	●	●	◎	●	●	●	●	●	●	
人流较少 22:00—24:00	▽	▽	▽	○	◐	▽	▽	●	◐	○	
清扫模式 24:00—06:00	▽	○	▽	○	▽	▽	▽	●	○	○	

为了进一步便于照明系统控制，候车大厅共设置了 10 处光敏传感器，位置较均匀地分布在候车大厅内，如图 18 所示。

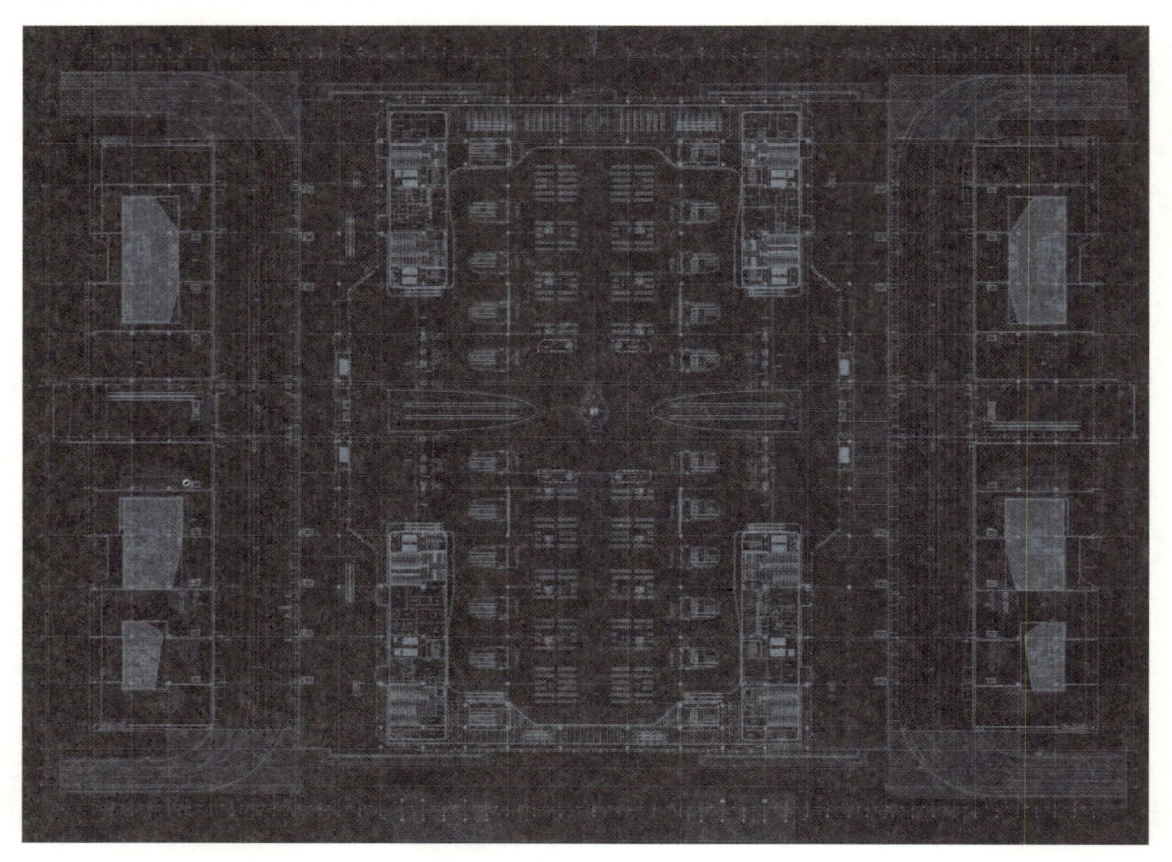

图 18　光敏传感器布局

结合前文描述设置的照明场景，光敏控制系统框架如图 19 所示。

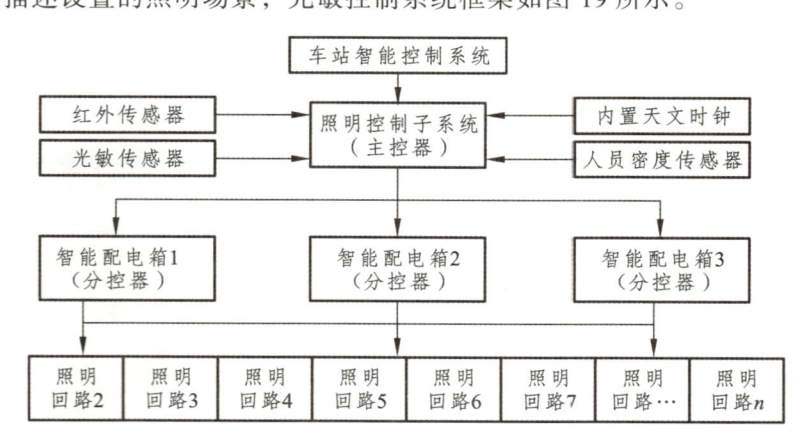

图 19　光敏控制系统框架图

控制系统采用可编程智能灯光控制系统，通过天文时钟、光敏传感器，根据预设场景时段控制灯具的开闭及运行状态，实现自动控制。

光敏器自动识别日照情况判断是否需要开灯。自动捕捉到日照情况良好后，关闭部分不需要的灯具。关闭后经估算（光照充足模式与光照不足模式相较），每小时可节约 105 kW 的耗电。

光敏传感器独立设置，与整体控制系统相连，分组调整。原有候车大厅的灯具具备无极调光功能，无须在灯具上另外增加费用。

结合杭州典型气象年核算，以 2020 年为例，光照充足 211 天，光照不足（阴雨天）154 天。假设阴雨天 154 天中，平均每天可以捕捉到 3 h 的光照充足情况，减少开灯（日照充足天数未计入），单位时间节约用电计算为：105 kW·h，总节约用电为：4.321 5 万 kW·h/年。

4.4.4 灯具的维护和检修

灯具检修统计表如表 2 所示。

表 2　杭州西站高架候车室灯具检修说明

区域	天窗		天花	旅服夹层	进站口顶部	服务台	落地灯	其他区域	灯带
灯具编号	F3 F8 F9	DS5 DS6	DS1 DS2 DS3 J6	F2 F6	F1	F1	C1	筒灯	J2
检修方式	在马道上检修	登高检修	夹层上登高检修	低位检修	低位检修	低位检修	低位检修	低位检修	低位检修

所有旅服夹层位置顶面检修高度均属于夹层登高检修，高度基本不超过 8 m。其余顶部灯具布局主要位于天窗附近区域。所有天窗边界处的灯具均沿马道布置，中部补强位置的灯具也尽量靠近马道，最大程度解决了灯具检修问题，大天窗内灯具布局与马道布局如图 20 所示。

大天窗内灯具总数量：
1108 盏（560 组）

灯具检修情况统计：
检修马道 2 m 范围内，共计 920 盏
检修马道 2 m 范围外，共计 188 盏
不直接贴邻马道的灯具/本类别总灯具数量占比 16.97%

——灯具布点位置
——马道

图 20　大天窗内灯具布局与马道布局图示

候车厅顶部天花灯具总数量 2 822 盏；结合建筑构件的灯具和地面区域灯具总数量为 1 591 盏；灯带共计约 3 460 m。所有灯具中具备低位检修或在马道周边 2 m 范围内的检修灯具数量占比 91.74%（占比不计应急灯），为将来的运营阶段带来了极大的便利。灯具检修情况梳理如图 21、图 22 所示。

候车大厅顶部天花处灯具数量分析

大天窗上方投光灯（晚间照亮天窗膜）：1108盏	
大天窗上方投光灯（照亮铝板）：742盏	
筒灯（功能性照明）：468盏　2318	
应急照明灯：504盏	
总灯具数量：2822盏	

候车大厅顶部天花处灯具检修情况梳理：（占比不计算应急灯）
具备直接检修条件的：

大天窗上方投光灯（照亮铝板）：742盏，位于马道正下方，本类占比100%	天花灯具占比：41.67%
旅服夹层正上方灯具：224盏，夹层低位检修，本类占比47.86%	总体灯具占比：24.34%

马道2m范围内灯具数量：

投光灯（照亮天窗膜）：920盏，本类占比83.03%	天花灯具占比：44.18%
筒灯（功能性照明）：104盏，本类占比22.22%	总体灯具占比：25.80%

马道2m范围外灯具数量：

投光灯（照亮天窗膜）：188盏，本类占比16.97%	天花灯具占比：14.15%
筒灯（功能性照明）：140盏，本类占比29.91%	总体灯具占比：8.26%

图21　候车大厅顶部天花灯具检修情况梳理

结合建筑构件灯具数量分析及检修情况梳理（占比不计算应急灯）

服务台顶部投光灯：24盏	
进站罩棚顶部投光灯：326盏	均为低位检修，总体灯具占比：9.93%
结合信息屏顶部投光灯：44盏	

地面区域灯具数量分析及检修情况梳理（占比不计算应急灯）

灯杆数量总计：72个	
旅服夹层地面板边投光灯（照亮顶棚）：246盏	
旅服夹层商业顶面投光灯（照亮顶棚）：472盏	
旅服夹层走廊壁灯：66盏	
旅服夹层走廊筒灯：66盏	均为低位检修，总体灯具占比：31.67%
旅服夹层结构板下筒灯（照亮夹层下方）：335盏	
旅服夹层浮板侧边灯带：2960m	
综合服务中心：	
服务台桌面射灯12盏，灯带500m	

图22　建筑构件及地面区域灯具检修情况梳理

5　实施效果和期许

本次设计过程中针对杭州西站候车厅大空间的照明设计进行了深入的研究和反复的探讨。杭州西站已于2022年9月26日开通运营。整体来讲，照明设计的策略和多种照明组合设计的方式与建筑空间效果的匹配效果较好。由于整体工期紧，灯具调整时间有限，因此还有可以继续优化和提升的地方。希望可以在未来站房设计中将设计理念及策略进一步优化提升，与整体的站房形象、空间效果更好的融合。现场照片如图23、图24所示。

图 23　现场照片（一）

图 24　现场照片（二）

参考文献：

[1] 盛晖，王静，于晨，等. 站城融合之铁路客站建筑设计[M]. 北京：中国建筑工业出版社，2022.
[2] 国家铁路局. 铁路照明设计规范：TB 10089—2016[S].

现代客运枢纽屋面建筑光伏一体化发电应用

贺涛

（森特士兴集团股份有限公司）

摘　要：2020 年 9 月，我国明确提出 2030 年"碳达峰"与 2060"碳中和"目标。"双碳"目标倡导绿色、环保、低碳的生活方式，加快降低碳排放步伐，有利于引导绿色技术创新，提高产业和经济的全球竞争力。"双碳"目标的深层次问题是能源问题，能源转型是全社会推进"双碳"目标的重点，核心是建立以光伏、风力发电等可再生能源为主体的能源电力系统。

建筑光伏一体化核心是建材属性，而非发电属性。因此，建筑光伏一体化一定要考虑其应用场景，不能因为光伏而破坏了建筑，更不能只强调了它的发电属性，忽略其应用属性、观赏属性。

因此，本文针对这一情况，对现代客运枢纽实现屋面建筑光伏一体化发电应用这一领域进行详细介绍建筑光伏一体化解决方案。

关键词：客运枢纽　屋面建筑光伏一体化　建筑安全　装机容量

我国光伏发电技术起步于 1958 年，主要研究太阳能电池。2000 年我国光伏技术进入快速发展期，我国在光伏发电技术研究方面先后开展了晶体硅高效电池、非晶硅薄膜电池、碲化镉和铜铟硒薄膜电池、多晶硅薄膜电池及应用系统关键技术的研究。自 2009 年我国明确为光伏发电系统提供补助，光伏发电市场进入规模化发展阶段。截至 2021 年底，我国光伏发电并网装机容量达到 3.06 亿 kW，突破 3 亿 kW 大关，连续 7 年稳居全球首位。[1]

屋面建筑光伏一体化应用的意义在于满足建筑结构的安全性以及增加光伏组件装机容量进而提升发电量。

1　客运枢纽实施建筑光伏一体化的必要性及应用场景分析

近年来，国铁集团提出"提质降本增效""铁路高质量发展"要求，并在 2022 年初国铁集团工作会议上，明确提出"利用空置用地及房屋屋顶空间，探索光伏发电项目开发，实现空置用地及空间的保护性开发利用"，这既是客运枢纽针对"双碳"目标的具体行动，也是实现客运枢纽高质量发展的具体举措。

国外客运枢纽光伏应用的案例较早，德国战后最大的建筑工程：耗资 7 亿欧元、历时 10 年时间精心打造的柏林中央火车站就应用了光伏技术，是当时非常具有代表性和示范意义的光电建筑之一。新的鹿特丹中央火车站，作为公共交通枢纽，也率先实现了光伏场景的应用。

车站屋顶面积达 28 000 m²，130 000 块装置有太阳能电池板的玻璃覆盖了其中的 10 000 m²。这是在荷兰最大的车站屋顶太阳能应用项目，也是欧洲最大的屋顶太阳能项目之一。太阳能电池的使用使火车站的二氧化碳的排放量减少了 8%。而且这些太阳能电池预计每年将产生 320 MW 的能量，足够为 100 户家庭提供能源。

我国客运枢纽随着光伏发电技术的不断成熟和应用的增加，应用范围也进一步扩大。2008年北京南站和青岛火车站安装了大量光伏发电系统，此后，武汉火车站、杭州东站、上海虹桥站、南京南站、广州南站、银川火车站等地相继部署光伏发电系统。2020年底，雄安站屋顶 4.2 万 m² 发电板、总装机容量 6 MW 光伏发电项目投产，每年可为雄安站提供约 580 万 kW·h 清洁电力，可抵消约 465 t 的二氧化碳排放量，采用"自发自用，余电上网"模式，并将光伏发电量形成的碳资产进行交易，是客运枢纽大面积屋面光伏发电的一大创新。

据初步统计，截至 2020 年末，我国已建成铁路客站 1600 余座，已建成 7 个动车段及 68 个动车运用所，检修（检查）库屋面面积约 290 万 m²，预估光伏装机量可达 2.5 GW，每年可提供约 25 亿 kW·h 清洁电力，减少 200 万 t 二氧化碳排放，相当于植树造林 4 000 亩[①]以上，此外还有大量的火车站站房、雨棚、地铁检修库（整备）库、货站、物流仓库、普速机辆检修（整备）库设施等大面积屋面空间可供光伏发电项目开发，装机容量将进一步提升，发电收益、环境效益更加凸显。

开展交通枢纽光伏发电节能减排效益和实施规划研究，实现交通枢纽大面积屋面建筑光伏一体化方案，分析其运用前景及节能减排效益，对顺应交通枢纽提质降本增效、促进交通枢纽高质量发展，落实国家"双碳"目标具有重要意义。

2 绿色建筑解决方案——屋面建筑光伏一体化

2.1 建筑光伏的两条赛道

目前我国屋面光伏安装方式多为 BAPV，即，Building Attached Photovoltaic，主要指在原有建筑上安装的太阳能光伏发电系统，建筑完成后，附加安装的太阳能光伏系统（以下简称 BAPV），如图 1 所示。屋面建筑光伏一体化是指把光伏组件作为建筑构件，将太阳能光伏产品集成到建筑上，与建筑物同时设计、同时施工、同时安装，并与建筑物完美结合的太阳能光伏发电系统，即 Building Integrated Photovoltaic（以下简称 BIPV），如图 2 所示。

BIPV 的优势在于满足建筑安全、发电安全的前提下实现建筑屋面的发电功能，装机容量大，发电效率高。

BIPV 光伏电站发电属性：以北京地区为例，10 000 m² 屋面，太阳能光伏最大装机容量可达 1.8 MW，最少也可以达到 1.5 MW。年发电量 185 万 kW·h，每年减少 CO_2 1 845 t，每年减少粉尘 502 t。相当于每年节省标煤 665 t，每年植树造林 3.24 公顷[②]。

---

① 1 亩≈666.7 平方米（m²）。
② 1 公顷=10 000 平方米（m²）。

图 1　BAPV 和屋顶非一体化设计，通过安装龙骨、夹具方式连接光伏板

图 2　BIPV 和屋顶一体化设计

BIPV 光伏电站建筑属性：满足建筑使用要求，五性（气密、水密、防火、抗风揭、承载力）试验合格，可以建立完整的规范标准、典型应用图集、标准节点工艺工法，满足建筑模数要求，符合建材使用规范。与屋面工程 25 年同使用寿命设计，防火性能 A 级。BIPV 建筑设计依据如图 3 所示。

（a）

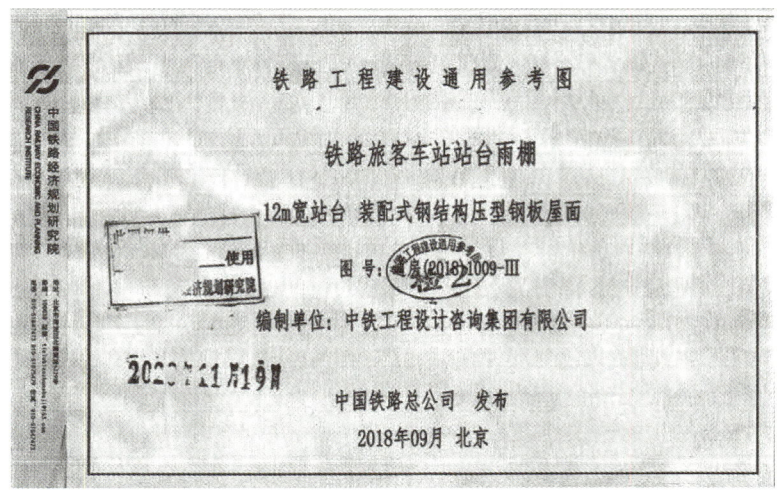

（b）

图 3　BIPV 建筑设计依据

2.2　BIPV 专业硅酮结构胶连接、机械限位技术

BIPV 经过了严苛的实验室论证和检测、经过了大量的实践应用，彻底改变了建筑屋顶太阳能光伏系统的基本理念，大大提高了光伏组件作为建筑材料的核心功能和关键属性。BIPV 组成如图 4 所示。

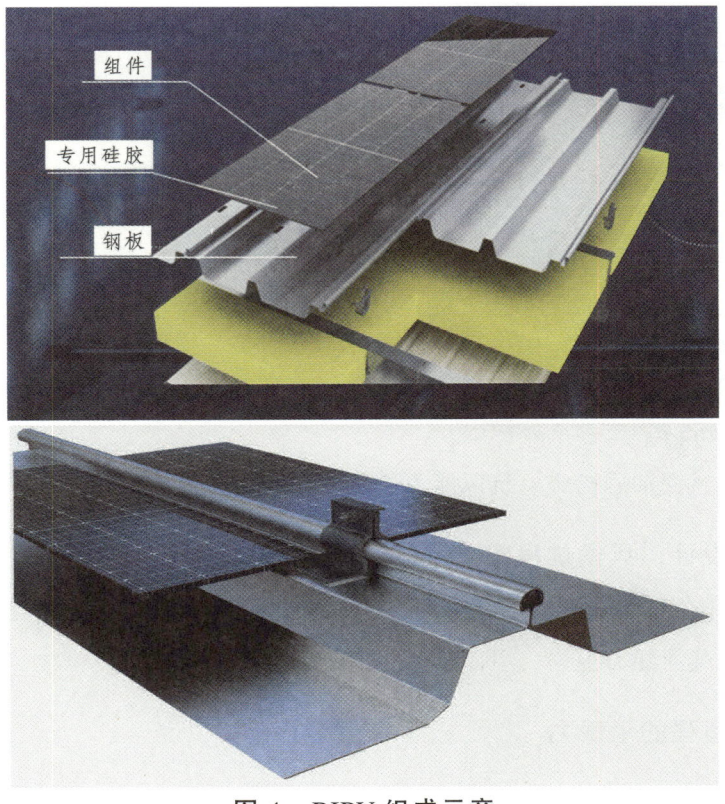

图 4　BIPV 组成示意

BIPV 采用专业硅酮结构胶连接、机械限位技术实现光伏组件与钢板屋面连接，其中专业硅酮结构胶经过 8 大指标、近千次试验，完全满足使用 30 年不老化的核心要求。2021 年，硅酮结构专用胶粘接 BIPV 技术方案通过专家评审，专家组一致认为：本系统采用的硅酮结构胶粘接方案是一项国内领先的建筑光伏一体化技术方案，可满足屋面光伏板与采用的金属屋面板的粘接技术和施工要求。

打胶标准：由专用打胶机器人打胶，保证打胶均匀。每个打胶点要求长度 150 mm，宽度 15 mm，厚度 8 mm，两点间距 315 mm。打完胶不需要晾晒，直接安装光伏板，光伏板安装后 72 h 后可以上人。

2.2.1 专业硅酮结构胶粘接强度试验

在实际抗风揭试验中，屋面系统破坏时（-10.89 kPa），光伏组件粘接性能良好，无可视破坏，胶的粘结强度高于屋面板与固定座的连接强度，光伏组件良好，电池无隐裂。

2.2.2 专业硅酮结构胶抗拔力试验：4 个样块试验（规范要求的试验方法）

（1）按-10 kPa 的超强负风压考虑，每平米的风吸力为 10 kN，为 1 000 kg 的风拔力。
（2）每平方米组件的粘接点为 10.7 个，按每个点的风拔力为 1 000 kg/10.7≈100 kg。
（3）根据实际试验，（26 组共计 84 个样块）全部高于 100 kg，最低值为 328 kg。
结论：即胶的风拔力设计富余量很高，为风压值（规范要求）的 3 倍以上。

3 BIPV 建筑属性

3.1 BIPV 防火性能

设计采用不燃材料，幕墙玻璃双层夹胶工艺组件，通过 A 级防火测试。

3.2 BIPV 防风性能

抗风揭动态风压监测：-7.997 kPa，BIPV 试验样品经过 7 个阶段 10 800 次的动态荷载，试件无失效，承受的最大检测压力值为-7.997 kPa。

抗风揭静态风压监测：-10.89 kPa，BIPV 试验样品经过动态荷载后，静态风压极限荷载检测压力值为-10.89 kPa。

如采用附加抗风揭加固措施，抗风能力还能够大幅提高。

3.3 BIPV 双玻设计，具备优良的抗冲击性能

抗冲击荷载达到 5 400 Pa 以上。使用双层 2.0 mm 钢化玻璃，采用幕墙夹胶玻璃组合加工工艺使得组件机械载荷能力更强，屋面具有更高的强度。

3.4 BIPV 具备超强的承载力

正面承载力 8 100 Pa 以上。BIPV 为可上人屋面系统，承载力强，而且不会对下层屋面造

成任何破坏，较之传统的 BAPV 预留运维马道的屋面，减少了上人运维多次踩踏屋面造成破坏的隐患。

3.5 BIPV 防水性能好

BIPV 系统节点完善，结构可靠，可以做到屋面系统滴水不漏。

3.6 BIPV 的光伏组件与屋面板匹配性好

根据光伏组件的规格开发定制专用屋面板，屋面一体成型，可靠性更强，在承载和紧密贴合方面都达到了较高的匹配性。

3.7 BIPV 的耐久性能好

BIPV 建筑与光伏同设计年限，通常 25 年以上。既有建筑增加 BIPV 后，提升建筑围护系统使用年限。而 BAPV 建筑与光伏使用寿命不一，不能最大化利用屋面资源和充分发挥发电功能。

3.8 BIPV 的建筑美观性能

与建筑一体化设计以及丰富的色彩选择，使光伏系统完全融入建筑当中，创造新型绿色建筑之美。有多种颜色可供选择，满足第五立面需求。

3.9 BIPV 绿色建材产品

定制化、装配式、绿色建材产品认证、屋面荷载 13 kg/m²。

3.10 BIPV 降温隔热，降低建筑能耗

光伏组件一部分把太阳能吸收转化为电能，另一部分太阳光被光伏组件反射；光伏组件对投射的太阳光线进行折射，折射之后太阳光衰减，对太阳光进行有效的过滤。

据相关专业机构测试，屋顶安装光伏电站后，夏季室内温度比未安装时低 4 ℃~6 ℃。

4 BIPV 发电属性

4.1 BIPV 能提高屋面利用率

BIPV 可使屋面利用率提升≈20%。采用三棱瓦型与发电模块形成荷载能力更强的条状支撑结构。结构表面可踩踏，相对于传统光伏产品具有易安装、方便运维、减少运维通道的优势，整体可提高屋顶利用率，相比较 BAPV 增加 30%左右装机量。

4.2 BIPV 无边框设计提升发电量 12%

BIPV 发电模块采用无边框设计，表面形成的灰尘会被自然雨水的冲刷掉，避免了积灰对

电池带来遮挡引起的功率衰减、发电损失，就相当于从损耗端催生了更多绿色电力，相比 BAPV 发电量提升约 12%。

4.3　BIPV 自散热设计提升发电量 4%

BIPV 具有自散热设计，光伏板与屋面板形成烟囱效应。

4.4　BIPV 电站免人工运维　节约大量运维费用

BIPV 自供电系统，无人为干预，驳车光伏清扫系统；干式清扫，同时横向清扫三列组件，运行速度 12 m/min；驳车上安装有止位锁，停机情况下与轨道连接在一起，防止大风天气下的位移；标准配置清扫每日运行 1 000 m，可根据实际需求进行系统配置。

4.5　BIPV 智能监控

BIPV 智能监控指支持 5G 网络，可通过云平台在手机端或 PC 端实时查看光伏系统发电量，实时监控系统运行情况，可第一时间接收故障信息，及时处理。数据采集设备可将光伏发电上传至远程监控系统，同时预留生产数据上传接口，实现油井及光伏发电的远端管理。

5　客运枢纽实现屋面 BIPV 发电实施的工作方向

系统梳理既有、在建及规划客运枢纽、火车站站房（雨棚）、地铁检修库（整备）库、货站、物流仓库、普速机辆检修（整备）库可供光伏发电开发的屋面情况，结合各地光照资源分布及最佳安装倾角等，系统论证客运枢纽大面积屋面 BIPV 光伏发电发展潜力，客运枢纽应用 BIPV 发电应用模式，包括建设模式（EPC 工程总承包、EMC 合同能源管理模式）和运营模式（自发自用、余电上网）。

通过客运枢纽大面积屋面 BIPV 光伏发电的全寿命周期成本进行研究，并引入碳排放权交易将环境效益量化为经济效益，对影响光伏效益的不同影响因素进行敏感性分析，客观分析客运枢纽大面积实施 BIPV 发电的节能减排效益。

根据客运枢纽大面积屋面光伏发电应用前景、节能减排效益研究，结合 BIPV 发电开发潜在风险、各地政策、与其他上部空间开发方式对比等，系统分析各区域、各地点、各设施屋面 BIPV 发电实施规划，推动客运枢纽大面积屋面 BIPV 发电项目建设。